経済学のための
実験統計学

Experimetrics
Econometrics for Experimental Economics
Peter G. Moffatt

ピーター・モファット

川越敏司［監訳］

會田剛史・小川一仁・佐々木俊一郎・長江　亮・山根承子［訳］

勁草書房

EXPERIMETRICS

by Peter G. Moffatt

Copyright © 2016 by Peter G. Moffatt

First published in English by Palgrave Macmillan, a division of Macmillan Publishers

Limited under the title Experimetrics by Peter G. Moffatt

This edition has been translated and published under license from Palgrave Macmillan

through The English Agency (Japan) Ltd. The author has asserted his right to be

identified as the author of this Work.

謝　　辞

　本書はその大部分が，2006 年以来さまざまなところで実施してきた実験統計学に関する修士課程での一連の授業の産物である．これらの授業をアレンジし，訪問期間中にもてなしてくれた Catherine Eckel, Tobias Uske, Anna Conte, Sylvia Arnold, Vittoria Levati, Angela Fletcher, Lionel Page, Uwe Dulleck, David Butler, Steven Schilizzi, Arne Weiss, Gina Neff といった人々に感謝したい．また，生の聴衆として本書の題材を検証する機会を与えてくれた，これらの授業に参加してくれた人々にも感謝したい．Palgrave 社の編集者，Jaime Marchall, Aléta Bezuidenhout, Kirsty Reade, Jo Endell-Cooper, Georgia Walters には，本書の完成まで粘り強く励ましを与えてくれたことに感謝したい．Integra Software Services 社の Alex Antidius Arpoudam は本書制作の管理をプロフェッショナルに行ってくれ，校閲者の Sarah Perkins は原稿のすべてのページに極めて注意深く目を通し，私が自分では発見することのできなかった誤植や不適切な表現を発見してくれたことに感謝したい．原稿を LaTeX に変換する際に専門家として補助を行ってくれた Phil Bacon と Linford Bacon に感謝したい．本書のプロジェクトを進めていくさまざまな段階で，すこぶる有益で，高度に専門的なフィードバックと提案を行ってくれた多くの（部分的には）匿名の査読者たちにも感謝したい．Ryan Opera と John Hey からのフィードバックが特に重要なものだった．最後に，もっと多くの計量経済学者が実験データの分析に興味を持ってくれればいいのにと，何年も前に，私に示唆してくれた Robert Sugden に感謝したい．

目　次

謝　辞

第1章　本書の概要 ……………………………………………………… 3
　1.1　実験統計学とは何か？ …………………………………………… 3
　1.2　実験計画 …………………………………………………………… 5
　1.3　効用の概念 ………………………………………………………… 6
　1.4　実験データの従属性 ……………………………………………… 9
　1.5　パラメトリック・アプローチ対ノンパラメトリック・アプローチ
　　　　………………………………………………………………………… 10
　1.6　構造的実験統計学 ………………………………………………… 12
　1.7　被験者の異質性に関するモデル化 ……………………………… 15
　1.8　他者をも考慮する選好に関する実験統計学 …………………… 17
　1.9　限定合理性に関する実験統計学 ………………………………… 18
　1.10　学習に関する実験統計学 ……………………………………… 19
　1.11　本書の概要 ……………………………………………………… 21

第2章　実験経済学における実験計画の統計的側面 …………… 27
　2.1　はじめに …………………………………………………………… 27
　2.2　平均処理効果の検定 ……………………………………………… 28
　2.3　無作為化手法 ……………………………………………………… 29
　　　2.3.1　完全無作為化計画 ………………………………………… 29
　　　2.3.2　要因計画 …………………………………………………… 30

iv　　　　　　　　　　　　　　　目　次

　　　2.3.3　ブロック計画 ……………………………………… 31
　　　2.3.4　被験者内計画 ……………………………………… 31
　　　2.3.5　交叉計画 …………………………………………… 32
　　　2.3.6　ABA 計画 ………………………………………… 32
　2.4　被験者数は何人であるべきか？　検出力分析入門 ………… 33
　　　2.4.1　標本が 1 つの場合 ……………………………… 33
　　　2.4.2　処理効果の検定における標本サイズの選択 ……… 36
　　　2.4.3　不均等なコストのある処理 ……………………… 38
　　　2.4.4　クラスター計画における標本サイズ ……………… 40
　2.5　4 つの非常のポピュラーな実験 …………………………… 41
　　　2.5.1　最後通牒ゲーム ………………………………… 41
　　　2.5.2　独裁者ゲーム …………………………………… 42
　　　2.5.3　信頼ゲーム ………………………………………… 42
　　　2.5.4　公共財供給ゲーム ………………………………… 43
　2.6　実験計画上の他の側面 ……………………………………… 44
　　　2.6.1　ランダム化インセンティブ（RLI）法 …………… 44
　　　2.6.2　戦略選択法 ………………………………………… 45
　　　2.6.3　「1 回限りの実験」「パートナー条件」および「アウトサイ
　　　　　　ダー条件」 ……………………………………… 45
　2.7　まとめと読書案内 …………………………………………… 47
　問題 ………………………………………………………………… 48

第 3 章　処理効果の検定 …………………………………………… 49
　3.1　はじめに ……………………………………………………… 49
　3.2　処理効果の検定の仕組み …………………………………… 50
　3.3　離散的な結果に対する検定 ………………………………… 52
　　　3.3.1　二項検定 …………………………………………… 52
　　　3.3.2　フィッシャーの正確確率検定 …………………… 54
　　　3.3.3　カイ二乗検定 ……………………………………… 58
　　　3.3.4　現実のデータセットをもちいたカイ二乗検定 …… 60
　3.4　正規性の検定 ………………………………………………… 64
　3.5　処理効果の検定 ……………………………………………… 67

3.5.1 処理効果に関するパラメトリックな検定 ………………………	67
3.5.2 処理効果に関するノンパラメトリックな検定：	
マン・ホイットニー検定 ………………………	72
3.5.3 ブートストラップ法 ………………………	73
3.5.4 分布全体を比較する検定 ………………………	77

3.6 性差の効果に関する検定 ……………………………………………… 80

3.7 被験者内検定 …………………………………………………………… 84

    3.7.1 アレのパラドックス …………………………………………… 85

    3.7.2 選好逆転現象 …………………………………………………… 88

    3.7.3 結果が連続的な場合 …………………………………………… 89

3.8 まとめと読書案内 ……………………………………………………… 95

問題 ……………………………………………………………………………… 95

第4章　理論の検証，回帰，従属性 ……………………………………… 97

4.1 はじめに ………………………………………………………………… 97

4.2 実験オークション …………………………………………………… 100

    4.2.1 オークション理論の概観 …………………………………… 100

    4.2.2 オークション実験の実施 …………………………………… 102

    4.2.3 シミュレートされたオークション・データ ……………… 103

4.3 オークション理論の検定 …………………………………………… 106

    4.3.1 二位価格共通価値オークションにおける RNNE の検定 ‥ 106

4.4 比較静学的予測の検定 ……………………………………………… 109

    4.4.1 標準的な処理効果の検定 …………………………………… 110

    4.4.2 回帰分析をもちいた処理効果の検定 ……………………… 112

    4.4.3 従属性の考慮：超保守的な検定 …………………………… 112

    4.4.4 回帰分析における従属性の考慮 …………………………… 114

    4.4.5 従属性の考慮：ブロック・ブートストラップ法 ………… 116

4.5 オークション・データの重回帰分析 ……………………………… 118

    4.5.1 不確実性の効果の導入 ……………………………………… 118

    4.5.2 経験の効果の導入 …………………………………………… 120

    4.5.3 累積獲得金額の効果の導入 ………………………………… 121

4.6 パネルデータ推定 …………………………………………………… 122

| 4.7 | マルチレベル・モデル | 125 |

4.7 マルチレベル・モデル 125
4.8 コンテスト実験データのモデル化 133
   4.8.1 タロックのコンテスト 133
   4.8.2 コンテスト実験 134
   4.8.3 コンテスト実験のデータ分析 135
4.9 メタ分析 139
4.10 まとめと読書案内 144
問題 145

第5章 回帰分析をもちいた意思決定時間のモデル化 147
5.1 はじめに 147
5.2 意思決定時間に関するデータ 148
5.3 努力配分に関する理論的モデル 150
5.4 努力配分に関する計量経済学的モデル 153
5.5 努力配分に関するパネルデータ・モデル 159
5.6 推定結果に関する議論 164
5.7 推定後の分析 167
5.8 まとめと読書案内 168
問題 169

第6章 実験データの離散性への対処 171
6.1 はじめに 171
6.2 二値データ 172
   6.2.1 尤度と対数尤度についての解説 172
   6.2.2 くじ間の選択のモデル化(「ハウス・マネー効果」) 176
   6.2.3 限界効果 181
   6.2.4 ワルド検定とLR検定 183
   6.2.5 最後通牒ゲーム・データの分析 185
   6.2.6 戦略選択法 189
6.3 STATAにおけるmlコマンドの手順 191
6.4 構造モデル 194
6.5 さらなる構造モデル 197

	6.5.1	異質的エージェント・モデル	197
	6.5.2	デルタ法	200
	6.5.3	デルタ法を使用したその他の例	202
6.6	他の種類のデータ	203
	6.6.1	区間データ：区間回帰モデル	203
	6.6.2	連続的（正確）なデータ	207
	6.6.3	打ち切りデータ：トービット・モデル	211
6.7	最後通牒ゲーム：さらなる分析	217
	6.7.1	性差の効果に関するさらなる検定	217
	6.7.2	リスク下の選択問題としての提案者の意思決定	220
6.8	まとめと読書案内	223
問題		224

第7章　実験統計における順序データ　227

7.1	はじめに	227
7.2	序数データ：特別な処置が必要な場合	229
7.3	順序プロビット・モデル：理論	230
7.4	閾値パラメータの解釈	232
7.5	感情に関するデータへの応用	233
7.6	選好の強度に関するデータへの応用	240
7.7	まとめと読書案内	246
問題		247

第8章　異質性への対処：有限混合モデル　249

8.1	はじめに	249
8.2	2つの正規分布の混合	250
	8.2.1　データとモデル	251
	8.2.2　タイプに関する事後確率	252
	8.2.3　推定プログラム	253
	8.2.4　推定結果	254
8.3	STATA における fmm コマンド	256
8.4	「企業買収」課題に対する混合モデル	258

viii　　　　　　　　　　　目　次

	8.5	公共財供給実験における貢献に対する混合モデル ………………	261
		8.5.1　背景 ………………………………………………………	261
		8.5.2　実験 ………………………………………………………	263
		8.5.3　データ ……………………………………………………	264
		8.5.4　摂動を伴う上限と下限のある有限混合トービット・モデル	
			268
		8.5.5　プログラム ………………………………………………	272
		8.5.6　推定結果 …………………………………………………	279
		8.5.7　タイプに関する事後確率 ………………………………	282
	8.6	まとめと読書案内 ………………………………………………	283

第 9 章　実験データのシミュレーションとモンテカルロ法 …………… 285

	9.1	はじめに …………………………………………………………	285
	9.2	STATA における乱数生成 ………………………………………	287
	9.3	データセットをシミュレートする ……………………………	289
		9.3.1　線形モデルからデータをシミュレートする …………	289
		9.3.2　パネルデータのシミュレート …………………………	292
		9.3.3　動学的パネルデータのシミュレート …………………	294
		9.3.4　二値パネルデータのシミュレート ……………………	296
	9.4	ハウスマン検定に関するモンテカルロ法による分析 ………	298
	9.5	まとめと読書案内 ………………………………………………	303
	問題	………………………………………………………………………	304

第 10 章　最尤シミュレーション（MSL）法入門 ……………………… 307

	10.1	はじめに ………………………………………………………	307
	10.2	最尤シミュレーション（MSL）法の原理 …………………	308
	10.3	ハルトン抽出法 ………………………………………………	310
		10.3.1　ハルトン抽出法を使用する理由 ……………………	310
		10.3.2　STATA でのハルトン数列の生成 …………………	311
		10.3.3　パネルデータ推定におけるハルトン抽出法 ………	315
	10.4	変量効果プロビット・モデル ………………………………	316
		10.4.1　モデル …………………………………………………	316

目　　次　　ix

   10.4.2　シミュレーション ……………………… 319
   10.4.3　MSL 法による推定 …………………… 322
   10.4.4　推定のためのデータ準備 …………… 323
   10.4.5　尤度評価 …………………………… 325
   10.4.6　注釈付きの完全なプログラム …………… 329
   10.4.7　推定結果 …………………………… 332
 10.5　変量効果・両側打ち切りトービット・モデル …………… 335
   10.5.1　尤度関数の構成 …………………… 336
   10.5.2　MSL 法による推定 …………………… 338
   10.5.3　STATA プログラム ………………… 338
   10.5.4　変量効果・両側打ち切りトービット・モデルの推定結果

   ………………………………………………… 342

 10.6　まとめと読書案内 …………………………… 344
 問題 …………………………………………………… 345

第 11 章　ゼロへの対処：切断モデル ……………… 347

 11.1　はじめに ……………………………………… 347
 11.2　トービットと変量効果トービットの復習 ……………… 349
 11.3　切断モデルの必要性 ……………………… 351
 11.4　二段階切断モデルとその変形版 ………………… 353
   11.4.1　p-トービット ………………………… 353
   11.4.2　二段階切断モデル ………………… 353
   11.4.3　一段階切断モデル ………………… 356
 11.5　パネル切断モデル ……………………………… 357
   11.5.1　基本モデル ………………………… 357
   11.5.2　一段階切断パネル・モデル ……………… 358
   11.5.3　尤度関数の構成 …………………… 358
   11.5.4　上限での打ち切りがあるパネル切断モデル …………… 359
   11.5.5　摂動のあるパネル切断モデル …………… 360
   11.5.6　従属性のあるパネル切断モデル ……………… 360
   11.5.7　事後確率の取得 …………………… 362
   11.5.8　推定 ………………………………… 363

x　　　目　次

　　　11.5.9　STATA のプログラムとシミュレーション ・・・・・・・・・・・・・・・ 363
　11.6　独裁者ゲームの贈与額のパネル切断モデル ・・・・・・・・・・・・・・ 371
　　　11.6.1　実験 ・・ 371
　　　11.6.2　推定 ・・ 374
　　　11.6.3　推定結果 ・・・・・・・・・・・・・・・・・・・・・・・・・・・・・・・・・・・・ 376
　11.7　公共財供給ゲームにおける貢献額に関するパネル切断モデル ・・・・・ 380
　11.8　まとめと読書案内 ・・・・・・・・・・・・・・・・・・・・・・・・・・・・・・・・ 387
　問題 ・・・ 389

第 12 章　リスク下での選択：理論的問題 ・・・・・・・・・・・・・・・・・・・ 391
　12.1　はじめに ・・ 391
　12.2　効用関数とリスク回避性 ・・・・・・・・・・・・・・・・・・・・・・・・・・・・ 391
　12.3　くじの選択 ・・・・・・・・・・・・・・・・・・・・・・・・・・・・・・・・・・・・・・ 397
　12.4　確率支配 ・・ 400
　12.5　非期待効用モデル ・・・・・・・・・・・・・・・・・・・・・・・・・・・・・・・・ 401
　　　12.5.1　加重関数 ・・・・・・・・・・・・・・・・・・・・・・・・・・・・・・・・・・・・ 402
　12.6　リスク下の選択に関する確率モデル ・・・・・・・・・・・・・・・・・・・ 405
　12.7　まとめと読書案内 ・・・・・・・・・・・・・・・・・・・・・・・・・・・・・・・・ 408
　問題 ・・・ 409

第 13 章　リスク下の選択：計量経済学的モデル ・・・・・・・・・・・・・・ 411
　13.1　はじめに ・・ 411
　13.2　選択モデル ・・・・・・・・・・・・・・・・・・・・・・・・・・・・・・・・・・・・・・ 415
　　　13.2.1　分析枠組み ・・・・・・・・・・・・・・・・・・・・・・・・・・・・・・・・・・ 415
　　　13.2.2　期待効用最大化に対する違反の導入 ・・・・・・・・・・・・・・ 417
　　　13.2.3　フェヒナー・モデル ・・・・・・・・・・・・・・・・・・・・・・・・・・ 418
　　　13.2.4　ランダム選好（RP）モデル ・・・・・・・・・・・・・・・・・・・・ 418
　　　13.2.5　RP モデルにおける支配問題 ・・・・・・・・・・・・・・・・・・・ 419
　　　13.2.6　摂動パラメータ ・・・・・・・・・・・・・・・・・・・・・・・・・・・・・・ 420
　　　13.2.7　経験の役割 ・・・・・・・・・・・・・・・・・・・・・・・・・・・・・・・・・・ 421
　　　13.2.8　被験者間変動と標本対数尤度 ・・・・・・・・・・・・・・・・・・・ 422
　　　13.2.9　リスクに対する態度に関する事後推定 ・・・・・・・・・・・・ 423

13.3 シミュレーションと推定	424
13.3.1 データ生成プロセス	424
13.3.2 STATA プログラム	426
13.3.3 シミュレートされたデータ	436
13.3.4 推定ルーティンの出力結果	437
13.4 推定結果と事後的推定	439
13.4.1 モデルの推定値	439
13.4.2 ヴュオンによる非入れ子型尤度比検定	440
13.4.3 クラークによるノンパラメトリック非入れ子型検定	441
13.4.4 個人のリスクに対する態度の取得	443
13.4.5 無差別への近接性の取得	443
13.4.6 意思決定時間のシミュレーション	445
13.5 まとめと読書案内	446
問題	447

第 14 章　二値選択実験の最適計画 449

14.1 はじめに	449
14.2 実験計画の理論に関する基礎	452
14.2.1 D-最適計画の原理	452
14.2.2 線形単回帰	453
14.2.3 単純プロビットと単純ロジット	454
14.3 ランダム選好（RP）モデル再論	457
14.4 リスク下の選択実験への D-最適計画理論の応用	460
14.5 摂動パラメータがある場合の最適実験計画	463
14.6 一群の被験者に対する最適実験計画	464
14.6.1 第 13 章でもちいられた実験計画の選択	466
14.7 まとめと読書案内	467
問題	469

第 15 章　社会的選好のモデル 471

15.1 はじめに	471
15.2 独裁者ゲーム実験のデータからの選好パラメータの推定	472

15.2.1	理論的枠組み	472
15.2.2	Andreoni and Miller のデータ	473
15.2.3	CES 型効用関数に関するパラメータ推定	479

15.3 非負制約が等号で成立している場合の利他性のモデル ……… 482
15.3.1	背景	482
15.3.2	モデル	483
15.3.3	推定	487
15.3.4	推定結果	491

15.4 利他性に関する有限混合モデル ……………………………… 492
15.4.1	実験	493
15.4.2	データ	493
15.4.3	公平性に関する混合モデル	494
15.4.4	「公平性の理念」	495
15.4.5	計量モデル	496
15.4.6	プログラムと推定結果	497

15.5 二値選択モデルをもちいた社会的選好パラメータの推定 ……… 500
15.5.1	実験設定	500
15.5.2	配分間の選択基準のモデル化	501
15.5.3	データ	503
15.5.4	条件付きロジット・モデル（CLM）	504
15.5.5	推定結果	505
15.5.6	被験者の特性による効果	506

15.6 まとめと読書案内 ……………………………………………… 508

問題 ……………………………………………………………………… 510

第 16 章　繰り返しゲームと質的応答均衡（QRE） …………… 513

16.1 はじめに ………………………………………………………… 513

16.2 繰り返しゲームのデータ分析 ………………………………… 514
16.2.1	混合戦略ナッシュ均衡の計算	514
16.2.2	繰り返しゲームのデータに関するノンパラメトリック検定	
		516

16.3 質的応答均衡（QRE） ………………………………………… 521

16.3.1 QRE に関する理論	521
16.3.2 QRE モデルにおける確率の計算	523
16.4 QRE モデルの推定	525
16.5 リスク回避的な QRE モデル	531
16.6 コンテスト実験のデータに適用された QRE	536
16.7 まとめと読書案内	543
問題	544

第 17 章　推論レベルのモデル　545

17.1 はじめに	545
17.2 美人投票ゲームに対するレベル K モデル	546
17.3 認知的階層モデル	553
17.4 まとめと読書案内	560
問題	560

第 18 章　学習モデル　561

18.1 はじめに	561
18.2 方向修正学習（DL）	563
18.3 RL，BL，EWA の推定にもちいるデータについて	567
18.4 RL，BL および EWA でもちいられる表記法について	567
18.5 強化学習（RL）	569
18.5.1 強化学習に関するプログラムと推定結果	570
18.6 信念学習（BL）	572
18.6.1 信念学習のプログラムと結果	575
18.7 経験重み付け誘因学習（EWA）モデル	578
18.7.1 EWA 入門	578
18.7.2 EWA をもちいたデータセットのシミュレーション	579
18.7.3 EWA モデルの推定	582
18.7.4 EWA モデルの推定結果	585
18.8 まとめと読書案内	588
問題	589

第 19 章 要約と結論 ……………………………………………………… 591
19.1 実験計画上の問題 …………………………………………… 591
19.2 実験統計学と理論の検証 …………………………………… 594
19.3 データの特徴 ………………………………………………… 595
19.4 社会的選好に関する実験統計学 …………………………… 596
19.5 リスクに関する実験 ………………………………………… 597
19.6 ゲームに関する実験統計学 ………………………………… 600
19.7 異質性 ………………………………………………………… 602

付録 A　データ・ファイルとその他のファイルのリスト …………… 605

付録 B　STATA コマンドのリスト ……………………………………… 607

付録 C　第 5 章と第 13 章で使用された選択問題 …………………… 615

参考文献 ………………………………………………………………… 617

監訳者あとがき ………………………………………………………… 631

索　　引 ………………………………………………………………… 635

経済学のための実験統計学

第1章　本書の概要

1.1　実験統計学とは何か？

　実験統計学（Experimetrics）[1]は，実験研究に適した形にカスタマイズされた，計量経済学における一群の諸手法から構成されている．そうした諸手法のうち幅広い範囲のものが，実験経済学の文献に見出される．本書の目的は，こうした一群の手法を整理し，その使用法を実際に手ほどきする形で示し，可能な限りたくさんの実例を取り上げ，それぞれの分析結果を実験経済学者にとって一番有益なやり方で解釈してみせる，というところにある．対象となる読者は主に実験経済学に従事する研究者である．また，本書は，どのような手法が実験経済学者に利用されているのかを知ることに関心がある計量経済学者にとっても興味深いものであるかもしれない．

　実験経済学の文献においてすでに見られている実験統計学的手法は，非常に初歩的なところから高度に洗練されたものまで幅広い．これらの範囲の中で初歩的な手法に属するものには，処理効果の検定（treatment test）として知られる一連の手法がある．それは，ある処理が存在する場合としない場合の結果や，ある処理を施す前と後の結果を比較する検定である．高度に洗練された手法には，かなり複雑な構造推定モデルがある．それは，モデルの決定論的な中

---

1)　［原著名］Experimetrics は，（著者の知る限りでは）Camerer（2003, p.42）によって生み出された造語である．Houser（2008）による New Palgrave Dictionary of Economics の「実験と計量経済学」に関する章は，「Experimetrics とは，経済学的仮説を統制された環境の下で探究する際に使用される形式的な手続きのことである」という文で始まっている．Bardsley and Moffatt（2007）は，公刊された論文のタイトルにおいてこの言葉を使用した最初の研究である．

核部分に土台となる行動的な理論を対応させており，場合によっては多くの構造パラメータや，被験者間および被験者内の両方で多くの変動を持つような確率的特定化を含むモデルである．言うまでもなく，選ばれている実験統計学的アプローチのタイプはしばしば，また正当にも，これまで実施されてきた実験のタイプや，取り組まれてきた研究課題のタイプによって決められている．

　実験には，被験者の「生来の」特性にフォーカスが当てられ，たいてい単純には，特定の設定の下で個人がいかに決定を行うか，あるいは他人とどう相互作用するかを探求することが目的のものがある．これらの研究は，典型的には（例えば，くじ間の選択や，交渉のパイの分割といった）比較的単純な実験計画に依存しており，被験者の特性，特に選好パラメータを測定することを究極の目的としている．これらの測定された特性にはかなりの変動があると予想するのが通常である．実際，最も関心があるのは，こうした変動の正確な特徴である場合がしばしばである．例えば，「利己的」な人々の占める割合や，期待効用を最大化する人々の割合といった事柄がそうである．このタイプの実験からデータが得られると，構造推定法をもちいて意思決定プロセスをモデル化することが，しばしば適切であると考えられている．それは，例えば，選好の異質性を捉えるようなものを含む，配分を左右するようなパラメータと併せて，個人の目的関数に現れるすべてのパラメータを同時に推定するような手法である．

　他の実験においては，経済制度の下での個々の参加者の特性よりはむしろ，経済制度の働きそのものに焦点が置かれており，その実験の目的は，そうした制度に適用される特定の理論を検証するところにあるかもしれない．これらの実験設定では，価値誘発手法が一般的にもちいられている．この手法は，報酬手段の適切な利用によって，被験者に対して，事前に特定された特性（例えば，選好）を実験者が誘発することが可能になり，それにより被験者の生来の特性を無関係にする，というアイディアに基づいている．このようにして，被験者の特性が与える影響を本質的に除去してしまえば，検証に付されている理論に対して，より詳しい吟味をすることがずっと容易になるのは明らかである．これらの設定では，経済制度の主要な特徴を説得力のあるやり方で捉えておく必要があるために，実験計画は比較的複雑なものになる．しかしながら，要求される計量経済学的手法は非常にシンプルなものになる．通常は，直接的な処理効果の検定がしばしば自然な枠組みであり，興味ある研究上の疑問に対

する答えを得るのに最も適切な手段であると思われるような実験統制の水準になっている.

以下の節では，これら2つの広い［実験手法に関する］領域の各々に対して，最も適切な計量経済学的手法のタイプに関する簡潔な外観を与える.

1.2 実験計画

実験計画というトピックは明らかに，経済学における他の領域でよりも実験経済学において，はるかにもっと重要なものである．これは，他の領域においては，データ生成プロセスが研究者のコントロールの及ばないということが典型的だからである．実験経済学においては，データ生成プロセスは，ずっとはるかに研究者のコントロールの範囲内にある．したがって，標本サイズの選択，サンプリング（標本抽出）のプロセス，それに被験者の処理への割当プロセスといった実験計画上の問題が，すべて中心的な問題になってくる.

その中心となるコンセプトは無作為化である．もし，無作為化が実験に対する被験者選択のプロセスに正しく適用されているなら，主流の計量経済学において常に中心的な問題であった，処理効果の識別が問題になることはない．この事柄のコインの裏面としては，データが自然な環境において収集されたものではないために，実験結果が必ずしも実験室の外側にある世界には適用されないという問題がある．それゆえ，処理効果の識別に関する実験研究の長所は，一般化可能性の欠如という短所によって相殺されていると見ることもできるかもしれない，ということがわかる.

実験計画には，完全無作為化計画，被験者内計画，交叉計画，要因計画を含むさまざまな異なるタイプのものがある．被験者のグループがお互いに対してゲームをプレーするときには，「パートナー条件」か「アウトサイダー条件」かについての選択も行う必要がある．各々の実験計画には長所と短所が共にあり，どの計画をもちいるかはしばしばデリケートな問題となる.

標本サイズの選択は，もう1つの主要な実験計画上の決定となる．ここで扱われる問題は，妥当性のある結論であるという確信を得るためには，何人の被験者が実験には必要であるか，というものである．より正確に言えば，何人の被験者がそれぞれの処理に必要であるかというものである．こうした問題を取り扱うにあたって有益な枠組みは，検定力分析（power analysis）である

(Cohen, 2013). それは，どのような標本が，実施される検定に要求されている「力」を与えるのに必要であるかを確率論的に導き出すものである．

実験計画における特に興味深い問題は，被験者の選好パラメータが最大限の正確さで推定されるようなデータセットを生成するためには，どのような二値選択問題（例えば，くじの選択）を設定すればよいかというものである．本書の1つの章がこの問題に割り当てられている．

1.3 効用の概念

実験の目的は経済理論を検証することにあるとしばしば主張されている．計量経済学者の観点からすれば，そうした検証を実施する自然な方法は，理論からの予測が実際の行動（つまり，実験室における被験者の行動）に対して良い近似を提供しているかどうかを評価することである．この観点からすれば，実験者の役割は観察された行動における規則性を発見し，それからどの理論がこうした規則性を最もよく説明することができるかを問うことである．

競争均衡は多くの理論において中心的な概念である．ある実験（例えば，市場実験）の目的は，行動がどれくらい競争均衡に近いのかを，単に観察するというものかもしれない．こうした実験を，理論の基本的予測を検証するものだと呼ぶことにする．このタイプの実験は，通常，価値誘発手法をもちいて実施される．つまり，それは，各々の被験者に取引される財の価値，したがって完全な需要曲線と供給曲線が外生性的に与えられるというシステムであり，それゆえ，実験者はその均衡をあらかじめ知ることができるのである．この設定においては，明らかに，実際の行動が（均衡に関する）基本的予測にどれくらい近いのかを評価するために実験データをもちいることは単純な問題である．

理論の基本的予測に関する重要な側面は，それがしばしば「点予測」になっているということである．つまり，外生変数の固定値があらかじめ知られているという前提の下で，ある特定の決定変数が特定の値をとるだろうということを，単に教えてくれるものなのである．自由パラメータをどのようにモデルに取り入れるのかを見るために，次の例を考えてみよう．リスク中立性（RN）の仮定の下に構築されたベンチマークとなるモデルを取り上げる．そうしたモデルは，$y =$ 定数という「リスク中立的均衡」予測に導かれやすい．ここで，y は決定変数である．このベンチマーク・モデルには自由パラメータがない．

そこで，RN の仮定の代わりに，期待効用（EU）最大化の仮定を採用したら何が生じるのかを考えてみよう．こうすれば，必然的に，（少なくとも）1 つの自由パラメータが登場することになる．そのパラメータは，典型的にはリスク回避性に関する標準的な尺度の 1 つである．モデルの予測は，いまやこの自由パラメータのとる値に依存することになる．次に，被験者が EU の代わりにプロスペクト理論（Kahneman and Tversky, 1979）に従って行動すると仮定することでモデルをさらに一般化すると何が生じるのかを考えてみよう．このモデルの拡張は，確率重み付けや損失回避性を捉える自由パラメータのさらなる追加をもたらすだろう．

　本書のかなり最初の方では，オークションやコンテストの実験例にかなり比重を置くことになる．オークション理論やコンテストの理論はよく発達しており，非常に明瞭な予測を導いてくれている．こうした文脈における基本的予測は，通常，リスク中立的なナッシュ均衡（RNNE）という形をとる．それは，検討されるオークションやコンテストがどのようなタイプのものであるか，その正確な構造に依存したものになる．被験者の入札額に関する実験データについていえば，その行動が RNNE と整合的であるかどうかを検証することは容易である．

　多くの状況において，実験における被験者の行動は，理論の「基本的予測」からシステマティックな仕方で逸脱する傾向がある．オークションやコンテストの文脈では，こうした逸脱は，ナッシュ均衡の予測に比べて「過剰入札」という形をとる．したがって，もし，ナッシュ均衡理論の基本的予測を検証することが唯一の目的であったなら，この目的はただちに達せられる．つまり，理論を棄却すべきだということになる．しかしながら，理論が検証される別の水準が存在する．典型的な理論には，「比較静学的予測」が伴っている．これは，別の変数の外生的な変化に応じて，決定変数が特定の方向に変化することについての予測のことである．例えば，多くのオークションの文脈では，入札者数の増加は入札額に対して負の効果を持つことが予測されている．もし，2 種類のオークション実験が実施され，1 つは 4 人の入札者，別のものは 6 人の入札者がいるとすれば，6 人の入札者がいるオークションにおいて入札額が低くなっているかどうかを検証することになる．もし，その通りになっていれば，たとえ理論の基本的予測が成り立っていないとしても，実験データはこの理論の比較静学的予測と整合的であると結論することが妥当であろう．

入札者の人数が入札額に与える効果を検証するために，たったいま記述したテストは，処理効果を検定する例になっている．入札参加者が少ないオークションは「統制（コントロール）群」と呼ばれ，入札参加者が多いオークションは「処理（実験）群」と呼ばれる．処理効果の検定を実施する方法は，実験計画の面で見ても，検定統計量を計算するためにもちいられる統計手法の面で見ても，かなりたくさんの種類がある．2つの被験者グループがそれぞれの処理に分離可能な場合，それは標本間［被験者間］検定となる．その代わりに，被験者が両方の処理に参加可能な場合には，標本内［被験者内］検定となる．統計検定の適切な選択は，［実験が］これらの標本抽出法のうちどちらに従っていたかや，標本サイズといった他の多くの実験計画上の特徴，それに被験者が実験セッションやグループに分割される際の手続きなどにも依存する．

処理効果の検定には他にも重要な用途がある．行動が理論の基本的予測から逸脱していることがわかったという状況においては，そうした逸脱が生じる理由を知りたいと思うのは自然なことである．こうした理由は，ときに「均衡外プレーの行動的動因」と呼ばれたりする．例えば，コンテストにおいて過剰入札が行われる理由は，「勝利の快感」のためである，ということが示唆されるかもしれない．これを検証するためには，勝利の快感が不在であるような処理を計画することになるだろう．もし，入札額がこの処理の下では低ければ，勝利の快感が実際に過剰入札の原因であると結論できるかもしれない．過剰入札に対する他の理由には，他者をも考慮する選好（other-regarding preference）やリスク回避性，［プロスペクト理論で想定されるような］確率の歪みが含まれる．

処理効果の検定が実施されるときには，そのアプローチはノンパラメトリックであったり，パラメトリックであったりする．ノンパラメトリック検定は，ときに好まれる．その妥当性がより少ない［確率分布上の］仮定に依存しているからである．パラメトリック検定はしばしば，目下のデータが正規分布に従っているといった仮定にある程度は依存する．

処理効果に関するパラメトリック検定は，線形回帰分析という文脈で実施されるかもしれない．そこでは，説明変数の1つ（あるいは，唯一の説明変数）は，「処理ダミー」になっている．このアプローチの長所は，まず，処理ダミーが，処理効果として直接的に解釈可能なことである．また，［回帰分析に］付随する t 統計量は，処理に対する検定統計量になる．1つ以上の処理を

同時に検定することも可能である．それに，実験結果に対する他の決定要因の効果は統制することが可能である．標準誤差をクラスター化するといった回帰分析に関連したルーティンは，［統計ソフトウェアによって］すでに開発されている．

1.4 実験データの従属性

　従属性は，実験統計学において中心的な問題である．基本的な処理効果の検定（および他の多くの検定や推定手法）は，独立な観察という仮定に決定的に依存している．実験データを分析する際には，この仮定が満たされていない可能性が予期される，ということにはいくつかの理由がある（最近の議論については，Fréchette（2012）を参照のこと）．第1に，もし，通常そうであるように，実験の被験者が一連の課題に参加する場合，被験者レベルで「クラスター化」することがよくある．というのは，単に，他の被験者よりも決定変数の値が高くなる被験者がいるからである．もちろん，このことは，問題の被験者について，観察間に正の相関があるということを意味するにちがいない．また，被験者が一緒に活動する「グループ」のレベルでクラスター化することもよくある．被験者の行動は，同じグループに属する他のメンバーの行動に依存しがちだからである．セッション・レベルでクラスター化するべきだということもしばしば示唆される．例えば，単純に時間経過の結果として，午後のセッションにおける行動は，午前のセッションでの行動とは異なると予想されるかもしれない．グループの構成メンバーがラウンドごとに変更される「アウトサイダー条件」が利用されるときには，セッション・レベルでクラスター化するべきもっと重要な理由がある（Andreoni, 1988）．被験者レベルのクラスター化は「最低レベル」のクラスター化であり，セッション・レベルのクラスター化は「最高レベル」のクラスター化である．

　実施される検定を正当化するために，クラスター化を可能にするであろう多くの研究戦略が存在する．1つ目は，超保守的なアプローチである．つまり，独立な単位（仮定されるクラスター化のレベルに依存して，被験者，グループ，あるいはセッション）にわたる平均的な行動を取り上げ，それからこれらの平均に対して検定手法を適用するのである．平均化が実施されるクラスター化のレベルが十分に高いことを前提とすれば，この平均は自動的に独立性の要

請を満たすことになるだろう．この可能な中で最も保守的なアプローチは，平均化のプロセスにより検定が適用される標本サイズをかなり縮小することになるので，それゆえ，検定力（つまり，処理効果が実際に存在するときに，有意な処理効果を発見する確率）を弱めることになる．

可能な2つ目のアプローチは，処理ダミーを伴った回帰分析を実施し，処理効果についての検定統計量を計算する際には，クラスター化された標準誤差（つまり，仮定されたレベルでのクラスター化に対して修正された標準誤差）を使用することである．可能な3つ目のアプローチは，変量効果モデルや固定効果モデルのような，パネルデータの推定手法を使用することである．これらの手法はデータのパネル構造を直接的に取り扱うものである．変量効果モデルの枠組みを1つ以上のレベル（例えば，被験者レベルとセッション・レベル）で従属性があるような状況に拡張する，マルチレベル・モデリングのアプローチを使用することによって，こうしたアプローチをさらに進めることができる．

1.5 パラメトリック・アプローチ対ノンパラメトリック・アプローチ

根本的な選択は，パラメトリックな手法とノンパラメトリックな手法の間にある．この選択における重要な問題の1つは，結果変数の測定尺度（名義的，順序的，あるいは基数的）にある．多くのパラメトリック検定は，分析の対象となる変数が基数的尺度で測定されているときにのみ成立する確率分布上の仮定に依存している．

通常，最も多く要請される確率分布上の仮定は，結果変数が正規分布に従うというものである．もし，結果変数が正規分布に従うなら，非常に便利である．なぜなら，他のいくつかの要請の下で，パラメトリック検定，例えば t 検定が信頼の置けるものになることを意味するからである．しかしながら，経済実験から得られるデータはしばしば，明らかに正規分布に従っておらず，このことは多くの実験経済学者にとって特に懸念事項になる．多くの研究者は疑いを抱かずにノンパラメトリック検定をデータに適用しており，結果変数が正規分布に従っていないという懸念があったのでこうした選択を行ったのだと説明する．しかしながら，この戦略はコストを伴うことになりがちである．ノンパラメトリック検定が基数的データに適用されると，データにおける基数的情報

が無視されることになる。というのは，検定はただデータの順序にのみ基づいているからである。これが，ノンパラメトリック検定の［検出］力（つまり，処理効果が存在するときに，その効果を検出する下限となる確率）が，パラメトリック検定に比べて弱くなりがちである理由である。

　正規分布の要請［を満たすことが困難であること］が実験経済学者たちによってあまりにも深刻に受け取られていることが，はっきりと感じられる。たとえ，データが正規分布に従っていなくても，標本サイズが十分に大きければ（通常は，各処理につき30以上の観察値という意味である），中心極限定理が働き（データの標準化された平均は，反復された標本において正規分布に従うことを意味する），パラメトリック検定は信頼の置けるものとなる可能性がある。さらに，たとえ，標本サイズが中央極限定理を適用するのには不十分であるとしても，パラメトリック検定の適正な利用を可能にしてくれる手法が存在する。そうした手法の1つはブートストラップ法である（Efron and Tibshirani, 1993）。この手法は，データの分布に関してどのような仮定も行わずに，基数性が考慮されるパラメトリック検定の実施を正当化する手段を提供してくれる。したがって，ブートストラップ法は，パラメトリック検定とノンパラメトリック検定の短所を避けながら，それぞれの長所を組み合わせた手法であると見ることもできるだろう。

　別のタイプのノンパラメトリックな手法には，ノンパラメトリック回帰分析がある。これは，大ざっぱに言うと，散布図上にスムースでフレキシブルな曲線を描くような手法である。これはデータ分析の初期における，探求的なステージにおいて非常に有益なものであり，2つの変数の間にある関係の性質を決定することにもちいられる。特に，その関係が線形であるかどうか，もしそうでないなら，それはU字形なのか，逆U字形なのか，3次式なのかなどを決定するためにもちいることができる。このように関係性の性質を発見することは，適切なパラメトリックなモデルが何であるかを決定する際に非常に有益であるのは明らかである。本書で取り上げるノンパラメトリック回帰の手法は，Clevekand（1979）による局所的重み付け回帰（Lowess）手法であり，それはSTATAで利用可能である。

1.6 構造的実験統計学

　本書の主要な目的の1つは，完全に構造的なモデルの広汎な利用を奨励し，このモデルがどのようにして推定されるのかについて，完全な説明を提示することである．

　構造的計量経済学モデルとは，明示的な経済理論を適切な統計モデルと結合したモデルのことである．産業組織論の領域における構造的モデルの応用に関する充実したサーベイについては Reiss and Wolak（2007）を参照してほしい．実験統計学の文脈においては，実験の目的が被験者が「生来に持つ」特性を測定することにあるときには，構造的モデリングは潜在的に非常に有益なものになっている．ここで特性とは，リスクに対する態度や利他性の程度といったことを意味する．これらの特性は，効用関数のモデル化に対する出発点となる．もし，リスクに対する態度が焦点であるなら，フォン・ノイマン-モルゲンシュテルン効用関数となる．もし，利他性が焦点であるなら，自分自身の利得と他者の利得上に定義された「2財」効用関数となる．

　構造的アプローチの1つの明白な利点は，それが，マルチレベル・モデリングによって提供されるのと同様の，従属性問題に対する解答を提供してくれることである．構造的アプローチの下では，関心のある仮説は，個人的決定のレベルでのデータをもちいて，妥当な形で検定されるだろう．被験者の特性は，「観察された」被験者の異質性を説明する説明変数となるが，変量効果項は観察されない異質性を説明するためにもちいられるだろう．グループ・レベル，あるいはセッション・レベルの変量効果もまた，含めることが可能である．構造的アプローチは実際に，例えば，前のラウンドにおけるグループの平均貢献額を説明変数として含めることによって，グループ内の行動［が持つ異質性］をコントロールするための代替的な戦略を可能にしてくれる．

　測定の尺度は，モデリング戦略間の選択において重要である．主流の計量経済学的モデルのほとんどは，結果が連続的な変数であるという仮定に基づいている．実験経済学においては，そうではない場合が多い．しばしば，結果は二値変数である．ときには，それは離散的であるが，2つ以上の結果をもつものである．その場合，結果が名義的（つまり，カテゴリー的）変数であるか，順序的変数であるかを考える必要がある．ときには，理論モデルから導かれる結

果は，連続的に分布する変数となるが，観察された変数は連続とは程遠いものであるような性質のデータであることがある．それは，下限あるいは上限で打ち切られたものであったり，あるいは，内側にある特定の「焦点」にデータの集積点があったりするかもしれない．結果が本当に連続的であるような状況でさえ．その分布に注意をする必要があるのがしばしばである．完全にパラメトリックなモデルでは，パラメータ推定の一致性を実現するために，分布に関するあらゆる仮定を正しく特定化することが重要である．

　ある状況では，関心のある構造パラメータは，ソフトウェア・パッケージで容易に利用可能な推定ルーティンをもちいて得ることが可能であるかもしれない．そうしたルーティンには，線形回帰，パネル・モデル，二値データ・モデル，打ち切りデータ・モデル，区間回帰，それに順序モデルが含まれる．別の状況では，必要なルーティンは容易には利用できず，目的に沿ったプログラムを書く必要がある．幸いにも，そうしたプログラムの開発を手助けしてくれるソフトウェアは容易に利用可能である．本書で特に重点的に使用しているそうしたツールの1つは，STATA における ml ルーティンである（Gould et al., 2010）．

　構造的モデルの注目すべき長所は，自然なやり方でランダム性を取り入れていることである．確率項，あるいは誤差項とは，実験経済学者が，実際の行動を統計的モデルによって説明することを可能にするために，自分たちが大切にしている経済理論に付加する必要のある要素として，しぶしぶ認めているもののことである．実験経済学者に構造的モデルの枠組みを受け入れることを奨励することによって，ランダム性は永続的な（そして自然な）人間行動の特徴であることを，彼らが受け入れる段階へと進めることができるだろう．ここで重要なメッセージは，確率項は後知恵で付加される必要があるとされているものではないということである．Harrison et al.（2015）を引用すれば，「つまり，理論家の仕事は，計量経済学者の仕事と分離できない」ということである．

　確率的特定化の役割が重要であることが立証されたとすれば，取り上げるべき次の問題は，どこにどのようにして確率的要素を導入すべきか，ということである．以下で見るように，可能なアプローチはたくさんある．個人的意思決定の文脈では，最も自明なアプローチは単に，加法的な誤差項を，理論的予測を表現する式に付加することである．そうしたアプローチは，単純な回帰分析と類似したものであるが，ときにはこれよりもずっと複雑なものにな

る．代替的なアプローチは，行動における変動は，被験者間，被験者内，ある
いはその両方のモデルにおけるパラメータの分散によって説明されるという
ものである．これを「ランダム選好」アプローチと呼ぶことにする．可能な3
つ目のアプローチは，「摂動項」として知られるようになってきたものを導入
することである．これは，［要因の］見当違いと［ある要因への過度の］集中
という過失の両方を捉える手法である．ときに，これら3つのアプローチは，
結合して使用される．

　おそらく，これらの問題すべては，リスク下の選択モデル（Loomes et al.,
2002; Harrison and Rutström, 2009; Conte et al., 2011; Von Gaudecker et al.,
2011 を参照）において最もよく説明することができる．データセットは，典型
的には，標本である被験者の各々によって行われた，一連のくじ間の二値的
選択から構成される．モデル化戦略の中心となるのは，フォン・ノイマン－モ
ルゲンシュテルン効用関数であり，それは個人のリスクに対する態度（ある
いは「選好」）を捉えるものである．リスクに対する態度は明らかに個人間で
異なるので，リスクに対する態度を表すパラメータは被験者固有の変量効果
の役割を果たすことになる．また，はっきりとした被験者内変動が存在するの
も明らかである．これは，与えられた被験者について選好が時間とともに変動
すると仮定すること（ランダム選好（RP）アプローチ）によってか，あるい
は，被験者は選択を行う際に毎回計算間違いを犯すと仮定すること（フェヒナ
ー・アプローチ）によって捉えることになる．摂動を仮定することは，これら
の確率的アプローチの各々に対して有益な補完をしてくれる．というのは，そ
れによって，ほとんどめったに生じないような選択が，たまたま発生すると
いうことを認めることができるからである．こうした確率的モデルを構築す
るための理論的フレームワークは，当然 EU となる．しかしながら，典型的
には，EU はあまりにも限定的過ぎることがわかっており，ランク依存型
（RD）効用理論（Quiggin, 1982）や累積的プロスペクト理論（CPT, Tversky
and Kahneman, 1992）の方がデータに良くフィットすることがわかっている．
これらのモデルには，リスク回避パラメータに加えて，確率重み付けパラメー
タや（もし実験の結果に利益だけでなく損失も含まれるのなら）損失回避パラ
メータも含まれる．有限混合アプローチが，ときに被験者を EU タイプと RD
タイプに分離するためにもちいられる（Harrison and Rutström, 2009; Conte
et al., 2011）．これらのモデルすべてが，経験に依存するようなパラメータを

許容するように拡張可能でもある．このことは，例えば，経験の蓄積程度に従って［行動を決定する上での］計算上の誤りが減少していく，あるいは，経験に伴って被験者がEU最大化者に近づいていく（Loomes et al., 2002）ような現象を捉えるのに有益である．これらすべてのモデルは，計算が実行可能であるような最大化ルーティンをもちいて，最尤法のフレームワークによって推定可能であろう．

1.7 被験者の異質性に関するモデル化

おそらく，実験データの文脈において構造モデルを構築することに対するあらゆる理由の中で最も重要なことは，それが被験者間の異質性を取り込むことを可能にしてくれることである．異質性については2つの広いタイプが存在する．離散的異質性は，被験者の集団が，カテゴリー的に異なる仕方で刺激に対して応答するような，有限の数の異なる「タイプ」から構成されているような状況である．前節の最後で言及したものがその1例である．ある個人はEU最大化者であり，その他はランク依存型の（つまり，確率を重み付けする）理論に従って行動するということである．別の標準的な例としては，公共財供給実験の文脈においては，被験者の集団が「戦略家」「利他主義者」「互恵者」「フリーライダー」という4つのタイプにほぼ分割されるという仮定から出発することになるだろう（Bardsley and Moffatt, 2007）．

連続的異質性とは，被験者が連続的に測定可能な次元において互いに異なっているような状況のことである．自然な例としては，リスクに対する態度がある．あらゆる個人はそれぞれ各自固有のリスク回避パラメータを持っていると仮定することができるだろうし，それは集団全体にわたって連続的に分布していると仮定することが当然であろう．

これら2つのタイプの異質性は，それぞれ異なるタイプの構造的計量経済学モデルを必要とする．離散的異質性の場合には有限混合モデルが，連続的異質性の場合には変量効果モデルあるいはランダム・パラメータ・モデルが必要となる．モデルに関するこれら2つのクラスは，共に本書で中心的な役割を演じることになる．

先に言及した「タイプ」のうち，有限混合モデルの発展を動機付けたものに関して言えば，おそらく多くの状況において最も重要なタイプは「ゼロ・タイ

プ」である．それは，常に公共財に何も貢献しない被験者のことである．独裁者ゲームの文脈では，そうした被験者は「利己的タイプ」とラベル付けされるかもしれず，公共財供給ゲームの文脈では，「フリーライダー」とラベル付けされるかもしれない．ゼロ・タイプの存在を説明するモデルで非常に有益なクラスは，「切断」モデルというフレームワークである．切断モデル，あるいは「二重切断」モデルには2つの方程式が含まれる．1つ目は，被験者が「ゼロ・タイプ」かどうかを決定するもので，2つ目は，被験者がゼロ・タイプでないときにその行動を決定するものである．切断モデルは，本書において重要な役割を演じる．特に，各被験者について複数の選択が観察されるような実験において典型的に生じる状況に適用可能にするために，切断［モデルの］フレームワークはパネルデータに拡張される．切断フレームワークがこれほど有益なのは，処理［の変更］がただ被験者の行動を変えるだけでなく，被験者のタイプを変化させるという可能性をも許容してくれるためである．例えば，被験者の初期保有が被験者自身によって獲得されたものなのかそうでないのかについて，現在多くの関心が集まっている．もし，初期保有が，無償のギフトとして与えられたものであるなら，それが被験者自身によって（通常は，「現実生活」において）獲得されたものである場合に比べて，被験者が「ゼロ・タイプ」である可能性はあまりありそうにない．もし，実験上の取り決めが，（単に被験者の行動を変えるにとどまらず）被験者のタイプを現実生活におけるものから変えてしまうことがわかったなら，その結論は明らかに，外部的妥当性に関する議論にとって重要なものになる．こうした問題は，切断フレームワーク内部で容易に検証可能なものである．

　「被験者タイプ」についての重要なポイントは，特定の被験者が与えられたタイプであるということを，現時点では確実に言えるような立場にはない，ということである．例えば，公共財供給ゲームにおいて，あらゆる場合に貢献額がゼロであることを観察された被験者は，「フリーライダー」である可能性が非常に高いが，その人が実際にフリーライダーであると確実に言うことはできないのである．なしうる最善のことは，モデルの推定に続いて，各被験者についてそのタイプである事後確率を計算することである．これはベイズの公式をもちいて行うことができる．毎回貢献額がゼロである被験者は，おそらくフリーライダーである事後確率が非常に高いだろう．連続的な異質性の状況においても，類似の手法をもちいることができる．例えば，被験者の間でリスクに

対する態度が連続的に分布していると仮定されるようなリスク下の選択モデルにおいて，推定に続いて，ベイズの公式をもちいて，各被験者について事後的なリスク回避度の推定値を得ることができる．この値はさまざまな形で有益なものである．

有限混合モデルでは，特定の被験者に対応する尤度への寄与度は，各タイプである確率（あるいは，混合割合）を重み付けとした，異なるタイプに対応した確率あるいは密度の重み付け平均となる．連続的異質性が存在する場合，推定上の問題はやや複雑になる．なぜなら，単一の被験者に対応する尤度への寄与度は，異質性を表現する（諸）変数に関する積分となるからである．したがって，尤度関数の推定に対する手法は，積分を評価するための数値計算法を組み込まなければならない．本書全体を通して採用している手法は最尤シミュレーション（MSL）法（Train（2003）を参照のこと）である．この手法は，積分変数をシミュレーションし，その値の集合に属する各々の値で関数を評価し，それからこれらの関数値の平均をとることによって積分は計算可能であるという原理に基づいている．シミュレーションされた変数は確率変数ではなく，その代わりに，ハルトン数列となる．それは，積分の計算において大きな効率性をもたらすものである．

1.8 他者をも考慮する選好に関する実験統計学

行動経済学が［経済学研究において］すでにしっかりと根を下ろしていることからわかるように，経済学の研究は，利己的な効用を最大化するという厳格な仮定から離れて，「他者をも考慮する選好」や「不平等回避」といった概念を導入し始めている．行動を導くさまざまな判断事項がどのようなものであれ，それらは，個人が最大化すると仮定されている効用関数に何らかの形で組み込むことができるということが，しばしば認められている．例えば，効用関数には利己性を表現する要素が含まれており，それは伝統的な効用関数と類似したものだろうが，2つ目の要素は，個人が自分の周りにいる人々の幸福に割り当てる重要性の程度がどれほどのものであるかを表現するものである．そうした関数の最適化は，多くの実験が探求することを目指している，「他者をも考慮する」行動という結果を生み出す．例えば，独裁者ゲームの設定の下でこうした研究を行う自明な方法は，「自分自身の利得」と「他者の利得」という

2つの引数がある効用関数を仮定し，この効用関数をパラメータを持った関数形に特定化し，計量経済学的な手法でそのパラメータを推定することである．こうした種類の推定は Andreoni and Miller（2002）や他の研究者たちによって実行されてきた．こうしたモデルの文脈内では，初期保有を被験者が獲得したものであるかそうでないかといった処理が行動に影響を与えているかどうかという問いについて，そうした処理が単に結果変数に影響を与えているかどうかを考察することよりもむしろ，効用関数のパラメータに影響を与えているかどうかについて探求することによって取り組むことができる．Jakiela（2013）は，こうしたタイプの処理効果の検定を実施している．

　本書において，他者をも考慮する選好を扱った章では，こうしたタイプの効用関数を出発点として取り上げ，さまざまな推定手法について考察する．特に，理論的に整合的なやり方で，他者の利得に関する観察値がゼロ（つまり，利己性）の場合を取り入れることができるように，そうした場合を独裁者の制約付き最適化問題に対する端点解として取り扱うことによって，こうしたモデルに対する拡張版を発展させる．別の拡張は，Cappelen et al.（2007）のものと類似の有限混合モデルで，異なる被験者は異なる公平性の理想（fairness ideals）を持っており，その行動はこの理想と利己性の程度とによって決定されるというものである．最後に，完全に異なった推定手法が導入される．それは，データが異なる配分間の選択から構成されているときに適切なものである（Engelmann and Strobel, 2004）．この手法に適切なモデルは条件付きロジット・モデルである．このモデルは，よく知られた Fehr and Schmidt（1999）の効用関数において，自分にとって有利な不平等と不利な不平等，それぞれに対する回避度を別々に捉えるパラメータを推定するのに特に有益であることが知られている．

1.9　限定合理性に関する実験統計学

　相互作用のあるゲーム的状況では，基本的予想は通常，ナッシュ均衡の形をとる．ナッシュ均衡は，主体が他者の行動に関する正確な予測を持ち，主体はこうした予測に対して最適反応を選ぶという仮定に基づいている．これまでの例のように，観察された行動はこの理論的予想からは逸脱するので，そうした逸脱をモデル化する方法を考える必要がある．こうした目的のためにもちい

られるモデルは，しばしば限定合理性のモデルと考えられている．最近の研究サーベイについては，Crawford et al. (2013) を参照してほしい．

　こうしたアプローチの1つは，質的応答均衡（QRE）モデルである（McKelvey and Palfrey, 1995）．このモデルでは，各プレーヤーの行動は，ノイズを伴う他のプレーヤーの行動に対してノイズを伴う最適反応となるような［確率］分布に従うと仮定される．意思決定には「ノイズがある」ため，最適反応であるという仮定は緩められていることに注意してほしい．しかしながら，プレーヤーはノイズを伴う他のプレーヤーの行動について正しい予測をするため，予測の正確性に関する仮定は満たされている．

　それと異なるアプローチは，レベル K モデルである（Nagel, 1995）．これは，プレーヤーには（有限の）異なる推論レベルがあり，各プレーヤーは，他のすべてのプレーヤーが自分自身よりも1つだけ低い推論レベルであると予想するものと仮定する．明らかに，この仮定は，QRE とは違って，プレーヤーが他のプレーヤーの行動について正しくない予測をするということを意味する．レベル K モデルに密接に関連しているのは，認知的階層モデル（Camerer et al., 2003）である．それは，おそらくより妥当性があるモデルと思われるが，プレーヤーは，他のプレーヤーのすべてが同じ推論レベルであると仮定するのではなく，その代わりに，自分自身のレベル以下の各レベル上に分布していると仮定するものである．

　レベル K モデルや認知的階層モデルを適用する最も自明なアプローチは，各推論レベルにおける決定論的な最適反応の周辺で平均ゼロの誤差を仮定することであり，これにより，最適反応の仮定が緩められることになる．これは，Bosch-Domenech et al. (2010) と Runco (2013) によって採用されたアプローチで，本書における該当の章においてもこのアプローチが採用される．

1.10　学習に関する実験統計学

　もし，主体が正確に均衡において行動しているように見えない場合に生じる自明な問いは，均衡に収束していくような学習プロセスは存在するか？　というものである．この問いは，各被験者が一連の課題を実施するような実験設定において取り扱われるだろう．この問いを扱う最も単純な方法は，課題番号を決定変数に対するモデルにおける説明変数として使用することである．こうし

て，課題番号の効果は，被験者が経験を積むに従って，行動が均衡に向かって
いるかどうか，さらにどれくらい速く向かっているかを判断するためにもちい
られる．

　課題番号を説明変数としてもちいるだけで，［学習効果を検証するのに］十
分であるという状況もある．例えば，個人的意思決定において，EU からの逸
脱を表現するパラメータが，EU に向かって収束していくような仕方で，経験
に伴って変化するということが，ときに見出される（Loomes et al., 2002）．ま
た，確率項が経験に伴って変化するということも見出されている．特に，摂動
パラメータは，実験の進行に伴いゼロに向かって次第に減少していくというこ
とが発見されている．このことは，頼もしいことに，誤解や注意の完全な欠如
というものが一時的な現象であるということを意味する．公共財供給ゲームを
何度か繰り返す場合には，貢献額が経験に伴って減少していくことが見出され
ており，貢献額に関する関数において，単純に課題番号を説明変数としてもち
いることは，しばしばこの効果を捉えるのに最良の方法であることがわかって
いる．

　こうした実験の文脈においては，学習は（通常は）課題についてのみ考えら
れており，他のプレーヤーの行動や，これまでの課題の結果についてのものと
はなっていない．こうした実験設定の両方［個人的意思決定と公共財供給ゲー
ム］においては，実験計画そのものに由来するのだが，被験者は以前のラウン
ドにおける結果に関するフィードバックを得ていないというのが，ほとんど標
準的な実験の特徴となっている．したがって，こうした状況では，学習プロセ
スのモデル化は，単純に，何らかの仕方で特定のパラメータを課題番号に依存
させるというものになる．

　フィードバックのある実験ゲームの状況は非常に異なっている．各ラウンド
において，被験者は，相手の選んだ戦略と，自分と相手の利得という形での結
果，それら両方を観察する．したがって，被験者は他者の行動や，自分自身に
とって最も利得の高くなる戦略のタイプについても直接的に学習する．他のプ
レーヤーに関する学習プロセスは，他のプレーヤーの行動もまた，経験に伴っ
て変化するという事実によって複雑なものになる．それゆえ，学習に関する包
括的なモデルは，プレーヤー自身の過去の利得だけでなく，他のプレーヤーの
過去の選択が持つ効果をも取り入れたものでなければならない．計量経済学の
言葉で言えば，モデル化戦略は，静学的なモデル化から動学的なモデル化へと

変わる．というのは，いまや，現在の行動と過去の行動，それに結果の間の関係を明示的に捉える必要があるからである．

数多くのそうしたモデルが本書では検討される．方向修正学習（DL, directional learning）の理論は，Selten and Stoecker（1986）によって最初に提案されたものだが，シンプルな形式の動学的学習モデルである．この理論では，被験者は各期に，前期の結果に応じて自分の行動を修正するものと仮定される．強化学習（RL, Erev and Roth, 1998）は，被験者がある戦略を選ぶ傾向性は，前期までにその戦略を選んだ結果受け取った利得に関する増加関数であるというアイディアに基づいている．信念学習（BL, Cheung and Friedman, 1997）は，プレーヤーが，各選択の下で受け取ったであろう利得に応じて，その戦略を修正するというアイディアに基づいている．

強化学習のモデルは，これまで主として心理学者たちによって使用されてきたが，信念学習のモデルは主として意思決定理論家やゲーム理論家によってもちいられてきた．これら2つのモデルを入れ子にしたモデルは，Camere and Ho（1999）によって開発された経験重み付け誘因学習（EWA）のモデルである．このモデルは，強化学習と信念学習という2つのモデルのうちどちらがデータにより良くフィットするかを検証するためのフレームワークになっているので，有益なものである．しかしながら，このモデルにはかなり多くのパラメータが含まれているので，過剰にパラメータ化されていると考えられるかもしれない．

1.11 本書の概要

本書の主要な目的は，読者にわかりやすく系統立てて，実験統計学における広い範囲の課題をどのようにして実施するかを示すことである．本書に含まれていないことは，計量経済学の理論に関する詳細である．例えば，推定値や検定が持つ性質を導出することなどである．こうしたトピックについては，主流の計量経済学の教科書である Wooldridge（2012）や Green（2008）を参照することをお勧めする．

本書では予定されていないもう1つの目的は，取り扱われるそれぞれのトピックに関する包括的な文献サーベイを提供することである．各章の主要部分では，取り扱われる統計手法に直接的に関連する研究についてのみ言及されて

いる．各章末には，特定のトピックについてもっと詳しく知りたい読者の便宜のために，限られた数の文献が読書案内として掲載されている．

例題はすべて STAT バージョン 12（StataCorp, 2011）によって例示されている．本文で使用されているすべてのデータセットはオンラインで入手可能であるとともに（www.palgrave.com/moffatt），付録 A にも掲載されている．例示のために使用されるデータセットの中のいくつかは，本物の実験データであり，公刊された研究ですでに使用されたものである．他のデータセットはシミュレーションによって得られたものである．シミュレートされたデータセットのすべてには，その名前に sim という指標が付けられていることに注意してほしい．これらのデータセットを読者が使用する場合には，それらはただ統計手法の練習のためにもちいられるべきであるということが重要である．シミュレートされたデータは，妥当な本物のデータセットが見つからないような状況においては明らかに有益なものである．事実，本書のある章は，要求された構造や特徴を持つデータセットをどのようにしてシミュレーションによって生み出すかに割かれている．

多くの例題は，あらかじめ組み込まれている STATA のコマンドによって実行可能である．本書でもちいられるほとんどの STATA のコマンドは，付録 B にリストアップされている．ある状況では，必要な STATA コマンドが存在しないが，その必要を満たす，ユーザーによって書かれたプログラムがオンラインで入手可能である．こうしたプログラムは，STATA の findit コマンドをもちいれば発見でき，そこから容易にインストール可能である．他の課題については，STATA でプログラミングをする必要がある．どのようにして do-file を作り，実行するかといった基本的な STATA の操作法については習得済みであることを仮定しているが，プログラムそれ自体については詳細に説明されている．ある状況では，MATA が使用される．MATA は，STATA に組み込まれている行列プログラミング言語である．いくつかの進んだ課題は，STATA のコードに MATA コマンドを取り入れない限り実施できない．

ごく少数の課題では，Excel の出力が使用されている．そうした Excel ファイルもまた，www.palgrave.com/moffatt に置かれている．これは，特定のタイプの問題では，例えば，入力の変化に対応して自動的に出力が変化するといった，フレキシブルな計算が必要だからである．

いくつかの章の末尾には問題が含まれている．［問題がない章があるという］

このような不統一性は，単に，いくつかのトピックは，他のトピックに比べて
ずっと容易に，問題にすることがうってつけだからだという理由からである．

　第2章では，実験経済学にとって最も関連が深い，実験計画の統計的側面
が考察される．最も重要なことは，この章が，処理効果の検定のために適切な
標本サイズを選択するためにもちいられる手法である，「検出力分析」につい
ての入門になっているということである．この章ではまた，要因計画，ブロッ
ク計画，被験者内計画といったさまざまなタイプの実験計画が記述されてお
り，1回限りの実験やパートナー条件，アウトサイダー条件の違いについても
説明されている．最後に，被験者に複数の課題を課すための手法，すなわち，
ランダム化インセンティブ法（RLI, random lottery incentive scheme）と戦略
選択法（SM, strategy method）が記述されている．第2章ではまた，4つの非
常によく知られた実験，すなわち，最後通牒ゲーム，独裁者ゲーム，信頼ゲー
ム，それに公共財供給ゲームが導入される．これらは，本書全体を通じて何度
も，適用例として取り上げられるものである．

　第3章では，処理効果の検定が取り扱われる．この章には，多くの実践的
な実験が含まれ，そのいくつかには本物のデータセットが含まれる．この章
では，パラメトリック検定とノンパラメトリック検定が取り扱われ，これら2
つのアプローチの長所と短所や，それぞれの検定がもちいられるべき環境に
焦点が当てられる．この章ではまた，ブートストラップ法が導入される．それ
は，基礎となる確率分布上の仮定が成り立たないような状況においてパラメト
リック検定を適切なものにしてくれる手法である．この章はまた，分布そのも
のを比較する検定や検定間を比較する検定が取り扱われる．

　第4章では，回帰分析の文脈で処理効果の検定が考察される．その適用事
例は，オークション実験とコンテスト実験になる．理論の基本的予想の検定，
比較静学の予測に関する検定，それに均衡外行動の原因に対する検定の間に区
別が置かれる．この章では，クラスター化やブロック・ブートストラップ法を
含む，従属性を取り扱うための手法が取り扱われ，パネルデータの推定やマル
チレベル・モデリングの例証へと進んでいく．最後に，コンテスト実験に適用
されたメタ分析の例が提示される．

　第5章では，意思決定時間の分析という，回帰分析に関する非常に異なっ
た応用例が提示される．これは最近，部分的には意思決定時間が，被験者によ
って費やされた努力水準に関する有益な尺度であるという理由から，急速にポ

ピュラーになってきた研究領域である（Moffatt, 2005b を参照のこと）．この文脈において再び，パネルデータの推定値および検定が例示される．

第6章から第7章は，結果が離散的な変数であるときに適切なモデル化アプローチを主として取り扱う．例えば，二値データ・モデル，打ち切りデータ・モデル，区間回帰，順序モデルなどである．これらの状況のほぼすべてで，例題に対して組み込み済みの STATA コマンドが利用可能である．それに加えて，第6章では，STATA の ml ルーティン（Gould et al., 2010）が導入され，簡単な最尤法に関する問題に適用される．

第8章では，有限混合モデルが，ml ルーティンをさらに利用する形で導入される．最後の例では，公共財供給ゲームからの本物の実験データをもちいて，パネルデータ問題に対する ml ルーティンの最初の適用事例が提示される．

第9章は，実験データのシミュレーションが取り扱われる．この章には，パネルデータ，動的パネルデータ，二値パネルデータをどのようにしてシミュレートするかに関して述べた節がある．すでに述べたように，シミュレートされたデータは，本物のデータが利用可能ではないときに有益である．シミュレートされたデータはまた，プログラムのテストをしたり，推定値や検定の性質を検討したりすることにも有益である．後者のためには，モンテカルロ法がもちいられる．本章においては，第7章で開発された検定統計量のパフォーマンスを評価するという問題への適用を含む，モンテカルロ法の利用例が示される．

第10章では，最尤シミュレーション（MSL）法が導入される．これは，連続的な異質性に対処するための標準的なモデル化のフレームワークとして採用される．この章には，シミュレートされたデータセットに適用された MSL 法の例が含まれる．第11章では，パネルデータの設定における「ゼロ・タイプ」の存在を許容可能なモデルである，パネル切断モデルの推定に MSL 法が初めて適用される．パネル切断モデルは，すでに公表されている本物の実験データセットに適用される．強調されるべき切断フレームワークの長所の1つは，それが，処理が被験者の行動の変化させることに加えて，被験者のタイプをも変化させるということを許容可能なことである．第12章では，リスク下の選択に関係する理論的問題が取り扱われ，リスク下の選択モデルに関する計量経済学モデルを扱う第13章への土台作りをする．これは，MSL 法の2つ目の適用事例となる．

第 14 章は，二値選択実験についての最適な実験計画に関するものである．この章では，統計学の文献から，十分に発展した最適実験計画の理論が紹介され，特定のタイプの経済実験に適用される．

第 15 章は，社会的選好に関するモデルの推定に関するものである．ここでの焦点は，その引数が「自分自身の利得」と「他人の利得」であるような効用関数のパラメータを推定することである．独裁者ゲームに関する本物の実験データがその例示のためにもちいられる．効用関数のパラメータは，さまざまに異なったアプローチをもちいて推定される．そこには，配分額ゼロという観察を説明するために非負制約が等号で成立しているようなモデルや，公平性の理念についての性質が異なる個人を許容する混合モデル，それに被験者の配分上の選択に関するデータを使用する離散選択モデルが含まれる．

第 16 章から第 18 章までは，実験ゲームから得られたデータの計量経済学的モデル化に関わっている．第 16 章では，質的応答均衡（QRE）モデルが説明され，追跡者・逃亡者ゲームに関する本物の実験データをもちいた推定によって例示される．QRE モデルはまた，第 4 章で取り上げたコンテスト実験のデータにも適用される．第 17 章では，レベル K モデルおよび認知的階層モデルが導入され，美人投票ゲームに関するシミュレートされたデータをもちいてこれらのモデルがどのようにして推定されるかが説明される．第 18 章では，方向修正学習（DL）モデル，強化学習（RL），信念学習（BL）といった学習に関する多くのモデルが取り扱われる．この章は，RL と BL を入れ子にした多くのパラメータを持つ，経験重み付け誘因学習（EWA）モデルを説明することで締めくくられる．

本書の重要な特徴は，章と章の間に密接な関連があることである．これは，本書で取り扱うのが，特定の話題が異なる文脈において生じる傾向があるような主題だからであり，章と章の間で相互参照がかなりあるのはそのためである．例えば，リスク下の選択に関する計量経済学的モデル化について，第 13 章でもちいられるデータセットは，第 9 章で記述される手法をもちいてシミュレートされたものであり，その推定は第 10 章において詳細に説明される MSL 法のフレームワークにおいて実施される．また，第 13 章におけるリスク下の選択モデルの推定から得られる副産物の 1 つは，「無差別への近接性」の尺度であり，それは第 5 章において推定される意思決定時間に関するモデルで非常に重要な役割を演じる．

最後に，3つの付録がある．付録 A には，本書で参照されるデータセットと他のファイルに関するリストが示されている．これらは，www.palgrave.com/moffatt からオンラインで入手可能である．付録 B には，本書で使用される STATA コマンドのほとんどがリストアップされ，それぞれについて簡潔な説明がなされている．付録 C には，第 5 章および第 13 章で分析される，（シミュレートされた）リスク下の選択実験において使用される 50 の選択問題を定義する表が含まれている．

第2章　実験経済学における実験計画の統計的側面

2.1　はじめに

　本章では，実験経済学における実験計画の側面に関して述べる．実験経済学においては，経済学の他の領域におけるのとは違って，データ収集プロセスが分析者によってコントロールされている．このために，処理効果の識別に対して要求される仮定は，他の領域におけるよりもそれほど厳しいものではない．ある実験設定において，識別のために要求される唯一の主要な仮定は，（適切な標本サイズの下での）適切な無作為化ということである．List et al.（2011）によって指摘されているように，無作為化は，自然に発生したデータを分析する状況で操作変数が演じるだろうような役割を演じる．

　実験計画に関する問題は，そのフレームワークが処理効果の検定の1つであるなら，比較的シンプルなものになる．実験計画上の1つの主要な問題は，必要な標本サイズ［がどれくらいかということ］である．標本サイズを選ぶために有益なフレームワークは，検出力分析である．その主要な目的は，与えられた処理効果の検定に対して，あらかじめ設定されたレベルの検出力を達成するために必要な標本サイズを見出すことである．本章には，検出力分析についての入門が含まれている．

　他の実験計画上の問題には，パートナー条件かアウトサイダー条件か，というマッチングの手法が含まれる．これは，クラスター化の問題とも密接に関連している．また，ランダム化インセンティブ（RLI）法や戦略選択（SM）法といった実験計画についても考察する．

2.2 平均処理効果の検定

本節では，処理効果を分析するための形式的なフレームワークが提示される．

あらゆる個人はそれぞれ個別の処理効果をもっているということが通常は認識されている．また，個人の処理効果は平均の周りでランダムに変動していることもまた通常は仮定される．そこで，平均処理効果（ATE）を推計することに主要な関心があるのである．

ある特定の結果変数 Y に対するある特定の処理の効果について考えてみよう．T を処理の状態を表現する二値変数とする．つまり，$T = 1$ ならば処理群で，$T = 0$ ならば統制群である．$Y_i(T)$ で処理の状態が T の下での被験者 i に対する結果とする．結果変数に対しては，以下のシンプルなモデルを仮定する．

$$Y_i(T) = \alpha + \beta' X_i + \bar{\tau}T + \tau_i T + \epsilon_i \tag{2.1}$$

X_i は（性差のような）観察された個人の特性に関するベクトルで，結果に影響を与えると考えられるものである．$\bar{\tau}$ は平均処理効果（ATE）である．τ_i は被験者固有の処理効果で，$E(\tau_i) = 0$ である．ϵ_i は独立で同一に分布する（i.i.d.）確率誤差項である．したがって，ATE は次のように定義することが可能である．

$$\bar{\tau} = E[Y_i(1) - Y_i(0)] = E[Y_i(1)] - E[Y_i(0)] \tag{2.2}$$

処理効果の検定に対して中心的な問題は，一般的に，(2.2) 式の右辺にある 2 つの量を観察できないことである．与えられた i に対して，$E[Y_i(1)|T = 1]$ と $E[Y_i(0)|T = 0]$ という量しか観察できないのである．つまり，処理を与える条件下にある被験者に対して，処理が与えられた下での平均的行動が観察可能であるか，処理を与えない条件の下にある被験者に対して，処理が与えられない下での平均的行動が観察可能であるか，そのどちらかなのである．もし，処理を与えられる傾向が，観察される，あるいは観察されない被験者の特性と相関しているなら，ATE の推定値（$\hat{\tau}$）には偏りがある．というのは，

$$\hat{\tau} = E[Y_i(1)|T=1] - E[Y_i(0)|T=0] \neq E[Y_i(1)] - E[Y_i(0)] = \bar{\tau} \qquad (2.3)$$

だからである．そこで，処理の割り当てが他の変動要因から独立となることを保証するために無作為化が使用される．そうすることで，$E[Y_i(1)|T=1] = E[Y_i(1)]$ および $[Y_i(0)|T=0] = E[Y_i(0)]$ となり，式 (2.3) で等式が成立する．つまり，推計される処理効果は ATE に対して不偏となる．

このフレームワークにおいて暗黙の重要な仮定は，被験者固有の処理効果の分布（(2.1) における τ_i）が「良い振る舞いをしている」，つまり，ベル型で ATE の周囲に対称的に分布しているというものである．ある状況では，この仮定が成り立たないと予想しておくのが妥当である．例えば，被験者集団のうち，半分は処理に対して反応して +1.0 の処理効果を生むが，別の半分は処理に対して無反応であり，それゆえ，処理効果がゼロである．この状況での ATE は，明らかに +0.5 であるが，これは処理効果の尺度としては誤解を招く恐れのあるものである．というのは，それは，どの個別の被験者に関する実際の処理効果にも近接していないからである．処理効果の分布におけるそうした離散性に対処する最善の方法は，混合モデルのフレームワーク（McLachlan and Peel, 2000）を適用することである．そのフレームワークでは，処理に対して反応する仕方がそれぞれ異なった1つ以上の「被験者タイプ」が存在すると仮定され，集団における各タイプの割合である「混合割合」が追加的なパラメータとして推定される．混合モデルのアプローチは，本書の後半の章において多くの機会に利用される．

2.3 無作為化手法

先ほどの節に示されたように，無作為化の重要性は，［処理効果の］識別が問題にならないような状況を生み出すところにある．ここでは，ポピュラーな無作為化手法に関する議論を紹介する．もっと詳細なことについては，List et al.（2011）を参照することをお勧めする．

2.3.1 完全無作為化計画

最も単純な実験計画は，完全無作為化計画である．標本が無作為に被験者プール全体から取り出され，観察される，あるいは観察されないどんな被験者

の特性とも無関係に，処理が被験者に確率的に割り当てられる．この手法の長
所は，その定義からわかるように，処理が被験者の特性と相関するリスクが最
小化されているところにある．その短所は，各処理における標本サイズがラン
ダムであり，結果の分散が大きくなる可能性があることである．これらの要因
の両方により，実験データから統計的推測を引き出そうとする分析者の力が減
じられてしまう傾向がある．

2.3.2 要因計画

　完全無作為化計画で生じるランダムな標本サイズという問題に対する自明な
解決法は，各処理に，あるいは各処理の組み合わせに，あらかじめ定められた
数の被験者を割り当てることである．しかしながら，被験者を，彼らが実験室
に到着した順に処理に割り当てないことが重要である．というのは，到着時間
は被験者の特性と相関している可能性が高いからである．被験者が実験室に到
着すると，彼らに処理の割り当てを決めるための乱数を与え，あらかじめ定め
られた数の被験者が集まり次第，被験者の募集を終了すべきである．
　次の贈与実験（例えば，独裁者ゲーム）の例を考えよう．2つの処理がある
と仮定する．1つは，高報酬と低報酬とを比較するもので（低報酬が「統制
群」として扱われる），もう1つは，（2人のプレーヤーの間で）コミュニケー
ションがある場合とない場合を比較するものである（コミュニケーションな
しが「統制群」として扱われる）．以下の表に示した数のデータが生じるよう
な実験を計画していると仮定しよう．つまり，それぞれの処理の組み合わせが
30人の被験者に割り当てられ，合計で120人の被験者が参加する実験である．
表のそれぞれのセルは「実験試行」を表す．

	低報酬	高報酬
コミュニケーションなし	30	30
コミュニケーションあり	30	30

これは，すべての可能な処理の組み合わせが網羅されているので，「完全要因
計画」という名で知られているものである．「2×2計画」として言及されるこ
ともあるかもしれない．この種の実験計画は，2つの平均処理効果に加えて，
2つの処理の間の「交互作用」に関心がある場合には有益である．例えば，お
そらく金銭的動機付けが内因性のモチベーションを「クラウドアウト」するた

めに，高報酬の場合にはコミュニケーションはそれほど重要ではない，という仮説が立てられるかもしれない．2つの処理の間のそうした交互作用効果を検証するためには，完全要因計画が必要になるだろう．

しかしながら，そうした交互作用効果に関心がなく，「主効果」，つまり，処理そのものの効果にのみ関心がある場合には，次のような実験計画で十分であろう．

	低報酬	高報酬
コミュニケーションなし	30	30
コミュニケーションあり	30	0

ここでは，3つの実験試行だけが使用されており，被験者総数は90人だけになる．これは，「一部実施法」として知られている．処理の数がかなり多い場合には，完全要因計画と一部実施法との間の［実験試行数の］差異は相当なものになる．正確に言えば，m個の異なる処理がある場合，完全要因計画では2^m個の実験試行が必要になるが，一部実施法でm個の主効果を同定する場合，$m+1$個の実験試行だけで十分となる．明らかに，主効果のみに関心があるような状況においては，標本サイズの大幅な削減が可能なのである．

2.3.3 ブロック計画
被験者層がある観察可能な次元において異質であるなら，ブロック計画を適用するのがふさわしい．実験［の集団］単位を，（(2.1)式のベクトルX_iに含まれる）観察可能な特性に応じてブロックに分割するのである．それから，無作為化をブロック間ではなくブロック内で実施する．ブロック化が適用される変数は，ブロック化要因として知られている．典型的には，ブロック化要因は，実験者にとって主要な関心事ではない変動の要因になる．

ブロック化要因として自明な選択の1つは，性差である．性差は結果における重要な変動要因であるかもしれないので，それをブロック化してこの変動要因を統制することで，中心的な関心ごとである処理効果の推定により大きな正確性をもたらすことができる．

2.3.4 被験者内計画
被験者内計画（あるいは，反復測定計画）は，単一の被験者をブロックと

し，各被験者が1つより多くの処理を経験するような，ブロック計画の特殊ケースと考えることができる．被験者内計画の非常に大きな優位性は，被験者固有の効果（(2.1) 式における $\alpha_i = \alpha + \epsilon_i$）が本質的には消去される点にあり，これが処理効果推定の正確さをかなり改善してくれるポテンシャルを持つのである．

形式的には，$\hat{\tau}_{bs}$ と $\hat{\tau}_{ws}$ をそれぞれ同じ数 N の観察値をもちいて得られる標本間推定値と標本内推定値とすると，

$$V(\hat{\tau}_{ws}) = V(\hat{\tau}_{bs}) - \frac{2}{N}V(\alpha_i) \tag{2.4}$$

が成り立つ（List et al., 2011）．(2.4) 式の解釈は，もしすべての被験者が同一なら $V(\alpha_i) = 0$ となるので，被験者内計画を使用するメリットはないが，もし被験者同士がかなり異質であるなら $V(\alpha_i)$ も大きく，被験者内計画のメリットはかなり大きいということになる．

被験者内計画の短所は，「順序効果」の可能性があることである．順序効果とは被験者の行動は，処理を経験する順序に依存するというものである．

2.3.5　交叉計画
順序効果の問題は，被験者間で処理の順序を変化させることで対処できるかもしれない．例えば，2つの処理 A と B があり，半分の被験者には AB の順で処理を割り当て，残り半分には BA の順にするのである．これら2つのグループの間に差異があれば，順序効果の存在を確証するものになるだろう．その場合，処理効果の検定に際して［順序効果を］統制する必要が出てくる．

2.3.6　ABA 計画
「ABA」は，何の処理も与えられないベースラインの期間（A）から始まり，続いて処理が導入される期間（B）があり，それから処理が取り除かれ，［ベースラインでの］行動が2度目に観察される期間（A）になる，という実験計画を指したものである．これにより，処理の前，処理の間，そして処理が取り除かれた後の行動を測定できる．

2.4 被験者数は何人であるべきか？ 検出力分析入門

何人の被験者を募集するべきかを決定するに際して，検出力分析（Cohen, 2013）を利用することがしばしば有益である．検出力分析は，調査研究に対する標本サイズを決定するための形式的プロセスに対して与えられた名前である．そのプロセスの本質は，検定が指定された検出力を達成するのに必要な標本サイズを決定するところにある．検定の検出力とは，「真」の効果が実際に存在するときに，真の効果を検出する確率のことである．

本節で使用される検出力分析は，結果が連続的なものであるという仮定に基づいている．第 14 章では，結果が二値的な状況における最適実験計画に関する，おそらくより要求の厳しい問題に取り組むことにする．

2.4.1 標本が 1 つの場合

標本平均が μ であるような，連続的に分布する結果尺度 Y に関心があるとしよう．さらに，$\mu_1 > \mu_0$ であるような対立仮説 μ_1 に対して，帰無仮説 μ_0 を検定することに関心があるとしよう[1]．この目的のために，サイズ n の標本を集めることを計画するとして，n の値をいくらにすべきかを決定する必要がある．それを決める前に，2 つの等式を設定する必要がある．1 つ目は，検定サイズ［有意水準］α で，それは帰無仮説が真であるとき，帰無仮説を棄却する確率（あるいは，タイプ I の誤りを犯す確率）である．2 つ目は，帰無仮説が偽であるときに，それを棄却しない確率（あるいは，タイプ II の誤りを犯す確率）である．この 2 つ目の確率は，慣習的に β とラベル付けされる．帰無仮説が偽であるときにそれを棄却する確率は $1 - \beta$ であり，これが検定の検出力である．検出力を π で表すことにする．

それ以外の値にすべきやむをえない事情がある場合を除き，α を 0.05 に設定するのが標準的になっている．検出力に対してはフォーマルな標準は存在しないが，多くの研究者は検定の検出力を，妥当性の標準として $\pi = 0.80$ を用

---

1) 対立仮説はほとんどいつも，例えば，$\mu_1 > \mu$ あるいは $\mu \neq \mu_0$ といった不等式を含んだものである．しかしながら，検出力分析の文脈では，適切に定義される望ましい標本サイズを発見する問題のためには，帰無仮説と対立仮説の両方が等式であることが必要である．対立仮説の下での［検出力の］値は，事前の予測や先行研究，あるいは予備研究から導出されると仮定される．

いて評価している．これに対応する β の値は 0.2 である．これらの慣習に従えば，トレードオフ関係にあるタイプ II の誤りとタイプ I の誤りを犯す確率の比は 4 対 1 になる．

α と β の値を決定すれば，検出力分析の適用に進むことができる．実施される検定は，標本が 1 つの t 検定であり，これは次の検定統計量に基づいている．

$$t = \frac{\bar{y} - \mu_0}{s/\sqrt{n}} \tag{2.5}$$

ここで，$\bar{y}$ と s はそれぞれ，サイズが n の標本の平均および標準偏差である．帰無仮説の下では，(2.5) 式に定義された t は $t(n-1)$ 分布に従う．すなわち，選ばれた α の値の下では，$t > t_{n-1,\alpha}$ が帰無仮説を棄却する基準となる．

最終的に選ばれる n の値が十分に大きいものであれば，正規近似をもちいることができて，帰無仮説を棄却する基準は $t > z_\alpha$ となる．このことにより，分析がかなり単純になる．

検定の検出力は，以下のようになる．

$$
\begin{aligned}
P(t > z_\alpha \mid \mu = \mu_1) &= P\left(\frac{\bar{y} - \mu_0}{s/\sqrt{n}} > z_\alpha \mid \mu = \mu_1\right) \\
&= P\left(\bar{y} > \mu_0 + \frac{z_{0.05}}{s/\sqrt{n}} \mid \mu = \mu_1\right) \\
&= P\left(\frac{\bar{y} - \mu_1}{s/\sqrt{n}} > \frac{\mu_0 + z_\alpha s/\sqrt{n} - \mu_1}{s/\sqrt{n}} \mid \mu = \mu_1\right) \\
&= \Phi\left(\frac{\mu_1 - \mu_0 - z_\alpha s/\sqrt{n}}{s/\sqrt{n}}\right)
\end{aligned}
$$

もし検定で望まれている検出力が $1 - \beta$ ならば，以下のようになる．

$$\frac{\mu_1 - \mu_0 - z_\alpha s/\sqrt{n}}{s/\sqrt{n}} = z_\beta \tag{2.6}$$

(2.6) 式を変形すると，以下となる．

$$n = \frac{s^2(z_\alpha + z_\beta)^2}{(\mu_1 - \mu_0)^2}$$

選ばれた α と β の値はそれぞれ 0.05 と 0.20 であったことを思い出すと，z_α = 1.645 および z_β = 0.84 となる．したがって，必要な標本サイズに対する公式は，

$$n = \frac{6.17s^2}{(\mu_1 - \mu_0)^2} \tag{2.7}$$

と書くことができる.

公式 (2.7) の利用例として,対立仮説 $\mu = 12$ に対して帰無仮説 $\mu = 10$ を検定しようとしており,データの標準偏差は 0.5 であることがわかっているものとしよう. このとき,公式 (2.7) を適用すると,

$$n = \frac{6.17 \times 5^2}{(12 - 10)^2} = 38.6$$

となる. 明らかに n は整数でなければならず,検出力の要求が満たされることを保証するために (つまり,検出力が少なくとも0.8であるために),小数点以下を切り下げるのではなく,切り上げないといけない. それゆえ,この例での必要な標本サイズは 39 となる.

この計算を直接実行するために,STATA の sampsi コマンドを使用することができる. これは,STATA の「イミディエイト」コマンドの 1 つの例である. (常に i の文字で終わる) イミディエイト・コマンドは,メモリに蓄えられたデータからではなく,引数として入力された値からの結果を出力する. sampsi コマンドを使用して上記の例にある分析を実行するために必要な構文は,次の通りである.

```
. sampsi 10 12 , sd(5) onesam oneside p(0.8)
```

主たる引数は,帰無仮説および対立仮説の下での値 (10 と 12) である. オプションの引数には以下のものがある. 「sd(5)」は既知の標準偏差が 5 であるということである. 「onesam」は 1 標本の検定が必要であるということである. 「oneside」は片側検定が必要であるということである. 「p(0.8)」は必要な検出力が 0.8 ということである. このコマンドからの出力は以下のようになる. 必要な標本サイズは 39 であり,先の計算結果と整合的であることに注意してほしい.

```
Estimated sample size for one-sample comparison of mean
  to hypothesized value
Test Ho: m =  10, where m is the mean in the population
Assumptions:
        alpha =   0.0500  (one-sided)}
        power =   0.8000
 alternative m =        12
```

```
         sd =         5
Estimated required sample size:
          n =        39
```

2.4.2 処理効果の検定における標本サイズの選択

　今度は，もう少し複雑な状況について考えてみよう．それは，実験経済学において，より頻繁に現れる状況である．そこでは，統制群と処理群という2つの標本があり，研究の目的はこれら2つの標本の間で，結果に有意な差があるかどうかを見出すことである．再び，検出力検定がこの目的を満たすために必要な標本サイズを決定するために使用可能である．

　μ_1 と μ_2 をそれぞれ統制群と処理群の集団平均とする．関心がある帰無仮説は $\mu_2 - \mu_1 = 0$（つまり，処理の効果はない）であり，対立仮説は $\mu_2 - \mu_1 = d$（つまり，処理には d という量の効果がある）である．d は「効果サイズ」として知られているもので，必要な標本サイズを見出すという問題が適切に定義されるために，最初にその値を特定化しておく必要がある．選ばれた d の値は，事前の予測や先行研究，あるいは予備的研究から導かれるべきものであると仮定されている．

　帰無仮説 $\mu_2 - \mu_1 = 0$ を検証するために必要な検定手順は，独立標本の t 検定である．もし2つの標本それぞれの標本サイズが n_1 と n_2，標本平均が $\bar{y}_1$ と $\bar{y}_2$，標本標準偏差が s_1 と s_2 であるなら，独立標本の t 検定の検定統計量は以下の通りとなる．

$$t = \frac{\bar{y}_2 - \bar{y}_1}{s_p \sqrt{\frac{1}{n_1} + \frac{1}{n_2}}}$$

ここで，s_p は「一括された」標本標準偏差であり，以下の通りである．

$$s_p = \sqrt{\frac{(n_1 - 1)s_1^2 + (n_2 - 1)s_2^2}{n_1 + n_2 - 2}}$$

帰無仮説の下での t の分布は $t_{n_1 + n_2 - 2}$ である．再び，正規近似をもちいて単純化しよう．それゆえ，棄却値 z_α をもちいることにする．

　明らかに，この2標本の状況では，それぞれの標本に対して必要な標本サイズを2つ，つまり，n_1 と n_2 を見つける必要がある．しかしながら，2つの

標本サイズが等しい，つまり，$n_1 = n_2 = n$ という制約がある状況から始めよう．このとき，検定統計量は以下のようになる．

$$t = \frac{\bar{y}_2 - \bar{y}_1}{s_p\sqrt{\frac{2}{n}}}$$

この検定の検出力は，以下のようになる．

$$
\begin{aligned}
P(t > z_{0.05} \,|\, \mu_2 - \mu_1 = d) &= P\left(\frac{\bar{y}_2 - \bar{y}_1}{s_p\sqrt{\frac{2}{n}}} > z_\alpha \,|\, \mu_2 - \mu_1 = d \right) \\
&= P\left(\bar{y}_2 - \bar{y}_1 > z_\alpha s_p\sqrt{\frac{2}{n}} \,|\, \mu_2 - \mu_1 = d \right) \\
&= P\left(\frac{\bar{y}_2 - \bar{y}_1 - d}{s_p\sqrt{\frac{2}{n}}} > \frac{z_\alpha s_p\sqrt{\frac{2}{n}} - d}{s_p\sqrt{\frac{2}{n}}} \,|\, \mu_2 - \mu_1 = d \right) \\
&= \Phi\left(\frac{d - z_\alpha s_p\sqrt{\frac{2}{n}}}{s_p\sqrt{\frac{2}{n}}} \right)
\end{aligned}
$$

もし検定で望まれている検出力が $1 - \beta$ ならば，以下のようになる．

$$\frac{d - z_\alpha s_p\sqrt{\frac{2}{n}}}{s_p\sqrt{\frac{2}{n}}} = z_\beta \tag{2.8}$$

(2.8) 式を変形すると，以下のようになる．

$$n = \frac{2s_p^2(z_\alpha + z_\beta)^2}{d^2}$$

再度，選ばれた α と β の値である 0.05 と 0.20 を当てはめると，$z_\alpha = 1.645$ および $z_\beta = 0.84$ となり，必要な標本サイズに対する公式は，

$$n = \frac{12.35 s_p^2}{d^2} \tag{2.9}$$

と書くことができる．

公式 (2.9) の利用例として，効果サイズが $d = 2$ であることを検定しようとしており，標本 1 と 2 の標準偏差はそれぞれ 4.0 および 5.84 であることがわかっているものとしよう．2 つの標本サイズが等しいという制約の下では，一

38   第 2 章 実験経済学における実験計画の統計的側面

括された標準偏差は 5.0 になる．このとき，公式 (2.9) を適用すると，

$$n = \frac{12.35 \times 25}{4} = 77.2$$

を得る．小数点以下を切り上げると，（それぞれの処理において）必要な標本
サイズは 78 となる．

いま実施したこの検定に対する STATA の構文は，以下の通りである．

```
. sampsi 10 12 , sd1(4.0) sd2(5.84) oneside p(0.8)
```

主たる引数は，μ_1 と μ_2 の値である．その差が（効果サイズの）2 であれば，
どんな値でもここで使用可能である．オプションの引数は，2 つの標準偏差と
片側検定が必要であるというものである．このコマンドからの出力は以下のよ
うになる．必要な標本サイズが先の計算結果と整合的であることに注意してほ
しい．

```
Estimated sample size for two-sample comparison of means

Test Ho: m1 = m2, where m1 is the mean in population 1
                  and m2 is the mean in population 2
Assumptions:

        alpha =   0.0500  (one-sided)
        power =   0.8000
           m1 =       10
           m2 =       12
          sd1 =        4
          sd2 =     5.84
        n2/n1 =     1.00

Estimated required sample sizes:

           n1 =       78
           n2 =       78
```

2.4.3 不均等なコストのある処理

上記の分析では，標本サイズが 2 つの処理の間で等しいという制約があっ
た．この制約を緩和する 1 つの理由は，処理群と統制群との間で標本を集め
るコストに違いがあるかもしれないからである．実験の焦点がインセンティブ
の効果にあり，低インセンティブと高インセンティブの処理があるとしよう．
この場合，後者の方が標本を集めるコストが高くなると予想するのが論理的で

あろう.

こうした状況では，コスト上の制約を考慮しつつ，望ましいレベルの検出力を達成するためには，標本サイズがコスト比の平方根に比例するように標本サイズを設定するべきであろう．具体的には，2つの処理における被験者1人当たりのコストが c_1 と c_2 であるなら，

$$\frac{n_2}{n_1} \propto \sqrt{\frac{c_1}{c_2}} \tag{2.10}$$

という関係を満たすようにすべきである．例えば，高インセンティブの処理における被験者1人当たりのコストが低インセンティブの処理の場合の4倍だとしよう．(2.10) 式を適用すると，低インセンティブの処理では，高インセンティブの処理の場合に比べて被験者数を2倍多くすべきだということである．

この計算のためには，sampsi コマンドにもう1つのオプション（r(.)）を付けることが必要である．このオプションにより，比 n_2/n_1 を特定化できる．もし，低インセンティブの処理が処理1であるなら，$r = 0.5$ とする必要がある．コマンドとその出力は以下のようになる．要求した通り，望ましい低インセンティブの標本サイズ（131）は望ましい高インセンティブの標本サイズ（66）の（ほとんど正確に）2倍になっている．

```
. sampsi 10 12 , sd1(4) sd2(5.84) oneside p(0.8) r(0.5)

Estimated sample size for two-sample comparison of means Test Ho: m1
= m2, where m1 is the mean in population 1
                  and m2 is the mean in population 2
Assumptions:

         alpha =    0.0500   (one-sided)
         power =    0.8000
            m1 =       10
            m2 =       12
           sd1 =        4
           sd2 =     5.84
         n2/n1 =     0.50

Estimated required sample sizes:

            n1 =      131
            n2 =       66
```

もちろん，実験者が実際にコスト上の制約の下で研究しているなら，また望ましい標本サイズが予算に比べてあまりにも多くなりすぎた場合には，望まし

い検出力の値を緩和する必要がある．例えば，検出力を 0.80 から 0.60 に下げることで，望ましい標本サイズがかなり小さくなるので，おそらく予算の制約内に収まると思われる．

```
. sampsi 10 12 , sd1(4) sd2(5.84) oneside p(0.6) r(0.5)

Estimated required sample sizes:

        n1 =        76
        n2 =        38
```

2.4.4　クラスター計画における標本サイズ

　次のような状況を考えてみよう．300 人の学生がいる授業を担当しているとする．学生たちは 10 人からなる 30 個の「セミナー・グループ」に分けられ，毎週彼らと会うこととする．ある実験を実施しようとしており，授業を受講している学生から被験者を選択したいと思っている．これまでの節での説明に従って検出力分析を実施し，実験のためには 60 人の被験者が必要であることがわかったとしよう．30 個のセミナー・グループから 6 つをランダムに選択することが運営上，便利であろう．これはセミナー・グループを「クラスター」とする「クラスター計画」になる．

　不幸なことに，クラスター計画の便利さに反して，事態を複雑化する要因がある．もし，予想されるように，結果がグループ間で相関するなら，望ましいレベルの検出力を得るためにはもっと大きなサイズの標本が必要になる．このことを形式的に議論していくために，以下のモデルを仮定しよう．ここで，u_j はグループ j に対するグループ固有の誤差項である．

$$Y_i j(T) = \alpha + \bar{\tau}T + u_j + \epsilon_{ij}$$

望ましい検出力を達成するためには，観察の独立性という仮定の下に決定された標本サイズを，以下の倍数を掛けて増加させる必要がある（List et al., 2011 参照）．

$$1 + (c - 1)\rho$$

ここで，c は各クラスターのサイズ（この例では 10）で，ρ は「クラスター内相関係数」で，次のように定義される．

$$\rho = \frac{\text{var}(u_j)}{\text{var}(u_j) + \text{var}(\epsilon_{ij})} \tag{2.11}$$

(2.11) 式を理解するために，最初にグループ間に何の差異もないと想像してみよう．すると，$\text{var}(u_j) = 0$ となるので，したがって，$\rho = 0$ となる．よって，(2.4.4 節で定義した) 倍数の値は 1 となり，必要な標本サイズは以前と同じということになる．次に，グループ間に差異があると想像しよう．さらに，あるグループの全メンバーは互いに同一の行動をするものと想像すると，$\text{var}(\epsilon_{ij}) = 0$ となり，それゆえ，$\rho = 1$ となる．よって，再び (2.4.4 節で定義した) 倍数の値から，標本サイズは c (グループサイズ) 倍に増加させる必要があることになる．これは，この極端な状況では，グループ内から 1 人以上の標本をとることには意味がなく，標本サイズへの要請は単にクラスターの数に関する要請になるからである．

実際には，予想される ρ の値は，適度なグループ内の差異を表現する小さな正の数である．例えば，もし，この例において $\rho = 0.05$ ならば，標本サイズは 1.45 倍，つまり，60 人から 87 人に増加させる必要がある．このことは，標本に採るセミナー・グループの数を 6 から 9 に増加させる必要があることを意味するだろう．

2.5 4つの非常のポピュラーな実験

4つの最もポピュラーな実験設定は，最後通牒ゲーム，独裁者ゲーム，信頼ゲーム，それに公共財供給ゲームである．これら個々のゲームや，それらの組み合わせは，本書全体で適用例として何度も登場する．その理由から，本節でこれらのゲームについて記述しておく．

2.5.1 最後通牒ゲーム

Güth et al. (1982) によって生み出された最後通牒ゲームを説明する．これは，次のようなゲームである．2 人のプレーヤー (「提案者」と「応答者」) がある固定金額 (例えば，100 ドル) の分割について交渉している．提案者が最初に選択し，交渉のパイの分割案を提案する (例えば，「自分に 65 ドル，相手に 35 ドル」)．それから，応答者が 2 つの行動の間から選択する．「受諾」の場合，提案された分割案が実現する．「拒否」の場合，両方のプレーヤー共

に何も得られない．唯一のサブゲーム完全均衡が存在し，その均衡では，提案者は応答者に対して受け入れ可能な最小利得（おそらく，1ドル）を相手に与えるような分割案を提案し，応答者がそれを受け入れることになる．予想可能な通り，行動がサブゲーム完全均衡から逸脱することを示す膨大な実験事実が存在する．つまり，提案者はしばしば非常に寛容であり，ときには平等な分割を提案し，応答者は「低すぎる」提案を頻繁に拒否する，というものである．Camerer（2003）は，こうした実験全体の傾向として，提案者は平均してパイの40％を相手に与えることを提案し，20％前後の「低すぎる」提案の約半分が拒否される，という発見を報告している．

2.5.2 独裁者ゲーム

独裁者ゲームは，最後通牒ゲームの簡略版である．独裁者ゲームでは，やはり提案者が固定金額の配分を決定する．しかしながら，応答者は，提案者が決めた金額をただ受け取るだけである．応答者の役割は完全に受動的なものである．ゲームの結果に対して何の戦略的な関わりも持たない．ときに，応答者は独裁者ゲームおいて「拒否権」を持たないと言われたりする．このゲームで観察される行動は，個人の行動に関するホモ・エコノミカスというモデルの非常にダイレクトな検証を可能にする．もし，個人がただ自分自身の幸せにしか関心がないなら，提案者はすべての金額を自分自身に配分し，応答者には何も与えないだろう．ホモ・エコノミカスのモデルを棄却する多くの実験事実が存在する．独裁者のかなりの割合が，応答者に正の金額を与えていることが観察されている．平均的には，独裁者はパイの約20％を応答者に与えている（Camerer, 2003）．

2.5.3 信頼ゲーム

信頼ゲーム（Berg et al., 1995）においては，「送り手」と「受け手」の2人のプレーヤーがいる．送り手には初期保有があり，その一部または全部を受け手に送る機会が与えられる．それから，実験者は（典型的な場合）送り手が送った金額を3倍する．受け手が（送り手が送った額を3倍にした）金額を受け取った後，送り手に金額［の一部または全部］を返すこともできる．送り手が送った金額は「信頼」に関する自然な尺度であり，受け手から返却された金額は（送り手から送られた金額をコントロールした上で）「信頼に値する程度」

に関する自然な尺度である.

信頼ゲームは,受け手がその初期保有を送り手によって与えられた独裁者であるという意味で,独裁者ゲームと関係がある.

このように記述された信頼ゲームにおいて唯一のサブゲーム完全均衡は,送り手が受け手に何も与えないというものである.これは,受け手が何も送り返さないことが予想されるために,送り手にはどんな正の値の金額も送る理由がないためである.やはりこの場合も,実験的証拠では,この均衡予測から何らかの形で逸脱するということが観察されている.Johnson and Mislin (2011)のメタ分析によれば,送り手は平均的に初期保有の約 50% を受け手に送り,適度なレベルの信頼を示し,受け手は(3倍された)受け取り金額の約 37%を返却しており,これは送り手の信頼が「報われる」のに(ちょうど)十分な額である.

2.5.4 公共財供給ゲーム

公共財供給ゲームは,典型的には,自発的供給メカニズム(VCM)として知られるものを使用して実施される.それは以下のようなゲームである.被験者は n 人のメンバーからなるグループに分割される.グループの各メンバーには E 単位の初期保有が与えられ,メンバーはそれを私的勘定と公的勘定に分けなければならない.自分の私的勘定に配分した1単位につき1ポイントが与えられる(他のメンバーには何ももたらさない).それと対照的に,グループの各メンバーが公的勘定に配分した額はそれぞれ m 倍され,全部で n 人のグループ・メンバーの間で均等に分割される.すなわち,グループの各メンバーが公的勘定に配分した1単位につき,グループ内のすべてのメンバーは m/n ポイントを得る.この割合は,1人当たりの限界便益(MPCR)と呼ばれる.$n > m > 1$ であるのが通常で,そのため,MPCR は正の値であるが,厳密に1よりも小さい数になる.

このゲームには,各被験者が何も公的勘定に貢献しないことからなる,唯一のナッシュ均衡が存在する.私的勘定に配分すれば1単位につき1ポイントが得られるのに対し,公的勘定に配分すれば $m/n < 1$ ポイントしか得られないことを考えれば,それは明らかなことである.したがって,グループ内の他のメンバーの配分のやり方に関係なく,各被験者は自分の初期保有すべてを私的勘定に配分することによって自分自身の利得を最大化できる.

このナッシュ均衡は社会的には非効率であることもまた明らかである．ナッシュ均衡においては，グループの各メンバーは E を得ることになるが，仮にすべてのメンバーが初期保有すべてを公的勘定に配分すれば，各被験者は $mE > E$ ポイントを受け取ることになるからである．もし，グループが2人のみからなる場合には，この状況はよく知られた囚人のジレンマ（PD）と非常に類似したものになるだろう．

上記で説明した VCM を利用した実験研究は，Ledyard（1995）にサーベイされている．これまでの発見を総括すると，平均的な被験者は，その初期保有の約40% を公的勘定に貢献するということになる．こうしたゲームのデータを分析する際の主要な関心事は，そうした貢献の背後にある動機を識別することである．特に強い注意を惹きつけられる動機の1つは，互恵的動機である．つまり，被験者の貢献額は，他者が過去に行った貢献額との間で正の依存関係があるということである．広く観察されている他に興味深い現象としては，ゲームが繰り返し行われるにつれて，貢献額の水準が減少していくというものがある．

2.6　実験計画上の他の側面

2.6.1　ランダム化インセンティブ（RLI）法

ランダム化インセンティブ（RLI）法は，被験者内計画のより精巧な形式である．各被験者は，複数の異なる意思決定課題を行う．その課題はくじを評価したり，2つのくじの間での選択であったり，ゲームにおける戦略の選択であったりする．各課題は，典型的には，よく定義された報酬構造を持っていて，そこでは利得が，なされた選択や（偶然性のあるゲームの場合の）自然の手番，あるいは（戦略的なゲームにおける）他のプレーヤーの選択の関数になっている．実験の最初に被験者は，一連の課題の実施が完了したなら，それらの課題のうちの1つがランダムに選択され，自分の利得はその選ばれた課題における結果となる，ということを知らされる．

ただ1つの課題だけが実際に報酬の支払いに勘定されるので，RLI は被験者に対して，各課題があたかも実際に報酬が支払われる課題であるかのように考えることを促す傾向がある．もし，被験者がこのように考えるなら，RLI は，先に行った課題の利得が後の意思決定に影響を与えるときに生じうる富効

果を排除するという望ましい結果をもたらすことになる.

RLI は, 課題の実施順序が被験者間で異なる場合には, 「交叉」計画の一形態として実施することも可能である. これは, 意思決定における経験の果たす役割を識別するのに非常に有益である.

2.6.2 戦略選択法

Selten (1967) によって導入された戦略選択法は, ゲームにおける被験者の戦略的反応を引き出すための手法である. この手法を記述するためには, 最後通牒ゲームを利用するのが有益である. 最後通牒ゲームの標準的な実験設定では, 生成されるデータは観察された決定からなる. つまり, 提案者の提案額と応答者のそれに対する反応が記録される. これは, 「逐次選択法」として知られている. このアプローチの限界は, これが応答者の決定以上のものを教えてくれない, ということにあることに注意しよう. つまり, 提案者の実際の提案額に対する応答者の反応が観察されるが, ありえたかもしれない他の提案額に対してどのような反応を示したのかは観察できないのである.

戦略選択法の基本原理は, 各プレーヤーにその戦略全体を報告するように求めることである. つまり, 応答者に対して, 実際にどの提案額が提示されたかを知る前に, ありえるかもしれない各提案額に対する条件付きの反応を報告するように要求するのである. こうした戦略が引き出されると, この戦略に従ってゲームがプレーされる.

戦略選択法の明らかな長所は, 得られる情報がよりリッチなものになるということである. そこには, 実際のゲームの経過では生じないような情報集合上で, プレーヤーがどのように行動したかについての情報が含まれるからである. これは特に最後通牒ゲームの場合に重要である. 低い提案額は実際には非常にまれにしか観察されないが, 戦略選択法によって, 非常に低い提案額に対してプレーヤーがどのように反応するのかが観察可能になるからである.

2.6.3 「1 回限りの実験」「パートナー条件」および「アウトサイダー条件」

理論の純粋な形態においては, ゲームは 1 回限りしかプレーされず, また, プレーヤーは正しい予想の下で完全に合理的に振る舞い, ゲームを何度も経験することは必要ないと仮定されている. もし, 1 回限りのゲームにおける被験者の行動にのみ実際に関心がある場合には, 単純に, 目下のセッションに参加

している被験者層からランダムに選択された相手と1回だけゲームをプレーするように求めることになる．このような実験計画は，「1回限りの」実験計画とラベル付けできるかもしれない．

しかしながら，ゲーム理論の実験においては，数ラウンドにわたって被験者に繰り返しゲームをプレーさせるのが通常である．この方が多くのデータを得ることができるし，また，被験者に経験を積む機会を与えられるからでもある．被験者に経験を積ませることに敏感になるのは，未経験の被験者よりも経験を積んだ被験者の行動にずっと興味があることがしばしばであるからである．また，被験者が経験を積んでいくプロセス，つまり，学習プロセスにも関心がある．

そこで生じてくる疑問は，いかに正確に実験の繰り返しを実施するかである．2つのポピュラーなタイプの手法がある．パートナー条件（ときに，固定再マッチング計画と呼ばれるもの）では，被験者は同じグループのままですべてのラウンドをプレーする．この状況では，ラウンド間で被験者の行動が変化すると考えられうる2つの理由がある．それは，学習によるものか（つまり，被験者はゲームのインセンティブ構造を理解するために経験を積む必要がある），戦略的な考察によるものである（つまり，被験者の行動は，同じグループに属する他のプレーヤーについての予想を更新することで変化する）．もう1つのタイプの手法は，アウトサイダー条件（ときに，ランダム再マッチング計画と呼ばれるもの）である．この手法では，一緒にプレーするグループは毎ラウンド，（目下のセッションに参加している被験者層から）ランダムに選び直される．Andreoni (1988) によって示唆されているように，アウトサイダー条件の目的は，学習の効果を戦略的な考察から分離することである．もし，アウトサイダー条件の下で，ラウンド間で行動が変化するなら，その変化は学習にのみ帰属させるのが妥当である．というのは，戦略的な考察はここでは不在であるからである．

アウトサイダー条件には，グループを選択し直す確率的プロセスに課される制限に応じて，異なった形態のものが存在する．完全アウトサイダー条件という用語は，どの2人のプレーヤーも互いに2度目にプレーする確率はゼロであるような確率的プロセスに制限した場合にしばしばもちいられる．しかしながら，この手法では，プレーヤー i が，t ラウンド目にプレーしたプレーヤー（j）が，$t+1$ ラウンド目に他のプレーヤー（k）とプレーし，それから i

が $t + 2$ ラウンド目に k とプレーする，という可能性が残されている．すなわち，被験者は自分の選択が，将来のラウンドで出会う可能性がある被験者の行動に対して間接的に影響を与える可能性を念頭において選択を行う，ということが考えられる．ほぼ間違いなく，完全アウトサイダー条件という用語は，各ラウンドにおいて，各被験者 i は，i とこれまでに出会ったことのない被験者，あるいは，i がすでに出会った相手の誰か，または，そうした被験者と出会った被験者の誰か，等々ではない被験者とプレーする，そうした実験計画に対してとっておくべきであろう．そうした実験計画は，ラウンド t におけるプレーヤー i の選択が，将来のラウンドで i がプレーするプレーヤーの選択に影響する可能性を完全に排除するだろう．しかしながら，そうした実験計画は，そうした制約がないランダム・マッチングに比べて，かなり複雑になり，実現するにはコストがかかるものである．

2.7 まとめと読書案内

本章で取り扱われた重要な概念は，無作為化である．無作為化や経済学における実験計画にとって中心的な問題については，List et al.（2011）や Green and Tusicisny（2012）によって詳細に取り扱われている．

本章の最初の方で，無作為化は，識別が問題にならないような状況を生じさせるので重要である，という点が明らかにされている．しかしながら，残っている問題に一般化可能性（外部的妥当性としても知られる）というものがある，ということは認識しておくべきである．Al-Ubaydli and List（2013）によれば，識別と一般化可能性の間にはトレードオフがある．いくつかのポピュラーな無作為化手法についても議論された．こうした問題についてのさらなる詳細については，List et al.（2011）を参照してほしい．

検出力分析についても本章でいくらか詳細に説明した．さらなる詳細については，Cohen（2013）を参照してほしい．

2.5 節で記述した「ポピュラーな実験」についてのさらなる情報や，2.6 節で取り扱った実験計画上のさまざまな側面については，Bardsley et al.（2009）の適切な箇所を参照してほしい．

問題

1. Burnham (2003) は，独裁者ゲームにおける「写真」処理について考察している．報告されている効果サイズを前提として，最適な標本サイズを求めなさい．
2. ランダム化インセンティブ法が誘因両立的であるためには，どのような仮定が必要だろうか？

第3章　処理効果の検定

3.1　はじめに

　前章では処理効果の検定という文脈における実験計画法上の問題を取り扱った．処理効果の検定において標本サイズを選択するということが，実験計画において最も重要な点であった．本章では，実験計画を実行に移し，データを収集した上での，処理効果の検定を実施するための方法を取り扱う．

　処理効果の検定には，大きく2つの方法が存在する．1つ目は「被験者間（between-subject）」アプローチであり，このアプローチでは標本を2つのグループに分ける．1つ目のグループは，処理が割り当てられる処理群であり，もう1つのグループは，処理が割り当てられない統制群である．結果尺度は被験者ごとに記録される．もう1つのアプローチは「被験者内（within-subject）」アプローチである．このアプローチでは，標本内の各被験者が，処理が割り当てられる場合とそうでない場合の両方に参加し，それぞれの場合の結果尺度が収集される．どちらのアプローチに従うにせよ，常に取り扱われる中心的な問いは，処理が結果に影響するかどうか，そして影響する場合，どのような形で影響するか，である．

　「被験者内」アプローチと「被験者間」アプローチのうちどちらを採用するかを決定したとしても，実施可能な検定には多くの異なった手法が存在する．ここで，もう1つの大きな分類が，パラメトリック検定とノンパラメトリック検定との間に設けられる．どちらのタイプの検定にもメリットとデメリットがある．

　パラメトリックな検定とノンパラメトリックな検定のどちらかを選ぶ際の鍵

となる要因は，データの測定尺度にある．この点については多くの文献がある
（Harwell and Gatti, 2001 はその一例である）．本質的には測定尺度には3種類
のものがある．それは，名義尺度，順序尺度，基数尺度である．パラメトリッ
クな検定は，ある程度まで分布上の仮定に依存している．この仮定は，検討し
たい変数が基数尺度であるときに限り満たされる．

　変数が基数尺度であっても，実験経済学者の中にはパラメトリックな検定を
行うことに違和感を持つ者もいるようである．というのは，彼らは分布の仮定
が満たされていない可能性があることを心配しているからである．この疑問に
対しては，2つの重要な応答がある．1つ目は，各処理における観測数が十分
多い場合，ある条件の下では中心極限定理を適用することが可能なので，標本
が正規分布ではない分布から採られていたとしても，その標本の（標準化され
た）平均値は正規分布に従うことになる（Berenson et al., 1988 などを参照），
というものである．2つ目は，（標本数が少ないなどのために）中心極限定理
が適用できない状況であっても，パラメトリックな検定に基づいてなされた統
計的推測が，データの分布とは関係なく妥当であることを保証する手法が利用
可能である，というものである．その手法とは，ブートストラップ法のことで
ある．

　第1章で強調したように，実験統計学における重要な問題は従属性の問題
であり，それは典型的な分析対象になる，被験者ごとに複数の観測データが
存在する場合に主として関係する．しかしながら，本章ではこの問題を脇に置
き，被験者1人につき利用可能なデータが1つだけ（または被験者内検定の
場合，2つのデータだけ）である状況に注意を限定する．従属性がある場合に
おける処理効果の検定の問題については，次章で取り扱う．

3.2　処理効果の検定の仕組み

　Siegel and Castellan (1998) には，処理効果の検定の仕組みについて有益
な要約がなされている．そこでここでは，それよりもいくぶん簡潔な要点を述
べることにする．

　処理効果の検定には常に帰無仮説と対立仮説が存在する．帰無仮説とは，一
般的には処理効果がないという仮説である．対立仮説とは，処理効果が存在す
るという仮説である．もし対立仮説が処理効果の方向性を特定しているなら，

それは片側対立仮説になるので，片側検定を実施することになる．それ以外の場合は両側対立仮説となるので，両側検定を実施する．研究者が処理効果の方向性について事前に予測を持っている場合には通常，片側対立仮説が立てられる．その予測は，おそらく経済理論に由来するものである．検定を実施する第1段階は，データの値についての関数である検定統計量を計算することである．それから，検定統計量が帰無分布（つまり，帰無仮説が真であるなら理論的にはその統計量が従うであろう分布）と比較される．検定統計量が棄却域に入っていたら，帰無仮説は棄却され，対立仮説が支持される．検定統計量がそれ以外の範囲にあれば，帰無仮説は棄却されず，検定結果は帰無仮説と整合的であると結論されるだろう．棄却域は，検定が片側であるか両側であるか，また，選択された検定の「サイズ」によって決まる．この「サイズ」は，通常αと記載されるが，帰無仮説が真である場合にそれを棄却する確率であり，この値は 0.05 に設定されるのが標準的である．棄却域が始まる点は，検定の棄却値といわれる．

検定の p 値とは，検定統計量がデータから得られたものよりも極端な［より大きな，あるいはより小さな］値をとる確率のことである．検定統計量を棄却値と比較することなく（つまり，統計表で確認しなくても）結論を得ることが可能になるので，p 値は便利なものである．p 値は，対立仮説に有利な証拠（つまり，効果があるという証拠）の強さを表現している．「証拠の強さ」を表現するためにどのような言葉を使用するかは個人の趣味の問題である．よく使用されるのは以下のようなものである．もし p < 0.10 ならば処理効果に弱い証拠がある，もし p < 0.05 ならば処理効果の証拠がある，もし p < 0.01 ならば処理効果に強い証拠がある，もし p < 0.001 ならば処理効果に圧倒的な証拠がある，といった具合である．

処理効果があるかどうかや，処理効果に対する証拠の強さを検討することに加えて，処理効果の方向性についても報告しないことには，こうした事柄には何の益もないことに注意してほしい．すでに述べたように，処理効果の方向性についての事前の予測がある場合には，片側検定を行うことになる．（検定統計量が特定の符号を持つことを仮定する）片側検定では，p 値は対応する両側検定の場合における p 値の半分となる．このため，片側検定では，処理効果に対する証拠を発見する可能性が高くなりがちである．これは，経済理論という形での事前の予測があるおかげである．

3.3 離散的な結果に対する検定

3.3.1 二項検定

すべての検定の中でおそらく最も単純なものから始めてみよう.

以下の選択問題を考えよう. ここで, 2つの円はくじを表現しており, 円内部の面積はそれぞれの結果が得られる確率を表現しているとする. 図3.1に示されているように, 左側のくじは「安全な」くじであり, 確実に5ドルが得られる. 右側のくじは「リスクのある」くじであり, 0ドルと10ドルという結果がそれぞれ50%の確率で得られるギャンブルを表現している. 明らかに, これらのくじを選ぶことを通じて, 被験者は各自のリスクに対する態度に関する情報を伝達することになる. 特に, 2つのくじは同じ期待値 (5ドル) になるので (また, 被験者が期待効用理論に従っていると仮定すると), リスク回避的な被験者はSを選び, リスク愛好的な被験者はRを選び, リスク中立的な被験者はSとRとの間で無差別になるだろう. したがって, すべての個人がリスク中立的であるなら, 50%の人がSを選び, 50%の人がRを選ぶと予想されるだろう. よく観察されているように, 人々の大部分がリスク回避的であるならば, 50%以上の人が安全なくじを選ぶと予想されるだろう.

以上の議論に基づくと, 標本となる被験者による2つのくじ間の選択を, 彼らがリスク中立的であるかどうかについての仮説を検定するためにもちいることができる. lottery_choice_sim ファイルには30人の被験者標本に関する情報が含まれている. データセットは30行からなり, 1行が被験者1人分のデータである. 変数の1つはyで, それは0または1の値をとり, 1はSを, 0はRを選んだことを表している. 以下のコマンドは30人中21人の被験者がSを選んだことを示している.

```
. tab y

        y |      Freq.     Percent        Cum.
----------+-----------------------------------
        0 |          9       30.00       30.00
        1 |         21       70.00      100.00
----------+-----------------------------------
    Total |         30      100.00
```

3.3 離散的な結果に対する検定

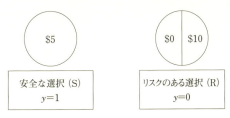

図 **3.1** 典型的なくじ選択問題

もし帰無仮説（リスク中立性）が真ならば，どの被験者についてもＳを選ぶ確率は 0.5 である．それゆえ，もし帰無仮説が真ならば，30 人の被験者のうち 21 人かそれ以上がＳを選ぶ確率は，以下のような二項確率の合計となる．

$$P(N_S \geq 21) = \sum_{n=21}^{n=30} \frac{30!}{n!(30-n)!}(0.5)^{30} = \underline{0.0213} \tag{3.1}$$

この確率は 0.05 よりも小さいので，帰無仮説は偽であるという証拠がある．すなわち，被験者はリスク中立的ではない（より正確には，リスク回避的である）と結論することになるだろう．

いま実施した検定は二項検定であり，計算された確率が検定の p 値になっている．この検定は，結果が二値であり，また帰無仮説が単純に 2 つの結果のうちの 1 つが生起する確率によって表現できるときにもちいられる．

二項検定は STATA の bitest コマンドを使用することで容易に実施できる．現在のデータセットにこのコマンドを適用すると，以下の結果が得られる．

```
. bitest y==0.5

    Variable |       N   Observed k   Expected k   Assumed p   Observed p
-------------+------------------------------------------------------------
           y |      30           21           15     0.50000      0.70000

Pr(k >= 21)            = 0.021387  (one-sided test)
Pr(k <= 21)            = 0.991938  (one-sided test)
Pr(k <= 9 or k >= 21)  = 0.042774  (two-sided test)
```

ここには 3 つの異なる p 値が示されている．1 つ目は先に計算したものと同じである．先に実施した検定は片側検定であることに注意しよう．なぜなら，個人はリスク回避的であるというのが対立仮説であり，したがって，安全な選択

54   第3章　処理効果の検定

を行う割合が 0.5 より大きいという事前の予測があるからだ．もしそういった
事前の予測がないならば，両側検定を行うことになるだろう．両側検定に対す
る p 値は片側検定の p 値を正確に 2 倍にした値となることに注意してほしい．
また，この値も 0.05 より小さいことに注意してほしい．つまり，事前の予測
がない場合でさえ，個人はリスク中立的ではないという証拠がこの標本から得
られているのである．

3.3.2　フィッシャーの正確確率検定

　同じ標本をもちいて，今度は被験者の性差に関する情報もまた利用可能であ
ると仮定してみよう（変数名は「male」で，その値は男性ならば 1，女性なら
ば 0 とする）．性別とくじの選択についてのクロス表は「tabulate」コマンド
を使用することで得られる．

```
. tab y male, col

+-------------------+
| Key               |
|-------------------|
|     frequency     |
| column percentage |
+-------------------+

           |        male
         y |        0          1 |     Total
-----------+----------------------+----------
         0 |        1          8 |         9
           |     8.33      44.44 |     30.00
-----------+----------------------+----------
         1 |       11         10 |        21
           |    91.67      55.56 |     70.00
-----------+----------------------+----------
     Total |       12         18 |        30
           |   100.00     100.00 |    100.00
```

30 人の被験者のうち 12 人が女性で 18 人が男性であることがわかる．また，
12 人の女性のうち 11 人（91.67%）が S を選んでいるが，男性は 18 人のうち
10 人（55.56%）が S を選んでいることもわかる．これらの（列にある）パー
センテージは「col」オプションをもちいた結果として示されている．S を選
ぶパーセンテージの違いは，女性の方が男性よりもリスク回避的であることを
示しているようである．この違いについてはその統計的有意性を検定する必要
がある．

3.3 離散的な結果に対する検定　　　　55

　その目的のために，フィッシャーの正確確率検定をもちいることが可能である．この検定では，表の中にある実際の数字の組み合わせ，あるいはそれらより極端な［偏った］組み合わせが得られる確率がいくらであるかを，与えられた行の合計と列の合計に対して求める．この確率がどのようにして計算されるかを考えるために，以下の表について考えてみよう．

	Male $= 0$	Male $= 1$	Total
$Y = 0$	A	B	A + B
$Y = 1$	C	D	C + D
Total:	A + C	B + D	A + B + C + D

与えられた行の合計と列の合計に対して，A，B，C および D という数字の組み合わせが得られる確率は，以下のようになる．

$$P = \frac{\binom{A+C}{A}\binom{B+D}{B}}{\binom{A+B+C+D}{A+B}} = \frac{(A+B)!(C+D)!(A+C)!(B+D)!}{(A+B+C+D)!A!B!C!D!} \quad (3.2)$$

(3.2) 式をクロス表における数値に当てはめると，次のようになる．

$$P = \frac{9!21!12!18!}{30!1!8!11!10!} = 0.0367$$

　次に，与えられた行の合計と列の合計に対して，上記の数字よりも「もっと極端な」（つまり，女性の方がより一層リスク回避的であるような）組み合わせが得られる確率がいくらかを求める必要がある．そのような組み合わせは，以下のただ 1 つしかない．

	Male $= 0$	Male $= 1$	Total
$Y = 0$	0	9	9
$Y = 1$	12	9	21
Total:	12	18	30

(3.2) 式をこの数字の組み合わせに適用すると，確率 0.0034 を得る．よって，必要とされている確率（つまり，フィッシャーの正確確率検定に対する p 値）は，以下のようになる．

$$0.0367 + 0.0034 = 0.0401$$

この検定は，tabulate コマンドに「exact」オプションを付けることで，STATA によって実施可能である．

```
. tab y male, col exact

+-------------------+
| Key               |
|-------------------|
|     frequency     |
| column percentage |
+-------------------+

           |        male
         y |         0          1 |     Total
-----------+----------------------+----------
         0 |         1          8 |         9
           |      8.33      44.44 |     30.00
-----------+----------------------+----------
         1 |        11         10 |        21
           |     91.67      55.56 |     70.00
-----------+----------------------+----------
     Total |        12         18 |        30
           |    100.00     100.00 |    100.00

          Fisher's exact =                 0.049
  1-sided Fisher's exact =                 0.040
```

ここには2つのp値が示されている．片側検定に対応する「1-sided Fisher's exact」のp値は0.040で，これは先ほど求めた値と一致している．この値は0.05よりも小さく，また片側検定なので，女性は男性よりもリスク回避的であるということの証拠が存在すると結論される．

もう1つのp値は両側検定に対するp値である．これは，性差の効果の方向性に関する事前の予測がない場合に性差の効果を検定しようとする場合にもちいられるp値である．この両側p値を計算するのは少しばかりやっかいである．片側検定でのp値に，「反対の」方向に向かってより極端な結果が生起する確率を加える必要があるからである．ある結果がより極端かどうかを決定するために，Sを選択する女性の比率とSを選択する男性の比率の間の差を利用する．このデータでは，この差は $0.9167 - 0.5556 = 0.3611$ となる．

次に，他に可能なさまざまな結果を考慮する必要がある．次の表について考えてみよう．

3.3 離散的な結果に対する検定　　　57

	Male $= 0$	Male $= 1$	Total
$Y = 0$	9	0	9
$Y = 1$	3	18	21
Total:	12	18	30

この結果に対して，S を選択する男女の比率の差は $0.25 - 1 = -0.7500$ である．これは 0.3611 よりも明らかにより極端な（そして反対の方向の）値である．次の表を考えよう．

	Male $= 0$	Male $= 1$	Total
$Y = 0$	8	1	9
$Y = 1$	4	17	21
Total:	12	18	30

この場合，S を選択する男女の比率の差は $0.3333 - 0.9444 = -0.6111$ である．これもまた，より極端な値である．次の表はどうだろうか．

	Male $= 0$	Male $= 1$	Total
$Y = 0$	7	2	9
$Y = 1$	5	16	21
Total:	12	18	30

この場合，S を選択する男女の比率の差は $0.4166 - 0.8888 = -0.4722$ である．やはり，これもまた，より極端な値である．

　これら 3 つの結果のそれぞれに対して (3.2) 式の確率関数を当てはめると，（それぞれについて）0.000001，0.00062，および 0.00847 という値を得る．したがって，両側検定の p 値は以下のようになる．

$$0.040 + 0.000001 + 0.00062 + 0.00847 = 0.0491.$$

この値は，先ほど STATA によって計算した「Fisher's exact」の p 値と一致する．この値が 0.05 より小さいという事実は，性差の効果の方向性に関する事前の予測がない場合でさえ，性差の効果に関する証拠が存在することを意味している．

3.3.3 カイ二乗検定

性差の効果はカイ二乗検定を使って検定することも可能である．これを実施するには，tab コマンドに chi2 オプションを付ける必要がある．

```
. tab y male, col chi2

+-------------------+
| Key               |
|-------------------|
|     frequency     |
| column percentage |
+-------------------+

           |       male
         y |        0         1 |     Total
-----------+----------------------+----------
         0 |        1         8 |         9
           |     8.33     44.44 |     30.00
-----------+----------------------+----------
         1 |       11        10 |        21
           |    91.67     55.56 |     70.00
-----------+----------------------+----------
     Total |       12        18 |        30
           |   100.00    100.00 |    100.00

          Pearson chi2(1) =    4.4709   Pr = 0.034
```

この検定の p 値は 0.034 で，フィッシャーの正確確率検定の値よりもわずかに低く，リスクに対する態度における性差が影響を与える証拠をより強く示していることがわかる．

カイ二乗統計量がどのように計算されるか考えてみよう．このためには，仮に帰無仮説が真である（つまり，実際には性差の効果はない）としたら，上記の表中の数値がいくらかになると期待されるかについて知る必要がある．

それを求めてみたのが以下の期待度数である．

```
           |       male
         y |        0         1 |     Total
-----------+----------------------+----------
         0 |      3.6       5.4 |         9
           |    30.00     30.00 |     30.00
-----------+----------------------+----------
         1 |      8.4      12.6 |        21
           |    70.00     70.00 |     70.00
-----------+----------------------+----------
     Total |       12        18 |        30
           |   100.00    100.00 |    100.00
```

最初の表にある数値を（観察された数値なので）O，2つ目の表にある数値を（期待される数値なので）Eとラベル付けし，それから表中の4つのセルについて以下のような和を計算する．

$$\chi^2 = \sum \frac{(O-E)^2}{E} = \frac{(1-3.6)^2}{3.6} + \frac{(11-8.4)^2}{8.4} + \frac{(8-5.4)^2}{5.4}$$
$$+ \frac{(10-12.6)^2}{12.6} = 4.4709$$

性差の効果がないという帰無仮説の下での検定統計量は χ^2 分布に従う．自由度はいくらになるだろうか？　ここで，表中の4つの数値のうちどれだけが「自由」であるかを知る必要がある．1つの行にある2つの数値を固定すると，もう1つの行にある2つの値は（列の和から）決定される．また，ある行にある1つの数値を固定すると，もう1つの値は（行の和から）決定されることに注意してほしい．これは，表中にはただ1つの自由な値しかないことを意味しており，これが検定の自由度になる．一般的には，クロス表が m 行 n 列である場合，カイ二乗検定の自由度は $(m-1)(n-1)$ となる．

χ^2 分布の棄却値が以下のようになることを思い出してほしい．

自由度	χ^2 の 5% 点
1	3.84
2	5.99
3	7.82
4	9.49
5	11.07
6	12.59

ここで，$\chi^2 > 3.84$ ならば H_0 は棄却されることになり，ここでのデータは実際にこの条件を満たしている．すでに述べたように，この結果は，性別の間で選択に違いがあるという証拠の存在を示している．

p 値は $\chi^2(1)$ 分布の下での検定統計量よりも右側にある領域の大きさになる．つまり，p 値 = $P(\chi^2(1) > 4.4709)$ となる．0.034 という p 値は 0.05 よりもいくぶん小さく，検定統計量が棄却値 0.05 よりもいくぶん右側にあるということと整合的である．この p 値は，EXCEL に =CHIDIST(4.4709,1) という式を入力すると正確に計算可能である．その結果は，STATA の場合と同じく 0.034 となる．

STATA においてカイ二乗検定を実行する別の方法がある．完全なデータ

セットが利用できず，利用できるのはクロス表にある数値だけだという場合
を想像してほしい．この情報のみをもちいてカイ二乗検定を実行するために
は，STATA の「イミディエイト」コマンドである tabi を利用する．（常にコ
マンド名の最後に i がつく）「イミディエイト」コマンドは，メモリに格納さ
れたデータからではなく，引数として入力された数値から結果を得るコマン
ドであることを思い出してほしい．そうしたコマンドには，第 2 章ですでに
見た，特定の検定に必要とされる標本サイズを発見するための sampsi コマン
ドがある．tabi コマンドをもちいて先ほどの検定の結果を再現するためには，
以下のようにコマンドを実行する．

```
. tabi 1 8 \ 11 10, chi

           |         col
       row |         1          2 |     Total
-----------+----------------------+----------
         1 |         1          8 |         9
         2 |        11         10 |        21
-----------+----------------------+----------
     Total |        12         18 |        30

           Pearson chi2(1) =    4.4709   Pr = 0.034
```

3.3.4 現実のデータセットをもちいたカイ二乗検定

Ellingsen and Johannesson（2004）によって実施された実験のデータセッ
トをもちいて，「ホールドアップ」問題の文脈の下で，カイ二乗検定をはじめ
とするさまざまな検定を例示することにしよう．このデータセットは，STATA
のファイル **holdup** から利用可能である．

まず「ホールドアップ」実験を記述することから始めよう．このゲームには
「売り手」と「買い手」という 2 人のプレーヤーが存在する．ゲームは 3 つの
ステージから構成されている．

1. 売り手には 60 単位が与えられ，100 単位というより大きな値を生み出
   すためにそれを投資する機会が与えられる．この選択は二値的な選択，
   つまり，60 単位すべてを投資するか，全く投資しないかのいずれかで
   あることに注意しよう．
2. 売り手が投資した場合，買い手は 100 単位を 2 人のプレーヤー間でど
   のように配分するかを提案する．

3. 売り手は，買い手の提案を受け入れて提案された配分を受け取るか，提案を拒否するかを選択する．売り手が拒否した場合，両プレーヤーとも投資から何も得ることができず，売り手は60単位の純損失を被ることになる．

最初に，このホールドアップ実験は，2.5.3節において記述された信頼ゲームと，2.5.1節で記述された最後通牒ゲームとを組み合わせたものであることに注意しよう．より正確には，ホールドアップ実験の最初の2ステージは信頼ゲームを構成しているが，それは「二値的な信頼ゲーム」と呼ばれるべきものになっている．というのは，先手の決定は投資するか否か，すなわち，二値的なものだからである．ホールドアップ実験のステージ2と3は最後通牒ゲームと正確に同じものである．

利己性という伝統的な仮定を前提にすると，唯一のサブゲーム完全均衡の結果は，売り手は投資しないという選択をすることになる．なぜだろうか？

ゲームの最終ステージでは，売り手は，0単位よりも多い提案であればどのようなものでも受け入れるべきである．したがって，買い手には1単位より多くを与える理由はない．したがって，売り手は，投資すれば59単位を失うことになると予想する．そのため，売り手にとって投資することは非合理的である．

いつものように，実験結果は理論に深刻な疑いを投げかけるものである．つまり，約1/3の売り手が投資することを選択し，それによって利益を得ることがしばしばある．

Ellingsen and Johannesson (2004) は，買い手と売り手との間のコミュニケーションの効果に焦点を当てている．その目的のために，彼らは次の3つの処理を考察した．

処理1 (T1)：自分たちの行動以外のコミュニケーションはなされない．

処理2 (T2)：売り手が投資の決定をする前に，買い手は売り手にメッセージを送ることができる（おそらく「私は誠実な人間なので，投資によってあなたが私を信頼することを示してくれれば，私はあなたに報いることを約束します」といった形のメッセージになるだろう）．

処理3 (T3)：売り手は，投資に関する決定と並行して，買い手にメッセージを送ることができる（おそらく，メッセージの文面は「私はあなたが誰

であるか知らないが，あなたを信頼しているので投資します．でも，私はあなたに，私が愚かな人間ではないことも知ってほしい．あなたに信頼した結果，利益を得ることに失敗するなら，私はあなたが利益を得られないようします」といったものになるだろう）.

明らかに，処理2の目的は約束の効果を評価することであり，処理3の目的は脅しの効果を評価することである．もちろん，約束も脅しも，投資が行われないという理論的予想を変えるものではない．問題は，これらの処理が売り手あるいは買い手の実際の決定に影響を与えるかどうかである.

研究上の問い1：投資すべきかどうかという売り手の決定に，コミュニケーションはどのような効果を与えるだろうか.

ここでは簡単に，各処理における投資した人の割合を見ることにする．これらの情報を得るための最良の方法はクロス表を作成することである.

```
. tab invest treatment, col chi2

+-------------------+
| Key               |
|-------------------|
|       frequency   |
| column percentage |
+-------------------+

   sellers |
investment |
 decision: |
      1 if |
 invest; 0 |             treatment
    if not |      1         2         3 |     Total
-----------+----------------------------------+----------
         0 |     26        14        12 |        52
           |  65.00     46.67     36.36 |     50.49
-----------+----------------------------------+----------
         1 |     14        16        21 |        51
           |  35.00     53.33     63.64 |     49.51
-----------+----------------------------------+----------
     Total |     40        30        33 |       103
           | 100.00    100.00    100.00 |    100.00

          Pearson chi2(2) =   6.1788   Pr = 0.046
```

実験には103組の被験者が参加していることに注意しよう．投資した人の割

合は全体で 50% に非常に近いものである．しかしながら，処理間で大きな差があるように思われる．つまり，投資した人の割合は処理 3 においてが最も高く（64%），処理 1 において最も低い（35%）．これは，コミュニケーション，特に売り手自身が脅しを行う立場にあるという形でのコミュニケーションが投資の決定に好ましい影響を与えていることを示している（なお，2 つのタイプのコミュニケーション間の差については後ほど立ち戻ることにする）．

処理間にあるこの差が統計学的に有意かどうかを評価するために，先ほどのchi2 オプションを付けた STATA コマンドを導入してカイ二乗検定を実施する．この検定の p 値は 0.046 であり，コミュニケーションが投資の決定に影響していることの（強いものではないが）証拠を示している．カイ二乗検定量をどのように計算するかの説明はすでに 3.3.3 節で行われている．

この検定の自由度が 2 であることに注意しよう．それは行数（m）が 2 で列数（n）が 3 であり，自由度は $(m-1)(n-1)$ によって与えられるからである．すでに 3.3.3 節で説明したように，これは表中の値のうちただ 2 つの値のみが「自由」であるいうことを本質的に意味している．残りの 4 つの値は，行と列それぞれの合計値を知れば導出可能である．

ここでもし $\chi^2 > 5.99$ ならば H_0 は棄却されるが，実際そのような結果になる．先に注意したように，このことは，処理間に差があるという証拠の存在を告げている．0.046 という p 値は 0.05 よりもわずかに小さく，検定統計量が 0.05 という棄却値のわずかに右側にあることと整合的である．

コミュニケーションが売り手の投資決定に影響があることが検証された．しかしながら，あるタイプのコミュニケーションが他のタイプのものより効果的であるかどうかについても検証する必要がある．

研究上の問い 2：2 つの異なるタイプのコミュニケーションは，投資するかどうかに関する売り手の決定に異なった影響を与えているか？

この問いに答えるには，カイ二乗検定をふたたび行う必要がある．しかし，今回は処理 2 と 3 だけをもちいることになる．すなわち，分割表にある 3 つ列のうちの 2 列のみをもちいるのである．

```
. tab invest treatment if treatment!=1, chi2 col
```

```
+-------------------+
| Key               |
|-------------------|
|     frequency     |
| column percentage |
+-------------------+

   sellers |
investment |
 decision: |
      1 if |
  invest; 0 |      treatment
     if not |      2         3 |     Total
-----------+--------------------+----------
         0 |     14        12 |        26
           |  46.67     36.36 |     41.27
-----------+--------------------+----------
         1 |     16        21 |        37
           |  53.33     63.64 |     58.73
-----------+--------------------+----------
     Total |     30        33 |        63
           | 100.00    100.00 |    100.00

      Pearson chi2(1) =   0.6882   Pr = 0.407
```

STATA コマンドには「処理が1と等しくないなら」という意味の
if treatment!=1 が含まれていることに注意してほしい. これにより, この
コマンドは処理2と3との比較に検定が適用されるという結果をもたらす.

　処理3における投資のパーセンテージ (63.64%) は処理2における投資の
パーセンテージ (53.33%) よりもいくぶん高いが, カイ二乗検定はこの2つ
の処理間の差に関しては証拠がないことを示している. それゆえ, コミュニ
ケーションの2つの形態は, 売り手の決定に関して有効性の点で異なるとい
う証拠はないということになる.

3.4　正規性の検定

　本節では, ホールドアップ実験のデータを引き続き例としてもちいるが, 売
り手が投資したということを前提として, 買い手の決定を検討することにす
る. 二値であった売り手の決定とは異なり, 買い手の決定は金額, つまり, 売
り手に配分することを提案する額になる. この節で関心のある特定の仮説は,
データの正規性についてである. データが正規分布しているかどうかに関する
知識は, 後の節で導入されるさまざまな検定から適切なものを選択する際に大

変有益なものである.

　51 人の売り手が投資していたので，買い手の決定に関して 51 の観察結果があることになる．これら 51 の提案額の度数分布は図 3.2 に示されている．このヒストグラムを得るための STATA の構文は以下のようになる．

```
hist offer, disc freq normal xline(30) xlabel(0(10)100)
```

このコマンドには多くのオプションがある．disc オプションは，データの個別の値に対して異なるヒストグラムの柱を割り当てる．freq オプションは，データの密度の代わりに頻度を縦軸の尺度にする．normal オプションは，ヒストグラムにデータと同じ平均および標準偏差を持つ正規分布の密度を重ねてくれる．xline(60) オプションは，提案額 60 の点（つまり，投資された額と正確に同じ額を配分することになる点）に縦線を付ける．xlabel(0(10)100)は，x 軸を 0 から 100 までの範囲にし，10 単位ごとに目盛りを配置する．

　買い手の提案額の最頻値は 80 であり，これは，売り手に投資額と同じ 60 を返金することに加えて，40 の利益を等分する傾向があることを示している．しかしながら，買い手の中にはこの額よりもかなり低い額を提案する者もいて，その結果，売り手には純損失が発生している．

　買い手の提案額の分布は正規曲線に近接しているようには見えない．これは，データが正規分布に従っていないことに関する予備的な証拠である．正規性に関する正式な検定は「歪度・尖度」検定であり，STATA では sktest コマンドを使うことでその結果を知ることができる．この検定を提案額のデータ一式に適用すると，以下の結果となる．

```
. sktest offer

              Skewness/Kurtosis tests for Normality
                                                ------- joint ------
    Variable |   Obs   Pr(Skewness)   Pr(Kurtosis)  adj chi2(2)   Prob>chi2
-------------+-------------------------------------------------------------
       offer |    51      0.0021         0.4595        8.60         0.0136
```

出力結果には，実際には 3 つの異なる検定の結果が p 値の形で含まれている．Pr(Skewness) は歪度[1]が 0（つまり，分布が対称的）であるという仮説を検

---

1) 歪度は分布の 3 次中心モーメントによって測られる．歪度は対称的な分布に対してゼロとなる．歪度が正の場合，分布が「正の方向に歪んでいる」ないしは「右側に歪んでいる」と言われ，分布は

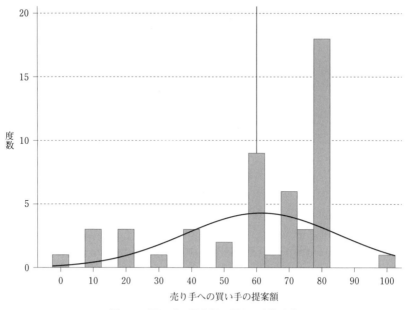

図 3.2 買い手の提案額に関する度数分布

定するための p 値である．0.0021 という p 値は，分布が対称的であるという仮説はデータによって強く棄却されることを意味する．Pr(Kurtosis) は「正規尖度」[2] の仮説を検定するための p 値である．3 つ目の p 値は，歪度と尖度に関する同時検定を行った結果を表している．

処理ごとに分けて正規性に対する検定を実施することもまた有益である．正規性の仮定は処理 1 と 2 では棄却され，特に後者ではより強く棄却されている．

```
. sktest offer if treatment==1
            Skewness/Kurtosis tests for Normality
                                         ------- joint ------
    Variable |   Obs  Pr(Skewness)   Pr(Kurtosis)  adj chi2(2)    Prob>chi2
```

右側に向かっての長い裾野があることによって特徴付けられる．負の歪度（または左側への歪度）は左側に向かっての長い裾野によって特徴付けられる．
2) 尖度は分布の 4 次中心モーメントで測られる．標準正規分布に対しては尖度は 3 である．尖度が 3 より大きい場合，分布は急尖（leptokurtic）（裾野が厚い）と言われる．尖度が 3 より小さい場合，分布は緩尖（platykurtic）と言われる．

```
-------------+----------------------------------------------------------------
      offer |    14    0.5120         0.0088          6.52           0.0383

. sktest offer if treatment==2

                 Skewness/Kurtosis tests for Normality
                                                    ------- joint ------
    Variable |    Obs   Pr(Skewness)  Pr(Kurtosis)  adj chi2(2)   Prob>chi2
-------------+----------------------------------------------------------------
      offer |    16    0.0003         0.0012         16.65           0.0002

. sktest offer if treatment==3

                 Skewness/Kurtosis tests for Normality
                                                    ------- joint ------
    Variable |    Obs   Pr(Skewness)  Pr(Kurtosis)  adj chi2(2)   Prob>chi2
-------------+----------------------------------------------------------------
      offer |    21    0.2886         0.6833          1.42           0.4918
```

正規性に関する別の検定にはシャピロ・ウィルク検定があり，STATA では swilk コマンドを使用すれば実行できる．この検定をデータ全体に適用すると，先ほどと同じ結論に到達する．つまり，正規性は強く棄却される．

```
. swilk offer

                 Shapiro-Wilk W test for normal data

    Variable |    Obs     W         V         z      Prob>z
-------------+-----------------------------------------------------
      offer |    51   0.87616    5.916     3.795    0.00007
```

3.5 処理効果の検定

3.5.1 処理効果に関するパラメトリックな検定

本節では，ホールドアップ実験のデータにおける買い手の決定に処理効果の検定を適用する．この買い手の決定は連続変数（買い手が売り手に提案する配分額）によって表現されるので，3.3 節において離散的な結果に関する文脈で導入されたものとは異なる種類の検定が必要である．また，3.4 節では，買い手の提案額に対して正規性に関する検定が適用され，買い手の決定というこの変数は正規分布に従っていないという証拠が見出された．これは，本節で導入される検定を選択する際に重要な問題である．

51 人の売り手が投資したので，買い手の決定に関して 51 の観察結果があ

る．これら 51 の提案額の分布は図 3.2 に示されている．前節で述べたように，
買い手の提案額の最頻値は 80 であり，これは，売り手に投資額の 60 を返金
することに加えて，40 の利益を等分する傾向があることを示している．しか
しながら，買い手の中にはこの額よりもかなり低い額を提案する者もいて，そ
の結果，売り手には純損失が発生している．

　やはりここでも興味があるのは処理間の差があるかどうかなので，3 つの処
理間の「平均」提案額を比較するのが自然である．以下の表は，処理ごとの平
均提案額を示している．

```
. table treatment, contents(n offer mean offer)

------------------------------------
treatment |   N(offer)  mean(offer)
----------+-------------------------
        1 |       14      48.5714
        2 |       16           70
        3 |       21      63.3333
------------------------------------
```

第 1 に，投資がなされなかったケースはこの表から除外されていることに注
意しよう．これは，投資がなされない場合には提案額が欠損値（STATA では
．）としてコード化されるからである．このことの重要性を認識してほしい．
よくある誤りは，欠損値を 0 とコード化することである．このようにするこ
とは，この場合，大きな誤解を生む可能性がある．というのは，平均提案額に
深刻な下方バイアスがかかってしまうからである．

　第 2 に，処理間には差があり，それに加えて，コミュニケーションには提
案額を増やす傾向があり，この場合には約束（T2）の方が脅し（T3）よりも
効果的であるように見えることに注意してほしい．

　やはりここでも，これらの差が統計学的に有意かどうかを検討する必要があ
る．行うべき比較は以下の 3 つである．

研究上の問い 3：売り手のコミュニケーション（脅し）が買い手の提案額に与
える効果はどのようなものか？（**T3 vs T1**）

研究上の問い 4：買い手のコミュニケーション（約束）が買い手の提案額に与
える効果はどのようなものか？（**T2 vs T1**）

研究上の問い5：2つの形態のコミュニケーションが買い手の提案額に与える効果は異なるものであるか？（T3 vs T2）

これらの問いに答えるにあたっては，多くの方法が考えられる．

3.5.1.1 独立な標本に対するt検定（または，2標本のt検定）

2つの標本を比較するものとしよう．1つ目の標本は平均 μ_1，標準偏差 σ_1 の母集団から採られたものであるが，2つ目の標本は平均 μ_2，標準偏差 σ_2 の母集団から採られたものとしよう．対立仮説 $H_1 : \mu_1 \neq \mu_2$ に対して帰無仮説 $H_0 : \mu_1 = \mu_2$ を検定するために，2つの標本に含まれる情報を利用したい．2つの標本に含まれる情報には，標本サイズ n_1 と n_2，標本平均 $\bar{x}_1$ と $\bar{x}_2$，標本標準偏差 s_1 と s_2 がある．

独立な標本に対するt検定統計量は，単純に2つの標本平均の差に基づいたものである．

$$t = \frac{\bar{x}_1 - \bar{x}_2}{s_p \sqrt{\frac{1}{n_1} + \frac{1}{n_2}}} \tag{3.3}$$

ここで s_p（一括された標準偏差）は，単に2つの標本標準偏差それぞれを加重平均したものである．

$$s_p = \sqrt{\frac{(n_1 - 1)s_1^2 + (n_2 - 1)s_2^2}{n_1 + n_2 - 2}} \tag{3.4}$$

一括された標準偏差（s_p）は，2つの母集団が同じ分散を持っている，つまり，$\sigma_1 = \sigma_2$ と仮定されるときに使用される．これを仮定できないという理由がある場合には，この検定の「不均一分散」バージョンもある．

一定の仮定が満たされていれば，(3.3) 式に示されたt検定統計量は，帰無仮説の下で $t(n_1 + n_2 - 2)$ 分布に従うことになる．

この検定を研究上の問い3（売り手のコミュニケーション）に適用してみよう．

```
. ttest offer if treatment!=2, by(treatment)

Two-sample t test with equal variances
--------------------------------------------------------------------------
```

```
   Group |     Obs        Mean    Std. Err.    Std. Dev.    [95% Conf. Interval]
---------+--------------------------------------------------------------------
       1 |      14    48.57143    8.619371     32.25073     29.95041    67.19245
       3 |      21    63.33333    4.230464     19.38642     54.50874    72.15793
---------+--------------------------------------------------------------------
combined |      35    57.42857    4.383753     25.93463     48.51971    66.33743
---------+--------------------------------------------------------------------
    diff |             -14.7619    8.711774                 -32.48614    2.962333
---------+--------------------------------------------------------------------
    diff = mean(1) - mean(3)                                    t =  -1.6945
Ho: diff = 0                                    degrees of freedom =        33

    Ha: diff < 0                 Ha: diff != 0                 Ha: diff > 0
 Pr(T < t) = 0.0498       Pr(|T| > |t|) = 0.0996           Pr(T > t) = 0.9502
```

検定統計量は -1.6945 であり，これが t(33) 分布と比較される．これはすで
に STATA によってなされている．結果の最終行に表示されているさまざまな
p 値がそれである．「両側 p 値」は 0.0996 であることがわかる．これは 2 つの
処理（1 と 3）の間に弱い差があるという証拠を示している．

　この状況では，処理効果の方向性について事前の予測がある．つまり，売り
手のコミュニケーションは買い手の提案額に正の効果を持つということが予
想される．この理由から，統計量が分布の低い側の裾野に入っている場合にの
み帰無仮説を棄却することになるので，p 値を 2 で割って 0.0498 を得る．こ
れは左側に示されている p 値である．事前の予測があれば，証拠がより強い
ものだと解釈することが可能になり，証拠を「弱い証拠」があるというものか
ら，単純に「証拠」があるという表現に格上げできることに注意しよう．

　すでに述べたように，2 つの母分散が等しいとは仮定されない場合にもちい
ることが可能な t 検定も存在する．この検定を行うには unequal オプション
を付けるだけでよい．

```
. ttest offer if treatment!=2, by(treatment) unequal

Two-sample t test with unequal variances
------------------------------------------------------------------------------
   Group |     Obs        Mean    Std. Err.    Std. Dev.    [95% Conf. Interval]
---------+--------------------------------------------------------------------
       1 |      14    48.57143    8.619371     32.25073     29.95041    67.19245
       3 |      21    63.33333    4.230464     19.38642     54.50874    72.15793
---------+--------------------------------------------------------------------
combined |      35    57.42857    4.383753     25.93463     48.51971    66.33743
---------+--------------------------------------------------------------------
    diff |             -14.7619    9.601583                 -34.83782    5.314009
---------+--------------------------------------------------------------------
    diff = mean(1) - mean(3)                                    t =  -1.5374
```

3.5 処理効果の検定　　　　　　　　　　　71

```
Ho: diff = 0                    Satterthwaite's degrees of freedom =    19.29

    Ha: diff < 0                  Ha: diff != 0                  Ha: diff > 0
 Pr(T < t) = 0.0702          Pr(|T| > |t|) = 0.1404          Pr(T > t) = 0.9298
```

等分散を仮定しない結果として、証拠は「弱い」ものに格下げされている。こ
れは仮説検定においてよく経験することである。これは、仮説検定において共
通の経験である。つまり、検定を実施する前に仮定できるする事柄が少ないほ
ど、証拠は弱くなる傾向があるのである。

　等分散を仮定できるかどうか本当に知りたいならば、以下のように分散比検
定を行えばよい。

```
. sdtest offer if treatment!=2, by(treatment)

Variance ratio test
------------------------------------------------------------------------------
   Group |     Obs        Mean    Std. Err.   Std. Dev.   [95% Conf. Interval]
---------+--------------------------------------------------------------------
       1 |      14    48.57143    8.619371    32.25073    29.95041    67.19245
       3 |      21    63.33333    4.230464    19.38642    54.50874    72.15793
---------+--------------------------------------------------------------------
combined |      35    57.42857    4.383753    25.93463    48.51971    66.33743
------------------------------------------------------------------------------
    ratio = sd(1) / sd(3)                                    f =     2.7675
Ho: ratio = 1                                degrees of freedom =    13, 20

    Ha: ratio < 1                  Ha: ratio != 1                  Ha: ratio > 1
 Pr(F < f) = 0.9801          2*Pr(F > f) = 0.0398          Pr(F > f) = 0.0199
```

この結果、残念ながら処理1と3における提案額の分散の間には差があると
いう証拠が得られた。

　2標本のt検定は、他の2つの研究上の問いにも適用される。3つすべての
結果は（不均一分散の問題を無視すると）以下のようになる。

		両側 p 値（等分散を仮定）
Q3	コミュニケーションなし（T1）vs 売り手からのコミュニケーション（T3）	0.0996
Q4	コミュニケーションなし（T1）vs 買い手からのコミュニケーション（T2）	0.0250
Q5	売り手からのコミュニケーション（T3）vs 買い手からのコミュニケーション（T2）	0.2673

買い手の提案額に与える処理効果についての2標本t検定に対する両側p値。

先に注意したように，2 標本の t 検定はデータに関する極めて強い仮定に依存している．最も重要なのは，2 つの標本が「十分大きい」ことがない限り，2 つの母集団が正規分布に従っていることが必要だという点である．3.4 節では，買い手の提案額が正規分布に従っていないという強い証拠が見出された．この結果は，それぞれの処理において観察されたデータ数が中心極限定理の適用に必要な 30 個よりもかなり少ないという事実と合わせると，本節でもちいられた検定の妥当性には疑問が生じる．

3.5.2 処理効果に関するノンパラメトリックな検定：マン・ホイットニー検定

2 標本を比較するにあたって，（データの正規性といった）何らかの分布上の仮定には依存しない検定がマン・ホイットニーの U 検定である．分布上の仮定がなされないので，この検定はノンパラメトリックな検定に分類される．

この検定を実施するために，両方の標本から得たすべての観察データをその値の大きさに応じて順位付ける．最大の値には最高の順位を割り当て，同順位の場合には［それらのデータの］順位の平均を割り当てる．それから，標本ごとに順位の合計を計算し，比較する．この検定はこの順位の和を比較することが基礎となっている．

この検定は，STATA では ranksum コマンドをもちいて実行される．以下は T1 と T3 とを比較したもので，それゆえ，研究上の問い 3 の検定になっている．

```
. ranksum offer if treatment!=2, by(treatment)

Two-sample Wilcoxon rank-sum (Mann-Whitney) test

   treatment |      obs    rank sum    expected
-------------+---------------------------------
           1 |       14       220.5         252
           3 |       21       409.5         378
-------------+---------------------------------
    combined |       35         630         630

unadjusted variance      882.00
adjustment for ties      -26.56
                       ----------
adjusted variance        855.44

Ho: offer(treatm~t==1) = offer(treatm~t==3)
          z =  -1.077
```

```
Prob > |z| =    0.2815
```

0.2815 という p 値は，買い手の提案額について T1 と T3 の間に差があるという証拠はないことを示している.

マン・ホイットニー検定は，研究上の問い 3-5 のすべてに適用することが可能であり，p 値から見たそれらの結果（および対応する t 検定の結果との比較）が以下の表に示されている.

		2 標本の t 検定	マン・ホイットニー検定
Q3	T1 vs T3	0.0996	0.2815
Q4	T1 vs T2	0.0250	0.0886
Q5	T2 vs T3	0.2673	0.1765

2 標本の t 検定とマン・ホイットニー検定の両側 p 値

マン・ホイットニー検定をもちいた場合，Q4 を除いては有意な差は見出せず，Q4 の結果に対しても弱い差しか見出せない．直観的には，このマン・ホイットニー検定のようなノンパラメトリックな検定では，対応するパラメトリックな検定に比べて弱い証拠しか提示されないことが予想される．なぜなら，単に，ノンパラメトリックな検定ではより少ない仮定しかなされないからである．この表に見られる p 値と前の表に見られる p 値との比較は，この予想されたパターンと広い意味で整合的である.

3.5.3 ブートストラップ法

先ほど，2 標本の t 検定に対応するノンパラメトリックな検定としてマン・ホイットニー検定を紹介した．それは，データの正規性という仮定に疑いがある状況では，ノンパラメトリックな検定が好まれるということを意味していた．しかしながら，この種のノンパラメトリックな検定が持つ 1 つの欠点は，それがデータの順序にのみ基づいている点であり，そのため，データにある（おそらく）豊かな基数的情報は完全に無視されてしまう.

「ブートストラップ」法（Efron and Tibshirani, 1993）は，データの分布に関していかなる仮定も置くことなく，2 標本の t 検定のような（基数性を間違いなく考慮する）パラメトリックな検定を実施する手法を提供してくれる．この手法は Ellingsen and Johannesson（2004）によって彼らのホールドアップ

実験のデータに対して適用されている．以下では，彼らの結果を再現すること
を試みる．

ブートストラップ法は 5 つのステップから構成されている．

1. データセットにパラメトリックな検定を適用し，検定統計量 $\hat{t}$ を得
   る．
2. B というかなり大きな数の「ブートストラップ標本」を生成する．こ
   のそれぞれは元の標本と同じサイズの標本である．これらは元の標本か
   ら抽出されているが，それが復元抽出である点が重要である．各ブート
   ストラップ標本に対して，検定統計量 $\hat{t}_j^*$, $j = 1, \ldots, B$ を計算する．
3. 検定統計量 $\hat{t}_j^*$, $j = 1, \ldots, B$ の標準偏差 s_B を計算する．
4. 新しい検定統計量 $z_B = \hat{t}/s_B$ を得る．
5. 「ブートストラップ法の下での p 値」を求めるために，z_B を標準正規
   分布と比較する．

MacKinnon（2002）によれば，ブートストラップ標本の数 B の値は，$\alpha(B +
1)$ が整数となるように選ぶべきである．ここで，α は選択された検定サイズ
である．α は通常，0.01, 0.05 あるいは 0.10 に設定されるので，上記の基準
は本質的には，B が 99, 999, あるいは 9999 などとなるようにすべきだとい
うことを意味する．この基準をここでも採用する．

以下のコマンドは，研究上の問い 3（T3 vs T1）に対して，ブートストラッ
プ法に基づく 2 標本 t 検定を適用するものである．

```
bootstrap t=r(t), rep(999) nodrop : ///
ttest offer if treatment!=2, by(treatment)

(running ttest on estimation sample)

Bootstrap replications (999)
----+--- 1 ---+--- 2 ---+--- 3 ---+--- 4 ---+--- 5
..................................................          50
..................................................         100
..................................................         150
..................................................         200
..................................................         250
..................................................         300
..................................................         350
..................................................         400
..................................................         450
..................................................         500
..................................................         550
```

3.5 処理効果の検定　　　　　　　　　　　　　　　　　75

```
.................................................    600
.................................................    650
.................................................    700
.................................................    750
.................................................    800
.................................................    850
.................................................    900
.................................................    950
.................................................

Bootstrap results                          Number of obs    =      103
                                            Replications     =      999

        command:  ttest offer if treatment!=2, by(treatment)
             t:   r(t)

------------------------------------------------------------------------
          |   Observed   Bootstrap                      Normal-based
          |     Coef.    Std. Err.      z    P>|z|    [95% Conf. Interval]
----------+-------------------------------------------------------------
        t |  -1.694477   1.149161    -1.47   0.140    -3.946791    .557836
------------------------------------------------------------------------
```

bootstrap コマンドは1行に収めるには長すぎるので，次の行に継続することを示す「///」を付けてコマンドを2行に分けて書いている．このコマンドを実行すると，画面上にドットが連続して表示される．そのドット1つずつがブートストラップ標本1つを表しているので，これにより手続きの進行状況を知ることができる．

　この手法を学ぶに際して実行可能なもう1つ便利な事柄は，bootstrap コマンドに saving オプションを付けることである．次のコマンドでは，ブートストラップ標本の数を 9999 という大きな値にして，このオプションをもちいている．また，9999 個のドットが画面に表示されないようにしたいので，nodots というオプションも利用されている．

```
bootstrap t=r(t), nodots rep(9999) nodrop saving("hello.dta", replace) : ///
ttest offer if treatment!=2, by(treatment)

Bootstrap results                          Number of obs    =      103
                                            Replications     =     9999

        command:  ttest offer if treatment!=2, by(treatment)
             t:   r(t)%

------------------------------------------------------------------------
          |   Observed   Bootstrap                      Normal-based
          |     Coef.    Std. Err.      z    P>|z|    [95% Conf. Interval]
----------+-------------------------------------------------------------
```

```
       t |   -1.694477    1.151973    -1.47   0.141    -3.952303    .563348
------------------------------------------------------------------------------
```

saving オプションをもちいると，ブートストラップ法での検定統計量 $\hat{t}_j^*$, $j = 1, \ldots, 9999$ は，新しいデータセット「hello」に保存される．このファイルの中身を見れば，9999 個分のブートストラップ法での検定統計量の分布を分析できる．

```
. summ t

    Variable |       Obs        Mean    Std. Dev.       Min        Max
-------------+--------------------------------------------------------
           t |      9999   -1.724423    1.151973   -7.731327   2.979723
```

これらの 9999 個分の検定統計量の標準偏差は，上記の bootstrap コマンドを実行した結果の表に現れている「ブートストラップ標準誤差」であることに特に注意してほしい．ブートストラップ法での検定統計量の分布は，図 3.3 のヒストグラムにも示されている．それによれば，この分布は釣り鐘型で対称的であり，分布の中心はこの検定での「実際の」t 統計量であった −1.6945 に非常に近いものであることがわかる．

ここで，研究上の問い 3-5 に対する検定結果の表に，新たにブートストラップ法に関する列を付加できる．以下の表がそれである．これらの結果は，Ellingsen and Johannesson（2004）の表 2 に見られる結果と類似している．その結果は全く同一ではないが，これはブートストラップ法に内在するランダム性から当然予想される結果である．結果として，（買い手からのコミュニケーションの有無に関する）T1 と T2 の比較のみが有意な効果を示しているという Ellingsen and Johannesson（2004）の結果が再現されている．

		2 標本の t 検定	マン・ホイットニー検定	ブートストラップ法
Q3	T1 vs T3	0.0996	0.2815	0.140
Q4	T1 vs T2	0.0250	0.0886	0.045
Q5	T3 vs T2	0.2673	0.1765	0.289

2 標本の t 検定とマン・ホイットニー検定，ブートストラップ法をもちいた検定の両側 p 値．

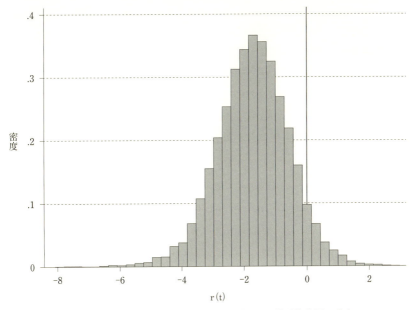

図 3.3　9,999 個分のブートストラップ法での統計検定量の分布

3.5.4　分布全体を比較する検定

本節では最後通牒ゲームと独裁者ゲームに関するデータを考察する．これらのゲームについての説明，理論的予想に関する議論，それにこれらのゲームに関係する実証的な証拠の要約については，2.5 節を参照してほしい．

Forsythe et al. (1994) は，これらのゲーム設定の下で，提案者の応答者への配分意志額が公平性だけで説明できるのかどうかについての検証に着手した．このために，彼らは 1 つのグループを最後通牒ゲームに，もう 1 つのグループを独裁者ゲームに割り当てた．基本的な考え方は，もし両方のゲームで提案者が配分する額が同じならば，配分の動機を説明するのは公平性だけである，というものである．もし配分額が最後通牒ゲームにおいてより多い場合，配分の決定には他の要素が影響しているに違いないことになる（例えば，提案が拒否されることへの恐れ）．

彼らが好んで採用した検定は，平均や分散といった分布の特徴を比較するのではなく，2 つの処理の下での提案額の分布全体を比較することに基づいたものであった．その理由は以下の通りである (Forsythe et al., 1994, p.351)．

78   第3章　処理効果の検定

　「伝統的な理論は，提案額が1点に集中するだろうと予測している……理論は提案
額の分布を予測していないので，どのような関数形の分布が検定されるべきかに関
して何の指針も示してくれない．分布全体の不変性は，すべての関数が不変である
ことを意味するという望ましい性質を持っている.」

分布全体を比較するような検定には，コルモゴルフ・スミルノフ検定，エップ
ス・シングルトン検定，クラメール・フォン・ミーゼス検定，アンダーソン・
ダーリング検定などがある．このうち最初の2つの検定を，Forsythe et al.
(1994) のデータに適用してみよう．彼らのデータは forsythe という名のフ
ァイルに格納されている.
　STATA では，コルモゴルフ・スミルノフ検定は ksmirnov というコマンド
によって実行可能である．その結果は以下の通りである.

```
. ksmirnov y, by(dic_ult)

Two-sample Kolmogorov-Smirnov test for equality of distribution functions

Smaller group       D       P-value  Corrected
-----------------------------------------------
1:                0.3516    0.000
2:               -0.0110    0.989
Combined K-S:     0.3516    0.000      0.000

Note: ties exist in combined dataset;
      there are 11 unique values out of 182 observations.
```

　コルモゴルフ・スミルノフ検定の検定統計量を計算する方法を理解するた
めに，大変便利なのが，「cdfplot」で描けるグラフである（これは，STATA
ユーザーによって提供されているコマンドなので，インストールすることが必
要である．そのためには，まず findit cdfplot と入力する）．ここでは，こ
のコマンドを以下のように使用する.

```
cdfplot y, by(dic_ult)
```

その結果は図3.4に示されている．描かれている2つのグラフのうち上側にあ
るものは，独裁者ゲームに対する累積密度関数 (cdf) である．下側にあるの
が最後通牒ゲームに対する累積密度関数である．独裁者ゲームの cdf がより高
い位置にあることは，独裁者ゲームでの提案額が最後通牒ゲームでの提案額よ

3.5 処理効果の検定

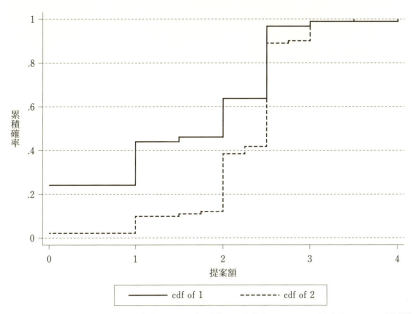

図 3.4 最後通牒ゲームでの提案額の cdf（下側）と独裁者ゲームでの提案額の cdf（上側）

りも低いという典型的な結果と整合的である．

コルモゴルフ・スミルノフ検定の検定統計量は，2 つの cdf 間の垂直距離の最大値として計算される．STATA の出力結果や図からわかるように，この最大距離は（提案額 1.5 と 1.75 の間に生じていて）0.3516 である．それから，この検定に対する p 値を得るために，この差が帰無分布と比較される．その p 値は 0.000 となる．この p 値は，2 つの分布の間に差があるという圧倒的な証拠を示している．

エップス・シングルトン検定（Epps and Singleton, 1986）は，2 つの分布を直接比較するものではなく，その代わりに，経験特性関数（empirical characteristic fuction）同士を比較する．この検定は，検出力の点でコルモゴルフ・スミルノフ検定と同等の性能を発揮すると信じられており，（例えば，結果がクイズに対する正答数であるといった場合のように）結果が離散分布を持つときにも適用可能であるという利点がある．STATA ではこの検定はユーザーによって提供されているコマンド ecftest（Georg, 2009）によって実行可能である．このコマンドもインストールする必要がある．そのためには，

findit ecftest と入力する.

　以下は,エップス・シングルトン検定を独裁者ゲームと最後通牒ゲームでの提案額の比較に適用した結果である.

```
. escftest y, group(dic_ult)

Epps-Singleton Two-Sample Empirical Characteristic Function test

Sample sizes: dic_ult = 1          91
              dic_ult = 2          91
              total              182
t1                              0.400
t2                              0.800

Critical value for W2 at 10%    7.779
                        5%      9.488
                        1%     13.277
Test statistic W2             35.624

Ho: distributions are identical
P-value                       0.00000
```

　こうして,最後通牒ゲームと独裁者ゲームにおける提案額の分布を比較するという問題に,コルモゴルフ・スミルノフ検定とエップ・シングルトン検定の両方が適用された.両方の検定ともにp値が0.000という結果になり,2つの分布間の差に関して圧倒的な証拠が得られた.この結果から,提案額をいくらにするかに関する決定では,公平性だけが考慮されているわけではないという解釈が得られる.

3.6 性差の効果に関する検定

　本節では,性差の効果を検定するために,処理効果の検定がどのように利用可能かについて示していく.これは,単純に性差を「処理」として扱うことによってなされるが,性差は実験者によって割り当てられる処理ではないので,明らかに性差は典型的な処理ではない.この検定に関する説明は,2.5節で説明された最後通牒ゲームの文脈で行うことにする.前節と同様に,提案者の決定に焦点を当てることにしよう.

　ug_sim というファイルには,最後通牒ゲームに参加した200人の被験者の(シミュレートされた)データが保存されている.ここで,パイの大きさは100単位である.各被験者は,提案者として1回,応答者として1回の合計2

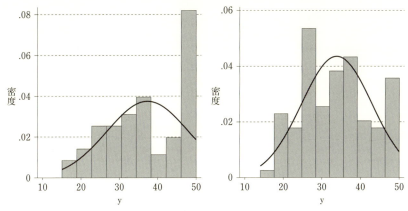

図 3.5　提案額の分布：女性（左側），男性（右側）

回ゲームをプレーする．なお，対戦相手は毎回異なっている．説明では以下の変数をもちいる．

i:　　　　提案者の ID
j:　　　　応答者の ID
male_i:　提案者が男性なら 1，それ以外は 0
male_j:　応答者が男性なら 1，それ以外は 0
y:　　　　提案者の提案額
d:　　　　応答者の決定．提案を受け入れるなら 1，拒否するなら 0

　最後通牒ゲームにおける性差の効果について多くの研究がなされてきた．検討を開始するのにふさわしい論文は Eckel and Grossman（2001）である．ここでは，提案者の提案額における性差を見ていくことにしよう．図 3.5 には提案者の提案額の分布が性別ごとに分けて示されている．予想通り，提案額は 0 と（パイの半分である）50 との間に分布しており，どちらの性別でも提案額 50 のところに大きな山が見られる．グラフには正規密度が重ねられている．どちらの分布も正規分布に近いようには見えない．

　次に，3.4 節で導入された正規性に関する検定の 1 つをもちいて，提案額の分布が正規分布に従っているかどうかを正式に性別ごとに検討する．

```
. sktest y if male_i==0

                    Skewness/Kurtosis tests for Normality
                                                  ------- joint ------
    Variable |    Obs   Pr(Skewness)   Pr(Kurtosis)  adj chi2(2)   Prob>chi2
-------------+---------------------------------------------------------------
           y |     91      0.3391          0.0000        21.61        0.0000

. sktest y if male_i==1

                    Skewness/Kurtosis tests for Normality
                                                  ------- joint ------
    Variable |    Obs   Pr(Skewness)   Pr(Kurtosis)  adj chi2(2)   Prob>chi2
-------------+---------------------------------------------------------------
           y |    109      0.3899          0.0135         6.42        0.0403
```

　両方の性別で正規性は棄却されている．女性について正規性が特に強く棄却されている．これは，（男性よりも）女性の提案額の方が，50という平等分配をより多く集中しているためである（図3.5を参照）．

　次に実施したいことは，2標本間の分散の均一性について検定することである．この検定の結果は以下の通りである．

```
. sdtest y, by(male_i)

Variance ratio test
------------------------------------------------------------------------------
   Group |     Obs        Mean    Std. Err.   Std. Dev.   [95% Conf. Interval]
---------+--------------------------------------------------------------------
       0 |      91    37.37363    1.115618    10.64231    35.15726        39.59
       1 |     109    33.86239    .8779076    9.165624    32.12222     35.60255
---------+--------------------------------------------------------------------
combined |     200       35.46    .7067101     9.99439     34.0664      36.8536
------------------------------------------------------------------------------
    ratio = sd(0) / sd(1)                                     f =      1.3482
Ho: ratio = 1                               degrees of freedom =    90, 108

    Ha: ratio < 1              Ha: ratio != 1                Ha: ratio > 1
 Pr(F < f) = 0.9314        2*Pr(F > f) = 0.1372           Pr(F > f) = 0.0686
```

この検定では，2つの分散が異なるということについて弱い証拠が示されている．したがって，次に行う検定，つまり，提案者の提案額における性差に対する独立2標本のt検定では，この分散における差を認めた上で実施していく．

```
. ttest y, by(male_i)

Two-sample t test with equal variances
------------------------------------------------------------------------------
   Group |     Obs        Mean    Std. Err.   Std. Dev.   [95% Conf. Interval]
```

3.6 性差の効果に関する検定

```
---------+--------------------------------------------------------------
      0 |      91    37.37363    1.115618    10.64231    35.15726        39.59
      1 |     109    33.86239    .8779076    9.165624    32.12222    35.60255
---------+--------------------------------------------------------------
combined |     200       35.46    .7067101     9.99439     34.0664      36.8536
---------+--------------------------------------------------------------
    diff |            3.511241    1.400706                .7490252    6.273457
------------------------------------------------------------------------
    diff = mean(0) - mean(1)                                  t =    2.5068
Ho: diff = 0                                 degrees of freedom =       198

    Ha: diff < 0               Ha: diff != 0                Ha: diff > 0
Pr(T < t) = 0.9935      Pr(|T| > |t|) = 0.0130        Pr(T > t) = 0.0065
```

`. ttest y, by(male_i) unequal`

Two-sample t test with unequal variances

```
---------+--------------------------------------------------------------
 Group |    Obs        Mean    Std. Err.    Std. Dev.   [95% Conf. Interval]
---------+--------------------------------------------------------------
      0 |      91    37.37363    1.115618    10.64231    35.15726        39.59
      1 |     109    33.86239    .8779076    9.165624    32.12222    35.60255
---------+--------------------------------------------------------------
combined |     200       35.46    .7067101     9.99439     34.0664      36.8536
---------+--------------------------------------------------------------
    diff |            3.511241    1.419621                .7098767    6.312605
------------------------------------------------------------------------
    diff = mean(0) - mean(1)                                  t =    2.4734
Ho: diff = 0                 Satterthwaite's degrees of freedom =   178.831

    Ha: diff < 0               Ha: diff != 0                Ha: diff > 0
Pr(T < t) = 0.9928      Pr(|T| > |t|) = 0.0143        Pr(T > t) = 0.0072
```

等分散を仮定してもしなくても，性差に関して強い証拠が存在する．つまり，平均的には女性は男性よりも提案額が多い．この証拠は，等分散を仮定した場合にはわずかに強いものになる（それは，p 値がわずかに小さいことによって示されている）．

　この場合，正規性が棄却されているにもかかわらず，標本数が大きいおかげで，独立 2 標本の t 検定の結果を信頼してもよい状況である．しかしながら，性差の効果に関してノンパラメトリックな検定もついでに行っておこう．

`. ranksum y, by(male_i)`

Two-sample Wilcoxon rank-sum (Mann-Whitney) test

```
   male_i |     obs   rank sum    expected
------------+-------------------------------
        0 |      91    10122.5      9145.5
        1 |     109     9977.5     10954.5
```

```
-------------+--------------------------------
   combined |      200        20100       20100

unadjusted variance       166143.25
adjustment for ties        -1147.79
                          ----------
adjusted variance         164995.46

Ho: y(male_i==0) = y(male_i==1)
           z =     2.405
    Prob > |z| =    0.0162
```

この場合も性差に関する証拠が見られるが，その効果がそれほど強くはない．というのは，p 値が 0.01 よりも大きいからである．これら一連の検定から得られる一般的な結論は，データについて仮定可能な事柄がより強くなれば（つまり，検定がより「パラメトリック」になるほど），検定結果が（p 値が 0 に近づくという意味で）より強くなる，ということである．

　もちろん，この課題に対しては，例えば 3.5.4 節で導入された分布全体が等しいかどうかを検定するような他の検定を適用することもできただろう．その場合でも，類似の結果が得られると期待されるだろう．これらの検定の実施は，読者に任せておくことにする．

3.7　被験者内検定

　被験者内検定は，処理を割り当てる前と後の両方で各被験者の行動が観察されるような状況での処理効果を検定するためにもちいられる．これは，本章でここまで検討してきた，ある被験者のグループが処理を割り当てられ，別のグループには処理が割り当てられない被験者間検定とは対照的なものである．理論的な観点からは，被験者内検定は被験者間検定よりも好ましい．検定力がより強いからである．しかしながら，被験者内検定が実験経済学者からは好まれないのにはさまざまな理由がある．「順序効果」については多くの議論がある（例えば，Harrison et al., 2005; Holt and Laury, 2002 を参照）．検定の結果が，統制条件と処理条件が実施される順番に依存する場合には順序効果が存在する．より一般的には，ある処理を経験することが，引き続いて実施される処理での行動に影響を与える懸念がある場合を順序効果という．

　しかしながら，被験者内検定が最も自然なアプローチであるような事例が実

験経済学には存在する.

実験経済学で扱われる多くの被験者内実験計画に最も適している検定は，マクネマー検定である（Siegel and Castellan, 1988 を参照）．それは，そうした実験では，2つの決定が通常はそれぞれ二値のものであり，研究上の関心が単に，ある選択から別の選択に「スイッチ」する被験者と，彼らが選択を切り替える方向にあるからである．コンリスク検定（Conlisk, 1989）は，こうした設定で利用可能なもう1つの検定である．2つの状況で観察された結果が連続分布になっているならば一対比較のt検定，あるいは，ノンパラメトリック検定が好まれるならばウィルコクソンの符号順位検定をもちいることが適切である.

3.7.1 アレのパラドックス

アレのパラドックス（Allais, 1953）は，期待効用（EU）理論と矛盾する現象の中で，おそらく最もよく知られたものである．これは通常，先ほど導入されたタイプの被験者内検定をもちいて検定される.

このパラドックスは，連続した2つの（たいていは仮想的な）質問を標本となる被験者に尋ねることによって示される．最初の質問では，以下のくじ A とくじ A* のどちらを好むかが尋ねられる．2つ目の質問では，くじ B とくじ B* のどちらを選ぶかが尋ねられる.

くじ A： 確実に 100 万ドルを得る
くじ A*：1% の確率で何も得られないか，
　　　　　89% の確率で 100 万ドルを得るか，
　　　　　10% の確率で 500 万ドルを得るかのいずれかである

くじ B： 89% の確率で何も得られないか，
　　　　　11% の確率で 100 万ドルを得るのいずれかである.
くじ B*：90% の確率で何も得られないか，
　　　　　10% の確率で 500 万ドルを得るかのいずれかである

被験者が最初の質問で A を選択し，2つ目の質問で B を選択する場合，その解答の組み合わせを「AB」とラベル付けする．2つの質問に対して被験者が回答可能な答えは明らかに4通りあり，それは AB, A*B*, AB* あるいは

A*B である．これらの 4 つの可能性のうち，AB と A*B* は EU と整合的である．AB* と A*B は共に EU に違反している．

実際には，かなり多くの被験者が AB* または A*B という EU に反した選択をする．しかしながら，特に興味があるのは，「アレ的行動」として知られる AB* というパターンであり，これは A*B よりもはるかに頻繁に見られるものである．

アレ的行動の有無を調べる検定を構成するために，$n(.)$ という表記をもちいて，あるタイプの選択系列を解答した被験者の数を表すことにする．例えば，$n(AB^*)$ は AB* を選んだ被験者の数を意味する．

マクネマー検定は以下のように実施される．帰無仮説は，AB* と A*B の頻度が同程度であるというものである．つまり，$n(AB^*)$ と $n(A^*B)$ が近似的に等しいと予想する．この帰無仮説を検定するために，3.3.3 節で紹介したカイ二乗検定を 2 つの標本群に対してもちいる．検定統計量は以下の通りである．

$$\chi^2 = \sum_{i=1}^{2} \frac{(O_i - E_i)^2}{E_i} = \frac{\left[n(AB^*) - \frac{n(AB^*)+n(A^*B)}{2} \right]^2}{\frac{n(AB^*)+n(A^*B)}{2}}$$
$$+ \frac{\left[n(A^*B) - \frac{n(AB^*)+n(A^*B)}{2} \right]^2}{\frac{n(AB^*)+n(A^*B)}{2}} \tag{3.5}$$

(3.5) 式を展開し整理することにより，以下が得られる．

$$\chi^2 = \frac{[n(AB^*) - n(A^*B)]^2}{n(AB^*) + n(A^*B)} \tag{3.6}$$

(3.6) 式の値は，アレ的行動が存在しないという帰無仮説の下で $\chi^2(1)$ に従う[3]．

Conlisk（1989）は，この 2 つ 1 組の選択問題を 236 人の被験者に回答させた．それぞれの回答の組み合わせを選択した被験者数は以下の表に記載されている．

---

3) 3.3.3 節では，$m \times n$ のクロス表の下でのカイ二乗検定の帰無分布は，自由度 $(m-1)(n-1)$ の χ^2 に従うと説明された．$m = 1$ または $n = 1$ のとき，つまり，クロス表がただ 1 行または 1 列しかない場合は例外となる．$m = 1$ の場合，自由度は $n-1$ で，$n = 1$ の場合，自由度は $m-1$ である．ここでの文脈ではクロス表は本質的には 2×1 であり，したがって，自由度は 1 となる．

	B	B*
A	18	103
A*	16	99

Conlisk（1989）のアレ実験の結果. 出所：Conlisk（1989）の表 1.

注目したいのは表のうち対角線上にないセルで，AB* を回答した被験者数は A*B を回答した被験者数よりもかなり多いことがわかる．この差を統計的に検定するために，マクネマー検定を適用すると，(3.6) 式は以下のようになる．

$$\chi^2 = \frac{[103 - 16]^2}{103 + 16} = 63.6$$

帰無分布が $\chi^2(1)$ なので，この検定統計量が 3.84 よりも大きい値であれば，アレ的行動の存在を構成することになり，この検定統計量が 6.63 よりも大きい値であれば，より強い証拠を構成することとなる．それゆえ，63.6 という検定統計量は，アレ的行動について強い証拠があることを表現している．

マクネマー検定についてさらに注意しておきたいのは，(3.6) 式の中に表れる値が小さいときには $\chi^2(1)$ による近似は悪くなる，という点である．というのは，離散分布を近似するために連続分布を使用しているためである．この問題に対応するために，「連続補正（continuity correction）」が適用可能である（Yates, 1934 を参照）．連続補正を考慮した検定統計量に対する公式は以下の通りである．

$$\chi^2 = \frac{[|n(AB^*) - n(A^*B)| - 1]^2}{n(AB^*) + n(A^*B)} \tag{3.7}$$

この場合，連続補正 (3.7) 式を適用すると，検定統計量が 63.6 から 62.15 に変化する．

Conlisk（1989）は，アレ的行動を検出するための別の検定統計量を提案しており，これは「コンリスク検定」として知られるようになった．この検定統計量は以下の式のようになる．

$$Z = \frac{\sqrt{N-1}\left(S - \frac{1}{2}\right)}{\sqrt{\frac{1}{4V} - \left(S - \frac{1}{2}\right)^2}} \tag{3.8}$$

ここで，N は被験者総数，V は AB* または A*B を選択することで EU に違反している被験者の比率，つまり，

$$V = \frac{n(AB^*) + n(A^*B)}{N} \tag{3.9}$$

であり，また，S は A^*B よりも AB^* を選択した被験者の比率，つまり，

$$S = \frac{n(AB^*)}{n(AB^*) + n(A^*B)} \tag{3.10}$$

である．(3.8) 式の検定統計量は，アレ的行動が存在しないという帰無仮説の下で標準正規分布に従う．標準正規分布の上側棄却域の値は，比率 S が $1/2$ よりも有意に大きい，つまり，アレ的行動の証拠を提供するものである．

コンリスク検定を実験結果の表にあるデータに適用すると，$V = 0.504$ および $S = 0.866$ となるので，次のようになる．

$$Z = \frac{\sqrt{236-1}\left(0.866 - \frac{1}{2}\right)}{\sqrt{\frac{1}{4 \times 0.504} - \left(0.866 - \frac{1}{2}\right)^2}} = \underline{9.32}$$

この検定統計量の値は，確実に標準正規分布の上側棄却域に位置するので，やはり，この標本においてアレ的行動に関する証拠が提供されることになる．

3.7.2 選好逆転現象

「選好逆転 (PR)」とは通常，被験者が 2 つのくじから 1 つを選択する場合（「p-bet」）には安全な方のくじを選択するが，これとは別に，同じ 2 つのくじを評価すること（つまり，確実性等価を表明すること）を求められた場合（「\$-bet」）にはリスクのある方のくじにより高い評価を与えることで，先の選択と矛盾するようになる現象に言及する際に使用される用語である．明らかにこの現象は Lichtenstein and Slovic (1971) によって発見されたものだが，その後，Grether and Plott (1979) によって経済学の文献に導入された．

具体例として Tversky et al. (1990) の研究を見ることにしよう．彼らが検討した最初のくじの組み合わせは以下の通りである（彼らの論文の表 1：研究 1 のセット 1，組 1）．

p-bet：0.97 の確率で 4 ドルを得て，0.03 の確率で何も得られない
\$-bet：0.31 の確率で 16 ドルを得て，0.69 の確率で何も得られない

このくじの組み合わせを提示された被験者数は 179 人である．彼らの論文の

表 2 から，以下の表が導き出せる．

	p-bet をより高く評価	$-bet を高く評価
p を選択	43	106
$を選択	4	26

Tversky et al. (1990)，研究 1 のセット 1，トリプル 1 の結果．

　もし被験者が p-bet を選び，$-bet をより高く評価する場合，彼らは「標準的な逆転」を起こしていると言われる．もし被験者が$-bet を選び，p-bet をより高く評価する場合，「非標準的な逆転」を起こしていると言われる．標準的な逆転を起こしている被験者数が，非標準的な逆転を起こしている被験者数よりも有意に多い場合，PR 現象の証拠があると結論付けることが可能だろう．

　これは明らかに，「被験者内」検定が不可欠な状況である．PR 現象が観察可能になるためには，同じ被験者が 2 度「観察される」ことが必要なのは明らかである．1 回目は選択を行い，次いで 2 つの評価の報告をする．適切な検定は，アレ的行動を検定するために 3.7.1 節で使用されたものと同じものである．

　マクネマー検定を上記の表にある数値に適用すると，以下の値が得られる．

$$\chi^2 = \frac{[106 - 4]^2}{106 + 4} = 94.58$$

この値は帰無仮説の下で $\chi^2(1)$ に従うことから，PR 現象に関する強い証拠があることになる．

　コンリスク検定を適用すると，$V = 0.614$ および $S = 0.963$ となるので，

$$Z = \frac{\sqrt{179 - 1}\left(0.963 - \frac{1}{2}\right)}{\sqrt{\frac{1}{4 \times 0.614} - \left(0.963 - \frac{1}{2}\right)^2}} = \underline{14.07}$$

が得られる．この値は帰無仮説の下で標準正規分布に従うので，この検定統計量が正の値であることは，PR 現象に対する証拠を示していることになる．

3.7.3　結果が連続的な場合

　これまで検討された被験者内検定のすべては，二値の結果という文脈におけるものだった．今度は，被験者がやはり処理を課される場合と課されない場合

の両方で観察されるが，結果が連続変数であるような状況に向かうことにしよう．

そういった状況は，独裁者ゲーム実験において「剥奪処理」の影響を検討する際に生じる．「剥奪ゲーム」とは，独裁者が受領者からお金を奪うことが許されている，つまり，ゼロ以下の金額を応答者に「与える」ことが許されているような独裁者ゲームである．Bardsley（2008）と List（2007）は，このお金を奪う機会が導入されると，独裁者ゲームでの配分額が低くなることを見出している．これらの研究は共に被験者間検定をもちいている．しかしながら，代替的アプローチとして明らかなものは，被験者が連続して2つの独裁者ゲームをプレーするという被験者内計画によるものである．つまり，最初に「配分するだけ」のゲームをプレーし，次に「配分しても奪ってもよい」ゲームをプレーする．「剥奪処理」の効果を検定するためには，配分額を2つの処理間で比較すればよい．われわれの知る限り，Chlaß and Moffatt（2012）だけが，この特定の設定において被験者内計画を採用している唯一の研究である．

ここで，次のような実験計画を仮定しよう．各被験者は，10単位の大きさのパイについて2つの独裁者ゲーム実験をプレーする．最初のゲームでは，独裁者はパイのうちどれだけを受領者に配分するかを尋ねられる．2つ目のゲームでは，再び独裁者は，パイのうちどれだけを受領者に配分するか尋ねられるが，10単位までの負の値を「与える」ことが許されるような形で機会集合が拡大される．つまり，独裁者は受領者から10単位までの剥奪が許される．独裁者が両方の決定をした後，2つのゲームのうちどちらかがランダムに選択され，選ばれたゲームにおいてなされた決定に従って利得が確定される．

give_take_sim という名前のファイルには，50人の被験者のデータが含まれている．ここで使用されている変数は以下の通りである．

i: 被験者の id
y1: 配分するだけのゲームでの配分額
y2: 配分しても奪ってもよいゲームでの配分額（受領者から剥奪した場合，$y2 < 0$）

2つの配分額に関する変数をそれぞれプロットすることから始めるのが有益

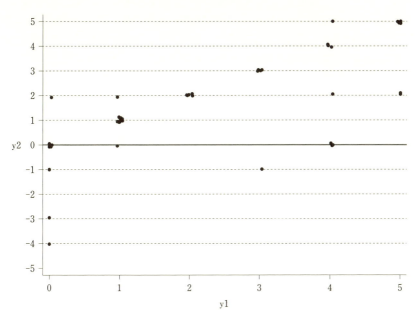

図 3.6 配分しても奪ってもよいゲームでの配分額と，配分するだけのゲームでの配分額

である．そのためには，以下の scatter コマンドを使用する．

```
scatter y2 y1, msize(1) jitter(2) yline(0) xlabel(0(1)5) ylabel(-5(1)5)
```

散布図は図 3.6 に示されている．この状況では jitter オプションが有益である．なぜなら，それはこの散布図中の各点の位置に小さな確率的摂動を与え，多くの点が集積している場所を知ることを可能にしてくれるからである．非常に多くの被験者が 45 度線上に位置していることがわかる．このことは，両方の処理において被験者が配分した額が同じであることを意味する．しかしながら，被験者の中には 45 度線よりも下に位置する者もいる．これは，相手から奪うことができる選択肢がある場合には，配分額が小さくなり，場合によっては負の金額を「与える」ことを意味している．一方，45 度線よりも上に位置する被験者は非常に少ない．

図 3.6 から，実際には配分額は非常に小さな離散値をとっていることが明らかであるにもかかわらず，配分を「連続的な」結果として記述していることに困惑する読者もいるかもしれない．ここで重要なのは，「配分」という変数が

理論的には連続変数であるということである．観察された変数が離散的である
という事実は単に，その変数が測定される方法，つまり，被験者に整数を選択
させるという方法の結果に過ぎない．これはもちろん，すべての測定システム
につきまとう性質である．つまり，すべての連続変数は，ある水準で丸めた形
で測定される必要があるということである．第6章で触れる予定だが，区間
回帰分析モデルを推定することによって，計量経済学的にこの丸めの問題に対
処することが可能である．しかしながら，いまの例のような状況においては，
そういったモデルを適用すると，ここで行っているような，結果を連続変数と
して取り扱うことで得られるのと非常に類似した推定結果をもたらすことが確
かめられる．

　形式的に処理効果を検定するためには，いつものように，パラメトリックな
検定とノンパラメトリックな検定が選択可能である．パラメトリックな検定
は，一対比較のt検定である．この検定は，それぞれの観察値につき処理の間
での配分額の差を計算し，それからこの差の平均が0であるかどうかを検定
するためにt検定をもちいる．その結果は，以下の通りである．

```
. ttest y2=y1

Paired t test
------------------------------------------------------------------------------
Variable |     Obs        Mean    Std. Err.   Std. Dev.   [95% Conf. Interval]
---------+--------------------------------------------------------------------
      y2 |      50        1.56    .2971429    2.101117    .9628691    2.157131
      y1 |      50        2.18    .2613778    1.84822     1.654742    2.705258
---------+--------------------------------------------------------------------
    diff |      50        -.62    .2038206    1.44123    -1.029593   -.2104071
------------------------------------------------------------------------------
    mean(diff) = mean(y2 - y1)                                 t =  -3.0419
Ho: mean(diff) = 0                              degrees of freedom =       49

Ha: mean(diff) < 0            Ha: mean(diff) != 0            Ha: mean(diff) > 0
Pr(T < t) = 0.0019       Pr(|T| > |t|) = 0.0038         Pr(T > t) = 0.9981
```

配分しても奪ってもよいゲームでの配分額は平均的にはより低く，処理間の平
均的な差は −0.62 であることがわかる．さらに，配分額は配分しても奪って
もよい処理においてより低いという強い証拠がある．というのは，片側 p 値
（<）が 0.0019 だからである．

　この状況において適切なノンパラメトリック検定は，ウィルコクソンの符号
順位検定である（Siegel and Castellan, 1988 を参照）．パラメトリック検定のと

きと同様に，この検定は各観察値に対する処理間の配分額の差に基づいたものである．差の絶対値には，最も差が大きいものに最も高い順位が与えられるという形で，最も低いものから最も高いものの順に順位が付けられる．それから，これらの順位は，差が正であるものと負であるものに分けて合計される．もし，配分しても奪ってもよい処理が効果を持たなければ，これら2つの順位和はほぼ等しくなるに違いない．それゆえ，この検定は，これら2つの順位和の値の比較に基づいたものである．この検定は，STATAでは以下のようにsignrankコマンドをもちいて実行される．

```
. signrank y2=y1

Wilcoxon signed-rank test

        sign |     obs   sum ranks    expected
-------------+-------------------------------
    positive |       3       116.5         340
    negative |      13       563.5         340
        zero |      34         595         595
-------------+-------------------------------
         all |      50        1275        1275

unadjusted variance    10731.25
adjustment for ties       -7.50
adjustment for zeros   -3421.25
                       ----------
adjusted variance       7302.50

Ho: y2 = y1
           z =  -2.615
   Prob > |z| =   0.0089
```

差が負であるものの順位和は563.5であり，明らかに他より高い値になっている．この検定では，（両側検定）p値が0.0089なので，配分しても奪ってもよい処理において配分額が異なることに関する強い証拠が示されている．片側p値は0.0045である．予想通り，この値は，対応するパラメトリック検定で得られた0.0019という値よりも大きく，このノンパラメトリック検定から得られた証拠はそれほど強くないことを示している．

　実際には，ウィルコクソンの符号順位和検定は完全に分布に依存していないわけではないことを指摘しておかなければならない．この検定は，組にしたデータの差の分布が中央値を中心に対称的に分布するという仮定に依存している．この仮定を避ける検定には，対応のある標本に対する符号検定がある．

94   第3章 処理効果の検定

この検定は，差が正である数と負である数を単純に比較し，この差が二項分布に従えば 0.5 と統計的に有意に異なるかどうかを検討する．この検定もまた STATA で実行可能である．

```
. signtest y2=y1

Sign test

        sign |   observed      expected
-------------+-------------------------
    positive |          3             8
    negative |         13             8
        zero |         34            34
-------------+-------------------------
         all |         50            50

One-sided tests:
  Ho: median of y2 - y1 = 0 vs.
  Ha: median of y2 - y1 > 0
      Pr(#positive >= 3) =
        Binomial(n = 16, x >= 3, p = 0.5) =  0.9979

  Ho: median of y2 - y1 = 0 vs.
  Ha: median of y2 - y1 < 0
      Pr(#negative >= 13) =
        Binomial(n = 16, x >= 13, p = 0.5) =  0.0106

Two-sided test:
  Ho: median of y2 - y1 = 0 vs.
  Ha: median of y2 - y1 != 0
      Pr(#positive >= 13 or #negative >= 13) =
        min(1, 2*Binomial(n = 16, x >= 13, p = 0.5)) =  0.0213
```

ここでの目的にかなった p 値は 2 つ目の 0.0106 である．やはり，配分額は配分しても奪ってもよい処理においてより小さいという証拠がある．しかしながら，これは検定の中では最もノンパラメトリックなものによる結果なので，その証拠は弱いものである．実際，この p 値は 0.01 よりも大きいので，証拠はもはや強いものとは言えないのである．

　第 2 章における被験者内計画に関する議論では，順序効果の問題が取り上げられた．この問題は，目下の状況にも当てはまる可能性がある．配分するだけのゲームにおける被験者の経験は，引き続いて実施される，配分しても奪ってもよいゲームでの行動に何らかの影響を与えるということが期待されるかもしれない．したがって，処理効果には，2 つの処理が課される順序によって交絡（confound）が生じている．第 2 章で述べたように，そういった懸念に

対処する方法は，交叉計画をもちいることである．つまり，被験者はみな同じ2つの処理を課されるが，半数については処理を課す順序を逆にするのである．こうすれば，いかなる順序効果も処理効果を検定する過程で統制可能だろう．実際，これは Chlaßand Moffatt（2012）が採用した方法である．

3.8 まとめと読書案内

本章では，さまざまな例をもちいながら処理効果の検定を幅広く取り扱うことを試みた．これらの検定についてより詳しく学びたい読者は，さらに Siegel and Castellan（1988）に進むのがよいだろう．Camerer（2003）の第2章には，最後通牒ゲーム，独裁者ゲーム，それに信頼ゲームにおける行動に対する処理効果の検定が数多くサーベイされている．

最も重要な決定は，パラメトリック検定とノンパラメトリック検定の間の選択であり，この決定はしばしば，データ尺度（名義尺度，順序尺度，基数尺度）によって決められる．この点については，Harwell and Gatti（2001）を含め，数多くの文献が存在する．

本章で取り扱った処理効果の検定の中で特に目立った応用例は，性差に関する検定である．Croson and Gneezy（2009）は，経済実験における性差の効果に関する検定について詳細な文献紹介を行っている．

被験者内検定アプローチは，選好逆転（PR）現象を含め，多くの状況に応用されている．PR 現象は，Grether and Plott（1979）によって最初に経済学の文献に紹介された．この現象に関する研究についての非常に有益なサーベイは，後に Seidl（2002）によって提供されている．

本章で取り扱ったもう1つの手法は，ブートストラップ法である．この手法についてより詳しく学びたい読者は Efron and Tibshirani（1993）と MacKinnon（2002）を参照するとよいだろう．

問題

1. Burnham（2003）は，配分するかしないかの2者択一の決定について，二項検定をもちいて検討している．この論文の表4にある結果を再現しなさい．

2. Eckel and Grossman（1998）は，独裁者ゲームにおける配分に関する性差の効果について，多くの検定を行っている．彼らのデータセットは論文の中に示されている．できるだけ多く，彼らの結果を再現しなさい．

3. Branas-Garza（2007）は，独裁者ゲーム実験におけるフレーミング効果を研究している．処理群（2）の独裁者に対しては，実験説明書の最後に一行説明が追加されている．スペイン語から翻訳すると，おおよそ以下のような意味のことが書いてある．「あなたと組になった相手は，あなたのことを信頼しています」．統制群（1）の独裁者の実験説明書にはこの一行はない．この実験は教室（C）と実験室（L）の両方で実施された．各群での配分額の分布は，以下の表に示されている．

配分額	C1	C2	L1	L2
0	11	2	5	1
1	1	0	2	2
2	4	3	6	3
3	2	7	6	5
4	1	5	5	10
5	1	3	3	5
合計	20	20	27	26

（a）（被験者1人につき1行になるように）93行のデータセットを生成しなさい．それから，以下の3つの変数を生成しなさい．

Setting：　　1ならば教室実験，2なら実験室実験

Treatment：1ならば実験説明書に追加の1文がなく，2ならば追加の一文がある

X：　　　　配分額

（b）彼らの分析結果を再現しなさい．

第4章 理論の検証，回帰，従属性

4.1 はじめに

　本章では，理論の検証における実験データの役割について主に取り扱う．第1章の冒頭で強調したように，多くの経済実験は，ある特定の経済制度の働きに焦点を当てており，その制度の下である特定の経済理論を検証することを目的としている．本章で例として使用される2つの制度は，オークションとコンテストである．これら2つの制度についての経済理論は非常によく発達しており，しばしば「リスク中立的なナッシュ均衡（RNNE）の予測」という形の，非常に明確な「基本的予測」を導いてくれる．この基本的予測は，本章で説明されるさまざまな検定において自然な出発点を提供してくれる．

　本章で考察する実験設定において，また実際に多くの実験において，被験者の行動は理論の「基本的予測」から系統的に逸脱する傾向がある．後で見る例では，こうした理論からの逸脱は，オークションやコンテストにおけるナッシュ均衡の予測と比較すると，系統的な「過剰入札」という形で現れる．したがって，もし実験の目的がナッシュ均衡から導かれる基本的予測を検証することであれば，その目的はただちに達成される．つまり，その理論は棄却されることになるだろう．しかしながら，理論の検証を行うにあたっては別のレベルのものが存在する．典型的な理論では，多くの「比較静学的予測」が導かれる．本章で目につく例としては，オークションにおける入札者数の変化がもたらす影響というものがある．もし入札者数の増加が入札額を減少させるということが理論の予測ならば，この予測は，実験データをもちいて容易に検証可能な比較静学的予測である．そのためには単に，入札者数が異なる処理間での入札額

の水準を比較すればよい.

　本章の主な目的は,上記の理論のような比較静学的予測や他のタイプの処理効果が,線形回帰モデルという枠組みの中でどのように検証されるかを示すことである.基本的な考え方は,処理効果の検定は,従属変数が検定の結果変数であるような線形回帰モデルにおいて,「処理ダミー」の有意性についての検定として実行可能である,というものである.実際,回帰が単一のダミー変数と切片だけで実行された場合には,ダミー変数の効果の有意性についてのt検定は,第3章で扱った処理群と統制群との間の平均の差を検定する独立標本のt検定と同値であることを示すことができる.

　処理効果の検定のために回帰分析を使用することには多くの利点がある.第1に,1つ以上の処理効果を同時に検定することが可能であり,また,必要であれば,複数の処理効果の交互作用についても検定することができる.第2に,結果に影響するかもしれない他の変数の効果(例えば,被験者の特性)をコントロールすることが可能である.第3に,観察値間の従属性を調整することができる.従属性は通常,被験者個人レベル,被験者グループのレベル,あるいは実験セッションのレベルにおけるクラスター化という形をとる.単純線形回帰を実行する場合,標準誤差を「クラスター化した頑健なもの」にすることで,調整は容易になされるだろう.こうして,処理効果の検証は妥当なものとなる.もちろん,より優れたアプローチは,十分に効率的なパネル推定量を使用することにより,データの「パネル」構造を十分に尊重することである.もし,(例えば,被験者レベルとセッション・レベルといった)1つ以上のクラスター化の水準がある場合には,十分効率的な推定量は,マルチレベル・モデルのアプローチに従ったものとなる.これらのすべての手法が本章でカバーされる.

　処理効果の検定を説明する主な文脈として,実験オークションを選択したことにはいくつかの理由がある.第1に,すでに述べたように,オークション理論は十分に発展しており(Krishna, 2010 を参照),計量経済学的に検証可能な多くの明確な理論的予測が存在する.ここで中心となる理論的予測は,リスク中立的なナッシュ均衡(RNNE)の入札関数である.第2に,現実のオークション・データを使ってこれらの予測を検証することは可能であるが(例えば,Laffont et al., 1995 を参照),実験オークションの計量経済学的分析はもっと簡単である.これは,オークション実験が価値誘発理論という方法を使って

実施されているからである．この場合，実験のどのラウンドにおいても，各被験者には実験者によって「私的価値」あるいは「シグナル」が与えられ，これらの値をもとにして被験者は入札の決定を行う．言い換えれば，分析者は私的価値を完全に知ることができるのである．このようなことは現実のオークション・データではありえない．現実のオークションでは，私的価値が観察できないのは明らかであり，その分布を推定することが［難しいために］，理論的予測の推定や検定を行う上で主要な障害となるからである．実験データの場合，私的価値が知られているため，RNNE に従っているかどうかは，1 標本のデータを使って直接的に検証可能であり，オークション理論に関する比較静学的予測のあるものについては，2 標本に対する処理効果の検定によって検証可能である．また，入札額を私的価値の関数として示す「入札関数」は，線形回帰分析によって推定可能である．なぜなら，従属変数と説明変数の両方が完全に観察可能だからである．この回帰分析にはもちろん，興味のある比較静学的予測についても検証可能にするために，処理ダミーを含めることができる．第 3 に，回帰分析の枠組みは，経験や累積獲得金額といった，その他の決定要因を分析することも可能にしてくれる．第 4 に，実験オークションのデータは，入札者の水準で，あるいは実験セッションの水準でクラスター化された，非常に明確なパネル構造を持っている．そのため，実験オークションは，本章の最後でパネルデータの手法を紹介する際に理想的な設定になっている．

　実験オークションのデータを分析すると，入札額が RNNE の予測よりも「攻撃的（すなわち，より高い）」ものになるという，ほぼ普遍的な傾向が見られる．この現象には多くの説明があるが，最も有力なものは，最も高い私的価値は実際にはもっと高い値に違いないという事実に［予想を］調整してしまう誤りのためである，というものである．この誤りは「勝者の呪い」として知られている．過剰入札に関する別の説明には，オークションでの勝利の快感，単純なヒューリスティックスの利用，後悔，困惑，実験者効果，ハウス・マネー効果などがある．これらの説明のうちのいくつかは，後で検定手法を適用する際に検討することにする．

　説明のために使用する別の題材としては，コンテスト実験がある．コンテスト実験は，いくつかの点でオークション実験と類似している．つまり，RNNE を容易に計算でき，RNNE と比較して過剰入札が見られる傾向がある点などである．しかしながら，コンテスト実験のデータに適用する処理効果の検定に

は，異なった種類の目的がある．オークション実験では理論の比較静学的予測の検証に主要な関心がある．それに対し，コンテスト実験では「均衡プレーから逸脱させる動因」の分析に関心がシフトする．つまり，実験計画のどのような特徴が，行動を RNNE に近づけたり，あるいは RNNE から遠ざけたりするのかに分析の焦点が当てられる．

また，コンテスト実験の文脈を使って，メタ分析の手法を紹介する．これは，理論的予測の検証や均衡外プレーの動因を識別するための別の手段を提供してくれる．

4.2 節では，本章の後半で検証されるさまざまな理論的予測を理解するのに必要な概念を単に紹介するために，オークション理論に関する最小限の概観を行う．この節以降では，シミュレートされた実験オークションのデータが利用される．4.3 節では，オークション理論に関する基本的予測に対するいくつかの基本的な検定手法について検討する．4.4 節では，標準的な処理効果の検定と回帰モデルを使った検定の両方の場合について，比較静学的予測の検定手法について検討する．また，いかにして従属性を処理するかついても説明される．4.5 節では，モデルを重回帰の文脈へと拡張し，不確実性の水準，入札経験の蓄積，累計獲得金額などの影響を考慮できるようにする．4.6 節では，パネルデータの推定法を導入し，それを 4.5 節のモデルに適用する．4.7 節では，いかにしてマルチレベル・モデルが，被験者レベルとセッション・レベル両方の従属性を処理するために使用可能であるかを示す．4.8 節では，コンテスト実験を紹介し，この文脈の下でいくつかの検定手法を紹介する．4.9 節では，公刊されているコンテスト実験の研究結果から採られた標本に対するメタ分析について検討する．4.10 節では，本章の内容を要約する．

4.2 実験オークション

4.2.1 オークション理論の概観

オークションには 2 つのタイプがある．共通価値オークションと私的価値オークションである．共通価値オークションでは，各入札者は，全入札者にとって同じ価値を持つが，その価値は不確実であるような特定の財に対して入札を行う．財の価値がわからないため，入札者は，落札した場合に支払った価格がその財の真の価値よりも高ければ，損失を被ることもありうる．

4.2 実験オークション 101

　私的価値オークションでは，各入札者は，財に対してそれぞれ異なる評価値
［私的価値］を持っており，その値を入札者自身は知っている．入札者がすべ
きことは，自分の私的価値よりも低い価格で入札することである．そうすれ
ば，落札した際には利益を得ることができる．しかしながら，私的価値よりも
大幅に低い額で入札すれば，落札確率は低くなる．
　オークションの落札者は，最も高い額を入札した人である．しかし，その落
札者はどのような価格を支払うのだろうか？　落札者は自分が入札した額を支
払うというのが当然と思われるかもしれない．もしそうなら，彼らは「一位価
格」オークションのルールに従って入札していることになる．しかしながら，
オークションには「二位価格」オークションというラベルが付けられたものが
あり，この場合，落札者は，2番目に高い私的価値を持つ人が入札した額を，
それがどのような額であろうとも支払えばよい．二位価格オークションに関
心を向ける重要な理由は，それがイギリス式（競り上げ式）オークションと戦
略的に同値だからである．このイギリス式オークションは最もなじみ深いタイ
プのオークションである．これは，オークショニアが低い価格からオークショ
ンを開始し，残りの入札者がただ1人になるまで価格を段階的に上げていく，
というものである．明らかに，最も高い私的価値を持つ入札者は，2番目に高
い私的価値を持つ入札者が入札から降りた直後に，競りをやめることになるだ
ろう．
　一位価格（封印入札）オークションは，あまりなじみのない「オランダ式」
オークションと戦略的に同値である．このオークションでは，オークショニア
は高い価格からオークションを開始し，最も高い私的価値を持つ入札者に受け
入れられるまで，段階的に価格を下げていく．
　オークション理論において最も驚くべき結果の1つは，収益同値定理であ
る．これは，リスク中立的な入札者が参加する場合，（一位価格と二位価格）
両方のオークションの下での期待支払価格は等しくなる，というものである．
　ここで，「入札関数」に注目してみよう．それは，私的シグナル（あるいは
私的価値）が x であるときに入札額をいくらであるべきかを教えてくれる関
数 $b(x)$ のことである．任意のオークション方式の下で，入札関数を予測する
ためにオークション理論が適用可能である．理論から導かれる入札関数は，通
常は RNNE の入札関数となる．
　とりわけ関心がある RNNE の入札関数は，二位価格・共通価値オークショ

ンにおけるものである．Kagel et al.（1995）に示されているように，この入
札関数は，以下のようになる．

$$b(x) = x - \frac{\epsilon(N-2)}{N} \qquad (4.1)$$

ここで，N は入札者数，ϵ は私的シグナルに暗黙に含まれている不確実性の程
度である．後者については，以下でより完全な説明を与えることにする．

　入札額が私的シグナルよりも低くなるということは，自然に予測できる．
(4.1) 式によれば，私的シグナルよりも低くされる額は，明らかに，不確実性
の水準（ϵ）に対して正に依存するとともに，入札者数（N）に対しても正に
依存している．こうした依存関係は，入札額に関する（シミュレートされた）
データに異なった種類の検定手法を適用することによって後の節で検証される
ことになる，比較静学的予測である．

　私的シグナルより低くされる額は，「入札因子」として知られている．入札
因子を「y」とラベル付けしよう．二位価格・共通価値オークションの文脈で
は，（RNNE での）入札因子は，(4.1) 式より，以下のようになる．

$$y = x - b(x) = \frac{\epsilon(N-2)}{N} \qquad (4.2)$$

　共通価値オークションにおける入札行動で見出される非常に重要な特徴は，
「勝者の呪い」である．これは，被験者が逆選択の問題を十分考慮することが
できないという傾向性のことである．つまり，［勝者という］くじに当たるこ
とは，私的シグナルが「高すぎる」ことをしばしば意味する，ということであ
る．入札者が勝者の呪いに対する予想の調整に失敗するということは，観察さ
れる入札額がたいてい (4.1) 式の RNNE の予測よりもいくぶん高くなること
を意味することになる．したがって，入札因子は，(4.2) 式の RNNE の入札
因子よりもいくぶん小さくなる．

4.2.2　オークション実験の実施

　ここでは，二位価格の共通価値オークションに関連する実験手法について記
述することにしよう．

　被験者は，複数の期間から構成されるオークションに関するセッションに参
加するために募集される．被験者同士のマッチングは「アウトサイダー条件」
が望ましいので，1 つのセッションにおける被験者数は，そこでオークショ

ンに参加する 1 つのグループに必要な人数よりも多くなければならない.また,各ラウンドにおいて,そのセッションに参加する被験者をランダムに組み合わせて異なるグループが形成される.ある期において与えられた入札者のグループに対して,実験者は架空の財に対する「真の評価値」x_0 を生成する.この値は,入札者には知らされない.それから,実験者は,各入札者に区間 $[x_0 - \epsilon, x_0 + \epsilon]$ の一様分布から抽出された「私的シグナル」x を伝達する.入札者は ϵ の値は知っていて,それは入札者が [共通価値に対して] 持つ不確実性の程度を表す.入札者は自分自身の私的シグナルは知っているが,他の入札者の私的シグナルは知らされない.それから,各入札者は自分が属する入札グループにおいて財に対する封印入札を行う.

各被験者には,実験開始時に初期資金が与えられる.ある期における与えられた入札グループにおいて,最も高い入札額を入札した人がオークションの落札者となる.落札者は,2 番目に高い入札額に等しい価格を支払ってその財を購入する.この時点で,その財の真の評価値が明らかにされる.落札者は,真の評価値から支払額を指し引いた利益を受け取る.この利益は負になることもありうる.他の入札者は,このラウンドにおいては利益ゼロとなる.各ラウンドにおいて,各入札者の利益がその時点までの累計獲得金額に加えられる.累計獲得金額がゼロ以下になった被験者は「破産」したものと宣言され,そのラウンド以降,入札から排除される.破産した被験者は,そのセッション終了時に「参加費」だけを受け取ることになる.セッション終了時まで破産しなかった被験者は,参加費とともに実験終了時点における累計獲得金額が支払われる.

4.2.3 シミュレートされたオークション・データ

データは,二位価格・共通価値オークションをシミュレートして得られたものである[1].シミュレートされたデータは,**common_value_sim** ファイルに収められている.合計 160 人の被験者がいて,彼らは 16 のセッションに振り分けられている.各被験者は,30 期にわたってオークションに参加している.真の評価値 (x_0) は区間 $[25, 975]$ の一様分布から選ばれている.それか

---

1) シミュレーションで仮定されている実験計画は,Kagel et al. (1995) や Ham et al. (2005) のものと極めて類似したものである.ただし,彼らの研究は両方とも私的価値オークションであるのに対し,ここで検討しているのは共通価値オークションである.

ら，各自に選ばれた x_0 に応じて「私的シグナル」x の集合が区間 $[x_0-\epsilon, x_0+\epsilon]$ の一様分布から抽出される．ここで，パラメータ ϵ はセッションごとに異なる値が選ばれている．16 セッションの間，N と ϵ は以下の表に記された通りに変更されている．

セッション	被験者数	N	ϵ	RNNE の入札関数	RNNE の入札因子	観察数
1-4	8	4	12	$b(x) = x - 6$	6	871
5-8	12	6	12	$b(x) = x - 8$	8	1250
9-12	8	4	24	$b(x) = x - 12$	12	840
13-16	12	6	24	$b(x) = x - 16$	16	1273

セッション 1-4 および 9-12 のそれぞれについては，8 人の被験者が参加し，各ラウンドにおいてこれらの被験者は $N = 4$ 人の入札者からなる 2 つのグループに分けられている．セッション 5-8 および 13-16 のそれぞれについては，12 人の被験者が $N = 6$ 人の入札者からなる 2 つのグループに分けられている．

　また，この表には各セッションのそれぞれのグループに対して，RNNE の入札関数と RNNE の入札因子も示されている．(4.1) 式に従えば，N と ϵ の値が各セッションのグループ間で異なっているため，各セッションのグループ間で，RNNE の入札関数と RNNE の入札因子が異なっていることに注意してほしい．

　この実験計画は 2×2 の完全要因計画である．というのは，N と ϵ に関する 4 つの可能な組み合わせすべてを含んでいるためである．これは，理論の適切な検証のためには不可欠なものである．というのは，理論的な入札関数には，N と ϵ それぞれの主効果に加えて，これらの交互作用効果も含まれているためである．

　シミュレーションでは，各被験者は 14 単位の初期資金を持って実験を開始する．入札額は，期待されている通りに，私的シグナル，期間，入札者数，不確実性の程度，それに累計獲得金額に依存するようにシミュレートされる．（表の最終列に示されている）利用可能な観測値数の合計は処理ごとに異なっている．それは以下の理由による．まず，$N = 6$ の処理では，$N = 4$ の処理でよりも多くのデータが生成される．また，被験者が破産した場合，彼らはそれ以降のラウンドからは排除されるので，これ以上の観察値が生成されない．

4.2 実験オークション

	session	i	period	market	x_0	x	bid	winner	spr	profit	balance
1	1	1	1	2	596	589	582	0	602	0	14
2	1	1	2	2	375	378	370	0	370	0	14
3	1	1	3	2	556	545	548	0	551	0	14
4	1	1	4	2	945	950	942	0	942	0	14
5	1	1	5	1	592	591	587	1	584	8	14
6	1	1	6	1	387	395	391	1	386	1	22
7	1	1	7	1	754	744	743	0	752	0	23
8	1	1	8	1	744	735	734	0	750	0	23
9	1	1	9	2	661	670	661	0	661	0	23
10	1	1	10	2	913	903	899	0	905	0	23
11	1	1	11	2	927	933	926	0	926	0	23
12	1	1	12	2	370	359	352	0	374	0	23
13	1	1	13	2	727	719	713	0	716	0	23
14	1	1	14	2	703	712	709	1	708	-5	23
15	1	1	15	1	311	303	297	0	298	0	18
16	1	1	16	2	139	142	138	0	138	0	18
17	1	1	17	2	65	67	58	0	58	0	18
18	1	1	18	2	438	437	435	0	439	0	18
19	1	1	19	2	203	194	196	0	196	0	18
20	1	1	20	2	531	533	525	0	529	0	18
21	1	1	21	2	328	332	324	0	326	0	18
22	1	1	22	2	575	586	578	1	565	10	18
23	1	1	23	2	765	756	748	0	751	0	28
24	1	1	24	2	519	509	508	0	513	0	28
25	1	1	25	2	507	500	495	0	505	0	28
26	1	1	26	2	487	484	482	0	463	0	28
27	1	1	27	2	709	714	711	0	711	0	28
28	1	1	28	1	779	787	783	1	769	10	28
29	1	1	29	2	697	685	676	0	687	0	38
30	1	1	30	2	185	180	172	0	184	0	38
31	1	2	1	2	705	717	713	1	698	7	14

図 4.1 共通価値オークションのデータ

最後に，RNNE の入札関数は分布の端ではより複雑になるため，私的シグナルが [60, 963] の範囲から外れるような観測値は推定から除外される．［およそこういった理由からである.］

図 4.1 には，データの最初の 31 行についてのスクリーンショットが示されている．これらのうち，ある 1 つの行に焦点を当てるのが有益である．第 5 行目には以下の情報が含まれている．第 1 セッションの第 5 期では，被験者 1 はオークション 1 に参加し（各期に被験者は 2 つのオークションに分けられていることを思い出そう），財の真の評価値は 592 であり，被験者 1 は 591 という私的シグナルを受け取っている．被験者 1 は 587 という額の入札をしたので，この人の入札因子は 591 − 587 = 4 となる．この入札によって，被験者は落札者となったので（winner = 1 と示されている），2 番目に高い入札額 (spr) である 584 を支払っている．この被験者 1 は 592 − 584 = 8 の利益を稼ぎ，その額がその時点までの累計獲得金額である 14 に追加されるため，次期における累計獲得金額は 22 となっている．この被験者 1 は，30 ラウンド中 5 ラウンドで落札者となり，30 ラウンド終了時点では累計獲得金額が 38 になっ

	session	i	period	market	x_0	x	bid	winner	spr	profit	balance	y
1	1	2	1	1	705	717	713	1	698	7	14	4
2	1	3	1	1	705	700	696	0	698	0	14	4
3	1	4	1	1	705	699	697	0	698	0	14	2
4	1	6	1	1	705	705	698	0	698	0	14	7
5	1	1	1	2	596	589	582	0	602	0	14	7
6	1	5	1	2	596	595	582	0	602	0	14	13
7	1	7	1	2	596	605	602	0	602	0	14	3
8	1	8	1	2	596	605	603	1	602	-6	14	2
9	1	2	2	1	303	302	290	0	309	0	21	12
10	1	6	2	1	303	299	298	0	309	0	14	1
11	1	7	2	1	303	313	309	0	309	0	14	4
12	1	8	2	1	303	315	312	1	309	-6	6	3
13	1	1	2	2	375	378	370	0	370	0	14	8
14	1	3	2	2	375	372	368	0	370	0	14	4
15	1	4	2	2	375	373	372	1	370	5	14	1
16	1	5	2	2	375	379	362	0	370	0	14	17
17	1	3	3	1	442	433	428	0	430	0	14	5
18	1	6	3	1	442	448	441	1	430	12	14	7
19	1	7	3	1	442	432	430	0	430	0	14	2
20	1	8	3	1	442	446	441	1	430	12	2	5
21	1	1	3	2	556	545	548	0	551	0	14	-3
22	1	2	3	2	556	559	551	0	551	0	21	8
23	1	4	3	2	556	563	560	1	551	5	19	3
24	1	5	3	2	556	560	547	0	551	0	14	13
25	1	2	4	1	322	333	317	0	320	0	21	16
26	1	4	4	1	322	321	320	0	320	0	24	1
27	1	7	4	1	322	331	326	1	320	2	14	5
28	1	8	4	1	322	316	313	0	320	0	14	3
29	1	1	4	2	945	950	942	0	942	0	14	8
30	1	3	4	2	945	945	940	0	942	0	14	5
31	1	5	4	2	945	938	924	0	942	0	14	14

図 4.2 共通価値オークションのデータ:「sort session perior market i」コマンドを使って並べ替えたもの

ていることが,他の行から読み取れる.

　ある特定のオークションを検討するためには,sort session period market i というコマンドを使って,データを並べ替えておくともっと便利である.並べ替えられたデータセットは図 4.2 に示されている.セッション 1 の第 1 期で何が起こったかを見るために,最初の 4 行を検討してみよう.「オークション 1」に参加するために,被験者 2, 3, 4, 6 が選ばれている.財の真の評価値は 705 であり,被験者 2 が 713 という額の入札を行って,落札者となっている.この被験者 2 は,2 番目に高い入札を行った被験者 6 の入札額 698 を支払っている.その結果,被験者 2 が稼いだ利益は 705 − 698 = 7 となっている.

4.3　オークション理論の検定

4.3.1　二位価格共通価値オークションにおける RNNE の検定

　本節では,理論の基本的予測に関する直接的な検定について検討する.これ

らの検定は，入札因子に適用される1標本の検定である．重要なことは，これらの検定を実施する際，観測値の独立性を仮定しているという点である．この仮定は，この後多くの例を見ることになるが，正当化することが難しいものである．したがって，本節で得られた結果は，あまり真剣に受け止めるべきではないかもしれない．本章の後半でいく度か，基本的予測が再び検定されるが，それは回帰分析の文脈の下でなされる．そこでは，データの従属性に対する適切な調整がなされる．それは単に，回帰分析の枠組みではそのような調整を行うのが容易だからである．こうした回帰分析に基づいた検定は，データが理論的予測とどの程度近いかという点に関して，より信頼できる結論を提供してくれる．

ここでは，Kagel et al. (1995) によって使用された，ベンチマークとなる2つのモデルを検討する．それは，素朴な入札モデルとRNNEである．素朴な入札モデルは，極端な戦略的素朴さを表現したものである．RNNEモデルは極端な合理性を表現したものである．ただし，実際に観察される行動は，これら2つのモデルのいずれかに十分一致することは期待できない．

入札者数（N）が4に固定され，不確実性パラメータ（ϵ）が12に固定されたセッション1-4に焦点を当てよう．もし，これらの値を (4.1) 式に代入すれば，これらセッションにおけるRNNEの予測は次のような簡単なものになる．

$$b(x) = x - 6 \tag{4.3}$$

この予測を別の方法で表すと，入札因子（y）は6に等しいということである．図4.3には，セッション1-4での入札因子のヒストグラムが示されている．この図において，縦線はRNNEの予測である6を表している．ヒストグラムを見れば，入札因子の値はかなりばらついていることが確認できる．しかし，分布の主要部分はRNNEの予測である6よりも左側に位置していることが極めて明らかである．

理論に対して正式な統計的検定を実施する自明な方法は，y の母平均である μ が6.0に等しいという帰無仮説を，（6.0よりも小さい値は，「勝者の呪い」の結果として生じるため）μ が6.0よりも小さいという対立仮説に対して検定することである．もし，データセットに n 個の観測値があれば，まず，入札因子の平均 $\bar{y}$ と標準偏差 s を求めてから，1標本の t 検定統計量を以下のよう

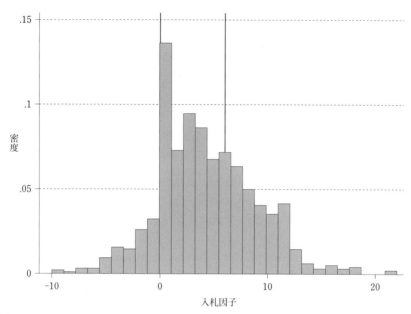

図 4.3 セッション 1-4 での入札因子のヒストグラム.縦線は RNNE の予測 (6) と素朴な入札モデルに基づく予測 (0) のところに引かれている

に計算することになる.

$$t = \frac{\bar{y} - 6.0}{s/\sqrt{n}} \tag{4.4}$$

STATA でこの検定を実施するのは容易である.

```
. * USE ONLY FIRST 4
SESSIONS (TO FIX N=4 AND EPSILON=6)

. keep if session<5
(1349 observations deleted)


. * test of RNNE

. ttest y=6

One-sample t test
------------------------------------------------------------------------
Variable |   Obs        Mean    Std. Err.   Std. Dev.   [95% Conf. Interval]
---------+--------------------------------------------------------------
       y |   871    4.337543       .1535      4.5302    4.036269    4.638817
------------------------------------------------------------------------
    mean = mean(y)                                          t = -10.8303
```

```
Ho: mean = 6                                    degrees of freedom =      870

   Ha: mean < 6              Ha: mean != 6               Ha: mean > 6
 Pr(T < t) = 0.0000      Pr(|T| > |t|) = 0.0000       Pr(T > t) = 1.0000
```

入札因子の平均は 4.34 であるが，p 値が 0.000 であることからも明らかなように，これは 6.0 よりも有意に低いことがわかる．それゆえ，RNNE の予測は強く棄却され，「勝者の呪い」が存在すると結論される（というのは，入札額は平均的には RNNE の予測よりも高いからである）．

　素朴な入札モデルは，入札者が単に自分の私的シグナルをそのまま入札するというものであり，これは入札因子が 0 となることを意味する．このモデルは，明らかに非常に極端な形の勝者の呪いを表している．図 4.3 にあるもう 1 つの縦線はこの素朴なモデルの予測を表しており，分布の主要な部分はこの予測より右側に位置することがわかる．この素朴なモデルについて正式な統計的検定を実施するためには，入札因子の平均が 0 であるという帰無仮説を検定すればよい．

```
. * test of naive behavior

. ttest y=0

One-sample t test
------------------------------------------------------------------------------
Variable |     Obs        Mean    Std. Err.   Std. Dev.   [95% Conf. Interval]
---------+--------------------------------------------------------------------
       y |     871     4.337543      .1535       4.5302     4.036269    4.638817
------------------------------------------------------------------------------
    mean = mean(y)                                            t =  28.2576
Ho: mean = 0                                    degrees of freedom =      870

   Ha: mean < 0              Ha: mean != 0               Ha: mean > 0
 Pr(T < t) = 1.0000      Pr(|T| > |t|) = 0.0000       Pr(T > t) = 0.0000
```

このモデルもまた強く棄却される（p = 0.0000）．入札者が勝者の呪いの犠牲となる証拠が見出されたが，彼らは，理にかなった入札額は私的シグナルよりもいくぶん低いものだということを明らかに理解している，ということでもある．

4.4　比較静学的予測の検定

　前節では，RNNE と素朴な入札モデルという 2 つの非常にシンプルなモデ

ルを検定した．データの従属性を考慮に入れていなかったにもかかわらず，両方のモデル共に強く棄却された．被験者の真の入札行動は，明らかに RNNE と素朴な入札モデルの中間のどこかにある．しかしながら，他にも検定可能な多くの理論的予測がある．

本節では，RNNE に基づく理論に関する比較静学的予測の1つについて，いくつかの検定を検討する．入札者数 N が入札額に与える影響を考えよう．オークションに関する他のすべての性質が同じままで N だけが変化するとしたら，入札行動は変化すると予測されるだろうか？ もう一度 (4.1) 式に目を向けると，その答えはイエスであることがわかる．RNNE に基づく理論の下では，N の増加は入札額に負の影響を与えることが予測されるので，それゆえ，入札因子には正の効果があることになる．

最初に，観察値間に独立性を仮定した上で，これらの検定を実施する．4.4.3 節では，従属性を認めるような手法について考察を始める．

4.4.1 標準的な処理効果の検定

入札者数（N）に関係する比較静学的予測は，標準的な処理効果の検定を使用して検証可能である．実験において，N は4と6という2つの異なる値を取っている．データには，$N = 6$ のとき1，$N = 4$ のとき0の値を取る「N6」という名のダミー変数が含まれている．このダミー変数は，検定において変数を分離するために使用される．ここで，N6 を「処理ダミー」として考えよう．つまり，$N6 = 1$ のときには「処理群」，$N6 = 0$ のときには「統制群」を表すものとする．

これらの検定については，セッション 1-8 にのみ使用されることに注意してほしい．これは，N が変化する際の効果に焦点を当てる場合には，実験計画に関係する他のパラメータ（ϵ）がこれらのセッションにわたって固定されている必要があるからである．

```
. keep if session<9
(2247 observations deleted)

.
. ranksum y, by(N6)

Two-sample Wilcoxon rank-sum (Mann-Whitney) test

        N6 |      obs    rank sum    expected
```

```
------------+------------------------------------------
        0 |       871       843078.5        924131
        1 |      1250      1407302.5       1326250
------------+------------------------------------------
 combined |      2121       2250381        2250381

unadjusted variance    1.925e+08
adjustment for ties    -984989.31
                       ----------
adjusted variance      1.915e+08

Ho: y(N6==0) = y(N6==1)
           z =  -5.856
   Prob > |z| =    0.0000

.
. ttest y, by(N6)

Two-sample t test with equal variances
--------------------------------------------------------------------------------
  Group |     Obs        Mean    Std. Err.    Std. Dev.   [95% Conf. Interval]
--------+-----------------------------------------------------------------------
      0 |     871     4.337543       .1535       4.5302    4.036269    4.638817
      1 |    1250        5.348    .1163788     4.114613     5.11968     5.57632
--------+-----------------------------------------------------------------------
combined |    2121      4.93305    .0937551     4.317827    4.749189    5.116912
--------+-----------------------------------------------------------------------
   diff |            -1.010457    .1893543                 -1.381797    -.6391172
--------------------------------------------------------------------------------
   diff = mean(0) - mean(1)                                    t =  -5.3363
Ho: diff = 0                                degrees of freedom =      2119

   Ha: diff < 0                  Ha: diff != 0                  Ha: diff > 0
 Pr(T < t) = 0.0000       Pr(|T| > |t|) = 0.0000       Pr(T > t) = 1.0000
```

マン・ホイットニー検定（STATA では ranksum）と独立標本の t 検定（STATA では ttest）の両方で，N が入札額に与える効果はないという帰無仮説が非常に強く棄却されている．また，N の変化が入札額に与える効果の方向性についてのチェックも忘れてはならない．2つ目の表によると，$N = 4$ のとき平均入札因子は 4.34 であるが，$N = 6$ のとき平均入札因子はもっと大きい 5.35 であることがわかる．これは，N が増加すると入札額が低くなることを意味しており，これは理論的に予測された通りの事柄である．それゆえ，これらの処理効果の検定は，RNNE に基づく理論の予測と整合的であると結論付けてよい．

112   第4章 理論の検証, 回帰, 従属性

4.4.2 回帰分析をもちいた処理効果の検定

処理効果の検定は回帰分析をもちいて実行することも可能である. 事実, ダミー変数だけがある回帰分析は, 独立標本のt検定と同値である. このことを確認するために, 入札因子をダミー変数N6にした回帰分析を実行してみよう.

```
. regress y N6

      Source |       SS       df       MS              Number of obs =    2121
-------------+------------------------------           F(  1,  2119) =   28.48
       Model |  524.110821       1  524.110821         Prob > F      =  0.0000
    Residual |  39000.3823    2119  18.4050884         R-squared     =  0.0133
-------------+------------------------------           Adj R-squared =  0.0128
       Total |  39524.4932    2120  18.6436289         Root MSE      =  4.2901

------------------------------------------------------------------------------
           y |      Coef.   Std. Err.      t    P>|t|     [95% Conf. Interval]
-------------+----------------------------------------------------------------
          N6 |   1.010457   .1893543     5.34   0.000     .6391172    1.381797
       _cons |   4.337543    .145365    29.84   0.000      4.05247    4.622616
------------------------------------------------------------------------------
```

(「統制」群における入札因子の平均である) 切片は4.34であり, (「処理」群と「統制」群との間の平均の差, つまり, 効果サイズである) N6の係数は1.01であることに注意してほしい. また, t値は直前の節でもちいられた独立標本のt検定から得られたt値と (大きさにおいて) 同じであることにも注意しよう. したがって, この回帰分析の検定から得られる結論は, 独立標本のt検定で得られた結論と全く同じになる. つまり, N が増加すると, 入札因子が増加, すなわち入札額が減少するということである.

4.4.3 従属性の考慮：超保守的な検定

これまでに実施してきた検定や回帰分析ではすべて, 観察間の独立性が仮定されていた. 今度の (また, 実験経済学における多くの) 設定では, 独立性は仮定されない. 第1に, 被験者は30期からなる一連のオークションで行動が観察されているので, 被験者内に従属性が存在する. ある被験者は他の被験者よりも「攻撃的」である (あるいは単に, 勝者の呪いにかかりやすい) ので, 彼らの入札額の集合全体は他の被験者の入札額の集合全体よりも高くなる傾向があるだろう. この現象はときに, 被験者の個人レベルでの「クラスター化」

と記述されるものである．セッション・レベルでのクラスター化も存在する．つまり，あるセッションは攻撃的な入札によって特徴付けられ，他のセッションは控えめな入札によって特徴付けられる，ということである．クラスターの存在は，これまで実施してきた検定が妥当ではないことを意味している．

従属性の問題を取り扱う最も自明な方法は，各クラスター内の従属した観察値すべての平均を計算し，それからこれらの平均について標準的な処理効果の検定を実施するというものである．その結果得られるデータセットは，独立した各単位についてただ1つの観測値しかないため，従属性の問題はなくなる．この手法を使う上での明らかな欠点は，標本数が非常に小さくなるために，検定力が弱くなってしまうことである．それが，この手法が「超保守的」と呼ばれる理由である．この検定によって観察される統計的有意性（p 値）がいくらであろうとも，他の検定の方がより強い統計的有意性（つまり，より小さい p 値）を持つことが予測されるということである．

現在の文脈において，超保守的な検定を適用するには，（STATA で table session コマンド，contents(n y mean y) をもちいて）各セッションでの入札因子の平均を見出す必要がある．計算された平均値は，以下の表に示されている．

セッション	N	ϵ	RNNE の入札因子	各セッションの平均入札因子
1-4	4	12	6	6.25, 5.69, 2.58, 2.36
5-8	6	12	8	7.32, 5.72, 4.31, 3.68
9-12	4	24	12	10.74, 10.73, 9.40, 6.96
13-16	6	24	16	15.78, 12.99, 12.73, 10.63

再度，不確実性パラメータ ϵ が 12 に固定されたセッション 1-8 に注目しよう．$N = 4$ と $N = 6$ の場合につき 8 つの独立した観測値がある．これら 8 つの観測値に保守的な処理効果の検定を適用すると，以下の結果が得られる．

```
. ranksum mean_y, by(n6)

Two-sample Wilcoxon rank-sum (Mann-Whitney) test

        n6 |      obs    rank sum    expected
-----------+---------------------------------
         0 |        4         15          18
         1 |        4         21          18
-----------+---------------------------------
```

```
        combined |        8             36           36

unadjusted variance           12.00
adjustment for ties            0.00
                          ----------
adjusted variance             12.00

Ho: mean_y(n6==0) = mean_y(n6==1)
          z = -0.866
    Prob > |z| =  0.3865

. ttest mean_y, by(n6)

Two-sample t test with equal variances
-------------------------------------------------------------------------------
   Group |   Obs       Mean    Std. Err.   Std. Dev.   [95% Conf. Interval]
---------+---------------------------------------------------------------------
       0 |     4       4.22     1.0178      2.0356     .9809063    7.459094
       1 |     4     5.2575    .8090156    1.618031    2.682851    7.832149
---------+---------------------------------------------------------------------
combined |     8    4.73875    .6329902    1.790367    3.241966    6.235534
---------+---------------------------------------------------------------------
    diff |            -1.0375   1.300163               -4.218884   2.143883
-------------------------------------------------------------------------------
    diff = mean(0) - mean(1)                                 t = -0.7980
Ho: diff = 0                                degrees of freedom =        6

   Ha: diff < 0                 Ha: diff != 0                 Ha: diff > 0
 Pr(T < t) = 0.2276         Pr(|T| > |t|) = 0.4553         Pr(T > t) = 0.7724
```

マン・ホイットニー検定と独立標本の t 検定の両方で，プレーヤー数が入札に影響を与えるという証拠はないことがわかる．ここで，$N = 6$ のときの方が $N = 4$ のときよりも入札因子は高くなると予測されることを思い出せば，片側検定を行ってもよいことがわかる．片側検定の p 値は，マン・ホイットニー検定では（0.38 を 2 で割って）0.19 であり，t 検定では 0.23 である．しかしながら，先に示した理由のために，これらの p 値は「超保守的」に扱わなければならないし，処理効果が実際に存在するという仮定の下では，異なる種類の検定が同じ仮説を検定するために使用されるときには，より小さい p 値を期待することができる．

4.4.4　回帰分析における従属性の考慮

　4.4.3 節では，従属性の問題を明示的に回避する検定を例示した．しかしながら，その手法は，観察値の平均を計算する過程においてかなり多くの情報を失ってしまうという意味でとうてい満足できるものではない，ということは明

4.4 比較静学的予測の検定　　　　115

らかである．明らかに，データセットに含まれている利用可能な情報すべてを
使用しつつも，同時にデータの従属性の構造に対して頑健な検定手法を使用す
ることが望ましい．

この目的のために，4.4.2 節で紹介した回帰分析の枠組みに立ち戻ってみよ
う．回帰分析の文脈では，従属性は誤差項の共分散行列の非対角化を生じる．
これは，誤差項の共分散行列は対角的であることを必要とするという，線形
回帰モデルに関する古典的な仮定の 1 つに反している．実際，共分散行列は，
観察値を被験者レベルあるいはセッション・レベルで「クラスター化」する結
果としてブロック対角的となる．

処理効果の検定に回帰分析の枠組みを使用する主な利点は，観察値間の従属
性が許容可能になるように結果を修正するための十分に確立した手法が存在
することにある．誤差項の共分散行列が非対角的である場合にはいつでも，標
準誤差を計算するためにルーティン的に使用される公式は正しくないことが
よく知られている（例えば Greene, 2008 を参照）．通常，［こうした問題に対し
て］正しい公式が存在し，そうした公式の選択は非対角性の性質に依存する．
ブロック対角性がある状況では，STATA の vce(cluster clustvar) オプシ
ョンを使用することで適切な公式が適用される．ここで，（例えば，被験者識
別子 i のような値をとる）clustvar は，各観察値が属する「クラスター」が
どれかを特定化する変数である．

このような修正を 4.4.2 節で実施された処理効果の検定に適用し，クラス
ター化が被験者 id(i) のレベルでなされていると仮定すると，以下の結果が得
られる．

```
. regress y N6, vce(cluster i)

Linear regression                              Number of obs =    2121
                                               F(  1,    79) =    1.90
                                               Prob > F      =  0.1725
                                               R-squared     =  0.0133
                                               Root MSE      =  4.2901

                            (Std. Err. adjusted for 80 clusters in i)
------------------------------------------------------------------------
             |             Robust
         y   |    Coef.   Std. Err.     t    P>|t|   [95% Conf. Interval]
-------------+----------------------------------------------------------
         N6  |  1.010457  .7339144   1.38   0.172   -.4503632   2.471277
       _cons |  4.337543  .5999469   7.23   0.000    3.143379   5.531707
------------------------------------------------------------------------
```

係数の値は以前のものと同じであることに注意しよう．以前と変わったのは，標準誤差（および標準誤差から計算されるさまざまな値）だけである．クラスター化に対処した結果として，N6 の係数の標準誤差は 0.189 から 0.734 に上昇した．これは，処理効果に対する t 検定統計量が以前よりもずっと小さくなることを意味し，残念なことに，処理効果はもはや有意ではなくなる（p = 0.172）．

従属性を調整することによって，強く有意である処理効果が有意でない処理効果に変わってしまったのである．この例は，処理効果の検定を実施する際に従属性に対する調整が重要であることを示すために，極めて役に立つものである．

4.4.5　従属性の考慮：ブロック・ブートストラップ法

第 3 章で説明したように，「ブートストラップ検定」は実験統計学において非常にポピュラーなものである．それは，通常は必要となる分布上の仮定に依存することなく，標準的なパラメトリック検定（例えば，t 検定）を実施する手段を提供してくれるからである．

観察値が独立のケースでは，ブートストラップ法は，以下のステップから構成されることを思い出してほしい．

1. データセットに選択したパラメトリック検定を適用し，検定統計量 $\hat{t}$ を得る．
2. B というかなり大きな数の「ブートストラップ標本」を生成する．これは元の標本数と同じサイズの標本である．これらは元の標本から抽出されているが，それが復元抽出である点が重要である．各ブートストラップ標本に対して，検定統計量 $\hat{t}_j^*$, $j = 1, \ldots, B$ を計算する．
3. ブートストラップ検定統計量 $\hat{t}_j^*$, $j = 1, \ldots, B$ の標準偏差 s_B を計算する．これがブートストラップ標準誤差となる．

クラスター化をしている場合，上記の手法は使うことができない．というのは，データにある従属性を再現できないためである．ブロック・ブートストラップ法は，観測値そのものではなく，データのブロックを再抽出することによって従属性を再現することを試みる．

STATA でブロック・ブートストラップ法を適用するには，vce オプション

4.4 比較静学的予測の検定　　　　117

の後にある括弧にbootstrapというオプションを入力する．また，ブートス
トラップ標本の数を指定する．その結果は以下の通りである．

```
. reg y N6, vce(bootstrap, rep(999) cluster( i) )
(running regress on estimation sample)

Bootstrap replications (999)
----+--- 1 ---+--- 2 ---+--- 3 ---+--- 4 ---+--- 5
..................................................      50
..................................................     100
..................................................     150
..................................................     200
..................................................     250
..................................................     300
..................................................     350
..................................................     400
..................................................     450
..................................................     500
..................................................     550
..................................................     600
..................................................     650
..................................................     700
..................................................     750
..................................................     800
..................................................     850
..................................................     900
..................................................     950
..................................................

Linear regression                    Number of obs   =       2121
                                      Replications    =        999
                                      Wald chi2(1)    =       1.80
                                      Prob > chi2     =     0.1796
                                      R-squared       =     0.0133
                                      Adj R-squared   =     0.0128
                                      Root MSE        =     4.2901

                           (Replications based on 80 clusters in i)
-------------------------------------------------------------------------
             |   Observed   Bootstrap                  Normal-based
          y  |     Coef.    Std. Err.     z    P>|z|   [95% Conf. Interval]
-------------+-----------------------------------------------------------
         N6  |   1.010457   .7529128    1.34   0.180   -.465225    2.486139
       _cons |   4.337543   .6139063    7.07   0.000    3.134309    5.540777
-------------------------------------------------------------------------
```

この場合，ブートストラップ検定の結果は，4.4.4節におけるクラスター化し
た頑健な標準誤差を伴う検定の結果と大きな違いはない．

4.5 オークション・データの重回帰分析

　これまで考察してきたどの回帰分析も，ダミー変数であるような説明変数をただ1つだけ含むものだった．回帰分析という枠組みの利点としてさらに明確なのは，多くの行動に関する決定要因を同時に分析できることである．複数の説明変数を持つモデルは，「重回帰分析モデル」である．今度はそのようなモデルを検討してみよう．

4.5.1 不確実性の効果の導入

　パラメータ ϵ は，不確実性の程度を表す実験計画に関わるパラメータであることを思い出してほしい．このパラメータ ϵ の値が大きいほど，私的シグナルが真の評価値周辺により広く分布することになるため，入札者は自分の私的シグナルが真の評価値に近いということに確信を持てなくなる．もう一度 (4.1)式を見てみると，ϵ は入札額に負の効果を与えると RNNE の理論は予測している．つまり，他の条件が一定のまま ϵ の値のみが増加すると，入札額が低くなることが予想される．これは，RNNE の理論から導かれるもう1つの比較静学的予測である．実験では，12 と 24 という2つの ϵ の値がある．この値の違いによって，入札者数の効果に関する検定と同様の方法で，比較静学的予測の検定が可能となる．

　ここでは，すでに検討した N6 と，$\epsilon = 24$ のときに 1，それ以外のときに 0 の値をとるダミー変数「eps24」という2つの「処理変数」があることに注意しよう．この段階で，以前示した，実験の特徴を要約した表を再掲しておくことは有益だろう．

セッション	被験者数	N	ϵ	RNNE の入札関数	RNNE の入札因子
1-4	8	4	12	$b(x) = x - 6$	6
5-8	12	6	12	$b(x) = x - 8$	8
9-12	8	4	24	$b(x) = x - 12$	12
13-16	12	6	24	$b(x) = x - 16$	16

この情報を使えば，RNNE の理論的予測を完全に捉えた2つの処理ダミーを含む（「真」の）回帰モデルを記述することが可能になる．このモデルは以下

4.5 オークション・データの重回帰分析   119

のようになる.

$$bid = x - 6 - 2.N6 - 6.eps24 - 2.N6 * eps24 \qquad (4.5)$$

従属変数として,ここでは入札因子ではなく入札額そのものを使用している. 私的シグナル(x)が説明変数に含まれている限りこうすることは可能であり,その係数は明らかに1という値をとるものと予想される.2つの処理ダミーに加えて,この式には2つのダミー変数の積である$N6 * eps24$という交差項が含まれている.「完全要因計画」が採用されているおかげで,この交差項の係数を推定することは可能だろう.

(4.5)式は,(全16セッションを含む完全なデータセットをもちいた)重回帰分析を使って推定可能である.推定を終えた後,係数が(4.5)式に与えられたRNNEの係数値と一致するという結合仮説に関するワルド検定を実施するために,検定のコマンドを使用することも可能である.これは,さらなる(より厳格な)RNNEに関する検定になる.これはF検定である.というのは,(4.5)式の各項それぞれについて,5つの別の等式が同時に検定されるためである.

```
. regress bid x N6 eps24 N6eps24, vce(cluster i)
```

```
Linear regression                              Number of obs =      4234
                                               F(  4,   159) =        .
                                               Prob > F      =   0.0000
                                               R-squared     =   0.9997
                                               Root MSE      =   4.3029
```

                                (Std. Err. adjusted for 160 clusters in i)

bid	Coef.	Robust Std. Err.	t	P>|t|	[95% Conf. Interval]	
x	1.000129	.0002183	4581.20	0.000	.9996974	1.00056
N6	-1.012588	.7326532	-1.38	0.169	-2.459576	.4343989
eps24	-5.112904	.8103825	-6.31	0.000	-6.713407	-3.512402
N6eps24	-2.661983	1.024279	-2.60	0.010	-4.684929	-.6390368
_cons	-4.401871	.6015577	-7.32	0.000	-5.589945	-3.213797

```
. test (x=1) (_cons=-6) (N6=-2) (eps24=-6) (N6eps24=-2)

 ( 1)  x = 1
 ( 2)  _cons = -6
 ( 3)  N6 = -2
 ( 4)  eps24 = -6
```

(5) N6eps24 = -2

    F(5,   159) =   23.01
         Prob > F =   0.0000

すべての係数は「正しい」符号を持っているように見える．また，そのほとんどはクラスター化に対して頑健な標準誤差を使っているにもかかわらず有意である．特に，不確実性の程度 (ϵ) が12から24に上昇すると，他の条件が一定の下では，入札額が5.11減少することになる．これは，6.0という理論的予測とそれほど違わない．実際，このパラメータに対する95%信頼区間には6.0というRNNEの予測が含まれており，この比較静学的予測はデータによって確証されたと結論付けることができるだろう．

　しかしながら，RNNEの予測のすべてを同時に検定するワルド検定は，p値が0.000なので，RNNEの仮説を強く棄却している．

4.5.2　経験の効果の導入

　経験の役割は，ラウンド数を表す変数をもちいることで説明される．RNNEの予測に近づくという意味で，経験は入札者のパフォーマンスを「改善する」と期待できる．また，初期に入札額が急激に下がるが，後半には安定した入札パターンに落ち着くといった「収束」のパターンも期待することもできるだろう．この点は，ラウンド数の逆数である，$1/period$ を説明変数として含めることによって捉えられる．この変数の係数が正であることは，学習プロセスがRNNEに向かうトレンドという形をとることを意味する．このモデルの他のパラメータは，長期的に実現する均衡として解釈できるかもしれない．

　$1/period$ を回帰モデルに追加すると（データセットでは rec_period という変数名になっている），以下の結果が得られる．

```
. regress bid x rec_period N6 eps24 N6eps24, vce(cluster i)

Linear regression                          Number of obs =    4234
                                           F(  5,   159) =       .
                                           Prob > F      =  0.0000
                                           R-squared     =  0.9997
                                           Root MSE      =  4.2658

                          (Std. Err. adjusted for 160 clusters in i)
-----------------------------------------------------------------------
             |               Robust
```

```
        bid |      Coef.   Std. Err.       t    P>|t|     [95% Conf. Interval]
------------+----------------------------------------------------------------
          x |   1.000184   .0002142  4670.16   0.000     .9997613    1.000607
 rec_period |   2.911282   .3183578     9.14   0.000     2.282527    3.540038
         N6 |   -1.04156   .7324525    -1.42   0.157     -2.48815    .4050315
      eps24 |  -5.126073   .8112263    -6.32   0.000    -6.728242   -3.523905
    N6eps24 |  -2.619187   1.024981    -2.56   0.012     -4.64352    -.594853
      _cons |  -4.821608   .6031499    -7.99   0.000    -6.012827   -3.630389
------------+----------------------------------------------------------------

. test (x=1) (_cons=-6) (N6=-2) (eps24=-6) (N6eps24=-2)

 ( 1)   x = 1
 ( 2)   _cons = -6
 ( 3)   N6 = -2
 ( 4)   eps24 = -6
 ( 5)   N6eps24 = -2

       F(  5,   159) =   15.81
            Prob > F =    0.0000
```

変数 $1/period$ は，予想通り厳密に正の係数を持っている．ここでの検定は，再び RNNE に関するワルド検定である．しかしながら，今回は，「長期的な」行動（つまり，学習後の行動）が RNNE に近いかどうかの検定であることに注意しよう．RNNE はやはり強く棄却されたが，F 値は 15.8 であり（以前のモデルでは 23.0 であった），以前よりも弱い水準で棄却されているというのは興味深いことである．これは，入札者が経験とともに RNNE に近づいているということと整合的である．

4.5.3 累積獲得金額の効果の導入

被験者は 14 単位の所持金を持って実験を始め，その後，各ラウンドで利益を得たり損失を被ったりしたことを思い出してほしい．「累積獲得金額」は，被験者が現在のラウンドまでに蓄積した金額のことである．この変数が入札行動に影響を与える可能性が十分あると思われる理由は複数ある．1 つは，実験が「有限責任制」の下で行われるためである．被験者は，もし自分の累積獲得金額がゼロを下回ったならば，それ以降のラウンドから除外されてしまうことを知っているため，累積獲得金額が少なくなると，それを元に戻そうというギャンブルに打って出ようとして，過剰に攻撃的に入札する誘因を持つ可能性がある．このような場合，累積獲得金額は入札に負の影響を与えることが予想される．しかしながら，ある種の「ハウス・マネー効果」も予想されるかもしれ

ない．つまり，入札者は累積獲得金額が十分多い場合には，より攻撃的に入札
することが予想されるかもしれない．というのは，十分な額の累積獲得金額は
損失に対する「クッション」になるし，そもそも実験で与えられた所持金は被
験者自身のお金ではないからである．このような場合，累積獲得金額は入札に
正の影響を与えることが予想される．

　累積獲得金額が説明変数に追加された場合，推定結果は以下のようになる．

```
. regress bid x balance rec_period N6 eps24 N6eps24, vce(cluster i)

Linear regression                            Number of obs =    4234
                                             F(  6,   159) =      .
                                             Prob > F      = 0.0000
                                             R-squared     = 0.9997
                                             Root MSE      = 4.2602

                              (Std. Err. adjusted for 160 clusters in i)
------------------------------------------------------------------------
             |             Robust
        bid  |    Coef.   Std. Err.      t    P>|t|   [95% Conf. Interval]
-------------+----------------------------------------------------------
          x  |  1.000188   .0002148  4657.23  0.000   .9997643   1.000613
     balance | -.0124342   .0096541    -1.29  0.200  -.0315011   .0066327
  rec_period |  2.600908   .3841625     6.77  0.000   1.842188   3.359627
          N6 | -1.158259   .7417146    -1.56  0.120  -2.623142   .3066246
       eps24 | -4.887118   .842503     -5.80  0.000  -6.551058  -3.223177
     N6eps24 | -2.730037  1.032137     -2.65  0.009  -4.768504  -.6915695
       _cons | -4.480833   .6760663    -6.63  0.000  -5.816061  -3.145605
------------------------------------------------------------------------

. test (x=1) (_cons=-6) (N6=-2) (eps24=-6) (N6eps24=-2)

 ( 1)  x = 1
 ( 2)  _cons = -6
 ( 3)  N6 = -2
 ( 4)  eps24 = -6
 ( 5)  N6eps24 = -2

      F(  5,   159) =    9.57
          Prob > F =  0.0000
```

累積獲得金額は負の効果を持っており，「有限責任制」の効果があることがわ
かるが，その効果は有意ではないことに注意しよう．

4.6　パネルデータ推定

　これまで，実験データにおける従属性を取り扱うための方法について考察し

てきた．しかしながら，これまでは，クラスター化標準誤差を使用することによって，このような取り組みに向けて，単一のステップだけしか進めてこなかった．より優れたアプローチは，データセットをパネルデータの枠組みで取り扱うことである．これにより，n 人の被験者がそれぞれ T 期にわたって決定を行っているのを観察していることが明示的に認識される．このアプローチの下では，OLS 推定量の代わりにパネルデータ推定量を使用することにより，（標準誤差だけではなく）推定値自体を改善させることが可能である．2 つの最もポピュラーなパネルデータ推定量は，固定効果推定量および変量効果推定量である．これら両方の推定量は，以下の式によって表現される．

$$bid_{it} = \alpha + \beta' x_{it} + \gamma' z_i + u_i + \epsilon_{it}$$
$$i = 1, \ldots, n, \ t = 1, \ldots, T$$
$$\mathrm{var}(u_i) = \sigma_u^2$$
$$\mathrm{var}(\epsilon_{it}) = \sigma_\epsilon^2 \tag{4.6}$$

(4.6) 式には，2 つのタイプの説明変数があることに注意しよう．ベクトル x_{it} は，例えば，累積獲得金額のような，被験者間とラウンド間の両方で変動する変数を含んでいる．ベクトル z_i は，被験者間でのみ変動するがラウンド間を通じて固定された変数を含んでいる．z_i によって表される変数の例としては，（被験者間実験の処理が適用されている場合の）処理ダミーや被験者の特性がある．また，2 つの誤差項があることにも注意しよう．ϵ_{it} は平均が 0 で分散が σ_ϵ^2 であると仮定される通常の誤差項であり，u_i は被験者固有の項として知られているものである．u_i は被験者間で異なるので添え字 i が付けられているが，各被験者に対しては固定された値である．［固定効果推定量および変量効果推定量という］2 つの推定量は，この誤差項の解釈によって異なっている．

固定効果の推定量は，本質的には，それぞれがデータセットにある各被験者に対応した $n-1$ 個のダミー変数の集合を含んだ線形回帰である（1 つのダミー変数はダミー変数の罠を避けるために除外されている）．こうしたダミー変数があるおかげで，被験者ごとに分けて切片を推定することが可能になる．つまり，被験者 i に対する切片は $\alpha + u_i (i = 1, \ldots, n)$ となる．

変量効果の推定では，被験者ごとに切片を推定しない．この場合，単に，切

片がすべて異なっているという認識の下にそれらの分散σ_u^2だけを推定する．推定すべきパラメータがずっと少ないため，変量効果は固定効果よりも効率的であることに注意しよう．それゆえ，モデルが許容可能であることがわかれば，変量効果を使用することが好まれるのである．

固定効果よりも変量効果が好まれるその他の理由は，時間を通じて不変の変数がもたらす効果が，固定効果の下では識別されないためである．つまり，(4.6) 式のパラメータのベクトルγは，固定効果の下では識別されない．このことは重要である．なぜなら，最も関心がある変数，すなわち処理変数は，被験者内計画が採用されない限り，時間を通じて不変だからである．

通常の環境の下では，固定効果（FE）と変量効果（RE）のどちらを採用するかを決めるために，ハウスマン検定を使用する．しかしながら，目下の状況では FE モデルは有用ではない．最も関心がある変数（つまり，N6 や eps24 といった処理ダミー）は，被験者内では変動しないからである．そのような変動は，固定効果の推定において本質的なものである．

しかしながら，変量効果モデルは有用であり，その結果は以下に示されている．STATA におけるパネルデータのコマンドは，接頭辞 xt を見れば識別できる．例えば，パネルデータ（線形）回帰は，xtreg を使用することによって実行される．固定効果および変量効果の推定は，それぞれ fe と re というオプションを付けて先ほどのコマンドを使用すれば実行できる．ここでは re を使っている．また，xtset を使ってデータがパネルデータであると初めに宣言する必要があることにも注意してほしい．この xtset は，時間の変数を伴うパネル変数を特定するものである．

```
. xtset i period
      panel variable:  i (unbalanced)
       time variable:  period, 1 to 30, but with gaps
              delta:  1 unit

. xtreg bid x balance rec_period N6 eps24 N6eps24 , re

Random-effects GLS regression              Number of obs     =       4234
Group variable: i                          Number of groups  =        160

R-sq:  within  = 0.9999                     Obs per group: min =          1
       between = 0.9957                                    avg =       26.5
       overall = 0.9997                                    max =         30

                                           Wald chi2(6)      =   3.22e+07
corr(u_i, X)   = 0 (assumed)               Prob > chi2       =     0.0000
```

```
        bid |      Coef.   Std. Err.      z    P>|z|     [95% Conf. Interval]
------------+----------------------------------------------------------------
          x |   1.000459   .0001763   5674.85   0.000     1.000114    1.000805
    balance |  -.0050899    .003371     -1.51   0.131     -.011697    .0015171
  rec_period |   2.453855   .2521596      9.73   0.000     1.959632    2.948079
         N6 |  -1.115177   .7052598     -1.58   0.114    -2.497461    .2671071
      eps24 |  -5.180012   .7765955     -6.67   0.000    -6.702112   -3.657913
    N6eps24 |  -2.594669   .9987159     -2.60   0.009    -4.552116   -.6372215
      _cons |  -4.482867   .5609601     -7.99   0.000    -5.582329   -3.383406
------------+----------------------------------------------------------------
    sigma_u |   3.0182377
    sigma_e |   2.9870243
        rho |   .50519753   (fraction of variance due to u_i)
-----------------------------------------------------------------------------

. test (x=1) (_cons=-6) (N6=-2) (eps24=-6) (N6eps24=-2)

 ( 1)   x = 1
 ( 2)   _cons = -6
 ( 3)   N6 = -2
 ( 4)   eps24 = -6
 ( 5)   N6eps24 = -2

          chi2(  5) =    99.47
        Prob > chi2 =     0.0000
```

2つの分散項の推定値は，$\hat{\sigma}_u = 3.02$ および $\hat{\sigma}_\epsilon = 2.98$ と同程度の大きさになっていることに注意しよう．これは，被験者間および被験者内の分散がほぼ同じくらいに重要であることを示唆している．それ以外は，得られた結果は4.5.3 節で示されたクラスター化標準誤差を伴う回帰の結果と異なっているとは言えない．

もし被験者間の標準偏差 σ_u がゼロに等しければ，変量効果モデルは線形回帰モデルと同値のものになるだろう．σ_u の推定値が十分に大きいという事実は，変量効果モデルの優秀さを強く支持している．この比較を正式に行うには尤度比検定を使用する．これは，次節のマルチレベル・モデルの文脈の下で実施することにする．

4.7 マルチレベル・モデル

マルチレベル・モデルは，さらなる水準の従属性を許容する変量効果モデルの枠組みの拡張になっており，また，ランダムな切片だけでなくランダムな傾

きも許容される.

モデルの水準を数え上げ,順序付けるに際しては,Skrondal and Rabe-Hesketh (2004) によって使用されたのと類似の習慣をここで採用している.「1 水準」モデルは,固定の切片と固定の傾きを持った単純な線形回帰モデルである.例えば,単一の被験者について $y_1, \ldots, y_T$ という T 個の観測値があると想像してほしい.この場合,この標本は 1 つのクラスターのみから構成されており,これは 1 水準のクラスター化だけがあるということを意味する.次に,n 人の被験者それぞれについて,T 個の観測値 y_{it}, $i = 1, \ldots, n$ と $t = 1, \ldots, T$ がある場合,「2 水準」モデルが適切である.ここで,被験者に関する添え字 i は第 2 水準のクラスター化を表している.次に,n 人の被験者が J 個のセッションに分けられている場合,典型的な観測値は y_{ijt} によって表されるので,「3 水準」モデルが適切である.ここで,添え字 j は第 3 水準の(あるいは「最高水準の」)クラスター化を表している.

上記の 3 水準モデルは以下のように特定化される.

$$bid_{ijt} = \alpha + \beta' x_{it} + \gamma' z_i + u_i + v_j + \epsilon_{ijt}$$
$$i = 1, \ldots, n,\ j = 1, \ldots, J,\ t = 1, \ldots, T$$
$$\mathrm{var}(u_i) = \sigma_u^2$$
$$\mathrm{var}(v_j) = \sigma_v^2$$
$$\mathrm{var}(\epsilon_{ijt}) = \sigma_\epsilon^2 \tag{4.7}$$

(4.7) 式において,u_i はやはり被験者固有の変量効果であり,新たな項 v_j はセッション固有の変量効果である.

次に,説明変数うちの 1 つの傾きが,被験者間で変動すると仮定しよう.簡単化のために,x_{it} には 1 つの変数のみがあると仮定しよう.そうすると,x_{it} とそのパラメータ β は両方ともスカラーになる.このモデルは以下の通りである.

$$bid_{ijt} = \alpha + \beta' x_{it} + \gamma' z_i + u_{0i} + u_{1i} x_{it} + v_j + \epsilon_{ijt}$$
$$i = 1, \ldots, n,\ j = 1, \ldots, J,\ t =, 1 \ldots, T$$
$$\mathrm{var}(u_{0i}) = \sigma_{u0}^2$$

$$\mathrm{var}(u_{1i}) = \sigma_{u1}^2$$
$$\mathrm{var}(v_j) = \sigma_v^2$$
$$\mathrm{var}(\epsilon_{ijt}) = \sigma_\epsilon^2 \qquad (4.8)$$

(4.8) 式において，2つの被験者間の分散パラメータが存在する．σ_{u0}^2 は切片に関する被験者間の変動を表し，σ_{u1}^2 は変数 x_{it} の傾きに関する被験者間の変動を表す．

マルチレベル・モデルに対する STATA のコマンドは xtmixed である．前節で使用されたのと同じ説明変数の集合を使って，このコマンドのさまざまな使用方法について紹介することにする．

最初に，xtmixed コマンドに変数のリストだけが含まれていた場合，どういう結果になるかを見てみよう．この場合，コマンドは以下の通りとなる．

```
. xtmixed bid x balance rec_period N6 eps24 N6eps24
```

このモデルは線形回帰モデルと同値の「1 水準」モデルであるというのがその答えであり，それゆえ，係数の推定値は，4.5.3 節で示された線形回帰モデルと同じ値になることが予想される．

次に，被験者レベルでのクラスター化を導入し，「2 水準モデル」にしてみよう．そのためには，単にコマンド・ラインの最後に「|| i:」を追加するだけでよい．もちろん，このモデルは (4.6) 式の変量効果モデルと同値であり，以下の結果は，4.6 節において xtreg コマンドを使用して得られたのとほぼ同じものになる．推定が終わると，後の検定に利用するために，推定値は「two_level」という名のベクトルに保存される．

```
. xtmixed bid x balance rec_period N6 eps24 N6eps24  || i:

Performing EM optimization:

Performing gradient-based optimization:

Iteration 0:   log likelihood =   -10909.6
Iteration 1:   log likelihood =   -10909.6

Computing standard errors:

Mixed-effects ML regression             Number of obs     =      4234
Group variable: i                       Number of groups  =       160
```

```
                                             Obs per group: min =          1
                                                            avg =       26.5
                                                            max =         30

                                             Wald chi2(6)        =   3.24e+07
Log likelihood =   -10909.6                  Prob > chi2         =     0.0000

------------------------------------------------------------------------------
         bid |      Coef.   Std. Err.      z    P>|z|     [95% Conf. Interval]
-------------+----------------------------------------------------------------
           x |   1.000461   .0001759    5688.01   0.000     1.000116    1.000805
     balance |  -.0050284    .003367      -1.49   0.135     -.0116276    .0015708
  rec_period |   2.450794   .2516203       9.74   0.000     1.957627    2.943961
          N6 |  -1.116107   .7315565      -1.53   0.127     -2.549931    .3177177
       eps24 |  -5.181521   .8053375      -6.43   0.000     -6.759953   -3.603088
      N6eps24 |  -2.593384   1.035923     -2.50   0.012     -4.623756   -.5630121
       _cons |  -4.480923   .5807649      -7.72   0.000     -5.619202   -3.342645
------------------------------------------------------------------------------


------------------------------------------------------------------------------
  Random-effects Parameters  |   Estimate   Std. Err.     [95% Conf. Interval]
-----------------------------+------------------------------------------------
i: Identity                  |
                sd(_cons)    |   3.142733   .1845878      2.800995    3.526165
-----------------------------+------------------------------------------------
                sd(Residual) |   2.986586   .0330984      2.922413    3.052167
------------------------------------------------------------------------------
LR test vs. linear regression: chibar2(01) =  2462.09 Prob >= chibar2 = 0.0000

. est store two_level
```

xtreg の出力にはなかった xtmixed の出力結果の 1 つは「LR test vs. linear regression」である. これは, 制約のある変量効果モデルとしての線形回帰モデルに関する尤度比 (LR) 検定の結果である. それゆえ, これは被験者間の変動が存在するかについての検定になっている. この検定の帰無仮説は, 被験者間の変動 (σ_u^2) がゼロであるというものである.

尤度比検定は, 入れ子構造のモデルに適した検定手法であり, 以下のように計算される.

$$LR = 2(LogL_u - LogL_r) \tag{4.9}$$

ここで $LogL_u$ と $LogL_r$ はそれぞれ, 制約なしおよび制約ありのモデルの対数最大尤度である. 対数尤度関数の概念は, 第 6 章において詳しく説明するつもりである. (制約ありのモデルが真であるという) 帰無仮説の下では, 検定統計量は $\chi^2(k)$ 分布に従う. ここで, k は制約の数である. 現在のケースで

は，1 つの制約（$\sigma_u^2 = 0$）だけが検定されるため，帰無分布は $\chi^2(1)$ となる．統計検定量は非常に大きい値（2462.09）であり，それに伴う 0.0000 という p 値は，被験者間の変動の重要性を強く確証しており，また，線形回帰よりも変量効果モデルの方が優れていることも確証している．

次に，被験者レベルとともにセッション・レベルでのクラスター化も行い，「3 水準」モデルへと進んでいこう．これを実行するには，コマンドに「|| session:」を加える必要があるが，それは「|| i:」の前でなければならないことに注意しよう．なぜなら，それがより高いクラスター化の水準だからである．コマンドを構成するこれら 2 つの部分を誤った順で配置してしまうと，コマンドが実行できなくなる．コマンドの実行結果は，「three_level」として保存されている．

```
. xtmixed bid x balance rec_period N6 eps24 N6eps24  || session: || i:

Performing EM optimization:

Performing gradient-based optimization:

Iteration 0:   log likelihood = -10900.072
Iteration 1:   log likelihood = -10900.072

Computing standard errors:

Mixed-effects ML regression                     Number of obs     =      4234

------------------------------------------------------------
                |  No. of        Observations per Group
Group Variable |  Groups    Minimum    Average    Maximum
---------------+--------------------------------------------
        session |     16        182       264.6        350
              i |    160          1        26.5         30
------------------------------------------------------------

                                                Wald chi2(6)      = 3.24e+07
Log likelihood = -10900.072                     Prob > chi2       =    0.0000

------------------------------------------------------------------------------
         bid |      Coef.   Std. Err.       z    P>|z|     [95% Conf. Interval]
-------------+----------------------------------------------------------------
           x |   1.000463   .0001759    5688.39   0.000     1.000118    1.000808
     balance |  -.0042531   .0033643      -1.26   0.206    -.0108471    .0023408
  rec_period |    2.46885   .2515514       9.81   0.000     1.975819    2.961882
          N6 |  -1.108771   1.248898      -0.89   0.375    -3.556566    1.339024
       eps24 |  -5.204657   1.284162      -4.05   0.000    -7.721568   -2.687747
     N6eps24 |  -2.576869   1.766896      -1.46   0.145    -6.039922    .8861837
       _cons |  -4.500616   .9152521      -4.92   0.000    -6.294477   -2.706755
------------------------------------------------------------------------------
```

```
------------------------------------------------------------------------------
  Random-effects Parameters |    Estimate   Std. Err.    [95% Conf. Interval]
-----------------------------+------------------------------------------------
session: Identity            |
                  sd(_cons)  |   1.512163   .3639926     .9434222    2.423769
-----------------------------+------------------------------------------------
i: Identity                  |
                  sd(_cons)  |   2.756427   .1716991     2.439635    3.114356
-----------------------------+------------------------------------------------
               sd(Residual)  |   2.986448   .0330933     2.922285    3.052019
------------------------------------------------------------------------------
LR test vs. linear regression:       chi2(2) =  2481.15   Prob > chi2 = 0.0000

Note: LR test is conservative and provided only for reference.

. est store three_level
```

　セッション・レベルの変量効果に関する項を追加することで，係数と標準誤差の両方に変化がもたらされていることがわかる．統計的有意性に関する結果のいくつかも変化している．また，セッション・レベルの変量効果に関する標準偏差の推定値（σ_v）は 1.51 であり，この推定値は有意に 0 よりも大きいということを，その信頼区間が示している．

　このことを確認するために，再度，LR 検定を使用することができる．今回は，3 水準モデルに制約を置いた 2 水準モデルを検定する．この検定を STATA で実行するためには，以下のように lrtest コマンドを使用する．

```
. lrtest three_level two_level

Likelihood-ratio test                          LR chi2(1)  =      19.06
(Assumption: two_level nested in three_level)   Prob > chi2 =     0.0000

Note: The reported degrees of freedom assumes the null hypothesis is not on
      the boundary of the parameter space.  If this is not true, then the
      reported test is conservative.
```

検定結果の後に記された注釈（「Note:」以下）に示されているように，この結果は「保守的」なものである．というのは，帰無仮説の下では σ_v^2 の値がゼロとなり，それが実際にパラメータ空間の境界線上にあるためである．この検定結果は，帰無仮説を圧倒的に棄却するものであり，それゆえ，セッション間の変動についてのかなり強い証拠が存在し，3 水準モデルは 2 水準（変量効果）モデルよりも使用されるべきである，と結論付けられる．

　本節の冒頭で言及したように，マルチレベル・モデルのアプローチもまた，

4.7 マルチレベル・モデル   131

[回帰モデルの] 傾きのランダム性を許容してくれるものである．4.5.3節で議
論した，累積獲得金額の効果についてもう一度考えてみよう．そこでは，「有
限責任制」のために累積獲得金額の入札に対する効果は負であるかもしれな
いし，ある種の「ハウス・マネー効果」のためにその効果は正であるかもし
れないことが示唆された．これまでに推定してきたモデルのすべてから結論
付けられたことは，累積獲得金額は入札に有意な効果を与えていないという
ことだった．しかしながら，累積獲得金額の効果は標本内でばらつきがあり，
おそらくは，ある被験者には負の効果があり，別の被験者には正の効果があ
る．この可能性を分析するためには，累積獲得金額に関する [回帰モデルで
の] 傾きを被験者間で変動させればよい．以前，被験者間でランダムな値を取
る切片を導入するためにコマンドの最後に「|| i:」を追加した箇所に，今度
は「|| i: balance」を追加して，ランダムな切片に加えてランダムな傾き
をも導入する．その結果は以下の通りである．

```
. xtmixed bid x balance rec_period N6 eps24 N6eps24  || session: || i: balance

Performing EM optimization:

Performing gradient-based optimization:

Iteration 0:    log likelihood = -10896.454
Iteration 1:    log likelihood = -10896.046
Iteration 2:    log likelihood = -10896.041
Iteration 3:    log likelihood = -10896.041

Computing standard errors:

Mixed-effects ML regression                    Number of obs     =       4234

-----------------------------------------------------------------
               |  No. of        Observations per Group
Group Variable |  Groups    Minimum    Average    Maximum
---------------+-------------------------------------------------
       session |      16        182      264.6        350
             i |     160          1       26.5         30
-----------------------------------------------------------------

                                               Wald chi2(6)      =   3.25e+07
Log likelihood = -10896.041                    Prob > chi2       =     0.0000

-----------------------------------------------------------------------------
         bid |      Coef.   Std. Err.      z    P>|z|     [95% Conf. Interval]
-------------+---------------------------------------------------------------
           x |   1.000464   .0001756   5697.79   0.000     1.00012    1.000808
     balance |   -.006549   .0043847     -1.49   0.135   -.0151429    .0020449
  rec_period |   2.418536   .2523934      9.58   0.000    1.923854    2.913218
```

```
       N6 |   -1.157555    1.243504    -0.93   0.352    -3.594777    1.279668
    eps24 |   -5.239497    1.280784    -4.09   0.000    -7.749787   -2.729207
  N6eps24 |   -2.494244    1.761641    -1.42   0.157    -5.946997    .9585088
    _cons |   -4.415022   .9132111     -4.83   0.000    -6.204883   -2.625161
----------------------------------------------------------------------------


----------------------------------------------------------------------------
Random-effects Parameters  |   Estimate   Std. Err.    [95% Conf. Interval]
---------------------------+------------------------------------------------
session: Identity          |
              sd(_cons)    |   1.506631   .3628689     .9397165    2.415555
---------------------------+------------------------------------------------
i: Independent             |
            sd(balance)    |   .0180286   .0050008     .0104677    .0310506
              sd(_cons)    |   2.714525   .1734982     2.394912    3.076792
---------------------------+------------------------------------------------
            sd(Residual)   |   2.975482   .0331918     2.911134    3.041253
----------------------------------------------------------------------------
LR test vs. linear regression:       chi2(3) =  2489.21   Prob > chi2 = 0.0000

Note: LR test is conservative and provided only for reference.

. est store random_slope
```

(4.8) 式の σ_{u1} で表されるランダムな傾きの標準偏差は 0.018 で，その標準
誤差は 0.005 であると推定されている．その統計的有意性を検定するために，
もう一度，LR 検定をもちいることができる．今回の検定では，ランダムな傾
きがない 3 水準モデル（「three_level」）とランダムな傾きがある 3 水準モ
デル（「random_slope」）を比較する．

```
. lrtest random_slope three_level

Likelihood-ratio test                           LR chi2(1)  =       8.06
(Assumption: three_level nested in random_slope)   Prob > chi2 =     0.0045
```

LR 検定の p 値は 0.01 よりも小さく，これは累積獲得金額に関する傾きが実
際に被験者間でばらつきがあることについて，強い証拠を示唆している．累積
獲得金額の効果に関する推定値（−0.0065）は 0 に近いため，標本は，（有限
責任制のために）入札額が累積獲得金額に負に依存している被験者と，（ハウ
ス・マネー効果のために）入札額が累積獲得金額に正に依存している被験者と
にほぼ半々に分けられるという結論に導かれる．

　これは，本書の主要なテーマの 1 つである，被験者間の異質性に関する良
い事例である．被験者は確かに累積獲得金額の変化に反応しているが，その反

応はさまざまであり，この異質性を無視してしまうと，累積獲得金額の効果は
ゼロに近いのだと誤って推定されてしまうのである.

4.8 コンテスト実験データのモデル化

　部分的には，理論検証のための2つ目の例を提供するという理由のために，
本節ではコンテスト実験のデータ分析について検討する.

　コンテストはいくつかの点でオークションと類似している．本質的な違い
は，オークションにおいては最も高い額を入札した人だけが落札者となるが，
コンテストにおいては正の額を入札した人なら誰でも落札者になることできる
という点にある．また，（「全員支払いオークション」を除く）ほとんどのオー
クション方式では落札者だけが［何らかの額を］支払うが，コンテストでは入
札者全員が支払うことになる.

4.8.1 タロックのコンテスト

　おそらく最も有名なコンテストのモデルは，Buchanan et al.（1980）によ
って提案された「タロックのコンテスト」だろう．これは，しばしば「レント
シーキング・コンテスト」として言及されるものであり，n 人のプレーヤーが
v という賞金をめぐって競争する．各プレーヤー i は e_i という努力を投資し，
プレーヤー i が賞金を勝ち取る確率は，以下のコンテスト勝利関数（CSF）に
よって定義される.

$$p_i(e_i, e_{-i}) = \frac{e_i}{\sum_{j=1}^{n} e_j} \tag{4.10}$$

(4.10) 式の CSF の下では，プレーヤー i の期待利得は以下のようになる.

$$E(\pi_i(e_i, e_{-i})) = p_i(e_i, e_{-i})v - c(e_i) \tag{4.11}$$

ここで，$c(e)$ は e というレベルの努力水準を実現するための費用である．n 人
のプレーヤーはリスク中立的であり，また互いに同質的であると仮定すると，
各プレーヤーのナッシュ均衡における努力水準（e^*）は，以下の式の解として
与えられることが容易に示される.

$$c'(e^*)e^* = \frac{(n-1)}{n^2}v \tag{4.12}$$

コストが線形，つまり $c(e) = e$ であるという通常の状況においては，(4.12)
式は以下のように単純化される．

$$e^* = \frac{(n-1)}{n^2} v \tag{4.13}$$

コンテスト実験において頻繁に見られる結果は，被験者は (4.13) 式のナッシュ均衡の予測よりも系統的に高い努力水準を提供する，というものである．つまり，オークション実験におけるのと同じように，「過剰入札」の現象が観察されるのである．

4.8.2 コンテスト実験

コンテストに関する実験結果のサーベイは，Sheremeta (2013) によって提供されている．本節では特定のコンテスト実験として，Chowdhury et al. (2014) によって実施された実験のデータを分析しよう．

実験は 12 セッションから構成されている．各セッションは 12 人の被験者からなり，それぞれ 30 個のコンテストに参加している．被験者たちは $n = 4$ のグループに分けられ，各コンテストが終了するたびにランダムに再度グループ分けが行われた．すべてのコンテストにおける賞金の価値は $v = 80$ であった．各コンテストにおいて，被験者たちは 0 から 80 までの間の努力水準を同時に選んだ．(4.12) 式を適用すると，この状況における努力水準に関する均衡予測は $e^* = 15$ であることがわかる．

この実験には 2 つの処理がある．1 つ目の処理は，費用が線形 (L) であるか，凸 (C) であるか，というものである．線形の費用関数を採用したセッションでは，努力の費用は $c(e) = e$ であり，これは標準的なものである．凸の費用関数を採用したセッションでは，努力の費用は $c(e) = \frac{e^2}{30}$ であった．この費用関数は $c'(15) = 1$ であるため，努力水準に関する均衡予測は，線形の費用の場合と同じ 15 となる．この処理の目的は，Harrison (1989) によって（私的価値オークションの文脈について）指摘されたように，過剰入札がどの程度，費用関数のグラフの平坦性の結果であるかを分析することであった．もしこれが本当に過剰入札の理由であれば，凸の費用関数を採用した処理の下では入札額が低くなると予想されるだろう．というのは，この処理の下では，利得関数の傾きがより急になるためである．

2 つ目の処理は，賞金の与え方が確率的ルール (P) であるか，比例的ルー

ル（S）であるか，というものである．確率的ルールを採用した処理（P）は標準的な状況であり，この場合，(4.10) 式の CSF で与えられる勝利確率に従って，単一の分割不能な賞金が与えられるような状況である．比例的ルールを採用した処理（S）では，賞金は (4.10) 式の CSF で定められる通りの割合で，コンテスト参加者たちの間で分割される．やはり，この処理の下でも均衡予測は変わらず 15 である．この処理の目的は，過剰入札がどの程度，Sheremeta (2010) によって示唆されたように，コンテストに勝利するにあたっての非金銭的な効用（あるいは「勝利の快感」）によって引き起こされているのか，あるいは，Goeree et al. (2002) によって示唆されたように，歪んだ確率の認知のために引き起こされているのか，を分析することである．もし，過剰入札に関するこれらの説明のいずれかが正しければ，確率的ルールよりも比例的ルールの処理の下で，入札額が低くなると予想されるだろう．それは，比例的ルールの下では明確な勝者がおらず，また，確率が歪められることもないからである．

これらの処理に関する情報は，以下の表に要約されている．

セッション	被験者数	n	P/S	L/C	RNNE の入札	観察数
1-3	12	4	P	C	15	1080
4-6	12	4	P	L	15	1080
7-9	12	4	S	C	15	1080
10-12	12	4	S	L	15	1080

これは，2×2 の完全要因計画であり，2 つの処理についてすべての可能な組み合わせが網羅されていることに注意しよう．つまり，主効果に加えて 2 つの処理間の交互作用を推定することが可能になるということである．

4.8.3 コンテスト実験のデータ分析

Chowdhury（2014）のデータは **chowdhury** ファイルに含まれている．このデータを直感的に理解してもらうために，ベース・ラインとなる処理（PL）における 1,080 個の観察値に対して，努力水準のヒストグラムを図 4.4 に示した．努力水準には大きなばらつきがあり，この変数がとりうる可能なすべての範囲に及んでいることがわかる．また，その分布には頻度の高い努力水準が複数あり，努力水準の値が集積している箇所が 5 を刻み幅にして分布してい

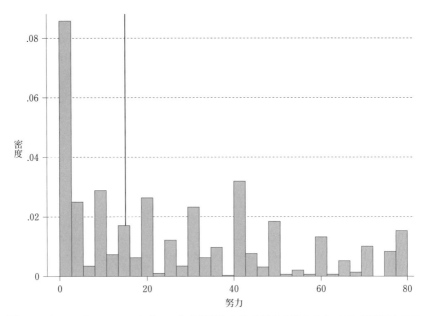

図 4.4　Chowdhury et al.（2014）の実験における努力水準の分布．PL 処理における 1,080 個すべての観測値．垂直に引かれた線分はナッシュ均衡の予測を表す．

ることもわかる．最も重要なのは，努力水準がナッシュ均衡の予測である 15 を上回る（つまり，過剰入札の）傾向が見られることである．ベース・ラインとなる処理における 1,080 個の観測値に関する努力水準の平均は 26.2 であり，これは，[15 と比べて] 過剰入札される割合は平均 75% であることを意味している．

ここで実施される分析は，Chowdhury et al.（2014）のものと類似のものである．o_{it} という変数を「過剰入札」と定義している．つまり，これは，t ラウンド目において被験者 i が行った，ナッシュ均衡の予測を超過する努力水準である．これは，式に表せば単純には以下のようになる．

$$o_{it} = e_{it} - 15 \tag{4.14}$$

次に，o_{it} を従属変数とした以下の変量効果モデルを考えてみよう．

$$o_{it} = \beta_0 + \beta_1 S_i + \beta_2 C_i + \beta_3 S_i * C_i + \beta_4(1/t) + u_i + \epsilon_{it} \tag{4.15}$$

S_i と C_i はそれぞれ比例的ルールと凸費用関数を表す処理ダミーであり，$S_i *$

C_i はこれらの 2 つの積として作られた交互作用変数である．切片のパラメータ β_0 は，経験を積んだ後の（つまり，t が大きいときの）ベース・ラインとなる処理（PL）における過剰入札の水準の期待値として明確に解釈される．

Chowdhury et al. (2014) は，処理ごとに分けて推定を実施しており，また，最初の 15 ラウンドと最後の 15 ラウンドにも分けて推定を実施していた．最初の 15 ラウンドと最後の 15 ラウンドに分けて推定を実施した理由は，努力水準に対して経験がもたらす（負の）効果が 30 ラウンドを経過するに従って小さくなっていくように見えるためである．彼らは，その論文の表 3 において 8 つの推定結果を示している．その最初の結果を再現するためには，以下の STATA のプログラムを使用するとよいだろう．

```
gen o = bid - 15
xtset i t
xtreg o s t if (c==1)&(t<=15)
```

オプションなしで xtreg コマンドをもちいると，変量効果モデルがデフォルトで推定される．

ここでは，その代わりに，すべてのデータを使って (4.15) 式のモデルを推定しよう．すべてのデータを使うことによって，両方の処理を一緒に扱い，また交互作用がある場合とない場合の両方を含めることが可能になる．また，(4.6) 式において t の代わりに t の逆数を説明変数として使用するのは，Chowdhury et al. (2014) が見出した，経験の効果の減少を捉えるための手法であることにも注意してほしい．したがって，ここで使用するプログラムは以下のようになる．

```
gen o = bid - 15
xtset i t
gen sc=s*c
gen rec_t=1/t
xtreg o s c rec_t
xtreg o s c sc rec_t
```

推定結果は以下のようになる．

```
. *RANDOM EFFECTS MODEL WITHOUT INTERACTION:
. xtreg o s c rec_t

Random-effects GLS regression          Number of obs    =     4320
Group variable: i                      Number of groups =      144
```

```
R-sq:  within  = 0.0223                          Obs per group: min =        30
       between = 0.0883                                         avg =      30.0
       overall = 0.0497                                         max =        30

                                                 Wald chi2(3)        =    108.72
corr(u_i, X)   = 0 (assumed)                     Prob > chi2         =    0.0000

------------------------------------------------------------------------------
         o |      Coef.   Std. Err.      z    P>|z|     [95% Conf. Interval]
-----------+------------------------------------------------------------------
         s | -7.234259   1.986886    -3.64   0.000    -11.12848   -3.340034
         c | -1.249074   1.986886    -0.63   0.530     -5.1433     2.645151
     rec_t |  11.51388   1.180853     9.75   0.000     9.199449    13.82831
     _cons |  11.64993   1.727864     6.74   0.000     8.263383    15.03649
-----------+------------------------------------------------------------------
   sigma_u |  11.614135
   sigma_e |  14.727186
       rho |  .38344663   (fraction of variance due to u_i)
------------------------------------------------------------------------------

.
. *RANDOM EFFECTS MODEL WITH INTERACTION:
. xtreg o s c sc rec_t

Random-effects GLS regression                    Number of obs       =      4320
Group variable: i                                Number of groups    =       144

R-sq:  within  = 0.0223                          Obs per group: min =        30
       between = 0.1150                                         avg =      30.0
       overall = 0.0608                                         max =        30

                                                 Wald chi2(4)        =    113.26
corr(u_i, X)   = 0 (assumed)                     Prob > chi2         =    0.0000

------------------------------------------------------------------------------
         o |      Coef.   Std. Err.      z    P>|z|     [95% Conf. Interval]
-----------+------------------------------------------------------------------
         s | -3.194537   2.778254    -1.15   0.250    -8.639815    2.250741
         c |  2.790648   2.778254     1.00   0.315     -2.65463    8.235926
        sc | -8.079444   3.929045    -2.06   0.040    -15.78023   -.3786583
     rec_t |  11.51388   1.180853     9.75   0.000     9.199449    13.82831
     _cons |  9.630073   1.970806     4.89   0.000     5.767365    13.49278
-----------+------------------------------------------------------------------
   sigma_u |  11.476361
   sigma_e |  14.727186
       rho |  .37781999   (fraction of variance due to u_i)
------------------------------------------------------------------------------
```

　最初に交互作用がないモデルの結果を解釈してみよう．切片は $+11.6$ と推定され，この推定値は強く有意である．これは，ベース・ラインとなる処理において経験を積んだ後では，被験者は平均的に 11.6 に相当する過剰入札を行

う傾向があることを告げている．これは，理論の基本的予測を棄却するものである．

　また，経験の効果は非常に重要であることもわかる．努力水準は急激に減少するが，その減少率は逓減的である．これは，ラウンド数の逆数に対する係数が有意に正であるという証拠によって裏付けられている．被験者は，均衡に向かっているように見えるが，均衡手前のある地点に収束している．実際，$1/t$ の係数と切片の推定値とは近く，このことは，実験の途上で，被験者の選ぶ努力水準が開始時点でのものと均衡でのものの中間付近に収束していることを意味する．

　処理効果に目を転じると，比例的ルールの下で過剰入札が有意に減少していることが最初にわかる．この結果は，「勝利の快感」仮説と整合的である．つまり，比例的ルールの下では，明確な勝者がいないため，どんな「勝利の快感」の動機も弱くなってしまうということである．この結果はまた，歪みのある確率仮説によっても説明可能であろう．凸費用関数を採用するという処理は，最初のモデルでは効果を持っていないように見える．

　2つ目のモデルには，交互作用変数「$s*c$」が含まれている．この変数は負で有意な係数をもっていることがわかる．これは，比例的ルールを採用するという処理の効果は，凸費用関数の場合の方がより強いことを示している．

　Chowdhury et al.（2014）は，均衡外のプレーをもたらす動因に関するこれらの発見が，コンテストに関する頑健な実験計画を行うにあたって有用であること，特に，これらの動因間の交互作用が重要であるかもしれないことを示唆している．

4.9　メタ分析

　メタ分析は，異なる研究結果を組み合わせる1組の手法に与えられた名前であり，個々の研究に見られるものよりも強い行動パターンを識別することを目的とするものである．本節では，メタ分析をもちいることによって，（比較静学的予測と実験計画の特性がもたらす効果を含む）ある興味深い実験結果が確証される（あるいは反証される）ことを示す．そのために，コンテスト実験というテーマを引き続き取り上げる．

　前節では，Chowdhury et al.（2014）によるコンテスト実験のデータが分析

	obs	study	author	year	treatment	matching	endowment
1	1	1	millner_pratt	1989	lottery	random	12
2	2	2	millner_pratt	1991	less RA	random	12
3	3	3	shogren_baik	1991	lottery	fixed	24
4	4	4	davis_reilly	1998	lottery	fixed	.
5	5	5	potters_etal	1998	lottery	random	15
6	6	6	anderson_stafford	2003	homogeneous	one-shot	5
7	7	6		.		one-shot	5
8	8	6		.		one-shot	5
9	9	6		.		one-shot	5
10	10	6		.		one-shot	5
11	11	7	schmitt_etal	2004	static	random	150
12	12	8	schmitt_etal	2005	single-prize	one-shot	20
13	13	9	herrmann_orzen	2008	direct repeated	random	16
14	14	10	kong	2008	less RA	fixed	300
15	15	11	fonseca	2009	simultaneous	random	300
16	16	12	abbink_etal	2010	one:one	fixed	1000
17	17	13	sheremeta	2010	one-stage	random	120
18	18	14	sheremeta_zhang	2010	individual	random	120
19	19	15	ahn_etal	2011	individual	fixed	.
20	20	16	deck_jahedi	2011	baseline	one-shot	5

図 4.5　Sheremeta（2013）のデータセットの最初の 21 行

され，そのベース・ラインとなる処理では，過剰入札率の平均が 75% であることが示された．Sheremeta（2013）は，出版された 30 本の論文に報告されている実験における，（上記のものも含む）そうした過剰入札率に関するデータを 39 件集めた．そこには，過剰入札率に加えて，プレーヤー数，賞金額，初期保有額，被験者をマッチングさせる手順を含む，各実験における多くの特徴についても記録されている．このデータセットは Sheremeta（2013）の表 1 に示されているもので，sheremera ファイルに複製されている．データセットの最初の 20 行は，図 4.5 に示されている．

　コンテスト実験の結果にメタ分析を適用する際に生じる自明な問題は，それぞれの研究が初期保有額と賞金額について異なる単位を使用しているという意味で，直接的に比較可能ではない，ということである．それぞれの研究を比較可能にするために，初期保有額を賞金額で割った値を endowment_rel（相対的初期保有額）として定義することにしよう．他の問題としては，図 4.5 に見られるように，データにはクラスターの要素が存在し，いくつかの論文については複数の行にまたがるデータがあることである．メタ・データに関するこうした特徴は，ある状況においては非常に重要なことかもしれないが，（本章の前半に記述された手法を使用して）クラスター化に対する調整を行うとして

も，以下の分析にはほんのわずかな違いしかもたらされない．この理由のために，クラスター化は無視することにする．

Sheremeta（2013）における（2）式は，過剰入札率を従属変数とし，相対的初期保有額，プレーヤー数（n），パートナー条件による被験者マッチングを表すダミー変数（アウトサイダー条件によるマッチングを表すダミー変数は排除され，この条件がベース・ラインを表している），1回限りのプレーを表すダミー変数という4つの説明変数を持つ線形回帰を表している．その結果は正確に以下の表に再現されている．

```
. reg  overbid endowment_rel n partners one_shot

      Source |       SS       df       MS              Number of obs =      39
-------------+------------------------------           F(  4,    34) =    8.73
       Model |  6.49674324        4  1.62418581         Prob > F      =  0.0001
    Residual |  6.32637945       34  .186069984         R-squared     =  0.5066
-------------+------------------------------           Adj R-squared =  0.4486
       Total |  12.8231227       38  .337450597         Root MSE      =  .43136

-------------------------------------------------------------------------------
     overbid |      Coef.   Std. Err.      t    P>|t|     [95% Conf. Interval]
-------------+-----------------------------------------------------------------
endowment_rel |    .431265   .2061099     2.09   0.044     .0123993    .8501307
           n |   .2036022   .0414801     4.91   0.000     .1193046    .2878999
    partners |  -.0778284   .1690991    -0.46   0.648    -.4214791    .2658223
    one_shot |   .2929277   .1984659     1.48   0.149    -.1104035    .6962588
       _cons |  -.4108494   .2713689    -1.51   0.139    -.9623374    .1406386
-------------------------------------------------------------------------------
```

回帰に対する R^2 値は 0.50 よりもわずかに大きく，これは，過剰入札率におけるばらつきの半分以上がこのシンプルなモデルによって説明されていることを意味している．この結果はまた，過剰入札率は相対的初期保有額の増加とともに高くなること（$p < 0.05$），またプレーヤー数の増加とともに高くなること（$p < 0.01$）を示している．他の2つの係数は，被験者をマッチングさせる手順は過剰入札率を説明するに際して重要ではないことを示している．パートナー条件による被験者マッチングでは被験者間の結託の結果として努力水準が低くなるという結果が予想されうるが，このような効果はこのデータには見られない．Baik et al.（2014）はすでに，被験者マッチングの手順が処理間で異なるような単一の実験という文脈の下で，こうした「効果の不在」に関する証拠を見出している．彼らは，アウトサイダー条件によるマッチングよりもパートナー条件によるマッチングを好んで使用する理由を生み出すという意味で，

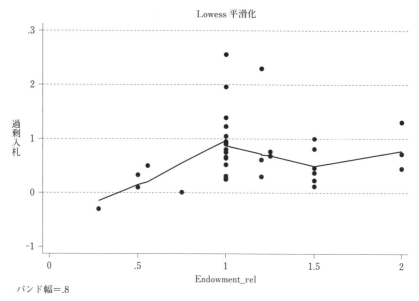

図 4.6 相対的初期保有額に対する過剰入札率の散布図と Lowess 平滑化

「効果の不在」という結果は有用であることを強調している．それは，パートナー条件によるマッチングでは，同じ被験者総数でより多くの独立した観測値を得ることができるという付加的な利点があるためである．

相対的初期保有額の効果についてより詳しく分析してみよう．図 4.6 には，相対的初期保有額に対する過剰入札率の散布図が示されている．この散布図には，Cleveland (1979) によって最初に開発されたノンパラメトリック回帰の一形式である「Lowess 平滑化」が重ね合わせてある．これによれば，初期保有額と努力水準との間の関係は非線形の可能性があり，特に，1 の付近に努力水準が最大化される（少なくともコンテスト実施者から見て）「最適な」相対的初期保有額が存在する可能性があることが示されている．Baik et al. (2014) はすでに，初期保有額が処理変数であるような単一の実験の文脈の下でこの結果に関する証拠を発見している．彼らは，この結果は，初期保有額が小さい場合にはそれが制約として機能し，初期保有額が大きい場合にはそれが富効果を生み出すためである，としている．これによれば，富は「対立の強度」の緩和，つまり，努力水準の低下をもたらすものだという仮説を立てることができる．

4.9 メタ分析   143

　初期保有額がもたらす非線形の効果は，相対的初期保有額の2乗（データ
セットにおける end2 という変数）を説明変数に加えることにより，メタ分析
の文脈の下で検証可能だろう．その結果は以下の通りである．

```
. reg  overbid endowment_rel end2 n partners one_shot

      Source |       SS       df       MS              Number of obs =      39
-------------+------------------------------           F(  5,    33) =    9.86
       Model |  7.68145525        5  1.53629105         Prob > F      =  0.0000
    Residual |  5.14166744       33  .155808104         R-squared     =  0.5990
-------------+------------------------------           Adj R-squared =  0.5383
       Total |  12.8231227       38  .337450597         Root MSE      =  .39473


---------------------------------------------------------------------------
     overbid |      Coef.   Std. Err.      t    P>|t|     [95% Conf. Interval]
-------------+-------------------------------------------------------------
endowment_rel|    2.37303    .729003     3.26   0.003     .8898622    3.856198
        end2 |  -.8146338   .2954276    -2.76   0.009    -1.415686   -.2135818
           n |   .1986473   .0379999     5.23   0.000     .1213359    .2759587
    partners |   .0185187   .1586342     0.12   0.908     -.304225    .3412624
    one_shot |   .3408628   .1824413     1.87   0.071    -.0303169    .7120424
       _cons |  -1.471736   .4579111    -3.21   0.003    -2.403363    -.540109
---------------------------------------------------------------------------
```

相対的初期保有額とその2乗の係数は，それぞれ強く正および強く負になっ
ていることがわかる．これは，努力水準が最大化されるような相対的初期保有
額の値が実際に存在していることを意味しており，Bail et al.（2014）の結果
を確証するものである．この最適な水準が $-\frac{\hat{\beta}_1}{2\hat{\beta}_2}$ と計算されることは容易に確
認できる．ここで，$\hat{\beta}_1$ と $\hat{\beta}_2$ はそれぞれ相対的初期保有額とその2乗の係数で
ある．この計算は，STATA ではデルタ法として知られている手法を使用して
実行可能である．その詳細については第6章において説明する．そのために
使用する STATA コマンドは nlcom であり，このコマンドは regress コマン
ドの直後に入力する必要がある．コマンドとそれを使用した結果は以下の通り
である．

```
. nlcom end_star: -_b[endowment_rel]/(2*_b[end2])

    end_star:  -_b[endowment_rel]/(2*_b[end2])


---------------------------------------------------------------------------
     overbid |      Coef.   Std. Err.      z    P>|z|     [95% Conf. Interval]
-------------+-------------------------------------------------------------
    end_star |   1.456501   .1503841     9.69   0.000     1.161754    1.751248
---------------------------------------------------------------------------
```

「最適初期保有額」の推定値は 1.46 であることがわかる．デルタ法を使用する主要な魅力は，それが標準誤差と 95% 信頼区間の両方をも出力してくれることである．信頼区間は [1.15, 1.76] となっており，最適な相対的初期保有額は 1 よりも大きい値であるということについての証拠がもたらされている．

4.10　まとめと読書案内

本章では，被験者に価格を入札することを要求する実験から得られたデータの分析に利用されるタイプの手法の概観を試みた．こうした一連の手法は，広い範囲の実験設定に適用可能である．例示のために焦点を当てた実験設定は，オークション実験とコンテスト実験であった．

オークション理論について学びたい読者は，Krishna (2010) を参照するとよい．本章で紹介されたタイプの手法をもちいてオークション・データをモデル化する研究には，Kagel et al. (1995)，Kagel and Levin (1986)，Ham et al. (2005) がある．

クラスター化は頻繁に現れるテーマである．経済実験におけるクラスター化の重要性に関する最近の議論として有益なものとしては，Fréchette (2012) を参照してほしい．パネルデータの推定手法については Baltagi (2008) を，マルチレベル・モデルについては，Rabe-Hesketh and Skrondal (2008) を参照してほしい．

Drichoutis et al. (2011) は，オークションにおける入札額の（ラウンド間における）相互依存性を許容する動学パネル推定法を適用している．この種の推定手法では，（例えば）前のラウンドにおける入札額が現在のラウンドにおける入札額に影響を与えることが許容される．動学パネル推定法について関心のある読者は，Roodman (2009) を参照すべきである．本章ではこうした推定手法はカバーされていないが，動学パネル推定法についての話題は 9.3.3 節において手短にカバーする予定である．

メタ分析の手法については，本章において簡潔に紹介されており，また，コンテスト実験の文脈の下での Sheremeta (2013) によるメタ分析の結果が再現され，拡張されている．実験経済学の文献において公刊されている他のメタ分析としては，Zelmer (2003)（公共財供給ゲーム），Engel (2011)（独裁者ゲーム），Johnson and Mislin (2011)（信頼ゲーム）がある．

問題

1. 4.5 節および 4.6 節においてそれぞれの回帰モデルが推定された後で，RNNE 理論がワルド検定をもちいて検定されている．同じ仮説に関する検定を LR 検定をもちいて実施せよ．両方の結果は一致するだろうか？

2. (4.11) 式に与えられている n 人のプレーヤーによるタロックのコンテストにおけるプレーヤー i の期待利得について考える．(4.10) 式のコンテスト勝利関数を (4.11) 式に代入し，e_i について微分して 0 と置きなさい．最後に，(4.12) 式で定義されたナッシュ均衡での努力水準を発見するために，n 人のプレーヤーすべてが同じ努力水準を投資すると仮定する．［ナッシュ均衡での努力水準はいくらになるか？］

第5章 回帰分析をもちいた意思決定時間のモデル化

5.1 はじめに

本章では，近年重要性を増している話題に対する回帰分析の応用について検討する．それは，意思決定時間のモデル化である．与えられた課題に対して被験者が費やす意思決定時間は，しばしば電子的に非常に正確に測定され，その課題を遂行するのに費やされた努力水準に対する信頼できる尺度になっている．この種の分析は多くの理由から見て有用である．中でも，被験者によって費やされる努力を増加させる傾向にある課題の特徴を識別することを可能にしてくれるということが最も重要なものである．

また，意思決定時間を例にすることは，パネルデータの推定に関するさらなる例示としても，推定手法間の差異を際立たせる上でも有用である．ここで使用する例は，モデルに現れるすべての説明変数が時間に伴って変化するものであるという点で，特に有用である．このことは，第4章におけるオークションのデータとは違って，固定効果の推定が利用可能になり，また，ハウスマン検定を固定効果と変量効果の間での裁定を行うための検定として例示することもできる，ということを意味する．

本章で検討する例は，（シミュレートされた）リスク下の選択実験での意思決定時間である．ここでは，2つのくじ間の選択に要した時間の長さの決定要因を識別するために，線形回帰モデルがもちいられる．推定結果は，被験者による認知的努力の配分という観点から解釈される．類似した分析は，Moffatt (2005b) によって実施されている．Camerer and Hogarth (1999) の「資本・労働・生産」の枠組みが，ここでは妥当であり，有用なものである．「資本」

とは，被験者が実験に持ち込む知識や技能，経験のことであり，これには実験中に獲得される経験も含まれる．「労働」とは，課題を解く間に行使される心理的努力のことである．「生産」とは，大まかには課題における被験者のパフォーマンスによって表されるもので，明らかに資本と労働の投入水準によって決定される．単一の実験という文脈の下では，少なくとも資本投入量は固定されたものであると信じるべき理由があるが，労働投入量は完全にフレキシブルな変動をするもので，潜在的にはインセンティブや他の要因に強く反応するものである．

上記のように定義された資本投入量は，明らかに正確に測定することが難しいものである．しかしながら，知識と経験の効果は，一度ならず推定において間接的に見出されるものである，ということがいずれわかるだろう．それと対照的に，「労働投入量」は各選択を行うのにかかった秒数として，容易に把握可能である．

多くの要因が労働投入量（つまり，努力水準）に影響することが予想されるだろう．これらについては，5.2 節において，分析の動機となる例の助けを借りながら紹介される．5.3 節では，後の実証分析において検証することを視野に入れて，努力の配分に関する理論的モデルが構築される．5.4 節では，データを提示し，線形回帰をもちいて努力配分に関するモデルの推定が検討される．5.5 節では，同じモデルに関するパネルデータ推定へと進んでいく．また，変量効果と固定効果との間を裁定することに対してハウスマン検定を適用した例も提示する．推定結果は 5.6 節において議論される．5.7 節では，推定後の問題について考察される．特に，「事後的変量効果」を抽出するための手法と，それが有用である理由について考察される．5.8 節に本章のまとめが提示される．

5.2　意思決定時間に関するデータ

本章で使用されるデータはシミュレートされたもので，第 13 章で使用されたものと同じ（シミュレートされた）実験から採られたものである．このデータは **decision_times_sim** ファイルに収められている．このデータは，現実の実験データセットにできる限り類似したものになるような方法でシミュレートされている．これは，選択と決定時間の両方に関して，Hey（2001）による

現実の実験データセットを分析した Moffatt（2005b）の結果に基づいて，シミュレーションを構成することで実現された．シミュレーションに関する詳細は，第 13 章で説明することにする．

シミュレーションは，架空の被験者 60 人によるくじの選択についてのものであり，各被験者は異なる 2 日のそれぞれで 50 問の選択問題に答えた．それゆえ，データセットにおける観測値総数は $60 \times 100 = 6,000$ となる．セッション間および被験者間で，問題を提示する順番は異なっていた．50 問の選択問題を定義する確率は付録 C に記載されている．50 問のすべてに，0 ドル，10 ドル，20 ドルという 3 つの結果が含まれている．ランダム化インセンティブ（RLI）法が［報酬決定に］適用されているものと想像しよう．つまり，2 番目のセッション終了時に，被験者が選んだ 100 個のくじのうちの 1 つがランダムに選ばれ，そのくじを引いた結果に基づいて謝金が支払われる，ということである．

なされたそれぞれの選択について，意思決定時間が電子的に記録されていると仮定しよう．それゆえ，標本には 6,000 個の意思決定時間の記録が存在する．付録 C にある表の最後から 2 番目の列には，各選択問題に対する平均意思決定時間（秒）が示されている．

この後で説明される意思決定時間に関する分析を行う直接的な動機は，この実験からとられたリスク下の選択問題に関する 2 つの例をサンプルとして見ることによって簡潔に示すことにする．選択された問題は，（あたかも現実の実験の場合に）実験中に被験者に提示されるのと同じように，図 5.1 において図形的な形で示されている．平均意思決定時間は，各問題当たり 120 個の観察データから計算され，図中に示されている．

これらの例の主要な特徴は，被験者は問題を解くにあたって，「課題 40」の方が「課題 14」よりも，平均的にほぼ 3 倍の時間を要していることである．この違いに対する可能な説明はたくさんある．最も自明なものは，問題の複雑性の違いである．つまり，「課題 40」は明らかに「課題 14」よりも複雑である．これは，努力の決定要因として最も興味深いものではないが，明らかに統制することが必要な要因である．それゆえ，複雑性を測定する最良の方法は何かということが，後に取り扱われるべき重要な問題になる．意思決定時間の違いについての 2 つ目の可能な説明は，金銭的インセンティブの違いである．つまり，「課題 40」におけるくじの期待値の方が高いため［より慎重な選択を

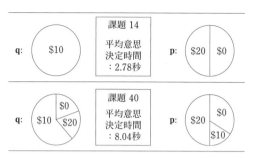

図 5.1　リスク下の選択実験における典型的な選択課題

促す]，ということである．意思決定時間の違いについての3つ目の，ずっと微妙な説明は，被験者は「課題 40」に直面したときの方が「課題 14」に直面したときよりも，比較する2つのくじをより無差別に感じる傾向がある，という可能性である．この可能性を検討するためには，被験者ごとに，また問題ごとに，無差別と感じる程度を測定する枠組みを確立する必要がある．その枠組みとは，第 13 章において詳しく説明され，推定されることになるパラメトリック選択モデルである．無差別に感じる程度を表現する変数は，第 13 章の 13.4.5 節で記述される手法をもちいて得ることができる．この変数は，本章のモデル化において使用される．

5.3　努力配分に関する理論的モデル

本節では，Moffatt (2005b) によって導入された枠組みを採用して，努力の配分に際して重要と思われる要因のうちの2つが持つ効果を分析する．それらの要因とは，被験者が2つのくじの間で無差別である程度と，2つのくじ間の客観的な類似性である．これら2つの要因は同値ではないことを認識することが重要である．もし2つのくじが同一であれば，必然的に被験者はそれらのくじ間で無差別になるだろうが，その逆は成り立たない．無差別は同一性を含意するものではないのである．それゆえ，無差別になっている程度がもたらす効果を分離するためには，客観的な類似性の効果を統制しておく必要があるのである．

前節で注意したように，実験でのすべての選択問題には，0ドル，10ドル，20ドルという3つの結果が含まれている．実験で使用される問題に t ($t =$

$1, \ldots, 100)$ という番号を付けよう．ほとんどの選択問題で，2 つのくじの一方は「リスクのある」くじ，もう片方は「安全な」くじとして分類される．この分類が不可能であるときには，その問題は「支配」関係の下にあることになる．というのは，一方のくじがもう片方のくじを一次確率支配しているからである[1]．課題 t が支配関係の下にある問題でないときには，リスクのあるくじを $\mathbf{p}_t$，安全なくじを $\mathbf{q}_t$ と名付けよう．支配関係の下にある問題については，$\mathbf{p}_t$ が支配する側のくじ，$\mathbf{q}_t$ が支配される側のくじになる．$\mathbf{p}_t = (p_{1t}, p_{2t}, p_{3t})$ と $\mathbf{q}_t = (q_{1t}, q_{2t}, q_{3t})$ は，3 つの可能なくじの結果に対応する 3 つの確率を格納したベクトルである．

無差別である程度［を測定する尺度］としては，問題 t における被験者 i の評価の差の絶対値 $|\hat{\Delta}_{it}|$ をもちいることにする．この変数については，第 13 章で詳しく説明され，一般化される．簡単に言えば，この変数は，問題 t における 2 つのくじの間で被験者 i が完全に無差別である場合にはゼロという値をとり，被験者が 2 つのくじのうち一方に対してハッキリとした選好を持つ場合には正の大きい値をとる，非負の変数である．

（選択問題 t におけるくじに関する）客観的な類似性としては，下記の尺度を使用することにする．

$$\Delta_t^o = \sum_{j=1}^{3} (q_{jt} - p_{jt})^2 \tag{5.1}$$

ここで，2 つのくじ $\mathbf{p}_t$ と $\mathbf{q}_t$ が同一であるような問題については $\Delta_t^o = 0$ となるが，2 つのくじが両方とも異なる賞金額を確実に得られるようなくじである場合には，Δ_t^o は 2 という最大値をとることに注意してほしい．

図 5.2 では，横軸にある被験者の評価の差の絶対値をとり，縦軸に客観的な差異をとったグラフが示されている．最初に，グラフ中の値がとりうる可能な範囲は三角形 OAC であることに注意してほしい．これは，2 つのくじが同一である場合には，必然的に被験者はそれらを無差別とみなすので，そのような場合をグラフの原点とするべきだからである．また，客観的な差異が最大であるとき，つまり，2 つのくじの両方ともが異なる賞金額を確実に得られるようなくじであるときには，主観的な評価の差をゼロにすることはできない．

---

1) これらの用語の定義については第 12 章を参照．

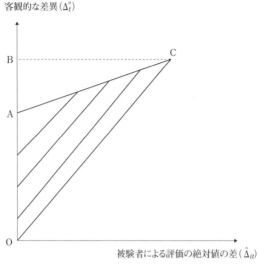

図 5.2　$(|\hat{\Delta}_{it}|, \Delta_t^o)$ 空間における等努力水準曲線

したがって，点 B がとりうる可能な値の範囲の一番外側に位置することになる．直線 OC を含む三角形内部の正の傾きを持った直線は，等努力水準曲線として解釈可能である．OC 線上の任意の点で努力水準が最小になる．というのは，この線上にある任意の点における被験者の選好は，問題に与えられた金額が客観的に異なっている2つのくじ［点 C］に対して持ちうるものと同程度に，［認知的努力を要しないほど］ハッキリとしたものになるからである．他の等努力水準曲線は，より高い努力水準を表現しており，点 A において最大の努力水準が配分されることになる．それは，点 A では，2つのくじは客観的に非常に異なっているが，被験者はそれらの間で無差別になっているためである．

図 5.2 に描かれたグラフに関する単純な分析から生じる重要な予想は，他の条件が一定ならば，努力水準は，くじの間の客観的な差異の増加に伴って増加するが，被験者の評価の絶対値の差の増加に伴って減少する，というものである．5.4 節から 5.6 節にかけて報告される努力配分に関する計量経済学的モデルでは，シミュレートされたデータをもちいてではあるが，これらの予想が確証されることになる．

5.4 努力配分に関する計量経済学的モデル

5.1 節で述べたように，「労働投入」の尺度，あるいは問題回答のために費やされた努力は，単に意思決定するまでにかかった時間になっている．この変数の対数をとった値が，本節において推定されるモデルの従属変数になる．

データに対する感触を得るために，意思決定時間に関する一括された要約統計量が表 5.1 に示されており，同じ変数のヒストグラムが図 5.3 に示されている．典型的な応答時間は 0 秒と 10 秒の間であるが，ヒストグラムの右側には非常に長い裾がある．そのため，計量経済学的モデル化に際しては，この変数を対数変換したものを使用する必要がある．平均値に 50 を掛けると，典型的な被験者は，実験に参加した 2 日間のそれぞれで約 5 分を費やすことになるだろうことがわかる．

多くの実験データセットと同様に，このデータセットには，各被験者に対して繰り返し測定を行った観測値が含まれている．このことはモデル化の際に考慮すべきである．第 4 章で説明されたように，こうしたデータセットはパネルデータの枠組みで処理するのが自然である．その場合，例えば，n 人の被験者が T 期のそれぞれにおいて意思決定を行うことが観察されていると仮定することになる．明らかに，被験者は互いに異なっていると予想される．この実験の文脈において言えば，被験者の中にはもともと迅速な意思決定を行う者がいて，他の被験者はもっと遅く意思決定するということが予想される．このため，意思決定時間を回帰モデルの従属変数として扱う場合には，被験者レベルでの従属性が予想されるので，第 4 章において異なる文脈の下で例示された手法をもちいて，この従属性に対処する必要がある，ということは明らかである．

パネルデータを図によって見るために非常に便利な方法は，STATA の xtline というコマンドを使用することである．最初に，データセットがパネル形式であることを宣言するために xtset コマンドをもちいる．

それから，意思決定時間に xtline コマンドを適用する．このとき，意思決定時間が 20 秒よりも多いごく少数のデータは除外する．

```
. xtset i t
      panel variable: i (strongly balanced)
```

変数	n	平均	中央値	標準偏差	最小	最大
意思決定時間（秒）	6000	5.098	3.808	4.6235	0.231	73.02

表 5.1 意思決定時間（秒）の要約統計量

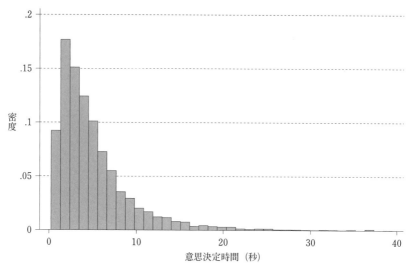

図 5.3 意思決定時間のヒストグラム

```
time variable: t, 1 to 100
        delta: 1 unit
```

```
. xtline dt if dt<20
```

実行結果は図 5.4 に示されている．xtline コマンドにより，標本にある 60 人の被験者のそれぞれについて，意思決定時間変数の時系列プロットが生成されていることがわかる．得られたグラフは，被験者間のばらつきの程度を評価するのに有用である．被験者の中には，時系列が常にゼロに非常に近いところに張り付いている者がいて，これは意思決定時間が迅速であったことを意味している．被験者 24 番は，実際に最も意思決定が速い被験者で，平均意思決定時間は 1.558 秒であった[2]．他の被験者については，意思決定時間は常に長く，

---

[2] 個々の被験者の平均意思決定時間は以下のコマンドによって計算される．
`table i, contents (mean dt)`

5.4 努力配分に関する計量経済学的モデル   155

図 5.4 各被験者についての意思決定時間（秒）の時系列グラフ

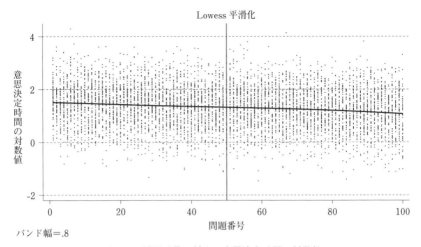

図 5.5 問題番号に対する意思決定時間の対数値

意思決定が遅いことを示している．最も意思決定が遅いのは，平均意思決定時間が，9.947 秒の被験者 29 番だと思われる．

次に，図をもちいた分析によって，意思決定時間の決定要因を識別してみよう．図 5.5 には，意思決定時間の対数値が，100 問の中で各問題が提示される順番である問題番号に対して描かれている．散布図のみではその関係性を判別することは難しいので，ときに「平滑化」と呼ばれるノンパラメトリック回帰（Lowess 平滑化．Cleveland, 1979 参照）の結果がグラフに重ね合わされている．この平滑化によれば，実験の進行に伴って意思決定時間が減少する傾向があることが明確にわかる．また，毎日 50 個の問題が解かれたことを思い出すと，1 日の間での意思決定時間の減少も図 5.5 から読み取れる（これは，分布の両端の部分を比較すれば最も容易にわかる）．実験全体を通じた意思決定時間の減少は経験の蓄積に帰着できるかもしれないが，1 日の間での減少はいずれも被験者が退屈した結果である可能性が高い．これらの 2 つの効果は，次節で推定されるモデルでは分離して捉えられる．

図 5.6 には，意思決定時間（秒）が評価の差の絶対値（無差別である程度）に対してプロットされており，やはり平滑化の結果も重ね合わされている．平滑化された曲線は，被験者にとって無差別に近い問題に対してより多くの努力が配分されることをはっきりと示している．この関係性は，パラメトリックなモデルによる推定結果において確証されることになる．

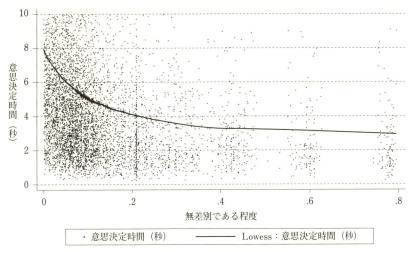

図 5.6 無差別である程度に対する意思決定時間

5.2 節で述べたように，費やされた努力は問題の複雑性に依存している可能性が非常に高く，それゆえ，何らかの方法でこれを統制する必要がある．被験者は非常に単純なルールをもちいて問題の複雑性を評価すると仮定しよう．つまり，2 つのくじのうち，より単純な方のくじに表れる結果の数を数える，というものである[3]．このルールは，水準 1，水準 2，そして水準 3 と呼ばれる，複雑性に関する 3 つの水準を生みだす．特定の例として，再び図 5.1 に戻ってみよう．ここで，課題 14 は水準 1 の複雑性であることに注意しよう．というのは，1 つのくじには 10 ドルという単一の結果だけが含まれるからである．一方，課題 40 は水準 3 というより高い水準の複雑性である．というのは，両方のくじに 3 つの結果が含まれているからである．

次節では，従属変数として意思決定時間の対数値をとった，下記の（対数）線形回帰モデルが推定される．

---

[3] より細かい問題の分類が元の論文では使用されていたが，推定されたモデルによれば，3 つの水準に分けるというこの単純な分類がデータを説明するのに十分であることが示されている．Hey (1995) や他の研究者は異なる尺度をもちいている．それは，2 つのくじにおける結果の数の平均をもちいるというものである．

$$\log(decision\,time_{it}) = \alpha + \beta_1 complex2_t + \beta_2 complex3_t + \beta_3 \tau_{it}^d + \beta_4 \tau_{it}$$

$$+\beta_5 \log(EV_t) + \beta_6 |\hat{\Delta}_{it}| + \beta_7 |\hat{\Delta}_{it}|^2 + \beta_8 |\hat{\Delta}_{it}|^3 + \beta_9 \Delta_t^o + u_i + \epsilon_{it} \qquad (5.2)$$

$$i = 1, \ldots, n,\, t = 1, \ldots, T,\, \mathrm{var}(u_i) = \sigma_u^2,\, \mathrm{var}(\epsilon_{it}) = \sigma_\epsilon^2$$

(5.2) 式において，i は被験者の番号，t は問題番号を示している．誤差項 (stochastic term) が 2 つあることに注意してほしい．u_i は被験者固有の効果で，平均ゼロ，分散 σ_u^2 である．ϵ_{it} は撹乱項（equation error）であり，平均ゼロ，分散 σ_ϵ^2 である．(5.2) 式は，個人固有の効果である u_i をどのように解釈するかに依存して，固定効果モデル（FE）か変量効果モデル（RE）かのいずれかになる．これらのモデル両方が次節で推定される．u_i がすべての被験者について 0 であると仮定されたモデルも推定するつもりである．そういったモデルは，一括された回帰モデルとして知られている．というのは，このモデルはパネル構造を無視しているからである．

(5.2) 式にある最初の 2 つの説明変数は，先ほど定義したルールに従って求められた，問題 t の複雑性の水準を示すダミー変数である．除外されている複雑性の水準は，最も複雑ではない水準 1 である．3 つ目と 4 つ目の説明変数は，問題が何題目であるかを表した変数である．τ_{it}^d は，ある日の間に問題 t が何番目に解答されたかを示す番号である．したがって，τ^d は 1 から 50 までの値をとる．対照的に，τ_{it} は，問題全体の中で問題 t が被験者 i によって何番目に解答されたかを示す番号である．したがって，τ_{it} は 1 から 100 までの値をとる．5 つ目の説明変数は，各問題に付随する金銭的インセンティブを表している．この変数には多くの異なった尺度がもちいられうる．ここで採用しているのは，2 つのくじのうちより単純な方のくじの期待値の対数である．次の 3 つの説明変数は，5.3 節において簡単に定義された，選択問題 t における被験者 i の無差別である程度と，その二乗および三乗である．これら 3 つの変数を導入する目的は，無差別である程度が努力水準に対して非線形の効果を持つことを可能にすることである．図 5.6 に示されているノンパラメトリック回帰の証拠によれば，そのような効果が見られるからである．最後の説明変数は，(5.1) 式で定義された，2 つのくじ間の客観的な差異に関する尺度である．

データセット（**decision_times_sim**）にあるさまざまな変数は，以下のように命名されている．

log_dt： 意思決定時間の自然対数（秒）

complex：選択問題の複雑性の水準（1，2，あるいは3）

tau_d： 1日の間での選択問題が提示される順番（1-50）（τ_{it}^d）；

tau： 100個の問題全体の中で選択問題が提示される順番（1-100）（τ_{it}）；

log_ev： より単純な方のくじの期待値の自然対数；

cti： 無差別である程度（$|\hat{\Delta}_t|$）；

obj_diff： 2つのくじ間の客観的な差異（Δ_t^o）.

5.5 努力配分に関するパネルデータ・モデル

一括されたモデルをもちいて (5.2) 式を推定することから始めよう．つまり，nT 個の観察値からなる完全な標本をもちいて回帰を行う．この回帰では，すべての説明できない変動は被験者内ランダム性に帰属させ，被験者間のいかなる変動も認めない．(5.2) 式の文脈の下では，一括されたモデルは，すべての i について $u_i = 0$ であるようなモデルである．以下の STATA のコマンドが，ここで要求されている回帰を実行するものである．

```
. regress  log_dt complex2 complex3 tau_d tau  logev cti cti2 cti3 obj_diff
```

Source	SS	df	MS		Number of obs =	6000
					F(9, 5990) =	116.66
Model	576.37795	9	64.0419944		Prob > F =	0.0000
Residual	3288.28327	5990	.548962149		R-squared =	0.1491
					Adj R-squared =	0.1479
Total	3864.66122	5999	.644217573		Root MSE =	.74092

log_dt	Coef.	Std. Err.	t	P>|t|	[95% Conf. Interval]	
complex2	.2397661	.0493988	4.85	0.000	.1429443	.336588
complex3	.3804073	.0654843	5.81	0.000	.2520345	.5087801
tau_d	-.002203	.0007657	-2.88	0.004	-.0037041	-.000702
tau	-.0032846	.0003826	-8.58	0.000	-.0040346	-.0025345
logev	.0609713	.0562583	1.08	0.279	-.0493151	.1712578
cti	-5.590682	.3889394	-14.37	0.000	-6.353144	-4.828221
cti2	12.31351	1.443477	8.53	0.000	9.483773	15.14324
cti3	-8.576194	1.349663	-6.35	0.000	-11.22202	-5.930369
obj_diff	.1323685	.0428824	3.09	0.002	.0483035	.2164335
_cons	1.648698	.0793198	20.79	0.000	1.493202	1.804193

説明変数のほとんどすべてが意思決定時間について強く有意な効果をもってい

ることがわかる．しかしながら，この段階では，個々の効果を解釈することは
避けることにする．それは，この一括されたモデルよりも優れていることが判
明しているパネルデータ・モデルによる推定値をこの後すぐに報告するためで
ある．次節で，最も好ましいモデルの結果について解釈することにする．

図5.4の証拠に基づけば，被験者レベルで強い従属性，あるいは，「被験者
レベルのクラスター化」が存在すると信じるに足る理由がある．第4章にお
けるように，この問題に対処するにあたっては，この種の従属性に対する標準
誤差の修正から始めてみよう．このためには，回帰のコマンドに
vce(cluster i) オプションをもちいる必要がある．

```
regress  log_dt complex2 complex3 tau_d tau logev cti cti2 cti3 obj_diff ///
 , vce(cluster i)
```

```
Linear regression                              Number of obs =     6000
                                               F(  9,    59) =   196.50
                                               Prob > F      =   0.0000
                                               R-squared     =   0.1491
                                               Root MSE      =   .74092

                             (Std. Err. adjusted for 60 clusters in i)
-----------------------------------------------------------------------------
             |              Robust
      log_dt |     Coef.   Std. Err.      t    P>|t|     [95% Conf. Interval]
-------------+---------------------------------------------------------------
    complex2 |  .2397661   .0395952     6.06   0.000     .1605363    .318996
    complex3 |  .3804073   .0529175     7.19   0.000     .2745197    .486295
       tau_d |  -.002203   .0008415    -2.62   0.011    -.0038868   -.0005192
         tau | -.0032846    .000355    -9.25   0.000    -.0039949   -.0025743
       logev |  .0609713    .047967     1.27   0.209    -.0350105    .1569531
         cti | -5.590682   .3573599   -15.64   0.000    -6.305758   -4.875607
        cti2 |  12.31351   1.283165     9.60   0.000     9.745901    14.88111
        cti3 | -8.576194   1.178483    -7.28   0.000    -10.93433   -6.218055
    obj_diff |  .1323685   .0340484     3.89   0.000     .0642379    .2004992
       _cons |  1.648698   .0713508    23.11   0.000     1.505925     1.79147
-----------------------------------------------------------------------------
```

推定値自体は，クラスター化のための調整が行われていない，以前の回帰で得
られたものと同一であることに注意してほしい．標準誤差のみに変化がある．
補正された標準誤差のほとんどすべてが，補正されていない標準誤差よりも小
さい．これは，補正を行った結果として，t 統計量の値が大きくなり，それゆ
え，より強い有意性が検出されることを意味する．しかしながら，この場合，
効果の有意性に関しては，結論を逆転させるほど十分な変化はない．

クラスター化した頑健な標準誤差をもちいることは，データのパネル構造と

いう問題に取り組むためのほんの第一歩に過ぎない．OLS の代わりにパネルデータ推定をもちいることで，推定値自体を改善することも可能である．4.6 節で議論したように，最もポピュラーな2つのパネルデータ推定値は，固定効果推定値と変量効果推定値である．どちらも (5.2) 式によって表現される．(5.2) 式の中には2つの誤差項があったことを思い出してほしい．ϵ_{it} は通常使われている撹乱項で，平均ゼロ，分散 σ_ϵ^2 であると仮定されている．u_i は被験者固有の誤差項として知られているものである．u_i は被験者間で異なり，そのため i の下付添え字が付いているが，個々の被験者にとっては固定された値である．この項の解釈の仕方において，2つの推定方法は違っている．

固定効果と変量効果の間の違いについては 4.6 節で説明したので，ここでは簡単に説明するにとどめることにする．固定効果推定は，本質的には，データセットの中の各被験者に対して1つずつ，計 $n-1$ 個のダミー変数の集合を含んだ線形回帰である（ダミー変数の罠を避けるため，1つが除外されている）．したがって，各被験者に対して異なる切片が推定される．変量効果推定は，各被験者ごとに切片を推定しない．この推定では単に，切片がすべて異なっていることを認めるだけですまし，切片の分散 σ_u^2 のみを推定するのである．変量効果は固定効果よりも効率的であることに注意してほしい．なぜなら，変量効果では推定すべきパラメータの数がかなり少ないからである．それゆえ，変量効果モデルが許容可能であるならば，そちらをもちいることが好まれる．

問題になるであろう最初の問いは，パネルデータ・モデルは本当に必要だろうか，というものである．被験者間に全く差異がない場合には，先に推定された一括された回帰は正しいモデルである．被験者内の差異を検定する最も自明な方法は，固定効果モデルにおける被験者固定効果の同一性を検定することである．この検定の帰無仮説は次の通りである．

$$H_0 : u_1 = u_2 = \cdots = u_n = 0$$

この帰無仮説では，モデルに $n-1$ 本の制約がかかっている．この検定は，固定効果モデルの推定における F 検定として，ルーティン的に実施される．もしこの帰無仮説が棄却されれば（ほとんどいつもそうなるが），被験者間に有意な差があり，一括された回帰モデルは不適切となるので，パネルデータ推定を使用する必要があると結論されることになる．

固定効果（FE）と変量効果（RE）のどちらかに決定するには，ハウスマン

検定がもちいられる．この検定は，2組の推定値の比較に基づいたものである．この検定については7.6節でより詳しく説明する．簡単に言えば，この検定は以下の推論に基づいている．REの基礎にある仮定は，FEの基礎にある仮定よりも厳しいものである．もし2組の推定値が互いに近い値の場合，両方の推定値の基礎にある仮定が正しいものであることを意味し，それゆえ，より効率的な推定値であるREが好ましい．2組の推定値が互いに非常に異なっている場合，これはFEのみが正しいことを意味し，それゆえ，REの基礎にある仮定は偽に違いない．したがって，ハウスマン検定の結果，帰無仮説が棄却された場合，FEの方が好ましいが，棄却されなかった場合はREが好ましいということになる．

4.6節において述べたように，STATAにおけるパネルデータのコマンドは，常にxtという接頭辞から始まっている．例えば，パネルデータ（線形）回帰はxtregをもちいて実行される．固定効果と変量効果の推定は，このコマンドに，それぞれfeおよびreオプションを付けると実行される．

以下の一連のコマンドを実行することで，2つのモデルが推定され，ハウスマン検定が実施される．

```
. xtset i t
      panel variable:  i (strongly balanced)
       time variable:  t, 1 to 100
              delta:  1 unit

. xtreg log_dt complex2 complex3 tau_d tau logev cti cti2 cti3 obj_diff, fe

Fixed-effects (within) regression          Number of obs   =      6000
Group variable: i                          Number of groups =        60

R-sq:  within  = 0.2004                    Obs per group: min =      100
       between = 0.0002                                   avg =     100.0
       overall = 0.1491                                   max =       100

                                           F(9,5931)       =    165.12
corr(u_i, Xb)  = -0.0059                   Prob > F        =    0.0000

------------------------------------------------------------------------------
     log_dt |      Coef.   Std. Err.      t    P>|t|     [95% Conf. Interval]
------------+-----------------------------------------------------------------
   complex2 |   .2374196   .0417019     5.69   0.000     .1556687    .3191706
   complex3 |   .3770243   .0552954     6.82   0.000     .2686252    .4854234
      tau_d |  -.0022045   .0006465    -3.41   0.001    -.0034718   -.0009372
        tau |  -.0032846    .000323   -10.17   0.000    -.0039179   -.0026513
      logev |   .0601018   .0474991     1.27   0.206    -.0330137    .1532173
        cti |  -5.671949    .330508   -17.16   0.000    -6.319865   -5.024033
```

5.5　努力配分に関するパネルデータ・モデル　　163

```
      cti2 |   12.46305    1.22361    10.19   0.000     10.06433    14.86177
      cti3 |  -8.645294   1.142589    -7.57   0.000    -10.88518   -6.405403
  obj_diff |   .1324667   .0362049     3.66   0.000     .0614919    .2034415
     _cons |   1.656612   .0670205    24.72   0.000     1.525227    1.787996
-------------+----------------------------------------------------------------
   sigma_u |   .40495036
   sigma_e |   .62554574
       rho |   .29531259   (fraction of variance due to u_i)
------------------------------------------------------------------------------
F test that all u_i=0:      F(59, 5931) =     41.90              Prob > F = 0.0000

. est store fe


. xtreg log_dt complex2 complex3 tau_d tau logev cti cti2 cti3 obj_diff, re

Random-effects GLS regression                  Number of obs       =       6000
Group variable: i                              Number of groups    =         60

R-sq:  within  = 0.2004                        Obs per group: min =        100
       between = 0.0002                                       avg =      100.0
       overall = 0.1491                                       max =        100

                                               Wald chi2(9)        =    1486.20
corr(u_i, X)   = 0 (assumed)                   Prob > chi2         =     0.0000

------------------------------------------------------------------------------
    log_dt |      Coef.   Std. Err.      z    P>|z|     [95% Conf. Interval]
-------------+----------------------------------------------------------------
  complex2 |   .2374744   .0416953     5.70   0.000     .1557531    .3191957
  complex3 |   .3771036   .0552865     6.82   0.000      .268744    .4854631
     tau_d |  -.0022045   .0006464    -3.41   0.001    -.0034713   -.0009376
       tau |  -.0032846    .000323   -10.17   0.000    -.0039176   -.0026516
     logev |   .0601223   .0474916     1.27   0.206    -.0329595    .1532041
       cti |  -5.670031   .3304062   -17.16   0.000    -6.317615   -5.022446
      cti2 |   12.45948   1.223303    10.19   0.000     10.06185    14.85711
      cti3 |  -8.643612   1.142337    -7.57   0.000    -10.88255   -6.404672
  obj_diff |   .1324644   .0361992     3.66   0.000     .0615152    .2034136
     _cons |   1.656426   .0851303    19.46   0.000     1.489574    1.823278
-------------+----------------------------------------------------------------
   sigma_u |   .40678176
   sigma_e |   .62554574
       rho |    .2971941   (fraction of variance due to u_i)
------------------------------------------------------------------------------

. est store re


. hausman fe re

                   ---- Coefficients ----
                 |       (b)          (B)            (b-B)     sqrt(diag(V_b-V_B))
                 |       fe           re          Difference          S.E.
-------------+----------------------------------------------------------------
  complex2 |    .2374196     .2374744        -.0000548            .0007429
```

complex3	.3770243	.3771036	-.0000792	.0009906
tau_d	-.0022045	-.0022045	-3.38e-08	.0000115
tau	-.0032846	-.0032846	1.50e-16	5.72e-06
logev	.0601018	.0601223	-.0000205	.0008433
cti	-5.671949	-5.670031	-.0019184	.0082029
cti2	12.46305	12.45948	.00357	.0274092
cti3	-8.645294	-8.643612	-.0016819	.0239862
obj_diff	.1324667	.1324644	2.26e-06	.0006416

```
                    b = consistent under Ho and Ha; obtained from xtreg
           B = inconsistent under Ha, efficient under Ho; obtained from xtreg

    Test:  Ho:  difference in coefficients not systematic

              chi2(9) = (b-B)'[(V_b-V_B)^(-1)](b-B)
                      =        0.17
           Prob>chi2 =     1.0000
```

2 組の結果は実際に非常に類似していることがわかる.また,ハウスマン検定が変量効果モデルを支持している（p 値が 1.0000 である）ことは驚くべきことではない.したがって,以下の節では,推定結果の解釈に当たっては,変量効果モデルの結果に焦点を当てることにする.

5.6　推定結果に関する議論

　比較を容易にするために,表 5.2 に推定されたすべてのモデルの推定結果を示している.

　F 検定は一括された OLS を強く棄却しているので（p ＝ 0.0000）,また,ハウスマン検定は変量効果モデルを受け入れることを示しているので（p ＝ 1.0000）,変量効果モデルの結果を解釈することにする.このモデルの推定結果は,は表 5.2 の最終列に示されている.

　最初に,切片の推定値に注目してほしい.これは,「最も簡単な」タイプの問題,つまり 2 つのくじが実際には同値である（$\Delta^o = 0$）ような水準 1 の複雑性の問題に対する意思決定時間の予測であり,その値は $\exp(1.656) = 5.238$ 秒であった.もちろん,この問題は実験の開始時点（$\tau^d = \tau = 0$）に提示されていたとも仮定されなければならず,また,それがこのような単純な問題に対して,意思決定時間の予測が非常に高い理由を説明するのかもしれない.

　第 2 に,1 つを除いてモデルに含まれている説明変数すべてが強く有意であ

意思決定時間の対数値	OLS	クラスター化 OLS	固定効果	ランダム効果
定数項	1.649(0.073)	1.649(0.071)	1.656(0.067)	1.656(0.085)
水準 1 の複雑性（基準）	–	–	–	–
水準 2 の複雑性	0.240(0.049)	0.240(0.040)	0.237(0.042)	0.237(0.042)
水準 3 の複雑性	0.380(0.065)	0.380(0.053)	0.377(0.055)	0.377(0.055)
τ^d	$-0.002(0.0008)$	$-0.002(0.0008)$	$-0.002(0.0006)$	$-0.002(0.0006)$
τ	$-0.003(0.0004)$	$-0.003(0.0004)$	$-0.003(0.0003)$	$-0.003(0.0003)$
$\log(EV)$	0.061(0.056)	0.061(0.048)	0.060(0.047)	0.060(0.047)
cti	$-5.591(0.389)$	$-5.591(0.357)$	$-5.672(0.331)$	$-5.670(0.330)$
cti^2	12.313(1.443)	12.313(1.283)	12.463(1.223)	12.459(1.223)
cti^3	$-8.576(1.350)$	$-8.576(1.178)$	$-8.645(1.143)$	$-8.643(1.142)$
Δ^o	0.132(0.043)	0.132(0.034)	0.132(0.036)	0.132(0.036)
σ_ϵ	0.741	0.741	0.625	0.625
σ_u	–	–	0.405	0.407
n	60	60	60	60
T	100	100	100	100
F-test (59,5931)		41.90 (p = 0.0000)		
ハウスマン検定 $\chi^2(9)$			0.17(p = 1.0000)	

注：括弧内は標準誤差.

表 5.2　意思決定時間に対する対数線形回帰モデルの推定結果

ることに注意してほしい．問題の複雑性の効果は予想通りである．より多くの結果を含んだ問題は，解くのに時間がかかる．水準 2 から水準 3 へと移行する際に引き起こされる追加的な努力は，水準 1 から水準 2 への移行で引き起こされた努力よりも低いことに注目してほしい．これは，被験者が複雑な課題によってやる気をそがれた証拠であると解釈できるかもしれない．また，この解釈によれば，複雑性が耐え難い水準にまで達したときには，努力水準が減少するという予想を導くことができるだろう．しかしながら，この実験においては，そのような水準の複雑性にまで達したという証拠はない．

経験の効果は極めてドラマティックである．τ と τ^d の両方が意思決定時間に対して，強く有意な負の効果を持っていることがわかる．以前に示唆したように，τ は経験の効果として解釈可能であり，τ^d は退屈の効果として解釈できる．

変数 $\log(EV)$ の係数は 0.060 で，これは金銭的インセンティブに対する努力の弾力性であると解釈できるかもしれない．この場合，すべての賞金額が 2 倍になると，反応時間（努力）が約 6 % 増加すると予想されている．これは，インセンティブに関する多くの経済学者の見解と一致している．つまり，インセンティブが強くなれば，費やされる努力の増加がもたらされるということで

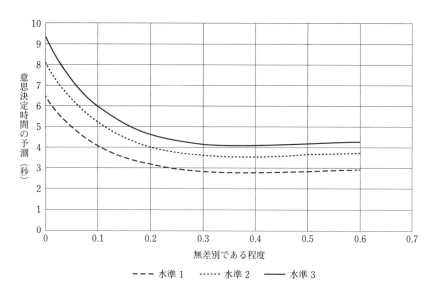

注：τ は 0，EV は 10，Δ^o は 0.5 に設定している．

図 5.7 異なる水準の複雑性に対する評価の絶対値の差に対する意思決定時間の予測

ある．しかしながら，この効果は実際には有意ではないことがわかる．したがって，この事前の予想は統計的には確証されていない．

最後に，そしておそらく最も重要なことであるが，客観的な差異の効果が強く正であるのに加えて，無差別である程度の効果は，強く負で，非線形のものであることがわかる．これは，5.3 節で記述された努力配分に関する理論的モデルに基づいて予想したことそのものである．図 5.7 には，無差別である程度の効果が明確に示されている．このグラフでは，他の説明変数はそれぞれの代表的な値に設定した上で，異なる水準の複雑性に対して，無差別である程度の値ごとに意思決定時間を予測するために，モデルの推定値が使用されている．図 5.7 から，被験者が無差別に近づくにつれて，意思決定時間は急速に上昇し，被験者が実際に無差別になると（つまり，無差別である程度 = 0 になると），意思決定時間の予測は，一方の選択肢の方が明らかに好まれる場合にそうなる通りに，2 倍以上になることがわかる．

もちろん，非常に類似した形状のグラフをノンパラメトリック回帰に関する図 5.6 で見ているので，図 5.7 に見られるパターンは驚くべきものではない．この類似性は，努力に関するモデル（5.2 式）の特定化が正しいことと整合的

なことである.

5.7 推定後の分析

5.6 節では,変量効果モデルがデータセットを意思決定時間に関して分析するには最適なモデルであることを確認し,このモデルの推定結果が解釈された.変量効果アプローチは,被験者間の異質性を捉えるための自然な手法であり,これ以降,本書の中で繰り返し利用されるアプローチである.ときには,変量効果に関する項が明確な解釈を持つこともある.例えば,第 13 章で推定されるリスク下の選択モデルでは,変量効果に関する項は,被験者のリスク回避度に関する係数として解釈可能である.

変量効果モデルを推定した後で,自然な疑問が生じる.それは,各被験者に対する変量効果の(推定)値はいくらか,というものである.これらの値を変量効果の事後値と呼ぶことにしよう.この計算は,推定の後にルーティン的に実施される作業である.通常は,推定されたパラメータとデータにベイズの公式を適用することになる.xtreg コマンドを使用した後,変量効果の事後値を生成するためには,コマンドを 1 つだけ追加する必要がある.そのコマンドは以下の通りである.

```
predict u_hat, u
```

このコマンドは,変量効果の事後値を新しい変数 u_hat に格納する.以下の表にこの変数の記述統計を示し,図 5.8 にはそのヒストグラムを示す.この目的のためには,各被験者に対して 1 つの観察値が必要なだけである.したがって,コマンドには if t==1 を追加しておく.

```
. summ u_hat if t==1

    Variable |       Obs        Mean    Std. Dev.        Min        Max
-------------+--------------------------------------------------------
       u_hat |        60     5.59e-10    .3955946   -1.093639    .7443957
```

予想された通り,変量効果の事後値は平均ゼロで,標準偏差は変量効果モデルの推定結果に報告されている σ_u^2 の推定値 0.407 に非常に近いものである.

図 5.4 に関する議論では,被験者 24 番は最も意思決定が速い人で,平均意

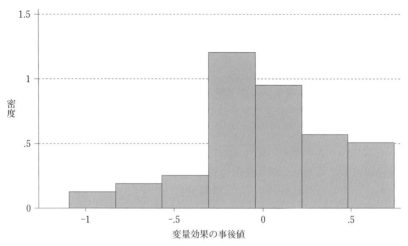

図 5.8　変量効果の事後値に関するヒストグラム

思決定時間は 1.558 秒であると述べられた．それゆえ，この被験者が -1.09 という最も低い変量効果の事後値を持つことは驚くべきことではない．また，被験者 29 番は最も意思決定時間が遅い人で，平均決定時間は 9.947 秒であることも述べられた．やはり，この被験者が $+0.744$ という最も高い変量効果の事後値を持つことも驚くべきことではない．

5.8　まとめと読書案内

本章では，実験課題における努力水準の決定要因を識別することを視野に入れて，意思決定時間のモデル化に回帰分析を適用した．同様の目標が Wilcox (1994) によって追求されており，評価課題における単純なルールの利用が意思決定時間の短縮と関係していることが見出されており，そのようなルールの利用は，労力を節約したいという願望によって動機付けられていることが示唆されている．Hey (1995) は，リスク下の選択課題における意思決定時間に影響を与える要因を識別し，それから応答の「ノイズ」がこれらの要因に依存することを認めるような選択モデルを推定している．意思決定時間は，Buschena and Zilberman (2000)，Moffatt (2005b)，および Alos-Ferrer et al. (2012) らによっても分析されている．

本章で使用されたデータはシミュレートされたものだった．しかしながら，このシミュレーションは，Moffatt（2005b）によって分析された Hey（2001）の実際のデータセットと類似するように作成されている．どのようにしてシミュレーションが実施されているかを知りたい読者は，本書の第 13 章 3.2 節および第 13 章 4.6 節を参照してほしい．

［意思決定時間に関する］このデータ［の分析］は，実験経済学と心理学という 2 つの分野が重なり合っている分野の好例であるように思われる．経済学者は伝統的に，なされた意思決定に関心を持ってきたが，その決定が選ばれたプロセスには興味を持ってこなかった．心理学者は［意思決定に至る］プロセスに関心を持っている（例えば，Busemeyer and Townsend, 1993 を参照）．近年，実験経済学の文献において，意思決定時間の分析に関心が急速に高まっていることは，おそらく経済学者が意思決定プロセスにこれまで以上に関心を寄せている兆候なのであろう．

もちろん，単に意思決定時間を観察することよりも多くの情報を採取できる，より有益な意思決定プロセスの分析法がある．その中で，実験経済学者の間で普及し始めているタイプの分析の 1 つは，アイ・トラッキング［視線追跡］である（Holmqvist et al., 2011）．

問題

Little（1949, p.92）は，「ある人が無差別であると判断されるためには，どれくらいの時間，選択を躊躇している必要があるか？」という問いを提起している．この問いに答えるためには，5.6 節で提示された結果，特に図 5.7 にある結果をどのように利用すればよいだろうか？

第6章　実験データの離散性への対処

6.1　はじめに

　経済実験の結果から得られるほとんどのデータには，少なからず離散的な要素がある．多くの実験設定においては，被験者に対して，多くの離散的な選択肢の間から直接選択を行うことを要求するというのが典型的な課題であり，このようなデータの分析には離散選択モデルが必要となる．選択肢の数はしばしば2つなので，この場合，二値データのモデルが必要になる．決定変数が連続であるような状況でさえ，その変数はしばしば上限と下限のどちらか，あるいはその両方で切断されたりするし，また，何らかの他の「焦点」となる箇所にデータが集積していたりするかもしれない．そうしたデータの特徴は，離散的な形式でモデル化することが最善である．

　本章では，こうした種類のモデル化が取り扱われる．まず，決定変数が二値であるときに適切なモデルについて説明することから始める．これらは，単純プロビットや単純ロジットといったモデルになる．また，くじ間の選択や最後通牒ゲームにおける応答者の決定の分析を含む，多くの事例が提示される．

　本章ではまた，正確なデータ，切断されたデータ，区間データといった，さまざまな他のタイプのデータについても取り扱う．また，それぞれのデータに関して例を示していく．

　本章ではまた，最近の研究で登場してきた，確率的なモデル化に対するさまざまな競合するアプローチの間にどのような区別があるのかについても説明する．ここで取り上げるのは，最適な行動に対して単に平均がゼロで対称的に分布した誤差項が付加されたフェヒナー・アプローチや，行動における変動を

選好を表現するパラメータに関する集団内の変動に帰着させる異質的主体アプローチ，そして最後に，どの時点においても，個人が集中力を失い，その行動がランダムに決定されるような小さな確率が存在すると仮定する「摂動」アプローチである．これらのアプローチを組み合わせることも可能であり，多くのモデルではそうなっていることに注意してほしい．

　本章で提示されるすべての例では，被験者 1 人につき 1 つの観測値しかないと仮定されていることに注意してほしい．被験者 1 人につき複数の観測値が得られるような，より一般的な設定に適した手法は，線形モデルを扱った第 4 章や第 5 章ですでに紹介されており，離散的データを扱うこの後の数章でも取り扱われることになる．

　6.2 節では，二値データのモデル化という文脈における最尤推定の概念が導入される．6.3 節では，本書を通じて多くの機会に使用される STATA の ml ルーティンを導入する．6.4 節と 6.5 節では構造モデリングに対するさまざまなアプローチを紹介し，それによって，意思決定者の効用関数のパラメータを推定することにする．6.6 節では，区間データや切断データといった他の種類のデータが取り扱われる．6.7 節では，いくつかのモデル化アプローチを最後通牒ゲームに対して適用し，例えば，提案者の決定をリスク下の選択問題として取り扱うようなモデルを推計することにする．

6.2　二値データ

　二値データのモデルや本章で紹介するほとんどのモデル，さらに言えば本書を通じて紹介される実際ほとんどのモデルに対して標準的な推定法は最尤推定（ML）法である．本節では，最尤推定法の概念と，［推定の際に］生じてくる多くの重要な実際的な問題の両方を同時に示すのに理想的な，色付きの玉による単純な例を提示することから始める．その後で，この手法を 2 つの異なる実験の文脈における二値データに適用する．

6.2.1　尤度と対数尤度についての解説

　赤か白に色付けされた 1,000 個の玉が入った 1 つの壺について考えてみよう．玉のうちいくつが赤色で，いくつが白色であるのかはわからない．ここでの目的は，その壺の中で赤色の玉の比率を推定することである．この比率を p

としよう．したがって，白色の玉の比率は $1 - p$ となる．

　10 個の玉からなる標本を，復元抽出で取り出す．つまり，それぞれの玉を抽出した後，抽出した玉を壺に戻すわけである．この手続きは，10 回の抽出が独立であることを保証する．玉を 10 回抽出した結果，7 つが赤色で 3 つが白色であったとする．これが今回の標本となる．この標本は，次のように表せるだろう．

RRRWRRWRWR

ほとんどの目的にとって，10 個の玉が抽出される順序は問題にならない．

　この標本に対して尤度関数を書いてみよう．尤度関数は「実際に観測された標本が観測される確率」と考えられる．すると，これは次のようになる．

$$L(p) = p^7(1 - p)^3 \tag{6.1}$$

観測値の間で独立性を仮定した結果として，(6.1) 式は単純に 10 個の確率の積として表されていることに注意しよう．もし，観測値が独立でなかった場合には（例えば，標本が復元なしに抽出された場合），尤度関数は (6.1) 式よりもいくぶん複雑なものになるだろう．

　p の最尤推定量（MLE）は，(6.1) 式の尤度関数を最大化する値である．言いかえれば，それは，観測された標本が得られる可能性が最も高くなるような値である．MLE を $\hat{p}$ としよう．$\hat{p}$ を得る 1 つの方法は (6.1) 式を p に関して微分して 0 と置き，p に関して解くことである．

$$\begin{aligned}
\frac{\partial L}{\partial p} &= 7p^6(1 - p)^3 - 3p^7(1 - p)^2 \\
&= p^6(1 - p)^2[7(1 - p) - 3p] \\
&= p^6(1 - p)^2[7 - 10p] = 0
\end{aligned} \tag{6.2}$$

これを解くと，$p = 0$; $p = 1$; $p = 7/10$ という 3 つの解が得られる．したがって，［グラフにすると］3 つの変曲点があることになる．図 6.1 には，p に対する L のグラフが示されている．このグラフは $p = 7/10$ において最大値をとり，$p = 0$ と 1 においてそれぞれ最小値をとることがわかる．したがって，p の MLE は次のようになる．

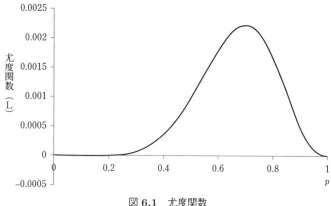

図 6.1　尤度関数

$$\hat{p} = \frac{7}{10}(標本内の玉が赤色である割合) \tag{6.3}$$

図 6.2 には，L に加えて $LogL$ のグラフが示されている．［対数をとることで］スケールを変更した結果，L の形状はかなり平坦になることに注意してほしい．重要な点は，L の対数値を最大化しても L 自体を最大化しても同じ答えになるということである．対数関数は単調増加関数なので，これは明らかなことである．それでは，同一の答えが得られることを確かめてみよう．(6.1) 式の対数をとると以下のようになる．

$$LogL = 7\log(p) + 3\log(1-p) \tag{6.4}$$

(6.4) 式を微分すると，以下が得られる．

$$\frac{\partial LogL}{\partial p} = \frac{7}{p} - \frac{3}{(1-p)} \tag{6.5}$$

(6.5) 式を 0 と等しいとすると $3p = 7(1-p)$ を得る．これは $\hat{p} = \frac{7}{10}$ となるため，(6.3) 式と同じ答えを得たことになる．

対数尤度関数が重要である理由は，実際のデータでは標本サイズが大きく，そのため多くの確率の積となってしまう尤度関数 L は 0 にかなり近い値を取ることになり，非常に平坦な関数になってしまうからである．この場合，L の最大値を決めることが実際には困難になる．L の対数をとると，この関数を垂直方向に「引き延ばす」効果があるので，最大値を決めることがずっと容易になる．この理由から，ほとんどいつも，L ではなく $LogL$ を最大化するのであ

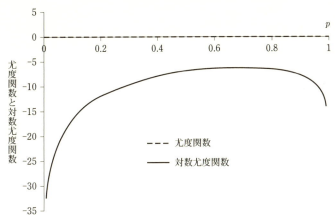

図 6.2 尤度関数と対数尤度関数

る.

対数尤度関数には，その他にも多くの実際的な用途がある．そのうちの1つは，その曲率が MLE に関係付けられた標準誤差を得るのに使用できるかもしれないということである．(6.5) 式を p に関して微分すると，このパラメータに関する対数尤度関数の二階微分が得られる．

$$\frac{\partial^2 LogL}{\partial p^2} = -\frac{7}{p^2} - \frac{3}{(1-p)^2} \tag{6.6}$$

(6.6) 式は通常「ヘッセ行列」と呼ばれているものであるが，この場合，パラメータのベクトルにはただ1つの要素しか含まれていないためスカラーになっている．(6.6) 式に関してまず初めに注意してほしい点は，この式はすべての p に対して厳密に負となっていることである．この事実は，対数尤度関数は大域的に凸関数となっていること，またそれゆえ，(この状況においては) MLE が一意であることを意味するために重要である．ヘッセ行列が実際に行列である場合には，MLE が一意の解を持つための必要条件は，ヘッセ行列が負値定符号となることである．この条件は，すべてではないのは確かであるが，いくつかのモデルでは満たされている．

推定された MLE ベクトルの (漸近) 共分散行列は，通常は MLE において評価された，ヘッセ行列にマイナス1を掛けて逆行列をとることで得られる．今回の例では，その計算結果はスカラーになる．

176 　　　第6章　実験データの離散性への対処

$$\hat{V}(\hat{p}) = \left[-\frac{\partial^2 LogL}{\partial p^2} \right]^{-1} \Bigg|_{p=\hat{p}} = \left[\frac{7}{p^2} + \frac{3}{(1-p)^2} \right]^{-1} \tag{6.7}$$

MLE である $\hat{p} = 0.7$ を (6.7) 式に代入すると，以下の値を得る．

$$\hat{V}(\hat{p}) = \left[\frac{7}{0.7^2} + \frac{3}{0.3^2} \right]^{-1} = \underline{0.021} \tag{6.8}$$

最後に，漸近分散の推定値である (6.8) 式の平方根をとると，$\hat{p}$ の標準誤差の推定値を得ることができ，これは，以下の通りである．

$$a.s.e(\hat{p}) = \sqrt{0.021} = \underline{0.145} \tag{6.9}$$

(6.9) 式を，パラメータ p の MLE についての「漸近標準偏差」と呼ぶことにする．「漸近」という言葉が使用されているのは，(6.7) 式を導く理論が漸近的な（つまり，大数の）理論だからである．

　標本サイズが大きいときに同じことを行うと何が起こるのかを見るのは興味深いことである．まず，10 個の玉を抽出する代わりに 100 個の玉を（やはり，復元抽出で）抽出することにしよう．その結果，0 個が赤色で，30 個が白色であったとする．この場合も p の MLE はやはり 0.7 となるだろう．しかしながら，標準誤差は異なったものになる．

$$a.s.e(\hat{p}) = \sqrt{\left[\frac{70}{0.7^2} + \frac{30}{0.32} \right]^{-1}} = \underline{0.046} \tag{6.10}$$

標本サイズが 10 倍に増加すると，標準誤差は 1/3 程度に減少するという結果に注意してほしい．これは，標本サイズが大きくなると，対数尤度関数の値が MLE の近傍でより高い値になるためである．事実，これが，漸近理論の最重要項目である「n の平方根」法則の主張なのである．つまり，推定値の正確さは，標本サイズの平方根に比例して改善する，ということである．

6.2.2　くじ間の選択のモデル化（「ハウス・マネー効果」）

　本節では，二値データのモデルでは非常にポピュラーな応用として，リスク下の選択実験について考えよう．この文脈における行動に関係したある特定の仮説を検定するために，二値データのモデルをもちいることにする．関心の

6.2 二値データ

図 **6.3** くじの選択問題

ある仮説は「ハウス・マネー効果」である．これは，初期保有額が高ければ高いほど，選択がよりリスク愛好的になるという現象のことである（Thaler and Johnson, 1990; Keasey and Moon, 1996 を参照）．

図 6.3 に示されている選択問題を考えてみよう．ここでは，2 つの円はくじを表しており，円内の面積はそこに記されている結果が生じる確率を表している（同じくじの選択問題の例が，第 3 章でノンパラメトリック検定の使用法を説明したときに使用されている）．左側のくじは「安全な」くじであり，確実に 5 ドルが得られる．右側のくじは「リスクのあるくじ」であり，50% の確率で 0 ドル，50% の確率で 10 ドルが得られる賭けを表している．

明らかに，図 6.3 のくじを選択することによって，被験者は自分たちのリスクに対する態度について何らかの情報を提供することになる．ここで関心があることは，被験者が前もって一定額の資金を持っていることが，この選択に影響を与えるか否かということである．ここで，初期保有額（つまり，「ハウス・マネー」）が増加すると，主体がリスク回避的ではなくなる（つまり，リスクのあるくじを選択するようになる）現象として「ハウス・マネー効果」を定義しよう．

いま 1,050 人の被験者からなる標本があるとする．各被験者（i）には異なる水準の富（w_i）が付与される．その後ただちに，各被験者に対して図 6.3 に示されている 2 つのくじ間で選択してもらう．それから，安全なくじが選択されたときは 1，リスクのあるくじが選択されたときは 0 の値をとる二値変数を y と定義する．この（仮想的な）実験の結果は **house_money_sim** ファイルに含まれている．以下は，このデータに関する要約情報の一部である．

```
. table w, contents(n y mean y)
----------------------------------
      w |      N(y)       mean(y)
--------+-------------------------
```

```
   0 |        50        .92
  .5 |        50        .88
   1 |        50        .88
 1.5 |        50        .84
   2 |        50        .84
 2.5 |        50        .9
   3 |        50        .84
 3.5 |        50        .72
   4 |        50        .78
 4.5 |        50        .7
   5 |        50        .7
 5.5 |        50        .74
   6 |        50        .72
 6.5 |        50        .72
   7 |        50        .5
 7.5 |        50        .64
   8 |        50        .5
 8.5 |        50        .48
   9 |        50        .56
 9.5 |        50        .5
  10 |        50        .5
```

表の最終列には，異なる水準の富に対する二値変数 y の平均値が示されている．この二値変数の平均値が標本内の選択の比率を示しているため，この行にある数値は，富の各水準において安全なくじが選択される比率を表すことになる．富が増加するにつれてこの比率が減少していくという傾向性は，ハウス・マネー効果仮説と整合的である．

次に，パラメトリック・モデルを使用してこの結果を確認することにしよう．最初に取り上げるべきモデルはプロビット・モデルであり，これは次のように定義される．

$$P(y_i = 1 \,|\, w_i) = \Phi(\beta_0 + \beta_1 w_i) \tag{6.11}$$

ここで，$\Phi(.)$ は標準正規累積密度関数（cdf）を表す[1]．このプロビット・モデルに対する尤度関数は以下の通りである．

$$L = \prod_{i=1}^{n} [\Phi(\beta_0 + \beta_1 w_i)]^{y_i} [1 - \Phi(\beta_0 + \beta_1 w_i)]^{1-y_i} \tag{6.12}$$

---

1) ある確率変数 Z が標準正規分布に従うならば，その密度関数は $\phi(z) = \frac{1}{\sqrt{2\pi}} \exp\left(\frac{-z^2}{2}\right)$ となり，その cdf は，$\Phi(z) = P(Z < z) = \int_{-\infty}^{z} \phi(z)dz$ となる．

また，対数尤度関数は次のようになる．

$$LogL = \sum_{i=1}^{n}[y_i\ln(\Phi(\beta_0 + \beta_1 w_i)) + (1 - y_i)\ln(1 - \Phi(\beta_0 + \beta_1 w_i))] \qquad (6.13)$$

プロビット・モデルを定義する (6.11) 式の cdf に関する重要な性質は，対称性である．対称性とは，$\Phi(-z) = 1 - \Phi(z)$ であることを意味する．この性質は，ロジット・モデルの基にある分布にも当てはまる（問題1を参照）．基になる分布に関するこうした特徴は，以下のように対数尤度関数をより簡潔に書くことができるようになるので有用である．二値変数を以下のように書き直してみる．

$$yy_i = 1 \qquad S が選択される場合$$

$$yy_i = -1 \qquad R が選択される場合$$

すると，(6.13) 式の対数尤度関数は，次のように書くことができる．

$$LogL = \sum_{i=1}^{n}\ln(\Phi(yy_i \times (\beta_0 + \beta_1 w_i))) \qquad (6.14)$$

(6.14) 式に定義されている $LogL$ を最大化すると，2つのパラメータ β_0 と β_1 に関する MLE が得られる．この作業は，以下のように STATA の `probit` コマンドを使用することで実行される．

```
. probit y w

Iteration 0:   log likelihood =  -634.4833
Iteration 1:   log likelihood = -584.91375
Iteration 2:   log likelihood =  -584.5851
Iteration 3:   log likelihood = -584.58503
Iteration 4:   log likelihood = -584.58503
```

Probit regression				Number of obs	=	1050
				LR chi2(1)	=	99.80
				Prob > chi2	=	0.0000
Log likelihood = -584.58503				Pseudo R2	=	0.0786

y	Coef.	Std. Err.	z	P>|z|	[95% Conf. Interval]	
w	-.1409882	.0145377	-9.70	0.000	-.1694816	-.1124948
_cons	1.301654	.0911155	14.29	0.000	1.123071	1.480237

推定結果を得たならば,最初にやってみたいことは,ハウス・マネー効果の存在を検定することである.この検定はすでになされている.富に関連した漸近 t 統計量は,$z = -9.70$ であり,その p 値は 0.000 である.これは,富が安全なくじを選択する確率に対して負の効果を持っているという強い証拠があることを告げている.言いかえれば,このデータにはハウス・マネー効果に関する強い証拠がある.

　モデルを推計した後すぐに使うことができる,test という STATA コマンドが存在する.ちょうどいま行った検定に対してこのコマンドを実行すると,以下の結果が得られる.

```
. test w=0

 ( 1)  [y]w = 0

         chi2(  1) =    94.05
       Prob > chi2 =     0.0000
```

これは,ハウス・マネー効果に関するワルド検定である.ワルド検定統計量は漸近 t 検定統計量の平方根 $[94.05 = (-9.70)^2]$ であり,それはハウス・マネー効果がないという帰無仮説の下で $\chi^2(1)$ の分布に従うものである.ワルド検定は漸近 t 検定と同値であり,この 2 つの検定の p 値は常に等しい.

　次にやってみたいことは,富の各水準における安全なくじの選択をする確率を予測することである.これは Excel で実行できる.プログラムする必要がある公式は $\Phi(1.302 - 0.141w)$ であり,これは以下に示す Excel のスプレッドシート **house money calculations** で実行されている.プロビット・モデルによる切片と傾きの推定値が右端のセル E1 と E2 に書かれてあり,これらがプログラムへの入力となる.これら 2 つの値は「P(SAFE)」という見出しの書かれている列で使用され,1 列目に書かれている富の各水準における安全なくじが選択される確率が計算される.Excel の NORMDIST 関数は,カッコ内の数値に対する標準正規分布関数の値を返すものである.

	A	B	C	D	E
1	w	P(SAFE)		b0:	1.3017
2	0	=NORMSDIST(E$1+E$2*A2)		b1:	-0.141
3	1	=NORMSDIST(E$1+E$2*A3)			
4	2	=NORMSDIST(E$1+E$2*A4)			
5	3	=NORMSDIST(E$1+E$2*A5)			
6	4	=NORMSDIST(E$1+E$2*A6)			
7	5	=NORMSDIST(E$1+E$2*A7)			
8	6	=NORMSDIST(E$1+E$2*A8)			
9	7	=NORMSDIST(E$1+E$2*A9)			
10	8	=NORMSDIST(E$1+E$2*A10)			
11	9	=NORMSDIST(E$1+E$2*A11)			
12	10	=NORMSDIST(E$1+E$2*A12)			
13	11	=NORMSDIST(E$1+E$2*A13)			
14	12	=NORMSDIST(E$1+E$2*A14)			
15	13	=NORMSDIST(E$1+E$2*A15)			

それから，富の水準に対して予測確率の結果をプロットしてみたいだろう．その結果は図 6.4 に示されている．［この図によると，］初期保有額が 0 のときには安全なくじが選択される確率が高い，つまり，被験者は非常にリスク回避的であることがわかる．また，富の初期保有額が増加すると，安全なくじを選択する確率はかなり急速に減少することもわかる．0.5 という確率はリスク中立性に対応しており，$\Phi^{-1}(0.5) = 0$ であることを思い出すと，被験者をリスク中立的にするためには，1.3016/0.1410=\$9.23 という額の富を付与する必要があることになる．富の初期保有額がこの値を超えているときには，リスク愛好的行動が予想されることになる．というのは，安全なくじを選択する確率が 0.5 以下であるためである（「リスク中立的な富の初期保有額」に関するさらなる分析については問題 1 を参照）．

6.2.3　限界効果

他に，プロビット・モデルを推定した後にときに有用となる事柄としては，条件付きの限界効果を求めるというものがある．これは，説明変数がある特定の値から微小に変化する結果として予測される確率の変化のことである．例えば，仮に w が 0 以上に増加したときに S が変化する確率がどの程度かを知りたいときには，以下のコマンドを実行する．

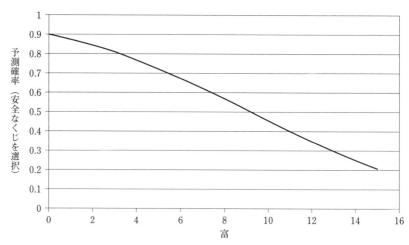

図 6.4 プロビット・モデルによる富の水準に対する安全なくじの選択に関する予測確率

```
. margins, dydx(w) at(w=0)

Conditional marginal effects                    Number of obs   =       1050
Model VCE    : OIM

Expression   : Pr(y), predict()
dy/dx w.r.t. : w
at           : w               =          0

------------------------------------------------------------------------------
             |            Delta-method
             |      dy/dx   Std. Err.      z    P>|z|     [95% Conf. Interval]
-------------+----------------------------------------------------------------
           w |  -.024109   .0013299   -18.13   0.000    -.0267155   -.0215026
------------------------------------------------------------------------------
```

条件付き限界効果は -0.024 であり，これはおおざっぱに言えば，もし w が 0 から 1 に変化すると S の確率は 2.4% 減少するということである．もしより大きな w の値に条件付ければ，異なる結果が得られる．

```
. margins, dydx(w) at(w=10)

Conditional marginal effects                    Number of obs   =       1050
Model VCE    : OIM

Expression   : Pr(y), predict()
dy/dx w.r.t. : w
at           : w               =         10
```

```
           |            Delta-method
           |    dy/dx    Std. Err.       z    P>|z|    [95% Conf. Interval]
-----------+----------------------------------------------------------------
         w |  -.0559177   .0053804    -10.39   0.000    -.0664631   -.0453724
```

[値が] より高いこの限界効果（−0.056）は単に，図 6.4 に示されている曲線
が，$w = 0$ のときよりも $w = 10$ のときの方が勾配がより急である事実を反映
しているに過ぎない．最後に，at(　) オプションなしで margins コマンドを
使用すると，平均限界効果が得られる．

```
. margins, dydx(w)

Average marginal effects                          Number of obs   =      1050
Model VCE    : OIM

Expression   : Pr(y), predict()
dy/dx w.r.t. : w

-----------------------------------------------------------------------------
           |            Delta-method
           |    dy/dx    Std. Err.       z    P>|z|    [95% Conf. Interval]
-----------+----------------------------------------------------------------
         w |  -.0444259   .0039929    -11.13   0.000    -.0522518      -.0366
-----------------------------------------------------------------------------
```

平均限界効果は −0.044 となっている．これは，単に標本におけるすべての観
測値に関する限界効果の平均値になっている．

6.2.4 ワルド検定と LR 検定

6.2.2 節において変数 w の統計的有意性に対して使用された検定はワルド検
定だった．この検定は test コマンドで実行することができ，ワルド検定統計
量は漸近 t 検定統計量の二乗であると説明された．

同じ仮説を検定するまた別の方法も存在する．それは尤度比（LR）検定で
ある．この検定は，最大化された対数尤度を 2 つの異なったモデルについて
比較することが基になっている．検定統計量は，以下の式を利用して計算され
る．

$$LR = 2(LogL_U - LogL_R) \tag{6.15}$$

ここで，$LogL_U$ は制約を置かないモデルについての最大化された対数尤度で

あり，$LogL_R$ は制約を置いたモデルについての最大化された対数尤度である．
今回のケースでは，制約を置かないモデルはすでに推定されたモデル（変数
w があるプロビット・モデル）であり，制約を置いたモデルは変数 w が消去
された，つまり，定数項のみを持つプロビット・モデルである．制約を置いた
モデルの推定結果は以下のようになる．

```
. probit y

Iteration 0:   log likelihood = -634.4833
Iteration 1:   log likelihood = -634.4833

Probit regression                               Number of obs   =      1050
                                                LR chi2(0)      =      0.00
                                                Prob > chi2     =        .
Log likelihood = -634.4833                      Pseudo R2       =    0.0000

------------------------------------------------------------------------------
           y |      Coef.   Std. Err.      z    P>|z|     [95% Conf. Interval]
-------------+----------------------------------------------------------------
       _cons |   .5464424   .0408516    13.38   0.000     .4663746    .6265101
------------------------------------------------------------------------------
```

制約を置いた場合の対数尤度は -634.48 であることがわかる．この値は，
(6.15) 式を使用して，以下の LR 検定統計量を計算するために使用される．

$$LR = 2(LogL_U - LogL_R) = 2(-584.59 - (-634.48)) = 99.8 \qquad (6.16)$$

ハウス・マネー効果がないという帰無仮説の下で，(6.16) 式によって与えられ
る検定統計量は $\chi^2(1)$ 分布に従う．それゆえ，$99.8 > \chi^2_{1,0.05} = 3.84$ であるた
め，帰無仮説は棄却される．

実際には，LR 検定統計量を直接計算する方法が STATA にある．2 つのモ
デルの推定値を保存してから lrtest コマンドを適用するのである．必要なコ
マンドの流れとその結果は以下の通りである．

```
probit y w
est store with_w

probit y
est store without_w

lrtest with_w without_w

Likelihood-ratio test                          LR chi2(1)   =     99.80
(Assumption: without_w nested in with_w)        Prob > chi2 =    0.0000
```

心強いことに，この結果は (6.16) 式と正確に同じである．この検定を実施するために STATA を使用することの利点は，検定統計量に加えて p 値が得られることである．この場合，p 値（0.0000）は，ハウス・マネー効果の存在に関する圧倒的な証拠をもたらしている．

最後に，*LR* 検定統計量（99.80）は，同一の仮説に対するワルド検定統計量（94.05）にかなり近い値であることに注意してほしい．2 つの検定は漸近的に同値であるため，この類似性は驚くべきことではない．

6.2.5 最後通牒ゲーム・データの分析

Güth et al.（1982）によって導入された最後通牒ゲームについては，2.5 節に記述されている．このゲームの構造を再確認したい読者は，上記の箇所に立ち戻ってほしい．

ug_sim ファイルには，配分されるパイのサイズが 100 単位であるような最後通牒ゲームに参加した 200 人の被験者に関する（シミュレートされた）データが含まれている．各被験者は，毎回異なる相手に対して提案者として一度，応答者として一度，計 2 回ゲームをプレーしている．

データに含まれる変数は，以下の通りである．

i: 　　提案者の ID
j: 　　応答者の ID
male_i : 提案者が男性であれば 1，それ以外は 0
male_j : 応答者が男性であれば 1，それ以外は 0
y: 　　提案者の提案額
d: 　　応答者の意思決定：提案を受け入れた場合は 1，拒否した場合は 0

3.6 節において，このデータセットに含まれる提案者の提案額を分析し，性差の効果を検定した．本節では，応答者の意思決定を分析する．これは二値的選択なので，その決定要因を識別するためには二値データのモデルが必要となる．

最初に，単純にどれだけの被験者が提案を拒否したのかについて考えてみよう．そのために，この二値変数に関する表を作成した．これによると，200 人の被験者のうち 51 人（全体の約 1/4）が提案を拒否している．

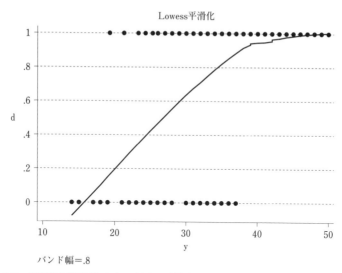

図 6.5 提案者の提案額 (y) に対する応答者の意思決定 (d) と Lowess 平滑化

```
. tab d

          d |      Freq.     Percent        Cum.
------------+-----------------------------------
          0 |         51       25.50       25.50
          1 |        149       74.50      100.00
------------+-----------------------------------
      Total |        200      100.00
```

応答者の意思決定に関する主要な決定要因は，提案者の提案額 (y) である．ときには，二値データをプロットしてみることが有用である．lowess d y というコマンドによって，図 6.5 に示されているグラフが作成される．Lowess 平滑化は，本書ですでに使用されているノンパラメトリック回帰の一形態である．大ざっぱに言えば，これは，異なる y の値に条件付けられた d の平均値を示している．d の平均値は提案が受け入れられる確率と密接に関係していることから，提案額が上昇するにつれて，それが受け入れられる確率は急速に上昇し，提案額が 50 に近づくにつれて，それが 1 に近づいていくのがグラフからわかる．

Lowess 平滑化とは全く対照的に，6.2.2 節で導入されたプロビット・モデルは，完全にパラメトリックな推定手法の一例になっている．プロビット・モデ

ルは，以下のように定義される．

$$P(d = 1 \,|\, y) = \Phi(\beta_0 + \beta_1 y) \tag{6.17}$$

ここで，$\Phi(.)$ は標準正規 cdf である．プロビット・モデルの推定結果は以下の通りである．

```
. probit d y

Iteration 0:   log likelihood = -113.55237
Iteration 1:   log likelihood = -70.230335
Iteration 2:   log likelihood = -66.806698
Iteration 3:   log likelihood = -66.738058
Iteration 4:   log likelihood = -66.738049

Probit regression                              Number of obs   =        200
                                               LR chi2(1)      =      93.63
                                               Prob > chi2     =     0.0000
Log likelihood = -66.738049                    Pseudo R2       =     0.4123

------------------------------------------------------------------------------
          d |      Coef.   Std. Err.      z    P>|z|     [95% Conf. Interval]
-------------+----------------------------------------------------------------
          y |   .1439157   .0212804     6.76   0.000     .1022069    .1856244
      _cons |  -3.855266    .631443    -6.11   0.000    -5.092872   -2.617661
------------------------------------------------------------------------------
```

この結果から，提案額（y）が受け入れられる確率の予測に対する公式を，以下のように導出することができる．

$$\hat{P} = (d = 1 \,|\, y) = \Phi(-3.855 + 0.144y) \tag{6.18}$$

この状況では，プロビット・モデルの基になる以下の式について考察することが有益である．

$$d^* = \beta_0 + \beta_1 y + \epsilon \tag{6.19}$$
$$\epsilon \sim N(0, 1)$$

(6.19) 式において，d^* は応答者が提案を受け入れる傾向性を表している．もしこの傾向性が 0 よりも大きければ，以下のように，提案は受け入れられるわけである．

$$d = 1 \Leftrightarrow d^* > 0 \Leftrightarrow \beta_0 + \beta_1 y + \epsilon > 0 \Leftrightarrow \epsilon > -\beta_0 - \beta_1 y \tag{6.20}$$

したがって，提案が受け入れられる確率は，以下のようになる．

$$P(d = 1) = P(\epsilon > -\beta_0 - \beta_1 y) = \Phi(\beta_0 + \beta_1 y) \tag{6.21}$$

これがプロビット・モデルの基盤となる (6.17) の確率式なのである．(6.19) 式が有益な理由は，それにより，典型的な被験者に対する「最低受け入れ可能額（MAO）」を計算できるからである．誤差項を無視すると，以下の式が得られる．

$$d^* = \beta_0 + \beta_1 y \tag{6.22}$$

(6.22) 式が 0 であるときには，典型的な被験者は提案を受け入れることと拒否することの間で無差別となる．したがって，以下を得る．

$$\beta_0 + \beta_1 y = 0 \Rightarrow y = -\frac{\beta_0}{\beta_1} \tag{6.23}$$

推計値からこの値を計算すると次のようになる．

$$y^{MAO} = -\frac{-3.855}{0.144} = \underline{26.79} \tag{6.24}$$

(6.24) 式の MAO は，`nlcom` コマンドを使用すれば STATA でも計算することができる．

```
. nlcom MAO: -_b[_cons]/_b[y]

      MAO:  -_b[_cons]/_b[y]
```

d	Coef.	Std. Err.	z	P>|z|	[95% Conf. Interval]	
MAO	26.78837	.9268278	28.90	0.000	24.97182	28.60492

`nlcom` というコマンドでは，6.5 節でより詳細に検討する「デルタ法」として知られる手法が使用されている．この手法を適用することの大きな利点は，MAO の点推定値に加えて標準誤差と信頼区間も出力してくれることにある．26.79 という点推定値から，「（誤差項 ϵ が平均値 0 に等しいという意味で典型的な）「典型的」応答者は，26 という提案額には「ノー」と言い，27 という提案額には「イエス」と言う，ということがわかる．

6.2.6 戦略選択法

戦略選択法に関しては，2.6.2節で説明した．この手法は，最後通牒ゲームの文脈の下で，Solnick（2001）や他の人々によって使用されてきた．これまでと同様に，提案者が配分額を提示する．この提案額を y としよう．一方，別の部屋では，応答者は自分たちの最低受け入れ額（y^{MAO}）を述べるよう求められる．それから，y が y^{MAO} と比較される．もし，$y \geq y^{MAO}$ ならば，提案は受け入れられたものとされ，両方のプレイヤーがそれぞれの利得を得る．もし，$y < y^{MAO}$ であれば提案は拒否されたものとされ，両方のプレイヤーの利得は0になる．

このアプローチの下では，応答者はその意思決定を尋ねられるだけではなく，戦略も尋ねられている．応答者にとって MAO を正直に申告することが最善であることに注意してほしい．この理由から，戦略選択法は誘因両立的と言われる．

標準的な（つまり，2.5.1節で記述されたような）最後通牒ゲームは，「逐次決定アプローチ」として知られている．戦略選択法には，逐次決定アプローチよりもかなり大きな利点がある．この手法により得られるデータは，より多くの情報を含んでいる．明らかに，応答者の最低受け入れ額を知ることは，彼らがある特定の提案を受け入れたか否かを単に知ることよりもずっと有益である．このことは，提案者が初期保有額の50%を配分する提案をするような場合には特にそうである．提案者が初期保有額の50%を提案すれば，その提案はほぼ確実に受け入れられるので，実験者が莫大な費用をかけ［て実験を実施し］たにもかかわらず，このデータからはほとんど何も情報が得られない．しかし，戦略選択法では，すべての応答者から有益な情報を得ることが可能である．

「逐次決定アプローチ」の代わりに戦略選択法が200人の被験者に対して適用されたと想像してみてほしい．また，そのデータセットは以下のものから構成されている．

i： 提案者の ID

j： 応答者の ID

male_i：提案者が男性であれば1，それ以外は0

male_j：応答者が男性であれば1，それ以外は0

y :　　　提案者の提案額

MAO：　応答者の最低受け入れ額

d :　　　応答者の意思決定：$y \geq y^{MAO}$ ならば 1, $y < y^{MAO}$ ならば 0

これらの変数を含む（シミュレートされた）データセットは，**ug_sm_sim** ファイルに収められている．このデータを使用して，以下の単純な分析を実施してみよう．

```
. ci MAO

    Variable |       Obs        Mean    Std. Err.      [95% Conf. Interval]
-------------+---------------------------------------------------------------
         MAO |       200      31.375    .6666664       30.06036    32.68964

. tab d

          d |      Freq.     Percent        Cum.
------------+-----------------------------------
          0 |         87       43.50       43.50
          1 |        113       56.50      100.00
------------+-----------------------------------
      Total |        200      100.00
```

簡単なコマンド ci mao が y^{MAO} の母平均値に対する 95% 信頼区間を得るために使用されている．この信頼区間は明らかに，6.2.5 節において逐次決定アプローチによって得られたものよりも狭いものである（24.97182 → 28.60492）．これは単に，戦略選択法を利用したときの方が，より正確にパラメータ推定を実施できることを確証しているに過ぎない．

　しかしながら，戦略選択法が使用されるときには，MAO は約 5 単位程度高くなっていることにも注意してほしい．これは，提案の「拒否」数がより高くなる（逐次決定アプローチの下での 51 と比較すると 87 となっている）という結果を生じる．これは，一般的に知られている結果である．Eckel and Grossman（2001）は，戦略選択法の下での高い拒否率は，意思決定が同時になされるという性質を被験者が理解しておらず，交渉上「強い」立場にいるというシグナルを発しようと試みているという観点から説明している．

　また，自分の提示する MAO は（それが彼らの利得を決定するので，実際にはそうではないにかかわらず）仮想的なものであるという認識が応答者の側にあるのかもしれない．異なる状況ではどのような行動をとっただろうかと被

験者に尋ねることは，ときには「冷たい（cold）」処理と呼ばれることがある．
それは，提案が実際に応答者の目の前でなされ，応答者はそれを「受け入れ
る」かどうかだけを決めればよいという場合にあたる「温かい（hot）」処理と
は対照的なものである．

より優れたデータは戦略選択法を使用して得られるが，MAO データを「逐
次決定」の状況が適用可能にするためには，MAO データに対する調整が必要
となる，ということがおそらくここで得られた教訓である．先ほどの結果によ
れば，［戦略選択法の下で］申告された MAO の値は，［逐次決定アプローチ
の下では］約 5 単位分，低く見積もっておく必要があるだろう．

6.3 STATA における ml コマンドの手順

プロビット・モデルを推定する別の手法がある．それは，対数尤度関数自体
を特定化し，それを STSTA に最大化させるというものである．［説明のため
に，］6.2.2 節で使用された **house_money_sim** データセットを再度利用する
ことにしよう．

以下では，対数尤度を計算するための `myprobit` と呼ばれるプログラムが定
義されている．その定義の後，データを読み込み，ml プログラムを呼び出し
て対数尤度関数の最大化が実行されることになっている．プログラムされた以
下の式は，先ほどの (6.14) 式に与えられているものと同じである．

$$LogL = \sum_{i=1}^{n} \ln(\Phi(yy_i \times (\beta_0 + \beta_1 w_i))) \tag{6.25}$$

```
* LOG-LIKELIHOOD EVALUATION PROGRAM "myprobit" STARTS HERE:

program define myprobit

* SPECIFY NAME OF QUANTITY WHOSE SUM WE WISH TO MAXIMISE (logl)
* AND ALSO PARAMETER NAMES (EMBODIED IN xb)
* PROVIDE LIST OF TEMPORARY VARIABLES (p ONLY)

args logl xb
tempvar p

* GENERATE PROBABILITY OF CHOICE MADE BY EACH SUBJECT (p):

quietly gen double 'p'=normal(yy*'xb')
```

```
* TAKE NATURAL LOG OF p AND STORE THIS AS logl

quietly replace 'logl'=ln('p')

* END "myprobit" PROGRAM:

end

* READ DATA

use "house_money_sim", clear

* GENERATE (INTEGER) yy FROM y:

gen int yy=2*y-1

* SPECIFY LIKELIHOOD EVALUATOR (lf), EVALUATION PROGRAM (myprobit),
* AND EXPLANATORY VARIABLE LIST.
* RUN MAXIMUM LIKELIHOOD PROCEDURE

ml model lf myprobit ( = w)
ml maximize
```

args logl xb という行は重要である．これは，最大化したい量が logl とい
う名前の変数について標本全体の和をとったものであり，また，最大化したい
量に関係するパラメータは，式で言えば $\beta_0 + \beta_1 w$ に対応する変数 xb に暗黙
的に含まれていることを示している．logl と xb は，個別のプログラム内で
は有効だがその外側では有効ではない「ローカル変数」の例になっている．そ
れ以外のどのローカル変数も tempver コマンドによって宣言される必要があ
る．一時的な変数がプログラム内で参照されるときはいつでも，以下のよう
に，特定の引用記号内に置く必要がある．

'p'

p の前にある引用記号はバッククォートで，日本語キーボードの場合，キー
ボードの右側にある「@」キーを「Shift」キーを押しながら入力する．また，
p の後ろにある引用記号はシングルクォーテーションで，日本語キーボードの
場合，キーボードの中央にある「7」キーを「Shift」キーを押しながら入力す
る．

　引用記号のない変数は「グローバル」変数である．これは，個別のプログラ
ムの外側でも有効な変数であることを意味する．この例では，yy（二値の従

属変数）がグローバル変数である.

　上記のプログラムの最後の2行は，プログラムを実行させるために置かれている. ml コマンドは，lf という尤度評価プログラムが使用されることを規定している. lf は，「線形形式」を表し，尤度評価プログラムがデータセットの各行に対して，それぞれの対数尤度への貢献度合を値として返してくることを本質的には意味している. 線形形式という制約が当てはまらないような状況は，パネルデータ・モデルの文脈の下にあるときがその一例であり，この場合には，尤度評価プログラムは，データセット内にある行のブロックごとに対数尤度への寄与度を値として返してくる. そのような状況では，lf の代わりに d-family 評価プログラムが必要になる. これについては，後の章の適当な箇所で紹介することにする.

　上記のプログラムを実行させて得られた結果は，以下の通りである.

```
. ml model lf myprobit ( = w)
. ml maximize

initial:      log likelihood = -727.80454
alternative:  log likelihood =  -635.1321
rescale:      log likelihood =  -635.1321
Iteration 0:  log likelihood =  -635.1321
Iteration 1:  log likelihood = -584.84039
Iteration 2:  log likelihood = -584.58503
Iteration 3:  log likelihood = -584.58503

                                      Number of obs   =       1050
                                      Wald chi2(1)    =      94.05
Log likelihood = -584.58503           Prob > chi2     =     0.0000

------------------------------------------------------------------------------
          |      Coef.   Std. Err.      z    P>|z|     [95% Conf. Interval]
----------+-------------------------------------------------------------------
        w |  -.1409882   .0145377    -9.70   0.000    -.1694816   -.1124948
    _cons |   1.301654   .0911155    14.29   0.000     1.123071    1.480237
------------------------------------------------------------------------------
```

この結果は，6.2.2節で示された，probit y w コマンドを使用することで得られた結果と同一であることに注意してほしい.

　ml ルーティンをさらに練習するためには，問題1に取り組んでほしい.

6.4 構造モデル

現在の文脈では，構造モデルは，個人の効用関数に関して表現されたものになる．6.2 節で分析されたモデルは構造モデルではなかった．それらは単にデータを説明することを試みたものに過ぎない．本節と次節では，いくつかの単純な構造モデルの推定について考察する．

最初に，すべての個人が同じ効用関数を持っていると仮定し，それは次のようなものだとしよう．

$$U(x) = \frac{x^{1-r}}{1-r} \qquad r \neq 1 \tag{6.26}$$
$$= \ln(x) \qquad r = 1$$

(6.26) 式は，相対的リスク回避度一定（CRRA）の効用関数として知られている．なぜなら，パラメータ r は相対的リスク回避度に関する係数だからである[2]．r が大きくなればなるほど，被験者はよりリスク回避的になる．r は負になることもありえることに注意してほしい．この場合は，リスク愛好的であることを意味する．

第 2 に，個人は期待効用を最大化するということを仮定しよう．ここでは，6.2.2 節で導入された「ハウス・マネー効果」の例を引き続き使用することにする．安全なくじおよびリスクのあるくじ，それぞれの選択によって得られる期待効用は以下の通りである．

$$EU(S) = \frac{(w+5)^{1-r}}{1-r} \tag{6.27}$$
$$EU(R) = 0.5\frac{(w)^{1-r}}{1-r} + 0.5\frac{(w+10)^{1-r}}{1-r} \tag{6.28}$$

第 3 に，個人が期待効用の差を計算するときには，ϵ の水準の計算上のエラーを犯すものと仮定し，$\epsilon \sim N(0, \sigma^2)$ としよう．この種のエラーは，リスクに関するモデル化においては，フェヒナー（Fechner, 1860）にちなんで，フェヒナー型誤差項として知られている．

---

2) CRRA に関する完全な定義については 12.2 節を参照．

6.4 構造モデル 195

これら3つの仮定の下では，以下の場合に安全なくじが選択される．

$$EU(S) - EU(R) + \epsilon > 0$$

ここで，$EU(S)$ と $EU(R)$ は (6.27) 式と (6.28) 式でそれぞれ定義されたものである．

それゆえ，安全なくじの選択が行われる確率は，以下のようになる．

$$
\begin{aligned}
P(S) &= P[EU(S) - EU(R) + \epsilon > 0] \\
&= P[\epsilon > EU(R) - EU(S)] \\
&= P\left[\frac{\epsilon}{\sigma} > \frac{EU(R) - EU(S)}{\sigma}\right] \\
&= 1 - \Phi\left[\frac{EU(R) - EU(S)}{\sigma}\right] \\
&= \Phi\left[\frac{EU(S) - EU(R)}{\sigma}\right] \quad (6.29)
\end{aligned}
$$

(6.27) 式と (6.28) 式を (6.29) 式に代入し，6.2.2 節で導入された「yy への変数変換」を利用すると，対数尤度関数は次のように書くことができる．

$$LogL = \sum_{i=1} \ln\Phi\left[yy_i \times \frac{\frac{(w_i+5)^{1-r}}{1-r} - \left(0.5\frac{(w_i)^{1-r}}{1-r} + 0.5\frac{(w_i+10)^{1-r}}{1-r}\right)}{\sigma}\right] \quad (6.30)$$

r と σ という2つのパラメータの推定値を得るために (6.30) 式を最大化する．問題は，この計算手続きがSTATA コマンドには用意されていないことである．よって，そのためのプログラムを作成し，ml コマンドを使用する必要がある．

必要とされるプログラムとそれを実行させるのに必要になるコマンドは，以下の通りである．プログラムの構文に関しては，6.3 節で提示されている例に戻って参照してほしい．そこでは，プログラムの各ステップについて説明されている．

```
program drop structural
program structural
args logl r sig
tempvar eus eur diff p
```

196　　　　　　　　第6章　実験データの離散性への対処

```
quietly gen double 'eus'=(w+5)^(1-'r')/(1-'r')
quietly gen double 'eur'=0.5*w^(1-'r')/(1-'r')+0.5*(w+10)^(1-'r')/(1-'r')
quietly gen double 'diff'=('eus'-'eur')/'sig'
quietly gen double 'p'=normal(yy*'diff')
quietly replace 'logl'=ln('p')
end

ml model lf structural /r  /sig
ml maximize
```

args logl r sig の行がやはり重要である．ここでは，最大化しようとして
いるのは logl とい名の量で，最大化したい量に関係するパラメータは r と
sig である，ということを示している．6.3節で使用されたプログラムとの違
いの1つは，2つのパラメータ（r と sig）が ml コマンド内で宣言されてい
ることである．回帰係数であった6.3節の例とは異なり，これら2つのパラ
メータは独立なパラメータであるため，これは適切なことである．ml コマン
ド内でパラメータを宣言しておくと，推定結果の表に同じ名前が表示されるた
め便利である．

```
. ml model lf structural /r  /sig

. ml maximize
initial:       log likelihood =      -<inf>  (could not be evaluated)
feasible:      log likelihood = -601.45646
rescale:       log likelihood = -601.45646
rescale eq:    log likelihood = -600.78259
Iteration 0:   log likelihood = -600.78259
Iteration 1:   log likelihood =  -595.2424
Iteration 2:   log likelihood = -595.22797
Iteration 3:   log likelihood = -595.22739
Iteration 4:   log likelihood = -595.22739

                                         Number of obs   =        1050
                                         Wald chi2(0)    =           .
Log likelihood = -595.22739              Prob > chi2     =           .

------------------------------------------------------------------------------
            |      Coef.   Std. Err.      z    P>|z|     [95% Conf. Interval]
-------------+----------------------------------------------------------------
r           |
      _cons |    .21765   .0976928     2.23   0.026     .0261757    .4091244
-------------+----------------------------------------------------------------
sig         |
      _cons |  .3585733   .1046733     3.43   0.001     .1534174    .5637292
------------------------------------------------------------------------------
```

2つのパラメータに対して，推定値が次のように得られたことがわかる．

$$\hat{r} = 0.2177$$

$$\hat{\sigma} = 0.3586$$

それで，このモデルに置かれた仮定に基づけば，すべての個人は同じ以下のような効用関数の下で行動していることになる．

$$U(x) = \frac{x^{1-0.2177}}{1 - 0.2177} = \frac{x^{0.7823}}{0.7823}$$

また，人が2つのくじに対する期待効用の差を計算するときには，平均0で標準偏差が0.3586のランダムな計算エラーを犯すことになる．

6.5 さらなる構造モデル

6.5.1 異質的エージェント・モデル

被験者は以下の CRRA 型の効用関数を持っているという仮定を続けることにする．

$$U(x) = \frac{x^{1-r}}{1 - r} \qquad r \neq 1$$

6.4 節では，すべての個人が同じリスクに対する態度を持っている，つまり，すべての主体の r が等しいと仮定された．そして，選択上のばらつきは，期待効用の計算に含まれるエラーに帰着させていた．

ここでは異なるアプローチを採用しよう．つまり（より現実的に），各主体がそれぞれ自分自身に固有の r を持っていると仮定し，このモデルを「異質的エージェント・モデル」と呼ぶことにする．そのためには，r が母集団の中でどのように分布しているのかについて仮定を行う必要がある．自明な選択は，以下のものである．

$$r \sim N(\mu, \sigma^2) \tag{6.31}$$

その上で，各被験者に対して2つのくじSとRの間で選択してもらう．その際，表 6.1 に示されている，ポピュラーな Holt and Laury（2002）の実験計画を使用する．

表 6.1 には，10 個の問題が順番に並べられている．問題1では，すべての被験者がSを選択すると予想される．問題 10 では，すべての被験者がRを

問題	安全なくじ（S）	リスクのあるくじ（R）	r^*
1	(0.1, \$2.00; 0.9, \$1.60)	(0.1, \$3.85; 0.9, \$0.10)	−1.72
2	(0.2, \$2.00; 0.8, \$1.60)	(0.2, \$3.85; 0.8, \$0.10)	−0.95
3	(0.3, \$2.00; 0.7, \$1.60)	(0.3, \$3.85; 0.7, \$0.10)	−0.49
4	(0.4, \$2.00; 0.6, \$1.60)	(0.4, \$3.85; 0.6, \$0.10)	−0.15
5	(0.5, \$2.00; 0.5, \$1.60)	(0.5, \$3.85; 0.5, \$0.10)	0.15
6	(0.6, \$2.00; 0.4, \$1.60)	(0.6, \$3.85; 0.4, \$0.10)	0.41
7	(0.7, \$2.00; 0.3, \$1.60)	(0.7, \$3.85; 0.3, \$0.10)	0.68
8	(0.8, \$2.00; 0.2, \$1.60)	(0.8, \$3.85; 0.2, \$0.10)	0.97
9	(0.9, \$2.00; 0.1, \$1.60)	(0.9, \$3.85; 0.1, \$0.10)	1.37
10	(1.0, \$2.00; 0.0, \$1.60)	(1.0, \$3.85; 0.0, \$0.10)	∞

表 6.1　Holt と Laury の実験計画と各選択問題に対するリスク回避パラメータの閾値

選択すると予想される（実際，問題 10 では R が確率支配している[3]）．ここで関心があることは，この問題の系列の中のどこで被験者が S から R に選択をスイッチするかである．というのは，これが彼らのリスクに対する態度を示すことになるからである．表 6.1 の中身は，ときには「複数価格リスト（MPL）」と呼ばれているものである．

　表 6.1 の 4 列目には，r^* という値が示されている．これは各問題についての「閾値リスクに対する態度」として知られている．これは，各選択問題について S と R の間で被験者が（EU を仮定すると）無差別になるようなリスクに対する態度（つまり，相対的リスク回避度に関する係数）である．これは，以下に示されているように，Excel を使用することによって導出することができる（以下の **risk aversion calculations** スプレッドシートを参照）．

	A	B	C	D	E	F	G	H	I	J
1	r:	-1.72	-0.95	-0.49	-0.15	0.15	0.41	0.68	0.97	1.37
2	prob of higher outcome:	0.1	0.2	0.3	0.4	0.5	0.6	0.7	0.8	0.9
3										
4	x	U(x)	U(x)	U(x)	U(x)	U(x)	U(x)	U(x)	U(x)	U(x)
5	0.1	0.000701	0.005754	0.021718	0.061561	0.166181	0.43566	1.495719	31.10848	-6.33575
6	1.6	1.320193	1.282329	1.351925	1.492932	1.754216	2.236551	3.632189	33.80667	-2.2713
7	2	2.422327	1.981408	1.885161	1.929686	2.120589	2.551266	3.901033	34.03374	-2.0913
8	3.85	14.38415	7.105814	5.002075	4.098095	3.700179	3.754653	4.81058	34.70904	-1.64126
9										
10	eu(S):	1.430406	1.422145	1.511896	1.667634	1.937403	2.42538	3.82038	33.98832	-2.1093
11	eu(R):	1.439046	1.425766	1.515825	1.676174	1.93318	2.427056	3.816122	33.98893	-2.11071
12										
13	cert equiv (S):	1.647867	1.687207	1.724713	1.761618	1.798329	1.835619	1.873599	1.912933	1.954209
14	cert equiv (R):	1.651519	1.689409	1.72772	1.76946	1.793719	1.83777	1.867081	1.914063	1.950689
15										

---

[3]　確率支配に関しては第 12 章を参照されたい．

例として［スプレッドシートの計算によれば］，ある被験者が問題 1-6 については S を選択し，問題 7-10 については R を選択しているとすれば，（EU を仮定すると）そのリスクに対する態度 (r) は 0.41 から 0.68 の間にあることが示されている．

ここで，各被験者は 10 個の問題のうちの 1 つを解くことのみ求められている仮定してみよう．各問題は 10 人の被験者によって解答されるので，全体では 100 人の被験者が存在することになる．このデータは，**holtlaury_sim** ファイルに収められている．

閾値リスクに対する態度が r_i^* であるような被験者 i に選択問題が提示されていると仮定する．もし S が選択されれば $y_i = 1$，R が選択されれば $y_i = 0$ とする．（r が正規分布に従っているという (6.31) 式での特定化を利用すると）被験者 i が S を選択する確率は，以下のようになる．

$$P(y_i = 1) = P(r_i > r_i^*) = P\left(z > \frac{r_i^* - \mu}{\sigma}\right) = P\left(z < \frac{\mu - r_i^*}{\sigma}\right)$$

$$= \Phi\left(\frac{\mu - r_i^*}{\sigma}\right) = \Phi\left(\frac{\mu}{\sigma} - \left(\frac{1}{\sigma}\right)r_i^*\right) \quad i = 1, \dots, n \quad (6.32)$$

(6.32) 式においてもやはり，従属変数が y であるようなプロビット・モデルが得られている．この場合，説明変数は，解かれるべき問題についての閾値リスクに対する態度 r^* である．

切片は $\frac{\mu}{\sigma}$ で，傾きは $-\frac{1}{\sigma}$ である．それゆえ，プロビット・モデルの推定値から，μ と σ の推計値を導出することが可能である．この手続きは STATA の `nlcom` コマンドを使用して実行することができ，それはデルタ法を実行する方法の 1 つになっている（次節を参照）．

このプロビット・モデルの出力は，以下のようになる．

```
. probit y rstar

Iteration 0:    log likelihood = -68.994376
Iteration 1:    log likelihood = -32.754689
Iteration 2:    log likelihood = -31.899974
Iteration 3:    log likelihood = -31.896643
Iteration 4:    log likelihood = -31.896643

Probit regression                           Number of obs   =        100
                                            LR chi2(1)      =      74.20
                                            Prob > chi2     =     0.0000
Log likelihood = -31.896643                 Pseudo R2       =     0.5377
```

```
------------------------------------------------------------------------------
          y |      Coef.   Std. Err.      z    P>|z|     [95% Conf. Interval]
------------+-----------------------------------------------------------------
      rstar |  -1.826082   .3481266    -5.25   0.000    -2.508398   -1.143767
      _cons |   .7306556   .2264169     3.23   0.001     .2868867    1.174424
------------------------------------------------------------------------------
Note: 10 failures and 0 successes completely determined.

.
. nlcom (mu: -_b[_cons]/_b[rstar]) (sig: -1/_b[rstar])

       mu:  -_b[_cons]/_b[rstar]
      sig:  -1/_b[rstar]

------------------------------------------------------------------------------
          y |      Coef.   Std. Err.      z    P>|z|     [95% Conf. Interval]
------------+-----------------------------------------------------------------
         mu |   .400122   .0978294     4.09   0.000     .2083799    .5918641
        sig |  .5476205    .104399     5.25   0.000     .3430021    .7522389
------------------------------------------------------------------------------
```

ここで，μ と σ の推定値が得られていることに注意しよう．しかし今回は，異質的エージェント・モデルを推定しているので，その解釈は次のようになる．すべての個人は，以下の分布から抽出された，異なる「相対的リスク回避度に関する係数」を持っている．

$$r \sim N(0.4001, 0.5476^2)$$

リスク回避度パラメータが抽出された後，被験者はそれを期待効用の計算にもちいるが，それはエラーなしに実行される．

6.5.2 デルタ法

デルタ法（STATA では nlcom）は，(6.32) 式における μ と σ の推定値の標準誤差を得るために使用される．

プロビット・モデルによる推定値を $\hat{\beta}$ と $\hat{\alpha}$ としよう．これらの推定値は，誘導形推定値として言及されることもある．STATA を使用すると，これら推定値に関する分散行列の推定値を得ることができる．

$$\hat{V}\begin{pmatrix} \hat{\beta} \\ \hat{\alpha} \end{pmatrix} = \begin{pmatrix} \mathrm{var}(\hat{\beta}) & \mathrm{cov}(\hat{\alpha}, \hat{\beta}) \\ \mathrm{cov}(\hat{\alpha}, \hat{\beta}) & \mathrm{var}(\hat{\alpha}) \end{pmatrix} \tag{6.33}$$

6.5 さらなる構造モデル 201

この行列の対角要素の平方根は標準誤差で，STATA では probit コマンドの出力の中に見ることができる．

推定されたプロビット・モデルの下での $\hat{V}$ を見たければ，以下のようにすればよい．そうすれば，見たかったものが得られる．

```
. mat V=e(V)
. mat list V

symmetric V[2,2]
                y:          y:
             rstar        _cons
y:rstar    .12119211
y:_cons   -.04842685    .05126459
```

関心のあるパラメータは，α と β の関数になっている．

$$\alpha = \frac{\mu}{\sigma}; \ \beta = -\frac{1}{\sigma} \Rightarrow \mu = -\frac{\alpha}{\beta}; \ \sigma = -\frac{1}{\beta} \tag{6.34}$$

μ と σ は構造パラメータと呼ばれ，被験者の行動の基にある効用関数のパラメータである．

ここで，以下の行列 D が必要となる．

$$D = \begin{pmatrix} \frac{\partial \mu}{\partial \beta} & \frac{\partial \mu}{\partial \alpha} \\ \frac{\partial \sigma}{\partial \beta} & \frac{\partial \sigma}{\partial \alpha} \end{pmatrix} = \begin{pmatrix} \frac{\alpha}{\beta^2} & -\frac{1}{\beta} \\ \frac{1}{\beta^2} & 0 \end{pmatrix} \tag{6.35}$$

$\hat{D}$ を行列 D のパラメータを MLE に置き換えたものとしよう．$\hat{\mu}$ と $\hat{\sigma}$ に関する分散行列は，以下のようになる．

$$\hat{V}\begin{pmatrix} \hat{\mu} \\ \hat{\sigma} \end{pmatrix} = \hat{D}\left[\hat{V}\begin{pmatrix} \hat{\mu} \\ \hat{\sigma} \end{pmatrix}\right]\hat{D}' \tag{6.36}$$

必要とされる標準誤差は，この行列の対角要素の平方根になる．

デルタ法は，STATA では nlcom コマンドを使用することで適用されることに注意してほしい．このコマンドは，いずれまた使用される．このコマンドに関して必要となる構文は 6.5.1 節の最後に示されている例によって明らかである．

6.5.3 デルタ法を使用したその他の例

6.2.1 節では，復元抽出によって取り出された玉の標本に基づいて，壺の中にある赤い玉の比率（p）を推定する問題について検討された．分析された例では，取り出された 10 個の玉のうち 7 個が赤い玉であった．そこで，p の MLE は 0.7 であり，この推定値の漸近標準誤差が 0.145 となることも導出された．

本節では，プロビット・モデルを使用して，このパラメータとその標準誤差がどのように推定可能になるのかを示していく．プロビット・モデルでの従属変数は，引かれた玉が赤であるか（$y = 1$），そうでないか（$y = 0$）を示す二値変数である．それゆえ，y と命名される列は，どのような順序であれ，1 が 7 個あり，0 が 3 個ある必要がある．それから，説明変数がない，つまり，定数項（β_0）のみである以下のプロビット・モデルを推定する．

$$P(y = 1) = \Phi(\beta_0) \tag{6.37}$$

得られた結果は次のようになる．

```
. probit y

Iteration 0:   log likelihood =  -6.108643
Iteration 1:   log likelihood =  -6.108643

Probit regression                               Number of obs   =        10
                                                LR chi2(0)      =      0.00
                                                Prob > chi2     =         .
Log likelihood =  -6.108643                     Pseudo R2       =    0.0000

------------------------------------------------------------------------------
         y |      Coef.   Std. Err.      z    P>|z|     [95% Conf. Interval]
-----------+------------------------------------------------------------------
     _cons |   .5244005   .416787     1.26   0.208     -.292487    1.341288
------------------------------------------------------------------------------
```

切片の推計値は 0.5244 であることに注意しよう．パラメータ p（赤い玉を引く確率）を導出するためには，この推計値に (6.37) 式を当てはめる必要がある．この値を得るために，デルタ法を使用することも可能である．

```
. nlcom p_hat: normal(_b[_cons])

       p_hat: normal(_b[_cons])

------------------------------------------------------------------------------
```

y	Coef.	Std. Err.	z	P>|z|	[95% Conf. Interval]
p_hat	.7	.1449138	4.83	0.000	.4159742 .9840258

頼もしいことに，デルタ法は正確に 0.7 という p の推計値と，0.145 という漸近標準誤差を導出してくれている．これは，6.2.1 節において，異なる手法をもちいて得られた値と同じものである．また，最大化された対数尤度（-6.1086）は，（Excel を使用して対数尤度関数がプロットされた）図 6.2 に見られるものと同じ値であることにも注意しよう．

パラメータ p は，説明変数のないロジット・モデルをもちいても推定可能である．これについては問題 2 を参照してほしい．

6.6 他の種類のデータ

6.6.1 区間データ：区間回帰モデル

Holt and Laury（2002）の実験計画（表 6.1）に戻ってみよう．引き続き被験者は以下の CRRA 型の効用関数を持っているものと仮定する．

$$U(x) = \frac{x^{1-r}}{1-r} \qquad r \neq 1$$

表 6.1 の第 4 列目を思い出してほしいのだが，そこでは，被験者が 2 つのくじの間で無差別になるような r の値（相対的リスク回避度に関する係数）が示されていた．また，問題 1 ではすべての被験者が S を選択すると予想され，問題 10 ではすべての被験者が R を選択すると予想されることも思い出しておこう．6.5.1 節では，利用可能なデータがくじの組間の選択から構成されているとき，母集団における r の分布を推定する方法について検討された．

本節では，入手可能な情報がより正確なものと仮定する．各被験者には，問題 1 から始めて，各選択問題を順番に解いてもらう．こうすることで，選択問題のリスト中のどこで被験者が S から R へと選択をスイッチするのかがわかる．EU の仮定の下では，被験者がどこで選択をスイッチするかに関する知識により，その被験者にとっての r が含まれる区間を知ることができる．例えば，ある EU を最大化する被験者が問題 5 と 6 の間で選択をスイッチしていれば，その相対的リスク回避度に関する係数は，0.15 と 0.41 の間にあるこ

とがわかる.

　その結果得られるタイプのデータは「区間データ」として知られている. こ
こで関心があるのは, 区間データが入手可能なときに, 母集団における r の
分布を推定するための適切な手法である.

　interval_data_sim ファイルには, 100 人の被験者に対する区間データが
（被験者の属性に関する情報とともに）収められている.

　6.4 節と同様に, 母集団における r の分布について, 以下のことを仮定す
る.

$$r \sim N(\mu, \sigma^2) \tag{6.38}$$

各被験者 i には, r の値に対する下限（l_i）と上限（u_i）がある. 各被験者に
関する尤度への寄与度は, 観察されたそれぞれの［選択に対応する］r が,
［それぞれの上限と下限の間の］区間に入る確率となる. したがって, 以下の
ようになる.

$$L_i = P(l_i < r < u_i) = P(r < u_i) - P(l_i < r) = \Phi\left(\frac{u_i - \mu}{\sigma}\right) - \Phi\left(\frac{l_i - \mu}{\sigma}\right) \tag{6.39}$$

したがって, 標本の対数尤度は, 以下のようになる.

$$LogL = \sum_{i=1}^{n} \left[\Phi\left(\frac{u_i - \mu}{\sigma}\right) - \Phi\left(\frac{l_i - \mu}{\sigma}\right) \right] \tag{6.40}$$

(6.40) 式を最大化すると μ と σ の MLE が得られる. これは, （目下のケース
では説明変数はないが）区間回帰モデルと呼ばれるものである. これを STATA
で推定するためには, 次のコマンドを使用する.

```
intreg rlower rupper
```

ここで, `rlower` と `rupper` は, 各観測値に対する下限と上限を含む変数であ
る.

　推定結果は次のようになる.

```
. intreg rlower rupper
```

```
                              6.6 他の種類のデータ                        205

Fitting constant-only model:

Iteration 0:   log likelihood = -199.07231
Iteration 1:   log likelihood = -198.96851
Iteration 2:   log likelihood = -198.96849

Fitting full model:

Iteration 0:   log likelihood = -198.96849
Iteration 1:   log likelihood = -198.96849

Interval regression                      Number of obs   =        100
                                         LR chi2(0)      =       0.00
Log likelihood = -198.96849              Prob > chi2     =          .

------------------------------------------------------------------------
             |      Coef.   Std. Err.      z    P>|z|    [95% Conf. Interval]
-------------+----------------------------------------------------------
       _cons |    .613146   .0597808    10.26   0.000    .4959777   .7303143
-------------+----------------------------------------------------------
     /lnsigma |   -.5323404  .0764651    -6.96   0.000   -.6822092  -.3824716
-------------+----------------------------------------------------------
       sigma |    .587229   .0449025                     .505499    .6821733
------------------------------------------------------------------------

   Observation summary:       0  left-censored observations
                              0      uncensored observations
                              6 right-censored observations
                             94       interval observations
```

関心のあるパラメータの推計値は，直接に読み取ることができる．母集団における リスクに対する態度の分布は，次のように推計されている．

$$r \sim N(0.613, 0.587^2)$$

次に，被験者の属性に応じてリスクに対する態度が変動することを認めたいとしよう．そのためには，例えば，以下のようにする．

$$r_i = \beta_0 + \beta_1 age_i + \beta_2 male_i + \epsilon_i \tag{6.41}$$

$$= x_i'\beta + \epsilon_i$$

$$\epsilon_i \sim N(0, \sigma^2)$$

(6.41) 式の第 2 行目では，定数項を含む観測値 i に付随するすべての説明変数をベクトル x_i に集約するという慣習を採用している．ベクトル β には，説明変数のそれぞれに対応する 3 つのパラメータが $\beta = (\beta_0 \quad \beta_1 \quad \beta_2)'$ のように含まれている

206   第 6 章　実験データの離散性への対処

こうした一般化の下では (6.38) 式は以下のようになる.

$$r_i \sim N(x_i'\beta, \sigma^2) \tag{6.42}$$

また，対数尤度関数は次のようになる.

$$LogL = \sum_{i=1}^{n} \ln \left[\Phi \left(\frac{u_i - x_i'\beta}{\sigma} \right) - \Phi \left(\frac{l_i - x_i'\beta}{\sigma} \right) \right] \tag{6.43}$$

説明変数のある区間推定モデルを推定するためには，以下のようにする.

```
. intreg rlower rupper age male

Fitting constant-only model:

Iteration 0:   log likelihood = -199.07231
Iteration 1:   log likelihood = -198.96851
Iteration 2:   log likelihood = -198.96849

Fitting full model:

Iteration 0:   log likelihood = -197.24143
Iteration 1:   log likelihood = -197.17109
Iteration 2:   log likelihood = -197.17108
```

```
Interval regression                    Number of obs   =        100
                                       LR chi2(2)      =       3.59
Log likelihood = -197.17108            Prob > chi2     =     0.1657
```

	Coef.	Std. Err.	z	P>|z|	[95% Conf. Interval]	
age	.02213	.0196956	1.12	0.261	-.0164727	.0607327
male	-.2165679	.1341118	-1.61	0.106	-.4794222	.0462864
_cons	.1592841	.4565128	0.35	0.727	-.7354646	1.054033
/lnsigma	-.5507208	.0764747	-7.20	0.000	-.7006085	-.4008332
sigma	.5765341	.0440903			.4962832	.6697618

```
Observation summary:        0  left-censored observations
                            0     uncensored observations
                            6 right-censored observations
                           94      interval observations
```

　これらの推定結果から，いまや与えられた年齢と性別を持つ個人についての
リスク回避度パラメータを決定する式が，以下のように得られる.

$$\hat{r}_i = 0.159 + 0.022 age_i - 0.217 male_i$$

しかしながら，これらの説明変数のいずれもが，リスクに対する態度に対して有意な効果を持たないように思われることに注意してほしい．変数「male」は有意に近く，それが負値であることは，これは男性が女性よりもリスク回避的ではない（あるいは，よりリスク愛好的である）ことを示しているようである．

6.6.2 連続的（正確）なデータ

だが，リスクに対する態度を引き出すための別の方法には，1つのくじを被験者に提示し，その「確実性等価」を尋ねるというものがある．確実性等価とは，その金額を受け取ることと，くじを引いてその賞金を得ることとがちょうど無差別となるような金額のことである．

例えば，仮に次のようなくじが提示されたとしよう．

$$(0.3, \$3.85; 0.7, \$0.10)$$

そこで，被験者がその確実性等価は$0.75 となると主張するならば，その被験者の相対的リスク回避度に関する係数は正確に 0.41 となるということを導出できる．その値はどのようにして導出されたのであろうか？　それは以下のような等式が成立するからである[4]．

$$0.3 \frac{3.85^{1-0.41}}{1-0.41} + 0.7 \frac{0.10^{1-0.41}}{1-0.41} = \frac{0.75^{1-0.41}}{1-0.41}$$

非常に重要な問いは，どのようにして被験者から確実性等価を引き出すか，ということである．単に彼らに尋ねて，正直に答えてくれることを期待することもできる．しかし，研究者たちによれば，被験者にその確実性等価を正確に申告してもらうためのインセンティブが必要である．確実性等価を引き出すためもちいられる手法は誘因両立的である必要があるということである．

妥当な仮定の下で誘因両立的であるような，確実正当化を引き出すためのポピュラーな方法は，ベッカー・デハルート・マーシャックのメカニズムである（BDM; Becker et al., 1964）．BDM は，以下のような手法である．被験者は，

---

4)　これは，Excel のスプレッドシート「risk aversion calculations」を使用して簡単に確認できるだろう．

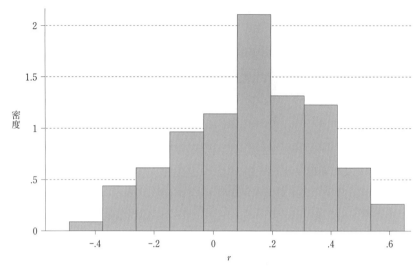

図 6.6 100 人の被験者に関する r の分布

くじに対する評価値を決めるように（つまり，その確実性等価を申告するように）求められる．彼らがくじに対する評価値を決定したら，ランダムな「価格」が生成されるということが告げられる．もし，そのランダムに生成された価格が被験者の申告した額よりも高いならば，[そのくじを販売できて] 彼らはそのランダムに生成された価格と同額の金額を受け取り，与えられたくじを引くことはない．もし，ランダムに生成された価格が彼らの評価値よりも低ければ，彼らは与えられたくじを引く．

exact_data_sim ファイルには，100 人の被験者に対して，上記のような手順で引き出された r の値が収められている．これは，r の値が正確に観測されているという意味で「正確な」データである．また，これは「離散的」データに対して「連続的」データでもある（二値データと区間データはどちらも「離散的」データである）．100 人の被験者標本についての r の分布は図 6.6 に示されている．

以下の仮定に戻ってみよう．

$$r \sim N(\mu, \sigma^2) \tag{6.44}$$

正確なデータが入手可能であるときには，μ と σ をどのようにして推定すれ

6.6 他の種類のデータ

ばよいだろうか. 最初に, 最大尤度を利用してこれらの推定値を得ようと試みると何が生じるのかについて検討してみよう.

ある特定の観測値 r_i に関する以下の確率密度について考える.

$$f(r_i; \mu, \sigma) = \frac{1}{\sigma\sqrt{2\pi}}\exp\left(-\frac{(r_i-\mu)^2}{2\sigma^2}\right) = \frac{1}{\sigma}\phi\left(\frac{r_i-\mu}{\sigma}\right) \tag{6.45}$$

(6.45) 式は典型的な尤度への貢献度なので, 標本全体の対数尤度関数は次のように与えられることになる.

$$LogL = \sum_{i=1}^{n}\ln\left[\frac{1}{\sigma}\phi\left(\frac{r_i-\mu}{\sigma}\right)\right] \tag{6.46}$$

(6.46) 式をプログラムするためには, 以下のようにすればよい.

```
program define exact
args lnf xb sig
tempvar y p

quietly gen double 'y'=$ML_y1
quietly gen double 'p'=(1/'sig')*normalden(('y'-'xb')/'sig')
quietly replace 'lnf'=ln('p')
end

ml model lf exact (r= ) ()
ml maximize
```

推定結果は以下のようになる.

```
. ml maximize

initial:       log likelihood =       -<inf>   (could not be evaluated)
feasible:      log likelihood = -60.251905
rescale:       log likelihood = -7.5739988
rescale eq:    log likelihood =  3.1167494
Iteration 0:   log likelihood =  3.1167494
Iteration 1:   log likelihood =  3.2682025
Iteration 2:   log likelihood =  3.6332603
Iteration 3:   log likelihood =  3.6373834
Iteration 4:   log likelihood =   3.637384
Iteration 5:   log likelihood =   3.637384

                                      Number of obs    =        100
                                      Wald chi2(0)     =          .
Log likelihood =   3.637384           Prob > chi2      =          .
------------------------------------------------------------------------
```

```
            r |      Coef.   Std. Err.       z    P>|z|    [95% Conf. Interval]
-------------+----------------------------------------------------------------
eq1          |
       _cons |   .1340463    .0233327     5.74   0.000    .0883149    .1797776
-------------+----------------------------------------------------------------
eq2          |
       _cons |   .2333275    .0164987    14.14   0.000    .2009905    .2656644
------------------------------------------------------------------------------
```

また，最尤推定値は以下の通りであることがわかる．

$$\hat{\mu} = 0.134$$

$$\hat{\sigma} = 0.233$$

　もちろん，正確なデータが利用可能なときには，μ と σ の MLE を得るためのずっと容易な方法が存在する．

```
. summ r
    Variable |       Obs       Mean    Std. Dev.      Min        Max
-------------+--------------------------------------------------------
           r |       100   .1340463    .2345029  -.4884877   .6499107
```

μ と σ の最尤推定値はそれぞれちょうど変数 r に関する標本平均と標本標準偏差になっている．σ の MLE と標本標準偏差の間にはわずかな差異が生じる．なぜなら，前者では分母に n が使用されるのに対して，後者では $n-1$ が使用されるからである．しかし，漸近的には両者は等しくなる．

　上記で ML を使用した主要な目的は，データが連続的であるような状況における対数尤度関数の構造について認識するためであることに注意してほしい．このことは打ち切りデータを取り扱う次節では特に重要なものとなる．打ち切りデータは通常，離散的なデータと連続的なデータが混合された形式をとるからである．

　推定結果で興味深いことは，μ の推計値（0.134）が，これまで他の手法を使用して得られた（0.400 から 0.613 の間に散らばっていた）どの推定値と比較しても，ずっと 0 に近づいているということである．このことは，ほとんどの被験者はくじの間で選択する場合にはリスク回避的になるが，確実性等価を尋ねられる場合にはリスク中立的になる傾向がある，ということを示唆している（$r = 0$ ならばリスク中立的である）．この点について別の言い方をすれば，確実性等価を尋ねられるときには，被験者はくじの期待値を計算し，その

値に近い額を申告する傾向がある，ということである．

評価問題においてリスク中立的になる傾向性は，3.7.2 節で議論された，有名な「選好逆転（PR）」現象に対する自明な説明となる．選好逆転現象とは，安全なくじ（p-bet）とリスクのあるくじ（$-bet）との間で選択することを求められたときには，被験者は安全なくじの方を好むが，リスクのあるくじの方に高い評価値を与えるという傾向性のことである．

6.6.3 打ち切りデータ：トービット・モデル

Tobin（1958）に起源をもつトービット・タイプのモデル，あるいは打ち切り回帰モデルは，従属変数が打ち切られているとき，つまり，変数がとりうる範囲の上限・下限に観測値の集積があるときに必要となる．範囲の下限は通常0であり，そこでの打ち切りはたいてい「0 での打ち切り」であるが，ときには変数がとりうる範囲の最大値に観測値の集積があるような，範囲の上限での打ち切りを取り扱う必要がある．

打ち切りデータの例として，公共財供給ゲーム実験から得られた実際のデータを使用しよう．ここで記述される［公共財への貢献額の］表明方法は，自発的供給メカニズム（VCM）として知られているもので，2.5.4 節ですでに記述されている．この設定での基本的な特徴は，唯一のナッシュ均衡は各グループに属するすべての被験者が「ただ乗り」し，それぞれが公共財に対して何も貢献しないことであるにもかかわらず，実験で典型的に観察されるのは，高い比率で貢献額 0 が観察されるのと同時に，十分に大きい正の値の貢献額が観察される，ということである．分析の焦点は通常，正の貢献額の背景にある動機を識別することに置かれる．

まず，データを描写することから始め，それからトービット・モデルの適用について説明しよう．**bardsley** ファイルには，98 人の被験者のデータが含まれており，彼らは Bardsley（2000）によって実施された実験において，$n = 7$ 人からなる 14 グループに分割され，それぞれが 20 個の課題を実施した．この実験の重要な特徴は，1 グループに属する 7 人の被験者が順番に貢献の決定をしていき，各被験者は自分の順番よりも先に決定した被験者の貢献額を観察できるというところにある．この実験計画は，貢献に対する「互恵性」の動機を直接的に検証することを可能にしてくれるという意味で有益なものである．

ここで使用される変数は，以下の通りである．

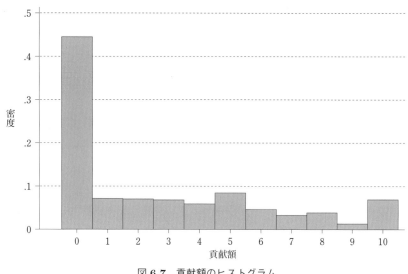

図 **6.7** 貢献額のヒストグラム

y： 公共財に対する各被験者の貢献額
med：グループ内で先に貢献の決定をした他の被験者の貢献額の中央値
tsk： 課題番号

図 6.7 には，貢献額のヒストグラムが示されている．ここには，可能な最小の貢献額である 0 のところに観察値の集積があり，可能な最大の貢献額である 10 のところにも，それほど顕著ではないが観察値の集積があることがはっきりと見て取れる．貢献額 (y) は「二重に打ち切られた」変数であると言える．それは，0 のところ「以下が打ち切られ」，それと同時に 10 のところ「以上が打ち切られ」ているためである．

図 6.8 には，先に決定を行った他の被験者の貢献額の中央値 (med) と課題数 (tsk) に対する貢献額の散布図が示されている[5]．これらのグラフを作るために使用したコマンドは，以下の通りである．

```
lowess y med, msize(0.4) jitter(1)  bwidth(0.7)  xlabel(0(1)10)
lowess y tsk, msize(0.4) jitter(1)  bwidth(0.7)  xlabel(0(5)30)
```

---

[5] 被験者は 20 個の課題にしか参加していないが，課題番号は 1 から 30 まであることに注意してほしい．これは，公共財供給実験とは関係のない他の課題も課題の系列に含まれているためである．

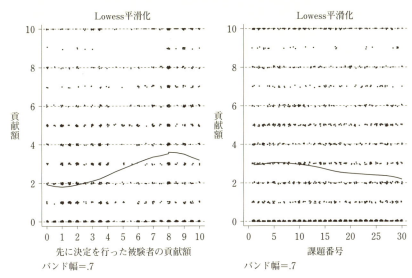

図 6.8　左側：先に決定を行った被験者の貢献額の中央値に対する貢献額；右側：課題の番号に対する貢献額；双方とも平滑化曲線が追加されている

散布図そのものは，それほど多くの情報をもたらしてくれていない．1つの問題点は，変数が離散的であるために，ほとんどのデータが図中の点で示されていることである．この理由のために，散布図には「ジッター」を加えて，少なくともどの位置にほとんどの点があるのかを見えるようにしている[6]．また，貢献額の条件付き平均の推定値を示す Lowess 平滑化も加えてある．左側の図におけるこの平滑化曲線は，先に決定を行った他の被験者による貢献額が貢献額に正の効果を与えていることが明らかにしており，互恵性に関するノンパラメトリックな証拠を提供してくれている．右側の図の平滑化曲線は，実験の経過に伴う貢献額の減少トレンドを示しており，これは通常，被験者が「ナッシュ均衡をプレーすることを学習している」ものと解釈されている．次に，互恵性と学習に関するパラメトリックな検定を実施することを可能にしてくれるモ

---

[6]　「ジッター」のある散布図とは，各点の位置がわずかに摂動されているような散布図のことである．実験経済学者によって使用されてきた代替的な手法には「バブルチャート」がある．これは，ある特定の点における観測値の数が，その点を中心に描かれた円の大きさによって示されているものである．バブルチャートについてありうる欠点は，グラフを見た人によって円のどの次元（例えば，半径や面積）がそのサイズを表現していると認識されるのかがよくわからないことである．「ジッター」では，あらゆる観測値が図中の異なる点として示されているので，何のあいまい性もない．

デルを推定してみよう.

トービット・モデルの構成は,望ましい貢献額に対する線形の特定化から始める.さしあたりは,データがパネル構造となっていることは無視しよう.これは,以下の回帰モデルにおいては,添え字 i は単に観測値を表現しているのであって,被験者番号ではない,ということを意味する.互恵性と学習の両方を取り入れた自明なモデルは,以下の通りである.

$$y_i^* = \beta_0 + \beta_1 med_i + \beta_2 tsk_i + \epsilon_i \qquad (6.47)$$
$$= x_i'\beta + \epsilon_i$$
$$\epsilon_i \sim N(0, \sigma^2)$$

ここで,y_i^* は観測値 i の下での望ましい貢献額である.

(6.47) 式で定義されている y_i^* に関して重要な特徴は,それが負になりうること,あるいは,それが可能な最大の貢献額,つまり,初期保有額を超える可能性があることである.被験者は負の貢献額を望むことが許されている,あるいは,初期保有額より大きな額を貢献することを望むことが許されている.もちろん,もし被験者が負の貢献額を望んだ場合,ほとんどの実験計画ではそれを 0 という貢献額に制限されることになるだろう[7].同様に,被験者が初期保有額を超える額を貢献することを望んだ場合,観察される彼らの貢献額は,通常初期保有額にされてしまうだろう.しかしながら,彼らが 0 と初期保有額の間の額を貢献することを望むなら,その額が実際に観測される貢献額になるだろう.

このような考え方は,打ち切りルールとして知られているものになり,以下のように定義される.

$$y_i = 0 \quad \text{if } y_i^* \le 0 \qquad (6.48)$$
$$y_i = y_i^* \quad \text{if } 0 < y_i^* < 10$$
$$y_i = 10 \quad \text{if } y_i^* \ge 10$$

ここで,y_i は観測値 i について実際に観測される貢献額である.

ときには,3 つのレジームがあると言われることがある.尤度への貢献度を

---

7) 興味深い最近の発展に,すでに 3.7.3 節で議論された「剥奪ゲーム」がある.これは,独裁者が応答者からお金を奪う,つまり,0 以下の値を「与える」ことが可能な処理があるような独裁者ゲームである.これについては Bardsley (2008) と List (2007) を参照のこと.

6.6 他の種類のデータ 215

得るために，以下のように 3 つの区分を順に検討していくからである．

$$y_i = 0 : P(y_i = 0) = P(y_i^* \leq 0) = \Phi\left(-\frac{x_i'\beta}{\sigma}\right) \tag{6.49}$$

$$0 < y_i < 10 : f(y_i) = \frac{1}{\sigma\sqrt{2\pi}}\exp\left(-\frac{(y_i - x_i'\beta)^2}{\sigma\sqrt{2\sigma^2}}\right) = \frac{1}{\sigma}\phi\left(\frac{y_i - x_i'\beta}{\sigma}\right) \tag{6.50}$$

$$y_i = 10 : P(y_i = 10) = P(y_i^* \geq 10) = \Phi\left(\frac{x_i'\beta - 10}{\sigma}\right) \tag{6.51}$$

これら 3 つの式を 1 つにまとめると，標本の対数尤度は以下のようになる．

$$LogL = \sum_{i=1}^{n}\left(I_{y_i=10}\ln\left[\Phi\left(-\frac{x_i'\beta}{\sigma}\right)\right] + I_{0<y_i<10}\ln\left[\frac{1}{\sigma}\phi\left(\frac{y_i - x_i'\beta}{\sigma}\right)\right]\right.$$
$$\left. + I_{y_i=10}\ln\left[\Phi\left(\frac{x_i'\beta - 10}{\sigma}\right)\right]\right) \tag{6.52}$$

$I_{(.)}$ は指示関数で，添え字に書かれた式が真であれば 1，そうでなければ 0 の値をとる．

(6.47) 式から (6.52) 式で展開されたモデルは，上限と下限のあるトービット・モデルとして知られている (Nelson, 1976). STATA では以下のようにして推定される．

```
. tobit y med tsk, ll(0) ul(10)
```

Tobit regression				Number of obs	=	1960
				LR chi2(2)	=	109.34
				Prob > chi2	=	0.0000
Log likelihood = -3821.3745				Pseudo R2	=	0.0141

y	Coef.	Std. Err.	t	P>|t|	[95% Conf. Interval]	
med	.428854	.0441072	9.72	0.000	.342352	.5153559
tsk	-.0659412	.015992	-4.12	0.000	-.0973044	-.034578
_cons	-.1716389	.3612068	-0.48	0.635	-.8800291	.5367512
/sigma	5.692231	.1497394			5.398566	5.985896

```
 Obs. summary:        872  left-censored observations at y<=0
                      952      uncensored observations
                      136 right-censored observations at y>=10
```

med に対する傾きについての +0.429 という強く有意な推定値は，このデータにおける互恵性現象の存在を強く確証している．この推定値が 1 未満であるという事実は，「バイアスのある互恵性」，つまり，被験者は，他の被験者の貢献額から正の影響を受けているが，他の被験者の貢献額よりも少ない額を貢献する傾向がある，という仮説と整合的である．しかしながら，ここで推定されたモデルでは，すべての主体が互恵的であると仮定されており，推定された効果は，他の被験者による貢献額に反応しない被験者の存在によって弱められていることを思い出してほしい．集団の一部だけが互恵的であると仮定する「混合モデル」を第 8 章で推定するときには，med の効果はかなり大きくなることを発見するだろう．

tsk に対する係数が負値で強く有意であることは，学習プロセスの存在を確証している．つまり，被験者は，ゲームの構造について学習していくことを通じて，経験の蓄積により，貢献額を少なくしていく，ということである．第 8 章で再度このデータの分析をするときに，この学習効果についてさらに深く議論することにする．

最後に，打ち切りを無視した場合の結末について検討する．そこで，このデータに線形回帰を直接当てはめると，以下の結果が得られる．

```
. regress y med tsk

      Source |       SS       df       MS              Number of obs =    1960
-------------+------------------------------           F(  2,  1957) =   70.64
       Model |  1381.29031     2  690.645157           Prob > F      =  0.0000
    Residual |  19133.2627  1957  9.77683329           R-squared     =  0.0673
-------------+------------------------------           Adj R-squared =  0.0664
       Total |  20514.5531  1959  10.4719515           Root MSE      =  3.1268

------------------------------------------------------------------------------
           y |      Coef.   Std. Err.      t    P>|t|     [95% Conf. Interval]
-------------+----------------------------------------------------------------
         med |   .2439314   .0218857    11.15   0.000     .2010097    .2868531
         tsk |  -.0343927   .0080305    -4.28   0.000    -.0501419   -.0186434
       _cons |   2.016418   .1779047    11.33   0.000     1.667515    2.36532
------------------------------------------------------------------------------
```

打ち切りを無視した場合，互恵性パラメータと学習パラメータの量の推定において，大きな下方バイアス（つまり，推計値が 0 に近づくバイアス）が存在していることがわかる．例えば，互恵性パラメータに関する OLS 推定値は 0.24 であり，これはトービット・モデルから得られた 0.43 という推定値のほ

ぼ50% 程度でしかない.

ここで重要なことは，もしデータが0と10のところで打ち切られていることを考慮しなければ，傾き，つまり，互恵性や学習の程度はかなり過少に推定されるということである．このことは，図6.8を参照することで説明できるかもしれない．左側の（medに対する貢献額についての）散布図を考える．下限（つまり，貢献額0のところ）で打ち切られた観測値は，グラフの左端（つまり，先に決定した被験者の貢献額が低い側）により集中しており，こうした観測値の存在は，線形回帰直線の左端を引き上げる効果を持つ．上限（つまり，貢献額10のところ）で打ち切られた観測値は，グラフの右端に集中しており，その存在は回帰直線の右端を引き下げる効果を持つ．両タイプの打ち切られた観測値が結合して生じさせる効果は，回帰直線の傾きにかなり深刻な下方バイアスをもたらす．

本節を通じて，データのパネル構造は無視されていた．データセットは98人の被験者による20個の課題に対する意思決定で構成されているので，このデータセットはパネルであり，第4章と第5章で導入されたタイプのパネルデータ・モデルを使用することが望ましい．「パネル・トービット」推定値は，tobitの代わりにxttobitコマンドを使用することのよって簡単に実行可能である．10.5節でこれを実際に行う．

6.7 最後通牒ゲーム：さらなる分析

6.7.1 性差の効果に関するさらなる検定

3.6節では，単純な処理効果の検定をもちいて，最後通牒ゲームにおける応答者の決定に対する性差の効果を検討した．ここでは，再び同じ問題を検討するが，より洗練された手法をもちいることにする．再び **ug_sim** データをもちいることにしよう．

性差の効果を見出すための自明な方法は，回帰分析を利用することである．回帰分析が持つ重要な利点は，同時に異なる効果を推定することが可能な点である．例えば，以下のようなことがしてみたいとしよう．そのために，男性の提案者が女性の応答者に提示するかどうかを示すダミー変数を作成することから始める．

```
. gen m_to_f=male_i*(1-male_j)

.
. regress y male_i male_j m_to_f

      Source |       SS       df       MS              Number of obs =     200
-------------+------------------------------           F(  3,   196) =    3.37
       Model |  976.185392      3  325.395131          Prob > F      =  0.0195
    Residual |  18901.4946    196   96.436197          R-squared     =  0.0491
-------------+------------------------------           Adj R-squared =  0.0346
       Total |   19877.68     199  99.8878392          Root MSE      =  9.8202

------------------------------------------------------------------------------
           y |      Coef.   Std. Err.      t    P>|t|     [95% Conf. Interval]
-------------+----------------------------------------------------------------
      male_i |  -4.519608   1.885099    -2.40   0.017    -8.23729   -.8019261
      male_j |   3.744608   2.074081     1.81   0.073    -.3457722   7.834988
      m_to_f |   2.381863    2.80275     0.85   0.396    -3.145557   7.909282
       _cons |     35.275   1.552709    22.72   0.000     32.21284   38.33716
------------------------------------------------------------------------------
```

これらの推定結果から,次のことがわかる.

1. 他の事象を一定とすれば,男性の提案者は,女性の提案者よりも 4.5 単位少ない提案をする傾向がある.

2. 他の事象を一定とすれば,応答者が女性の場合よりも男性の場合の方が提案者は 3.7 単位多く提案する傾向がある.この効果は,ごくわずかに有意であるにすぎないことに注意してほしい.

3. 他の事象を一定とすれば,男性の提案者は,応答者が男性の場合よりも女性の場合の方が 2.38 単位多く提案する傾向がある.Eckel and Grossman (2001) は,この効果を「騎士道効果」と呼んでいる.この効果は,この標本では有意ではないことに注意してほしい.

提案者は応答者が男性の場合の方がより多くの提案をするという結果 2 を考察する際には,このようにすることが合理的かどうかを確認したいかもしれない.もし,男性の方が提案を棄却する可能性が高いならば,男性の応答者により多く提案することは合理的である.これが当てはまっているかどうかを知るためには,6.2.5 節のプロビット・モデルに戻り,提案者の提案額に加えて,応答者の性別を説明変数に追加すればよい.そのようにした結果は,以下のようになる.

```
. probit d y male_j
```

6.7 最後通牒ゲーム：さらなる分析

```
Iteration 0:   log likelihood = -113.55237
Iteration 1:   log likelihood = -68.373743
Iteration 2:   log likelihood = -64.187937
Iteration 3:   log likelihood = -64.116934
Iteration 4:   log likelihood = -64.116904
Iteration 5:   log likelihood = -64.116904

Probit regression                          Number of obs   =        200
                                           LR chi2(2)      =      98.87
                                           Prob > chi2     =     0.0000
Log likelihood = -64.116904                Pseudo R2       =     0.4354

------------------------------------------------------------------------
         d |     Coef.    Std. Err.      z    P>|z|    [95% Conf. Interval]
-----------+------------------------------------------------------------
         y |  .1567836    .0231961     6.76   0.000     .11132     .2022472
    male_j |  -.5976406   .2668131    -2.24   0.025   -1.120585   -.0746966
     _cons |  -3.933341   .6589175    -5.97   0.000   -5.224796   -2.641886
------------------------------------------------------------------------
```

確かに，女性と比べて男性の方が与えられた額の提案を受け入れる可能性が低いという証拠が存在することがわかる（$p = 0.025$）．そこで，男性の応答者に対してより多くの提案をすることは提案者にとって合理的であると結論できよう．

これに続く自明な問いは，提案が同じ割合で受け入れられるような状況を生み出すためには，提案者は，女性の応答者に比べて男性の応答者に対して，どれだけ多くの提案をすべきだろうか？　ということになる．男性の応答者が提案を受け入れる傾向は，女性よりも 0.598 低い．この差は，提案額を 0.598/0.157 という量［男性ダミー male_j に対する係数の推定値 -0.598 を提案額 y に対する係数の推定値 0.157 で割った値］だけ増加させることで相殺されるだろう．もちろん，この計算は nlcom コマンドを使用して実行可能である．

```
. nlcom more_to_male: -_b[male_j]/_b[y]

more_to_male:  -_b[male_j]/_b[y]

------------------------------------------------------------------------
         d |     Coef.    Std. Err.      z    P>|z|    [95% Conf. Interval]
-----------+------------------------------------------------------------
more_to_male |  3.811882  1.612015    2.36   0.018    .6523915   6.971373
------------------------------------------------------------------------
```

［この計算結果から，性差の効果を相殺するために必要である］この値に対する 95% 信頼区間はかなり広いものの，合理的な提案者は，男性に対して女性

よりも 3.81 単位多く提案すべきであるということがわかる.

提案者が［男女間の］提案の受け入られる可能性の差を相殺するために男性に与えるこの付加的な額に対する 3.81 という推定値が，提案者が男性に対して実際に支払う追加的な額に関する，最初の回帰コマンドの実行から得られた 3.74 という推定値［male_j に対する係数の推定値］と非常に近い値であることは興味深い.なぜなら，この（シミュレートされた）データにおける提案者が確かに合理的であるということを示しているからである.

6.7.2 リスク下の選択問題としての提案者の意思決定

提案者の提案額（y）と応答者の提案を受け入れるか否かに関する意思決定（d）との間の関係を思い出してほしい.図 6.5 では，応答者が提案を受け入れる確率は，提案額の増加に伴って急速に増加し，提案額が初期保有額の 50% に達すると，明らかに 1 に達する，ということを示した（初期保有額は 100 単位であったことを思い出してほしい).

それで，提案者の意思決定もこのように確率的なものであると見ることができるだろう.もし，提案者が 50 単位を提案すれば，確率 1 で自分自身のために 50 単位をキープすることになる.つまり，リスクなしに 50 の利得が得られる.もし 40 単位しか提案しなければ，利得は 60 に上昇するが，この利得を 1 未満の確率で受け取ることになり，それ以外の場合には利得は 0 となる.提案額が低くなるほど，受け取る可能性のある利得は上昇するが，この利得を受け取る確率は減少していく.したがって，提案者の意思決定は，このようにリスク下の選択問題として分析できることがわかる.これは，Roth et al. (1991) やその他の研究者によって採用されているアプローチである.

6.2.5 節では，任意の提案 y が受け入れられる確率に対する以下の公式を得るために，プロビット・モデルが使用された.

$$\hat{P}(d = 1) = \Phi(-3.855 + 0.144y)$$

ここで，提案者がこの確率公式を知っているものと仮定しよう.これは合理的期待を仮定するということに対応する.

目下の目的のために，初期保有額は 1 単位であるとしよう.それで，もし提案者が初期保有額の 50% を提案すれば，リスクなしの利得は 0.5 になるだろう.もし，初期保有額の 40% を提案すれば，不確実性を伴う利得は 0.6 と

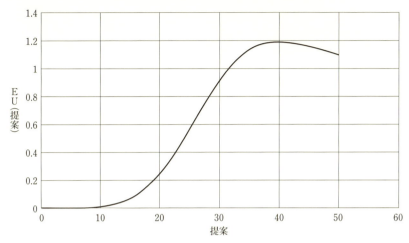

図 6.9 提案に対する $r = 0.4$ の下での EU

なる，以下同様．

proposer decision という Excel スプレッドシートには，以下の分析に必要な計算式が含まれている．ある特定のリスク回避度パラメータを，例えば，$r = 0.4$ と仮定すると，y を提提案した場合の提案者の期待効用に関する以下の式が得られる．

$$EU(y) = \Phi(-3.855 + 0.144y) \times \left(\frac{100-y}{100}\right)^{1-0.4} \bigg/ (1-0.4) \qquad (6.53)$$

(6.53) 式をもちいれば，可能な提案のそれぞれに対する EU をプロットできる．これは図 6.9 に示されており，$r = 0.4$ であるような提案者にとって最適な提案額は 40 であることがわかる．異なる r の値に対してこの計算を繰り返せば，それぞれのリスクに対する態度に関する最適な提案額を見出すことができる．その結果は図 6.10 にプロットされている．

すると，提案者の提示額がわかれば，図 6.10 を使用して，そのリスク回避パラメータを導出することができる．例えば，47 単位が提案されている場合，提案者のリスク回避パラメータは 0.95 であるに違いない（この提案者はかなりリスク回避的である）．

200 人の提案者のうち 36 人（18%）が，初期保有額のちょうど 50% を提

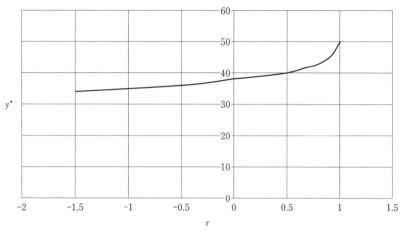

図 6.10　r に対する最適な提案額

案していたことを思い出してほしい．この行動を極端なリスク回避性に帰着すべきだろうか？　おそらくそうすべきではない．初期保有額の 50% を提案した個人は，公平性の観点からそのようにした可能性が高い．彼らはそれが公平な配分だと考えているので，初期保有額の 50% を与えることを望んでいるのであって，提案が拒否されることを懸念しているわけではないのである．

　こうした検討から，混合モデルの考え方に導かれる．混合モデルは，この後の章で重要な役割を果たすものである．［このモデルに従えば，］母集団のうちあるグループ（約 18% に思われる）は公平性によって動機付けられており，初期保有額を平等に分割することを希望している．他の 82% の被験者は，利己性に動機付けられており，先ほどの分析に従えば，そのリスク回避性の程度が，どれだけの額を提案するかを決定している，ということになる．

　この考え方を拡張すると，公平性によって動機付けられている被験者をより詳しく見ていくことが興味深いことになる（彼らのことを「平等主義者」と呼ぶことにしよう．彼らは，ときには「平等分割者」とも言われる）．

```
. gen egal=y==50

. tab egal

        egal |      Freq.     Percent        Cum.
------------+-----------------------------------
           0 |        164       82.00       82.00
```

```
          1 |        36       18.00      100.00
-----------+-----------------------------------
      Total |       200      100.00
```

先に述べたように，36人の提案者が初期保有額の50%を提案している．今
度は，この36人の被験者を性別で分けて分析してみよう．平等主義は性別と
関係しているのかを調べるためには，カイ二乗検定が必要になる（第3章を参
照）．

```
. tab male_i egal , chi2

            |        egal
     male_i |         0          1 |     Total
-----------+----------------------+----------
          0 |        66         25 |        91
          1 |        98         11 |       109
-----------+----------------------+----------
      Total |       164         36 |       200

         Pearson chi2(1) =  10.1506   Pr = 0.001
```

この表からわかるように，91人の女性のうち25人が平等主義者であるが，
109人の男性のうち11人だけが平等主義者である．この差の有意性は，カ
イ二乗値とともに要約されており，これに付随しているp値は（このシミュ
レートされたデータセットによれば），性差と平等主義との間に強く有意な正
の関係，つまり，女性の方が男性よりも平等主義者である可能性が高いことを
示している．

6.8 まとめと読書案内

　本章では，実験経済学で一般的に登場する多くのデータ・タイプと，それら
をモデル化可能にするさまざまな手法が取り扱われた．実験データにおける
離散性のモデル化が本章の中心的なテーマであったが，多くの他のテーマも
取り上げられた．その1つは最尤推定と，そのSTATAでの実行方法である．
別のテーマとしては，構造モデル，つまり，すなわち，効用関数のパラメータ
推定が取り上げられた．これは，最初にリスク下の選択実験データという文脈
の下で，それから最後通牒ゲームにおける提案者の意思決定の文脈の下で取り
扱われた．

二値データ・モデルに関して有益な文献は Cox（1970）があり，打ち切りデータと区間データに関しては Maddala（1983）がある．ML や漸近理論に関するより一般的な事柄に関しては，Greene（2008）を参照してほしい．STATA で ml コマンドをどのように使用するかに関する情報については，Gould et al.（2010）を参照してほしい．

リスクに対する態度を引き出すためのポピュラーな手法は複数価格リスト（MPL）法（Holt and Laury, 2002）であり，この手法で得られたデータの分析方法が本章に提案されている．さまざまなタイプの MPL に関する長所と短所については，Andersen et al.（2006）によって検討されている．

最後通牒ゲームにおける提案者の意思決定をリスク下の選択モデルとして扱う 6.7 節で検討されたモデルは，Roth et al.（1991）のモデルと類似したものである．

性差の効果は最後通牒ゲームにおける意思決定の文脈の下で検討された．同じ文脈の下での類似した検定が，Eckel and Grossman（2001）によって行われている．実験経済学における性差の効果に関するより一般的な研究レビューについては，Croson and Gneezy（2009）を参照してほしい．

本章で何度も使用された重要な手法の 1 つはデルタ法であり，これについてのさらなる情報は，Oehlert（1992）に見出すことができるだろう．

問題

1. 6.2 節には，二値データに対するプロビット・モデルが紹介されており，また 6.3 節には，プロビットの対数尤度関数を最大化するプログラムを書くための手続きが記述されている．プロビット・モデルに対する代替的なモデルにはロジット・モデルがあり，それは次のように定義される．

$$P(y_i = 1) = \frac{\exp(\beta_0 + \beta_1 w_i)}{1 + \exp(\beta_0 + \beta_1 w_i)}$$

再度，**house_money_sim** データについて考えてみる．

(a) 以下のコマンドを使用してロジット・モデルを推定しなさい．

```
logit y w
```

(b) 富効果の存在に関して検定を実施しなさい．

(c) Excel を使用して，富の水準がとりうる範囲における S が選択される

確率を予測しなさい.

(d) ロジット・モデルの対数尤度を計算するプログラムを STATA で書き, ml コマンドを使用してそれを最大化しなさい. それは, (a) と同じ結果を出力するはずである.

(e) ロジット・モデルとプロビット・モデルは類似の結論を導くだろうか?

(f) 6.2.2 節では, プロビット・モデルの下で, (安全なくじが選ばれる確率が 0.5 になる) リスク中立性を引き出すために必要な初期保有額は 9.23 ドルであると推定された. ロジット・モデルの推定結果を使用して, 上記の額に関する推定値を見出しなさい.

(g) デルタ法を使用して, (f) で計算された「リスク中立性に必要な初期保有額」に対する標準誤差と信頼区間を見出しなさい. これをプロビット・モデルとロジット・モデルの両方で行いなさい. どちらのモデルの推定値がより正確だろうか?

2. 6.2.1 節では, 赤色と白色の玉が含まれる壺の中にある赤玉の比率を推定することを目的とした例について検討した. そこでは, 10 個の玉が取り出され, そのうちの 7 個が赤色である状況と, 100 個の玉が取り出され, そのうち 70 個が赤色の状況が考察された. 以下の表には, そこで得られた結果が要約されている.

標本サイズ	10	100
赤玉の数	7	70
$\hat{p}$	0.7	0.7
$a.s.e.(\hat{p})$	0.145	0.046
最大対数尤度 $LogL$	-61086	-61.086

6.5.3 節では, これらの結果がどのようにして説明変数のないプロビット・モデルで推定され, デルタ法を適用することで得られるのかが説明された. そこでは, 説明目的のために, 上の表の第 1 列目の値が推定された.

(a) 上の表の第 2 列目を, プロビット・モデルを使用して推定しなさい.

(b) 表中のすべての値は, 説明変数のないロジット・モデルを使用しても得ることができる. これを試してみなさい.

(c) 通常は, ロジット・モデルとプロビット・モデルは, 類似した, しか

し同一ではない値を導く．目下の状況においては，正確に同一の値が得られることになるだろう．なぜそうなるのだろうか？

3. 本章で紹介されたさまざまな選択モデルについて考える．いま，いずれの課題においても，確率 ω で個人は集中力を失い，2 つの選択肢のどちらかをランダムに選択すると仮定してみよう．パラメータ ω は，「摂動確率」として知られているものである．それは通常，0.01 から 0.10 の値をとる．

(a) 6.4 節で概要を示したフェヒナー・モデルについて考える．つまり，すべての個人は同じリスク回避パラメータ r の CRRA 型の効用関数を持っている．どの個人にとっても，安全な選択がなされるのは，以下の式が成り立つときである．

$$EU(S) - EU(R) + \epsilon > 0$$

ここで，ϵ はフェヒナー誤差項で，$\epsilon \sim N(0, \sigma^2)$ である．6.4 節では，安全な選択が行われる確率を導出し，それから標本の対数尤度を構成した．それでは，摂動確率が存在する場合には，安全な選択が行われる確率はいくらだろうか？　このパラメータの推定を含むように 6.4 節の ml プログラムを修正しなさい．

(b) 同じことを 6.5.1 節で導入された異質的主体モデルについても行いなさい．

(c) 6.6.3 節において分析された公共財供給ゲームについて考える．そこでは，決定変数は公共財に貢献された額（$y, 0 \leq y \leq 10$）であった．この種のモデルには，どのようにして摂動パラメータを導入すればよいだろうか？

なお，摂動パラメータをモデルに導入する方法については，この後の章でより詳細に取り扱うことにする．

4. (a) 離散データ・モデル（例えば，二値データ・モデル）に対して，標本の対数尤度は常に負であることを示しなさい．

(b) 連続的な結果を持つモデル（例えば，線形回帰モデル）に対して，標本の対数尤度が正になりうることを示しなさい．

227

第 7 章　実験統計における順序データ

7.1　はじめに

　本章では，序数データまたは順序データのモデル化を取り扱う．伝統的に，この種のデータは，意識調査で扱われてきたもので，その回答はリッカート尺度（Likert, 1932）をもちいて点数化される．この種の応答を計測するための自然な単位が存在しないために，このような尺度が生まれたのである．

　実験経済学者が序数データに関心を持つのにはいくつかの理由がある．例えば，実験中に被験者が経験した（恐怖，怒り，悲しみなどの）感情についてのデータを引き出し，これらの感情がどの程度，実験における被験者の経験によって引き起こされているのかを調べることが近年ポピュラーになってきた．こうしたデータを引き出すための自然な手法は，実験中の適切なときに，被験者に自分の感情をリッカート尺度によって直接的に評価してもらうというものである．この場合，計量経済学上の目的は，調査の結果として得られたデータをもちいて，被験者の実験における経験がその感情に与える影響を，感情に影響を与える可能性がある（性別といった）個人的属性をおそらく統制した上で，推計することになる．この推計手順については，7.5 節で説明することにする．

　順序データが現れる他の実験設定としては，自分が行った特定の選択について被験者がどれくらい「確信を持っているか」が尋ねられるというものがある．例えば，リスク下の選択実験に参加している被験者は，リスクのない安全なくじかリスクのあるくじの間で選択するように求められ，それから，選択を行った後に，自分が行った選択への確信の度合いについて，「あまり確かでない」「かなり確か」「完全に確か」といった選択肢の間から選ぶことによって示

すよう求められるかもしれない．この場合，6段階のリッカート尺度となる．明らかに，リスクに対する態度についてのパラメータを推定する際には，確信の度合いに関する情報の方が潜在的に，単純な二値的選択よりも精度が高い結果が得られる．しかしながら，二値データの方が確信度についてのデータよりも信頼できると信じるべき理由もまた存在する．利得が実際に報酬として支払われることを仮定すれば，二値的選択問題は誘因両立的である．確信の度合いの申告についてはそうではない．というのは，確信度を正直に申告する誘因がないためである．このため，二値選択と確信度に関する序数的申告との間の一貫性を検証するための方法があるか否かを考察する必要がある．もし，そうした一貫性があることがわかれば，金銭的動機がないにもかかわらず，被験者は確信度を正直に申告していると結論することができるだろう．この問題や他の問題については，7.6 節で議論することにする．

　さまざまな理由から，序数的回答についてのデータは統計的に取り扱いづらいものである．本章の主なテーマは，序数データの分析に適した順序プロビット・モデルであり，これはすべての例においてもちいられている．その中心となる考え方は，序数的回答の背後には，肯定的な回答をする傾向性を表現する連続的に分布する確率変数が潜在的に存在する，というものである．背後にあるこのような潜在的変数に関する分布パラメータは，最尤法をもちいて推定され，これらのパラメータには分析者にとって有益な情報になりうる解釈が存在する．

　よくある間違いは，序数データと区間データを区別しないことである．（6.6.1 節で扱われた）区間データとは，計測に自然な単位が存在するが，その値が完全には観測できないデータである．わかっているのは値が存在する区間だけである．6.6.1 節で説明したように，区間データの分析に適した手法は区間回帰モデルである．順序プロビットとの実際上の主な違いは，区間回帰モデルでは，「閾値」パラメータが事前にわかっているのに対して，順序プロビットではこれらを推定する必要があるということである．

　7.2 節では，順序データでは統計的モデル化に特別な処置が必要となる理由を要約することにより，順序プロビットを使用する動機について説明する．7.3 節では，対数尤度関数の構成を含む，モデルに関する理論的分析を提示する．7.4 節では，いわゆる閾値に焦点を当て，通常は撹乱パラメータとして扱われるこれらのパラメータがとる値に特に関心が持たれる可能性について，多

7.2　序数データ：特別な処置が必要な場合　　　　229

くの理由を提示する．7.5 節では，実験から得られた感情データへの応用について取り扱う．7.6 節では，リスク下の選択における確信度について利用可能な場合の実験データへの応用について取り扱う．

7.2　序数データ：特別な処置が必要な場合

　順序プロビット・モデルの魅力は，線形回帰の手法を使用して順序データを分析した場合の帰結について考えると最も容易に理解できる．

　線形回帰を適用した場合の望ましくない帰結の第1は，例えば，「とても怒っている」と「まあまあ怒っている」という回答間の差が，「まあまあ怒っている」と「少し怒っている」という回答間の差と同じであると暗黙的に仮定してしまうことである．回答の段階は単に序数関係を反映しているに過ぎないため，この2つの差が等しいと期待する論理的な根拠はない．順序プロビットにおいては，その仮定は暗黙的になされてはいない．

　この点は非常に重要である．なぜなら，線形回帰係数に与えられる解釈は，説明変数における1単位の増加に対して予想される従属変数における単位数の変化だからである．明らかに，従属変数が序数的であるならこの解釈は不適切である．

　第2に，線形回帰の利用は，同じ回答をする2人の被験者が正確に同じ態度を持っていることを暗黙的に仮定している．これは正しくない．特定の回答は，一定の範囲の態度と整合的になる．ある回答についての態度の違いは明らかに観測不能であるが，モデルはこのような違いが存在するという事実を認めるべきである．

　これと密接に関係する問題は，「床」と「天井」の歪みとして知られているものである．後者の例としては，いま回答者がとりうる最大の値を回答し，その上で回答者の環境が一般的には回答の値を増加させると予想されるように変化しても，回答の値は増加しない．その値は変わらないままであるというものがある．この場合，各回帰係数にはその値がゼロに向かうバイアスがかかる可能性が高い．

　第3に，質問への回答はその言い回しに部分的に依存しており，また，線形回帰においては回答が直接的にモデルに組み込まれているため，推定結果は質問の言い回しに対して不変ではありえない．しかしながら，分析の焦点であ

る，背後にある態度に関する母集団分布は，質問の言い回しに対して不変であるべきである．順序プロビット・モデルは，回答そのものではなく，この背後にある分布のパラメータを推定するので，このような「フレーミング効果」がどのようなものであろうとも避けられる可能性が高い．7.4 節で議論するように，質問の言い回しが変化するときに調整されると予想されるのは，分布自体ではなく，閾値なのである．

7.3 順序プロビット・モデル：理論

本節では，モデルの理論的側面のみを取り扱う．回答者を $i, i = 1, \ldots, n$ によって表すことにしよう．ここで，n は標本サイズである．y_i を，個人 i の序数的回答とし，整数値 $1, 2, 3, \ldots, J$ のうちの 1 つの値をとりうるものとする．$y_i^* \, (-\infty < y_i^* < +\infty)$ を，回答者 i が肯定的な回答をする傾向性を表現する，背後にある潜在的な変数とする．x_i を，回答者の態度の説明に関連する属性のベクトルとする．順序プロビット・モデルは，y_i^* が以下のように x_i に線形従属しているという仮定に基づいている．

$$y_i^* = x_i'\beta + u_i \quad i = 1, \ldots, n \tag{7.1}$$
$$u_i \sim N(0, 1)$$

β はパラメータのベクトルであり，切片は含まない．これらのパラメータは究極的には，線形回帰の傾きパラメータと同じように解釈可能である．

y^* は観測不能であるが，y^* と観測される y との間の関係は以下のようになっているとする．

$$y = 1 \quad \text{if} \; -\infty < y^* < \kappa_1 \tag{7.2}$$
$$y = 2 \quad \text{if} \; \kappa_1 < y^* < \kappa_2$$
$$y = 3 \quad \text{if} \; \kappa_2 < y^* < \kappa_3$$
$$\vdots$$
$$y = J \quad \text{if} \; \kappa_{j-1} < y^* < \infty$$

パラメータ $\kappa_j, j = 1, \ldots, J-1$ は「閾値」として知られている．

図 7.1 には，y^* の密度関数が示されている．$J = 4$ の場合の閾値の集合も

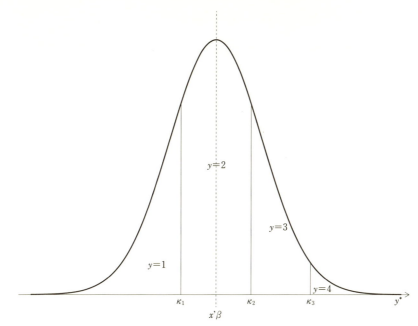

図 **7.1** y^* の密度関数と y との関係

そこに重ねられている．留意すべきは，y^* の平均値 ($x'\beta$) は，ベクトル x に含まれる説明変数に依存しており，それゆえ，1 つの説明変数の値が変化すると，対応する β 係数の符号に示された方向に向かって分布全体がシフトする，ということに注意しよう．図から明らかなように，閾値が固定されているために，そのようなシフトは回答の分布に変化を引き起こす．

ここで特定化されたモデルに切片がないのは，$J-1$ 個の閾値がすべて自由パラメータであることの結果である．(7.1) 式において $\mathrm{var}(u_i)=1$ とすることに加えて，切片か閾値の 1 つを標準化することが必要なのは，そうしないと恣意的になってしまう潜在的変数 y^* に尺度を設けるためである．

ようやく対数尤度関数が構成できる．$P_i(y)$ を，i 番目の回答者の回答が y である確率とする．この確率は以下のようになる．

$$P_i(y_i) = P(\kappa_{y-1} < y_i^* < \kappa_y) = \Phi(\kappa_y - x_i'\beta) - \Phi(\kappa_{y-1} - x_i'\beta) \tag{7.3}$$

ここで，$\Phi(.)$ は標準正規の累積分布関数である．よって，標本 $(y_i, x_i, i =$

$1, \ldots, n$) の下で，対数尤度関数は以下のようになる．

$$LogL = \sum_{i=1}^{n} \ln[P_i(y_i)] = \sum_{i=1}^{n} \ln[\Phi(\kappa_{y_i} - x_i'\beta) - \Phi(\kappa_{y_i-1} - x_i'\beta)] \qquad (7.4)$$

(7.4) 式の対数尤度は，閾値 $\kappa_1, \kappa_2, \ldots, \kappa_{J-1}$ とともに β の要素について最大化すれば，両方のパラメータ集合に対する最尤推定量（MLE）が得られる．

　この理論セクションの最後に触れておきたいのは，例えば満足/不満足のようにリッカート尺度にはとりうる値が2つしかない場合，順序プロビットはより馴染み深い（第6章で取り扱った）二値［単純］プロビットに単純化される．だが，ここでの単一の閾値は，二値プロビットから生じる切片と大きさは一致するものの，逆の符号を持つという点が違っていることに注意してほしい（問題1を参照）．

7.4　閾値パラメータの解釈

　順序プロビット・モデルをもちいた研究では，典型的には，ベクトル β の要素についての解釈に焦点が当てられている．というのは，これらのパラメータは，それぞれの変数が態度に与える影響を表現しているためである．閾値 $\kappa_1, \kappa_2, \ldots, \kappa_{J-1}$ は通常，撹乱パラメータとして扱われ，その値について解釈が与えられることは稀である．本節では，閾値の推定値が重要な点で情報をもたらしてくれる可能性があることが示唆される．

　第1に，被験者が特定のアイテムや製品への親近感をリッカート尺度で点数化するよう求められている状況を考えよう．もし，そのアイテムや製品が，人々が好意を持つ，あるいは嫌悪感を持つような傾向があるものであれば[1]，閾値はその分布の真ん中で鋭く隆起したものになることが予想されるだろう．これとは対照的に，そのアイテムや製品が，多くの人にとって無差別なものであれば，閾値はもっと幅広く散らばることが予想されるだろう．したがって，閾値の散らばり具合は，意見の一致度合いの尺度として理解することができるだろう．

---

1)　イギリス人の間で標準的なものの例としては，マーマイト（marmite）が挙げられる．これは独特の強烈な風味がする黒褐色のネバネバしたペーストである．実際，「マーマイト」という言葉は，意見が二極化する傾向のある物事の比喩になっている．

第2に，閾値は回答に「焦点」を取り入れるための手法である．リッカート尺度データの標準的な特徴は，明らかに過剰な観察値が尺度の中央の値に見られることである[2]．この状況で順序プロビットを推定した場合，中央の値を定める閾値は，比較的離れて広がることだろう．したがって，このモデルは，データのこの扱いづらい特徴を取り入れることができる構造になっているのである．

最後に，閾値を質問の言い回しに合わせて調整しなければならない場合が必ずある．例えば，もし質問の言い回しが不明瞭で理解しづらければ，文言を理解できない回答者が無差別であると回答する傾向があるという事実を反映して，中央の閾値は遠く離れることが予想されるだろう．個人が特定の感情の強さを示すように求められた際にこのことが特に重要になる，ということを 7.5 節において見ることになる．

7.5 感情に関するデータへの応用

意思決定の際に感情が重要な役割を演じていることについては広く意見が一致している．しかしながら，おそらくは感情を計測することの困難さのために，感情の役割に注目した実験はわずかしか存在しない．そうした例外の1つは Bosman and van Winden（2002）の研究で，彼らは「優先権取得」ゲームの過程での被験者の感情を計測することに成功したのである．ここでは彼らの実験のデータをもちいる．これは emotions ファイルに収められている．

ゲームの準備段階として，被験者は実際の努力を要する課題を実施することにより所得（Y）を稼ぐ．被験者は「収奪者」と「応答者」とに分けられ，各収奪者は1人の応答者と組み合わされる．ある組について，収奪者は所得 Y_{take} を，応答者は Y_{resp} を稼いだものと仮定する．ゲーム本番の第1ステージでは，収奪者は応答者の所得のうちのどれだけを自分のために奪うかを決める．Y_{resp} のうち収奪者が奪う割合 $t \in [0,1]$ は「収奪率」として知られている．第2ステージでは，応答者は（収奪者に移転される前に）自分自身の所得の一部を自由に「破棄する」ことができる．$d \in [0,1]$ は Y_{resp} のうち応答者が破棄する割合である．

---

[2]　かなり顕著な例は，リスクを進んで受け入れる度合いをリッカート尺度で報告するときである．この状況では中央での最頻値が特に顕著に現れる．Dohmen et al.（2011）を参照．

収奪者にとって，実験における総獲得額は $Y_{take} + t(1-d)Y_{resp}$ となる．応答者にとって，総獲得額は $(t-1)(1-d)Y_{resp}$ となる．

このゲームの本質は，収奪者は応答者の所得を自分が望むだけ自由に奪うことができる一方で，応答者は，そう望めば，自分自身の獲得金額を減らすことと引き換えに，奪われる予定の金額を減らすことで仕返しができる，というところにある．この実験の設定に類似した現実世界の事例としては，次のようなものがある．政府（収奪者）が税率を設定するが，労働者（応答者）は労働供給を減らすことにより高すぎる税率に対して抗議する．独占企業（収奪者）が価格を設定するが，買い手（応答者）は価格が法外に高いと考えれば自分自身の最適購入量から意図的に逸脱する．プリンシパル（収奪者）がエージェント（応答者）に対してインセンティブ契約を課すが，エージェントはその契約に満足しなければその契約の下で最適な努力水準から逸脱することにより仕返しをする，といったものがある．これらの事例の各々は，十分に確立されている経済学上の設定である．それが今度は，応答者の感情が利得最大化行動からの逸脱を引き起こすような「エモーショナル・ハザード」とでも呼ぶべき効率性に関わるコストを認める形に拡張される，ということに注意してほしい．

Bosman and van Winden（2002）は，応答者について感情がどのように惹起されるのか，また，これらの感情が応答者の行動にどのような影響を与えるのか，ということに主たる関心があった．優先権取得ゲームは，（少なくとも理論上は）特に後者［を検討すること］に適している．というのは，応答者による罰則に関する意思決定は連続変数であり，罰を与えたいという願いと金銭的利得を得たいという願いとの間のトレードオフを識別できるからである．このような分析は，応答者の意思決定が罰を与えるか与えないかのどちらかでしかない最後通牒ゲーム（2.5 節参照）の文脈においては可能ではないだろう．

感情は，ゲームの 2 ラウンド目が終了するとすぐに聞き出されている．いらだち・怒り・不服・ねたみ・嫉妬・悲しみ・喜び・幸福感・恥・恐れ・驚きという 11 種類の感情が検討された．それぞれが 7 段階のリッカート尺度で計測された．ここで，1 が「そのような感情はない」，7 が「そのような強い感情がある」を表している．

これらの感情のうちのいくつかは肯定的な感情であるということに注意してほしい．これら［の感情に関する項目］が存在するのは，被験者の回答を特定の方向に誘導しないことを保証することが目的である．ここでは，否定的な感

7.5 感情に関するデータへの応用

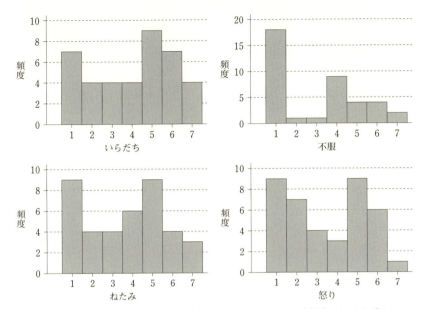

図 7.2 いらだち・不服・ねたみ・怒りについての 39 人の応答者のヒストグラム

情に注目することにしよう．

データセット emotions には 39 行ある．それぞれの行は，収奪者と応答者の組を表している．感情に関する変数は応答者の側にだけある．図 7.2 には，39 人の応答者について，4 つの感情変数に関するヒストグラムが示されている．これらの分布が 2 つの山を持つ傾向性があることに注意してほしい．また，前節の議論とは対照的に，中央の値（この場合は 4）への観測値の集積が見られないことにも注意してほしい．被験者は，自分自身の感情の状態についてはっきりとした考えを持っているように見える．1 つ例外かもしれないのは「不服」についてであり，この分布の中央にある山は，「不服」という語の意味を完全には理解していない被験者がいるという事実をおそらくは反映しているのだろう．

これらの順序変数は，実験中に感情がどのように決定されるのかを調べるために，それぞれが順序プロビット・モデルの従属変数としてもちいることができる．鍵となる説明変数は収奪率である．図 7.3 に示されているように，収奪者の標本上で収奪率の散らばり具合はかなり幅広く，これは特定の感情に対する効果を識別するためには有用である．性差が経験された感情に影響を

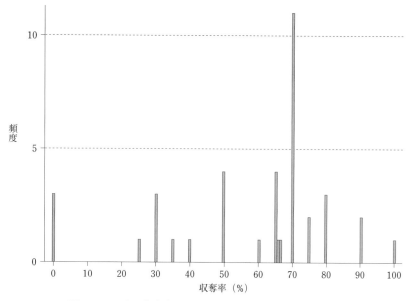

図 7.3　39 人の収奪者の収奪率（%）に関するヒストグラム

与える可能性を検討したいので，各モデルには応答者の性差を示すダミー変数 female_resp（1 = 女性；0 = 男性）も含めている．39 人の応答者のうち，11 人が女性であり，28 人が男性である．

4 つのモデルの推定結果は以下に示す通りである．

```
. oprobit irritation take_rate female_resp

Iteration 0:   log likelihood = -73.680431
Iteration 1:   log likelihood = -63.462026
Iteration 2:   log likelihood = -63.434641
Iteration 3:   log likelihood = -63.434636

Ordered probit regression                   Number of obs   =         39
                                            LR chi2(2)      =      20.49
                                            Prob > chi2     =     0.0000
Log likelihood = -63.434636                 Pseudo R2       =     0.1391

------------------------------------------------------------------------
  irritation |    Coef.   Std. Err.     z    P>|z|   [95% Conf. Interval]
-------------+----------------------------------------------------------
   take_rate |  .0343512    .008703    3.95   0.000    .0172935   .0514088
 female_resp | -.475202    .4163888   -1.14   0.254   -1.291309   .3409051
-------------+----------------------------------------------------------
       /cut1 |  .7125538   .5689905                   -.4026471   1.827755
```

7.5 感情に関するデータへの応用

```
/cut2 |    1.199427    .5602036                    .1014481    2.297406
/cut3 |    1.565227    .5681472                    .4516789    2.678775
/cut4 |     1.89492    .5794498                    .7592191    3.030621
/cut5 |    2.659484    .6192515                    1.445773    3.873194
/cut6 |     3.54009    .7033593                    2.161531    4.918649
---------------------------------------------------------------------

. oprobit contempt take_rate female_resp

Iteration 0:   log likelihood = -58.600542
Iteration 1:   log likelihood =  -56.64032
Iteration 2:   log likelihood = -56.633314
Iteration 3:   log likelihood = -56.633314

Ordered probit regression                     Number of obs   =         39
                                              LR chi2(2)      =       3.93
                                              Prob > chi2     =     0.1398
Log likelihood = -56.633314                   Pseudo R2       =     0.0336


-------------------------------------------------------------------------
    contempt |     Coef.   Std. Err.      z    P>|z|    [95% Conf. Interval]
-------------+-----------------------------------------------------------
   take_rate |  .0162229   .0083824     1.94   0.053   -.0002063    .0326521
 female_resp |  .2449483   .4132229     0.59   0.553   -.5649536     1.05485
-------------+-----------------------------------------------------------
        /cut1 |  .9302437   .5825743                    -.211581    2.072068
        /cut2 |  1.000123   .5846536                   -.1457775    2.146023
        /cut3 |  1.069731   .5867442                   -.0802664    2.219729
        /cut4 |  1.721338   .6041431                    .5372394    2.905437
        /cut5 |  2.089303   .6157647                    .8824268     3.29618
        /cut6 |  2.737878   .6807572                    1.403618    4.072137
-------------------------------------------------------------------------

. oprobit envy take_rate female_resp

Iteration 0:   log likelihood = -72.646936
Iteration 1:   log likelihood = -69.420723
Iteration 2:   log likelihood = -69.414188
Iteration 3:   log likelihood = -69.414188

Ordered probit regression                     Number of obs   =         39
                                              LR chi2(2)      =       6.47
                                              Prob > chi2     =     0.0394
Log likelihood = -69.414188                   Pseudo R2       =     0.0445


-------------------------------------------------------------------------
        envy |     Coef.   Std. Err.      z    P>|z|    [95% Conf. Interval]
-------------+-----------------------------------------------------------
   take_rate |  .0127636   .0079182     1.61   0.107   -.0027557     .028283
 female_resp | -.5942395   .3989633    -1.49   0.136   -1.376193    .1877143
-------------+-----------------------------------------------------------
        /cut1 | -.2143735   .5473093                    -1.28708    .858333
        /cut2 |   .124971   .5413873                   -.9361285    1.186071
        /cut3 |  .4149783   .5391188                   -.6416752    1.471632
        /cut4 |   .843965   .5452858                   -.2247755    1.912705
```

```
     /cut5 |   1.584586    .5782487                      .4512399    2.717933
     /cut6 |   2.117638    .6170117                      .9083169    3.326958
------------------------------------------------------------------------------

. oprobit anger take_rate female_resp

Iteration 0:   log likelihood =  -70.11592
Iteration 1:   log likelihood = -66.647307
Iteration 2:   log likelihood = -66.640516
Iteration 3:   log likelihood = -66.640516

Ordered probit regression                      Number of obs   =        39
                                                LR chi2(2)      =      6.95
                                                Prob > chi2     =    0.0309
Log likelihood = -66.640516                     Pseudo R2       =    0.0496


------------------------------------------------------------------------------
       anger |     Coef.   Std. Err.      z    P>|z|     [95% Conf. Interval]
-------------+----------------------------------------------------------------
   take_rate |   .0038118    .0077701     0.49   0.624    -.0114172    .0190409
 female_resp |  -.9790953    .4076395    -2.40   0.016    -1.778054   -.1801366
-------------+----------------------------------------------------------------
       /cut1 |  -.8344634    .5418195                     -1.89641     .2274833
       /cut2 |   -.26548     .5443219                     -1.332331    .8013712
       /cut3 |  -.0013279    .5510509                     -1.081368    1.078712
       /cut4 |   .2041105    .5558082                     -.8852535    1.293474
       /cut5 |   .9630893    .5622515                     -.1389033    2.065082
       /cut6 |   2.037269    .6084707                      .8446886    3.22985
------------------------------------------------------------------------------
```

　これらはすべて否定的な感情であるため，高い収奪率がこれらの感情をより強い強度で引き起こす，というのが事前の予測である．それゆえ，収奪率の係数は正であると予想され，それぞれの効果の強さを評価するために，片側（>）検定を実施することになるだろう．これはつまり，片側検定ではそれぞれのp値を2で割ってよいということであることを思い出そう．実際に計算すると，収奪率は，いらだちに強く有意な正の効果があり（$p = 0.000$），不服に有意な効果があり（$p = 0.026$），ねたみにほどほどに有意な効果があり（$p = 0.053$），怒りには効果がない（$p = 0.312$），ということがわかる.

　性差の効果は，ほとんどの場合において有意ではない．これは単に標本サイズが小さいためなのかもしれない．例外なのは怒り［の効果］である．女性被験者は，男性よりも有意に弱い怒り［の感情］を経験しているようである（$p = 0.016$）.

　感情が，応答者の意思決定，つまり，自分自身の所得のうちどれくらいの額を破棄するかについての意思決定にどのような効果を与えるのかについても関

7.5 感情に関するデータへの応用　　　　　　　　239

心がある．実験においては，応答者は自分自身の所得のうちどれくらいの割合
を破棄するかを自由に選択することができたが，所得を破棄することを選んだ
ほぼすべての応答者が，自分の所得をすべてを破棄している．正確には，39
人の応答者のうち，8 人が［自分の所得を］破棄することを選んでおり，うち
7 人が所得すべてを破棄している．このことから考えると，応答者の意思決定
は，二値変数 destroyyesno に対して二値データ・モデルをもちいることで最
もよくモデル化できるだろう．そこで，二値プロビットの推定結果が以下に示
されている．

```
. probit destroyyesno irritation contempt envy anger female_resp

Iteration 0:   log likelihood = -19.789769
Iteration 1:   log likelihood = -10.215857
Iteration 2:   log likelihood = -8.3959292
Iteration 3:   log likelihood = -8.0645951
Iteration 4:   log likelihood = -8.0467872
Iteration 5:   log likelihood = -8.0467517
Iteration 6:   log likelihood = -8.0467517

Probit regression                              Number of obs   =        39
                                               LR chi2(5)      =     23.49
                                               Prob > chi2     =    0.0003
Log likelihood = -8.0467517                    Pseudo R2       =    0.5934

------------------------------------------------------------------------------
destroyyesno |     Coef.   Std. Err.      z    P>|z|    [95% Conf. Interval]
-------------+----------------------------------------------------------------
  irritation |  1.112865   .5828563     1.91   0.056   -.0295122    2.255243
    contempt |  .7724358   .3618324     2.13   0.033    .0632572    1.481614
        envy | -.0277646   .1785066    -0.16   0.876   -.3776311    .3221019
       anger | -.5782199   .2996307    -1.93   0.054   -1.165485    .0090455
 female_resp | -.6617453    1.11229    -0.59   0.552   -2.841794    1.518303
       _cons | -7.233187    4.00229    -1.81   0.071   -15.07753    .6111574
------------------------------------------------------------------------------
Note: 7 failures and 0 successes completely determined.
```

説明変数のリストには，上記で検討した否定的な感情すべてと性別が含まれ
ている．予想通り，いらだちと不服の両方とも所得を破棄する確率に有意な
正の効果を持っていることがわかる．ねたみは重要ではないようである．怒り
は負の効果を持っているように見える．一見すると，この結果は驚くべきもの
である．なぜ，より怒っている応答者の方が所得を破棄する傾向が少ないのだ
ろうか？　さらに考えてみると，負の係数に対する可能な説明に導かれる．感
情は，応答者が意思決定を行った後で聞き出されており，怒りは所得を破棄す

るという行為によって和らげられている，ということが考えられる．そうすると，いらだちや不服といった他の感情は同じようには緩和されていない，という点に注目することが興味深い．これらの一時的な結論は，さらなる研究に向けての興味深い問いを提示している．

最後に，このデータにおいては，性差が所得を破棄する確率に効果を持つという証拠は見られないようである．

Bosman and van Winden (2002) は，応答者の予想（これもデータセットでは「expectation」変数として含まれている）と比較した収奪率の値がもたらす効果を検討することにより，分析をさらに進めている，ということに言及すべきであろう．ここで考えられているのは，収奪率が予想よりも高いときに否定的な感情が生じることが予期される，ということである．ここでは，この方向での分析は行っていない．

最後の点として，感情が正しく計測されているかどうかという問題について考えてみよう．なによりも，ここでの感情の聞き取り法では誘因両立性が成立しておらず，利己的な被験者が自分の感情を正直に申告する論理的な理由はない．しかしながら，上記の計量経済学的な分析結果は，回答がそれにもかかわらず正直なものであるかどうかについての手がかりを与えてくれている．高い収奪率によって惹起される2つの否定的な感情（いらだちと不服）は，所得を破棄する確率の増加をもたらす2つの感情そのものである．このような対応関係の存在は，ある程度は，感情データが妥当なものであるという考えと整合的である．

7.6 選好の強度に関するデータへの応用

第6章では，二値データ・モデルの使い方を示すために，ハウス・マネー効果に関係する例がもちいられた．二値的な意思決定は，安全なくじ $(y = 1)$ とリスクのあるくじ $(y = 0)$ の間の選択であり，唯一の説明変数は初期保有額 (w) であった．検定される中心的な仮説は，「ハウス・マネー効果」，つまり，初期保有額の水準が安全なくじを選ぶ傾向性に対して負の効果を持つ，というものであった．ハウス・マネー効果に関する証拠は，二値プロビット・モデルをもちいて見出された．このデータは house_money_sim ファイルに収められている．なお，このデータセットは，シミュレートされたものであるこ

7.6 選好の強度に関するデータへの応用　　　　241

とを覚えておいてほしい.

　ここではさらに,被験者は選択を行った後で,自分の選択についてどれくら
い確信があるのかを尋ねられ,確信はない（1）・かなり確信がある（2）・完
全に確信がある（3）のうちのどれか1つを選ぶことを求められた,と仮定し
てみよう.この情報は,シミュレートされたデータの中の s という変数に含ま
れている.自己申告による確信のレベルと選択とを組み合わせることで,順序
付きの6段階リッカート尺度が得られる.この順序変数を ys とし,その値は
以下の表に定義されている通りとしよう.

$ys = 1$	$ys = 2$	$ys = 3$	$ys = 4$	$ys = 5$	$ys = 6$
リスクのある くじ 完全に 確信がある	リスクのある くじ かなり 確信がある	リスクのある くじ 確信がない	安全なくじ 確信がない	安全なくじ かなり 確信がある	安全なくじ 完全に 確信がある

　STATA で ys を生成するためには,例えば,以下のような一連のコマンド
を実行するとよい.

```
gen ys=.
replace ys=3+s if y==1
replace ys=4-s if y==0
```

　順序プロビット・モデルを順序変数 ys に適用すれば,プロビット・モデル
をもちいて得られたものとは異なるハウス・マネー効果に関する推定値が得ら
れる.これはより多くの情報をもちいているため,より優れた推定値である可
能性が高い.というのは,6段階の順序付きの結果上に分布するデータは,2
つの結果しかない場合よりも明らかに多くの情報をもたらしてくれるからで
ある.それゆえ,順序プロビットをもちいて得られた推定値は,より正確であ
り,そのことはより小さな標準誤差に反映されることが予想される.得られた
推定結果は以下の通りである.

```
. oprobit ys w
Iteration 0:   log likelihood = -1747.2032
Iteration 1:   log likelihood = -1679.1718
Iteration 2:   log likelihood = -1679.1516
Iteration 3:   log likelihood = -1679.1516

Ordered probit regression               Number of obs   =       1050
                                         LR chi2(1)      =     136.10
```

242　第7章　実験統計における順序データ

```
                                         Prob > chi2     =      0.0000
Log likelihood = -1679.1516             Pseudo R2       =      0.0389

------------------------------------------------------------------------
       ys |      Coef.   Std. Err.      z    P>|z|     [95% Conf. Interval]
----------+-------------------------------------------------------------
        w |  -.1306568   .0112546  -11.61   0.000    -.1527153   -.1085982
----------+-------------------------------------------------------------
    /cut1 |  -2.214993   .0901003                    -2.391586   -2.038399
    /cut2 |  -1.719572   .0794996                    -1.875389   -1.563756
    /cut3 |  -1.236927   .0731405                     -1.38028   -1.093575
    /cut4 |   -.690914   .0688578                     -.8258728   -.5559552
    /cut5 |  -.1926409   .0674608                    -.3248616   -.0604202
------------------------------------------------------------------------
```

また，この結果は，6.2.2 節で報告された二値プロビットから得られた以下の
結果と比較してみるべきである．

```
. probit y w

Iteration 0:   log likelihood =  -634.4833
Iteration 1:   log likelihood = -584.91375
Iteration 2:   log likelihood =  -584.5851
Iteration 3:   log likelihood = -584.58503
Iteration 4:   log likelihood = -584.58503

Probit regression                       Number of obs   =        1050
                                        LR chi2(1)      =       99.80
                                        Prob > chi2     =      0.0000
Log likelihood = -584.58503             Pseudo R2       =      0.0786

------------------------------------------------------------------------
        y |      Coef.   Std. Err.      z    P>|z|     [95% Conf. Interval]
----------+-------------------------------------------------------------
        w |  -.1409882   .0145377   -9.70   0.000    -.1694816   -.1124948
    _cons |   1.301654   .0911155   14.29   0.000     1.123071    1.480237
------------------------------------------------------------------------
```

予想された通り，oprobit によるハウス・マネー効果の点推定値（−0.131）
は，二値プロビットの点推定値（−0.141）とそれほどかけ離れた値ではない．
しかしながら，これもまた予想された通り，前者は後者より精度が高い．つま
り，二値プロビットの標準誤差が 0.015 であるのと比べて，順序プロビットの
標準誤差は 0.011 になっている．したがって，oprobit を使用することによ
る効率性の向上は約 25% になる．

　しかしながら，順序データをもちいる際に注意するべき理由が 1 つある．

多くの経済学者によると[3]，課題に関連したインセンティブは検証すべき理論の基盤なのであり，これらの理論を検証するための実験結果は，そうした課題に関連したインセンティブなしには真剣に受け止めることはできない．選好の強度を聞き出す際には，本当のことを引き出すような方法でインセンティブを提供することは可能ではない．つまり，選好の強度を尋ねるのは，誘因両立的ではないのである．もちろん，2つのくじのどちらかを直接的に選択する二値的選択は，賞金が支払われることを仮定すれば，それとは対照的に誘因両立的である．

こうした考察から，順序データが信頼できるかどうかを判断するために，順序データと二値データとの間の一致性について検定する方法があるのかという問題に導かれる．この目的のためにもちいることができる1つの検定は，ハウスマン定式化検定である（Hausman, 1978）．

この検定の基本は，以下の通りである．二値的選択は誘因両立的であるため，二値データは信頼できると仮定され，二値データをもちいて得られた推定値は一致性を持つと仮定される．選好の強度を自己申告するという課題は誘因両立的でないため，得られる順序データは信頼できるかもしれないし，できないかもしれない．それゆえ，順序データから得られた推定値は一致性を持つかどうかわからない．それゆえ，2つの推定値の間の差に基づく検定を構築することになる．大ざっぱに言えば，もしこの差が小さければ，両方の推定値は正しく，その順序データは信頼できるものであると結論することになる．もしその差が大きければ，順序データから得られた推定値には，このデータが信頼できないものであることの帰結として，バイアスがあると結論することになる．

帰無仮説と対立仮説は，以下の通りである．

H_0：被験者は，選好の強度を尋ねられたとき，正直に答える
H_1：被験者は，選好の強度を尋ねられたとき，正直に答えない

これで，この問題に対するハウスマン検定統計量を導くことができる．これにはわずかばかり理論が必要となる．プロビットと順序プロビットの背後にある潜在的モデルは，以下の通りである．

---

3) 例えば，Grether and Plott（1979）を参照．また，Smith（1982）のよく知られた［価値誘発理論に関する］「要請」についても考えてみよう．

$$y_i^* = x_i'\beta + u_i \quad i = 1, \ldots, n \tag{7.5}$$

$$u_i \sim N(0, 1)$$

ここでは，（この例の場合には，ただ1つの説明変数 w しかないので，実際にはスカラーであるが）パラメータ・ベクトル β の推定に主たる関心がある．$\hat{\beta}$ を二値プロビットをもちいて得られた推定値，$\tilde{\beta}$ を順序プロビットをもちいて得られた推定値とする．$\hat{\beta}$ は H_0 と H_1 両方の下で一致性を持つ推定値であるが，H_0 の下では効率的ではない．$\tilde{\beta}$ は H_0 の下で一致性も効率性も満たすが，H_1 の下では一致性を持たない．

それゆえ，検定は，以下のこの2つの推定値の差に基づくものになる．

$$\hat{\beta} - \tilde{\beta} \tag{7.6}$$

もしこの差が大きければ，H_0 に反する証拠がある．検定統計量を構成するためには，この差に関する分散行列が必要となる．これは以下の通りである．

$$V(\hat{\beta} - \tilde{\beta}) = V(\hat{\beta}) + V(\tilde{\beta}) - 2\text{cov}(\hat{\beta}, \tilde{\beta}) \tag{7.7}$$

ハウスマン検定を構築する際に鍵となる結果は，効率的な推定値と，非効率的な推定値との差との間の共分散が0である，ということである．このことが意味するのは以下のことである．

$$\text{cov}[(\hat{\beta} - \tilde{\beta}), \tilde{\beta}] = \text{cov}(\hat{\beta}, \tilde{\beta}) - V(\tilde{\beta}) = 0 \tag{7.8}$$

あるいは，次のことである．

$$\text{cov}(\hat{\beta}, \tilde{\beta}) = V(\tilde{\beta}) \tag{7.9}$$

(7.9) 式を (7.7) 式に代入すると，この検定のための以下の分散行列が得られる．

$$V(\hat{\beta} - \tilde{\beta}) = V(\hat{\beta}) - V(\tilde{\beta}) \tag{7.10}$$

これから，ハウスマン検定統計量は以下のように書くことができる．

$$H = (\hat{\beta} - \tilde{\beta})'[V(\hat{\beta}) - V(\tilde{\beta})]^{-1}(\hat{\beta} - \tilde{\beta}) \tag{7.11}$$

(7.11) 式に定義された H は，H_0 の下では漸近的に $\chi^2(K)$ に従って分布する．

ここで，K は β の次元である．

もし $H > \chi^2_{K,0.05}$ であれば，H_0 を棄却して H_1 を採択し，被験者は自分の行った選択に関する自信の程度を尋ねられた際には，正直に答えないと結論されることになる．

STATA には hausman というコマンドが実際にある[4]．しかしながら，目下の目的のためにこのコマンドを使うことはできない．なぜなら，2つのモデル（プロビットと順序プロビット）には，異なる数のパラメータが含まれているためである．それゆえ，この検定は自分自身でプログラムする必要がある．この検定の実行に必要なプログラムは，以下のようになる．

```
probit y w

mat b_p=e(b)
mat V_p=e(V)

oprobit ys w

mat b_op=e(b)
mat V_op=e(V)

scalar  hausman=(b_p[1,1]-b_op[1,1])^2/(V_p[1,1]-V_op[1,1])

scalar list hausman
```

このデータセットに対しては，ハウスマン検定は 1.26 という統計量を返してくる．β には要素が1つしかないので，帰無分布は $\chi^2(1)$ となる．1.26 という値は棄却値である $\chi^2_{1,0.05} = 3.84$ をかなり下回るので，帰無仮説は棄却できず，選好の強度についてのデータは二値的選択データと整合的であり，それゆえ，選好の強度は正直に申告されていると結論することができる．

9.4 節では，モンテカルロ法が導入され，その例示を目的として，ここで説明したハウスマン検定がもちいられる．そこでは，先に記述したようなデータセットを（帰無仮説と対立仮説，両方の下で）大量にシミュレートし，それぞれについてハウスマン検定統計量を計算する．それから，単純なグラフによる手法をもちいて，これらの統計量が帰無仮説の下で確かに $\chi^2(1)$ 分布に従うことを確かめる．対立仮説の下で得られた一連の結果をもちいて，検定の検出力に関する正確な推定値が得られる．その検出力は素晴らしいものであることが

---

4)　hausman コマンドの例については，5.5 節を参照．

明らかになる. 1,050 個という標本サイズをもちいて，選好の強度を尋ねられた際に母集団の 30% がランダムな回答をするという対立仮説の下で，帰無仮説が棄却される確率（つまり，検定の検出力）は 0.714 になる.

7.7 まとめと読書案内

本章の最初の方では，順序データのモデル化に際して線形回帰の手法をもちいることがなぜ不適切であるのかが説明された．実験経済学において順序データの利用が次第にポピュラーになってきていることを考えると特に，順序プロビット・モデルはこのようなデータのさまざまな特徴を整合的に扱うことができるので，統計的手法としては貴重なものである.

順序プロビット・モデルは STATA を使って容易に推計できる，ということが示された．その推定結果の解釈もまた明快である．というのは，鍵となるパラメータは，線形回帰分析の係数と同じように解釈できるからである．閾値パラメータは解釈が困難だが，真ん中の値に回答が集中するといったある種のデータの特徴を説明するのに，これらが重要な役割を果たすことがわかった.

例として検討された実験設定のどちらにおいても，誘因両立性に関わる問題が存在した．課題に関連したインセンティブがないために，序数的回答が正直なものだという保証はありえない，ということである．しかしながら，この問題に対処する方法が提示された．それには通常，誘因両立的な方法で聞きだされた他の尺度と序数的回答との間の一致性を確かめることが含まれていた．7.6 節において概説を示したハウスマン検定は，こうした比較を行うのに特に強力な手法である.

読書案内に移ろう．順序プロビット・モデルの利用は，何年にもわたって生物統計学や計量経済学の文献において顕著に見られており，最初期の貢献としては Aitchison and Silvey（1957）まで遡るものである．教科書的な説明としては，Maddala（1983）や Greene（2008）がある．順序プロビット・モデル自体はめったに使われないものの，同様のモデルが心理統計学の文献にも登場する（例えば，Masters, 1982）．順序プロビット・モデルの実践的な要約は，Daykin and Moffatt（2002）によって提供されている.

本章では順序プロビット・モデルに関する 2 つの応用が取り扱われた．1 つ目は感情に関するものであり，さらに詳細を知りたい読者は，本書でそのデー

タを使用した Bosman and van Winden（2002）を参照してほしい．2つ目の応用は選好の強度に関する分析である．選好の強度に関するデータは，以前，Connolly and Butler（2006）によって収集されているが，こうしたデータに順序プロビットを適用した先行研究については不明である．

　誘因両立的な二値の回答も利用できるような状況においては，順序的回答の真実性を検定する手法として，ハウスマン検定が本書では推奨されている．ハウスマン検定に関心のある読者は Hasuman（1978）や，Greene（2008）のような計量経済学的理論に関する教科書を参照してほしい．

問題

1. 二値データ（つまり，ただ2つの結果しかないデータ）に順序プロビット・モデルを適用した場合，それが二値プロビットと同値になることを確かめなさい．
2. 二値データに対するロジット・モデルは，第6章の問題1で導入されている．ロジット・モデルを表現する方法の1つは以下のようなものである．

$$y_i^* = x_i'\beta + u_i \quad i = 1, \ldots, n \qquad (7.12)$$
$$u_i \sim logistic(mean\ zero)$$

ここで，u に対する（平均ゼロの）ロジスティック分布は，以下の pdf によって定義される．

$$f(u) = \frac{\exp(u)}{[1 + \exp(u)]^2} \quad -\infty < u < \infty \qquad (7.13)$$

u の分布に関する仮定以外は，順序プロビット・モデルの場合と正確に同じく定義された順序ロジット・モデルについて考えてみよう．順序ロジット・モデルに対する尤度関数を導出しなさい．順序ロジット・モデルは，STATA では ologit コマンドによって推定できることに注意しなさい．
3. STATA の ologit コマンドを使って，Bosman and van Winden（2002）にある表3の結果を再現しなさい．
4. パネル順序プロビット・モデルに対する対数尤度関数を導出しなさい．Fréchette（2001）を参照すると有益であるかもしれない．
5. 7.6節には，順序変数を構成する元となる選好の強度を表す変数 s があっ

た．そこで，ハウスマン検定を実施すると，被験者は正直に「選好の強度」を申告しているという結論に導かれた．変数 s がシミュレーションにおいて実際の選好強度となるように生成されたものであったため，これは実際には驚くべきことではなかった．データには選好の強度について 2 つの異なる尺度が存在する．s_poor と s_bad である（それぞれ，真の選好強度を部分的に，あるいはは完全に偽って表現している）．これらの尺度それぞれに対してハウスマン検定を実施しなさい．また，検定の検出力に関して結論を導きなさい．

第8章　異質性への対処：有限混合モデル

8.1　はじめに

　有限混合モデル，あるいは単に混合モデルとは，被験者を異なるタイプに分離する手段を提供する一連のモデルのことである．異なるタイプは，単に異なる行動を示すだけではなく，行動を引き起こすプロセスもまたタイプ間で異なっている．これらのモデルは，有限の数のタイプが仮定されるので，「有限」混合モデルという名称が付けられている．もし，「無限」混合モデルといった名称が使用されるとすれば，それは，行動タイプを規定するいくつかのパラメータには連続的な違いがありうると仮定されるランダム係数モデル，あるいは変量効果モデルに対応することになる．

　有限混合モデルは，実験統計学において非常に重要なものである．それは，異なる被験者は異なる方法で動機付けられているということがより広く受け入れられるようになってきており，すべての被験者が単一のモデルに従って行動しているのだと仮定すると，こうした差異が軽視されてしまうからである．しばしば平均的な行動は，典型的な被験者の行動によって追跡され，解釈される．しかしながら，異なる意思決定プロセスに従って行動する異なるタイプの被験者が存在するなら，平均的な行動は，研究対象であるどんな被験者の実際の行動についても，その近似的な表現にはならないだろう．

　第2章では，処理効果の検定に対する枠組みが展開された．そこでは，各被験者が自分自身の「被験者固有の処理効果」を持っているということが認識され，平均処理効果（ATE）を見出すことに関心が向けられた．そこでは，ATE に基づいて処理効果を報告することの妥当性は，被験者固有の処理効

果の分布に依存する，ということが指摘された．もし，この分布が釣り鐘型で対称的であれば，ATE は処理効果に関して適切な尺度を提供するものである．しかしながら，母集団の半数がある処理に反応し（例えば，+1.0 の処理効果がある），残りの半分はその処理に反応せず，それゆえ，処理効果が 0 になるという，もっともらしい状況についても考察した．この状況では，ATE は +0.5 となるかもしれないが，これは処理効果に関して誤解を招きやすい尺度であろう．というのは，それは，どの個別の被験者に関しても実際の処理効果に近接するものではないだろうからである．第 2 章で指摘したように，処理効果の分布におけるそうした離散性に対処する最善の方法は，処理に対する反応に関して異なる「被験者のタイプ」があるような，混合モデルの枠組みを適用することである．

　有限混合モデルの推定には，1 つ以上のとりうるアプローチがある．ここで採用するアプローチは，次のようなものである．第 1 に，経済理論に基づき，母集団におけるタイプの総数が決定され，それぞれのタイプに名称が割り当てられる．それから，各タイプの行動に対してパラメトリックなモデルが特定化される．これらのさまざまなモデルにあるパラメータはまとめて，各タイプが母集団に占める割合を示すパラメータである「混合比率」と合わせて，同時に推定される．モデルが推定されると，個々の被験者が各タイプに属する事後確率を決定するために，元のデータに戻ることができる．これは，個々のどの被験者についても確実にある特定のタイプに属していることを識別できると主張しているわけではないが，データが有益な情報を含んでいる状況では，タイプに関する事後確率は 1 に非常に近づくに違いない，ということに注意してほしい．

　本章では，単純だが，やや人工的な例，つまり，2 つの正規分布が混合されたものから始めることにする．それから，「企業買収ゲーム」における提示額という，もっと現実的な例に進んでいく．最後に，公共財供給実験における貢献額というもっと複雑な例について検討する．

8.2　2 つの正規分布の混合

　単純な例から始めよう．

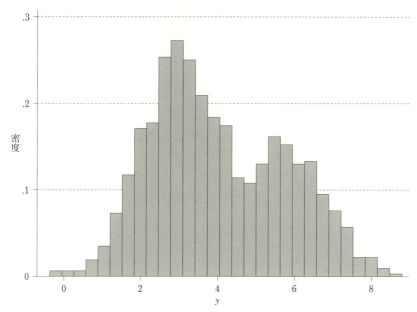

図 8.1 データセット mixture_sim 内の変数 y に関するヒストグラム

8.2.1 データとモデル

mixture_sim ファイルに含まれている変数 y について考えてみよう．そこには 1,000 個の観測値がある．変数 y のヒストグラムは図 8.1 に示されている．この分布は，1 つは平均が約 3，もう 1 つは平均が約 6 である 2 つの釣り鐘型（つまり，おそらく正規）分布を混合させたもののように見える．

もし y がある実験での被験者による意思決定を表しているとすれば（この場合，実際にはどのような意思決定がなされているのかに関しては考えないようにしよう），被験者には 2 つのタイプがあることになるだろう．そこで，以下の混合モデルを推定してみることにしよう．

タイプ 1： $N(\mu_1, \sigma_1^2)$
タイプ 2： $N(\mu_2, \sigma_2^2)$
混合比率： $p(タイプ 1) = p \quad p(タイプ 2) = 1 - p$

混合比率は，各タイプの母集団での比率を表している．推定するべきパラメータには，$\mu_1, \sigma_1, \mu_2, \sigma_2$，それに p の 5 つがあることに注意しよう

被験者がタイプ1であるという条件の下で，ある特定の y の値に付随する密度は以下のようになる．

$$f(y|\text{タイプ}1) = \frac{1}{\sigma_1}\phi\left(\frac{y-\mu_1}{\sigma_1}\right) \tag{8.1}$$

また，被験者がタイプ2であるという条件の下での密度は以下のようになる．

$$f(y|\text{タイプ}2) = \frac{1}{\sigma_2}\phi\left(\frac{y-\mu_2}{\sigma_2}\right) \tag{8.2}$$

(8.1) 式および (8.2) 式では，正規分布から抽出された値の密度に関して，6.6.2節で十分に説明された公式を利用している．ある観測値に付随する周辺密度は，(8.1) 式と (8.2) 式とを先の混合比率で結合させることで得られ，次のようになる．

$$f(y;\mu_1,\sigma_1,\mu_2,\sigma_2,p) = p \times \frac{1}{\sigma_1}\phi\left(\frac{y-\mu_1}{\sigma_1}\right) + (1-p) \times \frac{1}{\sigma_2}\phi\left(\frac{y-\mu_2}{\sigma_2}\right) \tag{8.3}$$

(8.3) 式は，各観測値に対する尤度への貢献度として使用される．

それで，標本対数尤度は次のようになる．

$$LogL = \sum_i \ln f(y;\mu_1,\sigma_1,\mu_2,\sigma_2,p) \tag{8.4}$$

MLE を得るためには，式 (8.4) を5つのパラメータ μ_1, σ_1, μ_2, σ_2 および p に関して最大化すればよい．

8.2.2　タイプに関する事後確率

混合モデルを推定した後，行うべき自明な事柄は，各被験者が各タイプに属する事後確率を計算することである．これにはベイズの公式が使用される．例えば，ある観測値 y の下で，タイプ1であることの事後確率は，以下のようになる．

$$
\begin{aligned}
P(\text{タイプ}1|y) &= \frac{f(y|\text{タイプ}1)P(\text{タイプ}1)}{f(y|\text{タイプ}1)P(\text{タイプ}1) + f(y|\text{タイプ}2)P(\text{タイプ}2)}\\
&= \frac{p \times \frac{1}{\sigma_1}\phi\left(\frac{y-\mu_1}{\sigma_1}\right)}{p \times \frac{1}{\sigma_1}\phi\left(\frac{y-\mu_1}{\sigma_1}\right) + (1-p) \times \frac{1}{\sigma_2}\phi\left(\frac{y-\mu_2}{\sigma_2}\right)}
\end{aligned} \tag{8.5}
$$

8.2.3 推定プログラム

混合モデルを推定し，事後確率を計算してそれをプロットする STATA のプログラムは，以下に示されている．表 8.1 には，尤度関数 (8.4) 式内の構成要素とプログラムで使用されている変数名との対応関係が示されている．

LogL の構成要素	STATA の変数名
μ_1, μ_2	mu1, mu2
σ_1, σ_2	sig1, sig2
p	p
$f(y\|\text{タイプ } 1) = \dfrac{1}{\sigma_1}\phi\left(\dfrac{y-\mu_1}{\sigma_1}\right)$	f1
$f(y\|\text{タイプ } 2) = \dfrac{1}{\sigma_2}\phi\left(\dfrac{y-\mu_2}{\sigma_2}\right)$	f2
$\ln[f(y)] = \ln\left[p\times\dfrac{1}{\sigma_1}\phi\left(\dfrac{y-\mu_1}{\sigma_1}\right)+(1-p)\times\dfrac{1}{\sigma_2}\phi\left(\dfrac{y-\mu_2}{\sigma_2}\right)\right]$	logl
$P(\text{タイプ } 1\|y)$	postp1
$P(\text{タイプ } 2\|y)$	postp2

表 8.1 *LogL* 内の構成要素と対応する **STATA** の変数名

注釈付きのプログラムは以下の通りである．重要なポイントの1つは，y が「グローバル」変数であることである．なぜなら，それは尤度評価プログラムの内部と外部，その両方に存在しているからである．これが，プログラム内で y が使用されるときに，引用記号が使用されていない理由なのである．

```
*  LIKELIHOOD EVALUATION PROGRAM STARTS HERE:

program define mixture
args logl mu1 sig1 mu2 sig2 p
tempvar f1 f2

* GENERATE TYPE-CONDITIONAL DENSITIES:

quietly gen double 'f1'=(1/'sig1')*normalden((y-'mu1')/'sig1')
quietly gen double 'f2'=(1/'sig2')*normalden((y-'mu2')/'sig2')

* COMBINE TYPE-CONDITIONAL DENSITIES WITH MIXING PROPORTIONS
* TO GENERATE MARGINAL DENSITY, AND TAKE LOG.  THIS IS THE FUNCTION THAT
* NEEDS TO BE MAXIMISED WHEN SUMMED OVER THE SAMPLE:

quietly replace 'logl'=ln('p'*'f1'+(1-'p')*'f2')

* GENERATE THE POSTERIOR TYPE PROBABILITIES, AND MAKE THEM
* AVAILABLE OUTSIDE THE PROGRAM:

quietly replace postp1='p'*'f1'/('p'*'f1'+(1-'p')*'f2')
```

```
quietly replace postp2=(1-'p')*'f2'/('p'*'f1'+(1-'p')*'f2')

quietly putmata postp1, replace
quietly putmata postp2, replace

end

* END OF LIKELIHOOD EVALUATION PROGRAM

* READ DATA:

use mixture_sim, clear

* INITIALISE TWO POSTERIOR PROBABILITY VARIABLES:

gen postp1=.
gen postp2=.

* SPECIFY STARTING VALUES, AND APPLY ML:

mat start=(3, 1.5, 6, 1.5, .5)
ml model lf mixture /mu1 /sig1 /mu2 /sig2 /p
ml init start, copy
ml maximize

* EXTRACT POSTERIOR TYPE PROBABILITY, AND PLOT THEM AGAINST y:

drop postp1 postp2
getmata postp1
getmata postp2

sort y
line  postp1 postp2 y , lpattern(l -)
```

いつもの通り，推定されるパラメータに対する初期値を特定化する必要がある．これらは「start」ベクトルに格納される．この場合，初期値は y のヒストグラム（図8.1を参照）を吟味することから得られている．別の状況では，初期値は，線形回帰のような単純な推定手法を使用して得られる．

8.2.4 推定結果

8.2.3節で提示されたプログラムを実行した結果は，以下の通りである．

```
                                  Number of obs   =       1000
                                  Wald chi2(0)    =          .
Log likelihood = -1908.2805       Prob > chi2     =          .

------------------------------------------------------------------
            |    Coef.   Std. Err.     z    P>|z|   [95% Conf. Interval]
------------+-----------------------------------------------------
```

8.2 2つの正規分布の混合　　　　　　　　　　　　　255

```
mu1         |
      _cons |   2.981757    .0743116    40.13   0.000    2.836109    3.127405
------------+------------------------------------------------------------------
sig1        |
      _cons |   1.014725    .0499721    20.31   0.000    .9167818    1.112669
------------+------------------------------------------------------------------
mu2         |
      _cons |   5.950353    .1158028    51.38   0.000    5.723384    6.177322
------------+------------------------------------------------------------------
sig2        |
      _cons |   .9768525    .0721166    13.55   0.000    .8355064    1.118198
------------+------------------------------------------------------------------
p           |
      _cons |   .6494311    .0296983    21.87   0.000    .5912235    .7076387
------------------------------------------------------------------------------
```

　5つのパラメータの推定値（とその標準誤差）は，以下の通りであることがわかる.

$$\hat{\mu}_1 = 2.982(0.074)$$
$$\hat{\sigma}_1 = 1.015(0.050)$$
$$\hat{\mu}_2 = 5.950(0.116)$$
$$\hat{\sigma}_2 = 0.977(0.072)$$
$$\hat{p} = 0.649(0.030)$$

こうして，母集団の 64.9% は $N(2.982, 1.015^2)$ という分布，残りの 35.1% は $N(5.950, 0.977^2)$ という分布から抽出されていることがわかる.

　しかしながら，どの特定の観測値を考える場合でも，それがいずれの分布から抽出されているかについては確かなことはわからない. これが，事後確率が有用な理由なのである. 事後確率（postp1 と postp2）を含む変数は，尤度評価プログラム内部で生成されている. これらの変数を抽出するためには，メタ・コマンドが必要である. putmata コマンドはプログラム内部からの抽出に使用されるもので，getmata コマンドはプログラム外部で使用される.

　図 8.2 には，y に対する事後確率のグラフが示されており，それは以下のコマンドを使用して得られたものである.

```
sort y
line postp1 postp2 y , lpattern(l -)
```

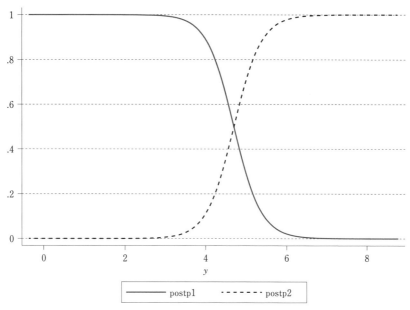

図 8.2　混合データにおけるタイプ 1 とタイプ 2 の事後確率

このグラフは以下のことを教えてくれる．3 未満の観測値はほぼ確実に最初の分布から抽出されたものであること．6 より大きい観測値はほぼ確実に 2 つ目の分布から抽出されたものであること．3 と 6 の間にある観測値については，どちらの分布が当てはまるのか，確かなことは知ることができないこと．以上である．したがって，$y = 4.70$ という観測値については，どちらの分布も同じように当てはまるのである．

8.3　STATA における fmm コマンド

（「有限混合モデル」を表す）fmm は，ユーザーが作成した STATA コマンドであり（Deb, 2012），これは，8.2 節で検討されたタイプの混合モデルを直接的に推定するものである．

［これを利用する際に］必要となる構文は以下の通りである．

```
fmm y, mix(normal) comp(2)
```

8.3 STATA における fmm コマンド　　　257

コマンドの主たる引数は分析している変数（y）である．1つ目のオプション
は，正規分布の混合が仮定されていることを指定しており，2つ目のオプショ
ンは，その混合には2つのタイプ（あるいは構成要素）が含まれていること
を指定している．このコマンドから得られる結果は，以下の通りである．な
お，これらの結果は，いくつかのパラメータに異なった名称が与えられている
ことを除いて，8.2 節で ml コマンドを使用して得られた結果と等しいことに
注意してほしい．

```
. fmm y, mix(normal) comp(2)

2 component Normal regression                Number of obs    =        1000
                                             Wald chi2(0)     =           .
Log likelihood = -1908.2805                  Prob > chi2      =           .

------------------------------------------------------------------------------
           y |      Coef.   Std. Err.      z    P>|z|     [95% Conf. Interval]
-------------+----------------------------------------------------------------
component1   |
       _cons |   2.981758   .0743115    40.13   0.000     2.83611    3.127406
-------------+----------------------------------------------------------------
component2   |
       _cons |   5.950353   .1158024    51.38   0.000    5.723385    6.177322
-------------+----------------------------------------------------------------
  /imlogitpi1 |   .6165402    .130444     4.73   0.000    .3608746    .8722058
   /lnsigma1 |   .0146181   .0492469     0.30   0.767    -.081904    .1111401
   /lnsigma2 |  -.0234201   .0738254    -0.32   0.751   -.1681152    .1212749
-------------+----------------------------------------------------------------
      sigma1 |   1.014725    .049972               .9213604    1.117551
      sigma2 |    .976852   .0721165               .8452565    1.128935
         pi1 |   .6494313   .0296982               .5892521    .7052045
         pi2 |   .3505687   .0296982               .2947955    .4107479
------------------------------------------------------------------------------
```

fmm コマンドの実行後に，タイプに関する事後確率を得るために，以下のよう
に推定後のコマンドである predict を使用することができる．

```
predict post1 , pos eq(component1)
predict post2 , pos eq(component2)
```

こうして得られた事後確率（post1 と post2）は，8.2 節で得られたものと同
一になっている．

8.4 「企業買収」課題に対する混合モデル

「企業買収」課題 (Bazerman and Samuelson, 1983) は，以下のようなものである．被験者は（仮想的な）企業を買収する提案をすることを考える．目下の企業価値は被験者にはわからないが，目下の企業所有者にはわかっている．被験者の視点からすると，この企業価値は 0 から 100 の間で一様に分布している（株式 1 単位当たりのドル表示）．もし被験者の提案が受け入れられると，企業は「買収」され，その企業価値は自動的に 50％ 増加する．課題は単に，企業に対していくらの額を提案するかを決定することである．

この状況では，被験者は以下のような推論をするかもしれない．企業の「期待」価値は，企業を手放さない場合は目下の所有者にとって 50 である．それゆえ，買収側（つまり，被験者）にとっての「期待価値」は 75 になる．したがって，被験者が 50 から 75 の間のどの金額を提案しても，両者は利益を得ることができる，と．

上記の推論上の誤りは，売り手が提案を受け入れるという決定に含まれる情報を無視していることである．正しい推論は以下のようなものである．もしどのような提案でも受け入れられるならば，提案の受け入れは，目下の企業価値が提案額よりも低いというシグナルなのであり，したがって，企業の条件付き期待値は提示額の 50％ となる．したがって，提案が受け入れられるという条件の下では，買収側の期待価値は提案額のたかだか 75％[訳注] に過ぎなくなるだろう．それゆえ，どの正の金額の提案も期待損失をもたらす結果となるに違いない．もちろん，この推論は，損失をもたらさない提案額は 0 しかないこと，つまり，提案は全くなされないという結論に導くことになる．

提案の受け入れによってもたらされる否定的な情報を検討することなしに，最初のような推論を採用するような買い手は，第 4 章のオークションの文脈において分析された概念，「勝者の呪い」の一形態に対する犠牲者なのだと言われる．

この課題においてなされた提案に関するデータを分析するときには，被験者の母集団は，その提案額を 50-75 の範囲にすると予想する勝者の呪いの犠牲

[訳注]　企業の条件付き期待値は提示額の 50％ なので，提案が受け入れられれば企業価値が 50％ 増加することからその期待値は 50％ × 1.5 = 75％ となる．

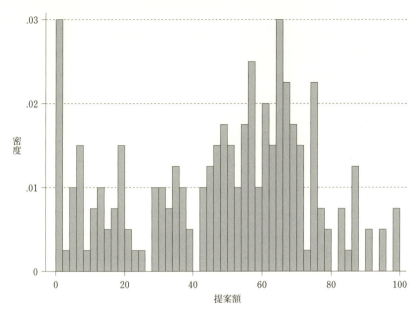

図 8.3 「企業買収」ゲームにおける 200 人の買収側の提案額に関するヒストグラム

になった者と，その提案額を 0 に限りなく近い値にすると予想する課題を無事に「解いた」者に分割される，と仮定することが妥当であろう．この場合，8.2 節で分析されたタイプのものと類似した混合モデルが，ゲームを正しく解いた集団の割合を推定するのに使用できるだろう．

このゲームが実験の被験者によってプレーされるとき，ほんのわずかの被験者しか正確に 0 という額を提案しない．しかし，小さな正の金額を提案した被験者は，最善の提案額が 0 であることを理解しているが，それにもかかわらず，おそらく正の金額を提案することが義務であると感じているとか，あるいは，おそらくはゲームをより刺激的なものにしようと試みて，そうしたのであると仮定しよう．

200 人の被験者がそれぞれ 1 つの提案を行うという実験が実施されたと想像してみよう．シミュレートされたデータは **acquire_sim** ファイルに含まれている．提案額 (y) の頻度に関するヒストグラムは図 8.3 に示されている．

予想されたように，提案額の分布は 2 つの最頻値を持ち，最頻値の 1 つは 60 付近にあり，もう 1 つは 0 にある．しかしながら，200 人の被験者のうち

260 第8章 異質性への対処：有限混合モデル

11人だけが正確に0という金額を提案していることに注意してほしい．被験者の多くは小さな正の金額を提案しており，先に説明したように，これらの被験者は，正確に0を提案した被験者と同じ「タイプ」に属するものとする．

2つの正規分布の単純な混合を仮定して fmm コマンド（8.3節）をこのデータセットに当てはめると，対数尤度は収束しない．これは，0に値が集積している結果，2つの正規分布からなるという仮定は，このデータには十分に当てはまらないからである．この問題に対処するための自明な方法は，0という観測値が0で打ち切られていると仮定することである．また，上限である100という値にも小さなデータの集積があることに注意してほしい．これらの観測値についても，データが右側で打ち切られているものとして扱うことにする．対数尤度関数を構成するにあたって，データが上限と下限で打ち切られることを可能にする手法については，6.6.3節で十分に説明されている．

この混合モデルを推定し，その後でタイプに関する事後確率を得るために必要な STATA のプログラムは，次のようになる．

```
program define acquire1
args lnf mu1 sig1 mu2 sig2 p
tempvar y f1 f2

quietly gen double 'y'=$ML_y1
quietly gen double 'f1'=(1/'sig1')*normalden(('y'-'mu1')/'sig1')
quietly replace 'f1'=normal(-'mu1'/'sig1') if y==0
quietly replace 'f1'=1-normal((100-'mu1')/'sig1') if y==100
quietly gen double 'f2'=(1/'sig2')*normalden(('y'-'mu2')/'sig2')
quietly replace 'f2'=normal(-'mu2'/'sig2') if y==0
quietly replace 'f2'=1-normal((100-'mu2')/'sig2') if y==100
quietly replace 'lnf'=ln('p'*'f1'+(1-'p')*'f2')

end

mat start=(0, 20, 60, 20, .8)
ml model lf acquire1 (y= ) () () () ()
ml init start, copy

ml maximize
```

その出力結果は，以下の通りである．

	Number of obs	=	200
	Wald chi2(0)	=	.
Log likelihood = -885.3141	Prob > chi2	=	.

8.5 公共財供給実験における貢献に対する混合モデル   261

```
          y |      Coef.    Std. Err.        z    P>|z|     [95% Conf. Interval]
------------+----------------------------------------------------------------------
eq1         |
      _cons |   10.02066    3.645138     2.75    0.006      2.87632       17.165
------------+----------------------------------------------------------------------
eq2         |
      _cons |   12.57707    3.266815     3.85    0.000     6.174229     18.97991
------------+----------------------------------------------------------------------
eq3         |
      _cons |   60.07094    2.209104    27.19    0.000     55.74118     64.40071
------------+----------------------------------------------------------------------
eq4         |
      _cons |   17.00645    1.659162    10.25    0.000     13.75455     20.25835
------------+----------------------------------------------------------------------
eq5         |
      _cons |     .24227    .0521544     4.65    0.000     .1400492     .3444908
------------+----------------------------------------------------------------------
```

推定結果は以下のようにまとめられる.

$$\text{タイプ} 1 : y^* \sim N(10.0, 12.6^2)$$
$$\text{タイプ} 2 : y^* \sim N(60.1, 17.0^2)$$
$$y = 0 \text{ if } y^* < 0; \quad y = 100 \text{ if } y^* > 100$$
$$P(\text{タイプ} 1) = 0.24$$

こうして,ゲームを正しく解いた集団の割合は 24% で,残りの 76% は勝者の呪いの犠牲になっている,ということが推定されたことがわかる.最初のタイプの被験者による平均提案額は 10 であり,2 つ目のタイプは被験者による平均提案額は 60 となっている.

8.5 公共財供給実験における貢献に対する混合モデル

8.5.1 背景

公共財供給実験は 2.5.4 節で紹介されている.各被験者は,初期保有額を公共財のための勘定と私的な支出のための勘定に分割しなくてはならない.2.5.4 節では,このゲームには,すべての被験者が貢献額を 0 とすることからなる唯一のナッシュ均衡が存在することが説明された.実験では,かなりの割合の被験者が確かに貢献額を 0 にする.しかしながら,一方で,かなり多くの割合の被験者が正の貢献額を選択するのであり,その貢献額については,被

験者間でも被験者内でも大きな変動が見られる．公共財供給実験の目的は，典型的には，こうした正の貢献額を選ぶことの背後にある動機を探求することにある．

本章では，多様な動機を許容するようなモデルを開発する．このために，こうした多様な動機を個別に識別するように計画された，実際の実験データ（Bardsley, 2000）を使用する[1]．この実験計画の重要な特徴は，被験者は順番に貢献額を決定していき，各被験者は自分より前の順番にいる他の被験者が選んだ貢献額を観察できる，という点にある．また，この実験課題は繰り返し実施されるため，実験結果のデータはパネルデータになる．

多くの計量経済学的な問題を指摘しておく必要がある．最も重要なのは，過去の研究から明らかなのであるが，母集団には異なるタイプの主体が存在し，それぞれが公共財への貢献に対して異なる動機を持っている，ということである．したがって，本章の最初の方で別の文脈において使用された混合モデルが，被験者の多様なタイプを分離するのに適している．

ここで開発される混合モデルでは，3つのタイプを仮定する．「互恵的」なタイプとは，自分より前の順番にいる他の被験者の選ぶ貢献額が高いときにはより多くの貢献額を選ぶ被験者のことである．（互恵的な）被験者はその貢献額を自分より順番が前にいる他の被験者の貢献額の中央値に依存させている，とみなすことによって互恵性を判断する．「戦略的」なタイプとは，利己的な被験者だが，自分より順番が後になる他の被験者の互恵性を予測して，正の貢献を行おうとする被験者のことである．意思決定が進むにつれて選択の順番を待つ被験者が少なくなっていくので，戦略的な被験者にとっては，自分の決定順序が後の方である場合には貢献するインセンティブが小さくなる．例えば，順番が最後である戦略的な被験者は，貢献することに対するインセンティブを全く持たない．それゆえ，「戦略的」なタイプを，貢献額が意思決定の順番と負に相関しており，順番が最後の場合は貢献額が 0 であるような被験者として定義する．最後に，「ただ乗り」タイプとは，他の被験者の行動や自分の意思決定の順序に関係なく，貢献額を 0 にする傾向のある被験者のことである．

データがパネル構造であるため，この設定の下での混合モデルのフレーム

---

1) Bardsley（2000）のデータセットは，6.6.3 節において，トービット・モデルの使用法を示すためにすでに使用されている．

ワークの適用は，本章におけるこれまでの例よりもずっと複雑なものである．
この点はさらに検討されるべき計量経済学的な問題である．

　被験者の貢献額に影響する他の潜在的な要因は，課題の数である．公共財供
給ゲームにおけるほとんど普遍的な発見は，ゲームが繰り返されるにつれて，
貢献額には減少する傾向が見られるというものである．標準的な説明は，学習
プロセスに基づくものである．被験者は，ゲームのインセンティブ構造（つま
り，合理的になることを）を学習するか，あるいは，他の被験者の行動を学習
する（社会的学習）．この実験計画の新規な点は，次節で説明される理由によ
り，社会的学習の影響を除去していることである．すなわち，実験の経過に伴
う貢献額の減少はいずれも，もっぱらインセンティブ構造に関する学習に帰着
されることになる，ということである．

　計量経済学的問題の最後は，打ち切りについてである．貢献額は，二重に
打ち切られた従属変数になっている．というのは，可能な最も低い額は0で
あり，可能な最も高い額は初期保有額になっているからである．それゆえ，
6.6.3節におけるように，実験変数の効果に関する一致推定量を得るためには，
上限と下限のあるトービット・モデル（Nelsoon, 1976）が必要となる．

8.5.2　実験

　Bardsley（2000）のデータセットには98人の被験者が含まれており，それ
ぞれ7人からなるグループに分割されている．各被験者は20個の課題を実施
している．

　この実験計画には，多くの独自な特徴がある．第1に，1回のゲーム内で，
被験者は順番に貢献額を決定し，各被験者は自分より順番が前の被験者の貢
献額を観察できる．これが重要であることについては2つの理由がある．第1
に，被験者は自分より順番が前の被験者の貢献額を観察できるため，その貢献
額がどの程度，順番が前の他の被験者が選んだ貢献額に影響を受けているのか
を評価することができる．つまり，互恵性に対する検定をすることが可能にな
る．第2に，被験者が自分の意思決定の順番を知っていることから，被験者
は自分の後に何人の被験者が貢献額を決めるのかを明確に知っている．それゆ
え，被験者は「戦略的」な貢献から得られる便益を評価できる立場にいること
になる．それゆえ，貢献する順番がもたらす効果を検討することにより，戦略
的行動に対する検定を行うことが可能になる．

264　　　　　第8章　異質性への対処：有限混合モデル

　この実験が持つもう1つの独自な特徴は，報酬メカニズムとして「条件付きの情報に基づくランダム化 (CIL) 法」を採用していることである[2]．CIL では，被験者がプレーするゲームは，統制された（この実験の場合）19個の架空の実験によってカモフラージュされている．実験課題が［他のプレーヤーと実際にプレーする］実際の課題であるという想定の下で，課題に関する情報には，実際のゲーム手順が記述されている（そういう形で「他の被験者の行動」が示されている）．被験者には事前に，ただ1つの実験のみが実際のゲームであり，残りの実験における「他の被験者の行動」は，単にこの実験計画によって生みだされた架空のものであること，そして，実際の実験に対してのみ報酬が支払われることが知らされている．被験者は，どの実験課題が実際の課題なのかを知らず，それゆえ，各課題をあたかも実際の実験であるかのように取り扱うと想定することが妥当である．

　課題の集合のうちただ1つだけが実際の課題であり，被験者は実験が終了するまでどの課題が実際の課題なのかを知らないという意味で，CIL は 2.6 節で説明されたランダム化インセンティブ (RLI) 法と類似している．しかしながら，RLI とは異なり，CIL では実験者は始めから，どの課題が実際の課題なのかを知っている．

　CIL を使用することの主要な便益は，社会的学習の効果を排除できることである．それは，被験者は，ただ1つのゲームだけがグループに属する他の被験者と実際にプレーされるゲームであることを知っているからである．現在プレーしているゲームが実際のゲームであると被験者が暫定的に仮定しているとすると，その被験者にとっては，それまでの課題が架空のものだと仮定することも論理的であり，それゆえ，過去の課題から学習したことはどれも，論理的には，グループ内の他の被験者の行動に関する情報ではありえない．そのために，実験の経過に伴う提示額の減少は，いずれももっぱらインセンティブ構造に関する学習に帰着されることになる．

8.5.3　データ

　Bardsley (2000) のデータセットは，**bardsley** ファイルに収められている．同じデータセットが，上限と下限のあるトービット・モデルの使用法を説明す

---

2)　CIL に関する完全な説明については，Bardsley (2000) を参照のこと．

8.5 公共財供給実験における貢献に対する混合モデル

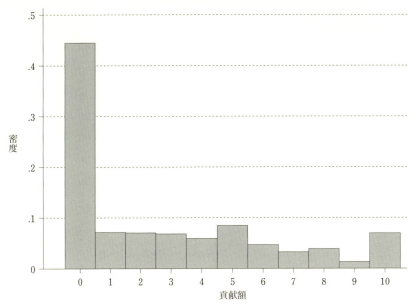

図 8.4 Bardsley の実験における貢献額の分布

るために 6.6.3 節において使用されている.

すでに述べたように，98 人の被験者が 20 個の課題を行ったことが観察されている．貢献額に関する一括された分布を検討することは有益である．この変数のヒストグラムは図 8.4 に示されている．ヒストグラムは明らかに，データが 0 で打ち切られていることを示しており，それよりもはっきりとしていないが，上限の 10 でも打ち切りが起こっている．中央値の 1.0 と比較すると，データ全体の平均貢献額は 2.711 であり，この差はヒストグラムに示されている正方向への明確な偏りを確証している．

被験者間の変動の程度に対する感じをつかむために，図 8.5 には各被験者が貢献額を 0 にした回数に関する分布が示されている．行動における変動は広いということを確認すること以外に，図 8.5 は，標本においてただ乗りタイプの数の大まかな推定値を提供してくれるという点でも有益である．ただ乗りタイプに関する（厳密な）定義は，すべての回で貢献額が 0 であるような被験者であることを思い出すと，98 人中 14 人（14.3%）がこの定義を満たしていることがわかる．しかしながら，推定の際に採用するただ乗りタイプの定義は

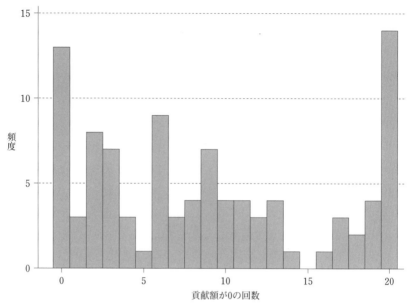

図 8.5 各被験者による貢献額が 0 の回数に関するヒストグラム

これよりも厳密なものではない．どの課題においても被験者が貢献額を完全にランダムに設定する小さな確率があることを認める摂動パラメータが含まれているからである．これは，本物のただ乗りタイプがごくわずかな機会に正の貢献額を選ぶことが観察されるかもしれないということを意味する．少なくとも 20 回中 16 回は貢献額を 0 にした 24 人（24.5%）の被験者に関する明らかに識別可能なクラスターがあることが示されているので，図 8.5 は有益である．なぜなら，彼らは摂動の下にあるただ乗りタイプとして暫定的に識別しておくのが妥当だろうからである．

貢献に関するさまざまな決定要因の効果の性質を調べるために，グラフィカルな手法を使用することもまた有益である．この目的のために，図 8.6 に Lowess 平滑化を伴う 3 つの散布図が提示されている．これらの変数の効果は，ただ乗りタイプの行動には適用できないので，図 8.5 でただ乗りタイプとしておおざっぱに識別された 24 人の被験者の貢献額は，図 8.6 から除外されている．散布図自体は明らかに意味のあるものではない．というのは，MED と貢献額の組み合わせの大多数が散布図に表現されているからである．この理

8.5 公共財供給実験における貢献に対する混合モデル

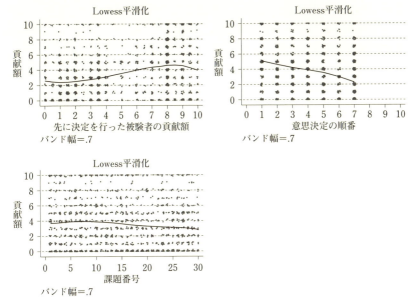

図 8.6 (i) 自分より順番が前の被験者の貢献額の中央値，(ii) 意思決定の順番，(iii) 課題番号に対する貢献額に関するジッターのある散布図と Lowess 平滑化．ただ乗りタイプは除外されている

由から，少なくとも，散布図のどの場所にほとんどの点が含まれているのかを知るのを可能にするために，散布図に「ジッター」を含める[3]．また，推定された貢献額の条件付き平均値をプロットする Lowess 平滑化も含めている．

図 8.6 の Lowess 平滑化は，3 つの変数すべてが貢献額に影響していることを示している．さらに，各効果の方向性は理論的予想と一致している．つまり，自分より順番が前の被験者の貢献額の中央値は互恵性の理論から予測されるように正の効果があり，意思決定の順番に関する負の効果は戦略的行動を意味し，課題番号に関する負の効果はゲームに関する学習プロセスがあることを意味する．また，これら 3 つの効果は単調で，大ざっぱに線形であることもわかる．こうした観察は，次節で開発するパラメトリックなモデルを特定化する指針になるという意味で有用である．

---

[3] 散布図の文脈における「ジッター」の概念については，第 6 章の脚注 6 において説明されている．

8.5.4 摂動を伴う上限と下限のある有限混合トービット・モデル

ここで使用されている計量経済学的分析は，Bardsley and Moffatt（2007）のものと類似している.

n 人の被験者がいて，それぞれが T 個の課題について観察されている．y_{it} を課題 t において観察された被験者 i による貢献額とする．変数 y_{it} は下限が 0 で上限が 10 である．それゆえ，下限 0 と上限 10 で打ち切りがある上限と下限のあるトービット・モデル（Nelson, 1976）を使用するのが適切である．制限従属変数モデルにおける慣習的な用語法を採用して，貢献額 0 を「レジーム 1」，0 より大きく 10 未満の貢献額を「レジーム 2」，貢献額 10 を「レジーム 3」と呼ぶことにする.

潜在的な望ましい貢献額は y_{it}^* であり，これは説明変数の集合に対して線形に従属していると仮定される．しかしながら，8.5.1 節で説明したように，各被験者は 3 つのタイプのうちの 1 つであると仮定されている．3 つのタイプとは，互恵的（rec），戦略的（str），そしてただ乗り（fr）タイプである．また，与えられた被験者に対する y_{it}^* の決定要因は，その被験者のタイプがどれであるかに決定的に依存しているということも仮定する．このモデルの（そして，有限混合モデル一般の）重要な特徴は，タイプ間で交代が生じないということである．つまり，ある特定の被験者がある与えられたタイプなのだとすると，その被験者は実施されるすべての課題について同じタイプのままであるということである.

互恵的タイプと戦略的タイプに対しては，望ましい貢献額について次の潜在的変数モデルを特定化する（ただ乗りタイプについては別に取り扱う．というのは，彼らの貢献額についてはどの説明変数も関係がないからである）.

互恵的タイプ：　$y_{it}^* = \beta_{10} + \beta_{11}MED_{it} + \beta_{13}(TSK_{it} - 1) + \epsilon_{it,rec}$　(8.6)

戦略的タイプ：　$y_{it}^* = \beta_{20} + (\beta_{22}ORD_{it} - 1) + \beta_{23}(TSK_{it} - 1) + \epsilon_{it,str}$

$$i = 1, \ldots, n \quad t = 1, \ldots, T$$

$$\epsilon_{it,rec} \sim N(0, \sigma_1^2) \quad \epsilon_{it,str} \sim N(0, \sigma_2^2)$$

ここで，ORD_{it} は t 個目の課題が解かれる際の被験者 i の順番，MED_{it} は自分より順番が前のグループ内の他の被験者による貢献額の中央値，TSK_{it}

は課題番号である[4]. 互恵性は $\beta_{11} > 0$ を含意し, 戦略的行動は $\beta_{22} < 0$ を含意する. パラメータ β_{13} と β_{23} はそれぞれ, 互恵的タイプと戦略的タイプによる学習を表現しており, 符合は負であることが予想される. TSK と ORD から1を引いている理由は, 各式の定数項が都合の良い解釈を持つことを保証するためである. つまり, 定数項は, 課題1の1番目に意思決定する被験者に対する貢献額の期待値を意味するのである.

$ORD = 1$ のとき, 明らかに MED は定義できないが, 推定の目的のためにそれを 8.00 に設定する. この値は, 対数尤度が最大化されるよう, 試行錯誤した結果得られた値である[5]. これは, 実験開始前に形成される, 他の被験者による貢献額に対する被験者の事前の予想として, 有意義に解釈されうるものである. 相対的に高い値は, 互恵的タイプが他のプレーヤーの寛大さに関して楽観的な見通しを持ってゲームを始めるという考えを表している.

望ましい貢献額 y_{it}^* と実際の貢献額 y_{it} との間の関係は, 次の打ち切りルールによって特定化される.

互恵的タイプと戦略的タイプに対しては以下の通りである.

$$y_i t = \begin{cases} 0 & \text{if } y_{it}^* \leq 0 \\ y_{it}^* & \text{if } 0 < y_{it}^* < 10 \\ 10 & \text{if } y_{it}^* \geq 10 \end{cases} \tag{8.7a}$$

ただ乗りタイプに対しては以下の通りである.

$$y_{it} = 0 \quad \forall t \tag{8.7b}$$

8.5.3 節において言及したように, 「摂動パラメータ」 ω も導入される (Moffatt and Peters, 2001 参照). 単一の応答どれに対しても, 確率 ω で被験者は集中力を失い, 可能な 11 個の選択肢の間からランダムに選択を行う. このパラメータを導入する目的の1つは, 3つの被験者タイプを分離する厳格なルールを緩和することである. 例えば, 被験者が1回を除いてすべて貢献額0を選

---

4) TSK は t に関して同じではない. というのは, いくつかの課題は別の実験の一部だからである. 実際, t が1から20の値をとるのに対して, TSK の範囲は1から30である.

5) 同じ手続きは Bardsley and Moffatt (2007) によって使用されている. 彼らの論文の表 4, 注 2 を参照のこと.

んだ場合，この被験者には，1回だけ集中力を失ったただ乗りタイプであるということに正の確率を割り当てたいだろう．摂動パラメータの存在がこれを可能にしてくれる．

Loomes et al. (2002) は，そのリスク下の選択に関する計量経済学的モデルにおいて，学習プロセスを認めるために，実験の経過に伴い数値が減少していくような摂動パラメータを導入している．つまり，被験者は，より多くの経験を積むと，「ランダム」な選択をする可能性が少なくなるということである．これと類似した戦略をここでは適用する．［具体的には摂動パラメータに関して，］以下の式を特定化する．

$$\omega_{it} = \omega_0 \exp[\omega_1(TSK_{it} - 1)] \tag{8.8}$$

ここには摂動に関係するパラメータが2つある．ω_0 は実験開始時における摂動確率を表し，ω_1 は摂動の減少比率を表している．ω_1 は負値をとることが予想され，その値が大きくなるほど，値の減少がより早くなる．

各レジームと各被験者タイプに対して，単一の応答に対する尤度への貢献度はそれぞれ以下のようになる．ここで，$\Phi(.)$ と $\phi(.)$ は標準正規分布の cdf と pdf をそれぞれ表している．

レジーム 1 ($y = 0$)

$$P(y_{it} = 0 | i = rec) = (1 - \omega_{it})\Phi\left(-\frac{\beta_{10} + \beta_{11}MED_{it} + \beta_{13}(TSK_{it} - 1)}{\sigma_1}\right) + \frac{\omega_{it}}{11}$$

$$P(y_{it} = 0 | i = str)$$

$$= (1 - \omega_{it})\Phi\left(-\frac{\beta_{20} + \beta_{22}(ORD_{it} - 1) + \beta_{23}(TSK_{it} - 1)}{\sigma_2}\right) + \frac{\omega_{it}}{11}$$

$$P(y_{it} = 0 | i = fr) = 1 - \frac{10\omega_{it}}{11} \tag{8.9a}$$

レジーム 2 ($0 < y < 10$)

$$P(y_{it} | i = rec) = (1 - \omega_{it})\frac{1}{\sigma_1}\phi\left(\frac{y_{it} - \beta_{10} - \beta_{11}MED_{it} - \beta_{13}(TSK_{it} - 1)}{\sigma_1}\right) + \frac{\omega_{it}}{11}$$

$$P(y_{it}|i = str)$$

$$= (1 - \omega_{it}) \frac{1}{\sigma_2} \phi \left(\frac{y_{it} - \beta_{20} - \beta_{22}(ORD_{it} - 1) - \beta_{23}(TSK_{it} - 1)}{\sigma_2} \right) + \frac{\omega_{it}}{11}$$

$$P(y_{it}|i = fr) = \frac{\omega_{it}}{11} \tag{8.9b}$$

レジーム 3 $(y = 10)$

$$P(y_{it} = 10|i = rec)$$

$$= (1 - \omega_{it}) \left[1 - \Phi \left(\frac{10 - \beta_{10} - \beta_{11}MED_{it} - \beta_{13}(TSK_{it} - 1)}{\sigma_1} \right) \right]$$

$$+ \frac{\omega_{it}}{11}$$

$$P(y_{it} = 10|i = str)$$

$$= (1 - \omega_{it}) \left[1 - \Phi \left(\frac{10 - \beta_{20} - \beta_{22}(ORD_{it} - 1) - \beta_{23}(TSK_{it} - 1)}{\sigma_2} \right) \right]$$

$$+ \frac{\omega_{it}}{11}$$

$$P(y_{it} = 10|i = fr) = \frac{\omega_{it}}{11} \tag{8.9c}$$

(8.9) 式において摂動パラメータが現れるあり方には説明が必要だろう．摂動が起こるときには，0-10 までの 11 個の結果それぞれは等しい確率で発生する．したがって，$\omega_{it}/11$ という項がほぼすべての式に現れている．レジーム 2 においては，必要なのは確率ではなく密度なので，摂動が起こるときには，貢献額は区間 $(-0.5, 10.5)$ 上の連続的な一様分布からの実現値となる．したがって，任意の特定の実現値に関して密度は $\omega_{it}/11$ となる．

有限混合モデルを導くのは，3 つの被験者タイプの存在である．それぞれ互恵的，戦略的，そしてただ乗りタイプの母集団比率に対応する 3 つの「混合比率」p_{rec}, p_{str}, p_{fr} を導入する．これら 3 つのパラメータの和は 1 になるため，そのうち 2 つだけを推定すればよい．

被験者 i に関する尤度への寄与度は以下のようになる．

$$L_i = p_{rec} \prod_{t=1}^{T} P(y_{it}=0|rec)^{I_{y_{it}=0}} f(y_{it}|rec)^{I_{0<y_{it}<10}} P(y_{it}=10|rec)^{I_{y_{it}=10}}$$

$$+p_{str} \prod_{t=1}^{T} P(y_{it}=0|str)^{I_{y_{it}=0}} f(y_{it}|str)^{I_{0<y_{it}<10}} P(y_{it}=10|str)^{I_{y_{it}=10}}$$

$$+p_{fr} \prod_{t=1}^{T} P(y_{it}=0|fr)^{I_{y_{it}=0)}} f(y_{it}|fr)^{I_{0<y_{it}<10}} P(y_{it}=10|fr)^{I_{y_{it}=10}}$$

$$(8.10)$$

ここで，$I_{(.)}$ は指示関数であり（添え字部分の式が真ならば 1，そうでなければ 0 の値をとる），9 つの条件付確率/密度については上記の (8.9) 式で特定化されている．

それで，標本対数尤度は次のようになる．

$$LogL = \sum_{i=1}^{n} \log(L_i) \tag{8.11}$$

(8.9) 式に現れる 8 つのパラメータに，2 つの摂動パラメータと混合比率の 3 つのうち 2 つを加えたものに関して MLE を得るために $LogL$ が最大化される．フル・モデルでの推定されるべきパラメータの総数は 12 個になる．このモデルは，「摂動を伴う上限と下限のある有限混合トービット・モデル」と呼ぶことができるだろう．

8.5.5 プログラム

すでに述べたように，このデータセットのパネル構造には複雑な特徴がある．各被験者は 20 回観察される．ある与えられた被験者に関する尤度への寄与度を計算するときには，その被験者によって行われた全部で 20 回の意思決定に関する結合確率が必要になる．実際的には，ml プログラムにおいて，これまでの例において使用されたものとは異なる尤度評価法が必要であることを意味する．

STATA には多くの異なった尤度評価法が存在する．第 6 章におけるさまざまな例と，本章でこれまで検討してきた例において使用されたのは，lf（線形形式）であった．(8.10) 式と (8.11) 式に定義されている対数尤度関数の特徴は，線形形式の制約を満足していないということであり，それゆえ，lf は

8.5 公共財供給実験における貢献に対する混合モデル　　273

$LogL$ の構成要素	STATA の変数名
$\beta_{10}, \beta_{11}, \beta_{13}$	xb1
$\beta_{20}, \beta_{22}, \beta_{23}$	xb2
σ_1, σ_2	sig1, sig2
$\omega_0, \omega_1, \omega$	w0, w1, w
p_{rec}, p_{str}, p_{fr}	p_rec, p_str, p_fr
$P(y = 0|rec), P(y = 0|str), P(y = 0|fr)$	p1_1, p2_1, p3_1
$f(y|rec), f(y|str), f(y|fr); 0 < y < 10$	p1_2, p2_2, p3_3
$P(y = 10|rec), P(y = 10|str), P(y = 10|fr)$	p1_3, p2_3, p3_3
$P(y_{it} = 0|rec)^{I_{y_{it}=0}} f(y_{it}|rec)^{I_{0<y_{it}<10}} P(y_{it} = 10|rec)^{I_{y_{it}=10}}$	p1
$P(y_{it} = 0|str)^{I_{y_{it}=0}} f(y_{it}|str)^{I_{0<y_{it}<10}} P(y_{it} = 10|str)^{I_{y_{it}=10}}$	p2
$P(y_{it} = 0|fr)^{I_{y_{it}=0}} f(y_{it}|fr)^{I_{0<y_{it}<10}} P(y_{it} = 10|fr)^{I_{y_{it}=10}}$	p3
$\prod_{t=1}^{T} P(y_{it} = 0|rec)^{I_{y_{it}=0}} f(y_{it}|rec)^{I_{0<y_{it}<10}} P(y_{it} = 10|rec)^{I_{y_{it}=10}}$	pp1
$\prod_{t=1}^{T} P(y_{it} = 0|str)^{I_{y_{it}=0}} f(y_{it}|str)^{I_{0<y_{it}<10}} P(y_{it} = 10|str)^{I_{y_{it}=10}}$	pp2
$\prod_{t=1}^{T} P(y_{it} = 0|fr)^{I_{y_{it}=0}} f(y_{it}|fr)^{I_{0<y_{it}<10}} P(y_{it} = 10|fr)^{I_{y_{it}=10}}$	pp3
L_i	pp
$\log(L_i)$	logl
$P(i = rec|y_{i1}, \ldots, y_{iT}); P(i = str|y_{i1}, \ldots, y_{iT}); P(i = fr|y_{i1}, \ldots, y_{iT})$	postp1; postp2; postp3

表 8.2　*LogL* の構成要素とそれに対応する **STATA** の変数名

使用できない．これは，標本対数尤度を得るために合計する必要がある尤度への寄与度はそれぞれ，データ中の単一の行に記された情報から導出されたものではなく，その代わりに，与えられた被験者に対応する行のブロック全体から導出されたものだからである．そうした行のブロック各々に対して，ただ1つの尤度への寄与度が存在する．このため，1f 評価法の代わりに d 評価法が必要になる．このうち最も単純なものは d0 評価法であり，これは単に，評価すべき対数尤度への寄与度が必要なだけである．ここで使用されるのはこの評価法である．d1 評価法と d2 評価法は，関数評価とともに，解析的に導出された対数尤度の微係数をプログラムする必要がある．

　STATA のプログラムが以下に示されている．表8.2 は，先に構成された *LogL* の各要素に対応するプログラム内の変数名が示されている．プログラムの中で説明が必要だろうと思われる個所は以下の部分だろう．

```
by i: replace 'pp1'=exp(sum(ln(max('p1',1e-12))))
by i: replace 'pp2'=exp(sum(ln(max('p2',1e-12))))
by i: replace 'pp3'=exp(sum(ln(max('p3',1e-12))))
```

274   第 8 章　異質性への対処：有限混合モデル

これは本質的には，被験者 i に対する T 個の観測値について，（最初の行では）p1 に含まれる確率の積をとるというものである．3つの関数 exp(sum(ln(.))) を適用する理由は単に，STATA には（ある変数の観測値にわたる累積的和を求める）sum 関数はあるが，［積を求める］product 関数がないためである．したがって，ここで必要となる積は，以下のような同値関係を利用して評価されているのである．

$$\prod_t p_t \equiv \exp\left(\sum_t \ln p_t\right) \tag{8.12}$$

［プログラム中で］単に p1 ではなく $\max(p1, 1e - 12)$ の対数を使用する理由は，確率がやがて限りなく 0 に近づくことによって生じうる数値計算上の問題をあらかじめ回避しておくためである．

　3つ目のタイプに対する混合比率（p_3）は，デルタ法をもちいて p_1 と p_2 から導出されるということに注意してほしい．また，プログラムの最後の部分で，タイプの事後確率が生成されていることにも注意してほしい．これについては 8.5.7 節で議論することにする．

　注釈付きのプログラムは以下の通りである．

```
* ESTIMATION OF MIXTURE MODEL FOR BARDSLEY DATA

prog drop _all

* LIKELIHOOD EVALUATION PROGRAM STARTS HERE:

program define pg_mixture
args todo b logl
tempvar p1_1 p2_1 p3_1 p1_2 p2_2 p3_2 p1_3 p2_3 p3_3 p1 p2 p3 pp1 pp2 pp3 pp w

tempname xb1 xb2 sig1 sig2 w0 w1 p_rec p_str

* ASSIGN PARAMETER NAMES TO THE ELEMENTS OF THE PARAMETER VECTOR b:

mleval 'xb1' = 'b', eq(1)
mleval 'xb2' = 'b', eq(2)
mleval 'sig1' = 'b', eq(3) scalar
mleval 'sig2'='b', eq(4) scalar
mleval 'w0'='b', eq(5) scalar
mleval 'w1'='b', eq(6) scalar
mleval 'p_rec'='b', eq(7) scalar
mleval 'p_str'='b', eq(8) scalar

quietly{
```

8.5 公共財供給実験における貢献に対する混合モデル   275

```
* INITIALISE THE p* VARIABLES WITH MISSING VALUES:

gen double 'p1_1'=.
gen double 'p2_1'=.
gen double 'p3_1'=.
gen double 'p1_2'=.
gen double 'p2_2'=.
gen double 'p3_2'=.
gen double 'p1_3'=.
gen double 'p2_3'=.
gen double 'p3_3'=.

gen double 'p1'=.
gen double 'p2'=.
gen double 'p3'=.

gen double 'pp1'=.
gen double 'pp2'=.
gen double 'pp3'=.
gen double 'pp'=.

* GENERATE THE TREMBLE PROBABILITY:

gen double 'w'='w0'*exp('w1'*tsk_1)

* COMPUTE TYPE-CONDITIONAL DENSITIES UNDER REGIME 1:

replace 'p1_1'=(1-'w')*normal(-'xb1'/'sig1')+'w'/11
replace 'p2_1'=(1-'w')*normal(-'xb2'/'sig2')+'w'/11
replace 'p3_1'=1-(10/11)*'w'

* COMPUTE TYPE-CONDITIONAL DENSITIES UNDER REGIME 2:

replace 'p1_2'=(1-'w')*(1/'sig1')*normalden((y-'xb1')/'sig1')+'w'/11
replace 'p2_2'=(1-'w')*(1/'sig2')*normalden((y-'xb2')/'sig2')+'w'/11
replace 'p3_2'='w'/11

* COMPUTE TYPE-CONDITIONAL DENSITIES UNDER REGIME 3:

replace 'p1_3'=(1-'w')*(1-normal((10-'xb1')/'sig1'))+'w'/11
replace 'p2_3'=(1-'w')*(1-normal((10-'xb2')/'sig2'))+'w'/11
replace 'p3_3'='w'/11

* MATCH TYPE-CONDITIONAL DENSITIES TO ACTUAL REGIMES (d IS REGIME):

replace 'p1' = (d==1)*'p1_1'+(d==2)*'p1_2'+(d==3)*'p1_3'
replace 'p2' = (d==1)*'p2_1'+(d==2)*'p2_2'+(d==3)*'p2_3'
replace 'p3' = (d==1)*'p3_1'+(d==2)*'p3_2'+(d==3)*'p3_3'

* FIND PRODUCT OF TYPE-CONDITIONAL DENSITIES FOR EACH SUBJECT:

by i: replace 'pp1'=exp(sum(ln(max('p1',1e-12))))
by i: replace 'pp2'=exp(sum(ln(max('p2',1e-12))))
by i: replace 'pp3'=exp(sum(ln(max('p3',1e-12))))
```

276 第 8 章 異質性への対処：有限混合モデル

```
* COMBINE TYPE-CONDITIONAL DENSITIES TO OBTAIN MARGINAL DENSITY FOR EACH SUBJECT
* (ONLY REQUIRED IN FINAL ROW FOR EACH SUBJECT):

replace 'pp'='p_rec'*'pp1'+'p_str'*'pp2'+(1-'p_rec'-'p_str')*'pp3'
replace 'pp'=. if last~=1

* SPECIFY (LOG-LIKELIHOOD) FUNCTION WHOSE SUM OVER SUBJECTS IS TO BE MAXIMISED

mlsum 'logl'=ln('pp') if last==1

* GENERATE POSTERIOR TYPE PROBABILITIES, AND MAKE THESE AVAILABLE OUTSIDE THE
  PROGRAM

replace postp1='p_rec'*'pp1'/'pp'
replace postp2='p_str'*'pp2'/'pp'
replace postp3=(1-'p_rec'-'p_str')*'pp3'/'pp'

putmata postp1, replace
putmata postp2, replace
putmata postp3, replace

}

end

* END OF LOG-LIKELIHOOD EVALUATION PROGRAM

clear
set more off

* READ DATA

use "bardsley"

by i: gen last=_n==_N

gen int d=1
replace d=2 if y>0
replace d=3 if y==10

gen double ord_1=ord-1
gen double tsk_1=tsk-1

* SET MEDIAN OF PREVIOUS CONTRIBUTIONS TO 8 FOR SUBJECTS IN FIRST POSITION:

replace med=8 if ord==1

*  SPECIFY EXPLANATORY-VARIABLE LISTS FOR RECIPROCATOR (LIST1)
*  AND STRATEGIST (LIST2) EQUATIONS:

local list1 "med tsk_1"
local list2 "ord_1 tsk_1"

* INITIALISE VARIABLES TO BE USED FOR POSTERIOR TYPE PROBABILITIES:
```

8.5 公共財供給実験における貢献に対する混合モデル   277

```
gen postp1=.
gen postp2=.
gen postp3=.

* SPECIFY STARTING VALUES:

mat start=(0.57,-0.10,6.1,-0.93,-0.05,5.2,3.3,3.7,0.11,-0.05,0.26,0.49)

* SPECIFY LIKELIHOOD EVALUATOR, PROGRAM, AND PARAMETER NAMES:

ml model d0 pg_mixture (='list1') (='list2') /sig1 /sig2 /w0  /w1  /p_rec /p_str
ml init start, copy

* USE ML COMMAND TO MAXIMISE LOG-LIKELIHOOD, AND STORE RESULTS AS "WITH_TREMBLE":

ml max, trace search(norescale)
est store with_tremble

* COMPUTE THIRD MIXING PROPORTION USING DELTA METHOD:

nlcom p_fr: 1-[p_rec]_b[_cons]-[p_str]_b[_cons]

* EXTRACT POSTERIOR TYPE PROBABILITIES AND PLOT THEM AGAINST
*   NUMBER OF ZERO CONTRIBUTIONS:

drop postp1 postp2 postp3

getmata postp1
getmata postp2
getmata postp3

label variable postp1 "rec"
label variable postp2 "str"
label variable postp3 "fr"

by i: gen n_zero=sum(y==0)

scatter postp1 postp2 postp3 n_zero if last==1, title("with tremble") ///
ytitle("posterior probability") msymbol(x Dh Sh) jitter(3) saving(with, replace)

* ESTIMATE MODEL WITHOUT TREMBLE, AND STORE RESULTS AS "WITHOUT_TREMBLE":

constraint 1 [w0]_b[_cons]=0.00
constraint 2 [w1]_b[_cons]=0.00

ml model d0 pg_mixture (='list1') (='list2') ///
/sig1 /sig2 /w0  /w1  /p_rec /p_str, constraints(1 2)

ml init start, copy
ml max, trace search(norescale)
est store without_tremble

nlcom p_fr: 1-[p_rec]_b[_cons]-[p_str]_b[_cons]

* EXTRACT AND PLOT POSTERIOR TYPE PROBABILITIES FOR MODEL WITHOUT TREMBLE:
```

```
drop postp1 postp2 postp3

getmata postp1
getmata postp2
getmata postp3

label variable postp1 "rec"
label variable postp2 "str"
label variable postp3 "fr"

scatter postp1 postp2 postp3 n_zero if last==1, title("without tremble") ///
ytitle("posterior probability") msymbol(x Dh Sh) jitter(3)

* CARRY OUT LIKELIHOOD RATIO TEST FOR PRESENCE OF TREMBLE:

lrtest with_tremble without_tremble

* COMBINE THE TWO POSTERIOR PROBABILITY PLOTS

gr combine with.gph without.gph
```

　このモデルは2回推定されている．1回目は，すべてのパラメータに制約がない状態で，2回目は2つの摂動パラメータが0に設定された状態で推定が実施されている．このために必要となのは，2つの制約を constraint コマンドをもちいて定義し，ml コマンドに constraints(.) オプションを含めることだけである．

　最初の（摂動があるモデルに関する）推定から得られた STATA の出力は以下の通りである．

```
                                  Number of obs    =        1960
                                  Wald chi2(2)     =      108.07
Log likelihood = -3267.6884       Prob > chi2      =      0.0000

------------------------------------------------------------------------------
             |      Coef.   Std. Err.      z    P>|z|     [95% Conf. Interval]
-------------+----------------------------------------------------------------
eq1          |
         med |   .5986768   .0611812     9.79   0.000      .478764    .7185897
       tsk_1 |  -.0961738   .0202228    -4.76   0.000    -.1358099   -.0565378
       _cons |   4.004373   .4541826     8.82   0.000     3.114191    4.894555
-------------+----------------------------------------------------------------
eq2          |
       ord_1 |  -.9644647   .0823747   -11.71   0.000    -1.125916   -.8030133
       tsk_1 |  -.0516767   .0171891    -3.01   0.003    -.0853668   -.0179866
       _cons |   5.299356   .3828538    13.84   0.000     4.548976    6.049736
-------------+----------------------------------------------------------------
sig1         |
       _cons |   3.442242   .1674648    20.56   0.000     3.114017    3.770467
```

```
-----------+---------------------------------------------------------------
sig2       |
     _cons |   3.705603    .1611296    23.00   0.000     3.389795    4.021411
-----------+---------------------------------------------------------------
w0         |
     _cons |   .1041737    .0321191     3.24   0.001     .0412213    .1671261
-----------+---------------------------------------------------------------
w1         |
     _cons |  -.0492261    .0218192    -2.26   0.024    -.0919909   -.0064612
-----------+---------------------------------------------------------------
p_rec      |
     _cons |   .2710854    .0484671     5.59   0.000     .1760916    .3660791
-----------+---------------------------------------------------------------
p_str      |
     _cons |   .4832813    .0538023     8.98   0.000     .3778307    .5887319
-----------+---------------------------------------------------------------
           |      Coef.   Std. Err.       z    P>|z|    [95% Conf. Interval]
-----------+---------------------------------------------------------------
      p_fr |   .2456333    .0436144     5.63   0.000     .1601508    .3311159
-----------+---------------------------------------------------------------
```

　Moffatt and Peters (2001) によって推奨されているように，摂動の存在について検定するために尤度比（LR）検定が使用されている．摂動のないモデルと比較した場合の上記のモデルに関する尤度比検定の結果は，次のようになる．0.0000 という p 値は，摂動の存在に関して圧倒的な証拠があることを表している．

```
. lrtest with_tremble without_tremble

Likelihood-ratio test                              LR chi2(2)   =    149.89
(Assumption: without_trem~e nested in with_tremble)  Prob > chi2 =     0.0000
```

両方のモデルの結果については，次節で提示され，議論される．

8.5.6　推定結果

　摂動のある場合とない場合の，上限と下限のある有限混合トービット・モデルのパラメータ推定値は表 8.3 に示されている．最初の列には［摂動のある］フル・モデルの結果が含まれている．2 番目の列には摂動のないモデルの結果が示されている．前節の最後に注意したように，このデータセットには摂動の存在に関して圧倒的な証拠があることを尤度比検定は示している．つまり，フル・モデルの方が優れているということを意味する．摂動を含めることの重要性は，摂動がない場合に，推定値，特に混合比率に関する推定値がいか

	フル・モデル	摂動なし
Reciprocators		
constant	4.004(0.454)	3.166(0.358)
MED	0.599(0.061)	0.490(0.045)
TSK-1	−0.096(0.020)	−0.061(0.015)
σ_1	3.442(0.167)	3.577(0.126)
Strategists		
constant	5.299(0.382)	4.493(0.518)
ORD-1	−0.964(0.082)	−1.128(0.102)
TSK-1	−0.052(0.017)	−0.080(0.023)
σ_2	3.706(0.161)	5.104(0.253)
Tremble		
ω_0	0.104(0.032)	—
ω_1	−0.049(0.022)	—
Mixing proportions		
p_{rec}	0.271(0.048)	0.382(0.051)
p_{str}	0.483(0.054)	0.472(0.053)
p_{fr}	0.246(0.044)	0.143(0.035)
n	98	98
T	20	20
k	12	10
$LogL$	−3267.69	−3342.63
AIC	3.35	3.42

注：カッコ内は漸近標準誤差を表す．p_{fr} の推定値と標準誤差は，デルタ法をもちいて p_{rec} と p_{str} の推定値
から導出されている．推定上の理由から，$ORD = 1$ の場合には MED は 8 に設定されている．
AIC は赤池情報量基準であり，$2(-LogL + k)/(nT)$ と定義される．ここで，k はモデルに含まれるパラ
メータ数である．望ましいモデルは AIC が低いモデルである．

**表 8.3 Bardsley（2000）のデータに適用された，摂動のある場合とない場合の混合モデ
ルの最尤推定値**

に異なった値になっているのかを見ることによっても明確に知ることができ
る．例えば，摂動がない場合，ただ乗りタイプの比率は 0.143 であると推定さ
れ，これはすべての機会において貢献額 0 を選んだ被験者の比率と正確に等
しい（8.5.3 節を参照）．先に述べたように，摂動の存在は，ただ乗りタイプの
集合に，ほとんどすべての場合において貢献額 0 を選ぶ被験者を含めること
を可能にし，それに伴い，ただ乗りタイプの比率に関する推定値は 0.246 に上
昇する．これは，20 個の課題のうち少なくとも 16 個で貢献額 0 を選んだ被験
者という基準の下で，8.5.3 節においてただ乗りタイプとノンパラメトリック
に識別された被験者の比率に驚くほど近い値である．24.6% というこの推計
値はまた，先行研究の至るところに現れている推計値にもかなり一致した値で

ある（例えば，Gächter and Fehr, 2000 を参照のこと）.

(8.6) 式において定義された 2 つの式は，以下のように推定される.

互恵的タイプ： $E(y^*|MED, TSK)$
$$= 4.004 + 0.599MED - 0.096(TSK - 1) \qquad (8.13a)$$

戦略的タイプ： $E(y^*|ORD, TSK)$
$$= 5.299 - 0.964(ORD - 1) - 0.052(TSK - 1) \qquad (8.13b)$$

表 8.3 で見たように，すべての係数は強く有意である．予想されたように，互恵的タイプについては，自分より順番が前の被験者による貢献額の中央値が，目下の貢献額に対して有意な正の効果を持っている．つまり，もし自分より順番が前の被験者による貢献額が 1 単位増加すると，目下の被験者の貢献額は，1 単位の約 3/5 は増加するが，その増加分は 1 単位よりは確実に少ないということが予想される．この結果は，Fischbacher et al. (2001) の研究で観察された，バイアスのある互恵性と整合的なものである（ここでいうバイアスとは，被験者には他の被験者による貢献額に正の影響を受けているが，他の被験者による貢献額よりは少ない額の貢献を行う傾向がある，という意味のものである）.

戦略的タイプについては，やはり予想されたように，被験者の意思決定の順番に関する効果は負である．特に，（課題 1 において）最初に意思決定する戦略的タイプによる「期待」貢献額は 5.3 であるが，同じ戦略的タイプでも順番が最後の場合には（$ORD = 7$），貢献額は 0 であると予想される．これは十分に納得できる結果である．というのは，先に注意したように，意思決定の順番が最後である被験者にとっては，利己的な貢献に対する動機はないためである.

TSK の効果は，両方のタイプについても有意に負となっている．これは，単純に経験に伴って貢献額が減少していることを意味している．もしこれがゲームのインセンティブ構造に関する学習の効果として解釈されるとすれば，互恵的タイプは，戦略的タイプよりもいくぶん早くそうした事柄を学習しているようである.

摂動確率は，実験の開始時（課題 1）では 0.104 であるが，ω_1 が有意に負の推定値であるために，実験の最後（課題 20）に至ると 0.041 にまで減少し

ている．この摂動に関する劇的な減少は，学習に関するさらなる証拠を提供している（Moffatt and Peters, 2001; Loomes et al., 2002）.

混合比率の推定に向かうと，ただ乗りタイプが母集団の 25% に非常に近い割合であることがわかる．約 25% が互恵的タイプで，残りの 50% は戦略的タイプである．

8.5.7 タイプに関する事後確率

3つのタイプに関する事後確率は，以下のようになる.

$$P(i = rec|y_{i1}, \ldots, y_{iT})$$
$$= \frac{p_{rec} \prod_{t-1}^{T} P(y_{it} = 0|rec)^{I_{y_{it}=0}} f(y_{it}|rec)^{I_{0<y_{it}<10}} P(y_{it} = 10|rec)^{I_{y_{it}=10}}}{L_i}$$

$$P(i = str|y_{i1}, \ldots, y_{iT})$$
$$= \frac{p_{str} \prod_{t-1}^{T} P(y_{it} = 0|str)^{I_{y_{it}=0}} f(y_{it}|str)^{I_{0<y_{it}<10}} P(y_{it} = 10|str)^{I_{y_{it}=10}}}{L_i}$$

$$P(i = fr|y_{i1}, \ldots, y_{iT})$$
$$= \frac{p_{fr} \prod_{t-1}^{T} P(y_{it} = 0|fr)^{I_{y_{it}=0}} f(y_{it}|fr)^{I_{0<y_{it}<10}} P(y_{it} = 10|fr)^{I_{y_{it}=10}}}{L_i}$$

ここで，L_i は (8.10) 式で定義される被験者 i の尤度への貢献度である．これらの事後確率は，プログラムの最後に（postp1 から postp3 として）計算される.

図 8.7 には，被験者ごとの貢献額が 0 であった回数に対して，両方のモデルの推定から得られた3つの［タイプに関する］事後確率がプロットされている．2つのグラフを比較すると，2つのモデル間の主要な相違は，被験者を「ただ乗り」タイプに割り当てるところにあるということが再度確認できる．摂動のないモデル（右側のグラフ）については，20 個の課題すべてにおいて貢献額が 0 であった被験者だけに「ただ乗り」とラベル付けされている．しかしながら，摂動のあるモデル（左側のグラフ）については，16 かそれ以上の課題において貢献額が 0 であった被験者すべてが，ただ乗りタイプである可能性が非常に高いとみなされている．左側のグラフをより詳しく見てみると，ほどほどの数（6-14）の課題において貢献額が 0 であった被験者は戦略的タイプである傾向にあるが，めったに貢献額を 0 にしなかった被験者は，

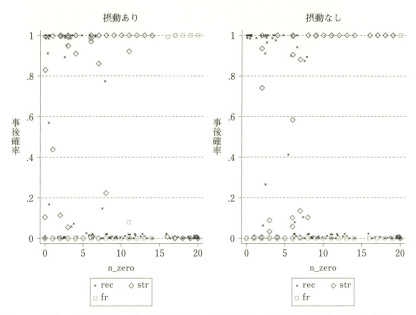

図 8.7 摂動のあるモデル（左側のグラフ）と摂動のないモデル（右側のグラフ）について，貢献額が 0 であった回数に対する各タイプに関する事後確率をプロットしたジッターのある散布図

戦略的タイプと互恵的タイプとを混合したものであるように見える，ということがわかる．最後に，散布図において，縦軸上の目盛りで見て 0 や 1 から大きく外れているような点は非常にわずかであり，このことは，ここでのモデルによって確信を持ってそのタイプが判別できないような被験者の数はほんの少しであることを示している，ということに注意してほしい．

8.6 まとめと読書案内

本章のテーマは有限混合モデルであった．このトピックを取り扱ったポピュラーな教科書は McLachlan and Peel（2000）である．実験経済学における有限混合モデルに関する初期の応用例は El-Gamal and Grether（1995）である．より最近では，類似したモデルが Bardsley and Moffatt（2007），Cappelen et al.（2007），Conte et al.（2011），および Conte and Moffatt（2014）によってもちいられている．

有限混合モデルに対して推奨されるアプローチは，推定を実施する前に，タイプの数を決め，各タイプを定義するパラメトリックなモデルを特定化することである，ということが強調された．本書では取り扱うのを避けていたが，データにタイプの数とそれを定義する式を決定させることを可能にするような，推定に関する別のアプローチがあることに，おそらく読者は気づいているだろう．その結果もたらされるモデルは，「潜在クラス・モデル」という名で呼ばれるもので，近年 Collins and Lanza（2010）によってサーベイされている．

本章の最初の（実際の）応用例は「企業買収」ゲームであった．このゲームに興味のある読者は，Bazerman and Samuelson（1983）と Ball et al.（1991）を参照してほしい．

2つ目の応用例は公共財供給ゲームであった．このタイプの実験から得られるデータの概要については，Davis and Holt（1993，第5章）と Ledyard（1995）によって提供されている．被験者をただ乗りタイプや互恵的タイプを含む，異なるタイプに区別している研究者たちがいる（Gächter and Fehr, 2000）．ここで推定された混合モデルは，Bardsley（2000）のデータをもちいており，そのモデル自体は Bardsley and Moffatt（2007）のものと類似したものである．

第9章　実験データのシミュレーションとモンテカルロ法

9.1　はじめに

シミュレートされたデータは，本書の重要な構成要素である．本章の目的は，データをシミュレートするためにもちいられる手法を説明することである．例題は非常に単純なものから始めて，より複雑な特徴を持つデータセットへと進めていく．

シミュレーションは多くの理由から重要である．第1に，データを分析するための手法を他者に示すためだけだとしても，現実のデータセットが利用できないような状況においては，データセットをシミュレートできるということは有益である．もちろん，データがシミュレートされたものであるということを忘れてはならず，［現実の］行動に関する結論を決して導くべきではない！それにもかかわらず，例えば，存在することが知られている任意のアノマリー［変則事態］を取り入れることによって，現実のデータにできる限り近く類似するような方法でデータをシミュレートすることは重要である．本書において使用されるデータセットの多くは，こうした目的を念頭に置いてシミュレートされている．

シミュレーションが有益である2つ目の理由は，新しい推定プログラムを試してみる際に［役立つということで］ある．推定プログラムを書く際には，多くの誤りを犯すのは極めて通常のことである．プログラムが全く動作しないので，誤りが明らかである場合もある．それ以外に，プログラムは動作し，推定値は得られるが，プログラムにある誤りのために，推定値が正しくない場合がある．この種の誤りは見つけるのが非常に難しい．シミュレーションは，現

実のデータに適用する前にプログラムが正確に意図された通りに動作していることを確証するために有益な手法である．これは，データがシミュレートされる場合には，明らかに「真の」パラメータ値がわかっており，大ざっぱに言えば，推定値がどれくらい真の値に近いかによって，プログラムの正しさが判断されるだろうからである．

シミュレーションの3つ目の主要な用途は，モンテカルロ法による分析を行うことにある．一般に，2つの異なったシミュレーションは，2つの異なるデータセットを生みだし，それゆえ，2つの異なった一連のパラメータ推定値が得られる．そこで，それぞれが異なる推定値をもたらすような大量のシミュレーションを実施し，それから得られた推定値の分布を観察することが実際には望ましい．こうして，その分布の中心が真の値にあるかどうか（これは，推定値が不偏性を満たしていることを意味する），また，真の値周辺での推定値の分散（これは，推定値の精度を表している）を検討することに注意を注ぐ．こうした研究手法はモンテカルロ法として知られている．この手法はまた，検定統計量のパフォーマンスを検討するためにも一般的にもちいられており，そこでの中心的な目的は，検定統計量の分布が帰無仮説の下で仮定される理論的な分布にどれほど近いかを見ることである．

モンテカルロ法による研究を行う際の中心的な概念はデータ生成プロセス（DGP）であり，それは最初に決めておかなくてはならない．通常，DGP は決定論的部分とランダムな部分から構成されており，後者の分布は標本サイズとともに完全に特定化されている．シミュレーションの繰り返しは反復と呼ばれる．それぞれの反復において，DGP がシミュレートされ，モデルが推定される．

推定されたモデルは，必ずしも DGP と同じものではない．実際，モンテカルロ法による研究の一般的な使用法は，モデルの定式化の誤り（つまり，意図的に DGP とは異なっているような推定モデルの使用）が推定量の性質に与える影響を調べることである．このアプローチは，（例えば，標本サイズが小さいときに）理論から有益な情報が得られないような状況では，特に有用なものである．

9.2 STATA における乱数生成

どんなシミュレーションにおいても，選択した分布から乱数を生成することが重要な部分になっている．STATA において利用可能な分布には以下のものがある[1]．

```
gen double u=runiform() //   [Uniform(0,1)]
gen double z=rnormal()   //   [Normal(0,1)]
gen int n=rpoisson(3)  //   [Poisson(3)]
```

もし標準正規分布ではない分布が必要な場合には，必要となる平均と標準偏差が rnormal 関数の引数として挿入される（例えば，gen double x= normal(3,2) のように）．これを行うもう1つの方法は，標準偏差を乗じて平均を加えて標準正規の変数を変換することである．

最初の例を提示する．次の一連のコマンドは，標準正規分布から採られた 1,000 個の乱数を生成し，それらを $N(3, 2^2)$ 分布に変換し，それから，得られた分布を検証することが可能なように，ヒストグラム（図 9.1）を作成するものである．

```
set obs 1000
gen double z=rnormal()
gen double x=3+2*z
hist x, normal
```

histogram コマンドに付いた normal オプションによって，ヒストグラムには正規分布密度関数が重ね合わされることになる．乱数は正規分布に近いものであることがわかる．当然ながら，より大きな標本サイズであれば，理論的に予想されるものにより近い頻度分布が得られることが予想される．

もし上記の一連のコマンドが繰り返されると，異なる乱数の組が生成され，以下に示すものとは別の頻度分布が生じることになる．時には，同じ乱数の組を何度も生成することが望ましい場合もある（例えば，2人の異なる研究者が全く同一の結果を生成する場合など）．それぞれの乱数の組が同一であること

---

[1] これらのコマンドにおいて使用されている「//」は，do-file のコマンドライン中にコメントを入れるための手法である．「//」の後に続く文はすべてコメントとして扱われる．

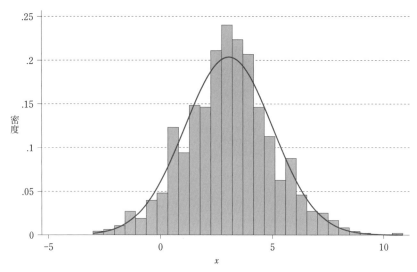

図 9.1　$N(3, 2^2)$ から得られた 1,000 個の乱数に関するヒストグラム

を保証するためには，プログラムの最初に乱数の種を設定する必要がある．そのために必要となるコマンドは以下の通りである．

`set seed 7654321`

このコマンドに現れている数字（つまり，「種」）は 0 と $2^{31} - 1 (= 2,147,483,647)$ の間にあるどんな値でもかまわない．選ばれた乱数の種は，コマンドによって生成される乱数列を正確に決定する．これは，厳密に言えば，実際には乱数が「ランダム」でもなんでもないためである．これらは擬似乱数なのであって，それは，乱数の種のみを入力とするアルゴリズムによって決定されていることを意味する．このアルゴリズムは，可能な限り真の乱数列に非常に類似した数列を生成するようにデザインされたものである．STATA に組み込まれているアルゴリズムがこうした疑似乱数の生成に成功していると考えられる限り，大胆にも生成された数列を「ランダム」だと呼ぶことにする．

先に示したプログラムでは，標準正規な変数を $N(3, 2^2)$ の変数に変換する操作が使用されている．他の種類の変換も有益である．最も重要なものとして，もし次のようにさらなる変換が変数 x に適用されれば，

9.3 データセットをシミュレートする

```
gen double y=exp(x)
```

新しい変数 y は，lognormal$(3, 2^2)$ 分布に従うものとなるだろう．

時に必要となる別の変換は，一様分布から正規分布への変換である．以下のプログラムは Uniform(0,1) である変数 u を生成し，それからそれを $z = \Phi^{-1}(u)$ という変換，つまり，正規分布の cdf の逆関数を適用することにより，標準正規分布へと変換する．

```
gen double u=runiform()
gen double z=invnorm(u)
```

ハルトンの抽出法（第10章参照）に取り組む際には，この変換は非常に重要になる．というのは，ハルトン抽出法は Uniform(0,1) 分布からの抽出とみなすことができ，そこで典型的になすべき最初の事柄は，`invnorm()` をもちいてそれらを正規分布からの抽出へと変換することだからである．

9.3 データセットをシミュレートする

9.3.1 線形モデルからデータをシミュレートする

本節では，線形回帰モデルからデータをシミュレートする例を示し，それからシミュレートされたデータをもちいてこのモデルが推定される．これは，本書の後の方でより複雑なモデルに対してもちいられるアプローチの非常に単純なバージョンになっている．

ここで仮定されるモデルは，以下の通りである．9.1 節で述べたように，このモデルはシミュレーションのための DGP として知られているものである．

$$y_i = 2.0 + 0.5x_i + u_i \quad i = 1, \ldots, 100 \qquad (9.1)$$
$$x_i \sim U(0, 1)$$
$$u_i \sim N(0, 1)$$

(9.1) 式をシミュレート（し，それから推定を実施）するための一連のコマンドは，以下の通りである．

```
set obs 100
set seed 7654321
gen double x=runiform()
```

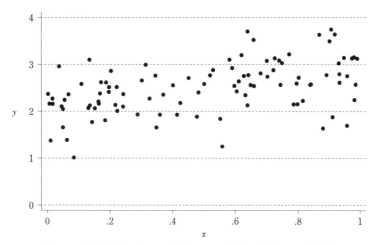

図 9.2 線形回帰モデルからシミュレートされたデータの散布図

```
gen double u=rnormal()
gen y=2.0+1.0*x+0.5*u
scatter y x, ylabel(0(1)4)
regress y x
```

シミュレートされた y の x に対する散布図は，図 9.2 に示されている．予想通り，2 つの変数間にははっきりと識別できる正の関係があるものの，データセットにはかなりのノイズがあることがわかる．

回帰分析の結果は，以下の通りである．

```
. regress y x

      Source |       SS       df       MS              Number of obs =     100
-------------+------------------------------           F(1, 98)      =   28.57
       Model |  7.38490485     1  7.38490485           Prob > F      =  0.0000
    Residual |  25.3314718    98  .258484406           R-squared     =  0.2257
-------------+------------------------------           Adj R-squared =  0.2178
       Total |  32.7163767    99  .330468451           Root MSE      =  .50841

------------------------------------------------------------------------------
           y |      Coef.   Std. Err.      t    P>|t|     [95% Conf. Interval]
-------------+----------------------------------------------------------------
           x |   .897191   .1678532     5.35   0.000     .5640918    1.23029
       _cons |   2.00081   .0911547    21.95   0.000     1.819916    2.181703
------------------------------------------------------------------------------
```

切片と傾きの両方とも，推定値が真の値（それぞれ 2 と 1）に近いという意味

で「正しく」推定されており，真の値はそれぞれの信頼区間の中に収まっている．また，誤差項の標準偏差に関する推定値（推定結果における「平均二乗誤差の平方根（RMSE）」）は真の値である 0.5 に非常に近いものであることがわかる．

単一のシミュレーションをモンテカルロ・シミュレーションに拡張するためには，（scatter コマンドを除く）一連のコマンドを 1 つのプログラムに含め，それからそのプログラムを simulate コマンドによって呼び出す必要がある．変数 x はプログラムの外側で生成されていることに注意してほしい．なぜなら，この変数はプログラムが反復されている間，固定されているべきだからである（x がプログラム内で利用できることを保証するために，keep x コマンドが使用されている）．このプログラムを ols_monte と名付ける．プログラムの各反復から得られる傾きの推定値，切片の推定値，および RMSE は保存される．これらの作業のために必要となる一連のコマンドは，以下の通りである．

```
capt prog drop ols_monte

    program define ols_monte, rclass
        syntax [, obs(integer 1)  ]
        set obs `obs'
keep x
tempvar u y

gen double u=rnormal()

gen y=2.0+1.0*x+0.5*u

regress y x

return scalar slope = _b[x]
return scalar intercept = _b[_cons]
return scalar rmse=e(rmse)

end

clear
set obs 100
set seed 7654321
gen double x=runiform()
simulate slope=r(slope) intercept=r(intercept) rmse=r(rmse) ///
, reps(1000): ols_monte, obs(100)
```

syntax コマンドは，simulate コマンドが使用されるときに標本サイズを変

更することを可能にしてくれる. simulate コマンドは,このシミュレーションから引き出したい3つの変量を最初に指定し,それから,実施すべき反復の回数を指定している. その後,呼び出されるべきプログラム名を指定し,最後に,各反復においてシミュレートされるべき標本サイズを指定している.

上記の simulate コマンドから得られる結果は,それぞれ 1,000 個の観測値からなる (slope, intercept, rmse という名の) 3つの変数として保存される. これら3つの変数に関する記述統計は,以下の通りである.

```
. summ

    Variable |       Obs        Mean    Std. Dev.       Min        Max
-------------+--------------------------------------------------------
       slope |     1,000     1.00267    .1792053    .4673828   1.676453
   intercept |     1,000    1.995415    .1061801    1.593614   2.359738
        rmse |     1,000    .4988442    .0350448    .3892559   .6095616
```

3つの推定値の平均はそれぞれの真の値 (1,2,および 0.5) に非常に近いことがわかるので,3つの推定量すべてが不偏性を持つことが確認された. また,傾きと切片の推定値に関する標準偏差が,回帰分析を1度だけ行った場合のこれらの推定値に対する標準誤差 (それぞれ 0.15 と 0.09) に近いことにも注意してほしい. このことは,標準誤差に関する推定値もまた,その真の値の中心近くに存在していることが確証している (厳密に言えば,OLS の標準誤差が「不偏性を持つ」というのは正しくない).

9.3.2 パネルデータのシミュレート

よく知られているように,経済実験から得られるデータは,たいていパネルデータである. それゆえ,パネル構造をシミュレーションに取り入れるのを可能にすることは重要である.

以下の変量効果モデルから,どのようにしてデータをシミュレートするかについて検討することから始めてみよう.

$$y_{it} = 2.0 + 0.5x_{it} + u_i + \epsilon_{it} \quad i = 1, \dots, 50 \quad t = 1, \dots, 20 \tag{9.2}$$
$$x_{it} \sim U(0,1)$$
$$u_i \sim N(0, 0.5^2)$$
$$\epsilon_{it} \sim N(0,1)$$

最初にする必要があることは，被験者の識別子 i と課題の識別子 t を生成することである．これは以下のようにすればよい．

```
set obs 1000
egen inti =seq(), f(1) t(50) b(20)
egen int t=seq(), f(1) t(20)
xtset i t
```

xtset コマンドを使用する目的は，i と t がパネル構造を定義する変数であることを宣言することである，ということを思い出してほしい．

それから，変数 x と 2 つのランダム項を生成する．

```
set seed 7654321
gen x=runiform()
gen e=rnormal()

by i: generate double u=0.5*rnormal() if \_n==1
by i: replace u=u[1] if u==.
```

生成するのにやや手こずる誤差項は「誤差間」の u である．なぜなら，それは，ある 1 人の被験者に関する［データ内の］すべての行において同じ値を取らなければならないからである．これをするにはプログラムを 2 行書くことが必要となる（上記の一連のコマンドのうち，最後の 2 行がそれである）．1 行目は，$N(0, 0.5^2)$ から取り出した乱数を各被験者の最初の行に割り当てる．2 行目のコマンドは単に，その被験者に関する他のすべての行にこの値をコピーするだけである．

最後に，被説明変数を生成する．

```
gen double y=2+0.5*x+u+e
```

これでパネルデータのセットが完成し，モデルを推計することができる．この状況で使用するべき正しい推定量は，変量効果推定量である．この場合，推定結果は以下のようになる．

```
. xtreg y x, re

Random-effects GLS regression            Number of obs     =      1,000
Group variable: i                        Number of groups  =         50

R-sq:                                    Obs per group:
    within  = 0.0143                                 min =         20
```

```
      between = 0.0141                                   avg =          20.0
      overall = 0.0077                                   max =            20

                                             Wald chi2(1)       =          13.11
corr(u_i, X)    = 0 (assumed)                Prob > chi2        =         0.0003

------------------------------------------------------------------------------
          y |       Coef.   Std. Err.       z    P>|z|     [95% Conf. Interval]
------------+-----------------------------------------------------------------
          x |    .3869585   .1068558      3.62   0.000     .1775249    .5963921
      _cons |     1.90734   .0956832     19.93   0.000     1.719805    2.094876
------------+-----------------------------------------------------------------
    sigma_u |    .5190125
    sigma_e |   .96962347
        rho |   .22270712   (fraction of variance due to u_i)
------------------------------------------------------------------------------
```

（傾き，切片，2つの分散を構成する要素という）4つのパラメータはすべて，予想通り，真の値に近いものであることがわかる．

9.3.3 動学的パネルデータのシミュレート

ある種の応用においては，ある1人の被験者に関する応答は，以前の課題におけるその被験者の応答に部分的に依存している．こうした状況を捉えるモデルは，動学的パネルデータ・モデルとして知られている．以下のDGPを考えてみよう．

$$y_{it} = 0.0 + 0.3y_{i,t-1} + 0.5x_{it} + u_i + \epsilon_{it} \quad i = 1,\ldots,50 \quad t = 2,\ldots,20 \quad (9.3)$$
$$x_{it} \sim U(0,1)$$
$$u_i \sim N(0,0.5^2)$$
$$\epsilon_{it} \sim N(0,1)$$

(9.3) 式の最初の行に $y_{i,t-1}$ が存在することが，このモデルを動学的パネルデータ・モデルにしているのである．また，ラグが存在するために，課題の識別子 t は2から20までの値しか取りえないことにも注意してほしい．

DGP(9.3) に基づくデータは，以下のようにしてシミュレートされる．

```
set obs 1000

egen int i=seq(), f(1) t(50) b(20)
egen int t=seq(), f(1) t(20)
xtset i t
```

```
set seed 654321

gen x=runiform()
gen e=rnormal()

by i: generate double u=0.5*rnormal() if _n==1
by i: replace u=u[1] if u==.

by i: gen double y=0 if _n==1
by i: replace y=0.0+0.3*y[_n-1]+0.5*x+u+e if y==.
```

このプログラムで鍵となる部分は，yを生成するために使用されている2つの
コマンドである．これらのうち最初のコマンドは，変数yの値を，[データ内
の]各被験者[に対応する部分]の1行目においては0で，他のすべての行
では欠損値となるように生成する．2行目のコマンドは，y[_n-1]が前期のy
の値を表すような形で欠損値を逐次的に埋めていく．

　動学的パネルデータ・モデルにおける推定についての標準的なアプローチ
は，Arellano and Bond (1991) に基づく，一致性を持つ一般化モーメント
法（GMM）である．STATA のコマンドでは，xtabond y x である．ラグの
ある被説明変数はコマンドに含めるべきではないことに注意してほしい．先
にシミュレートされたデータにこの推定法を適用すると，以下の結果が得られ
る．

```
. xtabond y x

Arellano-Bond dynamic panel-data estimation    Number of obs     =        900
Group variable: i                               Number of groups  =         50
Time variable: t
                                                Obs per group:min =         18
                                                          avg =         18
                                                          max =         18

Number of instruments =    155                  Wald chi2(2)      =      80.49
                                                Prob > chi2       =     0.0000
One-step results
------------------------------------------------------------------------------
         y |      Coef.   Std. Err.      z    P>|z|     [95% Conf. Interval]
-----------+------------------------------------------------------------------
         y |
        L1. |   .3225384   .0393107     8.20   0.000     .2454908    .399586
           |
         x |   .3074247   .1298663     2.37   0.018     .0528914   .5619579
      _cons |    -.00245   .0735888    -0.03   0.973    -.1466814   .1417815
------------------------------------------------------------------------------
Instruments for differenced equation
```

```
      GMM-type: L(2/.).y
      Standard: D.x
Instruments for level equation
      Standard: _cons
```

ラグのある y の係数, x の係数, それに定数項の3つの推定値すべてが, それぞれの信頼区間が真の値を含んでいるという意味で, 真の値（それぞれ 0.3, 0.5, および 0）に近いものであることがわかる.

9.3.4　二値パネルデータのシミュレート

　二値パネルデータは, おそらく, 直前の2つの節で検討された連続的パネルデータよりもいっそう実験統計学に関係があるものだろう. この理由のために, 二値パネルデータにより多くの注意を向けることにする. また, この文脈において, 被験者間の異質性を無視した場合に起こる結果を分析する機会としても, モンテカルロ・シミュレーションを使用することになるだろう.

　以下の DGP を考える.

$$y_{it}^* = -1.0 + 2.0x_{it} + u_i + \epsilon_{it} \quad i = 1, \ldots, 50 \quad t = 1, \ldots, 20 \qquad (9.4)$$
$$y_{it} = I(y_{it}^* > 0)$$
$$x_{it} \sim U(0, 1)$$
$$u_i \sim N(0, 1)$$
$$\epsilon_{it} \sim N(0, 1)$$

(9.4) 式の2行目に現れる $I(.)$ は指示関数であり, 括弧内の記述が真であれば 1, それ以外の場合は 0 の値をとるものである.

　以下のプログラムは, (9.4) 式の DGP を 1,000 回反復するモンテカルロ・シミュレーションを実施するためのものである. ここでも, 変数 x が反復を通じて固定されていることを保証するために, それはプログラムの外部でシミュレートされる. このプログラムと, 前節において完全に観測されているデータに対してもちいたプログラムとの主たる違いは, DGP における潜在変数 y^* に対応する変数 ys の存在と, ys >0 ならば 1, それ以外ならば 0 となるような二値変数を生成する gen y=ys>0 というコマンドにある. 各反復において, 2つの異なるモデルが推定されている. 1つは, 変量効果プロビットであ

9.3 データセットをシミュレートする

り（これが正しいモデルである），もう1つは一括化プロビット（u に埋め込まれた被験者間の異質性を無視したもの）である．各モデルから得られる傾きの推定値（つまり，x の係数）は，（「slope_pooled」と「slope_re」として）記録される．

```
program define panel_monte, rclass
        syntax [, obs(integer 1)  ]
        set obs 'obs'
keep x
tempvar i t z1 z2 ee e u v ys y


egen i=seq(), f(1) t(50) b(20)
egen t=seq(), f(1) t(20)
tsset i t


gen double e=rnormal()

by i: generate u=rnormal() if _n==1
by i: replace u=u[1] if u==.

gen ys=-1.0+2.0*x+u+e
gen y=ys>0

probit y x
return scalar slope_pooled = _b[x]

xtprobit y x, re i(i)
return scalar slope_re = _b[x]

end


clear
set obs 1000
gen double x=runiform()
simulate slope_pooled=r(slope_pooled) slope_re=r(slope_re), ///
reps(1000): panel_monte, obs(1000)
```

図 9.3 のヒストグラムには，2つの推定値の分布が示されている．傾きパラメータの真の値は 2.0 であることを思い出してほしい．図の左側は 2.0 に集中した分布を示しており，それゆえ，変量効果プロビット・モデルは不偏推定を導くことが確証されている．図の右側は一括化プロビット・モデルから得られた傾きの推定値の分布が示されている．この図には，一括化プロビットを使用された場合，傾きの推定値には約 30% の深刻な下方バイアスが存在することが示されている．

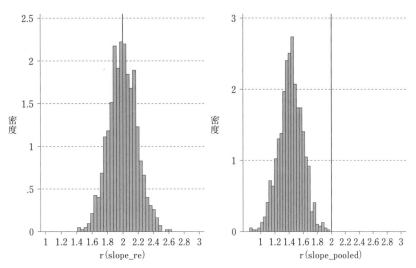

図 9.3 変量効果プロビットから得られた傾きの推定値の分布（左側）と一括化プロビットから得られた傾きの推定値の分布（右側）

　この例は，被験者間に差異がある場合に，すべての被験者を同一だと仮定することがもたらす深刻な結果をはっきりと示しており，被験者間の異質性を認めるモデル（この場合は，変量効果プロビット・モデル）を推定することの恩恵がどのようなものが示されているため，非常に有益である．

9.4 ハウスマン検定に関するモンテカルロ法による分析

　順序データに関する章である 7.6 節においては，リスク下の選択実験における選好の強度に関するデータを分析するために，順序プロビット・モデルが使用される例が提示された．そこでは，リスクのあるくじと安全なくじとの間で選択することに加えて，被験者には自分の選択にどれほどの確信を持っているかについても，確かでない・かなり確か・完全に確か，のいずれであるかを示すよう求められている，ということが［シミュレーションにおいて］仮定されていた．この結果として，順序プロビットをもちいてモデル化可能な順序データが得られるということが説明された．また，被験者が自分の選好の強度を正直に申告しているという条件の下では，順序プロビット・モデルから得られた推定結果の方が二値プロビットから得られた推定結果よりも優れていることも

9.4 ハウスマン検定に関するモンテカルロ法による分析　　　　299

説明された．それから，選好の強度についての申告の真実性に対する検定のために，2組の推定値を比較するハウスマン検定がどのように使用できるかが説明された．

　ここでは，ちょうどいま記述されたばかりのハウスマン検定の性質を調べ，それが意図した通りの検定になっていることを検証するためにモンテカルロ法をもちいる．（帰無仮説と対立仮説，その両方の下で）大量のデータセットをシミュレートし，その各々についてハウスマン検定統計量を計算する．それから，この検定の検定サイズと検出力に関する性能について調べる．

　この検定に対する帰無仮説は，選好の強度を答えるように尋ねられた際に被験者は正直に回答する，というものである．これに対して提示される対立仮説は，被験者の一定の割合（pとする）は，最初にくじを選択するように尋ねられた際には正直に答え続けるが，選好の強度を聞かれた際には完全にランダムに答える，というものである．そうすると，検定される帰無仮説は$p = 0$であり，これが対立仮説$p > 0$に対して検定される，ということができるだろう．

　シミュレーションにおいては，$p = 0.30$とする．選好の強度については2つの異なる結果が必要になる．まず正直な応答の結果として「y_good」，そしてすべての被験者がランダムに選択する，完全にランダムな結果として「y_bad」を生成する．それから，30％の被験者だけがランダムに選択する，部分的にランダムな結果として「y_poor」を生成する．これらに加えて，二値的結果である「y_bin」を生成する．2つの変数（「y_good」と「y_poor」）を使用して生成された検定統計量はそれぞれ「hausman1」と「housman2」と名付けられる．標本サイズ，それに説明変数wは，7.6節でもちいられたものと全く同一である．

　プログラムは以下の通りである．そのうちの1行には説明が必要だろう．three と名付けられた変数は，1, 2, 3 上の離散一様変数として生成されている．したがって，gen y_bad= 3*y_bin+three という行は，求められている通り，1から6までの間の値をとる順序変数（y_bad）を生成する．しかしながら，y_bin=0 の場合（つまり，リスクのあるくじが選ばれた場合）には，y_bad は1と3の間でランダムに分布するが，y_bin=1（つまり，安全なくじが選ばれた）場合には，y_bad は4と6の間にランダムに分布する．

```
program define hausman, rclass
    syntax [, obs(integer 1)  ]
```

300 第9章 実験データのシミュレーションとモンテカルロ法

```
        drop _all
        set obs 'obs'

* GENERATE SUBJECT ID AND WEALTH (w)

egen subj=fill(1/2)
egen w=seq(), f(0) t(20) b(50)
replace w=w/2

* GENERATE LATENT VARIABLE y*

gen ystar=1.5-0.2*w+rnormal()

* GENERATE BINARY VARIABLE y_bin

gen y_bin=ystar>0

* SET CUT-POINTS

scalar k1=-1
scalar k2=-0.5
scalar k3=0
scalar k4=.5
scalar k5=1

* GENERATE TRUTHFUL OUTCOME "y_good"

gen y_good=1+(ystar>k1)+(ystar>k2)+(ystar>k3)+(ystar>k4)+(ystar>k5)

* GENERATE "COMPLETELY RANDOM" OUTCOME "y_bad"

gen u=uniform()
gen three=1+(u>0.33)+(u>0.67)
gen y_bad=3*y_bin+three

* GENERATE PARTIALLY RANDOM OUTCOME "y_poor"

gen y_poor=y_good
replace y_poor=y_bad if uniform()<0.3

* ESTIMATE BINARY PROBIT

probit y_bin w
mat b_p=e(b)
mat V_p=e(V)

* ESTIMATE ORDERED PROBIT USING TRUTHFUL OUTCOME (I.E. UNDER NULL)

oprobit y_good w
mat b_op=e(b)
mat V_op=e(V)

* COMPUTE HAUSMAN TEST STATISTIC UNDER NULL

return scalar hausman1=(b_p[1,1]-b_op[1,1])^2/(V_p[1,1]-V_op[1,1])
```

9.4 ハウスマン検定に関するモンテカルロ法による分析

```
* ESTIMATE ORDERED PROBIT USING PARTIALLY RANDOM OUTCOME (I.E. UNDER ALTERNATIVE)

oprobit y_poor w
mat b_op=e(b)
mat V_op=e(V)

* COMPUTE HAUSMAN TEST STATISTIC UNDER ALTERNATIVE

return scalar hausman2=(b_p[1,1]-b_op[1,1])^2/(V_p[1,1]-V_op[1,1])

end

* RUN SIMULATION, WITH 1000 REPLICATIONS; SET SAMPLE SIZE TO 1050

simulate hausman1=r(hausman1) hausman2=r(hausman2), reps(1000): hausman, obs(1050)
```

hausman1 の分布を検討することにより，この検定の検定サイズに関する性能が調べられる.

```
. summ hausman1, detail
```

		r(hausman1)		
	Percentiles	Smallest		
1%	.0001586	2.10e-08		
5%	.0058867	4.33e-08		
10%	.0242894	9.24e-06	Obs	1,000
25%	.1195757	.0000229	Sum of Wgt.	1,000
50%	.4831966		Mean	1.053386
		Largest	Std. Dev.	1.365342
75%	1.476681	6.572513		
90%	3.007429	6.572565	Variance	1.864158
95%	3.960329	9.722789	Skewness	2.174346
99%	6.113617	10.89632	Kurtosis	9.352654

シミュレートされた hausman1 のパーセンタイルは，$\chi^2(1)$ に関する理論的パーセンタイルに近いものであることがわかる. 特に，hausman1 の 99 パーセンタイル（6.18）は理論値（6.63）からはあまり離れていない一方で，hausman1 の 95 パーセンタイルは 3.70 で，理論的パーセンタイルである 3.84 に十分近いものであることがわかる. これらの比較により，この検定は最適なサイズに近いことが確証された. これは，帰無仮説が真であるときにこれを棄却してしまう実際の確率が，名目上の検定サイズが 0.05 であるときに 0.05 に近いものであり，名目上の検定サイズが 0.01 のときに 0.01 に近いものであることを意味している.

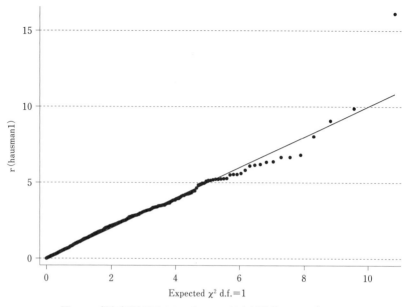

図 9.4 帰無仮説の下でのハウスマン検定統計量の qq プロット

　検定統計量の経験分布をその帰無分布と比較するもう1つの非常に有益な方法は，分位点-分位点（qq）プロットをもちいることである．これは経験分布の分位点を，それに対応する理論分布の分位点に対してプロットしたものである．このプロットを得るためには，以下のようにする．

```
qchi hausman1, df(1) msize(1)
```

その結果は図 9.4 に示されている．qq プロットが 45 度線に近いことから，検定統計量の経験分布が $\chi^2(1)$ の帰無分布に近いものであることが確証されている．

　この検定の検出力に関する性能を調べるために，hausman2，つまり，30%の被験者が選好の強度を正直に申告しないという仮定の下でシミュレートされた検定統計量の分布について検討する．そのヒストグラムは図 9.5 に示されている．分布の大半は，検定の棄却値の右側に位置しており，それゆえ，帰無仮説を棄却する確率（つまり，検定の検出力）が高いことを示している．より正確には，検定統計量の実現値の 71.4% は棄却値である 3.84 より大きいこと

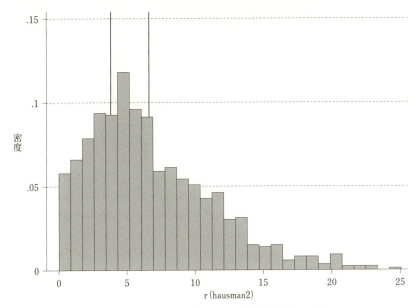

注：$\chi^2(1, 0.05)$ と $\chi^2(1, 0.01)$ のところに垂直の線分が引かれている．

図 9.5 対立仮説の下におけるハウスマン検定統計量のヒストグラム

が見て取ることができ，これは（指定された対立仮説に対して検定を行った際の）検定の検出力が 0.714 であることを意味する．

もちろん，ランダムに選択する被験者の割合 (p) が 0.3 よりも高い値に設定されれば，より高い検出力になることが予想されるだろう．p の値をグリッドに分割して検討することで，帰無仮説を棄却する確率がどのように p に依存しているのかを検討することができるだろう．これを行えば，検定の「検出力関数」を描くことになるだろう（問題 2 を参照）．

9.5 まとめと読書案内

本章には 2 つの大きなテーマがあった．1 つは（仮定されたモデルから単一のデータセットを生成し，そのデータを分析することを意味する）シミュレーションで，もう 1 つは（仮定されたモデルからシミュレーションを反復し，各シミュレーションについて分析を実施し，最後に推定値や検定の分布上

の性質を調べることを意味する）モンテカルロ法である.

　シミュレーションに関する部分については，それほど言うべきことは多くない. 9.3 節でシミュレートした動学的パネル・モデルはおそらく例外であるとしても，シミュレートされたモデルは比較的単純なものであった. 動学的パネル・モデルの推定に関心のある読者は，Roodman（2009）を読むべきである.

　モンテカルロ法に関しては，これが計量経済学的な推定値や検定の分布上の性質を分析する（あるいは，単に検証する）ためには，非常に有益な手法であることが示された. もう 1 つの点は，それが潜在的には非常に有益な学習法であるということも重要である. Kennedy（1998）は，計量経済学理論を教える際の補足的手段としてモンテカルロ法による分析の利用を強く勧めており，それがサンプリング分布という概念を理解するために特に有益であることを強調している.

問題

1. 9.3.4 節では，観察されない異質性が二値プロビット・モデルの推定に与える影響を評価する際に，モンテカルロ法による検討が行われた. 6.6 節と 8.5 節において公共財供給実験における貢献額のモデル化に対して使用されたタイプの上限と下限のあるトービット・モデルについて，同様の分析を実施しなさい. この設定の下で，異質性を無視すると，どれほど深刻な結果になるだろうか？

2. 9.4 節では，被験者が選好の強度を正直に申告しているという帰無仮説を検定する際に，ハウスマン検定の性能を調べるためにモンテカルロ法による検討が行われた. この帰無仮説は $p = 0$ として表される. ここで，p は正直に申告しない被験者の割合である. 対立仮説は $p = 0.3$ であると仮定され，この検定の検出力は 0.714 であることがわかった.

   a. コマンド replace y_poor=y_bad if uniform()<0.3 の最後にある数字を変えることにより，0 から 1 までの範囲の p の値をグリッドに分割し，それぞれについてモンテカルロ法を実行しなさい. それぞれの実行ごとに，3.84 を超える hausman2 の値の割合を記録しなさい（つまり，設定した p の値ごとに，検定の検出力を記録しなさい）. 検定の検出力を p に対してプロットしなさい. これは，検定の検出力関数のグ

ラフであることに注意してほしい.

b. モンテカルロ法において仮定される標本サイズは 1,050 である. simulate コマンドにおける obs オプションの数値を変更することにより,より小さい標本サイズ（例えば,100）とより大きな標本サイズ（例えば,5,000）に対する検出力関数を求めなさい.3 つの検出力関数すべてを同一のグラフに描きなさい.標本サイズが大きくなるにつれて,検出力関数には何が生じるだろうか？

第10章 最尤シミュレーション（MSL）法入門

10.1 はじめに

　実験データの分析において被験者間の異質性が重要であることは，これまで
の章ですでに明らかにされてきた．特に，第4章と第5章では，固定効果モ
デル，変量効果モデル，およびマルチレベル・モデルをもちいて，線形モデル
の文脈の下での被験者間の異質性について説明された．本章では，これらのパ
ネルデータにおける手法を，離散的データに関するモデルへと拡張する．この
作業には，被験者間の異質性が存在する際に本書の後半で何度も使われること
になる推定手順の入門になるようにする，という重要な目的がある．その手法
とは，最尤シミュレーション（MSL）法のことである．これは，尤度関数に現
れる異質性の項に関する積分値を評価するために，シミュレーションをもちい
る手法である．この手法は，2つの標準的なモデルに当てはめながら紹介され
る．そのモデルとは，1つは二値パネルデータに対して使用される変量効果プ
ロビットであり，もう1つは打ち切りのあるパネルデータに対して使用され
る変量効果トービットである．これらの例を使用する理由の1つは，STATA
にあらかじめ組み込まれているコマンド（それぞれ xtplobit と xttobit）を
使用して推定可能なモデルだからであり，また，単に［自作の］MSL ルーティ
ンが正しくプログラムされており，意図した通りに動作することを確認する
だけだとしても，MSL のルーティンによって得られる結果とそれらのコマン
ドによって得られる結果とを比較することは有益である．
　これらの比較的簡単な例に着目することにより，本章は，MSL 法を実施す
るために必要なすべてのステップについて，詳細な説明を提供するという重要

な目的を果たすことになる．このような説明スタイルをとるのは，本書の後半
に現れる，より複雑なこのルーティンの応用例を理解するのに必要な準備を提
供する意図があるためである．

　次に MSL 法を目にすることになるのは第 11 章であり，そこではパネル切
断モデルが展開される．その後，第 13 章において，リスクに対する態度に関
する連続的な被験者間変動を組み込んだ，リスク下の選択モデルを推定するた
めに MSL 法が使用される．最後に，15.3 節において，効用関数のパラメータ
に被験者間の異質性を認める，利他性に関するモデルを推定するために MSL
法を使用する．

10.2　最尤シミュレーション（MSL）法の原理

　被験者ごとに複数の観測値があるようなデータをモデル化するとき，以下の
ような構造を持つ対数尤度関数に出会う傾向がある．

$$LogL = \sum_{i=1}^{n} \ln \int_{u} \left[\prod_{t=1}^{T} g(y_{it}|x_{it}; u) \right] f(u)du \tag{10.1}$$

(10.1) 式の形をした対数尤度は，n 人の被験者がいて，そのそれぞれが T 個
の課題に参加をしたような状況で生じるものだろう．y_{it} は，被験者 i の課題 t
における決定変数である．この決定は，x_{it} に含まれる一連の説明変数に依存
するとともに，単変量の確率変数 u にも依存していると仮定される．この従
属性の正確な特徴は，条件付き密度関数 $g(.|.;.)$ において具体化される．u は
被験者間で異なるが，各被験者につきただ 1 つの u の値しかないことに注意
してほしい．u は密度関数 $f(u)$ に従って被験者上に分布しており，これは被
験者固有の変量効果として知られている．被験者間の異質性を捉えているの
は，この u の変動である．

　(10.1) 式の値を求めることに関係する主要な実際上の問題は，変量効果を表
す項 u に関する積分値にある．この積分値の評価するにあたっては，求積法
とシミュレーションという 2 つのアプローチが可能である．本章と，本書全
体を通じて，シミュレーションを使用することにする．シミュレーションをも
ちいた推定手法は，最尤シミュレーション（MSL）法（Train（2003）を参照）
として知られている．

10.2 最尤シミュレーション（MSL）法の原理   309

MSL 法の基本原理は以下のように説明される．次のような確率変数 ϵ 上の積分を考えよう．

$$I = \int_{-\infty}^{\infty} t(\epsilon) f(\epsilon) d\epsilon \tag{10.2}$$

ここで，$f(\epsilon)$ は ϵ の密度関数であり，$t(\epsilon)$ は ϵ に関する他の関数である．もちろん，(10.2) 式で定義されている量は $E[t(\epsilon)]$ なので，数多くの ϵ の値について $t(\epsilon)$ の「平均値」を求めることによってこれを評価することができる．つまり，次のようにするのである．

$$\hat{I} = \frac{1}{R} \sum_{r=1}^{R} t(\epsilon_r) \tag{10.3}$$

$\epsilon_1, \ldots, \epsilon_R$ の値が密度 $f(\epsilon)$ から抽出された乱数であり，抽出回数 R が十分に大きいときには，(10.3) 式は (10.2) 式の積分に対する正確な近似となるだろう．

問題がパネル構造のためにより複雑な場合を除いて，これが (10.1) 式に現れる積分値を評価するために適用される手順である．パネルデータは，各被験者につき 1 つのブロックが対応する n 個のブロックから構成される．バランスのとれたパネルを仮定すると，各ブロックには，各被験者に対して同じ数（T 個）の行が含まれる．したがって，データセットにおける行の総数は $n \times T$ 行になる．データの各ブロックに対して，ただ 1 組の乱数だけが必要である．それゆえ，データセットの各行には，R 個で 1 組の乱数が（水平方向に）追加されるが，与えられた 1 つのブロック内では，これら T 行の乱数はすべて同じ値である．ある特定のブロックについて考えてみよう．R 個の乱数それぞれについて（つまり，乱数列のそれぞれの列について），(10.1) 式の大括弧の中に現れる（t 上の）積が求められ，その結果得られた R 個の積が，(10.1) 式の右辺に現れる積分の近似値を得るために，(10.3) 式におけるように平均される．こうしてデータセット内の n 個のブロックそれぞれについて積分値が得られる．最終的に，これらの n 個の積分値の対数をとり，合計すれば，(10.1) 式の標本対数尤度が得られる．

STATA でパネルデータから得られた対数尤度関数を最大化するときには，第 6 章で遭遇したような，観測値が独立であるという状況とは重要な違いがある．第 6 章で考察された例では，データセットの各行について 1 つの対数

尤度に対する寄与度が生成された．そのため，「1f 法」が使用されていた（1f は線形形式を意味する）．パネルデータでは，対数尤度が観測値のグループに対して構成されるので，線形制約は満たされない．この理由のために，「1f 法」の代わりに「d0 法」が使用される．「d0 法」は，8.5 節の公共財供給実験に関するパネルデータの分析ですでに使用されているが，その例では，尤度関数には積分が含まれないため，シミュレーションは不要なのであった．

10.3 ハルトン抽出法

10.3.1 ハルトン抽出法を使用する理由

現在の目的のためには，単に乱数生成器を使用するよりも，密度 $f(.)$ から数を抽出するもっと良い方法がある．Train（2003, 第 9 章）によって説明されているように，網羅性と共分散という 2 つの問題があるからである．

網羅性の問題とは，次のようなものである．乱数を独立に抽出すると，抽出された乱数が一部の範囲に偏ってしまい，別の範囲には数値がほとんどない，という可能性がある．そこで，［乱数が定義域全体で］均等に網羅されることを保証するような手順であれば，積分値のより良い近似を与えることが期待できる．

共分散の問題とは，次のようなものである．乱数を独立に抽出すると，抽出された乱数間の共分散は 0 となる．したがって，(10.3) 式のようなシミュレートされた値の分散は，単一の乱数を R で割った値を基にした分散となる．もし抽出された一連の乱数が，独立である代わりに負に相関を持っていれば，このシミュレートされた値の分散はより小さくなる，つまり，真の積分値に対するより正確な近似となるだろう．例えば，$R = 2$ であるときを考えてみよう．$\hat{I} = (t(\epsilon_1) + t(\epsilon_2))/2$ なので，その分散は，$V(\hat{I}) = (V[t(\epsilon_1)] + V[t(\epsilon_2)] + 2\mathrm{Cov}[t(\epsilon_1), t(\epsilon_2)])/4$ となる．もし，乱数が独立ならば，分散は $V(\hat{I}) = V[t(\epsilon_\gamma)]/2$ となる．もし，2 つの乱数が互いに負に相関しているなら，共分散項は負になるので，分散は $V[t(\epsilon_\gamma)]/2$ よりも小さくなる．より直感的に言えば，抽出された乱数が負に相関している場合には，真の平均 I より大きい $t(\epsilon_\gamma)$ の値の後には，I より小さい値の $t(\epsilon_{\gamma+1})$ が来る傾向があることになるだろう．そのため，この 2 つの値の平均は I に近いものととなるだろう．

ハルトン数列（Halton, 1960）は，網羅性と負の相関の両方を提供するもの

である．この数列は，ある与えられた素数 p によって定義される．この p は，この数列の「種」とみなすことができるだろう．例えば，$p = 2$ の場合を考えてみる．すると，この場合のハルトン数列は次のようになる．

$$\frac{1}{2}, \frac{1}{4}, \frac{3}{4}, \frac{1}{8}, \frac{5}{8}, \frac{3}{8}, \frac{7}{8}, \frac{1}{16}, \frac{9}{16}, \frac{13}{16}, \frac{3}{16}, \frac{11}{16}, \frac{7}{16}, \frac{15}{16}, \frac{1}{32}, \cdots$$

$p = 3$ であれば，ハルトン数列は次のようになる．

$$\frac{1}{3}, \frac{2}{3}, \frac{1}{9}, \frac{4}{9}, \frac{7}{9}, \frac{2}{9}, \frac{5}{9}, \frac{8}{9}, \frac{1}{27}, \frac{10}{27}, \frac{19}{27}, \frac{4}{27}, \frac{13}{27}, \frac{22}{27}, \frac{7}{27}, \frac{16}{27}, \frac{25}{27}, \frac{2}{27}, \frac{11}{27}, \frac{20}{27},$$
$$\frac{5}{27}, \frac{14}{27}, \frac{23}{27}, \frac{8}{27}, \frac{17}{27}, \frac{26}{27}, \frac{1}{81}, \cdots$$

10.3.2 節では，この数列が STATA ではどのようにして生成されるのか，その方法が説明される．

10.3.2　STATA でのハルトン数列の生成

STATA でハルトン数列を生成するには，（少なくとも）2 つの方法がある．1 つ目は mdraws コマンド（Cappellari and Jenkins, 2006）を使用する方法である．このコマンドは，インストールすることが必要な，ユーザーによって作成されたプログラムである．mdraws をインストールすると，次のプログラムにより，先ほど例に示した［$p = 2$ と $p = 3$ の場合の］2 つの数列について，最初の 1,000 個分の値を生成し，それらをそれぞれ変数 h1_1 と h2_1 に記録する．それぞれの数列の最初の 31 個分の値はそれぞれ，図 10.1 の左端の 2 列に示されている．

```
clear
set obs 1000
matrix p=(2,3)
mdraws, neq(2) dr(1) prefix(h) primes(p)
```

mdraws コマンドでは，4 つのオプションが使われている．neq(2) は，数列の生成に使用される異なる素数の数を指定している．dr(1) は，それぞれの数列を展開していく列の数を指定している（これは後で，かなり多くの乱数列を生成する必要が出てきたときに便利である）．prefix(h) は，各変数の名前に対する接頭辞を指定する．primes(p) は，あらかじめベクトル p に指定されたものが素数（「種」）であることを指定している．

	h1_1	h2_1	z1	z2
1	.5	.33333333	0	-.4307273
2	.25	.66666667	-.6744897	.4307273
3	.75	.11111111	.6744897	-1.22064
4	.125	.44444444	-1.150349	-.1397103
5	.625	.77777778	.3186394	.7647097
6	.375	.22222222	-.3186394	-.7647097
7	.875	.55555556	1.150349	.1397103
8	.0625	.88888889	-1.534121	1.22064
9	.5625	.03703704	.1573107	-1.786156
10	.3125	.37037037	-.4887764	-.3308726
11	.8125	.7037037	.8871465	.5350828
12	.1875	.14814815	-.8871465	-1.044409
13	.6875	.48148148	.4887764	-.0464357
14	.4375	.81481481	-.1573107	.8957798
15	.9375	.25925926	1.534121	-.6456308
16	.03125	.59259259	-1.862732	.2342192
17	.53125	.92592593	.0784124	1.446104
18	.28125	.07407407	-.5791321	-1.446104
19	.78125	.40740741	.7764218	-.2342192
20	.15625	.74074074	-1.00999	.6456308
21	.65625	.18518519	.4022501	-.8957798
22	.40625	.51851852	-.2372021	.0464357
23	.90625	.85185185	1.318011	1.044409
24	.09375	.2962963	-1.318011	-.5350828
25	.59375	.62962963	.2372021	.3308726
26	.34375	.96296296	-.4022501	1.786156
27	.84375	.01234568	1.00999	-2.246197
28	.21875	.34567901	-.7764218	-.3970128
29	.71875	.67901235	.5791321	.4649388
30	.46875	.12345679	-.0784124	-1.157879
31	.96875	.45679012	1.862732	-.1085237

図 10.1 列 1 と列 2 には $p = 2$ と $p = 3$ の場合のハルトン数列が含まれている．
列 3 と列 4 には，正規分布に変換された同じ数列が示されている．

　ハルトン数列を生成する 2 つ目の方法は，mata で利用可能な halton 関数を使用することである．先に得られた 2 つの数列と全く同じものを生成するために必要なコマンドは，以下の通りである．

```
mata h=halton(100,2,1)
getmata (h*)=h
```

このプログラムを実行すると，2 つの数列には h1 と h2 という名前が付けられ

10.3 ハルトン抽出法

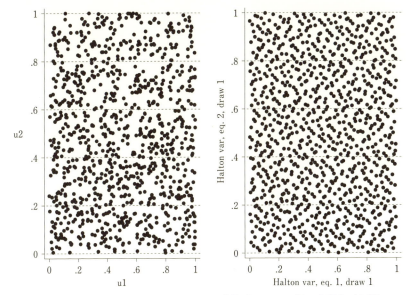

図 10.2 一様分布から抽出された 2 つの乱数列の 1,000 個の実現値（左側）．
2 つのハルトン数列の 1000 個の実現値（右側）．

る．

本書でハルトン抽出法が使用されるときはいつでも，ハルトン数列は mdraws によって生成されている．これは，ユーザー作成の mdraws コマンドの方が，あらかじめ組み込まれている halton 関数よりも柔軟な使用ができるためである．

図 10.2（右側）には，先ほど生成された 2 つのハルトン数列が，それぞれを縦軸と横軸にしてプロットされている．比較のために，図の左側には，一様分布から無作為抽出された 2 つの乱数列の散布図が示されている．ハルトン抽出法の方が，無作為抽出よりも網羅性において優れていることに注意してほしい．

乱数は，区間 $(0,1)$ の一様分布から生成されている．しかし，通常使用される分布は，たいてい正規分布に関係したものである．したがって，一様分布から採られた乱数を正規乱数に変換する必要がある．この変換に必要なのは，次の正規 cdf の逆関数である．

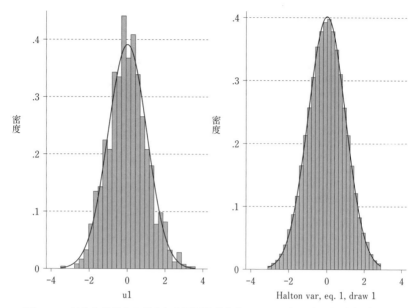

図 10.3 無作為抽出から得られた標準正規分布の 1,000 個の実現値（左側）と，ハルトン抽出から得られた標準正規分布の 1,000 個の実現値（右側）

$$z = \Phi^{-1}(u) \qquad (10.4)$$

STATA では，関数 $\Phi^{-1}(.)$ は invnom という名前になっている．図 10.1 の 3 列目と 4 列目には，この変換を利用して，2 つのハルトン数列から得られた，2 つのシミュレートされた標準正規分布が含まれている．

図 10.3（右側）には，(10.4) 式を使って得られた，変換後の乱数列の 1 つについてのヒストグラムが示されている．ここでも比較のために，図の左側に，標準正規分布から無作為抽出された乱数のヒストグラムが示されている．変換後のハルトン数列は，無作為抽出された乱数よりもずっと，標準正規分布の真の確率密度関数に近いものになっている．

(10.4) 式の変換を適用すると，標準正規分布に従った乱数が抽出される．$N(\mu, \sigma^2)$ から抽出された乱数を生成するためには，さらに次のような変換を適用する．

```
gen x = mu + sig * z
```

また，対数正規分布 (μ, σ^2) については，その上でさらに次の変換を適用する．

```
gen y = exp(x)
```

尤度最大化の手順を通じて，モデルのパラメータ（例えば，上記の例では μ と σ）は常に変化するが，ハルトン数列は変化しない．この数列からの抽出はプログラムの最初に行われ，それから尤度最大化の手順を通じて，同じ抽出結果が繰り返し使用されるのである．

10.3.3 パネルデータ推定におけるハルトン抽出法

10.2 節で述べたように，パネル・モデルにおけるハルトン抽出法の使用は，パネル構造を考慮するため複雑なものになる．（バランスのとれた）パネルデータは T 行からなる複数のブロックに分けられており，各ブロックにつきただ 1 つの乱数だけが必要になる．したがって，R 個の乱数列がデータセットの各行に（水平方向に）追加されるが，ある与えられたブロックの中では，T 行の乱数列はすべて同じ値になる．

この構造の下でハルトン数列を生成するためには，次のような STATA の手続きを使用する．被験者は i，課題は t によって表され，これらの変数はメモリ内にあらかじめ存在するものと仮定する．最初に，観測値が（それぞれ）ある与えられた被験者についての最初と最後のものであるかどうかを表すダミー変数「first」と「last」を生成しておくと便利である．それから，mdraws を使用して，各被験者に必要な数の乱数を生成するが，これらは各ブロックの最初の行にのみ置かれ，残りすべての行ではそこの部分は欠損値となる．それから，ハルトン数列を含む列に対してループ処理を実行する．このループ内では，3 つの課題が実行される．最初に，変数が倍精度[1]で保存されることを保証するために recast コマンドが適用される．第 2 に，1 行目に現れた値をコピーすることにより［他の行の］欠損値が埋められる．第 3 に，各ハルトン数列が invnorm(.) 関数を使用して一様分布から標準正規分布に変換される．

```
by i: generate int first=1 if _n==1
by i: generate int last=1 if _n==_N
```

---

1) 「倍精度」の説明については，10.4.4 節を参照のこと．

```
mat p=[3]
mdraws if first==1, neq(1) dr(3) prefix(h) primes(p)

scalar draws=r(n_draws)

local hlist h1*

quietly{

foreach v of varlist `hlist' {
recast double `v'
by i: replace `v'=`v'[1] if `v'==.
replace `v'=invnorm(`v')
}
}
```

$n = 10$，$T = 3$ のデータに対して上記の手順（$draws = 3$）を実行すると，図 10.4 のようなデータセットが得られる．（変換された）乱数には 0 を中心として正・負の値が混在していることに注意してほしい．これはまさに標準正規分布に従う分布について期待される事柄である．乱数に関するこの構造が持つ最も重要な特徴は，与えられた任意の被験者（i）について，3 つの乱数の組が，その被験者に対応する 3 つの行（$t = 1, 2, 3$）のそれぞれにおいて同じ値になっていることである．

10.4 変量効果プロビット・モデル

10.4.1 モデル

次のような変量効果プロビット・モデルを考えてみよう．

$$y_{it}^* = \beta_1 + \beta_2 x_{it} + u_i + \epsilon_{it} \quad i = 1, \ldots, n \quad t = 1, \ldots, T$$
$$= x_{it}'\beta + u_i + \epsilon_{it}$$
$$u_i \sim N(0, \sigma_u^2)$$
$$\epsilon_{it} \sim N(0, 1) \tag{10.5}$$

ここで，y_{it}^* は潜在変数である．このモデルは，第 6 章で十分に議論された単純なプロビット・モデルとは，被験者固有の変量効果である u_i という項が導入されている点で異なっている．これは，被験者間の差異を捉える重要な項であり，その分散 σ_u^2 は被験者間の異質性の尺度として解釈することができるだ

	i	t	first	last	h1_1	h1_2	h1_3
1	1	1	1	.	-.4307273	.4307273	-1.2206403
2	1	2	.	.	-.4307273	.4307273	-1.2206403
3	1	3	.	1	-.4307273	.4307273	-1.2206403
4	2	1	1	.	-.1397103	.76470967	-.76470967
5	2	2	.	.	-.1397103	.76470967	-.76470967
6	2	3	.	1	-.1397103	.76470967	-.76470967
7	3	1	1	.	.1397103	1.2206403	-1.7861556
8	3	2	.	.	.1397103	1.2206403	-1.7861556
9	3	3	.	1	.1397103	1.2206403	-1.7861556
10	4	1	1	.	-.33087257	.53508282	-1.0444088
11	4	2	.	.	-.33087257	.53508282	-1.0444088
12	4	3	.	.	-.33087257	.53508282	-1.0444088
13	5	1	1	.	-.04643572	.89577982	-.64563075
14	5	2	.	.	-.04643572	.89577982	-.64563075
15	5	3	.	.	-.04643572	.89577982	-.64563075
16	6	1	1	.	.23421919	1.4461036	-1.4461036
17	6	2	.	.	.23421919	1.4461036	-1.4461036
18	6	3	.	1	.23421919	1.4461036	-1.4461036
19	7	1	1	.	-.23421919	.64563075	-.89577982
20	7	2	.	.	-.23421919	.64563075	-.89577982
21	7	3	.	1	-.23421919	.64563075	-.89577982
22	8	1	1	.	.04643572	1.0444088	-.53508282
23	8	2	.	.	.04643572	1.0444088	-.53508282
24	8	3	.	1	.04643572	1.0444088	-.53508282
25	9	1	1	.	.33087257	1.7861556	-2.2461975
26	9	2	.	.	.33087257	1.7861556	-2.2461975
27	9	3	.	1	.33087257	1.7861556	-2.2461975
28	10	1	1	.	-.3970128	.46493877	-1.1578786
29	10	2	.	.	-.3970128	.46493877	-1.1578786
30	10	3	.	1	-.3970128	.46493877	-1.1578786

図 10.4　$R = 3$ の下で，$n = 10$，$T = 3$ のパネルデータに適した
（正規分布に変換後の）ハルトン数列の一部

ろう．(10.5) 式の 2 行目では，説明変数のベクトルを x_{it} と書くという慣習に従っている．x_{it} の最初の項は定数である．β は x_{it} に対応するパラメータのベクトルであり，その最初の値は切片である．

　潜在変数 y_{it}^{*} と，観測される（二値の）変数 y_{it} との間の関係は，以下の通りである．

$$y_{it} = \begin{cases} 1 & \text{if } y_{it}^* > 0 \\ 0 & \text{if } y_{it}^* \le 0 \end{cases} \tag{10.6}$$

(10.5) 式と (10.6) 式とから，u_i の値で条件付けられた二値変数のそれぞれの値が得られる確率を求めることができる．

$$P(y_{it} = 1|u_i) = P(y_{it}^* > 0|u_i) = P(\epsilon_{it} > -(x_{it}'\beta + u_i)|u_i) = \Phi(x_{it}'\beta + u_i) \tag{10.7}$$

$$P(y_{it} = 0|u_i) = 1 - P(y_{it} = 1|u_i) = 1 - \Phi(x_{it}'\beta + u_i) = \Phi(-(x_{it}'\beta + u_i)) \tag{10.8}$$

(10.7) 式と (10.8) 式とを組み合わせると，u_i の値で条件付けられた被験者 i に関する尤度への寄与度を求めることができる．

$$L_i|u_i = \prod_{t=1}^{T} \Phi[yy_{it} \times (x_{it}'\beta + u_i)] \tag{10.9}$$

(10.9) 式では，二値変数 yy が $y = 1$ のとき $+1$，$y = 0$ のとき -1 という値をとると定義するという第 6 章で導入された慣習を継続していることに注意してほしい．正規分布する変量 u 上で (10.9) 式を積分することにより，条件付き尤度から周辺尤度が得られる．

$$L_i = \int_{-\infty}^{\infty} \prod_{t=1}^{T} \Phi[yy_{it} \times (x_{it}'\beta + u)] \frac{1}{\sigma_u} \phi\left(\frac{u}{\sigma_u}\right) du \tag{10.10}$$

最後に，(10.10) 式の対数をとり，すべての被験者についてその和をとることにより，(10.5) 式のモデルに対する標本尤度関数が得られる．

$$LogL = \sum_{i=1}^{n} \ln\left[\int_{-\infty}^{\infty} \prod_{t=1}^{T} \Phi[yy_{it} \times (x_{it}'\beta + u)] \frac{1}{\sigma_u} \phi\left(\frac{u}{\sigma_u}\right) du\right] \tag{10.11}$$

(10.5) 式のモデルのパラメータを推定した後で，各被験者に対する事後的変量効果を得ることができる．それらは次のようになる．

$$\hat{u}_i = E(u_i | y_{i1} \ldots y_{iT}) = \frac{\displaystyle\int_{-\infty}^{\infty} u \prod_{t=1}^{T} \Phi[yy_{it} \times (x'_{it}\hat{\beta} + u)] \frac{1}{\sigma_u} \phi\left(\frac{u}{\sigma_u}\right) du}{\displaystyle\int_{-\infty}^{\infty} \prod_{t=1}^{T} \Phi[yy_{it} \times (x'_{it}\hat{\beta} + u)] \frac{1}{\sigma_u} \phi\left(\frac{u}{\sigma_u}\right) du}$$

$$(10.12)$$

ここで，ハット（ˆ）はパラメータの推定値であることを意味している．

モデル (10.5) を推定するための最も簡単な方法は，以下の STATA コマンドを使用することである．

```
xtset i t
xtprobit y x, re
```

しかしながら，MSL 法を使用して (10.5) 式のモデルの推定も行いたい．10.4.2 節では，(10.5) 式のモデルからデータをシミュレートするための方法の概要が示される．それから，10.4.3 節では，シミュレートされたデータに基づいてモデルを推定するために MSL 法を使用する方法が説明される．STATA のコマンド xtproogit には，推定後に (10.12) 式の事後的変量効果を計算するためのルーティンを備えていないようである．ここで開発される MSL 推定ルーティンはこの機能を備えている．

10.4.2 シミュレーション

MSL 法による変量効果プロビット・モデルの推定を説明するために使用するデータは，シミュレートされたデータである．本節では，このシミュレーションの概要を述べる．

以下のプログラムは，$n = 60$ 人の被験者と $T = 20$ 個の課題の下での (10.5) 式のモデルからシミュレートされるデータを生成する．シミュレーションで使用されるパラメータは，以下の通りである．

$$\beta_1 = -1.0; \quad \beta_2 = 2.0; \quad \sigma_u = 0.5$$

```
clear

* SET SAMPLE SIZE AND RANDOM NUMBER SEED
```

320　第 10 章　最尤シミュレーション（MSL）法入門

```
set obs 1200
set seed 7654321

* GENERATE SUBJECT IDENTIFIER (i) AND TASK IDENTIFIER (t);
* ENSURE THAT THESE ARE STORED AS INTEGERS
egen i=seq(), f(1) b(20)
egen t=seq(), f(1) t(20)

recast int i t

* DECLARE DATA TO BE PANEL DATA

xtset i t

* GENERATE x (FROM UNIFORM) AND e (FROM NORMAL)

gen double x=runiform()
gen double e=rnormal()

* GENERATE u (SUBJECT-SPECIFIC EFFECT)

by i: generate double u=0.5*(invnorm(uniform())) if _n==1
by i: replace u=u[1] if u==.

* GENERATE LATENT VARIABLE y*, AND BINARY VARIABLE y

gen double ystar=-1.0+2.0*x+u+e
gen int y=ystar>0

* ESTIMATE RANDOM EFFECTS PROBIT MODEL USING xtprobit COMMAND

xtprobit y x
```

図 10.5 には，シミュレートされたデータのうち，最初の 31 行が示されている（観測されない変数は除外されている）．このデータは「ロング型」と呼ばれるもので，各行はある特定の被験者によってなされた決定のうちただ 1 つだけを表したものである[2]．各被験者は $T = 20$ 個の決定を行うので，図 10.5 には最初の 2 人分の被験者による決定のみが示されている．先のプログラムの最終行では，このデータセットに対して xtprobit コマンドが適用されている．この推定結果は次のようになる．

```
. xtprobit y x, re

Random-effects probit regression          Number of obs     =        1200
Group variable: i                          Number of groups  =          60
```

---

2)　パネルデータを表示する別の方法は「ワイド型」であり，この場合，各被験者に対してただ 1 行だけがあり，与えられた被験者によってなされたすべての決定はその行内に記録される．

10.4 変量効果プロビット・モデル   321

	i	t	x	y
1	1	1	.6588475	1
2	1	2	.98049626	1
3	1	3	.0373436	0
4	1	4	.10857736	0
5	1	5	.90152806	1
6	1	6	.35898743	1
7	1	7	.91839248	0
8	1	8	.1706897	0
9	1	9	.18685892	1
10	1	10	.90669361	1
11	1	11	.58999881	0
12	1	12	.93117496	1
13	1	13	.41433274	1
14	1	14	.74338348	1
15	1	15	.13376886	1
16	1	16	.648391	1
17	1	17	.47783562	1
18	1	18	.01708559	1
19	1	19	.55203962	1
20	1	20	.24069986	1
21	2	1	.58143611	1
22	2	2	.81475681	0
23	2	3	.91146142	1
24	2	4	.94796911	1
25	2	5	.97362812	1
26	2	6	.72510801	1
27	2	7	.95791281	1
28	2	8	.24174224	0
29	2	9	.18369073	0
30	2	10	.72085298	1
31	2	11	.13015481	0

図 10.5　シミュレートされた二値パネルデータの最初の 31 行分

```
Random effects u_i ~ Gaussian            Obs per group: min =          20
                                                         avg =        20.0
                                                         max =          20

Integration method: mvaghermite           Integration pts.  =          12

                                           Wald chi2(1)      =      157.25
Log likelihood  = -710.41547               Prob > chi2       =      0.0000

------------------------------------------------------------------------------
         y |      Coef.   Std. Err.      z    P>|z|     [95% Conf. Interval]
-----------+------------------------------------------------------------------
         x |   1.847581    .147337    12.54   0.000     1.558806    2.136356
     _cons |  -.9181971   .1090388    -8.42   0.000    -1.131909    -.704485
```

```
------------+-----------------------------------------------------------------
  /lnsig2u |  -1.178868    .253014                      -1.674766   -.6829695
------------+-----------------------------------------------------------------
   sigma_u |   .5546412    .070166                       .4328418    .7107143
       rho |   .2352558   .0455199                       .1577898    .3355989
------------------------------------------------------------------------------
Likelihood-ratio test of rho=0: chibar2(01) =     95.05 Prob >= chibar2 = 0.000
```

推定値はすべて真の値に近い値で，3つの真の値すべてがそれぞれに対応する信頼区間の内側にあることがわかる．以下の数節の目的は，自家製の MSL プログラムを使用して，同じ推定結果を得ることにある．

10.4.3　MSL 法による推定

変量効果プロビット・モデルの対数尤度関数は，先の (10.11) 式に示されているように，次の式で与えられる．

$$LogL = \sum_{i=1}^{n} \ln \left[\int_{-\infty}^{\infty} \prod_{t=1}^{T} \Phi[yy_{it} \times (x'_{it}\beta + u)] \frac{1}{\sigma_u} \phi \left(\frac{u}{\sigma_u} \right) du \right] \qquad (10.13)$$

この関数は，$N(0, \sigma_u^2)$ という分布に従う変数 u 上の積分を含んでいる．10.2 節においてより一般的な文脈の下で説明されたように，MSL 法の基本原理は，この積分が以下のような平均値をもちいて近似できる，というものである．

$$\frac{1}{R} \sum_{r=1}^{R} \left(\prod_{t=1}^{T} \Phi[yy_{it} \times (x'_{it}\beta + u)] \right) \qquad (10.14)$$

ここで，$u_{1,i}, \ldots, u_{R,i}$ は被験者 i についてのハルトン数列を変換したものである（これらは t に関して不変であることを思い出してほしい．10.3.3 節を参照）．この乱数は，$N(0, \sigma_u^2)$ という分布に従う乱数になるように変換されている．

3つのパラメータ β_1，β_2 および σ_u について (10.13) 式の対数尤度関数を最大化する必要がある．MSL アプローチは，(10.13) 式に現れる積分を (10.14) 式で定義された平均値に置き換え，こうして得られた関数を最大化する，というものである．

シミュレートされたデータセットについては，10.4.2 節において記述されている．各行は，ある特定の被験者についてのある特定の決定を表している．各

行には，被験者の識別子（i），課題の識別子（t），決定に付随する説明変数の値（x_{it}），それに二値的選択自体（0または1の値をとる y_{it}）が含まれている．

これまでの章と同様に，STATA における ml ルーティンが (10.13) 式の対数尤度を最大化するために使用される．STATA には多くの異なった尤度評価法がある．第6章におけるさまざまな例に使用されたものは lf（線形形式）だった．10.1 節で触れられたように，(10.13) 式の対数尤度関数の特徴は，この線形形式という制約を満たさないというものなので，lf コマンドは使用できない．これは，標本対数尤度を得るために合計されるべき尤度への寄与度はそれぞれ，データの単一の行にある情報だけから導出されるのではなく，その代わりに，与えられたある被験者に対応する行すべてを含むブロック全体から導出されるからである．つまり，複数の行を含む1つのブロックに対して，ただ1つの尤度への寄与度が存在する．このため，lf 評価子の代わりに d 評価子のいずれかが必要になる．d 評価子のうちで最も単純なものは d0 評価子であり，これは単に対数尤度への寄与度を評価することのみを必要とするものである．ここではこの評価子を使用する．d0 は数値微分を使用するのに対して，d1 と d2 は，関数評価に加えて，解析的に求められた対数尤度への寄与度に関する微分をプログラムする必要がある．d0 の代わりに d1 または d2 を使用すると，収束がいくらか速くなることが期待されるが，このためには膨大な量の解析的な微分を実施するというコストが伴うだろう．

10.4.4 推定のためのデータ準備

データが STATA に読み込まれた後，推定の準備のためには，多くの作業を行う必要がある．

まず第1に，必須ではないとしても，すべての変数が正しいデータ型で記録されることが望ましい．例えば，i, t, y のような整数の変数は integer 型として記録されるべきである．というのは，それ以外の型で記録すればメモリを浪費することになるからである．これらの変数が integer 型で記録されることを保証するためには，次のコマンドが使用される．

```
recast int i t y
```

整数ではない任意の（数値的）変数は，double 型で記録されなければならない．「double 型」として記録された変数は 16 桁の精度があり，この精度は「倍精度」として知られている．これらの変数が double 型で記録されていない場合は float 型として記録される可能性が高いが，float 型は約 7 桁の精度しかない．このことが重要なのは，変数が float 型になると対数尤度関数が十分な精度で計算されない可能性があり，また，最大値を発見するために不可欠な滑らかさという性質を対数尤度関数が持たないかもしれないからである．整数変数以外のすべての変数（つまり，この例では変数 x）を倍精度で記録することを保証するコマンドは，以下の通りである．

```
recast double x
```

　次に，各被験者について，現在の観測値がその最初や最後の観測値であるかどうかを示す二値変数が 2 つ必要である．

```
by i: gen int first=1 if _n==1
by i: gen int last=1 if _n==_N
```

「first」という変数は，各被験者についてデータの最初の行（つまり，$t = 1$ のとき）においては値 1 をとり，それ以外の行では欠損値となる．同様に，「last」という変数は，各被験者について最後の行（つまり，$t = T$ のとき）において値 1 をとる．

　ハルトン数列は，10.3.3 節において詳細に説明された手順をもちいて生成され，変換されて，パネル構造に構成される．その場合との違いは，パネルの次元が $n = 10$，$T = 20$ である点にある．また，$R = 125$ 個の乱数が推定において使用される．

　最後に，各課題での被験者によってなされる選択は，0/1 変数 y によって表現されるが，第 6 章で説明された実際的な理由から，被験者の選択に関する情報は，$+1$ と -1 の値をとる変数（yy）の形式においても提供される必要がある．この変数は，次のコマンドによって生成される．

```
gen int yy=2*y-1
```

10.4.5 尤度評価

ここで尤度評価プログラムの概要を示そう.STATA のプログラムでは,(10.13) 式の対数尤度関数におけるパラメータとその他の構成要素について,次のような変数名を採用する.

$LogL$ の構成要素	STATA の変数名
$\beta_1 + \beta_2 x$	xb
$\ln(\sigma_u)$	ln_s_u
σ_u	s_u
$\Phi[yy_{it} \times (\beta_1 + \beta_2 x_{it} + u_{r,i})$	p
$Li\|u = \prod_{t=1}^{T} yy_{it} \times (\beta_1 + \beta_2 x_{it} + u_{r,i})]$	pp
$u_{r,i} \times \prod_{t=1}^{T} \Phi[yy_{it} \times (\beta_1 + \beta_2 x_{it} + u_{r,i})]$	upp
$L_i = \frac{1}{R} \sum_{r=1}^{R} (\prod_{t=1}^{T} \Phi[yy_{it} \times (\beta_1 + \beta_2 x_{it} + u_{r,i})])$	ppp
$\frac{1}{R} \sum_{r=1}^{R} (u_{r,i} \times \prod_{t=1}^{T} \Phi[yy_{it} \times (\beta_1 + \beta_2 x_{it} + u_{r,i})])$	uppp
R	draws
$\ln L_i$	lnppp

今度は,プログラムの各部分を順番に検討していく(中断なしの完全なプログラムは次節で与えられる).プログラムの最初の行は,プログラムに「my_rep」という名称を割り当てている.次の行(args)は,関数の引数を導入している.todo は単に,どの評価子(d0,d1,d2)によってその値が決定されているのかを示すスカラーである.b はパラメータのベクトルに対する目下の予測値であり,行ベクトルの形をしている.lnppp は,パラメータのベクトル b の下で評価された標本対数尤度に対する(被験者ごとの)寄与度を含む変数の名前である.次の行(tempvar)は,lnppp に進む過程で必要となるさまざまな一時的変数を導入している.その次の行(tempname)は,計算に必要な一時的スカラーを導入している.これらはモデルの(スカラー・)パラメータであり,その最初のものはベクトル b から抽出される.次の行(local)は,このプログラムの外部で定義されたハルトン数列に関する変数 h1_1,h1_2,h1_3,... を含む変数リストを定義している.

```
program define my_rep
args todo b lnppp
tempvar xb p pp ppp upp uppp
tempname ln_s_u s_u
local hlist h1*
```

次の2つのコマンドは mleval コマンドで，これらの目的は，行ベクトル b からモデルのパラメータを抽出することである．ベクトル b は，実際には2つの「方程式」からなるものと見ることができるだろう．1つ目の方程式では，「パラメータ」xb が変数 x と定数項に線形に従属している．すなわち，xb には，モデルにおける2つのパラメータ β_1 と β_2 が組み込まれている．β_1 と β_2 は xb を通じてのみ尤度に登場するので，尤度を構成する際には xb だけが必要である．

ベクトル b に含まれる2つ目の「方程式」はただ1つのパラメータだけを持っており，それは方程式の定数によって表現される．これが，2つ目の mleval コマンドの最後に scalar オプションを含める理由である．$\ln \sigma_u$ が変数ではなくスカラーであることを認識させることで，［計算上の］効率性が向上するためである．σ_u の代わりに $\ln \sigma_u$ が推定される理由は，σ_u が決して負にはならないことを保証するためである．このすぐ後にあるコマンドは，指数関数を適用することにより $\ln \sigma_u$ を σ_u に変換する．

```
mleval 'xb' = 'b', eq(1)
mleval 'ln_s_u' = 'b', eq(2) scalar
scalar 's_u'=exp('ln_s_u')
```

次に，さまざまなローカル変数（つまり，一時的変数）を初期化する必要がある．通常，これらの初期値は欠損値に設定され，後にプログラム中で使用されるときに，replace コマンドがもちいられるのである．ここでの例外は変数 ppp と変数 upp であり，これらは0に初期化される．それは，これら2つの変数がそれぞれ，R 個のハルトン数列 $u_{1,i}, \ldots, u_{R,i}$ 上で，$\prod_{t=1}^{T} \Phi[yy_{it} \times (\beta_1 + \beta_2 x_{it} + u_{r,i})]$ と $u_{t,i} \times \prod_{t=1}^{T} \Phi[yy_{it} \times (\beta_1 + \beta_2 x_{it} + u_{r,i})]$ という累積和として構成されるためである．累積和は0から開始されなければならないことは明らかである．

```
quietly{
quietly gen double 'p'=.
quietly gen double 'pp'=.
quietly gen double 'ppp'=0
quietly gen double 'upp'=.
quietly gen double 'upp'=0
}
```

対数尤度関数に現れる積分が評価されるのは，プログラムの次の段階であ

る．この積分は以下のものであったことを思い出してほしい．

$$\int_{-\infty}^{\infty} \prod_{t=1}^{T} \Phi[yy_{it} \times (\beta_1 + \beta_2 x_{it}' + u)] \frac{1}{\sigma_u} \phi\left(\frac{u}{\sigma_u}\right) du \tag{10.15}$$

また，この積分を評価する方法は，R 個のハルトン数列上で次の平均値を求めるというものであった．

$$\frac{1}{R} \sum_{r=1}^{R} \left(\prod_{t=1}^{T} \Phi[yy_{it} \times (\beta_1 + \beta_2 x_{it} + u_{r,i})] \right) \tag{10.16}$$

この平均値の評価には，R 個の乱数ごとに（つまり，変数リスト「hlist」の中にある R 個の変数ごとに）ループ処理することが必要である．このループの各ステップでは t ごとに積（プログラムでは pp）を評価し，それを累積和（プログラムでは ppp）に加えていく．このループは次のようにプログラムされている．

```
foreach v of varlist 'hlist' {
replace 'p'=normal(yy*('xb' + 's_u' * 'v'))
by i: replace 'pp' = exp(sum(ln('p')))
replace 'pp'=. if last~=1
replace 'upp'='s\_u' * 'v' * 'pp'
replace 'ppp'='ppp' + 'pp'
replace 'uppp'='uppp' + 'upp'
}
```

上記のプログラムに関して言えば，foreach コマンドは，hlist に含まれる変数についてループを行うことを要求するコマンドである．中括弧には，繰り返されるべきコマンドが入っている．ループの内側の最初の行は，(10.16) 式の大括弧内の項の標準正規 cdf を評価するものである．この項には，$N(0, \sigma_u^2)$ に従って分布していると仮定されている被験者固有の効果 $u_{r,i}$ が含まれている．10.3.3 節で記述された方法を使って生成されたハルトン数列（h1_1-h1_R）は，標準正規分布に対応するものである．したがって，$u_{r,i}$ の値を得るためには，ハルトン数列に σ_u（プログラムでは s_u）を掛けることが必要である．

　上記のループの 2 行目は，被験者ごとに t についての確率の積を得るためのものである．(exp(sum(ln(.))) のように STATA の関数を組み合わせて使用する理由は 8.5.5 節で十分に説明された．この手順により必要な積が求められ，被験者ごとに（変数 pp の）最後の行に示される．さらに，3 行目では，

各被験者について，最後の行以外にあるすべての pp の値を欠損値に置き換える．4 行目は，(10.12) 式（事後的変量効果の式）の分子にある被積分関数に対応する変数を生成する．このループの最後の 2 行は，累積和（ppp と uppp）に新たに積を加えるものである．こうして，プログラムがこのループから抜けると，これらの 2 つの累積和は，R 個の乱数にわたる和になる．

ループを抜けた後，これら 2 つの累積和を乱数の数で割ると，それぞれの積分値の評価が得られる（プログラムでは，やはりこれらは ppp と uppp という名称である）．

```
replace 'ppp'='ppp' / draws
replace 'uppp'='uppp' / draws
replace u_post='uppp' / 'ppp'
putmata u_post, replace
```

ppp という名の変数にはいまや，各ブロックの最後の行にある値が入っており，それは，与えられた被験者に関する尤度への寄与度を表している．それから，この尤度の対数をとり，mlsum コマンドをもちいることによって，これが対数尤度への寄与度を含んだ変数であることを指定する．このようにして，各被験者に対する最後の行に現れる被験者固有の対数尤度への寄与度は，d0 評価子が使用されているときに求められているものと全く同じ値になる．

```
mlsum 'lnppp'=ln('ppp') if last==1
end
```

上記のプログラムには，（グローバル）変数 u_post の生成が含まれていることに注意してほしい．この u_post は，やはり各被験者に対する最後の行にあって，(10.12) 式で定義された被験者の事後的変量効果が含まれている．この変数はグローバル変数だが，このプログラム外部から読み出すためには，mata に入力し，それからプログラムの外部から（getmata を使用して）mata から取り出す必要がある．

end コマンドは，「my_rep」という名の評価プログラムが終了したことを通知するものである．このプログラムの外部には，プログラムを実行する前に実行する必要がある多くの事柄がある．以下のプログラムの断片では，その最初のコマンドが，説明変数を含む変数リストを定義している（目下の例では，説明変数はただ 1 つしかない）．次に，初期値を見つける必要がある．賢明なア

プローチは，より単純なモデルの推定値から初期値を得るというものである．次の2行目では，単純プロビット・モデルが実行され，3行目では，その推定値が記録されている．それから4行目では，単純プロビットの推定結果が，変量効果プロビット・モデルに対する初期値のベクトルとして定義されている．追加のパラメータ $\ln \sigma_u$ の値に関する予測（0）も付加されている．また，プログラム内部で生成されるグローバル変数 u_post も初期化されている．

```
local list_explan "x"
probit y 'list_explan'
mat b_probit=e(b)
mat start = b_probit, 0
gen double u_post=.
```

なにより最も重要なことは，このプログラムを呼び出す必要があるということである．これには次のような一連のコマンドが必要である．

```
ml model d0 my_rep ( = 'list_explan') /ln_s_u
ml init start, copy
ml max
nlcom s_u: exp(_b[ln_s_u:_cons])
```

上記のプログラムの最初の行では，評価子，評価プログラム，それにパラメータのリストが指定されている．2行目では，初期値のベクトルが取り込まれている．3行目では，ml ルーティンを実行されている．最後の行では，デルタ法が呼び出されて，$\ln \sigma_u$ の推定値から σ_u の推定値が導出されている[3]．

最後に，mata から事後的変量効果の変数（u_post）を抽出する必要がある．既存の変数をメモリから削除した後，getmata コマンドを使用してこの操作が実行される．

```
drop u_post
getmata u_post
```

10.4.6　注釈付きの完全なプログラム

ここに，シミュレーションと推定の両方を含む，［先ほどのような説明文を取り除いた，］中断なしの完全なプログラムを示す．プログラムには注釈が付

---

3)　nlcom コマンドにおいて，パラメータの推定値は _b[ln_s_u:_cons] という名で参照される．これは推定値に関する「見出し」として知られている．各パラメータの推定値に関する見出しを見つけるには，ml coefleg コマンドを ml コマンドのすぐ後に使用すればよい．

けられている．（*で始まる）コメント行には，その次の行から書かれている
プログラムに関する短い記述が与えられている．

```
clear
set more off

* SET SAMPLE SIZE AND RANDOM NUMBER SEED

set obs 1200
set seed 7654321

* GENERATE SUBJECT IDENTIFIER (i) AND TASK IDENTIFIER (t);
* ENSURE THAT THESE ARE STORED AS INTEGERS
egen i=seq(), f(1) b(20)
egen t=seq(), f(1) t(20)
recast int i t

* DECLARE DATA TO BE PANEL DATA

xtset i t

* GENERATE x (FROM UNIFORM) AND e (FROM NORMAL)
gen double x=runiform()
gen double e=rnormal()

* GENERATE u (SUBJECT-SPECIFIC EFFECT)

by i: generate double u=0.5*(rnormal()) if _n==1
by i: replace u=u[1] if u==.

* GENERATE LATENT VARIABLE y*, AND BINARY VARIABLES y and yy

gen double ystar=-1.0+2.0*x+u+e
gen int y=ystar>0
gen int yy=2*y-1

* ESTIMATE RANDOM EFFECTS PROBIT MODEL USING xtprobit COMMAND

xtprobit y x

* GENERATE INDICATOR VARIABLES FOR FIRST AND LAST OBSERVATION FOR EACH SUBJECT

by i: gen int first=1 if _n==1
by i: gen int last=1 if _n==_N

* APPEND (HORIZONTALLY) EACH SUBJECT'S FIRST ROW WITH 125 HALTON DRAWS
* (DIFFERENT BETWEEN SUBJECTS). STORE NUMBER OF DRAWS AS "draws".

mat p=[3]
mdraws if first==1, neq(1) dr(125) prefix(h) primes(p)
scalar draws=r(n_draws)

*CREATE A VARIABLE LIST CONTAINING THE HALTON DRAWS
* ENSURE THEY ARE IN DOUBLE PRECISION
```

10.4 変量効果プロビット・モデル   331

```
* COPY THE ROW OF HALTONS IN EACH BLOCK INTO ROWS 2-T OF SAME BLOCK

local hlist h1*

quietly{
foreach v of varlist 'hlist' {
recast double 'v'
by i: replace 'v'='v'[1] if 'v'==.
replace 'v'=invnorm('v')
}
}

* LIKELIHOOD EVALUATION PROGRAM "my_rep" STARTS HERE:

capt prog drop my_rep
program define my_rep

* SPECIFY ARGUMENTS
args todo b lnppp
tempvar xb p pp ppp upp uppp
tempname ln_s_u s_u
local hlist h1*

* EXTRACT ELEMENTS OF PARAMETER VECTOR b

mleval 'xb' = 'b', eq(1)
mleval 'ln_s_u' = 'b', eq(2) scalar
scalar 's_u'=exp('ln_s_u')

* INITIALISE TEMPORARY VARIABLES

quietly gen double 'p'=.
quietly gen double 'pp'=.
quietly gen double 'ppp'=0
quietly gen double 'upp'=.
quietly gen double 'uppp'=0

* LOOP FOR EVALUATION OF SUM (OVER r) OF PRODUCT (OVER t)
* pp AND ppp ARE FOR LIKELIHOOD FUNCTION;
* upp AND uppp ARE FOR NUMERATOR OF POSTERIOR RANDOM EFFECT FORMULA

quietly{
foreach v of varlist 'hlist' {
replace 'p'= normal(yy*('xb' + 's_u'*'v'))
by i: replace 'pp' = exp(sum(ln('p')))
replace 'pp'=. if last~=1
replace 'upp'='s_u'*'v'*'pp'
replace 'ppp'='ppp'+'pp'
replace 'uppp'='uppp'+'upp'
}

* DIVISION BY R TO GENERATE REQUIRED AVERAGES (OVER r)
* COMPUTE POSTERIOR RANDOM EFFECT VARIABLE (u_post) AND SEND THIS TO MATA

quietly {
```

332   第10章　最尤シミュレーション（MSL）法入門

```
replace 'ppp'='ppp'/draws
replace 'uppp'='uppp'/draws
replace u_post='uppp'/'ppp'
}
putmata u_post, replace

* MLSUM COMMAND TO SPECIFY PER-SUBJECT LOG-LIKELIHOOD CONTRIBUTION

mlsum 'lnppp'=ln('ppp') if last==1
}
end

* "end" SIGNIFIES END OF LIKELIHOOD EVALUATION PROGRAM "my_rep"

* CREATE VARIABLE LIST (list_explan) FOR EXPLANATORY VARIABLES;
* ESTIMATE SIMPLE PROBIT MODEL
* STORE ESTIMATES FROM SIMPLE PROBIT MODEL
* CREATE VECTOR OF STARTING VALUES (start) FOR PANEL PROBIT MODEL
* INITIALISE VARIABLE CONTAINING POSTERIOR RANDOM EFFECT (u_post)

local list_explan "x"
probit y 'list_explan'
mat b_probit=e(b)
mat start = b_probit,0
gen double u_post=.

* SPECIFY EVALUATOR (d0), EVALUATION PROGRAM (my_rep), AND PARAMETER LIST
* SPECIFY STARTING VALUE VECTOR
* RUN MAXIMUM LIKELIHOOD PROCEDURE; DEDUCE ESTIMATE OF s_u USING DELTA METHOD

ml model d0 my_rep ( = 'list_explan') /ln_s_u
ml init start, copy
ml max
nlcom s_u: exp(_b[ln_s_u:_cons])

* EXTRACT POSTERIOR RANDOM EFFECT (u_post) GENERATED INSIDE EVALUATION PROGRAM
* PLOT IT AGAINST TRUE RANDOM EFFECT (u).

drop u_post
getmata u_post
lowess u_post u, xline(0) yline(0)
```

10.4.7　推定結果

　前節で詳しく記述された，MSL プログラムによる推定結果は以下の通りである．

```
. ml max

initial:      log likelihood = -724.34505
rescale:      log likelihood = -724.34505
rescale eq:   log likelihood = -724.34505
```

```
Iteration 0:   log likelihood = -724.34505
Iteration 1:   log likelihood = -711.86049
Iteration 2:   log likelihood = -710.30549
Iteration 3:   log likelihood = -710.28495
Iteration 4:   log likelihood = -710.28494

                                           Number of obs    =      1200
                                           Wald chi2(1)     =    157.36
Log likelihood = -710.28494                Prob > chi2      =    0.0000
------------------------------------------------------------------------------
            |      Coef.   Std. Err.      z    P>|z|     [95% Conf. Interval]
------------+-----------------------------------------------------------------
eq1         |
          x |    1.84808   .1473262    12.54   0.000     1.559326    2.136834
      _cons |  -.9092081   .1087404    -8.36   0.000    -1.122335   -.6960808
------------+-----------------------------------------------------------------
ln_s_u      |
      _cons |  -.6117916   .1250433    -4.89   0.000    -.8568721   -.3667112
------------------------------------------------------------------------------

. nlcom s_u: exp(_b[ln_s_u:_cons])

        s_u: exp(_b[ln_s_u:_cons])

------------------------------------------------------------------------------
            |      Coef.  Std. Err.      z    P>|z|     [95% Conf. Interval]
------------+-----------------------------------------------------------------
        s_u |   .5423782   .0678208     8.00   0.000     .409452     .6753045
------------------------------------------------------------------------------
```

比較しやすいように，(10.4.2 節ですでに示されている) xtprobit コマンド
による推定結果を再度示しておく．

```
. xtprobit y x re

Random-effects probit regression          Number of obs    =      1200
Group variable: i                          Number of groups =        60

Random effects u_i ~ Gaussian              Obs per group: min =       20
                                                          avg =     20.0
                                                          max =       20

Integration method: mvaghermite            Integration pts.  =        12

                                           Wald chi2(1)     =    157.25
Log likelihood  = -710.41547               Prob > chi2      =    0.0000
------------------------------------------------------------------------------
          y |      Coef.   Std. Err.      z    P>|z|     [95% Conf. Interval]
------------+-----------------------------------------------------------------
          x |   1.847581    .147337    12.54   0.000     1.558806    2.136356
      _cons |  -.9181971   .1090388    -8.42   0.000    -1.131909    -.704485
------------+-----------------------------------------------------------------
```

```
    /lnsig2u |  -1.178868    .253014                      -1.674766   -.6829695
-------------+----------------------------------------------------------------
     sigma_u |   .5546412    .070166                       .4328418    .7107143
         rho |   .2352558   .0455199                       .1577898    .3355989
------------------------------------------------------------------------------
Likelihood-ratio test of rho=0: chibar2(01) =    95.05 Prob >= chibar2 = 0.000
```

MSL ルーティンをもちいて求められた3つのパラメータ推定値とそれに付随する標準誤差は，xtprobit コマンドをもちいて求められた対応する推定値と驚くほど近く，その差異は小数点第2位以下または第2位以下にしか見られない．最大化された対数尤度もまた，かなり一致している．これは，MSL ルーティンが正しくプログラミングされており，意図した通りに動作していることを示しているので，［MSL ルーティンを使用することに対する］安心感を与えてくれる結果である．

事後的変量効果 ($\hat{u}_i$) は (10.12) 式で定義されている．これらの効果については，それらを各被験者に対する変量効果 u_i の推定値とみなすことが最も良い．これらの事後的変量効果を含んだ変数 u_post が作成されているので，これらを検討するための有益な方法は，真の変量効果 (u) に対してこれらをプロットしてみることである．これを行ったのが図 10.6 である．これら2つの変数がかなり近接していることは，MSL 法の計算が正しく実行されたことをいっそう確信させてくれる．

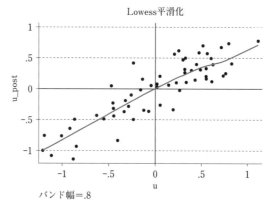

図 10.6 シミュレーションにおける 60 人の被験者に対する，事後的変量効果と真の変量効果に関する（平滑化曲線付きの）散布図

10.5 変量効果・両側打ち切りトービット・モデル

　本節では，MSL アプローチを変量効果・両側打ち切りトービット・モデル
という先ほどとは異なるモデルに適用する．先ほどの例との間のさらなる差異
は，本節ではシミュレートされたデータではなく，実際のデータを使用すると
ころにある．

　6.6.3 節では，互恵性の理論を検証するために，Bardsley（2000）のデータ
セットに両側打ち切りトービット・モデルを適用した．データは，98 人の被
験者が 20 個の課題を実施するというものだった．従属変数は，ある特定の課
題におけるある特定の被験者による［公共財への］貢献額であり，鍵となる説
明変数は，自分より先に選択した他の被験者による貢献額の中央値であった．
先に選択した他の被験者による貢献額が被験者の貢献額に対して強い正の効果
があったことは，このデータには互恵性に関する強い証拠が存在すると解釈さ
れた．従属変数は，0 以下が打ち切られるとともに，10（貢献額の最大値）以
上でも打ち切られており，このため両側打ち切りトービット・モデルが推定さ
れたことに注意してほしい．

　6.6.3 節で行われた事柄で重要なことは，このデータセットには各被験者に
ついて繰り返しのある観測値が含まれており，また，貢献行動には明らかに
被験者間の差異があるので，実際に必要となるのはパネルデータ・モデル，つ
まり，変量効果・両側打ち切りトービット・モデルである，ということであ
る．本章で最初の方で検討された変量効果プロビット・モデルのように，変量
効果・両側打ち切りトービット・モデルは，STATA のコマンド（xttobit）
を使用して推定可能なモデルである．ここでもう一度，再度 Bardsley（2000）
のデータについて MSL をもちいてモデルを推定し，それから，xttobit をも
ちいて得られた結果と比較することにする．また，各被験者に対する事後的変
量効果を計算できるようにプログラムを拡張し，xttobit コマンドによって
できること以上のことを行う．

　bardsley ファイルに，98 人の被験者それぞれが 20 個の課題を実施した
データが含まれていることを思い出してほしい．ここで使用される変数は，
以下の通りである．

i： 被験者の ID 番号

t： 課題の ID 番号

y： 被験者の公共財への貢献額

med：先に貢献を行った同じグループに属する他の被験者による貢献額の中央
値

tsk： 課題番号

10.5.1 尤度関数の構成

両側打ち切りトービット・モデルは，データが単一のクロスセクションから
なるときに適切なものであり，6.6.3 節において開発され，推定された．ここ
では，このモデルをパネルデータの設定へと拡張する．その結果得られるモデ
ルは，変量効果・両側打ち切りトービット・モデルであり，それは次のように
定義される．

$$y_{it}^* = \beta_0 + \beta_1 med_{it} + \beta_2 tsk_{it} + u_i + \epsilon_{it} \tag{10.17}$$
$$= x_{it}'\beta + u_i + \epsilon_{it}$$
$$u_i \sim N(0, \sigma_u^2)$$
$$\epsilon_{it} \sim N(0, \sigma_\epsilon^2)$$

y_i^* は課題 t における被験者 i に対する望ましい貢献額，y_{it} は観測された貢献
額である．打ち切りルールは以下のようになっている．

$$y_{it} = 0 \quad \text{if } y_{it}^* \leq 0 \tag{10.18}$$
$$y_{it} = y_{it}^* \quad \text{if } 0 < y_{it}^* < 10$$
$$y_{it} = 10 \quad \text{if } y_{it}^* \geq 10$$

6.6.3 節におけるように，3 つのレジームがあると言える．（u_i で条件付けさ
れた）尤度を得るために，以下のように各レジームを順番に考えていく．

$$y_{it} = 0: \quad P(y_{it} = 0|u_i) = P(y_{it}^* \leq 0|u_i) = \Phi\left(-\frac{x_{it}'\beta + u_i}{\sigma_\epsilon}\right) \tag{10.19}$$

$$0 < y_{it} < 10: \quad f(y_{it}|u_i) = \frac{1}{\sigma_\epsilon}\phi\left(\frac{y_{it} - x_{it}'\beta - u_i}{\sigma_\epsilon}\right) \tag{10.20}$$

10.5 変量効果・両側打ち切りトービット・モデル　　337

$$y_{it} = 10: \quad P(y_{it} = 10|u_i) = P(y_{it}^* \geq 10|u_i) = \Phi\left(\frac{x_{it}'\beta + u_i - 10}{\sigma_\epsilon}\right)$$
(10.21)

(10.19) 式から (10.21) 式のそれぞれに指示関数 $I(.)$ を適用することによって，被験者 i に関する T 個の決定についての（u_i で条件付けされた）同時密度関数を得ることができるだろう．

$$L_i|u_i = \prod_{t=1}^{T}\left[\Phi\left(-\frac{x_{it}'\beta + u_i}{\sigma_\epsilon}\right)\right]^{I_{y_{it}=0}}\left[\frac{1}{\sigma_\epsilon}\phi\left(\frac{y_{it} - x_{it}'\beta - u_i}{\sigma_\epsilon}\right)\right]^{I_{0<y_{it}<10}}$$
$$\left[\Phi\left(\frac{x_{it}'\beta + u_i - 10}{\sigma_\epsilon}\right)\right]^{I_{y_{it}=10}}$$
(10.22)

(10.22) 式の条件付き同時密度関数から周辺同時密度関数を得るために，正規分布する変数 u 上の積分を行う．

$$L_i = \int_{-\infty}^{\infty}\prod_{t=1}^{T}\left[\Phi\left(-\frac{x_{it}'\beta + u}{\sigma_\epsilon}\right)\right]^{I_{y_{it}=0}}\left[\frac{1}{\sigma_\epsilon}\phi\left(\frac{y_{it} - x_{it}'\beta - u}{\sigma_\epsilon}\right)\right]^{I_{0<y_{it}<10}}$$
$$\left[\Phi\left(\frac{x_{it}'\beta + u - 10}{\sigma_\epsilon}\right)\right]^{I_{y_{it}=10}}\frac{1}{\sigma_u}\phi\left(\frac{u}{\sigma_u}\right)du$$
(10.23)

(10.23) 式で定義される L_i は，被験者の尤度への寄与度である．これらの対数をとり，合計することにより，標本対数尤度関数が得られる．

$$LogL = \sum_{i=1}^{n}\ln L_i$$
(10.24)

　事後的変量効果は，次のようにして得られるだろう．

$$\hat{u}_i = E(u_i|y_{i1}\dots y_{iT}) = \frac{1}{\hat{L}_i}\int_{-\infty}^{\infty}\left(u\prod_{t=1}^{T}\left[\Phi\left(-\frac{x'_{it}\hat{\beta}+u}{\hat{\sigma}_\epsilon}\right)\right]^{I_{y_{it}=0}}\times\right.$$

$$\left[\frac{1}{\hat{\sigma}_\epsilon}\phi\left(\frac{y_{it}-x'_{it}\hat{\beta}-u}{\hat{\sigma}_\epsilon}\right)\right]^{I_{0<y_{it}<10}}\left[\Phi\left(\frac{x'_{it}\hat{\beta}+u-10}{\hat{\sigma}_\epsilon}\right)\right]^{I_{y_{it}=10}}\left.\frac{1}{\hat{\sigma}_u}\phi\left(\frac{u}{\hat{\sigma}_u}\right)\right)du$$

$$(10.25)$$

ここで，パラメータの上にあるハット（ˆ）は推定値を示しており，$\hat{L}_i$ は (10.23) 式のパラメータを推定値に置き換えたものである．

10.5.2　MSL 法による推定

MSL の原理を適用すると，(10.24) 式の対数尤度関数は次のように書くことができるだろう．

$$LogL = \sum_{i=1}^{n}\ln\left(\frac{1}{R}\sum_{r=1}^{R}\left(\prod_{t=1}^{T}\left[\Phi\left(-\frac{x'_{it}\beta+u_{r,i}}{\sigma_\epsilon}\right)\right]^{I_{y_{it}=0}}\times\right.\right.$$

$$\left.\left.\left[\frac{1}{\sigma_\epsilon}\phi\left(\frac{y_{it}-x'_{it}\beta-u_{r,i}}{\sigma_\epsilon}\right)\right]^{I_{0<y_{it}<10}}\left[\Phi\left(\frac{x'_{it}\beta+u_{r,i}-10}{\sigma_\epsilon}\right)\right]^{I_{y_{it}=10}}\right)\right)$$

$$(10.26)$$

ここで，$u_{1,i},\dots,u_{R,i}$ は被験者 i についてのハルトン数列であり，$N(0,\sigma_u^2)$ という分布から抽出された乱数を表すように変換されている．

以下の STATA のプログラムでは，(10.26) 式の対数尤度関数のパラメータや他の構成要素に対して，表 10.1 に示した変数名を採用している．

10.5.3　STATA プログラム

(10.17) 式と (10.18) 式で定義された変量効果・両側打ち切りトービット・モデルは，以下のプログラムを使用すれば MSL 法によって推定できるだろう．このプログラムには注釈が付けられている．（*で始まる）コメント行には，その次の行から書かれているプログラムに関する短い記述が与えられている．

```
* LIKELIHOOD EVALUATION PROGRAM "my_ret" STARTS HERE:
```

10.5 変量効果・両側打ち切りトービット・モデル

$LogL$ の構成要素	STATA の変数名
$x_{it}'\beta = \beta_0 + \beta_1 med_{it} + \beta_2 tsk_{it}$	xb
$\ln(\sigma_u)$	ln_s_u
σ_u	s_u
$\ln(\sigma_e)$	ln_s_e
σ_e	s_e
$p_{r,i} \equiv \left[\Phi\left(-\dfrac{x_{it}'\beta + u_{r,i}}{\sigma_\epsilon}\right)\right]^{I_{y_{it}=0}} \left[\dfrac{1}{\sigma_\epsilon}\phi\left(\dfrac{y_{it}-x_{it}'\beta-u_{r,i}}{\sigma_\epsilon}\right)\right]^{I_{0<y_{it}<10}}$ $\times \left[\Phi\left(\dfrac{x_{it}'\beta+u_{r,i}-10}{\sigma_\epsilon}\right)\right]^{I_{y_{it}=10}}$	p
$\prod_{t=1}^{T} p_{r,i}$	pp
$u_{r,i} \times \prod_{t=1}^{T} p_{r,i}$	upp
$\frac{1}{R}\sum_{r=1}^{R}\left(\prod_{t=1}^{T} p_{r,i}\right)$	ppp
$\frac{1}{R}\sum_{r=1}^{R}\left(u_{r,i} \times \prod_{t=1}^{T} p_{r,i}\right)$	uppp
R	draws
$\ln L_i$	logl

表 10.1 *LogL* の構成要素とそれらに対応する **STATA** の変数名

```
capt prog drop my_ret
program define my_ret

* SPECIFY ARGUMENTS

args todo b logl
tempvar xb p pp ppp upp uppp
tempname ln_s_u s_u ln_s_e s_e
local hlist h1*

* EXTRACT ELEMENTS OF PARAMETER VECTOR b

mleval 'xb' = 'b', eq(1)
mleval 'ln_s_u' = 'b', eq(2) scalar
mleval 'ln_s_e' = 'b', eq(3) scalar
scalar 's_u'=exp('ln_s_u')
scalar 's_e'=exp('ln_s_e')

* INITIALISE TEMPORARY VARIABLES

quietly gen double 'p'=.
quietly gen double 'pp'=.
quietly gen double 'ppp'=0
quietly gen double 'upp'=.
quietly gen double 'uppp'=0

* LOOP FOR EVALUATION OF SUM (OVER r) OF PRODUCT (OVER t)
* pp AND ppp ARE FOR LIKELIHOOD FUNCTION;
* upp AND uppp ARE FOR NUMERATOR OF POSTERIOR RANDOM EFFECT FORMULA

quietly{
foreach v of varlist 'hlist' {
```

```
replace 'p'= normal(-('xb' + 's_u'*'v')/'s_e') if y==0
replace 'p'=(1/'s_e')*normalden((y-'xb'-'s_u'*'v')/'s_e') if (y>0)&(y<10)
replace 'p'= normal((-10+('xb' + 's_u'*'v'))/'s_e') if y==10
by i: replace 'pp' = exp(sum(ln('p')))
replace 'pp'=. if last~=1
replace 'upp'='s_u'*'v'*'pp'
replace 'ppp'='ppp'+'pp'
replace 'uppp'='uppp'+'upp'
}

* DIVISION BY R TO GENERATE REQUIRED AVERAGES (OVER r)
* COMPUTE POSTERIOR RANDOM EFFECT VARIABLE (u_post) AND SEND THIS TO MATA

quietly {
replace 'ppp'='ppp'/draws
replace 'uppp'='uppp'/draws
replace u_post='uppp'/'ppp'
}
putmata u_post, replace

* MLSUM COMMAND TO SPECIFY PER-SUBJECT LOG-LIKELIHOOD CONTRIBUTION

mlsum 'logl'=ln('ppp') if last==1
}
end

* "END" SIGNIFIES END OF LIKELIHOOD EVALUATION PROGRAM "my_rep"

* READ DATA AND DECLARE TO BE PANEL DATA

use bardsley, clear
xtset i t

* GENERATE INDICATOR VARIABLES FOR FIRST AND LAST OBSERVATION FOR EACH SUBJECT

by i: gen int first=1 if _n==1
by i: gen int last=1 if _n==_N

* APPEND (HORIZONTALLY) EACH SUBJECT'S FIRST ROW WITH 125 HALTON DRAWS
* (DIFFERENT BETWEEN SUBJECTS). STORE NUMBER OF DRAWS AS "draws".

mat p=[3]
mdraws if first==1, neq(1) dr(125) prefix(h) primes(p)
scalar draws=r(n_draws)

*CREATE A VARIABLE LIST CONTAINING THE HALTON DRAWS
* ENSURE THEY ARE IN DOUBLE PRECISION
* COPY THE ROW OF HALTONS IN EACH BLOCK INTO ROWS 2-T OF SAME BLOCK

local hlist h1*

quietly{
foreach v of varlist 'hlist' {
recast double 'v'
by i: replace 'v'='v'[1] if 'v'==.
```

10.5 変量効果・両側打ち切りトービット・モデル   341

```
replace 'v'=invnorm('v')
}
}

* CREATE VARIABLE LIST (list_explan) FOR EXPLANATORY VARIABLES;
* ESTIMATE 2-LIMIT TOBIT MODEL
* STORE ESTIMATES FROM 2-LIMIT TOBIT MODEL
* CREATE VECTOR OF STARTING VALUES (start) FOR RANDOM EFFECTS 2-LIMIT TOBIT MODEL
* INITIALISE VARIABLE CONTAINING POSTERIOR RANDOM EFFECT (u_post)

local list_explan "med tsk"
tobit y 'list_explan', ll(0) ul(10)
mat b_tobit=e(b)
mat ln_s_e=ln(b_tobit[1,4])
mat start=b_tobit[1,1..3],0,ln_s_e
gen double u_post=.

* SPECIFY EVALUATOR (d0), EVALUATION PROGRAM (my_rep), AND PARAMETER LIST
* SPECIFY STARTING VALUE VECTOR
* RUN MAXIMUM LIKELIHOOD PROCEDURE; DEDUCE ESTIMATES OF s_u and s_e USING DELTA
  METHOD

ml model d0 my_ret ( = 'list_explan') /ln_s_u /ln_s_e
ml init start, copy
ml max
nlcom (s_u: exp(_b[ln_s_u:_cons])) (s_e: exp(_b[ln_s_e:_cons]))

* EXTRACT POSTERIOR RANDOM EFFECT (u_post) GENERATED INSIDE EVALUATION PROGRAM
* PLOT POSTERIOR RANDOM EFFECT AGAINST SUBEJECT'S MEAN CONTRIBUTION

drop u_post
getmata u_post
by i: egen mean_y=mean(y)
scatter u_post mean_y, yline(0)
}
}

* CREATE VARIABLE LIST (list_explan) FOR EXPLANATORY VARIABLES;
* ESTIMATE 2-LIMIT TOBIT MODEL
* STORE ESTIMATES FROM 2-LIMIT TOBIT MODEL
* CREATE VECTOR OF STARTING VALUES (start) FOR RANDOM EFFECTS 2-LIMIT TOBIT MODEL
* INITIALISE VARIABLE CONTAINING POSTERIOR RANDOM EFFECT (u_post)

local list_explan "med tsk"
tobit y 'list_explan', ll(0) ul(10)
mat b_tobit=e(b)
mat ln_s_e=ln(b_tobit[1,4])
mat start=b_tobit[1,1..3],0,ln_s_e
gen double u_post=.

* SPECIFY EVALUATOR (d0), EVALUATION PROGRAM (my_rep), AND PARAMETER LIST
* SPECIFY STARTING VALUE VECTOR
* RUN MAXIMUM LIKELIHOOD PROCEDURE; DEDUCE ESTIMATES OF s_u and s_e USING DELTA
  METHOD
```

```
ml model d0 my_ret ( = 'list_explan') /ln_s_u /ln_s_e
ml init start, copy
ml max
nlcom (s_u: exp(_b[ln_s_u:_cons])) (s_e: exp(_b[ln_s_e:_cons]))

* EXTRACT POSTERIOR RANDOM EFFECT (u_post) GENERATED INSIDE EVALUATION PROGRAM
* PLOT POSTERIOR RANDOM EFFECT AGAINST SUBJECT'S MEAN CONTRIBUTION

drop u_post
getmata u_post
by i: egen mean_y=mean(y)
scatter u_post mean_y, yline(0)
```

10.5.4 変量効果・両側打ち切りトービット・モデルの推定結果

10.5.3 節に載せたプログラムを実行した結果は，以下のようになる．

```
. ml max

initial:       log likelihood = -3688.5167
rescale:       log likelihood = -3688.5167
rescale eq:    log likelihood = -3688.5167
Iteration 0:   log likelihood = -3688.5167 (not concave)
Iteration 1:   log likelihood = -3405.0938
Iteration 2:   log likelihood = -3347.8512
Iteration 3:   log likelihood = -3341.1692
Iteration 4:   log likelihood =   -3341.16
Iteration 5:   log likelihood =   -3341.16

                                          Number of obs   =        1960
                                          Wald chi2(2)    =      188.36
Log likelihood = -3341.16                 Prob > chi2     =      0.0000

------------------------------------------------------------------------------
             |      Coef.   Std. Err.      z    P>|z|     [95% Conf. Interval]
-------------+----------------------------------------------------------------
eq1          |
         med |   .4176157   .0330514    12.64   0.000     .3528363    .4823952
         tsk |  -.0701045   .0117759    -5.95   0.000    -.0931848   -.0470242
       _cons |  -.5672377   .5899609    -0.96   0.336     -1.72354    .5890645
-------------+----------------------------------------------------------------
ln_s_u       |
       _cons |   1.629583   .0771286    21.13   0.000     1.478414    1.780753
-------------+----------------------------------------------------------------
ln_s_e       |
       _cons |   1.356453   .0257532    52.67   0.000     1.305978    1.406929
------------------------------------------------------------------------------

. nlcom (s_u: exp(_b[ln_s_u:_cons])) (s_e: exp(_b[ln_s_e:_cons]))

        s_u:  exp(_b[ln_s_u:_cons])
        s_e:  exp(_b[ln_s_e:_cons])

------------------------------------------------------------------------------
             |      Coef.   Std. Err.      z    P>|z|     [95% Conf. Interval]
```

10.5 変量効果・両側打ち切りトービット・モデル   343

```
-----------+----------------------------------------------------------------
      s_u |   5.101748    .3934908    12.97   0.000    4.330521    5.872976
      s_e |   3.882399    .0999842    38.83   0.000    3.686433    4.078364
-----------+----------------------------------------------------------------
```

ここでも，この推定結果と，STATA の組み込みコマンドをもちいて得られた
結果とを比較することができる.

```
Random-effects tobit regression              Number of obs      =       1960
Group variable: i                            Number of groups   =         98

Random effects u_i ~ Gaussian                Obs per group: min =         20
                                                            avg =       20.0
                                                            max =         20

Integration method: mvaghermite              Integration points =         12

                                             Wald chi2(2)       =     188.38
Log likelihood = -3341.4572                  Prob > chi2        =     0.0000

------------------------------------------------------------------------------
          y |      Coef.   Std. Err.      z    P>|z|     [95% Conf. Interval]
------------+-----------------------------------------------------------------
        med |   .4177111    .0330561    12.64   0.000     .3529224    .4824999
        tsk |  -.0701086    .0117791    -5.95   0.000    -.0931951   -.0470221
      _cons |   -.543441    .5858525    -0.93   0.354    -1.691691    .6048088
------------+-----------------------------------------------------------------
    /sigma_u |   5.032513    .4475302    11.25   0.000     4.15537    5.909656
    /sigma_e |   3.883217    .1000142    38.83   0.000    3.687193    4.079242
------------+-----------------------------------------------------------------
        rho |   .6267995    .0416354                      .5429457    .7050288
------------------------------------------------------------------------------

Observation summary:        872   left-censored observations
                            952       uncensored observations
                            136 right-censored observations
```

再度，2組の推定値の間にかなり一致が見られることに注意してほしい. 特
に，2つの傾きパラメータの推定値（つまり，互恵性と学習の効果）とその標
準誤差がかなり一致しており，それらの間の差異は小数点第4位以下にしか
ない.

互恵性パラメータの推定値は $+0.418$ であり，6.6.3 節で「一括化」両側打
ち切りトービット・モデルによって得られた推定値 $+0.429$ とそれほど異な
るものではない. 同様に，学習パラメータ推定値は -0.070 であり，一括化さ
れたモデルでの推定値 -0.066 とそれほど異なったものではない. おそらく，
9.3.4 節で実施されたモンテカルロ・シミュレーションによって得られた結果

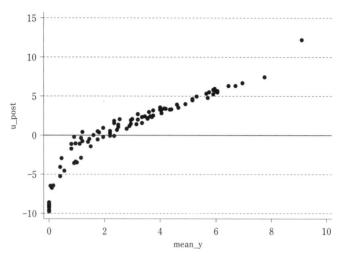

図 10.7 Bardsley の実験における 98 人の被験者についての，平均貢献額に対する事後的変量効果のグラフ

に基づけば，これらの差異が大きなものではないことは驚くべきことである．そのシミュレーションでは，二項プロビット・モデルの文脈の下では，被験者間の異質性を無視することで，傾きパラメータの推定値には 30% のバイアスが生じることが明らかになっていたからである．しかしながら，これらの 2 つのパラメータに関する推定された標準誤差は，一括化されたモデルにおけるよりも，変量効果モデルにおいて，約 25% 小さくなっていることにも注意してほしい．この差異は，変量効果推定量の効率性が優れていることを反映しているのである．

図 10.7 には，(10.25) 式で定義され，上記のプログラムでは「u_post」によって表されていた事後的変量効果 $\hat{u}_i$ が，被験者の平均貢献額に対してプロットされている．驚くにはあたらないが，平均的により多くの額を貢献する被験者は，より大きな変量効果を持つと推定されており，この正の関係性は非常にはっきりとしたものである．

10.6 まとめと読書案内

本章では，MSL の手法を段階的な方法で説明し，それを例示してきた．MSL 法は被験者の異質性を取り扱う手法であり，本書の後半で何度も使用さ

れるものである．MSL 法およびそれと関連した推定手法に関してさらに情報
が欲しい読者は，Train（2003）を参照してほしい．

ここで採用された MSL 法へのアプローチにおける重要な構成要素は，ハル
トン抽出法の利用である．ハルトン数列について興味のある読者は，Halton
（1960）を参照してほしい．ハルトン数列を得るために選ばれたのは，ユー
ザー作成の STATA コマンド mdraws であり，それは Cappellari and Jenkins
（2006）に記述されている．

最後通牒ゲームにおける提案者の決定に対する MSL 法の応用については，
読者は Bellemare et al.（2008）を参照するとよい．リスク下の選択モデルへ
の応用は，Von Gaudecker et al.（2011），Conte et al.（2011），それに Mof-
fatt et al.（2015）によってなされている．

問題

$p = 5$ のときのハルトン数列の最初の数個分を書き出してみよ．その答えが
正しいことを，以下の STATA コマンドをもちいて確認せよ．

```
mat p=5
mdraws, neq(1) dr(1) prefix(h) primes(p)
```

第11章　ゼロへの対処：切断モデル

11.1　はじめに

　本章のテーマは，実験データにおけるゼロという観測値についてと，これを推定においてどのようにして認めるのか，ということである．0という観測値を含むデータセットのためにあつらえられ，主流の計量経済学において近年脚光を浴びているあるクラスに属するモデルは，切断モデルの枠組みである．切断モデルは，実験経済学において，潜在的には非常に有益なものである．この枠組みが特に有益になる可能性がある2つの実験設定は，独裁者ゲームと公共財供給ゲームである．これらの実験設定においては，被験者が0の貢献額を選ぶことが一般的であり，実際，これがどちらの場合においてもナッシュ均衡の予測となっている．0でデータを打ち切ることを組み込むのは，こうした観測値に対処する1つの方法である．しかしながら，外生的に設けられた0という下限がなければ，貢献額がマイナスになりうるという考え方である打ち切りの原理に対して実験経済学者は違和感を表明している，ということが知られている．多くの実験経済学者は，「ゼロ・タイプ」という観点から考えることを好んでいる．独裁者ゲームにおいては，被験者の一部は「利己的」タイプと呼ばれることがあり，これらの被験者は，他のプレーヤーへの配分を0にすることを選ぶ．公共財供給の文脈では，公的会計への貢献額がいつも0であるような被験者は「ただ乗り」タイプと呼ばれることがある．切断モデルでは，0での打ち切りも許容しつつも，「ゼロ・タイプ」を組み込む自然な方法が提示されている．さらに，切断モデルは，ゼロ・タイプであるような母集団内の割合を推定することを可能にしてくれる．さらに良いところは，被験者が

ゼロ・タイプである確率を，被験者の属性と処理の両方，あるいはそのどちらかに依存したものにすることができる点である.

　最初に，用語に関する重要な問題を解決しておく必要がある. 0を含んだデータを扱う著者の中には，おそらく，データを0と+1とに二分する二値プロビット・モデルと数量を捉える打ち切り（truncated）回帰モデルという2つのモデルを別々に推定し，2つの結果を組み合わせて「二段階切断」推定値として示してきた者がいる. ここではその代わりに，このような推定戦略を「二部分モデル」と名付けることにしよう. 二部分モデルは，ある状況では有益な戦略である. 実際，本章でもちいられる例で示されるように，フル・モデルを推定するために適切な初期値を得るにあたって有益な手段を提供してくれる. しかしながら，2つの式を結合して，両方のパラメータ・セットを「完全情報」の下で推定するモデルのために「切断」という名称はとっておくことにしよう. どのようにして完全情報の手法をもちいてすべてのパラメータを同時に推定するかを説明するのが，本章の中心的な課題である.

　切断モデルは，第8章で導入されたような混合モデルの一例として考えることができる. ただし，タイプの混合にあたっては，利己的かそうではないか，あるいはただ乗りタイプかそうではないか，2つのタイプだけしか考慮されない. 第8章の例におけるように，切断モデルによる推定から得られる最終的な結果の1つは，各被験者がこれらのうちどのタイプであるか，その事後確率を各タイプに割り当てることである.

　本章では，実験計量経済学の文献［に取り上げられた事例］に切断モデルを導入することに加えて，パネルデータを扱うためにこの手法をさらに拡張する. これは，明らかに実験経済学において重要なことである. これまで本書では何度も見てきたように，被験者が実験の過程で一連の課題に従事することは一般的なことであり，したがって，パネルデータのモデルが必要になる. 切断モデルをパネルデータに拡張することは，「最初の切断」による結果，つまり，被験者がゼロ・タイプであると決定するためには，実験全体においてその被験者がゼロ・タイプであるという条件を満たさなればならない，という事実によって難しくなっている. ゼロ・タイプになったり，そうでなくなったりとタイプをスイッチすることは排除される. これに対して，第2の切断による結果，つまり，任意の特定の課題において実際に貢献される額は，個々の観測値レベルで決定される.

11.2 トービットと変量効果トービットの復習

　切断モデルはトービット・モデルの拡張なので，トービット・モデルの復習から始めることが不可欠である．しかしながら，トービット・モデルは第6章で，その変量効果バージョンについては10.5節で，それぞれある程度詳しく説明されているので，この復習は簡潔なものになるだろう．

　トービット・モデルは，説明変数に打ち切りがある，つまり，変数がとりうる範囲の上限と下限に観測値の集積が見られる場合に必要となる．第6章と10.5節においては，下限で打ち切り，打ち切りなし，上限で打ち切りという3つのレジームがあるバージョンのモデルを取り扱った．このバージョンは，両側で打ち切りのあるトービット・モデルであった．ここでは，焦点は0という観測値にあるので，（0において）下側で打ち切りがあるか，打ち切りがないという2つの場合分けしかないバージョンに主たる関心を向けることになるだろう．

　最初に，各被験者につきただ1つの観測値しかないと仮定すると，このモデルは，以下の式に基づいたものになる．

$$y_i^* = x_i'\beta + \epsilon_i$$
$$\epsilon \sim N(0, \sigma^2) \tag{11.1}$$

ここで，y_i^* は被験者 i の望ましい貢献額を示す（観測されない）潜在変数である．望ましい貢献額は，ベクトル x_i に含まれる，観測される被験者の属性と処理変数の両方あるいはそのどちらかと，正規分布する誤差項に関する線形の関数であると仮定される．y_i^* の重要な特徴は，それがマイナスの値をとりうるということである．つまり，被験者はマイナスの額を貢献することを望むことも許されているということである．もちろん，もし被験者がマイナスの額を貢献したいと望んでも，貢献額の下限が0である結果，実際に貢献される額は0となるだろう．もし彼らが正の金額を貢献しようと望めば，この正の金額は実際に観測される額となるだろう．こうして，打ち切りルールとして知られるものが生じる．それは，望ましい貢献額（y_i^*）と観測される貢献額（y_i）との関係を示す以下のようなルールである．

$$y_i = \begin{cases} y_i^* & \text{if } y_i^* > 0 \\ 0 & \text{if } y_i^* < 0 \end{cases} \tag{11.2}$$

下限のみが 0 で打ち切られているこの状況では，行動には 2 つの「レジーム」が存在する．それぞれ 0 の観測値と正の観測値に対応するものである．尤度への寄与度を得るためには，以下のように 2 つのレジームを別々に考えることになる．

$$y_i = 0 : P(y_i = 0) = P(y_i^* \leq 0) = P(x_i'\beta + \epsilon_i \leq 0) = P\left(\frac{\epsilon_i}{\sigma} \leq -\frac{x_i'\beta}{\sigma}\right)$$

$$= \Phi\left(-\frac{x_i'\beta}{\sigma}\right)$$

$$y_i > 0 : f(y_i) = \frac{1}{\sigma\sqrt{2\pi}} \exp\left(-\frac{(y_i - x_i'\beta)^2}{2\sigma^2}\right) = \frac{1}{\sigma}\left(\frac{y_i - x_i'\beta}{\sigma}\right) \tag{11.3}$$

$\phi(.)$ は標準正規分布の密度関数で $\phi(z) = \frac{1}{\sqrt{2\pi}} \exp\left(-\frac{z^2}{2}\right)$ であり，また，$\Phi(.)$ は標準正規分布の分布関数で $\Phi(a) = P(Z < a)$ であることを思い出してほしい．これら 2 つの関数間の関係は，もちろん $\Phi(a) = \int_{-\infty}^{a} \phi(z)dz$ ということである．

(11.3) 式にある 2 つの尤度への寄与度をまとめると，標本対数尤度は以下のようになる．

$$LogL = \sum_{i=1}^{n}\left[I_{y_i=0}\ln\left(\Phi\left(-\frac{x_i'\beta}{\sigma}\right)\right) + I_{y_i>0}\ln\left(\frac{1}{\sigma}\phi\left(\frac{y_i - x_i'\beta}{\sigma}\right)\right)\right] \tag{11.4}$$

ここで，$I(.)$ は指示関数であり，添え字の式が真であれば 1 を，そうでなければ 0 をとる．$LogL$ はベクトル β に含まれるパラメータと標準偏差パラメータの σ に関して最大化される．

10.5 節においては，パネルデータに対して適切な，変量効果・両側打ち切りトービット・モデルについて考察された．i を個人のインデックス，t を課題のインデックスとする．場合分けが 2 つの場合には，変量効果トービット・モデルは，以下の潜在変数のある式によって定義される．

$$y_{it}^* = x_{it}'\beta + u_i + \epsilon_{it} \tag{11.5}$$

$$u_i \sim N(0, \sigma_u^2)$$

$$\epsilon_{it} \sim N(0, \sigma_\epsilon^2)$$

また，打ち切りルールは以下のようになる.

$$y_{it} = 0 \quad \text{if } y_{it}^* \le 0 \tag{11.6}$$

$$y_{it} = y_{it}^* \text{ if } y_{it}^* > 0$$

(11.5) 式と (11.6) 式で定義された変量効果トービット・モデルに対する標本対数尤度は，以下の通りである.

$$LogL =$$

$$\sum_{i=1}^{n} \ln \int_{-\infty}^{\infty} \prod_{t=1}^{T} \left[\Phi\left(-\frac{x_{it}'\beta + u}{\sigma_\epsilon} \right) \right]^{I_{y_{it}=0}} \left[\frac{1}{\sigma_\epsilon} \phi\left(\frac{y_{it} - x_{it}'\beta - u}{\sigma_\epsilon} \right) \right]^{I_{y_{it}>0}}$$

$$\times \frac{1}{\sigma_u} \phi\left(\frac{u}{\sigma_u} \right) du \tag{11.7}$$

((11.1) 式と (11.2) 式で定義された) 標準的なトービット・モデルを STATA で推定するためには，以下のコマンドが必要となる.

```
tobit y x1 x2 x3, ll(0)
```

一方，((11.5) 式と (11.6) 式で定義された) 変量効果トービット・モデルを推定するためには，以下のコマンドが必要となる.

```
xtset i t
xttobit y x1 x2 x3, ll(0)
```

11.3 切断モデルの必要性

11.2 節において復習したトービット・モデルの特徴は，［公共財への］正の貢献額に至る過程が，貢献の程度を決定する過程と同一のものと仮定されている，ということである．したがって，例えば，もし特定の被験者属性や処理が，貢献の程度に強く正の効果を持つことが知られているならば，こうした属

性や処理の存在は，当該の被験者が正の貢献額を選ぶという予測を必然的に導くことになるだろう．そうした仮定は成立することになるかもしれないが，このことを先験的に期待するべき理由はない[1]．こうした仮定が満たされないかもしれない1つの理由は，どのような状況においても決して貢献しないような一定の割合の被験者が存在するだろうからである．

こうした考えから，被験者が潜在的には貢献する者になるという出来事と，その被験者によってなされる貢献の程度，それぞれが別々に扱われるようなクラスのモデルに導かれる．このタイプのモデルは「二段階切断」モデルとして知られており，もともとはCragg（1971）によるものである．その名称が示すように，このモデルでは，被験者が貢献する者になるためには，2つの切断点を越えなければならない，ということが仮定されている．第1の切断点を越えられないのは，独裁者ゲームの文脈の下では「利己的」タイプ，公共財供給の文脈の下では「ただ乗り」タイプと呼ばれる被験者たちである．第1の切断点を越えると，被験者は「潜在的貢献者」というクラスに置かれることになる．それで，潜在的貢献者が実際に貢献するかどうかは，彼らが置かれているそのときの環境に依存する．もし彼らが貢献すれば，彼らは第2の切断点を越えたと言われる．両方の切断点にはそれぞれに関連付けられた式があり，被験者の属性と処理の効果がそこに取り入れられる．被験者の属性や処理といった説明変数は，両方の式にあってもよいし，どちらか一方のみにあってもよい．最も重要なことは，両方の式に現れる変数は，2つの式において逆の効果を持つだろうということである．

本章の後半の節では，二段階切断モデルとその変形版に関する推定が，STATAで利用可能なmlルーティンをもちいて実行可能であることが説明される．

---

1) この点を見事に説明するにあたっては，以下の特定の例が役に立つ．個人の犯罪行為からの利益が従属変数であるような犯罪行動のモデルについて考えよう．この従属変数に関する大多数の観測値が0であるということが期待されるだろう．したがって，切断モデルの枠組みが適切である．犯罪行為の指標として有益なのは，個人が「ホワイトカラー」と「ブルーカラー」のどちらに分類されるか，というものであろう．他の条件を一定にすれば，ホワイトカラーの個人は，ブルーカラーの個人よりも犯罪行為に従事する可能性が低いと想定することは理にかなったものである．しかしながら，ホワイトカラーの犯罪者は，ブルーカラーの犯罪者よりも，その犯罪行為からより高い利益を稼ぎ出すと想定することもまた，理にかなっている．したがって，もしこの状況に切断モデルが適用された場合，ホワイトカラーに関するダミー変数が2つの式では逆の効果を持つことになることが予想されるだろう．

11.4 二段階切断モデルとその変形版

11.4.1 p-トービット

11.3 節で強調されたトービット・モデルの過度に制約的な特徴は，0 の観測値には 1 つのタイプしか認めず，また，そこでの暗黙の仮定は，被験者の属性と処理の両方，あるいはそのどちらか一方の結果として 0 の観測値が生じる，ということにあった．こうした制約を緩めるための自明な方法は，どのような環境の下でも決して貢献しないような被験者に関して，追加的なクラスの存在を仮定することである．

最初の例では，母集団のうち潜在的貢献者である被験者の割合は p であると単純に仮定されるので，決して貢献しない集団の割合は $1 - p$ となる．前者のグループに対してはトービット・モデルが適用されるが，後者のグループに対しては貢献額が自動的に 0 となる．

この仮定は，p-トービット・モデルを導く．これはもともと，家計の消費決定の文脈の下で Deaton and Irish（1984）によって提案されたものであり，そこでは実質的には，各財に対して「禁欲的な」消費者のクラスをモデル化することが認められていた．p-トービット・モデルに対する対数尤度関数は，以下の通りである．

$$LogL = \sum_{i=1}^{n} \left(I_{y_i=0} \ln \left[1 - p\Phi \left(\frac{x_i'\beta}{\sigma} \right) \right] + I_{y_i>0} \ln \left[p\frac{1}{\sigma} \phi \left(\frac{y_i - x_i'\beta}{\sigma} \right) \right] \right)$$

(11.8)

(11.8) 式を最大化することで，トービットの下でのパラメータ p の推定値が得られ，それに加えて β と σ の推定値も得られる．

11.4.2 二段階切断モデル

決して貢献しない被験者のクラスが分析の焦点であるだろうから，どのタイプの被験者がこのクラスに最も現れやすいかを分析することが望ましい．このことを念頭に置いて，被験者がそのクラスに属する確率が，被験者の属性に関する集合に依存するものと仮定する．言い換えれば，11.4.1 節の p-トービット・モデルを，被験者の属性によってパラメータ p が変化することを許すよ

うにすることで一般化する．この一般化は，「二段階切断」モデルを導く．

正の貢献額を選ぶためには，被験者は2つの切断点を越えなければならない．潜在的貢献者になるために「最初の切断点」を越える必要がある．被験者が潜在的貢献者であるという条件の下で，彼らが置かれている現在の環境と実験での処理の両方，あるいはそのいずれかが，彼らが実際に貢献するかどうかを規定することになる．これが「第2の切断点」である．

二段階切断モデルには2つの式が含まれる．それを以下のように書くことにする．

$$d_i^* = z_i'\alpha + \epsilon_i$$
$$y_i^{**} = x_i'\beta + u_i$$
$$\begin{pmatrix} \epsilon_i \\ u_i \end{pmatrix} = N\left[\begin{pmatrix} 0 \\ 0 \end{pmatrix}, \begin{pmatrix} 1 & 0 \\ 0 & \sigma^2 \end{pmatrix} \right] \tag{11.9}$$

(11.9) 式における共分散行列の対角性は，2つの誤差項 ϵ_i と u_i とが独立に分布していると仮定されている，ということを意味する．

すると，最初の切断点は，以下のように表現されることになる．

$$d_i = \begin{cases} 1 & \text{if } d_i^* > 0 \\ 0 & \text{if } d_i^* \le 0 \end{cases} \tag{11.10}$$

第2の切断点は，(11.2) 式のトービット・モデルに対する打ち切りルールによく似たものである．

$$y_i^* = \max(y_i^{**}, 0) \tag{11.11}$$

最後に，観察される変数 y_i は，以下のように決定される．

$$y_i = d_i y_i^* \tag{11.12}$$

(11.9)-(11.12) 式において定義される，二段階切断モデルに対する対数尤度関数は，以下のようになる．

$$LogL = \sum_{i=1}^{n} \left(I_{y_i=0} \ln\left[1 - \Phi(z_i'\alpha)\Phi\left(\frac{x_i'\beta}{\sigma} \right) \right] + I_{y_i>0} \right.$$

11.4 二段階切断モデルとその変形版

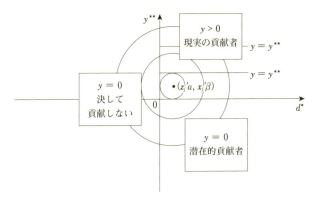

図 **11.1** 二段階切断モデルにおける潜在変数（d^* と y^{**}）と
観察された変数（y）との間の関係

$$\times \ln\left[\Phi(z_i'\alpha)\frac{1}{\sigma}\phi\left(\frac{y_i - x_i'\beta}{\sigma}\right)\right]\Big) \tag{11.13}$$

図 11.1 は，(11.9)-(11.12) 式において定義されたモデルを理解するために有益である．図中の同心円は，潜在変数 d^* と y^{**} の同時密度に関する等高線である．これらの同心円は，点 $(z_i'\alpha, x_i'\beta)$ を中心にしているので，分布全体は，説明変数がとる値の変化に伴って移動することになる．貢献ゼロに関連付けられた尤度への寄与度（つまり，(11.13) 式の最初の角括弧の項）は，グラフの北西［第 2］・南西［第 3］・南東［第 4］象限からなる L 字型の領域の下での確率の大きさによって表現されている．正の貢献額に関連付けられた尤度への寄与度（(11.13) 式の 2 つ目の角括弧の項）は，北東（第 1）象限内での観察された貢献額の値における確率の大きさを示す横線によって表現されている（図には，そうした値が 2 つ描かれている）．

最後に，最初の切断点を表す式に説明変数がないような二段階切断モデルを考えてみよう．このモデルには切片 α_0 のみが存在する．尤度関数は以下のようになる．

$$LogL = \sum_{i=1}^{n}\left(I_{y_i=0}\ln\left[1 - \Phi(\alpha_0)\Phi\left(\frac{x_i'\beta}{\sigma}\right)\right] + I_{y_i>0} \right.$$
$$\left. \times \ln\left[\Phi(\alpha_0)\frac{1}{\sigma}\phi\left(\frac{y_i - x_i'\beta}{\sigma}\right)\right]\right) \tag{11.14}$$

ここでは $\Phi(\alpha_0)$ がスカラーであることに注意してほしい. このスカラーを p という名称に変えれば, (11.8) で定義された p-トービット・モデルが得られる.

こうすることにより, p-トービット・モデルを推定する方法が得られる. まず, 最初の切断点に説明変数が含まれない二段階切断モデルを推定する. それから, 最初の切断点における切片パラメータ α_0 の推定値を, 以下の式をもちいて変換する.

$$p = \Phi(\alpha_0)$$

これにより, p-トービット・モデルにおけるパラメータ p の推定値が得られる. この推定値の標準誤差を得るためには, デルタ法が必要になる.

11.4.3 一段階切断モデル

一段階切断モデルは「第 1 切断点支配」(Jones, 1989) という性質を持つモデルである. これは本質的には, 最初の切断点を越えたものは誰でも必然的に正の結果を持つ, ということを要求する. したがって, 0 となる原因はただ 1 つしか存在しない. それはゼロ・タイプであるということである. ここでは, 打ち切りによって生じた 0 は除外される.

一段階切断モデルの正式な定義は, 11.4.2 節で与えられた二段階切断モデルのものと類似しているが, 第 2 の切断点に関する (11.11) 式が, 0 での打ち切りを埋め込んだルールから, 0 での切断（truncate）を埋め込んだものに変わっているところが唯一の違いである.

$$y_i^* = \begin{cases} y_i^{**} & \text{if } y_i^{**} > 0 \\ \text{unobserved} & \text{if } y_i^{**} \leq 0 \end{cases} \tag{11.15}$$

次節で説明するように, 一段階切断モデルをパネルデータの設定に拡張しようと試みる際には, 論理的な問題が生じる. この理由により, このモデルにはそれほど注意を払わないことにする.

11.5 パネル切断モデル

11.5.1 基本モデル

11.4 節で考察された各モデルは,単一のクロスセクション・データに対して,すべて推定可能なものである.今度はパネルデータについて考えてみよう.ここでは,n 人の被験者がいて,それぞれが T 個の課題に参加しているものとする.被験者 i の課題 t における決定（つまり,貢献額）を y_{it} と表す.2 つの切断点は以下のように定義される:

第 1 切断点:

$$d_i^* = z_i'\alpha + \epsilon_{1,i}$$

$$d_i = \begin{cases} 1 & \text{if } d_i^{**} > 0 \\ 0 & \text{if } d_i^{**} \leq 0 \end{cases}$$

$$\epsilon_{1,i} \sim N(0,1) \tag{11.16}$$

第 2 切断点:

$$y_{it}^{**} = x_{it}'\beta + u_i + \epsilon_{2,it}$$

$$y_{it}^* = \begin{cases} y_{it}^{**} & \text{if } y_{it}^{**} > 0 \\ 0 & \text{if } y_{it}^{**} \leq 0 \end{cases}$$

$$\epsilon_{2,i} \sim N(0,\sigma^2); \quad u_i \sim N(0,\sigma_u^2) \tag{11.17}$$

観察される結果:

$$y_{it} = d_i y_{it}^* \tag{11.18}$$

このモデルの中心的な特徴は,(11.16) 式に従って,第 1 切断点では被験者につき 1 つしか結果がなく,また,(11.18) 式に従って,その結果はその被験者に関するすべての観測値に適用される.例えば,もし被験者 i が最初の切断点を越えられなければ $(d_i = 0)$,そのとき被験者 i に関する y についての観測値はすべて 0 でなければならない $(y_{it} = 0, t = 1, \ldots, T)$.モデルのこの特徴

は，「ゼロ・タイプ」の概念を捉えるためには不可欠なものである．もしある被験者が本当に「ゼロ・タイプ」であるなら，そのときには，必然的に，観察されるすべての場合において，その被験者は貢献額を0にすることになるだろう．

第2切断点を表す(11.17)式には，被験者間の異質性を許容する被験者固有の変量効果項（u_i）が含まれていることも注意してほしい．

11.5.2　一段階切断パネル・モデル

一段階切断モデルは11.4.3節において導入された．これは第1切断点支配を満足するモデルであった．つまり，第1切断点を越えることは，必然的に正の結果であることを意味する．パネルの設定においては，第1切断点支配には論理的な問題が生じる．もしある個人が第1切断点を越えれば，その結果は，すべての期において正である必要があるだろう．もしその個人が第1切断点を越えなければ，すべての期においてその結果は0になることはすでにわかっている．したがって，第1切断点支配により，ある与えられた個人について，0と正の結果が混在することが排除されてしまう．ほとんどのパネルデータセットにはこのような混在した結果を含まれていることが予想されるため，これは明らかに深刻な問題である．この理由により，11.5.1節で導入された二段階切断パネル・モデルの枠組みに注意を絞ることにしよう．このモデルでは，第2切断点において仮定される0での打ち切りによって，与えられた個人について，0と正の観測値が混在することが許容されているからである．

11.5.3　尤度関数の構成

$d_i = 1$という条件の下で（異質性を表す項u_iにも条件付けで），変量効果トービットの尤度にいくぶん類似した以下の式が得られる．

$$(L_i|d_i = 1, u_i) = \prod_{t=1}^{T} \left[1 - \Phi \left(\frac{x'_{it}\beta + u_i}{\sigma} \right) \right]^{I_{y_{it}=0}} \left[\frac{1}{\sigma} \phi \left(\frac{y_{it} - x'_{it}\beta - u_i}{\sigma} \right) \right]^{I_{y_{it}>0}}$$

(11.19)

$d_i = 0$という条件の下では，この尤度は自明なものであり，単に，被験者iについてすべての観測値が0であるかどうかということにのみ依存したものに

なる.

$$(L_i|d_i = 0) = \begin{cases} 0 & \text{if } \sum_{t=1}^{T} y_{it} > 0 \\ 1 & \text{if } \sum_{t=1}^{T} y_{it} = 0 \end{cases} \tag{11.20}$$

すると,被験者 i についての(u_i で条件付けられた)尤度は,第 1 切断点に関する (11.16) 式から得られる確率 $P(d_i = 1)$ と $P(d_i = 0)$ によって重み付けされた,(11.19) 式と (11.20) 式の加重平均として得られる.

$$(L_i|u_i) = \Phi(z_i'\alpha)(L_i|d_i = 1, u_i) + [1 - \Phi(z_i'\alpha)](L_i|d_i = 0) \tag{11.21}$$

最後に,被験者 i についての周辺尤度は,(11.21) 式を u について積分することで得られる.

$$L_i = \int_{-\infty}^{\infty} (L_i|u)f(u)du \tag{11.22}$$

ここで,$f(u)$ は $N(0, \sigma_u^2)$ に従う u についての密度関数である.

標本対数尤度関数については,以下の式で与えられる.

$$LogL = \sum_{i=1}^{n} \ln L_i \tag{11.23}$$

11.5.4 上限での打ち切りがあるパネル切断モデル

ある種の応用においては,0 と同様に上限にも観測値が集中することがある.例えば,公共財供給実験においては,被験者が自分の初期保有額すべてを公的会計のために貢献することがよく見られる.これを取り扱う自然な方法は,貢献額が初期保有額の量という上限で打ち切られると仮定することである.

このことが仮定されると,(11.19) 式は次のようになる.

$$(L_i|d_i = 1, u_i) = \prod_{t=1}^{T} \left[1 - \Phi\left(\frac{x_{it}'\beta + u_i}{\sigma}\right) \right]^{I_{y_{it}=0}}$$
$$\times \left[\frac{1}{\sigma}\phi\left(\frac{y_{it} - x_{it}'\beta - u_i}{\sigma}\right) \right]^{I_{0<y_{it}<y_{\max}}} \left[\Phi\left(\frac{y_{\max} - x_{it}'\beta - u_i}{\sigma}\right) \right]^{I_{y_{it}=y_{\max}}}$$
$$\tag{11.24}$$

ここで，$y_{\max}$ は貢献額の上限である．

11.5.5　摂動のあるパネル切断モデル

(11.16)-(11.18) 式で定義されたモデルにある潜在的な問題は，それがあまりにも柔軟性に欠けるものだということである．特に，すべての課題においてその y に関する観測値が 0 であるなら，その個人は，第 1 切断点を越えられなかった者（つまり，ただ乗りタイプ，あるいは利己的タイプ）としてのみ分類されることになる．しかし，ほとんどすべての課題において 0 の貢献をする被験者を，ただ乗り／利己的タイプとして分類可能にしたいと望むこともあるだろう．それは，ごく少数の課題について，その個人は集中力を切らせていたために，観測値が正になってしまった，という正当化が可能だからである．

こうした事柄を許容するために，摂動パラメータ ω を導入する．これは，個々の課題において集中力が切れる確率を表す．集中力が切れることを許容する場合には，y の分布は $[0, y_{\max}]$ の上の一様分布であると仮定されることになる．ここで，$y_{\max}$ は y のとりうる最大値（つまり，初期保有額）である．

ω を導入することで，(11.19) 式と (11.20) 式は以下のようになる．

$$
(L_i | d_i = 1, u_i) = \prod_{t=1}^{T} \left[(1 - \omega) \left(1 - \Phi \left(\frac{x'_{it}\beta + u_i}{\sigma} \right) \right) \right]^{I_{y_{it}=0}} \times
$$

$$
\left[(1 - \omega) \frac{1}{\sigma} \phi \left(\frac{y_{it} - x'_{it}\beta - u_i}{\sigma} \right) + \frac{\omega}{y_{\max}} \right]^{I_{y_{it}>0}} \tag{11.25}
$$

$$
(L_i | d_i = 0) = (1 - \omega)^{N_i(y_{it}=0)} \left(\frac{\omega}{y_{\max}} \right)^{N_i(y_{it}>0)} \tag{11.26}
$$

ここで，$N_i(.)$ は被験者 i について，括弧内に含まれている事象が生じた回数である．

この場合，周辺尤度は (11.21) 式のように構成されるが，(11.19) 式と (11.20) 式の代わりに (11.25) 式と (11.26) 式をもちいたものになる．

11.5.6　従属性のあるパネル切断モデル

ここまでで開発された切断モデルでは，2 つの切断点における誤差項間には相関がないと仮定されていた．本節では，この仮定を緩めることにする．

第 1 切断点を越えるにあたっての被験者 i に固有の傾向性は，誤差項 $\epsilon_{1,i}$ に

11.5 パネル切断モデル　　　　　361

よって表される. 第1切断点を越えたという条件の下で, 彼らに固有の貢献
への傾向性は u_i によって表される. 相関が導入されるのは, これら2つの項
の間である.

$$\text{corr}(\epsilon_1, u) = \rho \tag{11.27}$$

相関パラメータ ρ は, どのように推定に取り入れられるのだろうか? 第1
切断点に戻って考えてみよう.

$$d_i^* = z_i'\alpha + \epsilon_{1,i}$$

$$d_i = \begin{cases} 1 & \text{if } d_i^* > 0 \\ 0 & \text{otherwise} \end{cases}$$

$$\epsilon_{1,i} \sim N(0,1) \tag{11.28}$$

$\text{corr}(\epsilon_{1,u}) = \rho$ なので, ϵ_1 は以下のように表せる.

$$\epsilon_{1,i} = \rho \frac{u}{\sigma_u} + \sqrt{1-\rho^2}\xi \tag{11.29}$$

ここで, $\xi \sim N(0,1)$ かつ $\xi \perp u$ である. 第1切断点を越えるための要件は以
下のようになる.

$$d_i = 1 \quad \text{if} \quad \xi > -\frac{z_i'\alpha + \rho\dfrac{u}{\sigma_u}}{\sqrt{1-p^2}} \tag{11.30}$$

そこから, 第1切断点を越える (u に条件付けられた) 確率は以下のようにな
る.

$$P(d_i = 1|u) = \Phi\left(\frac{z_i'\alpha + \rho\dfrac{u}{\sigma_u}}{\sqrt{1-p^2}}\right) \tag{11.31}$$

推定においては, 第2切断点における u の実現値を表すためにもちいられるハ
ルトン数列が, (11.31) 式に従って, 第1切断点を越える確率にも現れる.

　従属性のある標準的な二段階切断モデル (被験者につき観測値は1つ) に
おいては, 相関係数 ρ の識別に問題があることが知られている (Smith, 2003
を参照). しかしながら, パネルデータの下では, 本節で概説された推定アプ
ローチをもちいることで, このパラメータをかなり精確に推定することができ

362   第 11 章　ゼロへの対処：切断モデル

るだろう.

11.5.7　事後確率の取得

　第 8 章における有限混合モデルに関する議論では，各被験者に対するタイプについての事後確率の計算という問題に多くの注意が払われた．切断モデルの文脈の下でも，それと同じ問題を考えることにする．もちろん，切断モデルにおいては，「ゼロ・タイプ」と「潜在的貢献者」タイプというただ 2 つのタイプしかないので，各被験者が「ゼロ・タイプ」であることの事後確率を求めるという形に問題は単純化されている.

　第 8 章で見たように，必要な事後確率の公式を得るためにベイズの公式を適用する．（11.5.6 節での）従属性を伴うモデルを仮定すると，以下の式が得られる

$$P(d_1 = 0|y_{i1} \ldots y_{iT})$$
$$= \frac{P(y_{i1} \ldots y_{iT}|d_i = 0)P(d_i = 0)}{(P(y_{i1} \ldots y_{iT}|d_i = 0)P(d_i = 0) + P(y_{i1} \ldots y_{iT}|d_i = 1)P(d_i = 1)}$$
$$(11.32)$$

この式にあるさまざまな構成要素は，以下のように u についての積分という形で得られるものである.

$$P(y_{i1} \ldots y_{iT}|d_i = 0) = \int_{-\infty}^{\infty} P(y_{i1} \ldots y_{iT}|d_i = 0, u)f(u)du \qquad (11.33)$$

$$P(y_{i1} \ldots y_{iT}|d_i = 1) = \int_{-\infty}^{\infty} P(y_{i1} \ldots y_{iT}|d_i = 1, u)f(u)du \qquad (11.34)$$

$$P(d_i = 0) = \int_{-\infty}^{\infty} P(d_i = 0|u)f(u)du \qquad (11.35)$$

　事後確率に関する式の形状は，摂動パラメータが仮定されるかどうかに決定的に依存している．もし摂動パラメータが 0 であれば（つまり，摂動の存在が仮定されなければ），観測値 $y_{i1} \ldots y_{iT}$ のうち少なくとも 1 つが正であるときにはいつでも $P(y_{i1} \ldots y_{iT}|d_i = 0) = 0$ となる．したがって，このことが当てはまる場合には，$P(d_1 = 0|y_{i1} \ldots y_{iT}) = 0$ となる．つまり，もし被験者が少なくともある 1 つの機会に貢献すれば，彼らは決してゼロ・タイプではないというわけである．もし観測値 $y_{i1} \ldots y_{iT}$ がすべて 0 であれば，

$P(y_{i1} \ldots y_{iT}|d_i = 0)$ と $P(y_{i1} \ldots y_{iT}|d_i = 1)$ は両方とも正になり，したがって，被験者 i がゼロ・タイプである事後確率は 0 から 1 の間になる．

摂動パラメータが存在する場合には，観測値 $y_{i1} \ldots y_{iT}$ のいくつかが正であるとしても $P(y_{i1} \ldots y_{iT}|d_i = 0) > 0$ となる．これは，上記の (11.26) 式によれば，以下の式が成立するからである．

$$P(y_{i1} \ldots y_{iT}|d_i = 0) = (1 - \omega)^{N_i(y_{it}=0)} \left(\frac{\omega}{y_{\max}} \right)^{N_i(y_{it}>0)}$$

ここで，ω は摂動確率である．

11.5.8 推定

パネル切断モデルの推定は，MSL (Train, 2003) の手法をもちいて実施される．第 10 章で十分に説明されたように，これにはハルトン数列の利用が必要であり，これを正規分布に変換すると，変量効果項 u に関するシミュレートされた実現値を表すことになる．従属性を伴うモデルでは，(11.31) 式に従えば，シミュレートされた値は第 1 切断点を越える確率にも現れる．シミュレートされた尤度関数の最大化は，STATA の `ml` ルーティンをもちいて実行される．

11.5.9 STATA のプログラムとシミュレーション

以下のプログラムは，最初に従属性を伴うパネル切断モデルから得られるパネルデータ（$n = 100, T = 20$）をシミュレートし，それからそのモデルを MSL ルーティンをもちいて推定するものである．

データ生成プロセスは以下の通りである．

第 1 切断点：

$$d_i^* = -1.5 + 2.0z_i + \epsilon_{1,i}$$
$$z_i \sim U(0,1); \quad \epsilon_{1,i} \sim N(0,1)$$

第 2 切断点：

$$y_{it}^{**} = -5.0 + 10.0x_{it} + u_i + \epsilon_{2,it}$$

$$x_{it} \sim U(0,1); \quad \epsilon_{2,i} \sim N(0,5^2); \quad u_i \sim U(0,2.5^2)$$

打ち切りルール：

$$\begin{cases} y_{it}^* = 0 & \text{if } y_{it}^{**} < 0 \\ y_{it}^{**} & \text{if } 0 \le y_{it}^{**} \le 10 \\ 10 & \text{if } y_{it}^{**} > 0 \end{cases}$$

観測値：

$$y_{it} = d_i \times y_{it}^* \quad i = 1, \dots, 100; \ t = 1, \dots, 20$$

摂動：

$$\text{確率 } 0.04 \text{ で } y_{it} \sim \text{Uniform}(0,10) \text{ になる}$$

以下のプログラムでは，パラメータと対数尤度関数にある他の構成要素に対して，表 11.1 に示されているような変数名が採用されている．

　切断モデルの初期値を得るために，2 つのモデルが推計される．第 1 切断点に対する初期値は，被験者のクロスセクションに対して推定されるプロビット・モデルから得られる．このモデルでは，被験者が少なくとも 1 回でも正の貢献額を選べば，従属変数の値は 1 となり，それ以外の場合には 0 となっている．第 2 切断点に対する初期値は，少なくとも 1 回は正の貢献額を選んだ被験者に標本を限定した変量効果トービット・モデルから得られる．

　プログラムには注釈が付けられている．MSL ルーティンをプログラムする方法に関するもっと詳細な説明や，このタイプのプログラムに関する他の問題について知りたい読者は，第 10 章に戻ってそこでの記述を参照すべきである．

```
* SET RANDOM NUMBER SEED

set seed 971156

* SET SAMPLE SIZE; GENERATE SUBJECT NUMBER (i) AND TASK NUMBER (t)
```

11.5 パネル切断モデル

$LogL$ の構成要素	STATA の変数名
$z_i'\alpha$	za
$x_i'\beta$	xb
σ	s_e
σ_u	s_u
ρ	rr
ω	w
$\left[(1-\omega)\left(1-\Phi\left(\dfrac{x_{it}'\beta+u}{\sigma}\right)\right)\right]^{I_{y_{it}=0}} \times$ $\left[(1-\omega)\dfrac{1}{\sigma}\phi\left(\dfrac{y_{it}-x_{it}'\beta-u}{\sigma}\right)\right]^{I_{0<y_{it}<10}}\left[\Phi\left(\dfrac{10-x_{it}'\beta-u}{\sigma}\right)\right]^{I_{y_{it}=10}}$	p1
$(L_i\|d_i=1,u)=\prod_{t=1}^{T}\left[(1-\omega)\left(1-\Phi\left(\dfrac{x_{it}'\beta+u}{\sigma}\right)\right)\right]^{I_{y_{it}=0}} \times$ $\left[(1-\omega)\dfrac{1}{\sigma}\phi\left(\dfrac{y_{it}-x_{it}'\beta-u}{\sigma}\right)\right]^{I_{0<y_{it}<10}}\left[\Phi\left(\dfrac{10-x_{it}'\beta-u}{\sigma}\right)\right]^{I_{y_{it}=10}}$	ppl
$(L_i\|d_i=0)=\left(\dfrac{\omega}{10}\right)^{N_i(y_{it}>0)}(1-\omega)^{N_i(y_{it}=0)}$	pp0
$P(d_i=1\|u)=\Phi\left(\dfrac{z_i'\alpha+\rho\dfrac{u}{\sigma_u}}{\sqrt{1-p^2}}\right)$	pd
$(L_i\|u)=P(d_i=1\|u)(L_i\|d_i=1,u)+[1-P(d_i=1\|u)](L_i\|d_i=0)$	pp
$L_i=\displaystyle\int_{-\infty}^{\infty}(L_i\|u)f(u)du$	ppp
$LogL=\displaystyle\sum_{i=1}^{n}L_i$	logl
$\displaystyle\int_{-\infty}^{\infty}P(y_{i1}\ldots y_{iT}\|d_i=1,u)f(u)du$	pppl
$P(d_i=1)=\displaystyle\int_{-\infty}^{\infty}\Phi\left(\dfrac{z_i'\alpha+\rho\dfrac{u}{\sigma_u}}{\sqrt{1-p^2}}\right)f(u)du$	ppd
$P(d_i=0\|y_{i1}\ldots y_{iT})$	pd0

表 11.1 *LogL* の構成要素とそれに対応する **STATA** の変数名

```
set obs 2000

egen int i=seq(), f(1)  b(20)
egen int t=seq(), f(1) t(20)

summ i
scalar N=r(max)
summ t
```

366   第11章　ゼロへの対処：切断モデル

```
scalar T=r(max)

xtset i t

* SET PARAMETER VALUES

scalar a1=2.0
scalar a0=-1.5
scalar b1=10.0
scalar b0=-5.0
scalar sig_u=2.5
scalar sig_e=5.0
scalar rho=0.40
scalar w=0.04
scalar y_max=10

* GENERATE VARIABLES

gen double x=uniform()
gen double e2=invnorm(uniform())

by i: generate double u=(invnorm(uniform())) if _n==1
by i: replace u=u[1] if u==.

by i: generate double z=uniform() if _n==1
by i: generate double e1=rho*u+sqrt(1-rho^2)*invnorm(uniform()) if _n==1

generate double ds=a0+a1*z+e1
generate int d=ds>0

by i: replace z=z[1]
by i: replace d=d[1]

gen double yss=b0+b1*x+sig_u*u+sig_e*e2
gen double ys=yss*(yss>0)
gen double y=ys*d

replace y=y_max if y>y_max

gen int tremble=uniform()<w
replace y=y_max*uniform() if tremble==1

* DROP ALL LATENT VARIABLES

drop e1 e2 u ds d yss ys tremble

* GENERATE INDICATORS FOR FIRST AND LAST OBSERVATION FOR EACH SUBJECT

by i: generate int first=1 if _n==1
by i: generate int last=1 if _n==_N

* GENERATE HALTON DRAWS IN FIRST ROW OF EACH SUBJECT
* STORE NUMBER OF DRAWS AS "DRAWS"

mat p=[3]
```

11.5 パネル切断モデル

```
mdraws if first==1 , neq(1) dr(31) prefix(h) primes(p) burn(3)
scalar draws=r(n_draws)

* COLLECT HALTON DRAWS IN VARIABLE LIST "hlist"

local hlist h1*
recast double h1*

* FOR EACH SUBJECT, COPY ROW OF HALTON DRAWS INTO EVERY ROW;
* CONVERT TO STANDARD NORMAL

quietly{

foreach v of varlist 'hlist' {
by i: replace 'v'='v'[1] if 'v'==.
replace 'v'=invnorm('v')
}
}

* LIKELIHOOD EVALUATION PROGRAM ("PANEL_HURDLE") STARTS HERE:

program drop _all
program define panel_hurdle

* SPECIFY ARGUMENTS

args todo b logl
tempvar za xb pp0 p1 pp1 ppp1 pp ppp pd ppd
tempname s_u s_e rr w
local hlist h1*

* EXTRACT ELEMENTS OF PARAMETER VECTOR b

mleval 'za' = 'b', eq(1)
mleval 'xb' = 'b', eq(2)
mleval 's_u' = 'b', eq(3) scalar
mleval 's_e' = 'b', eq(4) scalar
mleval 'rr' = 'b', eq(5) scalar
mleval 'w'='b', eq(6) scalar

* INITIALISE TEMPORARY VARIABLES

quietly gen double 'p1'=.
quietly gen double 'pp1'=.
quietly gen double 'ppp1'=0
quietly gen double 'pp0'=.
quietly gen double 'pp'=.
quietly gen double 'ppp'=0
quietly gen double 'pd'=.
quietly gen double 'ppd'=0

* LOOP FOR EVALUATION OF SUM (OVER r) OF PRODUCT (OVER t)
* ppp IS FOR LIKELIHOOD FUNCTION; ppd IS FOR p(d=1) (USED TO COMPUTE
* POSTERIOR PROBABILITY OF d=0)
```

第 11 章　ゼロへの対処：切断モデル

```
quietly{

foreach v of varlist 'hlist' {
replace 'p1'= (1-'w')*(1/'s_e')*normalden((y-('xb' + 's_u'*'v')) ///
/'s_e')+'w'/y_max if (y>0)&(y<y_max)
replace 'p1'=(1-'w')*(1-normal(('xb' + 's_u'*'v')/'s_e')) if y==0
replace 'p1'=(1-'w')*(1-normal((y_max-('xb' + 's_u'*'v'))/'s_e')) ///
if y==y_max
by i: replace 'pp1' = exp(sum(ln('p1')))
replace 'pp1'=. if last~=1
replace 'ppp1'='ppp1'+'pp1'

replace 'pd'=normal(('za'+'rr'*'v')/sqrt(1-'rr'^2))
replace 'pd'=. if last~=1

replace 'pp0'= (('w'/y_max)^n_pos)*((1-'w')^n_zero)
replace 'pp0'=. if last~=1

replace 'pp'='pd'*'pp1'+(1-'pd')*'pp0'
replace 'ppp'='ppp'+'pp'

replace 'ppd'='ppd'+'pd'
}
* END OF LOOP

* DIVISION BY R TO GENERATE REQUIRED AVERAGES (OVER r)
* COMPUTE POSTERIOR PROBABILITY OF d=0 (pd0) AND SEND THIS TO MATA

replace 'ppp'='ppp'/draws

replace 'ppp1'='ppp1'/draws
replace 'ppd'='ppd'/draws

replace pd0='pp0'*(1-'ppd')/('pp0'*(1-'ppd')+'ppp1'*'ppd')
putmata pd0, replace

* MLSUM COMMAND TO SPECIFY PER-SUBJECT LOG-LIKELIHOOD CONTRIBUTION

mlsum 'logl'=ln('ppp') if last==1

}
end

* "end" SIGNIFIES END OF LIKELIHOOD EVALUATION PROGRAM "panel_hurdle"

* GENERATE BINARY d INDICATING AT LEAST ONE POSITIVE CONTRIBUTION BY SUBJECT;
* GENERATE NUMBER OF POSITIVE CONTRIBUTIONS BY SUBJECT (n_pos) AND NUMBER OF
* ZERO CONTRIBUTIONS (n_zero)

quietly{

by i: gen int sum_y=sum(y)
by i: replace sum_y=sum_y[_N]

gen int d=sum_y>0
```

11.5 パネル切断モデル 369

```
gen int y_pos=y>0

by i: gen int n_pos = sum(y_pos)
by i: replace n_pos = n_pos[_N]

gen int y_zero=y==0
by i: gen int n_zero = sum(y_zero)
by i: replace n_zero = n_zero[_N]

}


* INITIALISE VARIABLE TO REPRESENT POSTERIOR PROBABILITY OF
* FALLING AT FIRST HURDLE (pd0)

quietly gen double pd0=.

* USE PROBIT (1 OBS PER SUBJECT) TO OBTAIN FIRST HURDLE STARTING VALUES

probit d x   if last==1
mat bprobit=e(b)

* USE RANDOM EFFECTS TOBIT TO OBTAIN SECOND HURDLE STARTING VALUES

xttobit y x if d==1 , ll(0) ul(10)
mat bxttobit=e(b)

* DEFINE VECTOR OF STARTING VALUES (INCLUDING GUESSES FOR rho AND w)

mat start=bprobit, bxttobit, 0.00, 0.02

* SPECIFY EVALUATOR (d0), EVALUATION PROGRAM (panel_hurdle), AND PARAMETER LIST
* SPECIFY STARTING VALUE VECTOR
* RUN MAXIMUM LIKELIHOOD PROCEDURE

ml model d0 panel_hurdle ( = z ) ( = x ) /s_u /s_e /rr /w
ml init start, copy
ml max, trace search(norescale)

* EXTRACT POSTERIOR PROBABILITY OF d=0 (pd0) GENERATED INSIDE EVALUATION PROGRAM
* PLOT IT AGAINST NUMBER OF POSITIVE CONTRIBUTIONS.

drop pd0
getmata pd0

label variable pd0 "posterior prob zero type"
label variable n_pos "number of positive contributions"

scatter pd0 n_pos, jitter(1) ylabel(0(0.1)1)
```

上記のシミュレーションを実行することで得られる最終的な結果は，以下に示
されている．これらはパネル切断モデルから得られた推定結果である．

```
                                      Number of obs    =        2000
                                      Wald chi2(1)     =       17.79
Log likelihood = -1518.8587           Prob > chi2      =      0.0000

-------------------------------------------------------------------------
            |    Coef.    Std. Err.      z     P>|z|    [95% Conf. Interval]
------------+------------------------------------------------------------
eq1         |
          z |  2.369987   .5619582     4.22    0.000    1.268569    3.471405
      _cons | -1.747444   .3340628    -5.23    0.000   -2.402195   -1.092693
------------+------------------------------------------------------------
eq2         |
          x |  11.06413   .8861659    12.49    0.000    9.327278    12.80098
      _cons | -4.672788   1.331671    -3.51    0.000   -7.282815   -2.062762
------------+------------------------------------------------------------
s_u         |
      _cons |  2.467505   .5636856     4.38    0.000    1.362701    3.572308
------------+------------------------------------------------------------
s_e         |
      _cons |  4.770671   .2305484    20.69    0.000    4.318805    5.222538
------------+------------------------------------------------------------
rr          |
      _cons |  .1441294   .5070172     0.28    0.776   -.8496061    1.137865
------------+------------------------------------------------------------
w           |
      _cons |  .0353052   .0048938     7.21    0.000    .0257135    .0448968
-------------------------------------------------------------------------
```

　推定値は表 11.2 にまとめられている．表には，各パラメータに対する 95%
信頼区間も含まれている．表の第 2 列目には，シミュレーションで使用され
たパラメータの真の値が含まれている．すべてのパラメータの真の値がそれぞ
れの信頼区間に含まれているので，先に提示された推定プログラムの正しさが
確証された．

　図 11.2 には，シミュレーションにおける 100 人の被験者それぞれについ
て，第 1 切断点を越えられない（つまり，「ゼロ・タイプ」である）事後確率
が，正の貢献額が選ばれた回数に対してプロットされている．正の貢献額
を（20 回のうち）5 回未満しか選んでいない被験者は，すべて「ゼロ・タイ
プ」に分類される可能性が非常に高いことがわかる．真の値が 0.04 である摂
動パラメータ ω の存在により，ときおり貢献をする被験者がゼロ・タイプに
分類される可能性があることを思い出してほしい．これらのときおりなされる
正の貢献額は，集中力の欠如に帰着されるものである．5 回以上の正の貢献額
を選ぶ被験者については，ゼロ・タイプである事後確率は 0 に非常に近いも
のである．

パラメータ	真の値	95% 信頼区間の下限	最尤推定量	95% 信頼区間の上限
α_1	2.0	1.27	2.37	3.47
α_0	-1.5	-2.40	-1.75	-1.09
β_1	10.0	9.33	11.06	12.80
β_0	-5.0	-7.28	-4.67	-2.06
σ_u	2.5	1.36	2.47	3.57
σ_ϵ	5	4.32	4.77	5.22
ρ	$+0.4$	-0.85	$+0.14$	1.14
ω	0.04	0.026	0.035	0.045

表 11.2 パネル切断モデルのシミュレーションから得られた点推定値,区間推定値とパラメータの真の値

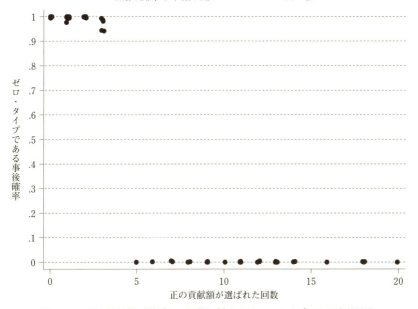

図 11.2 正の貢献額が選ばれた回数に対するゼロ・タイプである事後確率

11.6 独裁者ゲームの贈与額のパネル切断モデル

11.6.1 実験

本節では,11.5 節で開発されたパネル切断モデルが現実のデータセットに適用される.そのデータは Erkal et al. (2011) によって実施された独裁者

ゲームの実験から得られたものであり,その実験の主な目的は,所得［獲得金額］と贈与額との関係を調べることであった.このデータは **Erkal** というファイルに収められている.

被験者は 4 人 1 組のグループに分割される.この実験は 2 段階からなる.第 1 段階では,被験者は実際に努力を要する課題を実施し,この課題における成果に応じて順位付けされる.処理 1 と 2 では,被験者は自分の順位に応じた謝金を受け取る.第 1 位だった被験者は 60 ドル,第 2 位だった者は 45 ドル,第 3 位だった者は 30 ドル,そして第 4 位だった者は 15 ドルを受け取る.それから実験の第 2 段階に進み,そこでは,第 1 段階における自分と他人の獲得金額を知った上で,被験者は［同じグループに属する］他の 3 人それぞれにいくらずつ自分の獲得金額を配分するかを決定する.決定された配分のうち 1 つだけが実際に実行され,その選択はランダムに決定されることが被験者には知らされている.

4 人 1 組からなるグループが 27 組形成され,以上に説明したような方法で実験が行われた.第 1 に,108 人の独裁者からなる標本があり,各自について(最終的にはそのうち 1 つのみが実際には実行される)3 つの異なる配分に関する意思決定が行れたことが観測されるので,結果として得られるデータセットはパネルとして扱うことが自然であることに注意してほしい.

第 2 に,324 個の配分に関する意思決定のうち,264(81%)の配分額が 0 であったことに注意してほしい.配分額の分布は図 11.3 に示されている.データに 0 が圧倒的に多いことから明らかな通り,切断アプローチが必要となる.

推定において対処すべき問題は,何が配分額を決定するのかということである.明らかに,鍵となる決定要因は,自分自身の獲得金額と受領者の獲得金額であることが予想される.自分自身の獲得金額は被験者の属性を表すものであるので,それは第 1 切断点に含まれるものだろう.これに対して,受領者の獲得金額は課題が持つ属性なので,したがって,それは第 2 切断点にのみに含まれることになる.

データの感触をつかむために,少なくとも 1 回は正の金額を贈与した独裁者の割合が表 11.3 にまとめられている.表 11.3 の主な特徴は,第 1 位になって 60 ドルを稼いだ独裁者は,第 2 位になって 45 ドルを稼いだ独裁者よりも贈与する傾向が低いように見えるということである.実際,60 ドルを稼いだ

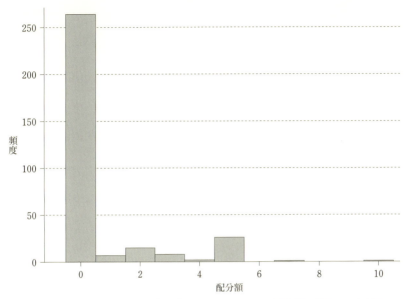

図 11.3　Erkal et al. (2011) の処理 1 と 2 における配分額の頻度ヒストグラム（観測数 324）

独裁者の順位	獲得金額	独裁者数	贈与した人の割合（%）
1	$60	27	26%
2	$45	27	67%
3	$30	27	37%
4	$15	27	22%
全体		108	38%

表 11.3　正の金額を（少なくとも 1 回は）贈与した独裁者の獲得金額別の割合

上で贈与した人の割合は，15 ドル稼いだ上で贈与する人の割合と同等である．獲得金額が多い者がなぜ贈与する傾向が低いのかを説明することが，実際，Erkal et al. (2011) の論文における主要な論点なのである．

独裁者が誰に最も多く贈与するのかを考察することもまた興味深いことである．表 11.4 には，それぞれの順位だった受領者に対して贈与される配分額の平均が示されている．贈与額は常に少ないものの，受領者の獲得金額が下がるにつれて贈与される金額が急激に上昇するように見える，ということがわかる．最低金額を稼いだ被験者は，最高金額を稼いだ被験者に比べて，平均して

受取人の順位	所得	受取人の数	平均受取額（$）
1	$60	81	0.16
2	$45	81	0.20
3	$30	81	0.70
4	$15	81	1.60
全体		324	0.67

表 11.4　受領者の獲得金額ごとに分けた受領者への平均配分額

10倍も多く贈与されている．さらに，表11.3から明らかになったこととは異なり，[贈与される金額に関する]この関係は単調増加の関係にあるようである．

11.6.2　推定

　11.5節において開発された（従属性のある）パネル切断モデルが，Erkal et al.（2011）のデータセットに適用された．そこでもちいられたプログラムは，11.5節におけるシミュレーションのためにもちいられたものと非常に類似したものである．

　この種の推定ルーティンを，ここでのような現実のデータセットに適用しようとする人のために，いくつかアドバイスをしておきたい．初期値の質は重要である．もし初期値があまりにも MLE から離れていると，最大化が実現される可能性は低くなる．初期値の候補となる値は二部分モデルを推定することによって得られる．それは，プロビット・モデルの後に標本に上限と下限のある変量効果プロビット［トービット］を使用するモデルである．しかしながら，これらの初期値は，推定を1回実行するだけで切断モデルの推定値が得られるほど十分に正確であるとは限らない．しばしば，厳しい制約が置かれたモデルから始めて，徐々に制約を取り除いていくことによって，段階的に対数尤度を最大化することが必要となる．以下は，このデータセットにうまく適用されたプログラムである．尤度最大化プログラム「panel_hurdle」は，11.5節において使用されたものと同じである．

　摂動項は0と有意に異ならないことがわかったので，最終的なモデルからは除外されている．最終的なモデルは，摂動パラメータを0にするように制約されているが，それ以外のすべてのパラメータには何の制約も置かれていない．

11.6 独裁者ゲームの贈与額のパネル切断モデル　　375

```
* CREATE VARIABLE LISTS

local listd "male myrank22 myrank23 myrank24   "
local listy "male yourrank22 yourrank23 yourrank24   "

* USE ONLY TREATMENTS 1 AND 2

keep if treat<3

* OBTAIN STARTING VALUES USING PROBIT AND XTTOBIT.
* STORE VARIANCE ESTIMATES FROM XTTOBIT

probit d 'listd' if last==1
mat bprobit=e(b)

xttobit y 'listy' if d==1, ll(0)
mat bxttobit=e(b)

scalar sig_u=_b[sigma_u:_cons]
scalar sig_e=_b[sigma_e:_cons]

* CREATE STARTING VALUE VECTOR

mat start=bprobit, bxttobit,0,0

* SPECIFY CONSTRAINTS ON PARAMETERS

constraint 3 [sig_u]_b[_cons]=sig_u
constraint 4 [sig_e]_b[_cons]=sig_e
constraint 5 [r]_b[_cons]=0.0
constraint 6 [w]_b[_cons]=0

* ESTIMATE PANEL HURDLE MODEL WITH sig_u, sig_e, r, w ALL CONSTRAINED

ml model d0 panel_hurdle (= 'listd') ( = 'listy' ) /sig_u /sig_e /r /w, ///
 constraints( 3 4 5 6)
ml init start, copy
ml max, trace search(norescale)

* STORE ESTIMATES AS STARTING VECTOR FOR NEXT ESTIMATION

mat start=e(b)

* ESTIMATE PANEL HURDLE MODEL WITH r AND w CONSTRAINED

ml model d0 panel_hurdle (= 'listd' ) ( = 'listy') /sig_u /sig_e /r /w, ///
 constraints( 5 6)
ml init start, copy
ml max, trace search(norescale)

* STORE ESTIMATES AS STARTING VECTOR FOR NEXT ESTIMATION

mat start=e(b)

* ESTIMATE PANEL HURDLE MODEL WITH ONLY w CONSTRAINED (SET STARTING VALUE FOR r)
```

```
mat start[1,'=colnumb(start, "r:_cons")']=-0.3

ml model d0 panel_hurdle (= 'listd' ) ( = 'listy') /sig_u /sig_e /r /w, ///
 constraints( 6)
ml init start, copy
ml max, trace search(norescale)
```

11.6.3 推定結果

　推定結果は表 11.5 に示されている．第 1 列目と第 2 列目にはそれぞれ，パネル切断モデルにおける第 1 切断点と第 2 切断点に関するパラメータの初期値を得るために使用される，プロビット・モデルとパネル・トービット・モデルから得られた推定結果が示されている．最初の 2 列に含まれている内容は「二部分モデル」から得られた推定値として扱うことができるだろう．最後の 2 列には，独立性を仮定したものと従属性のある 2 つのパネル切断モデルの推定値が含まれている．

　2 つのパネル切断モデルから得られた結果は非常に類似している．これは，相関係数（ρ）の推定値が 0 と有意に異なっておらず，また，それゆえ，制約がない状態で推定してもモデルの説明力が有意に改善しないためである．両方のモデルとも，Erkal et al. (2011) 論文で得られている主要な結果を確証している．それは，第 2 位の人は第 1 位の人よりも贈与する可能性が有意に高いというものである．このことは，第 1 切断点に関する式における「myrank2」の係数が正で有意であることと，「myrank1」が除外されているダミー変数であることに注意すればわかる．第 2 切断点に関する推定値について驚くことはない．というのは，この式に含まれている「yourrank」のダミー変数の推定値は（「yourrank1」を基準となるケース［=0］として見て）すべて正であり，また，その値は［被験者の］順位が下がるにつれて次第に大きくなっているが，これは，独裁者が「贈与タイプ」であるという条件の下では，獲得金額が少ない受領者に対してより多くを与える用意がある，ということを意味しているからである．

　性差ダミーも両方の切断点に含まれていた．ここでは，男性は「贈与タイプ」になる可能性が有意に低いが，贈与タイプである男性は，贈与タイプの女性よりも（従属性のあるモデルにおいては）有意に多く贈与することが予測されている．性差の効果に関するこの矛盾した結果は，独裁者ゲームにおける贈

	プロビット・モデル	パネル・トービット・モデル（すべて 0 である被験者は除く）	パネル切断モデル（$\rho = 0$）	従属性のあるパネル切断点モデル
第 1 切断点				
男性	$-0.36(0.30)$		$-0.58^*(0.35)$	$-0.58^*(0.36)$
Myrank2	$1.03^{**}(0.36)$		$1.03^{**}(0.42)$	$0.99^{**}(0.41)$
Myrank3	$0.20(0.37)$		$0.24(0.42)$	$0.27(0.40)$
Myrank4	$-0.25(0.39)$		$-0.07(0.49)$	$0.23(0.51)$
定数項	$-0.38(0.33)$		$-0.09(0.41)$	$-0.09(0.41)$
第 2 切断点				
男性		$1.22^*(0.71)$	$1.56(0.98)$	$1.89^*(1.15)$
Yourrank2		$0.59(0.93)$	$0.59(0.99)$	$0.61(0.99)$
Yourrank3		$3.90^{**}(0.80)$	$3.97^{**}(0.86)$	$3.97^{**}(0.86)$
Yourrank4		$6.68^{**}(0.82)$	$6.88^{**}(0.89)$	$6.94^{**}(0.90)$
定数項		$-3.33(0.84)$	$-4.35(1.12)$	$-4.14(1.15)$
σ_u		1.71	2.39	$2.42(0.53)$
σ_ϵ		2.11	2.26	$2.25(0.29)$
ρ				$-0.30(0.40)$
n	108	41	108	108
T		3	3	3
$LogL$	-63.83	-170.40	-228.82	-228.61

* $p < 0.05$, ** $p < 0.01$.

表 11.5　Erkal et al.（2011）のデータにおける処理 1 と処理 2 に適用された，切断モデルとそれに関連したモデルから得られた最尤推定値

与の文脈の下で，Andreoni and Vesterlund（2001）によってすでに認められているものである．これは重要な結果である．なぜなら，単純な検定がもちいられる場合には，これらの効果が埋もれてしまうことが容易にわかるためである．例えば，配分額に与える性差の効果に関するマン・ホイットニー検定を考えてみよう．

```
. ranksum y, by(male)

Two-sample Wilcoxon rank-sum (Mann-Whitney) test

        male |      obs    rank sum    expected
-------------+---------------------------------
           0 |      150     24656.5       24375
           1 |      174     27993.5       28275
-------------+---------------------------------
    combined |      324       52650       52650
```

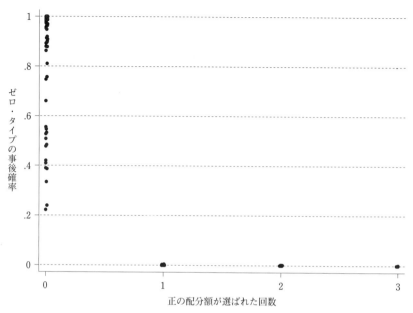

図 11.4 正の配分額が選ばれた回数に対する「ゼロ・タイプ」の事後確率

```
unadjusted variance      706875.00
adjustment for ties     -382851.63
                        ----------
adjusted variance        324023.37

Ho: y(male==0) = y(male==1)
             z =    0.495
    Prob > |z| =    0.6209
```

 0.62というp値は，この単純な検定に従えば，性差の効果がないことを示している．しかしながら，これは単に，男性による贈与の可能性が低いことが，贈与を行う男性によってなされた高い贈与額によって相殺されているためである．この種の効果については，相反する効果をうまく分離し，表11.5の最後の列に見られるような有意な推定値をもたらす切断アプローチが有用であることが明確に示される例になっている．

 従属性のあるパネル切断モデルを推定すると，11.5.7節において説明された手法をもちいて，各被験者が「ゼロ・タイプ」である事後確率を求めることができる．図11.4には，正の配分額を選んだ被験者数に対するこれらの事後確

率が，ジッター付きのグラフで示されている．108 人の被験者のうち 41 人が少なくとも一度は正の配分額を選んでおり，モデルには摂動パラメータが含まれていないために，これら 41 人の被験者はすべて，ゼロ・タイプである事後確率が 0 であることになる．常に配分額が 0 である 67 人の被験者については，ゼロ・タイプである事後確率は正であるが，その値は必ずしも 1 に近いとは限らない．何人かについては 0.5 未満の場合がある．

上記のように，表 11.5 に示されている推定値は，獲得金額の最も高い独裁者は中程度の獲得所得である独裁者よりも贈与する可能性が低いという Erkal et al.（2011）の主要な結果を確証している．この結果から生じる疑問は，これは所得効果そのものであるのか（つまり，贈与行為は「劣等財」なのか），それとも利己的な個人は一生懸命に働くので，それゆえ第 1 位に自己選択される傾向があるためなのか，そのどちらなのだろうかということである．この重要な疑問に取り組むために，Erkal et al.（2011）は処理 3（「幸運」処理）に関する実験を実施した．そこでは，グループ・メンバーの獲得金額は，任意の課題の成果によって決まるのではなく，ランダムに決まるようにされている．

処理 3 には，被験者 4 人 1 組からなる 14 個のグループが存在する．したがって，56 人の独裁者がいて，以前と同様に，各自が 3 つの意思決定を行う．ここで再度，パネル切断モデルが推定される．このデータセットに対しては，おそらく標本サイズが小さいために，従属性のあるモデルはうまく推定されない．しかしながら，独立性の下でのモデルから得られた推定結果を得ることができ，それが表 11.6 に示されている．

表 11.6 の最後の列では，これに対応する表 11.5 における推定値との間に 1 つ非常に重要な違いを見て取ることができる．第 1 位の人は第 2 位の人よりも贈与する可能性が低いということはもはや当てはまらない．第 1 切断点における獲得金額ダミーはいずれも統計的な有意さを示していない．このことから，独裁者の獲得金額がランダムに決められる場合には，この獲得金額の水準は，贈与をする傾向性に何の効果も持たない，という結論に導かれる．また，（表 11.5 に見られるように）獲得金額が高い個人ほど贈与する可能性が低い理由は，利己的な個人が高獲得金額グループに自己選択して入ったことによる結果である，ということも確証されている．

	プロビット・モデル	パネル・トービット・モデル （すべて 0 である被験者は除く）	パネル切断モデル （$\rho = 0$）
第 1 切断点			
男性	$-0.31(0.35)$		$-0.47(0.44)$
Myrank2	$-0.07(0.50)$		$-0.04(0.56)$
Myrank3	$-0.60(0.49)$		$-0.54(0.54)$
Myrank4	$-0.93^*(0.50)$		$-0.65(0.60)$
定数項	$0.55(0.41)$		$0.73(0.48)$
第 2 切断点			
男性		$1.45(1.17)$	$1.69(1.50)$
Yourrank2		$1.84(2.10)$	$1.74(2.17)$
Yourrank3		$6.83^{**}(1.98)$	$6.74^{**}(2.04)$
Yourrank4		$11.29^{**}(1.95)$	$11.35^{**}(2.03)$
定数項		$-5.88(1.86)$	$-6.71(2.06)$
σ_u		$1.25(1.21)$	$1.91(1.25)$
σ_ϵ		$4.11(0.58)$	$4.26(0.61)$
ρ			
n	56	28	56
T		3	3
$LogL$	-35.80	-145.44	-178.82

* $p < 0.05$, ** $p < 0.01$

表 11.6 Erkal et al.（2011）のデータにおける処理 3 に適用された，
切断モデルとそれに関連したモデルから得られた最尤推定値

11.7 公共財供給ゲームにおける貢献額に関するパネル切断モデル

本節では，Clark（2002）によって最初に分析され，続いて Harrison（2007）
によって分析された公共財供給実験から得られたデータセットに切断モデルを
適用する．この研究における焦点は，ハウス・マネー効果の検証にある．デー
タは clark ファイルに収められている．

公共財供給実験の概要については，2.5.4 節において詳しく説明されている．
Clark（2002）の実験は 10 ラウンドからなり，被験者は 5 人 1 組のグルー
プにされ，ラウンドごとにグループの構成員が変更されている．各ラウンドに
おいて初期保有額は 80 単位であり，被験者はこれを私的会計と公的会計に配
分するように求められる．150 人の被験者がいて，そのうち 75 人が（各ラウ
ンドの初めに 80 単位が与えられる）「ハウス・マネー」処理に，そして 75 人

が（最初に何も与えられない）「自己マネー」処理に割り当てられる[2].

この文脈の下でのハウス・マネー効果に関連する多くの仮説が，Clark（2002）によって提示されている．第1に，被験者はハウス・マネーを，彼らが実生活で示す以上に「公共心」にかなう支出に使用する．つまり，彼らはより利他的に行動する可能性が高い．第2に，被験者はハウス・マネーを，互恵性の意味で公平である支出に使用する．つまり，彼らはより互恵的に行動するようになる可能性が高い．第3に，ハウス・マネーにより被験者はよりリスク愛好的になり，結果として「戦略的な贈与」を試す可能性が高くなる．つまり，彼らはより戦略的に振る舞う可能性が高い．

前段落で言及されたタイプのうちのいくつかは，8.5節で分析された公共財供給に関する混合モデルにおいて想定されたものと同じタイプであることに注意してほしい．また，Clarkの仮説のうち3つすべてが，ハウス・マネー効果が被験者を「ただ乗り」タイプ（つまり，「ゼロ・タイプ」）から貢献するタイプへと変化させるという考え方を具体化したものであることにも注意してほしい．したがって，切断モデルの文脈の下では，これらの仮説を捉えるために，ハウス・マネーについては，第1切断点に現れる説明変数とすべきである．

Clarkのデータセットに関する分析から得られた既存の発見は，以下の通りである．Clark（2002）は被験者が他者の行動に与えるセッション内での効果に関心があり，セッションの平均値をもちいて「超保守的な」検定[3]を行っている．残念ながら，各処理についてたった5セッションしかないために，検定はわずか10個の観測値に基づいたものになっている．このような少数の標本では驚くことではないが，これらの検定は2つの処理間の差を検出できず，したがって，ハウス・マネー効果に関する証拠は得られなかった．Harrison（2007）は，同じデータセットを個人レベルで検討し，ハウス・マネー効果を見出している．特に，彼はハウス・マネーがただ乗りタイプの割合に対して効果を持つことを発見している．

図11.5には，ハウス・マネーがある場合とない場合の両方について，データが左側と（あまり顕著ではないが）右側とで打ち切られていることが示されている．2つのヒストグラムの間にある重要な差異は，自己マネーを使用する

---

2) Clarkは，「自己マネー」処理を実施する巧妙な方法を見出しており，それによって被験者が実験で純損失を被ることを避けている．詳しくはClark（2002）を参照してほしい．

3) 超保守的検定に関する議論については4.4.3節を参照のこと．

第 11 章 ゼロへの対処：切断モデル

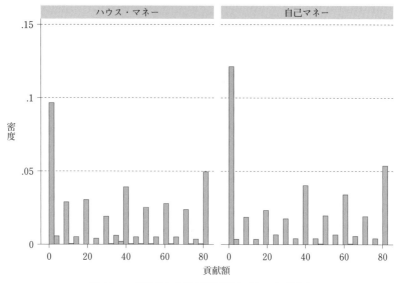

図 11.5　処理ごとの貢献額に関するヒストグラム

場合には，被験者は貢献額を 0 にする可能性が高いように見えるということである．

処理がただ乗りに与える効果について簡単な検定を実施することができる．150 人の被験者のうち 20 人は決して貢献していない．単純なレベルでは，これら 20 人の被験者をただ乗りタイプとして分類することができる．20 人のうち，13 人は（75 人が割り当てられた）自己マネー処理に属し，7 人は（75 人が割り当てられた）ハウス・マネー処理に属している．この情報から直接に，必要な検定統計量を得るためには，tabi コマンドが使用できる．

```
. tabi 62 68 \ 13 7, exact chi2 col
+-------------------+
| Key               |
|-------------------|
|     frequency     |
| column percentage |
+-------------------+

           |        col        |
       row |       1        2  |    Total
-----------+-------------------+----------
         1 |      62       68  |     130
```

```
----------+--------------------+----------
        2 |        13         7 |        20
          |     17.33      9.33 |     13.33
----------+--------------------+----------
    Total |        75        75 |       150
          |    100.00    100.00 |    100.00

          Pearson chi2(1) =    2.0769   Pr = 0.150
          Fisher's exact =                  0.229
  1-sided Fisher's exact =                  0.115
```

ただ乗りタイプの割合は，自己マネー処理（17.33％）におけるよりもハウス・マネー処理（9.33％）における方が確実に少ないが，カイ二乗検定でもフィッシャーの正確確率検定でも，有意な検定統計量は出力されていない．しかしながら，Clark が示唆しているように，もし同一セッション内での被験者間でその行動に依存関係がある場合には，これらの検定は不適切であるかもしれない．もちろん，このことがパネル切断モデルの枠組みを採用することに対する切実な理由なのである．このモデルでは，被験者間の異質性が許容されており，同一セッション内での他者の行動が統制されているからである．そこで，パネル切断モデルに進むことにしよう．

さらにもう2つのグラフを見ておくことが有益である．これらは，第2切断点に［関する式に］現れる2つの説明変数に対して貢献額をプロットしたものである．図11.6には，ラウンド数に対して貢献額をプロットしたグラフと，前ラウンドにおける他者の貢献額の平均値に対して貢献額をプロットしたグラフが示されており，それぞれにLowess 平滑化が施されている．最初のグラフに対する平滑化は，実験が進むにつれて貢献額がわずかに減少していることを示している．したがって，第2切断点に関する式にラウンド数を含めることが正当化される．2つ目のグラフに対する平滑化について言えば，各ラウンドにおいて被験者は前ラウンドでのグループの平均貢献額を意識して行動しているということが，この実験の重要な特徴であることを示している．実験参加者は，間近に経験したことを示すこの尺度に敏感であるということがこの平滑化から明らかであり，この尺度を第2切断点に関する式に説明変数として含めることを正当化する．さらに，この効果の大きさは，過去の貢献額が増加するにつれて小さく［平滑化曲線が平坦に］なっていくことが見て取れる．このことから，この変数そのものに加えて，その二乗項を第2切断点に関する式の説明変数として使用することに導かれる．

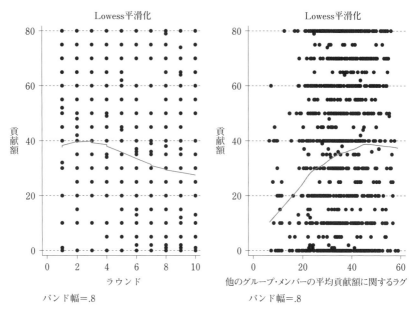

図 11.6 ラウンド数に対する貢献額のグラフと，前ラウンドでの他者の平均貢献額に対する貢献額のグラフ

他のグループ・メンバーの平均貢献額に関するラグを説明変数として使用すると，軽微な問題が生じる．それは，この変数には第1ラウンドにおける欠損値が含まれているということである．第1ラウンドにおける貢献額は，推定から除外することも可能だろう．しかしながら，そうするよりも，第1ラウンドにおいて被験者は，他者の典型的な貢献額はいくらである可能性が高いかを（おそらく，実験以前の人生経験に基づいて）判断するのだと仮定する[4]．そうすると，この値は，第1ラウンドにおけるラグのある平均値として使用されることになる．この目的のために使用される値は，実際には66個あり，これらはグリッド・サーチを通じて，標本対数尤度を最大化する値として得られることになる．この値は比較的高い値であるが，それは被験者が実験を楽観的な見方で始める傾向性を意味している．この仮定はやや恣意的に見えるかもしれないが，論文の（ハウス・マネー効果に関する）主要な結果は，実際ここでなされる値の選択に対して頑健なものである．

---

[4] この方法は Bardsley and Moffatt（2007）と同様のものである．（彼らの表 II の注釈 4 を見よ．）

11.7 公共財供給ゲームにおける貢献額に関するパネル切断モデル　　　385

　さまざまなモデルから得られた結果が表 11.7 に示されている．最初のもの
は，150 人の被験者に関するクロスセクションをもちいて推定された二値プロ
ビット・モデルで，ここでの従属変数は，被験者の貢献額が少なくとも 1 回
は正であれば 1 を，そうでなければ 0 をとるものとされている．このモデル
から第 1 切断点に関する推定値が得られ，これが切断モデルでの対応する部
分の推定における初期値としてもちいられる．2 つ目のモデルはパネル・トー
ビット・モデルであり，少なくとも 1 回は正の額を貢献した被験者のみをも
ちいて推定されている．これにより，第 2 切断点に関する推定値が得られる．
これらもまた初期値として使用される．以前のように，表中のこれら最初の 2
列にある内容は，「二部分モデル」から得られた推定値として扱うことができ
るだろう．残りの 3 列には，3 つのパネル切断モデルから得られた推定値が含
まれている．それらは，基本モデル，従属性のあるモデル，従属性と摂動のあ
るモデルである．赤池情報量基準（AIC）に基づけば，これらのうち最後のも
のが最も良いモデルである．
　第 2 切断点に見られる効果は，予想通りのものである．第 1 に，他の公共
財供給実験研究や図 11.6（左側）に示されていることと一致して，ラウンド
数の係数が負であることは，実験が進むにつれて貢献額が減少していくことに
関する証拠を提供している．第 2 に，他者による前回の平均貢献額に関する
係数が正であることと，その二乗項の係数が負であることは，図 11.6（右側）
から導かれた，他者の貢献額の上昇に伴って貢献額は上昇するがやがてその上
昇は平坦になっていく，という結論を確証している．これは，互恵性に関する
証拠になる．
　鍵となる結果は，最後の列にあるハウス・マネー効果に関する証拠である．
ハウス・マネーは第 1 切断点を通過する確率を高める．つまり，「ただ乗り」
タイプとなる確率を下げる．この結果は，最後の列においてのみ有意に見られ
ることに注意してほしい．
　この結論に至る際に，摂動パラメータが果たす役割は決定的である．その理
由を知るために，図 11.7 に（11.5.7 節で説明されたように，ベイズの公式を
もちいて得られる）各被験者がただ乗りタイプである事後確率を，その被験者
が正の貢献額を選んだ回数に対してプロットしてみた．左側のグラフは摂動が
ないモデルから得られたものである（その結果は，表 11.7 の最後から 2 列目に
示されている）．右側のグラフは摂動のあるモデルから得られたものである（そ

	プロビット・モデル	パネル・トービット・モデル	切断モデル ($\rho = 0$; $\omega = 0$)	摂動のない切断モデル	摂動のある切断モデル
第 1 切断点					
定数項	0.94(0.17)		0.97(0.18)	0.98(0.18)	0.69(0.15)
ハウス・マネー	0.38(0.26)		0.39(0.28)	0.34(0.28)	$0.50^*(0.25)$
第 2 切断点					
定数項		42.46(10.04)	42.61(10.39)	44.75(10.63)	30.05(9.67)
ラウンド		$-3.12^{**}(0.40)$	$-3.09^{**}(0.40)$	$-3.08^{**}(0.40)$	$-2.46^{**}(0.39)$
前ラウンドの平均貢献額		$0.95^*(0.39)$	$0.95^*(0.40)$	$0.95^*(0.40)$	$0.95^{**}(0.37)$
前ラウンドの平均貢献額^2		$-0.01^{**}(0.00)$	$-0.01^{**}(0.00)$	$-0.01^{**}(0.00)$	$-0.01^{**}(0.00)$
σ		26.07(0.69)	26.09(0.69)	26.08(0.69)	21.06(0.85)
σ_u		28.65(2.10)	29.99(2.38)	30.04(2.30)	35.60(3.40)
ρ			0	$-0.29(0.35)$	0.93(0.08)
ω			0	0	0.09(0.02)
n	150	130	150	150	150
T	–	10	10	10	10
$LogL$	-57.85	-4649.02	-4707.01	-4706.83	-4679.63
AIC			9430.02	9431.66	9379.26

*有意性（$p < 0.05$），**強く有意（$p < 0.01$）.
注：AIC は $(2k - 2LogL)$ によって定義されている.

表 11.7 Clark（2002）の公共財供給実験データに適用された切断モデルとそれに関連するモデルから得られた推定結果

の結果は，表 11.7 の最後の列に示されている）.

　図 11.7 の左側のグラフは，摂動がない場合には，正の貢献額を選んでいる被験者はすべてただ乗りタイプである確率が 0 である一方で，決して貢献しない被験者はただ乗りタイプとなる事後確率が高いことが示されている．図 11.7 の右側のグラフは，摂動がある場合には，正の貢献額を選んだ回数が少ない被験者の中にも，ただ乗りタイプとなる事後確率が正である者がおり，それを表す点が水平軸よりも上に位置していることがわかる．これらの被験者は「自己マネー」処理に割り当てられている傾向があり，これが，表 11.7 の最後から 2 列目と最後の列との間の差異を生じさせている原因であることにも注意してほしい．ときおり貢献しているにもかかわらず「ただ乗り」タイプとして（部分的に）分類されている自己マネー処理に割り当てられた少数の被験者の存在が，ハウス・マネー効果があるかないかという結果の間のバランスを決めているのである.

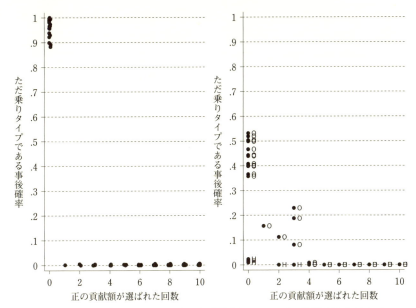

注：右側で「H」と「O」はそれぞれ，それぞれ被験者がハウス・マネー処理に割り当てられているか，自己マネー処理に割り当てられているかを表している．

図 11.7 正の貢献額が選ばれた回数に対するただ乗りタイプである事後確率．左側は摂動のないモデル，右側は摂動のあるモデル

11.8 まとめと読書案内

二重切断モデルという概念は，計量経済学においては十分に確立されたものである．その中心的な考え方は，意思決定過程には「選択すべきか否か」と「選択するとしたらどの程度か」という2段階がある，というものである．その実践は，離散的選択の文脈の下で特によく発展しているが（Cameron and Trivedi, 2010 を参照），連続的選択の場合については，おそらくそれほど発展していない．このモデルは，Jones (1989) によって個人のタバコ消費に対して，Burton et al. (1994) によって家計の肉の消費に対して，それから Dionne et al. (1996) と Moffat (2005a) によって借り手による貸付金の債務不履行に関するデータに対して，それぞれ適用されてきた．

実験経済学においては，切断アプローチの適用が自然と考えられる例が多く

存在する．これらの応用においては，切断モデルの考え方は明確で直感的なものである．つまり，「ゼロ・タイプ」と「貢献者」タイプという事前にはっきりと定義されたタイプが混在しているためである．これらの応用例は，典型的にはパネルデータを伴い，したがって，パネル切断モデルに対する推定手順を開発する必要があった．パネルデータに対するモデルは「従属性」パラメータの推定を許容しており，これはクロスセクションの場合には不十分にしか識別されないものである（Smith, 2003）．パネル切断モデルはもともと，家計の牛乳消費に関するモデルに応用した Dong and Kaiser（2008）によって開発されたものである．

　本章では，パネル切断モデルの推定法を説明するために，2つの異なる現実のデータセットが使用された．最初の適用例は，Erkal et al.（2011）による独裁者ゲームのデータに対するものであり，彼らの主要な結果は従属性のあるパネル切断モデルの推定を通じて再現された．2番目の適用例は，Clark（2002）の公共財供給実験に対するものであり，そこでもパネル切断モデルをもちいて「ハウス・マネー効果」を検出することができた．ここでは摂動パラメータの役割が重要であり，このパラメータが導入されると，「ゼロ・タイプ」である事後確率がどのようにシフトするのかを見ることは有益であった．

　パネル切断モデルの利用者にとって最も重要なのは，第1切断点に関する式には被験者の属性を含めることができるが，これらは期間を通じて固定されている，ということを理解することである．第2切断点に関する式には個人の属性および課題の特徴と，もし望むのであれば，その2つの交差項をも含めることができる．

　切断モデルの推定から得られる最も興味深い結果は，第1切断点における効果が第2切断点における逆の符号を持つ効果によって相殺されるような場合である．この種の例としては，贈与に対する性差の効果に関する Andreoni and Vesterlund（2001）の研究が挙げられる．

　McDowell（2003）は，切断モデルの推定に必要となるプログラミングについて，「STATA ヘルプ・デスク」からアドバイスを提供していた．より最近では，Garcia（2013）と Engel and Moffat（2014）が，切断モデルを推定するための STATA ソフトウェアを開発しており，後者の場合にはパネル切断モデルが含まれている．

　実験経済学におけるパネル切断モデルの応用には，Engel and Moffatt

(2012) と Cheung (2014) が含まれる.

問題

1. 11.4.3 節で導入された 1 段階切断モデルに対する尤度関数を導出しなさい. 一段階切断モデルをパネル・データの設定へと一般化しようとするときに生じる論理的な問題について説明しなさい.

2. Eckle and Grossman (1998) による独裁者ゲームにおける贈与と性差に関する研究について考えてみよう. そのデータは彼らの論文中に提示されている. そのデータをもちいて, 両方の切断点に性差に含めた切断モデルを推定しなさい. このデータにおいて, Andreoni and Vesterlund (2001) のいう性差の効果が得られるだろうか?

3. Bardsley (2000) による公共財供給実験データにパネル切断モデルを適用しなさい. そのデータは **bardsley** ファイルに含まれており, 第 6 章, 第 8 章, それに第 10 章において, 別の手法をもちいて分析されている.

第12章 リスク下での選択：理論的問題

12.1 はじめに

　本章の目的は，リスク下での選択に関する計量経済学的なモデル化をする上で本質的となる事柄を理解するために必要な，多くの理論的概念を紹介することである．

　最初に，よく使用されるリスク回避度に関する2つの尺度を定義し，それから，リスク下での選択をモデル化する上での利点と欠点に焦点を当てながら，最もポピュラーな効用関数を紹介する．その後，リスク下での選択問題におけるくじを表現するための記号を導入し，期待値および期待効用に関する形式的な定義を示し，2つのくじのうちどちらの方がリスクが高いかを評価するための手法を提示し，それから確率支配について定義する．その後，累積的プロスペクト理論の重要な構成要素である確率加重関数に特別な注意を払いながら，非期待効用モデルについて考察する．最後に，リスク下での選択に関する確率的モデルを構成するためのさまざまなアプローチを記述することで本章を終えることにする．本章の最終節は，こうした選択の確率的モデルに関する計量経済学的推定法を例示することを目的とした次章に自然につながる内容になっている．

12.2 効用関数とリスク回避性

　リスク下での選択に関するどのようなモデルについても，その中心的特徴となるものの1つは，そのモデルで仮定される効用関数である．最初に，ある

課題の結果は所得あるいは富の量であると仮定し，それを x と表そう．効用関数 $U(x)$ は，この変数上に定義される．$U(x)$ については，多くの異なる特定化が可能である．

　重要なことは，ここで求められている効用関数のタイプは，ある特定の点において消費量上に定義されるもっと普通の効用関数とは異なっている，ということである．後者の通常タイプの効用関数は，［選好の］順序を変えないような任意の変換によって変換可能で，変換後の行動は変換の影響を受けない．しかしながら，効用関数 $U(x)$ については，その形状を不変にするような変換を適用することしか認められない．ときには，$U(x)$ が「正のアフィン変換について一意である」と言われたりする．このことは，$U(x)$ の形状，特にその曲率は，行動の決定にとって重要である，ということを意味している．

　Pratt（1964）の貢献に帰される，リスク下の行動をモデル化する上で中心的な 2 つの概念は，絶対的リスク回避度と相対的リスク回避度である．リスク回避度に関するこれらの尺度は，効用関数の曲率と深く関係している．絶対的リスク回避度の係数は，次のように定義される．

$$A(x) = -\frac{U''(x)}{U'(x)} \tag{12.1}$$

相対的リスク回避度の係数は，次のように定義される．

$$R(x) = -\frac{xU''(x)}{U'(x)} \tag{12.2}$$

最初に，効用関数が線形，例えば，$U(x) = x$ であるなら，上記の 2 つのリスク回避度に関する上記の尺度の両方とも 0 になるため，このような効用関数をもつ個人は，「リスク中立的」であると言うことになる．日常生活での経験からわかるように，ほとんどの人はリスク回避的であり，したがって，リスク回避度に関する尺度は通常，正であることが予想される．また，リスク愛好的な人については，そのリスク回避度に関する尺度は負になるだろう．

　ある種の応用では，より高階の微係数について考えることも有益である．3 階の微係数は「慎重さ」を，4 階の微係数は「自制」を表すものだと言われている（Eeckhoudt and Schlesinger, 2006 を参照）．しかしながら，ここでは，2 階の微係数で表されるリスク回避性に注意を向けることにしよう．

　わかりやすい効用関数に「べき乗」の効用関数がある．それは以下のように定義される．

$$U(x) = x^{\alpha} \qquad x \geq 0; \ \alpha > 0$$
$$= \ln(x) \quad \alpha = 0$$
$$= -x^{\alpha} \quad \alpha < 0 \tag{12.3}$$

(12.3) 式は，相対的リスク回避度一定（CRRA）の効用関数についての単純な
バージョンであり，その相対的リスク回避度の係数は $1 - \alpha$ である．$\alpha < 0$ な
らば非常にリスク回避度が強い個人，$0 < \alpha < 1$ ならばリスク回避的な個人，
$\alpha = 1$ ならばリスク中立的な個人，そして $\alpha > 1$ ならばリスク愛好的な個人
を表すことに注意してほしい．

　CRRA 型の効用関数をパラメータ化する別の方法として，次のようなもの
がある．

$$U(x) = \frac{x^{1-r}}{1-r} \quad x \leq 0; \ -\infty < r < \infty; \ r \neq 1$$
$$= \ln(x) \quad r = 1 \tag{12.4}$$

(12.4) 式では，相対的リスク回避度の係数は r である．リスク中立的な個人
は $r = 0$ である．r の値が正の大きな数の場合，極端にリスク回避的であるこ
とを示し，r の値が負の大きな数の場合，極端にリスク愛好的であることを示
す，ということに注意してほしい．最後に，(12.4) 式の第 1 行に現れる関数
は，$r = 1$ のときには定義できないことに注意してほしい．r が 1 に近づくに
つれて，この関数の極限は $\ln(x)$ になるので（問題 1 を参照），$r = 1$ のときに
はこの関数型が使用される．

　図 12.1 には，(12.4) 式で定義された CRRA 型の効用関数が，異なる 3 つ
の r の値に対して示されている．太い点線は $r = -0.5$ の場合のこの関数を
表している．この関数は凸関数なので，リスク愛好的であることを示してい
る．細い点線は $r = 0.5$ の場合のこの関数を表している．この関数は凹関数な
ので，リスク回避的であることを示している．実線は $r = 1.5$ の場合のこの関
数を表している．この関数はさらに凹性が強いので，よりリスク回避的である
ことを示している．また，この曲線は横軸よりも下に位置しており，$r > 1$ の
ときには必ずそうなるということにも注意してほしい．

　(12.3) 式や (12.4) 式の CRRA 型の効用関数における問題の 1 つは，これら
の関数が 0 という結果に十分対応できないことである．くじにおいて最も低

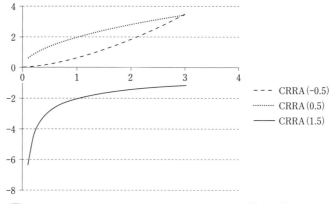

図 12.1　$r = -0.5, 0.5, 1.5$ のときの CRRA 型効用関数 (12.4)

い結果が 0 であることは非常によくあり，したがって，$U(0)$ の値を評価する必要がある．しかしながら，「べき乗」項が非正であるとき，つまり，(12.3) 式において $\alpha < 0$，あるいは (12.4) 式において $r \geq 1$ の場合，$U(0)$ は定義できない．このことは，CRRA 型の効用関数が，くじにおいて最も低い結果が 0 のときには使用できない，ということを意味しているわけではない．それは単に，最も低い結果が 0 のときには，この関数が高い程度のリスク回避性を説明できないことを意味しているだけである．

異なった種類の効用関数として，絶対的リスク回避度一定（CARA）の効用関数があり，それは次のように定義される．

$$U(x) = 1 - \exp(-rx) \quad x \geq 0; r > 0 \tag{12.5}$$

ここで，r は絶対的リスク回避度の係数である．(12.5) 式においては，r は正でなければならないことに注意してほしい．これは，r の値が負であれば効用関数が x について減少関数になるからである．この問題を解決するためには，以下のような正規化された CARA 型効用関数を使うことである（Conte et al., 2011 を参照）．

$$U(x) = \frac{1 - \exp(-rx)}{1 - \exp(-rx_{\max})} \quad 0 \leq x \leq x_{\max}; -\infty < r < \infty \tag{12.6}$$

ここで，$x_{\max}$ は所得変数 x の上限である．(12.6) 式は，r が負の値であっても x に関する増加関数になっており，r の値が負である場合にはリスク愛好性

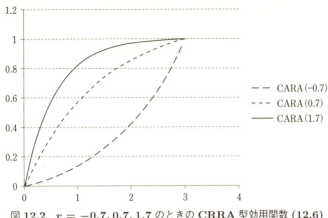

図 12.2 $r = -0.7, 0.7, 1.7$ のときの CRRA 型効用関数 (12.6)

を表すことになる．(12.5) 式と (12.6) 式は，0 を含むすべての x について定義されていることに注意してほしい．したがって，CARA 型関数は，CRRA 型関数に関して上記で指摘された問題を回避できている．つまり，CARA 型効用関数は，最も低いくじの結果が 0 である場合でさえも，高い程度のリスク回避性を説明することができるのである．

図 12.2 には，正規化された (12.6) 式の CARA 型効用関数が，$x_{\max} = 3$ の下で，3 つの異なる r の値について示されている．太い点線は $r = -0.7$ の場合のこの関数を表している．効用関数は凸なので，リスク愛好的であることを示している．細い点線は $r = 0.7$ の場合のこの関数を表している．この関数は凹なので，リスク回避的であることを示している．実線は $r = 1.7$ の場合のこの関数を表している．関数の凹性がさらに大きくなっているので，よりリスク回避的であることを示している．

相対的リスク回避度一定を仮定したい場合には，必然的に，絶対的リスク回避度逓減（DARA）の効用関数，つまり，$A(x)$ が x に関して減少する場合を考えなければならない．絶対的リスク回避度一定を仮定したい場合には，相対的リスク回避度逓増（IRRA）の効用関数を考えなければならない．

CRRA 型と CARA 型との間の違いは，選択問題における金銭的結果を特定の方法で変更することを考えれば明解に知ることができる．具体的には，ある個人が CRRA 型の効用関数を持っているなら，すべての結果に同じ正の数を乗じても，この個人の選択は変化しないはずである．また，ある個人が

CARA 型の効用関数を持っているなら，すべての結果にある固定された金額を加えても，この個人の選択は変化しないはずである．それゆえ，CARA 型効用関数は，個人が初期保有している所得の影響を除外したい場合には有益な仮定である．というのは，CARA 型効用関数の下では，初期保有所得は選択に影響を与えないからである．これとは対照的に，CRRA 型効用関数を仮定した場合には，初期保有所得が多いほどリスク回避度が小さくなるという効果が生じる．

近年，応用の際にポピュラーになってきているより一般的な効用関数は，指数べき乗効用関数であり，以下のように定義される（Saha, 1993）．

$$U(x) = 1 - \exp(-\beta x^{\alpha}) \quad x \geq 0; \, \alpha \neq 0; \, \beta \neq 0; \, \alpha\beta > 0 \qquad (12.7)$$

おおまかに言えば，(12.7) 式は，CARA 型と CRRA 型とを組み合わせた効用関数である．絶対的リスク回避度の程度は，パラメータ α によって決定される．つまり，$\alpha < 1$ は DARA 型であることを，$\alpha = 1$ は CARA 型であることを，$\alpha > 1$ は IARA 型であることを表す．相対的リスク回避度の程度は，パラメータ β によって決定される．$\beta < 0$ は DRRA 型であることを，$\beta > 0$ は IRRA 型であることを表す．しかしながら，$\beta \neq 0$ であることに注意してほしい．よって，CRRA 型がそっくりそのまま (12.7) 式の特別なケースとして含まれているわけではないのである．

Abdellaoui et al. (2007) は，1 変数の指数べき乗効用関数を導入している．それは次のように定義される．

$$U(x) = -\exp\left(\frac{-x^r}{r}\right) \quad x \geq 0; \, r \neq 0$$
$$= -\frac{1}{x} \quad r = 0 \qquad (12.8)$$

(12.8) 式において，単一のパラメータ r は，関数の凹性を表す尺度として明確な解釈が可能である．つまり，r が小さいほど，関数の凹性が強くなる．また，容易に確認することができるように，この関数は DARA 型と IRRA 型の仮定を組み合わせたものである．

12.3 くじの選択

ここでくじと呼んでいるものは，理論分析においては「見込み (prospect)」と呼ばれることがある（例えば，Wakker, 2010 を参照）．くじは，確率のベクトルとそれに対応する結果のベクトルによって定義される．n 個の結果がある状況では，くじは $x_1 < x_2 < \cdots < x_n$ であるような結果のベクトル $\mathbf{x} = (x_1, \ldots, x_n)$ と，それに対応する確率のベクトル $\mathbf{p} = (p_1, \ldots, p_n)$ によって表されるだろう．このくじを $(\mathbf{p}, \mathbf{x})$ として言及することにする．リスク下の選択に関する研究では，結果の数 (n) が3以上になることはめったにない[1]．

重要な概念として，くじの期待値があり，これは以下のように定義される．

$$EV(\mathbf{p}, \mathbf{x}) = \sum_{j=1}^{n} p_j x_j \tag{12.9}$$

また，より重要な概念として，くじの期待効用があり，これは以下のように定義される．

$$EV(\mathbf{p}, \mathbf{x}) = \sum_{j=1}^{n} p_j U(x_j) \tag{12.10}$$

ここで，$U(.)$ は 12.2 節で記述された効用関数の1つである．

くじの選択の問題は，通常，2つのくじから構成されており，被験者にどちらのくじを選ぶかを尋ねるものである．1つ目のくじが $(\mathbf{p}, \mathbf{x})$ だとすると，2つ目のくじは $(\mathbf{q}, \mathbf{x})$ となる．ここで，$\mathbf{q} = (q_1, \ldots, q_n)$ である．通常，両方のくじには同じ結果のベクトル $\mathbf{x}$ が含まれているので，2つのくじを単純に $\mathbf{p}$ と $\mathbf{q}$ として表したとしても許されるだろう．

例えば，3つの結果がある以下の2つのくじについて考えてみよう．

---

1) 最近の文献は，リスク下の選択モデルを複雑性回避性を許容するように拡張することに関わっている．例えば，Sonsino et al.（2002）や Moffatt et al.（2015）の研究がそうである．複雑性の水準に望ましい多様性を確保するために，これらの研究における選択の問題では，より多くの結果を持つくじを含めている．

図 12.3 (12.11) 式に定義された 2 つのくじの例の図式的表現

$$(\mathbf{p}, \mathbf{x}) = ((0.333, 0.167, 0.5)', (0, 10, 20)')$$
$$(\mathbf{q}, \mathbf{x}) = ((0.167, 0.667, 0.167)', (0, 10, 20)') \qquad (12.11)$$

これら 2 つのくじを表現するのに，本書の他の箇所でも使用されている，便利で直感的な方法は，領域に区分された円を使用するというものである．この場合，くじのそれぞれの結果は，その結果が実現する確率に比例した面積を持つ領域によって表現される．(12.11) 式のくじの組を表現する円は図 12.3 に示されている．

通常，2 つのくじのうち 1 つはより「安全」なもの，また，もう 1 つはより「リスクがある」ものとして分類可能である．それぞれのくじに対して，少なくとも X という結果が得られる確率を表すスカラー変数 X についての関数を考察する必要がある．この関数は，明らかに X について非増加関数である．それで，2 つのくじから得られるこの関数を，X に対して同じグラフ上にプロットすることができる．典型的には，2 つの関数は交差するが，下側から交差するグラフに対応するくじは，よりリスクのあるくじに関するものである．もし，2 つの関数が交差しなければ，一方のくじは他方のくじを確率支配すると言われる（次節を参照）．

図 12.4 には，こうしたグラフが，例に挙げた (12.11) 式のくじの組について示されている．$\mathbf{p}$ に関する関数はもう一方の関数と下から交差していることがわかる．したがって，$\mathbf{p}$ は 2 つのくじのうちよりリスクがある方だと分類することができるだろう．

個人は，$\mathbf{p}$ と $\mathbf{q}$ のくじのうちどちらを選ぶかを決めるために，多くの異なるルールを使用することができるだろう．もし，ある個人が期待値を最大化する人であれば，(12.9) 式に従って，より高い期待値をもたらすくじを選ぶだろう．もし，その人が期待効用を最大化する人であれば，(12.10) 式に従って，より高い期待効用をもたらすくじを選ぶだろう．また，ある個人は非期待効用理論に基づくルールに従って行動することも可能であり，そうしたルールのい

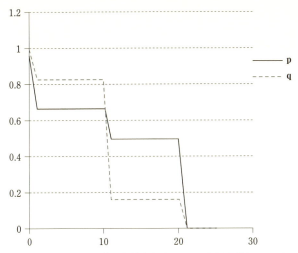

図 12.4 (12.11) 式に定義された 2 つのくじの例について，少なくとも X の結果が得られる確率を X に対してプロットしたグラフ

くつかについては，本章の後半で説明される．

例に挙げた 2 つのくじの期待値は，以下のようになる．

$$EV(\mathbf{p}) = 0 + \left(\frac{1}{6} \times 10\right) + \left(\frac{1}{2} \times 20\right) = \underline{11.67}$$

$$EV(\mathbf{q}) = 0 + \left(\frac{2}{3} \times 10\right) + \left(\frac{1}{6} \times 20\right) = \underline{10.00} \quad (12.12)$$

したがって，期待値を最大化する個人（つまり，リスク中立的な人）は，よりリスクのあるくじ $\mathbf{p}$ を選ぶだろう．しかしながら，十分にリスク回避的な人は $\mathbf{q}$ を選ぶだろう．例えば，$r = 0.75$ であるような (12.4) 式の CRRA 型効用関数を持ち，期待効用を最大化する個人を仮定してみよう．この個人にとって 2 つのくじの期待効用は以下のようになる．

$$EV(\mathbf{p}) = 0 + \left(\frac{1}{6} \times \frac{10^{0.25}}{0.25}\right) + \left(\frac{1}{2} \times \frac{20^{0.25}}{0.25}\right) = \underline{5.415}$$

$$EV(\mathbf{q}) = 0 + \left(\frac{2}{3} \times \frac{10^{0.25}}{0.25}\right) + \left(\frac{1}{6} \times \frac{20^{0.25}}{0.25}\right) = \underline{6.152} \quad (12.13)$$

したがって，この個人はより安全なくじ $\mathbf{q}$ を選ぶことだろう．というのは，くじ $\mathbf{q}$ の方がより高い期待効用をもたらすからである．実際，検証可能なこ

図 12.5 くじ p がくじ q を確率支配しているようなくじの組に関する例

とであるが，0.42 以上のどんな r の値に対しても，期待効用を最大化する人は q を選ぶことになる．このことから，q を選ぶどんな被験者も，現在の自分の相対的リスク回避係数が少なくとも 0.42 であることを表明しているのである．p を選ぶ被験者は，現在の自分の相対的リスク回避係数が 0.42 以下であることを表明している．これは実際，次章で詳しく説明されるランダム選好モデルの基礎になる事柄である．つまり，繰り返し観察された選択データは，個人内および個人間の両方でのリスク回避度のパラメータの分布を推定するために使用できるということである．

12.4 確率支配

くじ q の代わりに p を選ぶならある固定金額 X かそれ以上の額を獲得する確率が常に同じか大きくなるならば（まはた，厳密に大きくなるとすれば），くじ p はくじ q を確率支配するという．以下はその例である．

$$(\mathbf{p}, \mathbf{x}) = ((0.25, 0, 0.75)', (0, 10, 20)')$$
$$(\mathbf{q}, \mathbf{x}) = ((0.25, 0.25, 0.5)', (0, 10, 20)') \tag{12.14}$$

このくじの組は，図 12.5 に示されている．p が q を確率支配していることは図 12.6 において明らかである．この場合，p に対応する確率関数は，q に対応する確率関数よりも常に上側に位置している（あるいは，少なくとも一致している）．このようなくじ間の選択問題を「支配問題」と呼ぶことにしよう．

「支配問題」の重要性は，どんな合理的な被験者でも確率支配するくじを選ぶ，という点にある（もちろん，合理的という言葉には，期待効用の最大化や期待値の最大化，その他多くの理にかなった理論が含まれる）．しかしながら，選択実験においては，少数の被験者が確率支配に違反することは完全に正常だと考えられている．例えば，Looms and Sugden (1998) には，支配問題においてなされる選択の 1.5% には，確率支配に対する違反が見られると報告され

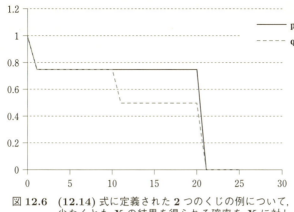

図 12.6 (12.14) 式に定義された 2 つのくじの例について，少なくとも X の結果を得られる確率を X に対してプロットしたグラフ

ている．それで，ここで問題になるのは，標準的理論はこうした変則的な観察結果が生じることを想定していないという状況で，これらの結果をどのようにして説明すべきか，ということである．その答えは，確率の特定化にある．これは，小さな確率で確率支配に対する違反が生じることを許容するのに十分柔軟になるようになされなければならない．この点については，12.6 節で確率の特定化について議論する際に立ち戻ることにする．

12.5 非期待効用モデル

実験データに直面する際，期待効用 (EU) の仮定はあまり通用しない，ということはよく知られている．第 3 章で議論されたアレのパラドックス (Allais, 1953) を含めて，EU 仮説に対する多くの種類の反例が観察されている．この理由のため，EU モデルを，EU モデルに対する反例を説明するような形に拡張する必要がある．多くのこうした「非期待効用モデル」がある (Starmer, 2000 を参照)．おそらく，最もよく知られているのは Tversky and Kahneman (1992) の累積的プロスペクト理論 (CPT) だろう．

CPT に関して 2 つの重要な特徴は，確率加重関数と損失回避性にある．確率を加重するというのは，個人がくじを評価する際，真の確率を使わず，その代わりに，加重関数として知られるものを使用して得られた「変換後の確率」を使う，という現象を意味する．この変換プロセスにおいて見られる典型的な

特徴は，好ましい結果が生じる小さい確率が過大に評価されるとともに，好ましくない結果が生じる小さい確率が過大に評価される，というものである．

損失回避性は，「損失は利益よりも重大に受け止められる」(Kahneman and Tversky, 1979) という原則を取り入れるということである．これは，損失回避パラメータ λ によって捉えられる．この λ は，損失が（効用で測って）利益よりも悪いと認識される度合いを表す乗数である．ある実験に結果が負になることがあるような選択問題が含まれている場合には，損失回避パラメータ λ を含むような形で選択モデルを拡張する必要がある．しかしながら，本書のすべての例では，負の結果は取り扱われていない．

それゆえ，本書において CPT が使用される際には，確率の加重は含まれるが，損失回避性は含まれない．すべての結果が非負であるような状況に CPT が適用されると，モデルは実際にはランク依存型（RD）効用理論 (Quiggin, 1982) と同値のものになる．

12.5.1 加重関数

本節では，CPT の重要な構成要素の1つである加重関数に関するパラメトリックな特定化に焦点を当てる．加重関数に関する有用なサーベイは，Scott (2006) によって提供されている．

やはりここでも，生じる結果が $x_1 < x_2 < \cdots < x_n$ であるようなベクトル $\mathbf{x} = (x_1, \ldots, x_n)$ に，それに対応する確率がベクトル $\mathbf{p} = (p_1, \ldots, p_n)$ に含まれるくじ $(\mathbf{p}, \mathbf{x})$ によって表すことにする．CPT によれば，個人はくじを評価する際には $\mathbf{p}$ に含まれる真の確率を使用せず，むしろ変換された確率 $\tilde{\mathbf{p}} = (\tilde{p}_1, \ldots, \tilde{p}_n)$ を使用する．変換された確率は真の確率から以下のようにして得られる．

$$\tilde{p}_j = w\left(\sum_{k=j}^{n} p_k\right) - w\left(\sum_{k=j+1}^{n} p_k\right) \quad j = 1, \ldots, n-1$$

$$\tilde{p}_n = w(p_n) \tag{12.15}$$

ここで，$w(.)$ は $w(0) = 0$, $w(1) = 1$ という性質を持つ加重関数である．(12.15) 式は，変換された確率の和が1になること，すなわち

$$\sum_{j=1}^{n} \tilde{p}_j = 1$$

であることを保証している.

　ここでもやはり，3つの結果のみからなるケースを考察することが有益である. この場合，(12.15) 式は次のようになる.

$$\tilde{p}_3 = w(p_3)$$
$$\tilde{p}_2 = w(p_2 + p_3) - w(p_3)$$
$$\tilde{p}_1 = 1 - w(p_2 + p_3) \tag{12.16}$$

この3つの結果からなるケースは図 12.7 に描かれており，図中にある曲線が加重関数である. この曲線が逆S字状であるため，最良の結果と最悪の結果に関する確率が過大に評価されるという結果になる（つまり，それぞれ $\tilde{p}_3 > p_3$ および $\tilde{p}_1 > p_1$ となる）. 当然，中間の結果に関する確率は過少に評価されることになる（つまり，$\tilde{p}_2 < p_2$ となる）. もし加重関数が 45 度線と一致していたならば（つまり，$w(p) = p$ ならば），確率は正しく重み付けられているので，EU と一致することになる.

　図 12.7 で見られる逆S字の形状は，実際，加重関数に関する標準的な仮定である. つまり，最良の結果と最悪の結果に関する小さな確率の両方が過大に評価され，その分中間の結果に関する確率が過少に評価される，と仮定するのが標準的である.

　文献に登場する3つのパラメータ化された加重関数は，以下のように特定化される.

$$\text{指数型：} w(p) = p^{\gamma}, \; \gamma > 0$$

$$\text{Tversky and Kahneman (1992) 型：} w(p) = \frac{p^{\gamma}}{(p^{\gamma} + (1-p)^{\gamma})^{1/\gamma}}, \; \gamma > 0.279$$

$$\text{Prelec (1999) 型：} w(p) = \exp(-\alpha(-\ln p)^{\gamma}),$$
$$\alpha > 0, \; \gamma > 0 \tag{12.17}$$

これら3つの関数すべてが，任意に選ばれたパラメータの下で図 12.8 に示されている. このうち最初のもの，つまり指数型の加重関数には望ましくない制約があると感じられるかもしれない. というのは，これは逆S字の形状を許

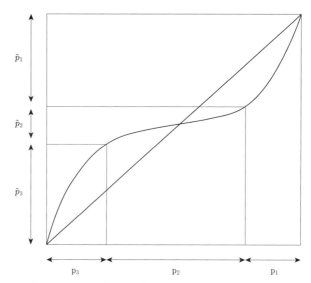

図 12.7　3 つの結果を想定した場合の逆 S 字状の加重関数

容するものではないからである．この関数は，45 度線よりも完全に上側に位置するか（$\gamma < 1$ の場合），下側に位置するか（$\gamma > 1$ の場合）のどちらかになる．2 番目の関数は Tversky and Kahneman [T& K]（1992）によるものである．1 つのパラメータしか持っていないにもかかわらず，この関数は要求されている通り，逆 S 字状になり（$0.279 < \gamma < 1$ の場合），γ の値に依存したある点において 45 度線と交差する．γ の下限は，単調性を満たすために必要である．もし $\gamma = 1$ ならば，EU と一致する．

3 番目の関数は，Prelec（1998）によるもので，2 つのパラメータがある．これらのパラメータ両方が 1 に等しいときには EU と一致する．この関数は $p = \exp\left(-\alpha^{\frac{1}{1-\gamma}}\right)$ という点で 45 度線と交差する（問題 3 を参照）．パラメータ α は悲観の程度を反映しており（この値が 1 未満の値の場合は楽観の程度を反映する），パラメータ γ は逆 S 字の度合いを決定する（γ の値が小さいほど，逆 S 字形が鮮明になる．逆に，$\gamma > 1$ の場合は S 字形になる）．両方のパラメータが 1 よりやや小さくなることが典型的である．

変換された確率が求まれば，個人のくじに対する評価値を以下のように計算できる．

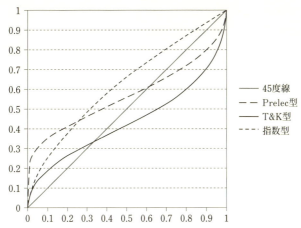

図 12.8 (i) $\gamma = 0.6$ の場合の指数型関数,(ii) $\gamma = 0.6$ の場合の T&K 型関数,(iii) $\gamma = 0.5$, $\alpha = 0.7$ の場合の Prelec 型関数

$$V(\mathbf{p}) = \sum_{j=1}^{n} \tilde{p}_j U(x_j) \tag{12.18}$$

12.6 リスク下の選択に関する確率モデル

本節の前半では,リスク下での選択を理解するために本質的となるさまざまな理論的概念について議論してきた. EU を仮定すると,くじ $\mathbf{p}$ がくじ $\mathbf{q}$ よりも選ばれるための条件は,$EU(\mathbf{p}) > EU(\mathbf{q})$ であることを述べた. ここで,関数 $EU(.)$ は,結果に対する効用とそれが生じる確率とを組み合わせることによって評価される. CPT(あるいは,RD 理論)を仮定すると,くじ $\mathbf{p}$ が選ばれるための条件は $V(\mathbf{p}) > V(\mathbf{q})$ によって与えられる. ここで,関数 $V(.)$ は関数 $EU(.)$ と同様に評価されるが,真の確率の代わりに変換された確率が使用される.

便宜上,$\mathbf{p}$ と $\mathbf{q}$ の評価の差分を表すために,記号 ∇(あるいは $\tilde{\nabla}$)を導入する. つまり,EU の下では $\nabla = EU(\mathbf{p}) - EU(\mathbf{q})$ であり,CPT の下では $\tilde{\nabla} = V(\mathbf{p}) - V(\mathbf{q})$ となる. そうすると,くじ $\mathbf{p}$ が選ばれるための条件は,単に $\nabla > 0$ あるいは $\tilde{\nabla} > 0$ となる.

当然,これらのモデルを操作可能なものにするためには,確率的な要素を導

入する必要がある. この問題に対しては多くの適用可能なアプローチがあり,
それらを紹介するのが本節の目的である.

おそらく,最も自明なアプローチは,単に加法的な誤差項を評価の差分に当
てはめることである. それにより,くじ **p** が選ばれるための条件は(EUの仮
定の下では)以下のようになる.

$$\nabla + \epsilon > 0 \text{ であれば } \mathbf{p} \text{ を選ぶ. ただし, } \epsilon \sim N(0, \sigma^2) \qquad (12.19)$$

誤差項 ϵ に対して平均が 0 の正規分布を仮定するのは自然なことではあるが,
その他の可能性としてはロジスティック分布がある. 誤差項が存在すると,行
動はもはや決定論的ではなくなる. 行動は確率的に記述されることになる.
(12.19) 式での分布上の仮定の下で, **p** が選ばれる確率は,以下のようになる.

$$P(\mathbf{p} \text{ を選ぶ}) = P(\nabla + \epsilon > 0) = P(\epsilon > -\nabla) = p\left(\frac{\epsilon}{\sigma} > -\frac{\nabla}{\sigma}\right) = \Phi\left(\frac{\nabla}{\sigma}\right)$$
$$(12.20)$$

ここで $\Phi(.)$ は標準正規 cdf である. パラメータ σ は選択におけるノイズとし
て解釈される. もし $\sigma = 0$ であれば,ノイズは存在せず,選択は決定論的で
ある. もし $\sigma = \infty$ であれば,選択は完全にノイズによって決定され,それぞ
れのくじが選ぶ確率は 0.5 になる.

(12.19) 式におけるように,評価の差分に加法的な誤差を当てはめる方法
は,Fechner (1860) に由来してフェヒナー・アプローチとして知られるよう
になった. このアプローチは,Hey and Orme (1994) によって使用されてい
る.

おそらく,より洗練されたアプローチは,Looms and Sugden (1998) によ
るランダム選好(RP)アプローチである. このアプローチでは,選択におけ
る変動は,リスクに対する態度に関するパラメータにおける(個人内あるいは
個人間の)変動によって説明される. 例示のために,(12.3) 式のべき乗の効用
に基づく EU モデルに焦点を当て,0, 1, 2 という 3 つの結果があるものと仮
定しよう. これらの仮定により,評価の差分は以下のようになる.

$$\nabla(\alpha) = EU(\mathbf{p}) - EU(\mathbf{q}) = (p_2 + p_3 2^\alpha) - (q_2 + q_3 2^\alpha) = d_2 + d_3 2^\alpha \quad (12.21)$$

ここで,$d_2 = p_2 - q_2$ および $d_3 = p_3 - q_3$ である. したがって,**p** が選ばれる

ための条件は以下のようになる.

$$d_2 + d_3 2^\alpha > 0 \Leftrightarrow \alpha > \frac{\ln\left(-\frac{d_2}{d_3}\right)}{\ln 2} \tag{12.22}$$

選択にランダム性を許容するためには,べき乗パラメータ α が確率変数であると仮定する必要がある.ある特定の個人について,以下のことを仮定しよう.

$$\ln \alpha \sim N(\mu, \sigma^2) \tag{12.23}$$

(12.23) 式で対数正規分布を選択した理由は,(12.3) 式におけるべき乗パラメータが正であるという条件があるためである.(12.22) 式と (12.23) 式とを組み合わせれば,以下の選択確率が得られる.

$$P(\mathbf{p} \text{を選ぶ}) = P\left(\alpha > \frac{\ln\left(-\frac{d_2}{d_3}\right)}{\ln 2}\right) = P\left(\ln \alpha > \ln\left(\frac{\ln\left(-\frac{d_2}{d_3}\right)}{\ln 2}\right)\right)$$

$$= \Phi\left(\frac{\mu - \ln\left(\frac{\ln\left(-\frac{d_2}{d_3}\right)}{\ln 2}\right)}{\sigma}\right) \tag{12.24}$$

RP モデルの問題は,確率支配に関する反例を説明できないことである.これは次のことを考えてみればわかる.くじ $\mathbf{p}$ がくじ $\mathbf{q}$ を支配している選択問題では,$|d_2| < d_3$ であるので,それゆえ,$\ln\left(-\frac{d_2}{d_3}\right) < 0$ となる.また,$\alpha > 0$ であるので,(12.24) 式における最初の等式から,くじ $\mathbf{p}$ が常に選ばれることがわかる.つまり,RP モデルの下では,確率支配される選択肢を選ぶことは不可能なのである.この点に関しては,少なくとも被験者の一部がときに確率支配に反する選択をすることが通常観察されるために,支配問題を含む実験を実施する人々にとって問題となる.被験者がそうした選択をする理由がどのようなものであれ,それらについて説明する必要があるからである.

この問題に対するポピュラーな対処法は(Looms et al., 2002 および Moffatt and Peters, 2001 を参照),摂動項を導入することである.摂動項は,例えば,パラメータ ω として表されるが,個人が集中力を失って 2 つの選択肢の

間をランダムに選ぶ確率を表現する．(12.24) 式に摂動項を導入すると，以下の「摂動項のある RP モデル」が得られる．

$$P(\mathbf{p} \text{ を選ぶ確率}) = (1-\omega)\Phi\left(\frac{\mu - \ln\left(\dfrac{\ln\left(-\dfrac{d_2}{d_3}\right)}{\ln 2}\right)}{\sigma}\right) + \frac{\omega}{2} \qquad (12.25)$$

Harless and Camerer（1994）は，選択における変動を純粋に摂動によって説明している．ここでは，摂動項の役割は，RP モデルなどを補完するような他のモデルの 1 つとして考えることにしたい．摂動はフェヒナー・モデルにおいても導入可能なものであるが，フェヒナー・モデル自体は確率支配に関する反例を説明可能なので，摂動の導入はそれほど重要なことではない．

12.7　まとめと読書案内

　経済理論は，リスク下での選択に対して，Neuman and Morgenstern（1947）以降，多くのモデルを生み出してきた．Pratt（1964）は，効用関数の曲率を使って個人のリスクに対する態度を計測するための基礎を提供した．Saha（1993）は，CRRA と CARA との違いを理解し，また，2 つのモデルを組み合わせた効用関数を作り出す上でも有益な文献である．[より高次の] 慎重さや自制といった事柄に興味がある読者は，Eeckhoudt and Schlesinger（2006）を参照すべきである．

　EU 理論からの乖離を示す理論は，しばしばプロスペクト理論，累積的プロスペクト理論（CPT），ランク依存型（RD）効用理論という名称に分類される．これら非 EU 理論に関する重要文献には，Kahneman and Tversky（1979）や Tversky and Kahneman（1992），それに Wakker（2010）が含まれる．Scott（2006）は，確率加重関数の関数形に関する有益なサーベイを提供している．その中には，次章で開発される計量経済学的モデルで仮定される Prelec（1998）の関数形も含まれている．Starmer（2000）には，EU からの反例に関する実験的証拠がレビューされている．

　本章では，リスク下での選択についてのモデルに確率的要素を導入するため

のさまざまなアプローチを考察してきた．これらのアプローチに関するより詳細な取り扱いについては，Wilcox（2008）を参照すべきである．

問題

1. 以下の効用関数を考えてみよう．

$$U_1(x) = \frac{x^{1-r}}{1-r} \quad r \neq 1$$

$$U_2(x) = 1 - \exp(-rx)$$

   a. U_1 に対する相対的リスク回避係数と，U_2 に対する絶対的リスク回避係数を導きなさい．それから，これら2つの効用関数がそれぞれ「CRRA」と「CARA」と名付けられている理由を説明しなさい．

   b. CRRA ならば DARA であること，および CARA ならば IRRA であることを証明しなさい．

   c. U_1 と U_2 のそれぞれに対して，以下の状況が選択に及ぼす効果を（つまり，個人がより安全な選択肢を選ぶ傾向性について）考察しなさい．

      i. 選択問題において，すべての結果が2倍された場合

      ii. 選択問題において，すべての結果にある固定額 c が追加された場合

   d. 各効用関数について，初期保有額の増加がより安全な選択肢を選ぶ傾向性に与える効果はどれくらいなるか？

   e. $r \to 1$ のとき $U_1(x) \to \ln(x)$ となることを示しなさい．

2. 次の指数べき乗の効用関数について考えてみよう．

$$U(x) = 1 - \exp(\beta x^\alpha) \quad x \geq 0;\ \alpha \neq 0;\ \beta \neq 0,\ \alpha\beta > 0$$

   a. $\alpha < 1$ ならば DARA であること，$\alpha = 1$ ならば CARA であること，$\alpha > 1$ ならば IARA であることを示しなさい．

   b. $\beta < 0$ ならば DRRA であること，$\beta > 0$ ならば IRRA であることを示しなさい．

3. 12.5.1 節で紹介された以下の Prelec（1998）の確率加重関数について考えてみよう．

$$\omega(p) = \exp(-\alpha(-\ln p)^{\gamma}) \quad \alpha > 0; \gamma > 0$$

この関数が45度線と交差する値pを示す式を見出しなさい．そのためには，$\omega(p) = p$とおき，それからpをαとβについて解く必要がある．

411

第13章 リスク下の選択：計量経済学的モデル

13.1 はじめに

　いろいろな意味で，本章は本書の焦点となる章である．それは部分的には，本章では他の章で導入された多くの概念や手法が1つにまとめられるからあり，また，そうした概念や手法のすべてが実験経済学における重要分野の1つ，リスク下の選択に関する計量経済学的モデル化に応用されるからである．

　他の章との主要なつながりは以下のようになっている．本章は，第12章で導入されたタイプの（効用関数や確率加重関数を含む）理論モデルにおけるパラメータを推定するという問題に関わっている．確率的な特定化間での選択といった計量経済学的問題については，すでに第6章において，より簡便な形で紹介されている．本章で分析されるデータを得るために使用される実験計画は，第14章で説明される予定の内容の意味での最適計画になっている．データは，実際にはシミュレーションによって得られたものだが，このシミュレーションの方法については第9章において導入され，例示されている．推定手法は，第10章で導入された最尤シミュレーション（MSL）法である．最後に，第5章には，リスク下での選択の枠組みの下での意思決定時間に関するモデルが含まれている．そのモデルにおいて重要な説明変数の1つは，ある被験者にとっての与えられた選択問題における「無差別への近接性」であった．この変数を得るための手法は，選択モデルに関する推定に続いて，本章で説明される．

　最初に，なぜ選ばれた焦点となる話題が，1つ1つ個別に直面することになる一連の長い選択課題の系列から構成される実験であるのかを明確にしてお

くことが重要である．代替的な実験設定は，6.5.1節で議論されたHolt and Laury（2002）の複数価格リスト（MPL）法である．MLP法は，くじの組が順番に並べられたリストからなり，通常は被験者に対して単一のスクリーン上に提示される．くじの組は，最初の組ではすべての被験者が（例えば）左側のくじを選ぶことが期待されるが，最後の組ではすべての被験者が右側のくじを全員が選ぶように設計されている．そして，被験者が左から右へと選択をスイッチする箇所が被験者のリスクに対する態度を推測するために使用される．この手法は，被験者のリスク回避度を引き出すのに非常に有益で，ポピュラーなものであるが，リスク下での行動が分析の焦点であるときには，この手法が適当だとは思われない．なぜなら，MLP法の下では，各被験者から抽出されるのは，くじの選択をスイッチする箇所というただ1つの情報のみだからである．一連の暗黙の「選択」を独立した観察の集合とみなし，それを基に推定を行う研究者もいるが，それは正しくない．その分析を正しく行うためには，非常に制限された観察間の相関構造を取り入れる必要があるが，それが正しくなされたとしても，本質的にはくじの選択をスイッチする箇所というただ1つの情報のみがもたらされるだけだろう．分析の焦点がリスク下での行動である場合には，各被験者について単一の観察では不十分である，というのがわれわれの考えである．これは，被験者内の変動が識別されず，他のパラメータに関する推定が不正確になってしまうからである．MPL法は，リスク下での行動以外の何らかの研究をする際に，［その研究内容とは］無関係な推定として危険に対する態度を計算するために使用される一般的な手法であることは，文献によって明らかである．例えば，Anderson et al.（2008）によるリスク選好と時間選好を同時に引き出す研究などを参照してほしい．しかしながら，リスク下での行動が分析の中心である場合には，例えば本章で使用されるもののような，もっと情報量の多い実験計画が必要であるという見方にこだわりたい．

　本章で使用されるリスク下での選択データは，シミュレートされたものである．選ばれた実験計画には，$0，$10，それに$20という3つの結果だけしかない．異なる50個の選択問題があり，そのそれぞれはこれら3つの結果を持つ2つのくじから構成されている．それぞれの賞金が得られる確率は，第14章で詳細に説明されるような意味で，標本内の情報量を最大化するように選ばれている．付録Cには，50個の選択問題を定義する確率が記載されている．

　図13.1には，例示のために，3つの選択問題が示されている．課題10と

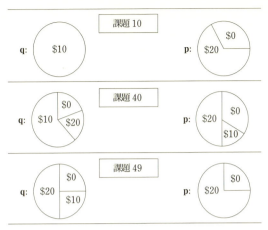

図 13.1 リスク下での選択実験における典型的な選択課題

40ではくじpの方がリスクが大きいが，課題49ではくじpが確率支配している．

このシミュレーションには，60人の被験者がいる．各被験者は，ランダムな順番で50個の選択問題に直面し，翌日には同じ50個の選択課題に対して異なる順番で直面することになる．したがって，各被験者にとって選択課題の総数は100となる．それぞれの課題に対して，被験者は2つの選択肢から1つを選ばなければならず，2つの間で無差別であることは許されない．ここでは，ランダム化インセンティブ（RLI）法が使用されている．それは，一連のくじの選択問題が終了した後に，100個の問題のうちの1つがランダムに選ばれ，選ばれたくじに基づき報酬が決定される，というものである．これは（Holt（1986）による批判はあるものの），被験者に各選択課題をあたかもそれが唯一の課題であるかのように扱わせることを保証する手法なのである．

ここでは，単純な「べき乗」の効用関数を仮定する．第12章で説明したように，この関数は相対的リスク回避度一定（CRRA）の効用関数の一種である．ここで仮定される確率加重関数はPrelec（1998）によるものである．また，フェヒナー・モデルとRPモデルという2つの代替的な確率的特定化が仮定される．これらについても第12章で議論されている．さらに，摂動パラメータが仮定される．リスク下の選択に関するモデルには，すべての変動は摂動によって説明されると仮定するものがあるからである．しかしながら，そう

したアプローチは賢明なものであるとは思われないので，ここではそうしたアプローチを追及しないことにする．

第6章で考察されたリスク下の選択モデルは，各被験者について1つの観測値だけがあると仮定するという意味で「クロスセクション」モデルであった．本章では，被験者が一連の選択問題に関わるような，より一般的な設定へとモデルを発展させる．すなわち，利用可能なデータはパネルデータなので，推定に際しては，被験者内の変動を被験者間の変動から分離する必要がある．変量効果アプローチがこの目的のために使用される．固定効果（FE）モデルではなく変量効果（RE）モデルを使用する理由の1つは，それが，最もリスク回避的な被験者や最もリスク愛好的な被験者に対してさえ，リスクに対する態度に関する推定値を得ることを可能としてくれるからである．被験者ごとに分離して推定を行う際には，識別上の理由から，そうした推定は不可能な場合があるからである．推定手法は，第10章で詳細に説明した最尤シミュレーション（MSL）法を使用する．

これまでの章でのように，推定プログラムやそれに付随するプログラムについては，いくぶん詳しく説明される．推定の各ステップをできる限り完全に理解することが読者にとって重要であると考えられる．というのは，これらのプログラムを理解しておくことは，読者が自分自身の問題に適用するためのプログラムを作成するための良い準備になるだろうからである．

プログラムは，シミュレーション，推定，推定後の処理の3つの部分から構成される．シミュレーションに関する部分では，フェヒナー・モデルを仮定したデータセットとランダム選好（RP）モデルを仮定したデータセットの2つをシミュレートする．推定に関する部分には，これら2つのモデルのそれぞれに関する対数尤度を評価するためのプログラムが含まれている．したがって，2つのモデルが2つのデータセットに適用されるので，4つの異なる推定値が得られることになる．「誤った」モデルを適用した結果に対する感覚をつかむ上でも，また，「正しい」モデルを適用した際の正しい推定について再確認する上でも，こうした比較は有益である．

推定後の処理をする段階には，推定の段階で記録された多くの変数に関する操作内容が含まれている．この段階で実行される1つの課題は，ヴュオン検定とクラーク検定を実施することである．これらは，フェヒナー・モデルとRPモデルとの間で検定を行うために適切な，非入れ子型の検定である．実行

されるその他の課題は，標本内の各被験者についてリスクに対する態度の事後推定値を構成することと，各被験者について各選択問題において推定された「無差別への近接性」を表す変数を，リスクに対する態度の事後推定値から導出することである．第5章からもわかるように，無差別への近接性は，意思決定時間に関する主要な決定要因である．実際，STATA のプログラムで実行される最後の課題は，無差別への近接性や課題のその他の特性を説明変数としてもちいながら，選択データに対する意思決定時間をシミュレートすることである．結果として得られるデータは，第5章で使用された decision_time_sim ファイルに収められている．

13.2 選択モデル

13.2.1 分析枠組み

（シミュレートされた）実験におけるすべての選択問題は，$0, $10, $20という3つの結果の組み合わせから構成されている．そこでこれ以降は，すべての金額は$10 単位で測ることにし，3つの結果を単に0，1，および2と呼ぶことにする．実験における選択問題には $t (t = 1, \ldots, T)$ という番号を付ける．ほとんどの選択問題について，2つのくじのうちの1つは「よりリスクのある」くじとして，もう1つは「より安全な」くじとして分類されるだろう．こうした分類ができない場合，その選択問題は「支配」に関する問題となる．というのは，1つのくじがもう1つのくじを一次確率支配するからである（第12章を参照）．もし課題 t が非支配問題であれば，よりリスクのあるくじを $\mathbf{p}_t$，より安全なくじを $\mathbf{q}_t$ と名付けることにする．支配問題については，$\mathbf{p}_t$ は支配する側のくじ，$\mathbf{q}_t$ は支配されるくじになるだろう．$\mathbf{p}_t = (p_{1t}, p_{2t}, p_{3t})'$ と $\mathbf{q}_t = (q_{1t}, q_{2t}, q_{3t})'$ は，3つの可能な結果に対応する3つの確率を含むベクトルである．

被験者に $i (i = 1, \ldots, n)$ という番号を付け，以下のべき乗効用関数を仮定する[1]．

---

1) 第12章でべき乗効用関数について議論した際には，べき乗のパラメータとして α が使用されていた．これは，r が異なる用途で使用されていたためである．ここでは，べき乗効用関数のみが使用されるため，r がべき乗のパラメータとして使用される．

$$U_i(x) = x^{r_i} \quad r_i > 0 \tag{13.1}$$

第12章で説明されたように，(13.1) 式は相対的リスク回避度一定（CRRA）の効用関数の中でもシンプルなバージョンであり，（被験者 i にとっての）相対的リスク回避係数は $1 - r_i$ となっている．$0 < r_i < 1$ ならばリスク回避的な被験者，$r_i = 1$ ならばリスク中立的な被験者，$r_i > 1$ ならばリスク愛好的な被験者であることに注意してほしい．また，$U_i(0) = 0$ であることにも注意してほしい．$r_i < 0$ を認めない理由は，典型的には選択問題にはゼロという結果が含まれているので，$r_i < 0$ のときには $U_i(0)$ が定義できないからである．

(13.1) 式の仮定と，期待効用（EU）最大化仮説の下では，選択問題 t における被験者 i の2つのくじに対する評価は，以下のようになる．

$$EU_i(\mathbf{p}_t) = p_{2t} + p_{3t}2^{r_i}$$
$$EU_i(\mathbf{q}_t) = q_{2t} + q_{3t}2^{r_i} \tag{13.2}$$

ここで，以下のように定義しよう．

$$d_{1t} = p_{1t} - q_{1t}$$
$$d_{2t} = p_{2t} - q_{2t}$$
$$d_{3t} = p_{3t} - q_{3t} \tag{13.3}$$

(13.3) 式の3つの量は確率の差である．非支配問題については，$d_{1t} \geq 0, d_{2t} \leq 0, d_{3t} \geq 0$ であり，さらに $|d_{2t}| \geq d_{3t}$ であることに注意してほしい．支配問題については，この最後の等式は満たされないため，$|d_{2t}| > d_{3t}$ となる．支配問題の例は，図 13.1 に示された課題 49 である．確率支配についての形式的な定義は第12章に与えられている．

引き続き EU を仮定すると，被験者 i が $\mathbf{q}_t$ よりも $\mathbf{p}_t$ を選ぶのは，評価の差分が正であるとき，すなわち，以下が成立するときである．

$$\nabla_{it}(r_i) \equiv EU_i(\mathbf{p}_t) - EU_i(\mathbf{q}_t) = d_{2t} + d_{3t}2^{r_i} > 0 \tag{13.4}$$

推定を可能にするために，(13.4) 式に確率的な要素を導入する必要がある．その方法には広く2つのアプローチがある．フェヒナー・アプローチと RP アプローチである．

13.2.2 期待効用最大化に対する違反の導入

第12章で説明されたように，EU 仮説の違反は，しばしば累積的プロスペクト理論 (CPT, Tversky and Kahneman, 1992) の枠組みの中で考察される．くじの結果が常に非負であるような現在の実験設定では，CPT はランク依存型 (RD) 効用理論 (Quiggin, 1982) と同値になる．このモデルの中心的な特徴は加重関数の存在にあり，それは真の確率を人が認知しているような確率に変換し，例えば，好ましい結果が生じる小さな確率により大きな比重を与えることを可能にする．

ここでは，以下のように定義される Prelec (1998) の加重関数を使用する．

$$w(p) = \exp[-\alpha(-\ln p)^\gamma] \tag{13.5}$$

第12章で説明されたように，3つの結果が確率 p_1, p_2, p_3 で生じるときには，(13.5) 式が適用されると以下のようになる．

$$\begin{aligned} \tilde{p}_3 &= w(p_3) \\ \tilde{p}_2 &= w(p_2 + p_3) - w(p_3) \\ \tilde{p}_1 &= 1 - w(p_2 + p_3) \end{aligned} \tag{13.6}$$

変換された確率 (13.6) 式が得られたので，(13.2) 式と同様にして，2つのくじに関する評価は以下のように定義される．

$$\begin{aligned} V_i(\mathbf{p}_t) &= \tilde{p}_{2t} + \tilde{p}_{3t}2^{r_i} \\ V_i(\mathbf{q}_t) &= \tilde{q}_{2t} + \tilde{q}_{3t}2^{r_i} \end{aligned} \tag{13.7}$$

さらに，(13.3) 式と同様に，変換された確率の差分は以下のようになる．

$$\begin{aligned} \tilde{d}_{1t} &= \tilde{p}_{1t} - \tilde{q}_{1t} \\ \tilde{d}_{2t} &= \tilde{p}_{2t} - \tilde{q}_{2t} \\ \tilde{d}_{3t} &= \tilde{p}_{3t} - \tilde{q}_{3t} \end{aligned} \tag{13.8}$$

最後に，(13.4) と同様に，変換された評価の差分が以下のように得られる．

$$\tilde{\nabla}_{it}(r_i) \equiv V_i(\mathbf{p}_t) - V_i(\mathbf{q}_t) = \tilde{d}_{2t} + \tilde{d}_{3t}2^{r_i} > 0 \tag{13.9}$$

13.2.3 フェヒナー・モデル

フェヒナー・モデル（Fechner, 1860; Hey and Orme, 1994）の基盤は，各被験者（i）が課題間で一定のリスクに対する態度を表すパラメータ（r_i）を持っているというところにある．このモデルは，(13.9) 式に等分散の誤差項を追加することによって得られる．そうすると，$\mathbf{p}_t$ を選択するための条件は以下のようになる．

$$\tilde{\nabla}_{it}(r_i) + \epsilon_{it} > 0$$
$$\epsilon_{it} \sim N(0, \sigma^2) \tag{13.10}$$

被験者 i が $\mathbf{p}_t$（$\mathbf{q}_t$）を選ぶならば $yy_{it} = 1(-1)$ となるような二値の指示関数を定義すると，（リスクに対する態度を表すパラメータ r_i を条件として）2 つの選択に関する確率は，次のように与えられることになる．

$$P(yy_{it}|r_i) = \Phi\left(yy_{it} \times \frac{\tilde{\nabla}_{it}(r_i)}{\sigma}\right) \tag{13.11}$$

ここで，$\Phi(.)$ は，標準正規分布 cdf である．

13.2.4 ランダム選好（RP）モデル

ランダム選好モデルは，被験者のリスクに対する態度を表すパラメータが課題間でランダムに変動すると仮定することによって得られる．そこで，課題 t における被験者 i のリスクに対する態度は，以下の分布から選ばれるものと仮定しよう．

$$\ln(r_{it}) \sim N(m_i, \sigma^2) \tag{13.12}$$

(13.12) 式において対数正規分布を仮定する理由は，べき乗のパラメータ r は厳密に正であるという論理的な要請があるためである．

(13.9) 式から，$\mathbf{q}_t$ よりも $\mathbf{p}_t$ が選ばれるための条件は以下のようになる．

$$\tilde{d}_{2t} + \tilde{d}_{3t} 2^{r_i} > 0 \tag{13.13}$$

これを変形すれば，以下の条件が得られる．

$$r_{it} > \frac{\ln\left(-\dfrac{\tilde{d}_{2t}}{\tilde{d}_{3t}}\right)}{\ln(2)} \equiv \tilde{r}_t^* \tag{13.14}$$

(13.14) 式において，$\tilde{r}_t^*$ は，被験者にとって（RD 理論の下で）2 つのくじが課題 t においては正確に無差別になるような，リスクに対する態度を表すパラメータとして定義されていることに注意してほしい．これを課題 t における「閾値リスクに対する態度」と呼ぶことにする．もし被験者の目下のリスクに対する態度がこの閾値よりも大きければ，よりリスクのあるくじ $\mathbf{p}_t$ が選ばれることになる．(13.14) 式によれば，課題 t が支配問題である場合には，$\tilde{r}_t^*$ は定義されないことに注意してほしい．しかしながら，RP モデルにおける支配問題に対する決定ルールはシンプルなものである．つまり，支配する側の選択肢 $\mathbf{p}_t$ は確実に選択される，ということである．したがって，支配問題に対しては $\tilde{r}_t^* = 0$ とすることになる．

非支配問題については，被験者の平均的なリスクに対する態度という条件の下で，よりリスクのあるくじが選ばれる確率は，((13.12) 式を使用すると) 次のようになる．

$$P(y_{it} = 1 | m_i) = P(r_{it} > \tilde{r}_t^* | m_i) = P(\ln(r_{it}) > \ln(\tilde{r}_t^*) | m_i)$$
$$= P\left(Z > \frac{\ln(\tilde{r}_t^*) - m_i}{\sigma}\right) = \Phi\left(\frac{m_i - \ln(\tilde{r}_t^*)}{\sigma}\right) \tag{13.15}$$

ここで，$\Phi(.)$ は，標準正規分布の cdf である．Z は標準正規分布に従う確率変数を表すために使用されていることに注意してほしい．$\tilde{r}_t^*$ は (13.14) 式で定義された閾値リスクに対する態度である．

フェヒナー・モデルで行ったのと同様に，被験者 i が $\mathbf{p}_t\,(\mathbf{q}_t)$ を選ぶならば $yy_{it} = 1(-1)$ となるような二値の指示関数を定義することができる．そこで，(m_i を条件として）2 つの選択に関する確率は，次のように与えられることになる．

$$P(yy_{it} | m_i) = \Phi\left(yy_{it} \times \frac{m_i - \ln(\tilde{r}_t^*)}{\sigma}\right) \tag{13.16}$$

13.2.5 RP モデルにおける支配問題

くじ $\mathbf{p}_t$ が $\mathbf{q}_t$ を一次確率支配していれば，そのとき，上記で特定化された

RP モデルによれば，目下のリスクに対する態度がどんな値であろうとも，被験者はくじ $\mathbf{p}_t$ を選ぶだろう．これは，支配問題については，$|d_{2t}| > d_{3t}$ が成り立つので，(13.4) 式で表される評価の差分は，すべての可能な r_{it} の値に対して正であるからである．つまり，以下が成り立つ．

$$EU_i(\mathbf{p}_t) - EU_i(\mathbf{q}_t) = d_{2t} + d_{3t}2^{r_i} > 0 \quad \forall r_{it} > 0 \qquad (13.17)$$

このことは，RP モデルに問題があることを示している．つまり，確率支配されたくじの選択が観察された場合（つまり，確率支配に違反している場合）には，そうした選択は RP モデルだけでは説明することができない，ということである．したがって，データの中に 1 つでも確率支配への違反があれば，上記に特定化されたように RP モデルは誤っていることになる．

とりわけ，こうした問題のために，摂動パラメータという概念を導入する必要があるのである．

13.2.6　摂動パラメータ

ここでは，Loomes et al. (2002) に従って，フェヒナー・モデルと RP モデルの両方に摂動パラメータ ω を導入することにしよう．摂動効果の推定および検定にまつわる諸問題については，Moffatt and Peters (2001) でいくぶん詳しく議論されている．

ω は，任意の課題において，被験者が集中力を失って，2 つの選択肢の間を等確率でランダムに選ぶことになる確率である．集中力の欠如は，必ずしも「不正確な」選択がなされることを意味しないということに注意してほしい．集中力が欠如している状況では，「正確な」選択と「不正確な」選択が同じような頻度で選ばれるということである．

摂動確率を上記で導いたくじの選択確率に結合する際にはいくぶん注意が必要である．一般的に言って，よりリスクのあるくじが選ばれる確率は，以下のように導出される．

$$P(\mathbf{p} \text{ が選ばれる}) = P(\mathbf{p} \text{ が選ばれる} \mid \text{摂動なし})P(\text{摂動なし})$$
$$+ P(\mathbf{p} \text{ が選ばれる} \mid \text{摂動あり})P(\text{摂動あり}) \qquad (13.18)$$

もし摂動がなければ，よりリスクのあるくじが選ばれる確率は，正確に (13.11) 式あるいは (13.16) 式に示された通りになる．もし摂動があれば，この確率は

半分になる．そのため，(13.18) 式は次のようになる．

$$P(\mathbf{p} \text{ が選ばれる}) = P(\mathbf{p} \text{ が選ばれる} \mid \text{摂動なし})(1 - \omega) + \frac{\omega}{2} \qquad (13.19)$$

(13.11) 式のフェヒナー・モデルに，この摂動による拡張を適用すれば，以下が得られる．

$$P(yy_{it}|r_i) = (1 - \omega)\Phi\left(yy_{it} \times \frac{\tilde{\nabla}_{it}(r_i)}{\sigma}\right) + \frac{\omega}{2} \qquad (13.20)$$

ここで，$\Phi(.)$ は，標準正規分布の cdf である．

(13.16) 式の RP モデルに摂動を導入すると，以下が得られる．

$$P(yy_{it}|m_i) = (1 - \omega)\Phi\left(yy_{it} \times \frac{m_i - \ln(\tilde{r}_t^*)}{\sigma}\right) + \frac{\omega}{2} \qquad (13.21)$$

13.2.7　経験の役割

被験者の行動が実験の最中に体系的に変化し，経験の効果を示すかもしれない，ということはありうることである．経験の効果を取り入れるためには，あるパラメータに，蓄積された経験の量を依存させればよい．経験の量は，一連の課題の中での目下の課題の位置を使用して測ることができる．この目的のために，変数 τ_{it} を，被験者 i によって取り組まれる一連の課題の中での課題 t の位置と定義する．この実験では，各被験者が一連の課題を異なる順序で行う，つまり，$\tau_{it} \neq \tau_{jt}, i \neq j$ という賢明な特徴を持つ実験計画を採用していることに注意してほしい．

経験に伴って変化すると考えるのが自然と思われるだろうパラメータの 1 つは，摂動パラメータである．このパラメータは，被験者がある特定の課題に取り組む際に集中力を失う確率として定義されていた．この解釈をもっと広げてもよい．つまり，被験者が 2 つの選択肢の間をランダムに選択する他の理由は，その課題に関する理解の欠如にある，と考えてもよい．そうした理解の欠如は，一連の課題の後半よりも前半の方で生じやすいという仮説を立てることが可能かもしれない．すなわち，摂動確率は，実験開始時には比較的高い値からスタートするが，実験の経過に伴って 0 に向かって減少していくと予想されるだろう．

したがって，適切な定式化は次のようなものになるだろう．

$$\omega_{it} = \omega_0 \exp(\omega_1 \tau_{it}) \tag{13.22}$$

つまり，ω_0 は実験の開始時における摂動確率を表し，（負であると仮定される）ω_1 は摂動確率の減少の測度を表す．実際，摂動についてのこの特定化は，8.5 節において公共財供給実験の文脈の下ですでに使用されている．

13.2.8 被験者間変動と標本対数尤度

先のフェヒナー・モデルと RP モデルは，個々の被験者の行動の観点から組み立てられていた．くじの選択確率は，フェヒナー・モデルでは被験者のリスクに対する態度 r_i を条件として，RP モデルでは被験者の平均的なリスクに対する態度 m_i を条件にして導出された．

それぞれの場合においては，これらのパラメータは被験者層にわたって変動するものと仮定することによって，被験者間変動を取り入れる必要がある．フェヒナー・モデルでは，以下を仮定する．

$$\log(r) \sim N(\mu, \eta^2) \tag{13.23}$$

そうすると，標本対数尤度は次のようになる．

$$LogL = \sum_{i=1}^{n} \ln \left(\int_{-\infty}^{\infty} \prod_{t-1}^{T} \left[(1-\omega_{it}) \Phi \left(yy_{it} \times \frac{\tilde{\nabla}_{it}(r)}{\sigma} \right) + \frac{\omega_{it}}{2} \right] f(r|\mu, \eta) dr \right) \tag{13.24}$$

ここで，$f(r|\mu, \eta)$ は，以下のようなリスク回避度パラメータに関する対数正規分布の確率密度関数である．

$$f(r|\mu, \eta) = \frac{1}{r\eta\sqrt{2\pi}} \exp\left[-\frac{(\ln r - \mu)^2}{2\eta^2} \right] \quad r > 0 \tag{13.25}$$

RP モデルでは，以下を仮定する．

$$m \sim N(\mu, \eta^2) \tag{13.26}$$

標本対数尤度は次のようになる．

$LogL$

$$= \sum_{i=1}^{n} \ln \left(\int_{-\infty}^{\infty} \prod_{t-1}^{T} \left[(1 - \omega_{it}) \Phi \left(yy_{it} \times \frac{m - \ln(\tilde{r}_t^*)}{\sigma} \right) + \frac{\omega_{it}}{2} \right] f(m|\mu, \eta) dm \right)$$

$$(13.27)$$

ここで, $f(m|\mu, \eta)$ は, 今回の場合, 以下の m で評価された正規分布の確率密度関数である.

$$f(m|\mu, \eta) = \frac{1}{\eta \sqrt{2\pi}} \exp \left[-\frac{(m - \mu)^2}{2\eta^2} \right] \quad -\infty < m < \infty \qquad (13.28)$$

(13.24) 式と (13.27) 式はそれぞれ, 変量効果プロビットモデルのあるバージョンを表しており, 類似の文脈の下で Looms et al. (2002) と Conte et al. (2011) によって推定されたものと同様のタイプである.

13.2.9 リスクに対する態度に関する事後推定

ある種の目的にとって, 個々の被験者にとってのリスクに対する態度に関する尺度を得ることは非常に有益である. この目的のためには, フェヒナー・モデルを使用することがずっと適切である. なぜなら, フェヒナー・モデルでは, 個々の被験者は, 時間を通じて共通のままであるリスクに対する態度を表す自分自身にとって固有のパラメータを持っていると仮定されているからである. RP モデルでは, リスクに対する態度は時間を通じてランダムに変化すると仮定されているので, 単一の値で被験者のリスクに対する態度を表そうとすると論理的な問題が生じてしまう.

フェヒナー・モデルを推定した後, ベイズの公式を適用すれば, T 個の選択についての条件付きで, 個々の被験者のリスクに対する態度に関する事後的期待値が, 以下のように得られる (ここで^は MLE での評価された値を意味する).

$$\tilde{r}_i = E(r_i|y_{it}, \ldots, y_{iT})$$

$$= \frac{\displaystyle\int_{-\infty}^{\infty} r \prod_{t=1}^{T} \left[(1 - \hat{\omega}_{it}) \Phi \left(yy_{it} \times \frac{\tilde{\nabla}_{it}(r)}{\sigma} \right) + \frac{\omega_{it}}{2} \right] f(r|\mu, \hat{\eta}) dr}{\displaystyle\int_{-\infty}^{\infty} \prod_{t=1}^{T} \left[(1 - \hat{\omega}_{it}) \Phi \left(yy_{it} \times \frac{\tilde{\nabla}_{it}(r)}{\hat{\sigma}} \right) + \frac{\hat{\omega}_{it}}{2} \right] f(r|\hat{\mu}, \hat{\eta}) dr} \qquad (13.29)$$

13.3 シミュレーションと推定

本節では，説明文によって中断せずに，完全な STATA プログラムが提示される．このプログラムは，リスク下での選択データをシミュレートし，モデルを推定し，推定後の作業を実行するためのものである．このプログラムは，プログラムの重要な各部分においてコメント行を付ける形で注釈がなされている．

ここでは，2つのデータセットがシミュレートされる．1つは，フェヒナー・モデルが真のモデルであると仮定するもので，もう1つは RP モデルが真のモデルであると仮定するものである．その後，両方のモデルが両方のデータセットについて推定され，4つの異なる推定結果が導かれる．

注釈が十分詳細ではないと感じる読者もいるかもしれない．その場合には，シミュレーションに関する情報については第9章を，ハルトン抽出法の利用や do 尤度評価子の利用についての情報を含む，MSL 推定に関係した情報については第10章を参照してほしい．

13.3.1 データ生成プロセス
2つのモデルに対して，以下の「真の」パラメータを仮定する．

パラメータ	フェヒナー・モデル	RP モデル
μ	-0.88	-0.88
η	0.20	0.20
σ	0.05	0.15
ω_0	0.06	0.06
ω_1	-0.01	-0.01
β	0.90	0.90
γ	0.80	0.80

選ばれた μ と η の値は，研究文献における実験データに見られる典型的な水準のリスク回避度を生じさせるものであり，また，リスク回避度に適度な被験者間のばらつきをもたらすものでもある．選ばれた σ の値は，2つのモデルの間で異なっている．それは，2つのモデルにおいて，被験者固有の誤差が適用される変数のスケールの点で異なっているからである．摂動確率は実験開始時には 0.06 であるが，実験の経過に伴って減少していき，100 個目の選択課題

	i	t	p1	p2	p3	q1	q2	q3
1	1	1	.05	0	.95	0	1	0
2	1	2	.09	0	.91	0	1	0
3	1	3	.11	0	.89	0	1	0
4	1	4	.13	0	.87	0	1	0
5	1	5	.15	0	.85	0	1	0
6	1	6	.17	0	.83	0	1	0
7	1	7	.19	0	.81	0	1	0
8	1	8	.22	0	.78	0	1	0
9	1	9	.26	0	.74	0	1	0
10	1	10	.3	0	.7	0	1	0
11	1	11	.35	0	.65	0	1	0
12	1	12	.4	0	.6	0	1	0
13	1	13	.45	0	.55	0	1	0
14	1	14	.5	0	.5	0	1	0
15	1	15	.6	0	.4	0	1	0
16	1	16	.75	0	.25	0	1	0
17	1	17	.9	0	.1	0	1	0
18	1	18	.5	0	.5	.48	.52	0
19	1	19	.5	0	.5	.44	.56	0
20	1	20	.5	0	.5	.42	.58	0
21	1	21	.5	0	.5	.4	.6	0
22	1	22	.5	0	.5	.38	.62	0
23	1	23	.5	0	.5	.36	.64	0
24	1	24	.5	0	.5	.34	.66	0
25	1	25	.5	0	.5	.32	.68	0
26	1	26	.5	0	.5	.3	.7	0
27	1	27	.5	0	.5	.28	.72	0
28	1	28	.5	0	.5	.26	.74	0
29	1	29	.5	0	.5	.24	.76	0
30	1	30	.5	0	.5	.22	.78	0
31	1	31	.5	0	.5	.2	.8	0
32	1	32	.5	0	.5	.16	.84	0
33	1	33	.5	0	.5	.1	.9	0

図 **13.2** 実験計画データセットの最初の **33** 行分

終了時には約 0.02 に達する．ランク依存パラメータ β と γ は，両方とも 1 から十分に乖離しており，EU 仮説からの逸脱を明確に示すものである．

もちろん，推定を行う際には，上記の表に与えられている「真の」パラメータ値を知らないふりをする．したがって，真の値とはいくぶん異なった初期値の集合を「推測」する．プログラムにおいては，初期値は行ベクトル「start」に格納される．

他にシミュレーションに入力されるのは，「実験計画」データセットである．このデータセットには，i, t, p1-p3, q1-q3 という 8 つの列が含まれる．また，このデータセットは 6,000 行からなっている．それは，60 人の被験者が，2 つの機会に 50 個の課題を実行するからである．実験計画データセットの最初の数行は図 13.2 に示されている．シミュレーションのアルゴリズムが，このデータセットに付加される多くの行を生み出してくれる．

426　　第13章　リスク下の選択：計量経済学的モデル

13.3.2　STATA プログラム

```
* LIKELIHOOD EVALUATION PROGRAM FOR FECHNER MODEL STARTS HERE:

program define fechner

* DECLARE VARIABLES, PARAMETERS, AND VARIABLE LIST FOR HALTON DRAWS

args todo b logl
tempvar pp1 pp2 pp3 qq1 qq2 qq3 dd1 dd2 dd3 r w z p pp ppp rpp rppp
tempname mu ln_eta eta sig w0 w1 aa gg
local hlist h1*

* EXTRACT SCALAR PARAMETERS FROM VECTOR b.

mleval 'mu' = 'b', eq(1) scalar
mleval 'eta' = 'b', eq(2) scalar
mleval 'sig' = 'b', eq(3) scalar
mleval 'w0'='b', eq(4) scalar
mleval 'w1'='b', eq(5) scalar
mleval 'aa'='b', eq(6) scalar
mleval 'gg'='b', eq(7) scalar

* INITIALISE VARIABLES

quietly{
gen double 'pp1'=.
gen double 'pp2'=.
gen double 'pp3'=.
gen double 'qq1'=.
gen double 'qq2'=.
gen double 'qq3'=.
gen double 'dd1'=.
gen double 'dd2'=.
gen double 'dd3'=.
gen double 'r'=.
gen double 'w'='w0'*exp('w1'*tau)
gen double 'z'=.
gen double 'p'=.
gen double 'pp'=.
gen double 'rpp'=.
gen double 'ppp'=0
gen double 'rppp'=0
}

quietly{

* TRANSFORM TRUE PROBABILITIES (p1,p2,p3,q1,q2,q3) USING PRELEC WEIGHTING
  FUNCTION.
* TRANSFORMED PROBABILITIES ARE pp1,pp2,pp3,qq1,qq2,qq3:

replace 'pp3'=exp(-'aa'*(-ln(p3))^'gg')
replace 'pp3'=0 if p3==0
replace 'pp2'=exp(-'aa'*(-ln(p3+p2))^'gg')-'pp3'
replace 'pp2'=0 if p2==0
```

13.3 シミュレーションと推定 427

```
replace 'pp1'=1-'pp2'-'pp3'

replace 'qq3'=exp(-'aa'*(-ln(q3))^'gg')
replace 'qq3'=0 if q3==0
replace 'qq2'=exp(-'aa'*(-ln(q3+q2))^'gg')-'qq3'
replace 'qq2'=0 if q2==0
replace 'qq1'=1-'qq2'-'qq3'

* GENERATE DIFFERENCE VARIABLES FROM TRANSFORMED PROBABILITIES:

replace 'dd3'='pp3'-'qq3'
replace 'dd2'='pp2'-'qq2'
replace 'dd1'='pp1'-'qq1'

* START LOOP OVER HALTON VARIABLES:

foreach v of varlist 'hlist' {

* GENERATE LIKELIHOOD FOR EACH ROW:

replace 'r'= exp('mu'+ 'eta'*'v')
replace 'z'=('dd1'*(x1^('r'))+'dd2'*(x2^('r'))+'dd3'*(x3^('r')))/'sig'
replace  'p'= (1-'w')*normal(yy*'z')+'w'/2

* TAKE PRODUCT WITHIN EACH SUBJECT, AND PLACE THIS IN LAST ROW FOR EACH SUBJECT:

by i: replace 'pp' = exp(sum(ln(max('p',1e-12))))
replace 'pp'=. if last~=1

* ADD COLUMN OF PRODUCTS TO THE CUMULATIVE SUM BUILDING UP BETWEEN LOOPS:

replace 'ppp'='ppp'+'pp'

* USE SIMILAR PROCEDURE TO CREATE VARIABLE FOR USE IN COMPUTATION OF
* POSTERIOR MEAN OF RISK ATTITUDE

replace 'rpp'='r'*'pp'
replace 'rpp'=. if last~=1
replace 'rppp'='rppp'+'rpp'
}

* END OF LOOP

* FIND MEANS OF VARIABLES GENERATED BY LOOP:

replace 'ppp'='ppp'/draws
replace 'rppp'='rppp'/draws

replace lppp=ln('ppp') if last==1
replace rhat='rppp'/'ppp'
by i: replace rhat=rhat[_N] if rhat==.

* GENERATE SUBJECT-CONTRIBUTIONS TO LOG-LIKELIHOOD, AND DECLARE AS MAXIMAND

mlsum 'logl'=ln('ppp') if last==1
```

428 第 13 章 リスク下の選択：計量経済学的モデル

```
* USE PUTMATA TO MAKE SOME GLOBAL VARIABLES AVAILABLE OUTSIDE THE PROGRAM
* THE ddd_hat'S ARE NEEDED TO OBTAIN CLOSENESS TO INDIFFERENCE
* lppp IS NEEDED TO PERFORM NON-NESTED TESTS
* rhat IS POSTERIOR RISK ATTITUDE

replace dd1_hat='dd1'
replace dd2_hat='dd2'
replace dd3_hat='dd3'

putmata lppp, replace
putmata rhat, replace

putmata dd1_hat, replace
putmata dd2_hat, replace
putmata dd3_hat, replace

}

end

* END OF FECHNER LIKELIHOOD EVALUATION PROGRAM

* LIKELIHOOD EVALUATION PROGRAM FOR RP STARTS HERE:

program define rp

* DECLARE VARIABLES, PARAMETERS, AND VARIABLE LIST FOR HALTON DRAWS

args todo b logl
tempvar pp1 pp2 pp3 qq1 qq2 qq3 dd1 dd2 dd3 r w astar z p pp ppp rpp rppp
tempname mu eta sig  w0 w1 aa gg
local hlist h1*

* EXTRACT SCALAR PARAMETERS FROM VECTOR b

mleval 'mu' = 'b', eq(1) scalar
mleval 'eta' = 'b', eq(2) scalar
mleval 'sig' = 'b', eq(3) scalar
mleval 'w0'='b', eq(4) scalar
mleval 'w1'='b', eq(5) scalar
mleval 'aa'='b', eq(6) scalar
mleval 'gg'='b', eq(7) scalar

* INITIALISE VARIABLES

quietly{
gen double 'pp1'=.
gen double 'pp2'=.
gen double 'pp3'=.
gen double 'qq1'=.
gen double 'qq2'=.
gen double 'qq3'=.
gen double 'dd1'=.
gen double 'dd2'=.
```

13.3 シミュレーションと推定

```
gen double `dd3'=.
gen double `w'=`w0'*exp(`w1'*tau)
gen double `r'=.
gen double `z'=.
gen double `p'=.
gen double `pp'=.
gen double `rpp'=.
gen double `ppp'=0
gen double `rppp'=0
gen double `astar'=0

* TRANSFORM TRUE PROBABILITIES (p1,p2,p3,q1,q2,q3) USING PRELEC WEIGHTING
  FUNCTION.
* TRANSFORMED PROBABILITIES ARE pp1,pp2,pp3,qq1,qq2,qq3:

replace `pp3'=exp(-`aa'*(-ln(p3))^`gg')
replace `pp3'=0 if p3==0
replace `pp2'=exp(-`aa'*(-ln(p3+p2))^`gg')-`pp3'
replace `pp2'=0 if p2==0
replace `pp1'=1-`pp2'-`pp3'

replace `qq3'=exp(-`aa'*(-ln(q3))^`gg')
replace `qq3'=0 if q3==0
replace `qq2'=exp(-`aa'*(-ln(q3+q2))^`gg')-`qq3'
replace `qq2'=0 if q2==0
replace `qq1'=1-`qq2'-`qq3'

* GENERATE DIFFERENCE VARIABLES FROM TRANSFORMED PROBABILITIES:

replace `dd3'=`pp3'-`qq3'
replace `dd2'=`pp2'-`qq2'
replace `dd3'=1 if dom==1
replace `dd2'=-2 if dom==1
replace `dd1'=`pp1'-`qq1'

* START LOOP OVER HALTON VARIABLES:

foreach v of varlist `hlist' {

* GENERATE LIKELIHOOD FOR EACH ROW:

replace `r'= `mu'+ `eta'*`v'
replace `astar'=ln(-`dd2'/`dd3')/ln(2)
replace `z'=(`r'-ln(`astar'))/`sig'
replace  `p'= (1-`w')*((1-dom)*normal(yy*`z')+dom*y)+`w'/2

* TAKE PRODUCT WITHIN EACH SUBJECT, AND PLACE THIS IN LAST ROW FOR EACH SUBJECT:

by i: replace `pp' = exp(sum(ln(max(`p',1e-12))))
replace `pp'=. if last~=1

* ADD COLUMN OF PRODUCTS TO THE CUMULATIVE SUM BUILDING UP BETWEEN LOOPS:

replace `ppp'=`ppp'+`pp'
```

430   第13章　リスク下の選択：計量経済学的モデル

```
* USE SIMILAR PROCEDURE TO CREATE VARIABLE FOR USE IN COMPUTATION OF
* POSTERIOR MEAN OF RISK ATTITUDE

replace 'rpp'='r'*'pp'
replace 'rpp'=. if last~=1
replace 'rppp'='rppp'+'rpp'
}

* END OF LOOP

* FIND MEANS OF VARIABLES GENERATED BY LOOP:

replace 'ppp'='ppp'/draws
replace 'rppp'='rppp'/draws
replace lppp=ln('ppp') if last==1

* GENERATE SUBJECT-CONTRIBUTIONS TO LOG-LIKELIHOOD, AND DECLARE AS MAXIMAND

mlsum 'logl'=ln('ppp') if last==1

* USE PUTMATA TO MAKE GLOBAL VARIABLE lppp AVAILABLE OUTSIDE THE PROGRAM
* lppp IS NEEDED TO PERFORM NON-NESTED TESTS

putmata lppp, replace
}

end

* END OF RP LIKELIHOOD EVALUATION PROGRAM

* SIMULATION STARTS HERE

clear
set more off

* READ DATA SET CONTAINING SUBJECT NUMBER (i) TASK NUMBER (t), AND
* PROBABALITIES DEFINING LOTTERIES (p1-p3;q1-q3)

use "design.dta", clear

* SET RANDOM NUMBER SEED; RECAST VARIABLES TO CORRECT TYPE

set seed 91611143
recast int i t
recast double p* q*

* GENERATE SCALARS N AND T

summ i
scalar N=r(max)
summ t
scalar T=r(max)

* SET TRUE VALUES OF PARAMETERS FOR SIMULATION
```

13.3 シミュレーションと推定 431

```
scalar mu=-0.88
scalar eta=0.2
scalar sig_fechner=0.05
scalar sig_rp=0.15
scalar w0=0.06
scalar w1=-0.01
scalar aa=0.9
scalar gg=0.8

* SIMULATE POSITION OF PROBLEM IN SEQUENCE (tau)
* REMEMBER THAT 50 PROBLEMS ARE SET IN TWO SITTINGS

by i: gen  int d50=_n>50
bysort i d50: egen tau_d=rank(uniform())
gen int tau=50*d50+tau_d

* SIMULATE RISK ATTITUDE FOR FECHNER MODEL;
* REMEMBER THAT THIS NEEDS TO BE FIXED WITHIN A SUBJECT

by i: generate double r_fechner=exp(mu+eta*(invnorm(uniform()))) if _n==1
by i: replace r_fechner=r_fechner[1] if r_fechner==.

* SIMULATE RISK ATTITUDE FOR RP MODEL;
* FIRST SIMULATE SUBJECT MEAN m FROM LOGNORMAL;
* THEN SIMULATE RISK ATTITUDE AS LOGNORMAL WITH MEAN PARAMETER m

by i: generate double  m=mu+eta*(invnorm(uniform())) if _n==1
by i: replace m=m[1] if m==.
gen double r_rp=exp(m+sig_rp*invnorm(uniform()))

* GENERATE TRANSFORMED PROBABILITIES FROM TRUE PROBABILITIES USING
* PRELEC WEIGHTING FUNCTION; TRANSFORMED PROBABILITIES ARE (pp1-pp3; qq1-qq3)

gen double pp3=exp(-aa*(-ln(p3))^gg)
replace pp3=0 if p3==0
gen double pp2=exp(-aa*(-ln(p3+p2))^gg)-pp3
replace pp2=0 if p2==0
gen double pp1=1-pp2-pp3

gen double qq3=exp(-aa*(-ln(q3))^gg)
replace qq3=0 if q3==0
gen double qq2=exp(-aa*(-ln(q3+q2))^gg)-qq3
replace qq2=0 if q2==0
gen double qq1=1-qq2-qq3

* GENERATE 3 (CONSTANT) VARIABLES REPRESENTING THE THREE MONEY AMOUNTS

gen double x1=0
gen double x2=1
gen double x3=2

* COMPUTE VALUATION OF THE TWO LOTTERIES UNDER FECHNER:

gen double vp_fechner=pp1*(x1^r_fechner)+pp2*(x2^r_fechner)+pp3*(x3^r_fechner)
gen double vq_fechner=qq1*(x1^r_fechner)+qq2*(x2^r_fechner)+qq3*(x3^r_fechner)
```

第13章　リスク下の選択：計量経済学的モデル

```
* COMPUTE VALUATION OF THE TWO LOTTERIES UNDER RP:

gen double  vp_rp=pp1*(x1^r_rp)+pp2*(x2^r_rp)+pp3*(x3^r_rp)
gen double  vq_rp=qq1*(x1^r_rp)+qq2*(x2^r_rp)+qq3*(x3^r_rp)

* GENERATE TREMBLE PROBABILITY (AS DECAYING FUNCTION OF tau)
* THEN SIMULATE TREMBLE INDICATOR (trem)

gen double w=w0*exp(w1*tau)
gen int trem=(uniform()<w)

* SIMULATE CHOICE FROM FECHNER MODEL; EXPRESS AS BOTH y AND yy:

gen int y_fechner=(1-trem)*((vp_fechner-vq_fechner ///
+sig_fechner*invnorm(uniform()))>0)+trem*(uniform()>0.5)
gen int yy_fechner=2*y_fechner-1

* SIMULATE CHOICE FROM RP MODEL; EXPRESS AS BOTH y AND yy:

gen int y_rp=(1-trem)*((vp_rp-vq_rp)>0)+trem*(uniform()>0.5)
gen int yy_rp=2*y_rp-1

* END OF SIMULATION

* ESTIMATION STARTS HERE:

* GENERATE INDICATOR FOR DOMINANCE PROBLEMS (dom):

gen double d1=p1-q1
gen double d2=p2-q2
gen double d3=p3-q3
gen int dom = (d3>=0)*((d3+d2)>=0)

* GENERATE INDICTATORS FOR FIRST AND LAST OBSERVATIONS FOR EACH SUBJECT:

by i: generate int  first=1 if _n==1
by i: generate int last=1 if _n==_N

* GENERATE HALTON DRAWS (31 COLUMNS) USING mdraws; CREATE VARIABLE LIST

mat p=[3]
mdraws if first==1 , neq(1) dr(31) prefix(h) primes(p) burn(3)
scalar draws=r(n_draws)
local hlist h1*

* ENSURE THAT HALTON DRAWS ARE IN DOUBLE PRECISION

recast double h1*

* IMPOSE PANEL STRUCTURE ON HALTON DRAWS: T ROWS ALL SAME WITHIN SUBJECT:

quietly{
foreach v of varlist 'hlist' {
by i: replace 'v'='v'[1] if 'v'==.
```

13.3 シミュレーションと推定 433

```
replace 'v'=invnorm('v')
}
}

* INITALISE VARIABLES REPRESENTING ESTIMATED DIFFERENCES OF
* TRANSFORMED PROBABILITIES

gen double dd1_hat=.
gen double dd2_hat=.
gen double dd3_hat=.

* INITIALISE VARIABLES REPRESENTING: PER-SUBJECT LOG-LIKELIHOOD;
* POSTERIOR RISK ATTITUDE

gen double lppp=.
gen double rhat=.

* INITIALISE CHOICE VARIABLES (y AND yy)

gen int y=.
gen int yy=.

* ASSIGN FECHNER CHOICE DATA TO y AND yy

replace yy=yy_fechner
replace y=y_fechner

* SET STARTING VALUES OF FECHNER MODEL:

mat start=(-0.68, 0.12, 0.10, 0.04, -0.005, 1.0, 1.0)

* ESTIMATE FECHNER MODEL ON FECHNER DATA USING ML

ml model d0 fechner /mu /eta  /sig /w0  /w1  /aa /gg
ml init start, copy
ml max

* EXTRACT GLOBAL VARIABLES FROM INSIDE FECHNER PROGRAM

drop lppp rhat dd1_hat dd2_hat dd3_hat
getmata lppp
getmata rhat
getmata dd1_hat dd2_hat dd3_hat

* RENAME VARIABLE CONTAINING PER-SUBJECT LOG-LIKELIHOOD

rename lppp lp_fechner

* GENERATE VALUATION DIFFERENTIAL

gen double diff=dd1_hat*(x1^rhat)+dd2_hat*(x2^rhat)+dd3_hat*(x3^rhat)

* RE-INITIALISE VARIABLE CONTAINING PER-SUBJECT LOG-LIKELIHOOD

gen lppp=.
```

434   第13章　リスク下の選択：計量経済学的モデル

```
* ESTIMATE RP MODEL ON FECHNER DATA USING ML

ml model d0 rp /mu /eta  /sig /w0  /w1  /aa /gg
ml init start, copy
ml max

* EXTRACT VARIABLE CONTAINING PER-SUBJECT LOG-LIKELIHOOD FROM INSIDE RP PROGRAM

drop lppp
getmata lppp
rename lppp lp_rp

* CARRY OUT VUONG'S NON-NESTED TEST (FOR MODELS ESTIMATED WITH FECHNER DATA):

gen vuong1=  lp_fechner - lp_rp
summ vuong1
scalar vuong=(sqrt(r(N))*r(mean))/(r(sd))
scalar list vuong

* CARRY OUT CLARKE'S NONPARAMETRIC NON-NESTED TESTS
* (FOR MODELS ESTIMATED WITH FECHNER DATA):

signrank lp_fechner = lp_rp
signtest lp_fechner = lp_rp

* NOW SWITCH TO RP DATA

* RE-INITIALISE VARIABLE CONTAINING PER-SUBJECT LOG-LIKELIHOOD

gen double lppp=.

* ASSIGN RP CHOICE DATA TO y AND yy

replace yy=yy_rp
replace y=y_rp

* ESTIMATE FECHNER MODEL ON RP DATA USING ML

ml model d0 fechner /mu /eta  /sig /w0  /w1  /aa /gg
ml init start, copy
ml max

* EXTRACT VARIABLE CONTAINING PER-SUBJECT LOG-LIKELIHOOD
* FROM INSIDE FECHNER PROGRAM

drop lppp lp_fechner
getmata lppp
rename lppp lp_fechner

* RE-INITIALISE VARIABLE CONTAINING PER-SUBJECT LOG-LIKELIHOOD

gen double lppp=.

* ESTIMATE RP MODEL ON RP DATA USING ML
```

13.3 シミュレーションと推定   435

```
ml model d0 rp /mu /eta  /sig /w0  /w1  /aa /gg
ml init start, copy
ml max

* EXTRACT VARIABLE CONTAINING PER-SUBJECT LOG-LIKELIHOOD FROM INSIDE RP PROGRAM

drop lppp lp_rp
getmata lppp
rename lppp lp_rp

* CARRY OUT VUONG'S NON-NESTED TEST (FOR MODELS ESTIMATED WITH RP DATA):

replace vuong1= lp_fechner - lp_rp
summ vuong1
scalar vuong=(sqrt(r(N))*r(mean))/(r(sd))
scalar list vuong

* CARRY OUT CLARKE'S NONPARAMETRIC NON-NESTED TESTS
* (FOR MODELS ESTIMATED WITH RP DATA):

signrank lp_rp = lp_fechner
signtest lp_rp = lp_fechner

* FINALLY, SIMULATE DECISION TIMES
* EXPLANATORY VARIABLES FOR DECISION TIME NEED TO BE GENERATED

* GENERATE COMPLEXITY LEVELS OF CHOICE PROBLEMS;
* VARIABLE "complex" IS NUMBER OF OUTCOMES IN SIMPLER LOTTERY

gen complex_p=(p1>0)+(p2>0)+(p3>0)
gen complex_q=(q1>0)+(q2>0)+(q3>0)
gen complex=min(complex_p, complex_q)
gen complex2=complex==2
gen complex3=complex==3

* GENERATE LOG OF EXPECTED VALUE OF SAFE LOTTERY

gen logev=ln(q1*0+q2*1+q3*2)

* GENERATE ABSOLUTE VALUATION DIFFERENTIAL, AND ITS SQUARE AND CUBE

gen abs_diff=abs(diff)
gen abs_diff2=abs_diff^2
gen abs_diff3=abs_diff^3

* GENERATE MEASURE OF OBJECTIVE DIFFERENCE BETWEEN LOTTERIES

gen obj_diff=d1^2+d2^2+d3^2

* SIMULATE SUBJECT-SPECIFIC RANDOM EFFECT (dt1) FOR DECISION TIME:

by i: generate double  dt1=1.624+0.386*(invnorm(uniform())) if _n==1
by i: replace dt1=dt1[1] if dt1==.
```

```
* SIMULATE LOG OF DECISION TIME:

gen dt2=dt1+0.267*complex2+0.388*complex3-0.0019*(tau_d-1) ///
-0.0032*(tau-1)+0.028*logev-5.251*abs_diff+10.944*abs_diff2 ///
-7.339*abs_diff3+0.157*obj_diff+0.616*invnorm(uniform())

* GENERATE DECISION TIME:

gen dt=exp(dt2)
```

13.3.3 シミュレートされたデータ

シミュレートされたデータセットは, **risky_choice_sim** ファイルに保存される. 以下に, 2つのシミュレートされた選択変数の表が示されている. 両方の場合において, 選択は大ざっぱには「安全な」選択と「リスクのある」選択の間で等しく分かれていることがわかる. これは, 明らかに選択に関するデータセットとしては望ましい特徴であり, 優れた実験計画と整合的な結果である. しかしながら, 第14章で完全に説明される理由から, これが優れた実験計画であることの十分条件ではない, ということを述べておかないといけないだろう. また, リスクのある選択をした多くの被験者間の変動といった, データの他の特徴についても見ておく必要があるだろう. これを行ったのが図13.3である. 両方の場合において, 適正な被験者間のばらつきがあることが確認できるので, このことは優れた実験計画であることに関するさらなる証拠を提供してくれている.

```
. tab y_fechner

  y_fechner |      Freq.     Percent        Cum.
------------+-----------------------------------
          0 |      2,909       48.48       48.48
          1 |      3,091       51.52      100.00
------------+-----------------------------------
      Total |      6,000      100.00

. tab y_rp

       y_rp |      Freq.     Percent        Cum.
------------+-----------------------------------
          0 |      2,728       45.47       45.47
          1 |      3,272       54.53      100.00
------------+-----------------------------------
      Total |      6,000      100.00
```

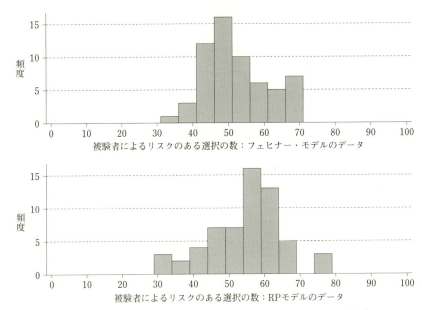

図 13.3　フェヒナー・モデルのデータ（上側）と RP モデルのデータ（下側）における，60 人の被験者にわたるリスクのある選択肢または確率支配する選択がなされた数に関する分布

13.3.4　推定ルーティンの出力結果

2 つのシミュレートされたデータセットは，フェヒナー・モデルと RP モデル，両方のモデルそれぞれに条件付けて推定される．これにより，4 組の推定結果が得られる．つまり，フェヒナー・モデルのデータに対するフェヒナー・モデルによる推定，フェヒナー・モデルのデータに対する RP モデルによる推定，RP モデルのデータに対するフェヒナー・モデルによる推定，そして RP モデルのデータに対する RP モデルによる推定の 4 つである．

推定プロセスについての感じをつかむために，以下に，フェヒナー・モデルのデータに対するフェヒナー・モデルによる推定からの出力結果を示してみた．以下の節では，すべての推定結果をまとめて提示することにする．

```
. * SET STARTING VALUES OF FECHNER MODEL:
. mat start=(-0.68, 0.12, 0.10, 0.04, -0.005, 1.0, 1.0)
. ml model d0 fechner /mu /eta  /sig /w0  /w1 /aa /gg
```

438   第13章　リスク下の選択：計量経済学的モデル

```
. ml init start, copy

. ml max

initial:       log likelihood = -2225.4922
rescale:       log likelihood = -2225.4922
rescale eq:    log likelihood = -2179.1364
Iteration 0:   log likelihood = -2179.1364  (not concave)
Iteration 1:   log likelihood = -1966.5268
Iteration 2:   log likelihood =  -1954.092
Iteration 3:   log likelihood = -1947.7712
Iteration 4:   log likelihood = -1947.2029
Iteration 5:   log likelihood = -1947.1964
Iteration 6:   log likelihood = -1947.1964

                                        Number of obs   =      6000
                                        Wald chi2(0)    =         .
Log likelihood = -1947.1964             Prob > chi2     =         .
```

	Coef.	Std. Err.	z	P>|z|	[95% Conf. Interval]
mu						
_cons	-.8666559	.0505792	-17.13	0.000	-.9657893	-.7675224
eta						
_cons	.1846398	.0164323	11.24	0.000	.1524332	.2168464
sig						
_cons	.0514486	.0027959	18.40	0.000	.0459686	.0569285
w0						
_cons	.0615979	.0165882	3.71	0.000	.0290857	.0941101
w1						
_cons	-.0091638	.0050211	-1.83	0.068	-.019005	.0006774
aa						
_cons	.9149991	.0436093	20.98	0.000	.8295264	1.000472
gg						
_cons	.8044301	.0085684	93.88	0.000	.7876363	.821224

6回の繰り返しで推定値の収束が達成されていることがわかる．3.2GHzのコ
ンピュータ上では，この収束のプロセスは1，2分の時間がかかる．

13.4 推定結果と事後的推定 439

	フェヒナー・データ			RP データ		
	真の値	フェヒナー推定値	RP 推定値	真の値	フェヒナー推定値	RP 推定値
μ	−0.88	−0.886(0.051)	−0.954(0.054)	−0.88	−0.808(0.042)	−0.889(0.035)
η	0.20	0.185(0.016)	0.198(0.020)	0.20	0.226(0.014)	0.223(0.013)
σ	0.05	0.051(0.003)	0.284(0.013)	0.15	0.028(0.002)	0.156(0.007)
ω_0	0.06	0.062(0.017)	0.121(0.019)	0.06	0.050(0.011)	0.048(0.010)
ω_1	−0.01	−0.009(0.005)	−0.008(0.003)	−0.01	−0.003(0.004)	−0.007(0.004)
β	0.90	0.915(0.044)	0.861(0.045)	0.90	0.956(0.036)	0.902(0.029)
γ	0.80	0.804(0.009)	0.825(0.010)	0.80	0.781(0.006)	0.786(0.007)
n		60	60		60	60
T		100	100		100	100
$LogL$		−1947.20	−2071.02		−1361.25	−1288.13
ヴュオン		+8.61			−6.19	

表 13.1 フェヒナー・データと RP データをもちいて推定された
フェヒナー・モデルと RP モデルにおけるパラメータの
MLE

13.4 推定結果と事後的推定

13.4.1 モデルの推定値

2つのモデルが2つのデータセットについて推定された．4組のすべての
推定結果は，シミュレーションで使用された真のパラメータ値とともに，表
13.1 に示されている．最初の重要な観察としては，正しいモデルによって推
定された場合には，すべての推定値が真のパラメータ値に近い値になってい
る，ということである．もちろん，これは予想された通りの結果である．プロ
グラムが正しく組まれたことを単に表しているに過ぎない．正しくないモデル
によって推定された場合には，いくつかのパラメータは誤った推定値にな・
っている．例えば，RP モデルがフェヒナー・データに適用された場合には，
リスクに対する態度に関する分布の平均値（μ）は過少に推定されており（つ
まり，被験者は過剰にリスク回避的であると判断されている），フェヒナー・
モデルが RP データに適用された場合には，同じ推定値が過大にに推定され
ている（つまり，被験者は過剰にリスク愛好的であると判断されている），と
いうようなことが起こっている．他の例としては，RP モデルがフェヒナー・
データに適用された場合，摂動確率がかなり過大に推定されている．
間違ったモデルが推定された場合に生じるバイアスと，誤差が生じる「正し

い」背景が何かを同定しようという望みとから，2つのモデル間［のどちらが正しいか］を判定する手法の探索へと導かれる．まず，それぞれのデータセットについて，正しいモデルはかなり大きな最大対数尤度をもたらすということに注意することから始めよう．自明な1つのアプローチは，この比較を定式化した検定を適用することである．2つのモデルは非入れ子型なので，適切な検定はヴュオン検定（Vuong, 1989）である．また，ヴュオン検定に対応するノンパラメトリックな検定も検討することにする．

13.4.2 ヴュオンによる非入れ子型尤度比検定

ヴュオン検定（Vuong, 1989）は，Looms（2002）や他の研究において，リスク下での選択に関する文脈の下で，競合する誤差特定化間の検定に関する問題に適用されてきた．

同じ数の未知パラメータを含む，任意の非入れ子型のモデル1と2を考えよう．$\hat{f}_i$ を，モデル1が真のモデルであるという仮定の下で，被験者 i によってなされる T 個の実際の選択を観察する確率の推定値とする．$\hat{g}_i$ を，モデル2が真のモデルであるという仮定の下で，同じ T 個の選択を観察する確率の推定値とする．ヴュオン検定は，以下で定義される量 D に基づいている．

$$D = n^{-1/2} \sum_{i=1}^{n} \ln\left(\frac{\hat{f}_i}{\hat{g}_i}\right) \tag{13.30}$$

(13.30) 式で定義された D は，2つのモデルの対数尤度比に類似している．しかし，2つのモデルは非入れ子型なので，正負のいずれの符号をもとりうる（もし，モデル1がモデル2を入れ子にしているならば，D は常に正になる）．この検定を実行するためには，D の分散を推定する必要がある．適切な分散の推定値は，以下のようになる．

$$\hat{V} = n^{-1} \sum_{i=1}^{n} \left(\left[\ln\left(\frac{\hat{f}_i}{\hat{g}_i}\right) \right]^2 - \left[\frac{1}{n} \sum_{i=1}^{n} z \ln\left(\frac{\hat{f}_i}{\hat{g}_i}\right) \right]^2 \right) \tag{13.31}$$

それから，ヴュオン検定統計量は次のようになる．

$$Z = \frac{D}{\sqrt{\hat{V}}} \tag{13.32}$$

Vuong（1989）に証明されているように，(13.32) 式に定義された統計量 Z

は，2つのモデルが同値であるという仮説の下で，標準正規の極限分布を持つ．有意に正である Z の値は，モデル1がモデル2よりも真のデータ生成プロセスに近いことを意味し，有意に負である Z の値はその逆のことを意味する．

この検定を適用するためには，$i = 1, \ldots, n$ に対する $\hat{f}_i$ と $\hat{g}_i$ の値を得る必要がある．フェヒナー・モデルと RP モデルの両方において，これらの値は，次の式によって与えられる．

$$\int_0^\infty \prod_{t=1}^T \hat{p}_{it}(r) f(r|\hat{\mu}, \hat{\eta}) dr \tag{13.33}$$

ここで，ハット（ˆ）は MLE での値の評価を表している．

2つの変数 $\ln(\hat{f}_i)$ と $\ln(\hat{g}_i)$ は，プログラム中では「lp_fechner」と「lp_rp」として計算されている．ヴュオン検定統計量は，これら2つの変数の差の平均に基づいている．

ヴュオン検定統計量は，表 13.1 の最終行に示されている．この検定に対する「帰無分布」が標準正規分布であることを思い出してほしい．フェヒナー・モデルが真のモデルである場合，ヴュオン検定はそれを強く支持しており，検定統計量は有意に正の値 8.61 になっている．同様に，RP モデルが真のモデルである場合，ヴュオン検定はそれを強く支持しており，検定統計量は −6.19 となっている．

13.4.3 クラークによるノンパラメトリック非入れ子型検定

クラーク（Clarke, 2003）は，前節において導入されたヴュオン検定に対応する，ノンパラメトリックな代替案を提案した．ヴュオン検定は，本質的には2つの対数尤度間の差の平均を分析しているのに対し，このノンパラメトリック検定は同じ差に関する中央値を分析するものである．この目的のために使用できるノンパラメトリック検定は2つあり，両方とも 3.7.3 節において紹介されている．1つは符号順位検定であり，もう1つは符号検定である．前者は，差の絶対値を順位付けし，それから差が正であるものと差が負であるものの順位を比較する．後者は，単に差が正である数と差が負である数を比較する．3.7.3 節において指摘されたように，符号順位検定は，差に関する分布が対称的であるという仮定に依存しているが，符号検定はそのような仮定には依存

していない．Clarke（2003）によれば，競合するモデルの対数尤度の差について，分布が対称的であるという仮定が成り立つと予想される理由はないため，符号検定の方が好ましい．

　ここでは，両方の検定を実行してみよう．ランダム選好モデルから生成されたデータに適用すると，2つの検定コマンドから得られる結果は以下のようになる．

```
. signrank lp_rp = lp_fechner

Wilcoxon signed-rank test

        sign |      obs   sum ranks     expected
-------------+-----------------------------------
    positive |       44        1574          915
    negative |       16         256          915
        zero |        0           0            0
-------------+-----------------------------------
         all |       60        1830         1830

unadjusted variance      18452.50
adjustment for ties          0.00
adjustment for zeros         0.00
                         ----------
adjusted variance        18452.50

Ho: lp_rp = lp_fechner
            z =    4.851
    Prob > |z| =   0.0000

. signtest lp_rp = lp_fechner

Sign test

        sign |   observed     expected
-------------+-----------------------------
    positive |         44           30
    negative |         16           30
        zero |          0            0
-------------+-----------------------------
         all |         60           60

One-sided tests:
  Ho: median of lp_rp - lp_fechner = 0 vs.
  Ha: median of lp_rp - lp_fechner > 0
     Pr(#positive >= 44) =
        Binomial(n = 60, x >= 44, p = 0.5) =  0.0002

  Ho: median of lp_rp - lp_fechner = 0 vs.
  Ha: median of lp_rp - lp_fechner < 0
     Pr(#negative >= 16) =
        Binomial(n = 60, x >= 16, p = 0.5) =  0.9999
```

```
Two-sided test:
  Ho: median of lp_rp - lp_fechner = 0 vs.
  Ha: median of lp_rp - lp_fechner != 0
      Pr(#positive >= 44 or #negative >= 44) =
          min(1, 2*Binomial(n = 60, x >= 44, p = 0.5)) =   0.0004
```

当然，ヴュオン検定と一致して，ノンパラメトリックな非入れ子型検定の両方とも，ランダム選好モデル（すなわち，真のモデル）を強く選好する結果になっており，符号順位検定の p 値は 0.0000，符号検定の p 値は 0.0004 となっている．真のモデルがフェヒナー・モデルである場合にも，同様の結論が得られる．つまり，両方の検定とも，真のモデルを支持する強い証拠をもたらす結果となる．

　本節（および前節）で議論されている結果には，明らかに驚くべき点はないものの，それにもかかわらず，非入れ子型のモデル間［のどちらが正しいか］の判定に使用できるさまざまな検定についての考え方を紹介するのには有益であった．

13.4.4　個人のリスクに対する態度の取得

　μ と η の推定では，モデルは，被験者全体にわたるリスクに対する態度の分布を示していた．ある種の目的のためには，個々の被験者についてのリスクに対する態度に関する尺度を得ることが非常に有益である．先に説明した通り，この目的のためにはフェヒナー・モデルを使用するのが適切である．なぜなら，フェヒナー・モデルでは，各個人は時間を通して同一にとどまる，被験者固有のリスクに対する態度を持っていると仮定しているからである．

　フェヒナー・モデルで推定した後，(13.29) 式を使い，各被験者の T 回の選択に条件付けて，そのリスクに対する態度に関する事後的期待値を得るためにベイズの公式が適用される．プログラムにおいてこの式を実行した結果は，変数「rhat」にある．標本中の 60 人からなる被験者の rhat に関する分布は，図 13.4 に示されている．

13.4.5　無差別への近接性の取得

　最後に，各被験者のリスクに対する態度に関する推定値を使用して，各選択問題において各被験者によって認識された（変換された）評価の差分を推定す

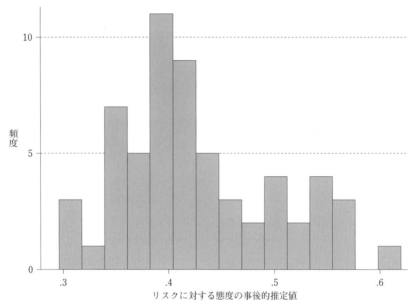

図 13.4 被験者全体にわたるリスクに対する態度の事後的推定値に関する分布

ることが可能である．

このためには以下のように，(13.29) 式で定義されたリスクに対する態度に関する事後的推定値 $\hat{r}_i$ を，(13.9) 式で定義された（変換された）評価の差分に関する式に代入する必要がある．

$$\hat{\nabla}_{it}(\hat{r}_i) = \hat{\tilde{d}}_{2t} + \hat{\tilde{d}}_{3t} 2^{\hat{r}_i} \tag{13.34}$$

(13.34) 式は，プログラムでは変数「diff」として生成されている．図 13.5 には，この変数に関するヒストグラムが示されている．この分布は，最頻値がゼロに近い，大ざっぱには対称的な分布であることがわかる．これは単に，選択問題の大多数について，被験者は十分に無差別に近いものであることを示しているに過ぎない．

評価の差分の絶対値である $|\hat{\nabla}_{it}|$ は，第 5 章において，意思決定時間に関するモデルにおいて「無差別への近接性」を表す説明変数として使用されていたものである．

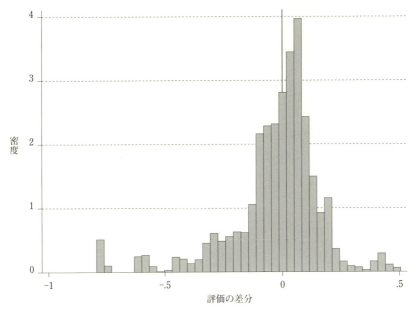

図 13.5 評価の差分に関する分布

13.4.6 意思決定時間のシミュレーション

STATA プログラムの最後の部分は,シミュレートされた選択に対する意思決定時間のシミュレーションにあてられている.これら意思決定時間は,Moffatt (2005b) による実際の意思決定時間データに関する分析によって得られた結果に基づいたデータ生成プロセス (DGP) からシミュレートされたものである.実際,DGP は以下のようになっている.

$$\begin{aligned}
\log(decision\,time_{it}) = {} & 1.624 + 0.267 complex2_t + 0.388 complex3_t \\
& - 0.0019(\tau_{it}^d - 1) - 0.0032(\tau_{it} - 1) + 0.0028\log(EV_t) \\
& - 5.251|\hat{\delta}_{it}| + 10.944|\hat{\delta}_{it}|^2 - 7.339|\hat{\delta}_{it}|^3 \\
& + 0.157\delta_t^0 + u_i + \epsilon_{it}
\end{aligned}$$

$$i = 1,\ldots,60 \quad t = 1,\ldots,100 \quad \text{var}(u_i) = 0.386^2 \quad \text{var}(\epsilon_{it}) = 0.616^2$$
(13.35)

(13.35) 式のはじめの 2 つの説明変数は,問題 t の複雑性の水準を表すダミー

変数である．それは 5.4 節で定義されたルールに従ったもので，複雑性のレベルは単に，より簡単な方のくじにおける結果の数である．ここで排除された複雑性の水準は，最小の複雑性である水準 1 である．3 つ目と 4 つ目の説明変数は，一連の問題の中での当該の順番を表している．つまり，τ_{it}^d は，問題が解かれた日における問題 t の位置なので，τ^d は 1 から 50 までの値をとる．これとは対照的に，τ_{it} は，被験者 i が直面したすべての問題系列における問題 t の位置であり，それゆえ，τ_{it} は 1 から 100 までの値をとる．5 つ目の説明変数は，2 つのくじのうちより簡単な方のくじの期待値の対数を表しており，それは各問題に関連付けられた金銭的動機の強さを表すために使用される．次の 3 つの説明変数は，先の (13.34) 式で定義された，問題 t における被験者 i の無差別への近接性を表す変数，およびその二乗項と三乗項である．これら 3 つの変数の役割は，5.4 節で説明されたように，[被験者が問題を解くための] 努力に対して，無差別への近接性が非線形的な効果を持つことを可能にするためである．最後の説明変数は，5.3 節で定義された，2 つのくじの間の客観的な差に関する尺度である．

13.5　まとめと読書案内

本章の中心的なテーマは，被験者によるくじの選択に関する反復データを使って，リスク下での選択モデルを推定することであった．くじの選択データから個人のリスクに対する態度を推定するという研究については，Binswanger (1980) をはじめとして，これまでに膨大な文献がある．

ここで推定されたモデルや，それらを推定する際に使用された手法は，多くの研究で使用されているものと類似している．そうした研究には，Harless and Camerer (1994)，Hey and Orme (1994)，Loomes et al. (2002)，Harrison and Rutström (2009)，Conte et al. (2011)，それに Von Gaudecker et al. (2011) がある．これらのうち最後の 2 つは，われわれの研究と同様に，MSL 法をハルトン抽出法と一緒に使用している．われわれ自身の推定との違いは，これら 2 つの研究では，不均一性に関して一次元以上のものを想定しているという点である．Conte et al. (2011) は，リスク回避度と確率加重は被験者間で連続的に変化していると仮定している．Von Gaudecker et al. (2011) は，4 つの異なるパラメータにおいて，被験者間変動を仮定している．

このためには，複数のハルトン数列の集合が必要になる．

摂動パラメータの推定に関係した手法上の問題については，Moffatt and Peters（2001）によって説明されている．

問題

1. リスク下での選択実験には，被験者に無差別を表明することを許すものがある．無差別を扱うことができるように尤度関数を拡張しなさい．ヒント：データを3つの結果を持つ順序変数（第7章を参照）として，閾値パラメータκを導入するとよい．

2. 各個人の決定に対する事後的な摂動確率を計算するには，どうしたらよいだろうか？

3. Stamer（2000）は，リスク下での行動が経験に伴って変化する傾向があることを示す証拠が増えていることに注意を促し，「個人は，期待効用に基づく選好を発見しようとしているのだろうか？」という問いを投げかけている．本章で開発されたモデルを，この仮説を検証することが可能になるように拡張するためには，どうすればよいだろうか？　特に，加重パラメータが経験に依存することが可能になるように考えなさい．

4. pの割合はEU仮説に従い，残り$1-p$の割合は，加重パラメータが被験者間で連続的に変化しているようなRD効用理論に従う被験者集団を考えよう．その結果得られる混合モデルに対する尤度関数を構成しなさい．Conte et al.（2011）を参照するのが有益かもしれない．

第14章　二値選択実験の最適計画

14.1　はじめに

　第2章では，実験経済学における実験計画に関する一般的な話題が取り扱われた．第2章における主要なテーマは，無作為化の手法と，処理効果の検定に対して必要となる標本サイズを発見するための検出力分析の利用とであった．本章では実験計画法に関する話題に立ち戻る．しかしながら，二値選択モデルにおける実験計画に焦点が当てられる．この話題が本書のこの段階で取り扱われるのは，本章でもちいられる手法を理解するためには，これまでの章で扱った内容が前提になるから，という単純な理由からである．

　最適計画に関する指針が特に差し迫って必要な領域は，リスク下の選択実験である．こうした実験については，リスクに対する態度を測定したり，リスク下での選択に関する異なった理論に関する検定をしたりすることを含むさまざまな目的の下に多くの実験が実施されてきた．第13章で説明されたように，これらの実験は，被験者が一連の二値選択問題を提示されるという標準的なフォーマットに従ったものであり，各選択問題は通常，一方の選択肢は「より安全」なもので，他方の選択肢は「よりリスクがある」ものになっている．例えば，Holt and Laury（2002）の実験を見てみよう．各選択問題は，それぞれの選択肢について，生じうる結果と，それぞれの結果に対応する確率によって定義されている．この結果と確率の選択をするとき，ほとんどの実験者はインフォーマルなアプローチに従っている．以下の Hey and di Cagno（1990, p.286）からの引用は，実験計画の問題に対するこの領域のほとんどの研究者が持っている典型的な態度である．

「出題する問題数を60個に決めた．それは，被験者の集中力が持続している間に尋ねることが可能だと考えられうる最大の問題数であると考えたからである……問題の選択は容易なことではなかった……くじの組を結ぶ直線の傾きが1/7から7まで大きく変動するように，くじの組み合わせを作ろうと試みた．この背後にあった考えは，こうすれば非常にリスク回避的な人々とそれほどリスク回避的でない人々とを区別することができるだろうというものだった．しかし，実際にはむしろ暗中模索していた．」

この引用文の中で言及されている「傾き」とは，マーシャック・マシーナの三角形において，2つのくじを結ぶ直線の傾きのことであり，それは，第13章においてランダム選好（RP）モデルの文脈の下で使用された「閾値リスク回避度」の尺度 r^* と大まかに関連したものである．上の引用文から明らかなように，研究目的に合致するような方法で選択問題を設定することには実験者はしばしば注意をはらっているが，その実験計画問題に対して正式な手法が適用されることはめったになかったと言っても過言ではない．

　実験者たちが推定の精度に関心があるのであれば，なぜ二値的選択問題にばかり頼っているのか？　という疑問を投げかけることは正当なものだろう．理論的には，単一のくじに対する確実性等価は，あるくじを別のくじよりも好むという選好の指標よりも多くの情報量を持っている．この推論に従えば，最適な実験計画とは，適切に選ばれた一連のくじに対する確実性等価を引き出すようなものである，と主張されるかもしれない．しかしながら，6.6.2節で示唆されたように，われわれには，くじの評価よりもくじの選択による方が真の選好が表明される可能性が高い，という堅い信念がある．この信念は明らかに他の人々にも共有されている．実際，リスクに対する態度に関する推定に関する研究のほとんどは，くじ間の選択についてのデータに基づいたものである[1]．

　選好を引き出す手段としての二値的選択が広く受け入れられていることを前提とすると，研究者にとっては適切な実験計画に対する指針を持つことが重要である．特に，くじの組に関するパラメータを選択するための明確な枠組みを持つことが望ましい．そうした枠組みは，最適実験計画に関する統計学的研究から得られる．本章の目的は，リスク下の選択実験に焦点をしぼって，どうす

---

1)　例えば，Hey and Orme (1994)，Loomes et al. (2002)，Harrison and Rutström (2009)，Conte et al. (2011)，Von Gaudecker et al. (2011) を参照のこと．

れば最適実験計画についての理論を経済学の実験計画に適用できるのか，という問題に取り組むことである．

　統計学の文献では，最適実験計画という概念は通常，関心のあるパラメータの推定を最大の精度で実行できる実験計画を意味している．最適実験計画の基準として，フィッシャー情報行列の行列式がしばしば選ばれる．この量を最大化することは，点推定値を取り巻く「信頼楕円」の大きさを最小化することと同値である．したがって，この基準が推定の精度を最大化するということについては，かなり直観的な意味がある．情報行列の行列式が最大化されるような実験計画は，「D-最適計画」と呼ばれる．

　線形モデルにおけるD-最適計画を発見する問題は，少なくとも原理的には単純である．なぜなら，この基準にはモデルのパラメータが含まれていないからである．それゆえ，パラメータに関する知識なしに最適実験計画を見つけることができる．これに対して，二値データの文脈の下で研究する際により興味深い対象となる非線形モデルでは，情報行列の行列式はモデルのパラメータの関数となる．したがって，厳密に言えばD-最適計画を見出すためには，パラメータの値を知る必要がある．これは「鶏が先か，卵が先か」という問題として知られている．一見すると，これは非常に深刻な問題のように見える．というのは，ここでの最終目的は，パラメータの集合をできる限り高い精度で推定することであるが，この目的を達成する方法を確立するためには，これらのパラメータ値が必要なのだから！　しかしながら，さらによく考えてみると，あまり心配することはないのである．なぜなら，パラメータ値は不明であるものの，パラメータの推定値は通常，先行研究から得ることが可能であり，これらの推定値に基づいて最適実験計画を開発することは許容可能だと考えられているからである．

　このような考え方で，リスク下の選択実験に関する文脈の下での最適実験計画を展開することにする．実際には，本書のこれまでの章で得られ，報告された推定値を取り上げ，これらの推定値に基づいて最適実験計画についての演習を進めていくことにする．

　14.2 節では，最適実験計画の理論の基礎が形作られる．特に，D-最適性の概念が定義され，それからこの概念が線形モデル，プロビット・モデル，それにロジット・モデルに適用される．14.3 節では，最適実験計画の方法論が適用される対象であるリスク下の選択に関するパラメトリックなモデルが特定

452 第14章 二値選択実験の最適計画

化される．14.4 節では，14.2 節で導入された D-最適計画の原理が，14.3 節
で開発されたリスク下の選択モデルに適用される．それにより，リスクに対
する態度に関するパラメータが既知である特定の被験者にとって最適な一連の
選択問題が得られる．14.5 節では，モデルに「摂動パラメータ」が含まれる
ときに，実験計画を調整する方法について述べられる．14.6 節では，最適な
実験計画が，被験者の異質性を考慮しつつ，複数の被験者が参加する実験とい
う状況に拡張される．

14.2 実験計画の理論に関する基礎

14.2.1 D-最適計画の原理

スカラーの従属変数が y で，単一の説明変数が x であり，また，ある特定
の観測値 (y_i, x_i) に関連付けられた確率または確率密度が $f(y_i|x_i; \theta)$ であるよ
うなモデルを考えよう．ただし，θ はパラメータに関する $k \times 1$ ベクトルであ
る．また，全部で n 個の独立の観察値があるものと仮定する．すると，この
モデルに対する対数尤度関数は以下のようになる．

$$LogL = \sum_{i=1}^{n} \ln f(y_i|x_i; \theta) \tag{14.1}$$

パラメータ・ベクトル θ の最尤推定値（MLE）は $LogL$ を最大化する値であ
る．情報行列は以下のように与えられる．

$$I = E\left(\frac{\partial^2 LogL}{\partial \theta \partial \theta'}\right) = E\left(\frac{\partial LogL}{\partial \theta}\frac{\partial LogL}{\partial \theta'}\right) \tag{14.2}$$

MLE の分散は，(14.2) 式の情報行列の逆行列によって与えられる．したがっ
て，各推定値の標準誤差は，I^{-1} の対角要素の平方根から得られる．

D-最適計画の原理は，単に，特定化されている制約条件の下で，情報行列
の行列式を最大にする x_i の値を選ぶことである．これは，θ に含まれるパラ
メータに関する「信頼楕円」の大きさを最小化すること，つまり，全体の精
度が最大であるようなパラメータの全体集合を推定することと同値である．θ
にただ1つの要素しか含まれないとき，つまり，モデルにはただ1つのパラ
メータしかないとき，D-最適計画の基準を満たすことは，単にそのパラメー

タに関連付けられた信頼区間の幅を最小化することと同値である.

明らかに,この情報行列とその行列式は標本サイズ n とともに増加する.しばしば,実験計画同士を比較するときには,観測値の数を調整する必要がある.そこで,「観測値 1 つ当たりの情報行列」$i = \frac{1}{n} I$ を得るために,情報行列を n で割っておくのである.

14.2.2 線形単回帰

次のような(正規)単回帰モデルを考えよう.

$$
\begin{aligned}
& y_i = \theta_1 + \theta_2 x_i + \epsilon_i \quad i = 1, \ldots, n \\
& \epsilon_i \sim N(0, 1) \\
& -1 \leq x_i \leq +1 \quad \forall i
\end{aligned}
\tag{14.3}
$$

分析者は,説明変数 x_i のとりうる値を,下限と上限にのみ制約を付けて統制しているものと仮定する.ここでは,一般性を失うことなく,説明変数の値は -1 から 1 の間であるとする.誤差項は正規分布に従うものと仮定されており,さらなる単純化のために,単位分散を持つものと仮定する.誤差項に関するこれらの仮定の下では,このモデルに対する対数尤度関数は以下のようになる.

$$
LogL = \sum_{i=1}^{n} [k - (y_i - \theta_1 - \theta_2 x_i)^2]
\tag{14.4}
$$

ここで,k は定数項である.このモデルにおいては,2 つのパラメータの MLE は,y を x に回帰する最小二乗法から得られた推定値と同じになることは容易に確かめられる.(14.4) 式を 2 つのパラメータ θ_1 と θ_2 について 2 度微分すると,次の情報行列が得られる.

$$
I = \begin{pmatrix} n & \sum x_i \\ \sum x_i & \sum x_i^2 \end{pmatrix}
\tag{14.5}
$$

したがって,MLE ベクトルの分散は次のようになる.

$$
V \begin{pmatrix} \hat{\theta}_1 \\ \hat{\theta}_2 \end{pmatrix} = I^{-1} = \begin{pmatrix} n & \sum x_i \\ \sum x_i & \sum x_i^2 \end{pmatrix}^{-1}
\tag{14.6}
$$

標準誤差は，V の対角要素の平方根として得られる．

　D-最適計画を得るためには，I の行列式を最大にする x_i の値を選ぶ必要がある．この行列式は次のように書けることが確認できるだろう．

$$\det(I) = \sum_{i=1}^{n} \sum_{j=i+1}^{n} (x_i - x_j)^2 \tag{14.7}$$

(14.7) 式から，異なる x の値間の差ができるだけ大きくなければならないことは明らかである．このため，半分の x の値は最大の値に，残り半分の x の値は最小の値に設定しなければならない．実験計画の専門用語で言えば，実験計画を表す点［計画点］のすべてが「計画点が取りうる値を表す領域の端点」にあるように選択するのである．

　(14.7) 式の重要な特徴は，そこにモデルのパラメータである θ_1 と θ_2 が含まれていないことである．このことは，線形回帰モデルの文脈の下では，D-最適計画を発見するためには，パラメータの値を知る必要はない，ということを意味する．ただし，次節で見出されるように，この結果は，プロビットやロジットといった非線形モデルには当てはまらない．

14.2.3　単純プロビットと単純ロジット

　今度は，潜在的な連続変数 y^* が以下の式のように x に依存しているような二値データの設定について考えてみよう．

$$y_i^* = \theta_1 + \theta_2 x_i + \epsilon_i \quad i = 1, \ldots, n$$
$$\epsilon_i \sim N(0,1) \tag{14.8}$$

しかし，観察されるのは，y^* が正か負かということだけである．つまり，以下のような y が観察されるのである．

$$y_i = \begin{cases} 1 & \text{if} \quad y_i^* > 0 \\ -1 & \text{if} \quad y_i^* \leq 0 \end{cases} \tag{14.9}$$

もちろん，(14.9) 式は，第 6 章で導入された，よく知られたプロビット・モデルである[2]．このプロビット・モデルに対する対数尤度関数は，次のように

[2]　第 6 章で扱ったモデルとは若干の違いがある．第 6 章では，y を 1 か 0 の値を取る二値変数，yy を 1 か -1 に変換された値としていた．ここでは，説明の単純化のために，y は 1 か -1 の値を

なる.

$$LogL = \sum_{i=1}^{n} \ln \Phi[y_{it} \times (\theta_1 + \theta_2 x_i)] \tag{14.10}$$

(14.10) 式のモデルに対する情報行列は，以下のように導出されるだろう.

$$I = \begin{pmatrix} \sum w_i & \sum w_i x_i \\ \sum w_i x_i & \sum w_i x_i^2 \end{pmatrix} \tag{14.11}$$

ここで，

$$\omega_i = \frac{[\Phi(\theta_i + \theta_2 x_i)]^2}{\Phi(\theta_1 + \theta_2 x_i)[1 - \Phi(\theta_1 + \theta_2 x_i)]} \tag{14.12}$$

である. (14.11) 式の情報行列の行列式は，次のように書けるだろう.

$$\det(I) = \sum_{i=1}^{n} \sum_{j=i+1}^{n} w_i w_j (x_i - x_j)^2 \tag{14.13}$$

この場合も，$\det(I)$ は 2 つの計画点で最大化される. しかしながら，$\det(I)$ は w_i によって重み付けられている. これらの重みは，$\Phi(\theta_1 + \theta_2 x_i) = 0.5$ の とき，つまり，2 つの結果が選ばれる確率が等しくなるときに最大となる. そこで，計画点を互いにできる限り離れた位置に置き，「計画点が取りうる値を表す領域の端点」を占めるようにしたいという願いは，計画点に「効用均等化」が要求する完全な無差別を生じるようにしたいという願いに反している (Huber and Zwerina, 1996).

図 14.1 において，実線は，計画点の上側の値のパーセンタイルに対する $\det(I)$ を示している. 実験計画は対称的なので，計画点の下側の値は中心から同じ距離だけ離れている. 予想通り，両方の計画点が中心（パーセンタイル = 0.50）にあるときには，情報量は 0 であることがわかる. 直観的に言えば，計画点のすべてが分布の中心にある場合には，観測できるのは各観測値が中心から見て左右どちら側にあるかということだけであり，分布の広がりは識別できない，ということである. また，両方の計画点が中心から最大限離れている場合（パーセンタイル = 1.0）でも，情報量はやはり 0 になる. これもまた直

取る変数として定義している.

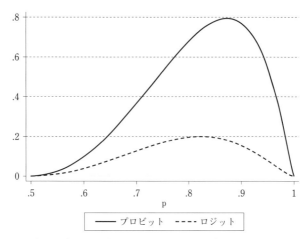

図 14.1 大きい方の計画点のパーセンタイルに対する情報行列の行列式.プロビットとロジットの場合

感的に言うと,もしすべての個人に,その選択結果が確実に予測されうるような極端な問題が与えられるなら,その選択データには何の価値もない,ということである.図 14.1 における実線について最も重要な特徴は,0.87 で最大値を取るということである.これは,$\det(I)$ を最大化する計画点は,潜在的な反応関数の 13 パーセンタイルと 87 パーセンタイルである,ということを意味する.これが,プロビット・モデルに対する D-最適計画である.

必要な数の計画点が奇数個である場合,最適計画は,実験計画を表す点の 1 つを中心に置き,残りの点を等しい数に分割し,13 パーセンタイルと 87 パーセンタイルの間に置く,というものになる.

二値データのモデル化として,プロビットに対する代案としてよく知られているのは,これも第 6 章で導入されたロジット・モデルであり,それは次のように定義される.

$$P(y_i = 1) = \frac{\exp(\theta_1 + \theta_2 x_i)}{1 + \exp(\theta_1 + \theta_2 x_i)} \equiv P_i \tag{14.14}$$

(14.14) 式に対する情報行列は,先の (14.11) 式と同じ形をしているが,その重みは次の式で与えられる.

$$w_i = P_i(1 - P_i) \tag{14.15}$$

(14.15) 式を (14.13) 式に代入すると，ここでも数値的に見れば，$\det(I)$ を最大化する計画点は，潜在的な反応関数の 18 パーセンタイルと 82 パーセンタイルであることがわかる[3]．図 14.1 における破線は，ロジット・モデルに対する上側の計画点のパーセンタイルに対する $\det(I)$ を示している．

線形回帰モデルの設定とは異なり，これらの最適な計画点を発見するためには，潜在的な分布のパラメータ（つまり，θ_1 と θ_2）を事前に知っておかなければならないことに注意してほしい．というのは，明らかに，パーセンタイルに関する知識から分布上の点を復元するためには，これらのパラメータの情報が必要だからである．14.1 節で述べられたように，これはときには「鶏が先か，卵が先か」問題と呼ばれることがある．

14.3 ランダム選好（RP）モデル再論

ここでは，12.6 節で最初に導入され，13.2.4 節において再びより詳細に考察されたランダム選好（RP）モデルを仮定することにしよう．

典型的な課題では 2 つのくじ間の選択が必要となるような実験の最適計画に取り組む．第 12 章と第 13 章でもちいられたのと同じ設定を仮定しよう．それぞれの問題には，\$0，\$10，それに \$20 という 3 つの結果が含まれており，それらの値は 0，1 および 2 と標準化されていると仮定する．そうすると，2 つのくじは，次の確率ベクトルによって定義可能である．

$$\mathbf{p} = \begin{pmatrix} p_1 \\ p_2 \\ p_3 \end{pmatrix} \qquad \mathbf{q} = \begin{pmatrix} q_1 \\ q_2 \\ q_3 \end{pmatrix}$$

ここで，ベクトルの中の 3 つの確率は，3 つの結果 0，1 および 2 を受け取る確率である．2 つのくじのうちの 1 つはよりリスクがあるくじで，もう 1 つはより安全なくじであるのが通常であるが，そうでない場合は，一方のくじがも

---

[3] プロビットとロジットの間にはそれほど大きな違いはない，としばしば考えられることがある．例えば，Greene（2008, p.774）によると，「ほとんどの応用において，これら 2 つの間の選択は大きな差異をもたらさないようである」．このことを念頭に置くと，プロビットの下での最適計画点が，ロジットの下での最適計画点に比べて，5 パーセンタイルほど裾野が広がることになる，ということは驚くべきことかもしれない．

う一方を確率支配している．**p**は常によりリスクのあるくじであるか，確率支配するくじである．**q**は常により安全なくじか，確率支配されるくじである．

再び，べき乗効用関数を仮定しよう．

$$U(x) = x^r \quad r > 0 \tag{14.16}$$

このパラメータ化の下では，相対的リスク回避度係数は$1-r$によって与えられる．つまり，べき乗パラメータrの値が大きいほど，その個人はリスク回避的ではないということになる．

ここで，期待効用（EU）最大化を仮定しよう．第13章におけるように，ある与えられた選択問題に対して，（EU仮説の下で）「閾値」リスクに対する態度r^*は，以下のような性質を持っている．

$$r < r^* \Rightarrow \mathbf{q}\text{が選ばれる} \tag{14.17}$$

(14.16) 式のべき乗効用関数を選んだ1つの重要な理由は，r^*が次のような閉形式で表現することができるからである[4]．

$$r^* \equiv \frac{\ln\left(-\frac{q_2-p_2}{q_3-p_3}\right)}{\ln(2)} \tag{14.18}$$

ある特定の被験者を考えよう．ランダム選好（RP）モデルの中心的な仮定は，被験者のリスクに対する態度が，以下の分布に従って課題間で変動する，ということである．

$$\ln(r) \sim N(m, \sigma^2) \tag{14.19}$$

rが常に正であることを保証するために，べき乗効用関数の定義においては必要となるので，rに対して対数正規分布が仮定される．

(14.17) 式から (14.19) 式までを合わせると，被験者がより安全なくじを選択する確率は，次のようになる．

$$P(S) = P(r < r^*) = \Phi\left(\frac{\ln r^* - m}{\sigma}\right) = \Phi\left[-\frac{m}{\sigma} + \left(\frac{1}{\sigma}\right)\ln r^*\right] \tag{14.20}$$

(14.20) 式は，説明変数が$\ln(r^*)$であるような単純プロビット・モデルであ

---

[4] 別のポピュラーなCRRAバージョンの効用関数$U(x) = \frac{x^{1-r}}{1-r}$を仮定すると，$r$の閾値は閉形式では見つからない．

る．ここで，r^* はその選択問題に対する（EU の下での）閾値リスクに対する態度であり，(14.18) 式をもちいて直接的に計算できる．

(14.20) 式は，「構造型」のプロビット・モデルと呼ぶべきものかもしれない．というのは，それは構造パラメータ m と σ によって記述されるからである．これに対応する誘導型モデルは，次のようになるだろう．

$$P(S) = \Phi[\theta_1 + \theta_2 \ln r^*] \tag{14.21}$$

先の 14.2 節で概説された実験計画理論は，(14.21) 式における誘導型のパラメータである θ_1 と θ_2 を，最大の精度で推定するような r^* を選ぶルールを規定している．しかしながら，関心があるのは θ_1 や θ_2 ではなく，(14.20) 式に現れる構造型のパラメータ m と σ である．この時点で生じる手法上の問題は，それゆえ，θ_1 と θ_2 の推定に対して最適な r^* の値が，m と σ の推定に対しても最適であるのかどうかということである．その答えはイエスである．これを証明するために，誘導型と構造型のパラメータに関するベクトルを，次のように定義する．

$$\theta = \begin{pmatrix} \theta_1 \\ \theta_2 \end{pmatrix} \quad \beta = \begin{pmatrix} m \\ \sigma \end{pmatrix} \tag{14.22}$$

θ と β の間の関係は，次の 2 つの方法で表現されうる，ということに注意してほしい．

$$\theta = \begin{pmatrix} \theta_1 \\ \theta_2 \end{pmatrix} = \begin{pmatrix} -\frac{m}{\sigma} \\ \frac{1}{\sigma} \end{pmatrix} \quad \beta = \begin{pmatrix} m \\ \sigma \end{pmatrix} = \begin{pmatrix} -\frac{\theta_1}{\theta_2} \\ \frac{1}{\theta_2} \end{pmatrix} \tag{14.23}$$

これらの関係式のうち 2 番目のものを微分すると，次のようになる．

$$\mathbf{D} = \frac{\partial \beta}{\partial \theta'} = \begin{pmatrix} -\frac{\partial m}{\partial \theta_1} & \frac{\partial m}{\partial \theta_2} \\ \frac{\partial \sigma}{\partial \theta_1} & \frac{\partial \sigma}{\partial \theta_2} \end{pmatrix} = \begin{pmatrix} -\frac{1}{\theta_2} & \frac{\theta_2}{\theta_2^2} \\ 0 & -\frac{1}{\theta_2^2} \end{pmatrix} \tag{14.24}$$

β に関する情報行列は，θ に関する情報行列により，密接な近似値として，次のように書くことができるだろう．

$$\mathbf{I}(\beta) \approx \mathbf{D}\mathbf{I}(\theta)\mathbf{D}' \tag{14.25}$$

ここでもちいられた公式は，6.5.2 節で説明された「デルタ法」の基になって

460　　第 14 章　二値選択実験の最適計画

いる公式と密接に関係している，ということに注意してほしい．

(14.24) 式における $\mathbf{D}$ は非特異正方行列なので，(14.25) 式の行列式を次のように求めることができる．

$$\det(I(\beta)) \approx \det(\mathbf{D}) \times \det(\mathbf{I}(\theta)) \times \det(\mathbf{D}')$$
$$= \det(\mathbf{D}\mathbf{D}') \times \det(\mathbf{I}(\theta)) = \delta \det(\mathbf{I}(\theta)) \quad \text{ここで} \quad \delta > 0 \quad (14.26)$$

δ は $\delta > 0$ であることが知られている．なぜなら，δ は正定値行列 $\mathbf{D}\mathbf{D}'$ の行列式だからである．したがって，$\det(\mathbf{I}(\beta))$ を最大化する r^* の値は，$\mathbf{I}(\theta)$ を最大化する r^* の値と同じになる．

ここまではプロビット・モデルについて考えてきた．というのは，(14.19) 式において対数正規性を仮定するところから始めたからである．その代わりに，対数ロジスティック分布の仮定から始めることもできただろう．まず，以下のように定義してみよう．

$$U = \frac{\ln(r) - m}{\sigma} \tag{14.27}$$

ここで，U は次のような分布関数を持つロジスティック分布に従うと仮定する．

$$P(U < u) = \frac{\exp(u)}{1 + \exp(u)} \tag{14.28}$$

すると，安全なくじが選ばれる確率は，次のようになる．

$$P(S) = P(r < r^*) = P\left[U < \frac{\ln(r) - m}{\sigma}\right] = \frac{\exp\left[-\frac{m}{\sigma} + \left(\frac{1}{\sigma}\right)\ln(r^*)\right]}{1 + \exp\left[-\frac{m}{\sigma} + \left(\frac{1}{\sigma}\right)\ln(r^*)\right]}$$
$$\tag{14.29}$$

(14.29) 式は，$\ln(r^*)$ を説明変数とする二値ロジット・モデルである．

14.4　リスク下の選択実験への $\mathbf{D}$-最適計画理論の応用

次に，14.2 節で説概説された最適計画理論が，どのようにして 14.3 節で概説された理論モデルのパラメータ推定に適用されるのかについて考えてみよう．

すでになされている重要なポイントは，これら最適計画のルールを適用する

ためには，パラメータの値がわかっていなければならないということである．したがって，そのモデルは過去のデータセットについて推定されており，そのパラメータの推定値が利用可能である，ということを仮定しよう．この目的のために使用すべきデータセットは明らかに，第13章において分析された「ランダム選好」のデータである．このデータセットについてRPモデル（つまり，「正しい」モデル）が推定されたときに，表13.1の一番右側の列に示された結果が得られている．ここで必要となる推定値は，$\hat{\mu} = -0.89$，$\hat{\eta} = -0.22$，$\hat{\sigma} = -0.16$ である．これらの推定値に基づき，個人の「リスクに対する態度の対数の平均値」m が以下の分布に従って標本集団内で変動するという仮定の下で，最適計画の問題にアプローチしよう．

$$m \sim N(-0.89, 0.22^2) \tag{14.30}$$

また，「リスクに対する態度の対数の平均値」m を持つ個人は，以下の分布に従って課題間で変動するリスクに対する態度を持っていることも仮定する．

$$\ln(r) \sim N(m, 0.16^2) \tag{14.31}$$

まず，リスクに対する態度の対数の平均値が「典型的」，つまり，$m = -0.89$ であるようなある特定の被験者に対して，選択問題の最適な集合はどのようなものになるかを考えることから始めよう．なお，この被験者のべき乗パラメータの中央値は $e^{-0.89} = 0.41$ となる．この被験者のリスクに対する態度は，以下の分布に従って問題間で変動する．

$$\ln(r) \sim N(-0.89, 0.16^2) \tag{14.32}$$

14.2節においては，プロビット・モデルに対してD-最適な実験計画は，潜在的な反応関数の13パーセンタイルと87パーセンタイルという2つの計画点から構成されるという結果が得られた．さらに，奇数個の計画点が必要ならば，1つの計画点は50パーセンタイルに配置されるべきである，ということが指摘された．したがって，3つ目の計画点が必要な場合には，［その配置場所として］分布の中央値を選ぶことになる．

(14.32)式で定義される分布を持つ r の13パーセンタイル，50パーセンタイル，それに87パーセンタイルは，実際には次のようになる．

$$0.343, 0.411, 0.492$$

これらは，目下の分析対象になっている個人に対して必要となる r^* に関する3つの値である．これらが必要となる値であることを確かめるために，それぞれの r^* の値においてこの被験者が安全なくじを選ぶ確率を，(14.20) 式と (14.32) 式を使用して計算すればよい．

$$P(S|r^* = 0.343) = \Phi\left[\frac{\ln(0.343) - (-0.89)}{0.16}\right] = \Phi(-1.13) = 0.13$$

$$P(S|r^* = 0.411) = \Phi\left[\frac{\ln(0.411) - (-0.89)}{0.16}\right] = \Phi(0) = 0.50$$

$$P(S|r^* = 0.492) = \Phi\left[\frac{\ln(0.492) - (-0.89)}{0.16}\right] = \Phi(1.13) = 0.87 \quad (14.33)$$

要求されていたように，(14.33) 式で計算された3つの確率は，必要となる3つのパーセント点と一致している．

あと残っているのは，これらの r^* の値を使って選択問題をリバース・エンジニアリングすることである．もちろん，与えられた任意の r^* の値に対して，可能な選択問題は無限に存在する．安全なくじは中程度の結果（10ドル）が確実に得られるものとし，よりリスクのあるくじは低い結果（0ドル）と高い結果（20ドル）のみを含んでいることを要求することによって，無限の可能性を（当面のところは）制限することにしよう．選択問題がこうした形式の場合，(14.18) 式は次のようになる．

$$r^* = -\frac{\ln(p_3)}{\ln(2)} \quad (14.34)$$

ここで，p_3 はリスクのあるくじの下で最も高い結果が得られる確率である．(14.34) 式を p_3 について解くと，次を得る．

$$p_3 = 2^{-r^*} \quad (14.35)$$

(14.35) 式は，EU 仮説を仮定した場合に，選択問題が閾値リスクに対する態度 r^* を持つために必要となる p_3 の値を与えるものである．先ほどの3つの r^* の値に (14.35) 式を当てはめると，図 14.2 に示されているような選択問題が得られる．

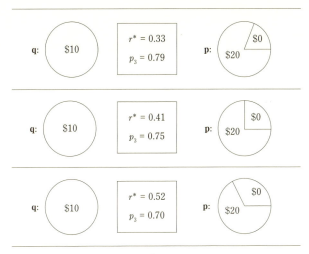

図 14.2　$\ln(r) \sim N(-0.89, 0.16^2)$ であるような被験者に対する最適計画

14.5　摂動パラメータがある場合の最適実験計画

第 13 章で説明された理由のために，ω という確率で被験者が集中力を失って 2 つの選択肢の間をランダムに選択すると仮定することがしばしば有益である．ω は摂動確率，あるいは振動パラメータとして知られている．

14.3 節のモデルに摂動パラメータを導入すると，（リスクに対する態度の対数の平均値 m を持つような被験者にとって）安全なくじを選択する確率は次のようになる．

$$P(S) = (1-\omega)\Phi\left[-\frac{m}{\sigma} + \left(\frac{1}{\sigma}\right)\ln r^*\right] + \frac{\omega}{2} \quad (14.36)$$

尤度関数も同じように構築される．(m, σ, ω) に対する 3×3 情報行列を見出せれば，図 14.3 に示された例に対して，極端な計画点を持つ選択問題を加えたときにその行列式が急激に増加することがわかるだろう．

図 14.3 に示された最初の選択問題は確率支配の例になっている．なぜなら，くじ **p** がくじ **q** を確率支配しているからである．この問題に対する閾値リスクに対する態度は 0.00 であり，これは，許容される任意のリスクに対する態度（つまり，任意の $r > 0$）について，くじ **q** よりもくじ **p** が選択される結

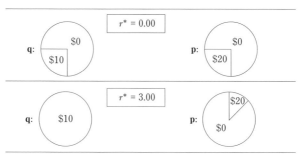

図 14.3　極端な計画点を持つ選択問題の例

果になることを意味する．もしある被験者がくじ q に対する選好を示した場合，その人は「手が震えた」のだと確信できる．したがって，この種類の問題は，摂動パラメータの推定に有益である．図 14.3 に示された 2 つ目の選択問題は，別の極端な例である．この場合の閾値リスクに対する態度は 3.00 であり，これは，くじ p を選好するためには，被験者は極端にリスク愛好的である必要がある，ということを意味する．もしある被験者がこの場合にくじ p に対する選好を示した場合には，特に他の意思決定ではその人のリスクに対する態度が通常の範囲内のどこかである場合には，その人の手が震えたことがほぼ確実であると言えるだろう．

どのような実験的分析においても摂動パラメータが中心的な話題になることはほとんどありえないが，それがモデルに含まれる場合には，十分な精度で推定されることが重要である．というのは，あるパラメータの推定における不確かさは，他のパラメータが推定される際の精度に悪影響を与えるためである．摂動パラメータの推定を精度良く行うことを保証するためには，図 14.3 に示されるようなタイプの問題を少なくとも何問かは実験計画に含めておくことが重要である．

14.6　一群の被験者に対する最適実験計画

14.4 節では，ある特定の既知の m の値（つまり，彼らの「個人的平均」リスクに対する態度）を持つある特定の被験者に対する最適実験計画を構築した．実際には，すべての被験者は異なる m の値を持っており，分析者は各個人の m の値を知らない．このことを踏まえると，一群の被験者に対して最適

であるような実験計画は，どのようにして構築されるべきだろうか？

　1つの可能なアプローチは，Chaudhuri and Mykland (1993, 1995) によって実施されたもので，「インタラクティブな実験」を実行するというものである．こうした実験では，被験者の選択は絶えず監視されており，実験のある特定の段階までに行われたすべての選択は，次の段階において（その被験者にとって）局所最適になるような実験計画を構築するために利用される．こうしたアプローチには明らかに，効率性を最大化するという潜在的な利点がある．しかしながら，このアプローチにも問題点があることがわかる．もし被験者が，自分の選択が後に提示される選択問題のパラメータに影響を与えることに気づいている場合，後で提示される選択問題がより望ましいものになるよう実験を「誘導」しようと試みて，あまり好ましくない選択肢をあえて選択するかもしれない．要するに，誘因両立性に対する違反がある．なぜなら，真の選好が表明されないと信じるに足る理由があるためである[5]．このため，すべての被験者に対して同一であり，実験開始前に構築されるような実験計画を選ぶという問題に注意を限定することにする．

　こうした実験計画を構築するために，分析者は，被験者間の異質性についてその形式と程度に関する何らかの考えを持たなければならない．異質性に対する自然な仮定は，次のようなものである．

$$m \sim N(\mu, \eta^2) \tag{14.37}$$

(14.37) 式の仮定は，次の変量効果プロビット・モデルを導く．

$$\ln(r_{it}) = m_i + \epsilon_{it}$$
$$\epsilon_{it} \sim N(0, \sigma^2)$$
$$m_{it} \sim N(\mu, \eta^2) \tag{14.38}$$

(14.38) 式には，被験者間平均（μ），被験者間標準偏差（η），それに被験者内標準偏差（σ）という推定されるべきパラメータが3つ存在する．このモデルに対する尤度関数は，第9章ですでに導出されている．

　このモデルに対するD-最適計画を見つけようと試みるよりむしろ，より単

---

5)　Johnson et al. (2014) による「事前インセンティブ・システム（Prince）」は，このような戦略的選択に対するどんなインセンティブをも排除するような方法でインタラクティブな実験を計画する巧妙な方法を提供するものである．

純なアプローチをここでは説明することにする．すでに得られている被験者間パラメータ μ と η を，被験者内パラメータ σ とともに，ここでも使用する．この際に，被験者間分布の分位点を選び，各分位点における1人の被験者に対する最適実験計画を構築する．例えば，$N(\mu, \eta^2)$ の十分位点を選ぶとすると，それは $N(-0.89, 0.22^2)$ となるが，これによって9個の m の値が得られる．次に，これらの m の値それぞれについて，14.4節において概略が示された手続きをもちいて，3つの最適計画点（下側のもの，中程度のもの，上側のもの）を見つける．それから，14.4節の最後に示された手続きをもちいて，各計画点に対応する選択問題を見つけることができるだろう．これにより，27個の異なる選択問題が得られる．

14.5節で説明されたように，摂動パラメータを識別する目的のために，2つの「極端な」問題を実験計画に加えることにしよう．この2つはそれぞれがどちらかの端点から得られる．図14.3に示された2つの問題は，この目的に適ったものだろう．全体では29個の選択問題が得られるが，これらが標本に属するすべての被験者に対して提示されることになる．

もしより多くの問題が実験で望まれる場合には，Louviere et al.（2000）によって推奨されているような「折り重ね」が実施されるだろう．ここでの文脈では，折り重ねとは単に，同じ29問の左右を入れ替えたものが提示されることを意味する．これにより58個の選択問題が得られる．これはおそらく典型的な実験にとって妥当な数の問題であろう．

14.6.1　第13章でもちいられた実験計画の選択

第13章では，50個の異なるリスク下の選択問題を伴うような，ある特定の実験計画が仮定されていた．この一連の選択問題は付録Cに収められている．ここでは，これら50個の選択問題を生成するために使用された実験計画について，簡潔に概要を示そう．

各選択問題には，複雑性の尺度が割り当てられていることを思い出してほしい．この尺度は単に，2つのくじのうち単純な方のくじに現れる結果の数によって定義されている．この変数は，意思決定時間の重要な決定要因であることが第5章の分析で明らかになった．つまり，意思決定時間は，複雑性に関して凸の増加関数であるということがわかった．第5章で行われたように，複雑性の影響を調べるためには，複雑性が問題ごとに変動するようにする必要が

ある．さらに，意思決定時間が複雑性に関する非線形の関数であるという事前の予測があるので，この非線形性を推定において捉えるためには，2水準の複雑性だけでは十分ではないだろう．このため，水準1，2および3という3つの水準の複雑性すべてが含まれるような実験計画が必要である．

付録Cの表を再度見てもらうと，最初の17個の問題はすべて水準1の複雑性である．これらそれぞれについて，安全なくじは確実に得られる10ドルとなっている．したがって，これらの17問は，14.6節において記述されたものと同じ手法をもちいて選ばれている．これら17個の選択問題はすべて，0.074から3.32の値を取る異なる値のr^*を持っている．これらの値を，集団全体のm（リスクに対する態度の対数の平均）に関する，仮定された事前分布の分位点として考えてみよう．これら選ばれたr^*の値それぞれについて，必要な選択問題を得るために(14.35)式が使用される．

18問目から34問目までは水準2の複雑性であり，35問目から46問目までは水準3の複雑性である．これらの2つのグループについてもやはり，ある範囲のr^*の値が選択され，選ばれたr^*の値それぞれについて選択問題が「リバース・エンジニアリング」される．

この実験計画における最後の4つの選択問題，つまり，47問目から50問目までは，支配問題になっている．したがって，これらに対するr^*の値は0である．4つの問題のうち3つは水準2の複雑性で，4つ目は水準3の複雑性である．

14.7　まとめと読書案内

本章の主な目的は，最適実験計画理論の原理を提示し，それからこの原理をどのようにすれば実験経済学における特定の問題に適用できるのかを示すことであった．

最適実験計画の問題については膨大な文献が存在するが，その大半は線形モデルに応用されたものであり（Silvey, 1980; Fedorov, 1972），代表的な研究のほとんどは非常に理論的なものであった．非線形モデルにおける最適実験計画は，Ford et al. (1992) や Atkinson (1996) に取り上げられている．主要な論点は「鶏が先か，卵が先か」問題であり，それは，最適実験計画を構築するためには，関心のあるパラメータについて十分に良い手がかりを持っておくこと

が重要である，ということを意味している．

　最適実験計画を発見するプロセスにおいて，研究目的に留意しておくのは重要なことであるが，ある特定の目的だけに注意を集中することは間違いになることもある．リスク下での選択実験の文脈の下では，実験計画に関する1つの基本的な要求は，安全な選択とリスクのある選択がほどよく混合されているということである．そうした混合の実現を保証するためには，集団におけるリスクに対する態度の分布と，与えられた個人に対するリスクに対する態度が変動するあり方を考慮する必要がある．実験の目的がリスクに対する態度に関する分布の研究以外のものであっても，これらのことを念頭に置きつつ，14.4節で導出された規則に従って，実験計画に関する広範囲の特徴を決めなければならない．例えば，もし研究目的がEUからの逸脱を検証することであれば，必要となる広範な特徴（つまり，ほどよく混合された回答）を持つ実験計画は，（例えば，確率加重のような）追加的なパラメータに関して精度を最大にするような方法で調整される必要がある．こうした方向に向けての研究はMoffatt（2007）によってなされている．また，目的が主観的EUTと後悔理論という2つの非EUモデルを区別することである場合の最適実験計画を発見する問題は，Müller and de Leon（1996）によって検討されている．

　「ほどよく混合された」回答は，良い実験計画であるための必要条件であるが，十分条件ではない．例えば，選択問題のすべてが図14.3に示されているタイプのものである状況を考えよう．ある特定の選択肢が選ばれる可能性が非常に高いので，これらは「極端な」設問と呼ばれる．もしすべての問題がこのタイプのものであれば，単に問題を2つの極端なものに均等に分けることにより，容易にほどよい混合を実現することができるだろう．しかしながら，得られた選択データは（摂動パラメータという例外を除いては），パラメータの推定にほとんど役に立たないだろう．別の例として，すべての問題が，選択肢の間で被験者がほとんど無差別になるようなものであるという実験計画を考えてみよう．この計画は，安全な選択とリスクのある選択に関するほぼ均等な混合を導くだろうが，やはり，このデータは推定にとって有用でない．ここでの基本的な問題は，リスクに対する態度に関する位置パラメータが，こうした無差別に近い選択によって推定されうるが，リスクに対する態度に関する広がりパラメータは識別されないだろうということである．後者の識別ためには，いくつかの問題は無差別な状態から適度に離れた位置に置かれる必要がある．こ

のような問題に興味がある読者は，Kanninen（1993）や Huber and Zwerina（1996）を参照してほしい．

問題

6.2.5 節において，最後通牒ゲームにおける応答者の決定に関するプロビット・モデルの推定が示されている．その推定結果は，以下のようなものだった（$d = 1$ は「受け入れ」を意味する）．

$$\hat{P}(d = 1) = \Phi(-3.855 + 0.144\gamma) \tag{14.39}$$

ここで，γ は提案額で，$d = 1$ はその提案を受け入れることを示している．

ときどき使用される戦略選択法のあるバージョンは，条件固定式選択法というもので，それは，ある特定の提案額が各応答者に提示され，応答者はその提案を受け入れるかどうかを示すというものである．

1. 半数の応答者にはある（低い金額の）提案を受け入れるかどうかを尋ね，残りの半数の応答者には別の（高い金額の）提案を受け入れるかどうかを尋ねたとする．D-最適計画をもちいたい場合，低い金額と高い金額はそれぞれいくらになるだろうか？　この際，プロビットの推定結果を事前の値としてもちいなさい．
2. 同じデータに対するロジットによる推定結果は，以下のようなものである．

$$P(d = 1) = \frac{\exp(-6.623 + 0.247\gamma)}{1 + \exp(-0.623 + 0.0.247\gamma)} \tag{14.40}$$

ロジットによる推定値を事前の値として，2 つの最適な提案額を計算しなさい．

第15章 社会的選好のモデル

15.1 はじめに

　本書のさまざまなところで，独裁者ゲームにおける配分額の決定要因について考察してきた．第11章では，そうした決定要因を識別する手段としてパネル切断モデルがもちいられた．本章では，さらにもう一段階先に進み，独裁者ゲームにおける配分額を規定している効用関数のパラメータを推定する．つまり，行動を規定する選好の構造に焦点を当てる．この文脈の下では，効用は自分自身の利得（x_1）と相手の利得（x_2）という2つの変数に関して増加関数であると仮定することが慣例となっている．

　そうした効用関数のパラメータを推定するためには，初期保有額における変動が含まれるような実験計画であることが明らかに不可欠である．しかしながら，2つの「財」価格が変動するようなものであることもまた望まれる．つまり，「配分額」という「財」と「保持額」という「財」について，これら2つの財間の代替性あるいは補完性の程度を表すパラメータの推定を可能にするために，それぞれの財の価格は変動するようなものであるべきである．

　独裁者ゲームにおける行動は，初期保有額が自分で稼いで得られたものであるときに特に興味深いものになる．このとき，被験者集団は，最終的な配分は自分が獲得した額と密接に関連しているべきだと考えるタイプと，獲得した額にかかわらず平等な配分を実現しようとするタイプとに，かなりはっきりと分かれることがわかる．したがって，初期保有額が自分で稼いで得られるような状況では，これらの異なるタイプを分離するために，有限混合モデルの枠組みが必要となる．

472　　　　　　　　　第 15 章　社会的選好のモデル

　15.2 節では最初に，すでに存在するデータセット（Andreoni and Miller, 2002）を使用して，代替の弾力性一定（CES 型）の効用関数のパラメータを推定する．15.3 節では，0 という観測値を非負制約が等号で成立する場合として扱うモデルの文脈の下で，効用関数のパラメータを推定する問題について考察する．15.4 節では，Cappelen et al.（2007）のモデルと類似した有限混合モデルについて考察する．Cappelen et al.（2007）のモデルは，やはり主体が効用関数を最大化するという仮定に基づいているが，そこでは主体は，自分の行動を支配する「公平性の理念」のタイプにおいて異なっていると仮定される．最後に，15.5 節では，利用可能なデータが仮想的な配分間の被験者の選択についてのものであるときに，効用関数のパラメータを推定する手法について考察する．ここでは，推定に適した枠組みは，Engelmann and Strobel（2004）によって使用されている離散選択モデルである．

15.2　独裁者ゲーム実験のデータからの選好パラメータの推定

15.2.1　理論的枠組み

　本節と 15.3 節で考察される実験設定は，Andoreoni and Miller（2002）によるものである．この設定では，各個人は初期保有額（m）を与えられ，それを「自分自身」と「相手」との間に配分するように求められる．これらの「財」の両方には「価格」がある．例えば，「自分自身への配分」という財が $\frac{1}{2}$ という価格である場合，「自分自身」が実際に受け取る額は配分された額の 2 倍になる．「相手への配分」という財の価格が $\frac{1}{3}$ である場合，「相手」によって実際に受け取られる額は配分額の 3 倍になる．

　ここでは，以下のように変数を定義する．

　$x_1 =$ 自分自身が受け取る額
　$x_2 =$ 相手によって受け取られる額
　$m =$ 初期保有額
　$p_1 = x_1$ の価格（つまり，自分自身に割り当てた初期保有額 1 単位につき，自分自身は $1/p_1$ 単位を受け取る）
　$p_2 = x_2$ の価格（つまり，相手に割り当てられた初期保有額 1 単位につき，相手は $1/p_2$ 単位を受け取る）

15.2 独裁者ゲーム実験のデータからの選好パラメータの推定　　　473

この段階で強調すべき重要な点は，x_1 と x_2 とは独裁者の効用関数における
2つの変数であるが，それらは決定変数ではないということである．決定変数
は，実際には以下のものになる．

$p_1 x_1 =$ 自分自身に割り当てた額
$p_2 x_2 =$ 相手に割り当てられた額

もちろん，これら2つの決定変数はどちらも自由変数ではない．これらは
以下の予算制約式によって制約されている．

$$p_1 x_1 + p_2 x_2 \leq m \tag{15.1}$$

通常，相手に割り当てられた額 $p_2 x_2$ は1つの決定変数と呼ばれることになる
だろう．また，予算制約式は常に等号で成立しているので，もう1つの決定
変数は $p_1 x_1 = m - p_2 x_2$ によって決定されることになることを認識しておく
必要がある．

また，「予算シェア」を $w_1 = \frac{p_1 x_1}{m}; w_2 = \frac{p_w x_2}{m}$ と定義しておくことも有益だ
ろう．

15.2.2　Andreoni and Miller のデータ

Andreoni and Miller (2002) のデータは，ファイル **garp** に収められてい
る．変数は15.2.1節で定義されたものと同じである．ここでは，データの内
容に関する説明をした上で，このデータに関する探索的分析の結果を報告す
る．

この実験には176人の被験者が参加した．各被験者は，予算の点で異なる
一連の意思決定問題に直面させられた．それぞれの予算は，初期保有額（m），
自分自身が保持する際の価格（p_1），それに相手に配分する際の価格（p_2）の
組み合わせに関して異なっていた．これらの組み合わせは表15.1に示されて
いる．被験者が各予算額に対して実施することが要求されていた課題は，初
期保有額（m）のうちどれだけを自分自身のために保持し（$p_1 x_1$），どれだけ
を相手に配分するか（$p_2 x_2$）を決定することである．意思決定問題は，被験
者ごとにランダムな順序で提示された．被験者は，すべての決定がなされた後
で，1つの問題がランダムに選択され，ランダムに選ばれたもう1人の被験者

予算	m	p_1	p_2	観測数	相手に配分された額の平均値
1	40	0.33	1	176	8.02
2	40	1	0.33	176	12.81
3	60	0.5	1	176	12.67
4	60	1	0.5	176	19.40
5	75	0.5	1	176	15.51
6	75	1	0.5	176	22.68
7	60	1	1	176	14.55
8	100	1	1	176	23.03
9	80	1	1	34	13.50
10	40	0.25	1	34	3.41
11	40	1	0.25	34	14.76

注：11 種類の予算があり，それぞれの予算は初期保有額（m），自分自身
が保持する際の価格（p_1），それに相手に配分する際の価格（p_2）につい
て異なる組み合わせでできている．予算 1-8 の実験には 176 人の被験者
すべてが参加した．予算 9-11 の実験には，34 人の被験者だけが参加し
た．一番右端の列は，相手に配分された額の平均値である．

表 15.1　Andreoni and Miller（2002）の実験計画

を受領者として，その課題において決定された配分が実行されることが告げら
れた．

　予算 1 から 8 については 176 人の被験者すべてが回答した．予算 9 から 11
は，34 人の被験者だけが回答した．表 15.1 の一番右端の列には，それぞれの
予算において相手に配分された額の平均値が示されている．明らかに，この結
果にはかなりの程度のばらつきがある．

　表 15.1 によれば，予算 7，8，9 の 3 つについては 2 つの価格が両方とも 1
になっているので，これらの課題は標準的な独裁者ゲームに対応するもので
ある，ということに注意してほしい．表の 2 列目と 6 列目とから，この 3 つ
の課題においては，相手に配分した額の平均値は初期保有額の 17% から 24%
の間にあり，これは過去の独裁者ゲームでの実験結果（Camerer, 2003）とほ
ぼ一致していることがわかる．

　図 15.1 には，自分自身が受け取った額に対する相手が受け取った額の（ジ
ッターを加えた）散布図が示されている．この図によってさらに，相手に配分
する額において大きな変動があることが浮き彫りにされている．これは部分
的には実験計画が多様性に富んだもの（11 種類の異なる予算）である結果だ
が，それはまた，相手への配分に関する選好におけるかなりはっきりとした
変動のおかげでもある．予想された通り，図の右下の領域に点がかなり密集し

15.2 独裁者ゲーム実験のデータからの選好パラメータの推定

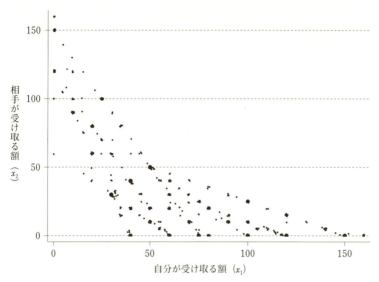

図 **15.1** (x_1, x_2) 空間におけるデータのジッター付き散布図

ており，これは，自分自身への配分に全体的な偏りが存在していることを反映している（観測値の 42% は，相手に配分する額が 0 である）．ある特定の点（例えば，横軸上）にある観測値のクラスターを容易に識別できるようにするために，「ジッター」オプションが使用されている．

図 15.2 には，相手に配分された額の散布図とその平滑線が初期保有額に対して示されている．ここで明白に示されている正の関係は，相手に配分することが「正常財」であることを単に示すものである．

図 15.3 には，相手が受け取る額の平滑線が，相手に与えるときの価格（左側）と自分に与えるときの価格（右側）に対して示されている．左側のグラフに見られる下向きの曲線は，「需要法則」と整合的なものである．右側のグラフに見られる上向きの曲線は，2 つの「財」（相手が受け取る額と自分が受け取る額）が代替財であることと整合的である．

これらの結果は，線形回帰をもちいて確認することができる．被験者レベルのクラスター化の下で，相手が受け取る額を 2 つの価格に回帰させると，以下の結果が得られる．2 つの価格の効果は非常に強く，その符号は，図 15.3 の 2 つのグラフから予想される通りのものになっている．

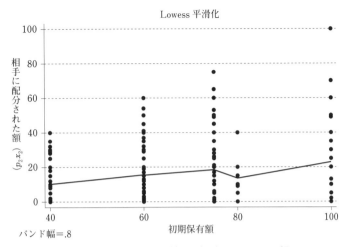

図 15.2　初期保有額に対する相手に配分された額

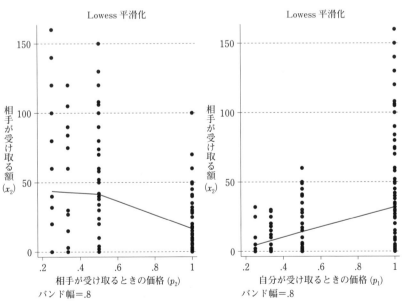

図 15.3　相手が受け取るときの価格（左側）と自分が受け取るときの価格（右側）に対する相手が受け取る額

15.2 独裁者ゲーム実験のデータからの選好パラメータの推定   477

```
. regress x2 p2 p1, vce(cluster i)

Linear regression                          Number of obs   =      1,510
                                           F(2, 175)       =      61.20
                                           Prob > F        =     0.0000
                                           R-squared       =     0.1847
                                           Root MSE        =     28.661

                              (Std. Err. adjusted for 176 clusters in i)
------------------------------------------------------------------------
             |             Robust
         x2 |     Coef.   Std. Err.      t    P>|t|    [95% Conf. Interval]
-------------+----------------------------------------------------------
         p2 | -39.00726   4.934956    -7.90   0.000   -48.74695  -29.26757
         p1 |  14.47704   1.664276     8.70   0.000    11.1924    17.76167
       _cons|  43.95138   4.663821     9.42   0.000    34.74681   53.15596
------------------------------------------------------------------------
```

次に，所得（つまり，初期保有額）を回帰に加える．所得は強い正の効果を
示しており，相手に配分することが「正常財」であるということを確証してい
る．その係数（0.265）の解釈は，他の条件が一定であれば，独裁者の初期保
有額が 1 単位増えると，相手が受け取る額は約 1/4 単位増加する，というも
のである．しかしながら，回帰に所得を加えることの帰結は，「自分」に配分
するときの価格の効果がもはや有意ではない，というものになる．これは部分
的には m と p_1 の間に強い正の相関がある結果なのであって，これが本質的に
は，m が除外されていたモデルにおいて p_1 に m の「代理変数」の役割をさ
せていたのである．

```
. regress x2 p2 p1 m, vce(cluster i)

Linear regression                          Number of obs   =      1,510
                                           F(3, 175)       =      61.25
                                           Prob > F        =     0.0000
                                           R-squared       =     0.1976
                                           Root MSE        =     28.441

                              (Std. Err. adjusted for 176 clusters in i)
------------------------------------------------------------------------
             |             Robust
         x2 |     Coef.   Std. Err.      t    P>|t|    [95% Conf. Interval]
-------------+----------------------------------------------------------
         p2 | -52.12677   5.063235   -10.30   0.000   -62.11964  -42.13391
         p1 |  1.357528   1.783083     0.76   0.447   -2.161587   4.876643
          m |  .265248    .0277023     9.57   0.000    .2105744   .3199216
       _cons|  47.92717   4.707122    10.18   0.000    38.63713   57.2172
------------------------------------------------------------------------
```

478   第 15 章　社会的選好のモデル

　図 15.1 と，独裁者ゲーム・データに関する本書でのこれまでの分析すべて
から明らかなことは，相手に配分する額における 0 という観測値の集積が存
在する，ということである．この標本の約 42% は，相手に配分する額が 0 と
等しいという観測値で構成されている．先ほど行った線形回帰は，0 という観
測値の集積を考慮していない．データのこの特性を考慮したモデルは，6.6.3
節において詳しく説明されたトービット・モデルである．そこで次に，相手に
配分する額に関するトービット・モデルを 2 つの価格と所得に関して，やは
りクラスター化に対して頑健な標準誤差をもちいて推定する．推定結果は以下
の通りである．

```
. tobit x2 p2 p1 m, vce(cluster i) ll(0)

Tobit regression                          Number of obs    =      1,510
                                          F(  3,   1507)   =      54.33
                                          Prob > F         =     0.0000
Log pseudolikelihood =  -5027.146         Pseudo R2        =     0.0256

                                  (Std. Err. adjusted for 176 clusters in i)
------------------------------------------------------------------------------
             |              Robust
         x2  |     Coef.   Std. Err.      t     P>|t|    [95% Conf. Interval]
-------------+----------------------------------------------------------------
         p2  |  -67.1347   7.049639    -9.52    0.000   -80.96285   -53.30656
         p1  |   10.8052   3.910197     2.76    0.006    3.135191    18.4752
          m  |  .3322818   .0380964     8.72    0.000    .2575541    .4070095
       _cons |  34.41715   6.122105     5.62    0.000    22.4084     46.4259
-------------+----------------------------------------------------------------
      /sigma |  42.59774   2.46888                       37.75494    47.44055
------------------------------------------------------------------------------
       628   left-censored observations at x2 <= 0
       882        uncensored observations
         0   right-censored observations
```

トービットによる係数の推定値は，対応する OLS による係数の推定値よりも
かなり大きな値を持っていることがわかる．最も際立っているのは，自分が
受け取るときの価格（p_1）に関するトービットによる係数が 10.81 であること
で，同じパラメータに関する OLS による推定値 1.36 の 8 倍も大きい．さら
に，OLS の下では全く有意でなかった（$p = 0.447$）のに対して，トービット
による係数は強く有意（$p = 0.006$）である．この結果は，このタイプのデー
タセットを分析する際には，0 での打ち切りに対処することの重要性を強く確
証するものである．このことが 15.3 節における議論の焦点になるだろう．

15.2 独裁者ゲーム実験のデータからの選好パラメータの推定   479

もちろん，さらに一歩進んで，変量効果トービット・モデルを推定すること
もできる．その推定結果は以下の通りである．

```
. xtset i t
. xttobit x2 p2 p1 m, ll(0)

Random-effects tobit regression              Number of obs     =      1,510
Group variable: i                            Number of groups  =        176

Random effects u_i ~ Gaussian                Obs per group:
                                                          min =          8
                                                          avg =        8.6
                                                          max =         11

Integration method: mvaghermite              Integration pts.  =         12

                                             Wald chi2(3)      =     605.11
Log likelihood  = -4663.2072                 Prob > chi2       =     0.0000

------------------------------------------------------------------------------
        x2 |      Coef.   Std. Err.      z    P>|z|     [95% Conf. Interval]
-----------+------------------------------------------------------------------
        p2 |  -75.14353   4.942489   -15.20   0.000    -84.83063   -65.45643
        p1 |   9.896787   5.060785     1.96   0.051    -.0221691    19.81574
         m |   .3672872   .0639333     5.74   0.000     .2419803    .4925941
     _cons |   32.68706   6.512942     5.02   0.000     19.92193     45.4522
-----------+------------------------------------------------------------------
   /sigma_u |   44.0585   3.276081    13.45   0.000      37.6375     50.4795
   /sigma_e |  28.67666   .7433699    38.58   0.000     27.21968    30.13364
-----------+------------------------------------------------------------------
       rho |   .7024244   .0320737                       .6367994    .7620325
------------------------------------------------------------------------------
```

σ_u の推定値が 44.06 という大きさであり，かつ有意であることから，被験者
間異質性の重要性が明らかに見て取れる．推定値も異なっている．傾きパラ
メータの推定値のいくつか，特に相手が受け取るときの価格に関する推定値
は，異質性を考慮した結果としてより大きな値となっている．

15.2.3 CES 型効用関数に関するパラメータ推定

本節では，前節で導入されたデータセットを，利他性に関する効用関数のパ
ラメータを推定するために使用する．

Andreoni and Miller（2002）や他の研究に従って，以下の代替の弾力性一
定（CES 型）の効用関数を仮定することにしよう．

$$U(x_1, x_2) = [\alpha x_1^\rho + (1-\alpha)x_2^\rho]^{\frac{1}{\rho}} \quad 0 \le \alpha \le 1 \quad -\infty \le \rho \le 1 \quad (15.2)$$

(15.2) 式の CES 型効用関数は，経済学のさまざまな分野でもちいられている．目下の設定では，パラメータ α は利己性を表しているが，パラメータ ρ は，価格の変化に対して公平性や効率性をトレードオフする意志を表している．つまり，0 より小さい ρ の値は，利得における平等性に対する配慮を表し，0 と 1 の間の ρ の値は，効率性への注視を表している．通常 σ で表される代替の弾力性は，ρ から次の式をもちいて直接導出されるだろう．

$$\sigma = \frac{1}{1-\rho} \quad (15.3)$$

σ は明らかに ρ の増加関数であり，（効率性への注視を示す）0 から 1 までの値をとる ρ の値は，1 から $+\infty$ の値をとる σ の値に対応している．

代替の弾力性 σ を解釈するのに有用な方法は，無差別曲線の曲率によるものである．σ が大きくなるほど，無差別曲線の曲率は緩やかになる．σ が $+\infty$ に近づくと，無差別曲線は下向きの直線になり，これは 2 つの財が完全に代替的であり，利得総額だけが重要であることを意味する．もう一方の極限として，σ が下限の 0 に近づくなら，無差別曲線は L 字型になり，これは 2 つの財が完全に補完的であり，利得の平等性だけが重要であることを意味する．これらの中間に当たるケースは $\sigma = 1$ のときで，これは $U = x_1^\alpha x_2^{1-\alpha}$ というコブ・ダグラス型の選好を意味する．

(15.1) 式の予算制約の下で (15.2) 式を最大化すると，自分自身の利得に対する「マーシャルの需要関数」が得られる．

$$w_i = \frac{p_1^{\frac{\rho}{\rho-1}}}{p_1^{\frac{\rho}{\rho-1}} + \left(\frac{\alpha}{1-\alpha}\right)^{\frac{1}{\rho-1}} p_2^{\frac{\rho}{\rho-1}}} + \epsilon \quad (15.4)$$

ここで，w_1 はすでに述べたように，「自分自身」に配分された配分総額中のシェア，つまり，$w_1 = \frac{p_1 x_1}{m}$ である．決定論的な予算シェアの式を推定可能なモデルにするために，(15.4) 式に誤差項（ϵ）が加えられていることに注意してほしい．$w_2 = 1 - w_1$ なので，2 つ目の予算シェア w_2 に関する式は，(15.4) 式の決定論的な項から容易に導けるだろう．しかしながら，2 つのパラメータを推定するには，2 つの式のうち 1 つだけがあればよい．そこで，(15.4) 式を使用することにする．

15.2 独裁者ゲーム実験のデータからの選好パラメータの推定　　　481

(15.4) 式における 2 つのパラメータを推定するためには，非線形最小二乗法が必要になる．非線形最小二乗法の下になる原理は，最小二乗法と全く同一である．もし標本サイズが n で，データセットが 3 つの変数 w_i, p_{1i}, p_{2i} $(i = 1, \ldots, n)$ からなる場合，問題は，以下の二乗和を 2 つのパラメータ α と ρ に関して最小化することである．

$$\sum_{i=1}^{n}\left[w_{1i} - \frac{p_{1i}^{\frac{\rho}{\rho-1}}}{p_1^{\frac{\rho}{\rho-1}} + \left(\frac{\alpha}{1-\alpha}\right)^{\frac{1}{\rho-1}} p_2^{\frac{\rho}{\rho-1}}}\right]^2 \tag{15.5}$$

非線形二乗法が必要とされるのは，(15.4) 式が 2 つのパラメータに関する非線形関数であり，それゆえ，最小化問題に対する解について，モデルが線形であるときには存在するような閉形式が存在しない，ということが理由である．その代わりとして，解を見つけるために数値計算が使用される．

非線形最小二乗法を実行する STATA のコマンドは nl である．regress コマンドの場合と同様に，クラスター化した頑健な標準誤差を得るために vce(cluster i) オプションを使用することができる．ここで使用する別のオプションは「initial」で，非線形最適化に対する初期値を与えてくれるものである．初期値がわからない場合には推定が実行されないので，このオプションは不可欠なものであるが，この初期値は特に解の近くにある必要はない．

nl コマンドにいま説明した 2 つのオプションを付けたもの，および Andreoni and Miller（2002）のデータにそれが適用された結果は，以下の通りである．

```
. nl (w1 = (p1^({rho}/({rho}-1)))/((p1^({rho}/({rho}-1)))  ///
> +(({aa}/(1-{aa}))^(1/({rho}-1)))*(p2^({rho}/({rho}-1))))), ///
> initial(rho 0.0 aa 0.5) vce(cluster i)
(obs = 1,510)

Iteration 0:  residual SS =   122.2299
Iteration 1:  residual SS =   115.4766
Iteration 2:  residual SS =   115.4615
Iteration 3:  residual SS =   115.4615
Iteration 4:  residual SS =   115.4615


Nonlinear regression                    Number of obs =      1,510
                                        R-squared     =     0.8804
                                        Adj R-squared =     0.8798
                                        Root MSE      =   .2767056
```

```
                                          Res. dev.     =    403.0932

                       (Std. Err. adjusted for 176 clusters in i)

              |                Robust
         w1  |     Coef.    Std. Err.      t    P>|t|     [95% Conf. Interval]
     -------------+----------------------------------------------------------------
        /rho  |   .272248   .0479813      5.67  0.000     .1775515     .3669445
         /aa  |  .6918387   .0150264     46.04  0.000     .6621824      .721495
     ----------------------------------------------------------------------------


.
. nlcom sigma: 1/(1- _b[rho:_cons])

     sigma:  1/(1- _b[rho:_cons])


         w1  |     Coef.    Std. Err.      z    P>|z|     [95% Conf. Interval]
     -------------+----------------------------------------------------------------
       sigma  |  1.374095   .0905952     15.17  0.000     1.196531     1.551658
     ----------------------------------------------------------------------------
```

nlコマンドに続き，(15.3)式をもちいて代替の弾力性 σ を導出するために
nlcomコマンドが適用されている．この推定値は 1.37 で，代替の弾力性が 1
より大きいという証拠をこの信頼区間は示している．これは，この標本におけ
る被験者たちは全体的に，利得の平等性よりも効率性の方をいくぶん重要視し
ている，ということを示している．α の推定値は 0.692 である．2 つの価格が
等しい状況では，この値は，個人が自分自身のためにとっておく配分額の割合
として解釈できるだろう．（やはり信頼区間に基づけば）この値は 0.5 よりも
有意に大きいので，この推定値は，被験者たちが比較的利己的であることを示
している．

15.3　非負制約が等号で成立している場合の利他性のモデル

15.3.1　背景

　前節では，独裁者ゲーム実験のデータをもちいて，標準的な効用関数のパ
ラメータがどのように推定できるかを示した．しかし前節では，0 での打ち切
り，つまり，配分額変数に関する観測値が 0 に集積していることを考慮して
いなかった．15.2.2 節では，アドホックな推定方法をもちいて配分額の決定要
因について検討し，0 でのデータの打ち切りを無視することは推定に大きな影

15.3 非負制約が等号で成立している場合の利他性のモデル   483

響を与えるということがわかった。つまり，トービットによる推定値は OLS
の推定値と大きく異なっていたのである。この結果から，0での打ち切りに対
処することが重要であると結論された。

　トービット・モデルは，0での打ち切りに対処するのに有益な枠組みであ
る。しかしながら，これはアドホックなアプローチである。というのは，通常
の環境の下では，このアプローチには理論的根拠がないからである。本節で
は，理論モデル，つまり，制約条件付き効用最大化問題に，0という観測値を
組み込むことを目的とする。

　本節で開発されるモデルは，Wales and Woodland (1983) のものと類似し
たものであり，彼らは3つの消費財に関する効用関数のパラメータを推定し
ている。

15.3.2　モデル

　[このモデルの] 変数は 15.2.1 節で定義されているものと同じである。ここ
では，以下の Stone-Geary 型の効用関数を仮定することから始めよう。

$$U(x_1, x_2) = a_1 \ln(x_1 - b_1) + a_2 \ln(x_2 - b_2) \tag{15.6}$$

パラメータを識別するために，以下の正規化を行う必要があるだろう。

$$a_1 + a_2 = 1 \quad b_1 + b_2 = 0 \tag{15.7}$$

b_1 と b_2 は，x_1 と x_2 の「最低水準」である。しかしながら，そのうちの1つ
は負の値を取ることができる。つまり，無差別曲線が縦軸・横軸をはみ出して
もよいことを意味する。これが，x_1 あるいは x_2 における 0 という観測値を説
明するために必要となる。$b_1 = 1$ かつ $b_2 = -1$ のときの Stone-Geary 型無差
別曲線は図 15.4 に示されている。

　パラメータ a_1 と a_2 は，余剰所得の割合，つまり，最低水準の要求が満た
されたときに残る所得であり，それが各財に支出される。したがって，これら
のパラメータは，それぞれの財が「奢侈財」である程度を表すものとして解釈
してもよい。

　ここでの制約条件付き最大化問題は，以下のようになる。

$$\max_{x_1, x_2} U(x_1, x_2) \quad \text{s.t.} \quad p_1 x_1 + p_2 x_2 \leq m, \quad 0 \leq p_1 x_1 \leq m \tag{15.8}$$

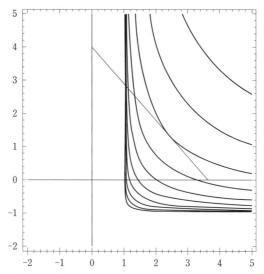

図 15.4 最低水準の 1 つが負でもう 1 つが正の場合の Stone-Geary 型の無差別曲線

(15.8) 式から明らかなように，このモデルの際立った特徴は，効用関数が予算制約に加えて，両財に対する非負制約の下で最大化されることである．

ラグランジュ関数は以下の通りである．

$$L = a_1 \ln(x_1 - b_1) + a_2 \ln(x_2 - b_2) + \lambda(m - p_1 x_1 - p_2 x_2) + \mu_1 p_1 x_1$$
$$+ \mu_2 (m - p_1 x_1) \tag{15.9}$$

ここで，相補スラック条件は以下のようになる．

$$\frac{a_1}{p_1(x_1 - b_1)} < \frac{a_2}{p_2(x_2 - b_2)} \quad \text{if } p_1 x_1 = 0$$
$$\frac{a_1}{p_1(x_1 - b_1)} = \frac{a_2}{p_2(x_2 - b_2)} \quad \text{if } 0 < p_1 x_1 < m$$
$$\frac{a_1}{p_1(x_1 - b_1)} > \frac{a_2}{p_2(x_2 - b_2)} \quad \text{if } p_1 x_1 = m \tag{15.10}$$

ここで「財 1」に注目しよう．(15.10) 式の相補スラック条件と，（等号で成立する）予算制約式 ($p_1 x_1 + p_2 x_2 = m$) とを組み合わせると，よく知られている（非負制約を持つ）線形支出体系が得られる．

$$
p_1 x_1 = \begin{cases} p_1 b_1 + a_1(m - p_1 b_1 - p_2 b_2) & \text{if } 0 < \text{RHS} < m \\ 0 & \text{if RHS} \le 0 \\ m & \text{if RHS} \ge m \end{cases} \tag{15.11}
$$

ここで，「RHS」は第 1 式の右辺を表す．(15.11) 式の第 1 式は，財 1 への支出は最低水準の支出に a_1 の割合で余剰所得を加えたものになる，と解釈される．$a_1 + a_2 = 1$, $b_1 + b_2 = 1$ の正規化を適用して整理すると，(15.11) 式の 3 つの条件式は次のように書き直せる．

$$
\begin{aligned}
b_1 &< \frac{-a_1 m}{(1-a_1)p_1 + a_1 p_2} & \text{if } p_1 x_1 = 0 \\
b_1 &= \frac{p_1 x_1 - a_1 m}{(1-a_1)p_1 + a_1 p_2} & \text{if } 0 < p_1 x_1 < m \\
b_1 &> \frac{(1-a_1)m}{(1-a_1)p_1 + a_1 p_2} & \text{if } p_1 x_1 = m
\end{aligned} \tag{15.12}
$$

自分が受け取る額に対する「最低水準」b_1 は，（被験者内で）$b_1 \sim N(\gamma, \sigma^2)$ に従って変動すると仮定する．これ以後，各変数に付けられた添え字は，i は被験者，t は課題に対するものである．3 つの場合分けに対応する単一観測値の尤度への寄与度は，以下のようになる（γ に添え字 i が付いている理由はすぐに明らかになる）．

$$
\begin{aligned}
(p_1 x_1)_{it} = 0 : &\qquad \Phi\left(\frac{\frac{-a_1 m_{it}}{(1-a_1)p_{1,it} + a_1 p_{2,it}} - \gamma_i}{\sigma} \right) \\
0 < (p_1 x_1)_{it} = m_{it} : &\qquad \frac{1}{\sigma} \phi\left(\frac{\frac{(p_1 x_1)_{it} - a_1 m_{it}}{(1-a_1)p_{1,it} + a_1 p_{2,it}} - \gamma_i}{\sigma} \right) \\
(p_1 x_1)_{it} = m_{it} : &\qquad 1 - \Phi\left(\frac{\frac{(1-a_1)m_{it}}{(1-a_1)p_{1,it} + a_1 p_{2,it}} - \gamma_i}{\sigma} \right)
\end{aligned} \tag{15.13}
$$

（γ_i で条件付けられた）単一観測値の尤度への寄与度は，以下のように定義できる．

$$
\begin{aligned}
(f_{it}|\gamma_i) =&\, I((p_1 x_1)_{it} = 0)\Phi\left(\frac{\frac{-a_1 m_{it}}{(1-a_1)p_{1,it}+a_1 p_{2,it}} - \gamma_i}{\sigma}\right) \\
&+ I(0 < (p_1 x_1)_{it} < m_{it})\frac{1}{\sigma}\Phi\left(\frac{\frac{(p_1 x_1)_{it} - a_1 m_{it}}{(1-a_1)p_{1,it}+a_1 p_{2,it}} - \gamma_i}{\sigma}\right) \\
&+ I((p_1 x_1)_{it} = m_{it})1 - \Phi\left(\frac{\frac{(1-a_1)m_{it}}{(1-a_1)p_{1,it}+a_1 p_{2,it}} - \gamma_i}{\sigma}\right) \qquad (15.14)
\end{aligned}
$$

ここで，$I(.)$ は指示関数である.

　被験者間の異質性は，平均値パラメータ γ が被験者間で変動すること認めることで取り入れることができる．したがって，(15.13) 式と (15.14) 式において，γ には添え字 i が付けられているのである．ここで，次のように仮定する．

$$
\gamma \sim N(\mu, \eta^2) \qquad (15.15)
$$

すると，この被験者の尤度への貢献度は，以下のようになる.

$$
L_i = \int_{-\infty}^{\infty} \prod_{t=1}^{T} (f_{it}|\gamma)f(\gamma|\mu,\eta)d\gamma \qquad (15.16)
$$

ここで，$(f_{it}|\gamma)$ は (15.14) 式で定義されており，$f(.|\mu,\eta)$ は，(15.15) 式の正規分布に関する密度関数である．推定されるべきパラメータは，a_1, μ, η, σ の4つである.

　いつものように，(15.16) 式の積分は，ハルトン抽出法によって計算される．具体的には，この積分は，以下の R 個の抽出された数列にわたる平均値によって置き換えられる.

$$
L_i = \frac{1}{R}\sum_{r=1}^{R}\prod_{t=1}^{T}(f_{it}|\gamma_{r,i}) \qquad (15.17)
$$

ここで，$\gamma_{r,i}$ は r 番目のハルトン数列で，(15.15) 式の正規分布からの実現値へと変換されたものである.

　最後に，パラメータが推定されたあと，以下の式を使えば，各被験者について最低水準に関する事後的期待値が得られるだろう.

15.3 非負制約が等号で成立している場合の利他性のモデル   487

$$\hat{\gamma}_i = \hat{E}[\gamma_i(p_1x_1)_{i1} \ldots (p_1x_1)_{iT}] = \frac{\frac{1}{R}\sum_{r=1}^R \gamma_{r,i} \prod_{t=1}^T (\hat{f}_{it}|\gamma_{r,i})}{\frac{1}{R}\sum_{r=1}^R \prod_{t=1}^T (\hat{f}_{it}|\gamma_{r,i})} \tag{15.18}$$

ここで，ハット (^) はパラメータが MLE によって置き換えられていることを示している.

15.3.3 推定

再度，Andreoni and Miller（2002）の実験設定をもちいよう．この実験については 15.2.2 節に記述されており，そのデータは **garp** ファイルに収められている.

234 人の被験者がいて，それぞれが 11 個の配分課題を実施した．表 15.1 にリストアップされた課題は，初期保有額，自分が受け取るときの価格，および相手が受け取るときの価格において異なっている．15.2.2 節で示されたさまざまな図は，データに関する感触をつかんでもらうことを意図したものだった.

STATA のプログラムを以下に示す．尤度の評価プログラムは「sg」と名付けられている．a1, mu, s_u, s_e という 4 つのパラメータがあり，それぞれが 15.3.2 節の理論モデルに登場するパラメータ a_1, μ, η, σ に対応している．また，各被験者について，b_1 の事後的平均値が得られることにも注意してほしい．この事後的平均値は「b1_post」と名付けられている.

STATA のプログラムでは，対数尤度関数におけるパラメータと他の構成要素に次ページの変数名を採用している.

限られた注釈が付けられた STATA のプログラムを以下に示す．詳細な説明が必要な読者は，類似した推定法がかなり詳細に説明されている第 10 章に戻って参照してほしい.

```
* LIKELIHOOD EVALUATION PROGRAM STARTS HERE

program define sg

args todo b logl
tempvar gamma y d0 d_int dm w z p0 p_int pm f ff fff gff gfff
tempname a1 mu s_u s_e

local hlist h1*

mleval 'a1'='b', eq(1) scalar
mleval 'mu' = 'b', eq(2) scalar
```

第 15 章　社会的選好のモデル

$LogL$ の構成要素	STATA の変数名
a_1	a1
μ	mu
σ_u	s_u
σ_ϵ	s_e
$\dfrac{p_1 x_1 - a_1 m}{(1 - a_1)p_1 + a_1 p_2}$	w
$\dfrac{\frac{p_1 x_1 - a_1 m}{(1 - a_1)p_1 + a_1 p_2} - \gamma}{\sigma}$	z
$I(p_1 x_1 = 0)$	d0
$I(0 < p_1 x_1 < m)$	d_int
$I(p_1 x_1 = m)$	dm
$\begin{aligned} f_{it,r} &= I(p_1 x_1 = 0)\Phi\left(\frac{\frac{a_1 m}{(1-a_1)p_1 + a_1 p_2} - \gamma_r}{\sigma}\right) \\ &+ I(0 < p_1 x_1 < m)\phi\left(\frac{\frac{p_1 x_1 - a_1 m}{(1-a_1)p_1 + a_1 p_2} - \gamma_r}{\sigma}\right) \\ &+ I(p_1 x_1 = m)\Phi\left(\frac{\frac{(1-a_1)m}{(1-a_1)p_1 + a_1 p_2} - \gamma_r}{\sigma}\right) \end{aligned}$	f
$\prod_{t=1}^{T} f_{it,r}$	ff
$\gamma_r \times \prod_{t=1}^{T} f_{it,r}$	gff
$\dfrac{1}{R} \prod_{r=1}^{R}\left(\prod_{t=1}^{T} f_{it,r}\right)$	fff
$\dfrac{1}{R} \prod_{r=1}^{R}\left(\gamma_r \times \prod_{t=1}^{T} f_{it,r}\right)$	gfff
R	draws
$\ln L_i$	lnfff

```
mleval 's_u' = 'b', eq(3) scalar
mleval 's_e' = 'b', eq(4) scalar

quietly gen double 'd0'=.
quietly gen double 'd_int'=.
quietly gen double 'dm'=.
quietly gen double 'gamma'=.

quietly gen double 'w'=.
```

15.3 非負制約が等号で成立している場合の利他性のモデル

```
quietly gen double 'z'=.

quietly gen double 'p0'=.
quietly gen double 'p_int'=.
quietly gen double 'pm'=.

quietly gen double 'f'=.
quietly gen double 'ff'=.
quietly gen double 'gff'=.
quietly gen double 'fff'=0
quietly gen double 'gfff'=0

quietly{

replace 'd0'=x1<=0
replace 'd_int'=((p1*x1)>0)&((p1*x1)<m)
replace 'dm'=p1*x1>=m

foreach v of varlist 'hlist' {
replace 'gamma'= 'mu'+ 's_u'*'v'

replace 'w'=(p1*x1-'a1'*m)/((1-'a1')*p1+'a1'*p2)
replace 'z'=('w'-'gamma')/('s_e')
replace 'p0'=normal('z')
replace 'p_int'=(1/'s_e')*normalden('z')
replace 'pm'=1-normal('z')

replace 'f'= 'd0'*'p0'+'d_int'*'p_int'+'dm'*'pm'
by i: replace 'ff' = exp(sum(ln(max('f',0.000000001))))
replace 'gff'='gamma'*'ff'
replace 'ff'=. if last~=1
replace 'gff'=. if last~=1
replace 'fff'='fff'+'ff'
replace 'gfff'='gfff'+'gff'

}

replace 'fff'='fff'/draws
replace 'gfff'='gfff'/draws

mlsum 'logl'=ln('fff') if last==1
}

quietly replace g_post='gfff'/'fff'

quietly{
putmata g_post, replace
}

end

* END OF LIKELIHOOD EVALUATION PROGRAM

*READ DATA
```

490 　　　　第 15 章　社会的選好のモデル

```
use "garp.dta", clear

*INITIALISE POSTERIOR MEAN OF b1

gen double g_post=.

drop if x1==.

bysort i: generate first=1 if _n==1 bysort i: generate last=1 if
_n==_N

* GENERATE HALTON SEQUENCES

mat p=[3] mdraws if first==1, neq(1) dr(32) prefix(h) primes(p)

scalar draws=r(n_draws)

local hlist h1*

quietly {
foreach v of varlist 'hlist'{

by i: replace 'v'='v'[1] if 'v'==.
replace 'v'=invnorm('v')
}
}

* SET STARTING VALUES

mat start=(.7,5,10,10)

* RUN ML

ml model d0 sg /a1 /mu /s_u /s_e ml init start, copy ml max,
difficult

* EXTRACT POSTERIOR MEAN OF b1

drop g_post getmata g_post
```

　上記のプログラムを STATA で実行した結果は，以下のようになる．

```
. ml max, difficult

                                    Number of obs    =      1,510
                                    Wald chi2(0)     =          .
Log likelihood = -4402.2506         Prob > chi2      =          .

------------------------------------------------------------------------------
             |     Coef.   Std. Err.      z    P>|z|     [95% Conf. Interval]
-------------+----------------------------------------------------------------
a1           |
      _cons  |   .5558002   .0176082    31.56   0.000     .5212889     .5903116
```

```
-------------+----------------------------------------------------------------
mu           |
       _cons |   29.77309    3.08699     9.64   0.000     23.7227    35.82348
-------------+----------------------------------------------------------------
s_u          |
       _cons |   33.99634   2.496788    13.62   0.000    29.10273    38.88995
-------------+----------------------------------------------------------------
s_e          |
       _cons |   25.14556   .6879349    36.55   0.000    23.79724    26.49389
-------------------------------------------------------------------------------
```

15.3.4 推定結果

先ほど得られた推定結果は表 15.2 にまとめられている. μ の推定値が正であることは, 典型的な被験者は「自分自身」に対して約 30 単位の正の最低水準を持っていることを示している. しかしながら, η の推定値が大きいことはまた, 最低水準に関する被験者間変動が高いことをも示している (以下の図 15.5 で確認できる). a_1 の推定値は 0.55 であり, これは余剰所得の 55% が「自分自身」に, 45% が「相手」に支出されることを示している. これらのことは, 個人は, 自分自身の「最低必要額」がいったん完全に満たされれば, ほとんど平等に配分しようとしている, というメッセージを伝えているようである.

パラメータが推定された後, 各被験者について「自分自身に対する最低水準」に関する事後的平均値が得られている. 176 人の被験者に関するこの量の分布は図 15.5 に示されている. この図には, かなり大きな異質性があることが示されている. 被験者の中には, ある環境の下では自分自身への配分を 0 とすることを意味する最低水準が 0 に近い者もいれば, どのような環境の下でも自分自身への配分を 0 にはしない, 最低水準が 100 に近い者もいる.

また, 図 15.5 から明らかなことは, [最頻値が複数存在する] 分布の多峰性である. 少なくとも 2 つの最頻値があり, 1 つは 0 付近, もう 1 つは 80 付近にある. これは, 相手への配分しようとする性向において, 標本が「非利己的」と「非常に利己的」といった離散的な「タイプ」に分かれていることを示唆している. この発見は, 次節の話題となる有限混合モデルによるアプローチを検討することに対する明確な動機を与えてくれている.

パラメータ	推定値（漸近標準誤差）
a_1	0.5558(0.0176)
μ	29.7731(3.0870)
η	33.9963(2.4968)
σ	25.1456(0.6879)
$LogL$	-4402.25
n	176
T（の平均）	8.58

表 15.2　利他性モデルにおけるパラメータの最尤推定値

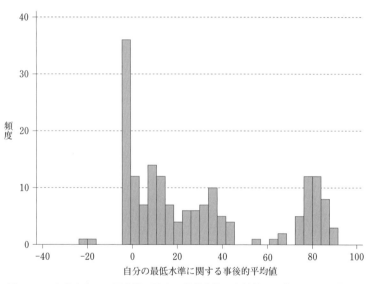

図 15.5　自分自身への配分額に関する最低水準の事後的平均値のヒストグラム

15.4　利他性に関する有限混合モデル

本節では，第8章で導入された有限混合モデルの枠組みに関する別の使用例が示される．その適用先は，別バージョンの独裁者ゲームである．この例は，Cappelen et al.（2007）による研究上の貢献に忠実に従ったものである．

15.4.1　実験

配分フェーズの前に，生産フェーズのある独裁者ゲームについて考えよう．［このゲームには］プレーヤー1とプレーヤー2という2人のプレーヤーがいる．各プレーヤーには実験開始時に30の初期保有額が与えられる．各プレーヤー (i) には，ランダムに収益率（または能力水準）a_i が割り当てられる．a_i は2か4のいずれかの値をとる．もし a_i が2なら，プレーヤー i によってなされる投資はすべて2倍され，a_i が4ならプレーヤー i によってなされる投資はすべて4倍にされる．それから，プレーヤーは，生産フェーズにおいてどれくらい投資したいかを尋ねられる．彼らは，投資額として 0, 10, 20 のうちの1つを選ばなければならない．プレーヤー i によって投資された額を q_i としよう．すると，プレーヤー i による総貢献額は $a_i q_i$ となる．

続いて配分フェーズになる．被験者はランダムに組にされる．各被験者は，相手の収益率 (a)，投資水準 (q)，それに総貢献額 (aq) に関する情報を知らされる．

プレーヤーの組の総獲得額は，以下のようになる．

$$X = a_1 q_1 + a_2 q_2 \tag{15.19}$$

各プレーヤーは，残りをもう1人のプレーヤーが受け取ることを理解した上で，この総獲得額のうちどれだけを自分自身が得たいかを尋ねられる．プレーヤー i が自分自身のための取り分として選択した額を y_i としよう．総獲得額の分割に関してどちらのプレーヤーの提案が実現するかは，コイン投げによって決められる．

15.4.2 節では，データについて検討する．それから，y_i の決定要因を知るための有限混合モデルの構築に向かう．

15.4.2　データ

Cappelen et al.（2007）のものと類似したデータを生み出すような方法でシミュレートされたデータセットは，**fairness_sim** ファイルに収められている．観測値は 190 個あり，それぞれに1組のプレーヤーの組（プレーヤー1とプレーヤー2）が含まれている．

図 15.6 には，このデータに関する2つのグラフが示されている．1つ目のグラフには，プレーヤー1が要求した額が，両方のプレーヤーによる総獲得

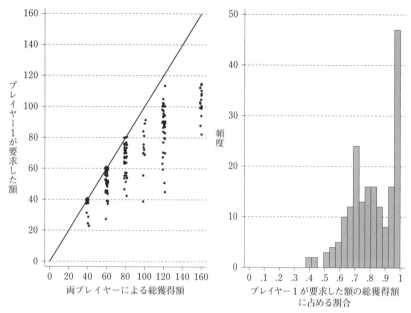

図 15.6　左側：両プレーヤーによる総獲得額のうちプレーヤー 1 が要求した額．
　　　　右側：プレーヤー 1 が要求した額の総獲得額に占める割合に関する頻度ヒストグラム

額とどのように関係しているかが示されている．総獲得額が少ない場合，ほとんどの観測値は 45 度線上かその付近にあり，これは総獲得額のほとんどをプレーヤー 1 が要求していることを意味する．総獲得額が高い場合，観測値は 45 度線よりもさらに下側にあり，これは相手に与えようとする意思が増していることを意味する．図 15.6 の 2 つ目のグラフには，プレーヤー 1 が要求した額の総獲得額に対する割合が頻度ヒストグラムとして示されている．このヒストグラムの最も重要な特徴は，全額を自分自身のために要求する被験者が高い割合で存在することである．データのこの特徴は，上側打ち切りということで説明されるだろう．

15.4.3　公平性に関する混合モデル

ここで開発される理論モデルは，Cappelen et al.（2007）によって使用されたものと類似したものである．それは，個人は自分自身の利得を最大化したいと思っているが，同時に公平性に関する関心も持っている，というものであ

15.4 利他性に関する有限混合モデル   495

る.

個人の効用関数を以下のように仮定しよう.

$$U^k = ay - \frac{\beta}{2}(y - m^k)^2 \qquad (15.20)$$

ここで,kは,3つの「公平性の理念」のうち,どれが使用されているのかを示すものである(公平性の理念に関しては次節を参照のこと).m^kは,公平性の理念kを達成するのに必要なyの値である.αは,個人が自分自身の利得に付与する重要度を表す正のパラメータである.βは,個人が公平性に付与する重要度を表す正のパラメータである.

効用を最大化するようなyは,(15.20)式を微分して0と等しくすることによって求められる.

$$\frac{\partial U^k}{\partial y} = \alpha - \beta(y - m^k) = 0 \qquad (15.21)$$

$$\Longrightarrow \ y = m^k + \frac{\alpha}{\beta}$$

したがって,最適なyの選択は単に,公平性の理念を達成するために必要なyの値に,「利己性プレミアム」α/βという正の定数を加えたものになる.明らかに,パラメータαとβは分離して識別できない.この「利己性プレミアム」をδと呼ぶことにしよう.すると,以下のようになる.

$$y = m^k + \delta \qquad (15.22)$$

15.4.4 「公平性の理念」

すべての被験者は,可能な3つの公平性の理念のうちの1つによって動機付けられていると仮定する.したがって,3つの異なる被験者のタイプが存在する(プレーヤーiは目下注目している被験者であり,プレーヤーjはそれ以外のプレーヤーとする).

タイプ1(平等主義者):$m^E = \frac{X}{2}$
　　(つまり,誰が獲得したのかにかかわらず,総獲得額を平等に分けたいと
　　考える被験者)

タイプ2（リバタリアン）：$m^L = a_i q_i$

（つまり，プレーヤーは自分自身が獲得した額に応じて配分を受けるべきだと考えている被験者）

タイプ3（リベラルな平等主義者）：$m^{LE} = \dfrac{q_i}{q_i + q_j} X$

（つまり，プレーヤーは投資した額（q）に比例して配分を受けるべきだが，収益率（a）は重要ではないと考えている被験者）

15.4.5 計量モデル

15.4.4 節において定義された 3 つの公平性の理念のそれぞれに (15.22) 式を適用し，誤差項を追加すると，以下のような計量モデルが得られる．

タイプ1（平等主義者）：

$$y_i = \frac{X_i}{2} + \delta + \epsilon_{1,j} \tag{15.23}$$

タイプ2（リバタリアン）：

$$y_i = a_i q_i + \delta + \epsilon_{2,j} \tag{15.24}$$

タイプ3（リベラルな平等主義者）：

$$y_i = \left(\frac{q_i}{q_i + q_j} \right) X_i + \delta + \epsilon_{3,j} \tag{15.25}$$

単純化のために，3 つの誤差項は同一の分散を持つと仮定する．

$$V(\epsilon_{1,j}) = V(\epsilon_{2,j}) = V(\epsilon_{3,j}) = \sigma^2 \tag{15.26}$$

混合割合を p_1, p_2, p_3 としよう．被験者 i の尤度への寄与度は次のようになる．

$$p_1 \frac{1}{\sigma} \phi \left(\frac{y_i - \frac{X_i}{2} - \delta}{\sigma} \right) + p_2 \frac{1}{\sigma} \phi \left(\frac{y_i - a_i q_i - \delta}{\sigma} \right) \tag{15.27}$$

$$+ (1 - p_1 - p_2) \frac{1}{\sigma} \phi \left(\frac{y_i - \left(\frac{q_i}{q_i + q_j} \right) X_i - \delta}{\sigma} \right)$$

推定すべきパラメータは δ, σ, p_1, p_2 である．

$y_i = X_i$ であるような被験者が多く存在していたことを思い出してほしい．つまり，彼らは総獲得額のすべてを自分自身のために要求し，他のプレーヤー

15.4 利他性に関する有限混合モデル　497

には何も与えたくないのである．これらの観測値は，右側で打ち切られたものとして扱うのが最善である．

上側で打ち切られた観測値は，次のような尤度への寄与度を持つことになる．

$$p_1\Phi\left(\frac{\frac{X_i}{2}+\delta-X_i}{\sigma}\right) + p_2\Phi\left(\frac{a_iq_i+\delta-X_i}{\sigma}\right) \tag{15.28}$$
$$+ (1-p_1-p_2)\Phi\left(\frac{\left(\frac{q_i}{q_i+q_j}\right)X_i+\delta-X_i}{\sigma}\right)$$

15.4.6　プログラムと推定結果

以下のプログラムには，15.4.5 節の最後に述べられた右側での打ち切りがない場合とある場合両方のモデルについての尤度評価プログラムが含まれている．それから，2 つのモデルが推定される．以下がそのプログラムである．

```
*PROGRAM WITHOUT DEALING WITH UPPER CENSORING

prog drop _all program define fairness1
args lnf d sig p1 p2
tempvar f1 f2 f3

quietly gen double `f1'=(1/`sig')*normalden((y-`d'-me)/`sig')
quietly gen double `f2'=(1/`sig')*normalden((y-`d'-ml)/`sig')
quietly gen double `f3'=(1/`sig')*normalden((y-`d'-mle)/`sig')

quietly replace `lnf'=ln(`p1'*`f1'+`p2'*`f2'+(1-`p1'-`p2')*`f3')

quietly replace postp1=(`p1'*`f1')/(`p1'*`f1'+`p2'*`f2'+(1-`p1'-`p2')*`f3')
quietly replace postp2=(`p2'*`f2')/(`p1'*`f1'+`p2'*`f2'+(1-`p1'-`p2')*`f3')
quietly replace postp3=((1-`p1'-`p2')*`f3')/(`p1'*`f1'+`p2'*`f2'+(1-`p1'-`p2')*`f3')

quietly putmata postp1, replace
quietly putmata postp2, replace
quietly putmata postp3, replace

end

*PROGRAM DEALING WITH UPPER CENSORING

program define fairness2
args lnf d sig p1 p2
tempvar y f1 f2 f3

quietly gen double `f1'=(1/`sig')*normalden((y-`d'-me)/`sig') if y<x
quietly replace `f1'=normal((`d'+me-x)/`sig') if y==x
```

第 15 章　社会的選好のモデル

```
quietly gen double 'f2'=(1/'sig')*normalden((y-'d'-ml)/'sig') if y<x
quietly replace 'f2'=normal(('d'+ml-x)/'sig') if y==x
quietly gen double 'f3'=(1/'sig')*normalden((y-'d'-mle)/'sig') if y<x
quietly replace 'f3'=normal(('d'+mle-x)/'sig') if y==x

quietly replace 'lnf'=ln('p1'*'f1'+'p2'*'f2'+(1-'p1'-'p2')*'f3')

quietly replace postp1=('p1'*'f1')/('p1'*'f1'+'p2'*'f2'+(1-'p1'-'p2')*'f3')
quietly replace postp2=('p2'*'f2')/('p1'*'f1'+'p2'*'f2'+(1-'p1'-'p2')*'f3')
quietly replace postp3=((1-'p1'-'p2')*'f3')/('p1'*'f1'+'p2'*'f2'+(1-'p1'-'p2')*'f3')

quietly putmata postp1, replace
quietly putmata postp2, replace
quietly putmata postp3, replace

end


* READ DATA

use fairness_sim, clear

*GENERATE VARIABLES REPRESENTING FAIRNESS IDEALS (me, ml, mle)

gen me=x/2 gen ml=a1q1 gen mle=(q1/(q1+q2))*x

* INITIALISE VARIABLES REPRESENTING POSTERIOR TYPE PROBABILITIES

gen postp1=. gen postp2=. gen postp3=.

* SET STARTING VALUES

mat start=(20,10,.5,.2)

* ESTIMATE MODEL WITHOUT DEALING WITH CENSORING

ml model lf fairness1 /d /sig /p1 /p2 ml init start, copy ml
maximize nlcom p3: 1- _b[p1:_cons]- _b[p2:_cons]

* ESTIMATE MODEL DEALING WITH CENSORING

ml model lf fairness2 /d /sig /p1 /p2 ml init start, copy ml
maximize nlcom p3: 1- _b[p1:_cons]- _b[p2:_cons]

* EXTRACT AND PLOT POSTERIOR TYPE PROBABILITIES

drop postp1 postp2 postp3

getmata postp1 getmata postp2 getmata postp3

label variable postp1 "probability egalitarian" label variable
postp2 "probability libertarian" label variable postp3 "probability
lib-egalitarian"

scatter postp2 postp1
```

15.4 利他性に関する有限混合モデル

	打ち切りがあるモデル	打ち切りがないモデル
δ	24.012(0.710)	25.969(0.871)
σ	8.654(0.520)	10.267(0.717)
p_1	0.751(0.078)	0.724(0.091)
p_2	0.137(0.073)	0.181(0.090)
p_3	0.112(0.097)	0.095(0.107)
n	190	190
$LogL$	-702.53	-604.50

注：p_3 の推定値はデルタ法を使用して得られている.

表 15.3　右側で打ち切りがない場合とある場合の有限混合モデルの MLE

2 つのモデルの推定結果は表 15.3 に示されている．まず，右側で打ち切りがないモデルの推定結果について検討してみよう．タイプ 1（平等主義者）が支配的なタイプで，標本のうち 75% がこのタイプであることがわかる．標本の残りは，タイプ 2（リバタリアン）とタイプ 3（リベラルな平等主義者）にほぼ均等に分かれている．また，「利己性プレミアム」が 24.01 と推定されているのがわかる．これは，典型的な被験者は，彼らの「公平性の理念」が示すよりも 24 単位多く要求しているということを意味している．

右側で打ち切りのあるモデルを見ると，打ち切りを考慮することで平等主義者の割合の推定値が減少し，それに伴ってリバタリアンの割合が増加していることがわかる．また，利己性プレミアムの推定値も増加していることにも注意してほしい．これらの違いはすべて，制約付きの利己性を表す，上側で打ち切られた観測値によって説明される．モデルに打ち切りを組み込むことによって，より広範囲の利己性（例えば，高い利己性プレミアムを持つリバタリアン）が表面化したのである．

最後に，（右側で打ち切りのあるモデルから求めた）事後確率のグラフが図 15.7 に示されている．グラフでは，タイプ 1 とタイプ 2 である確率がそれぞれ横軸・縦軸になっている．これはタイプ 3（リベラルな平等主義者）である確率が，右下がりの直線からの距離で表されることを意味する．

観測値の大多数が三角形の右下にあるということは，大多数の標本が平等主義者であるという結論と一致している．少数の被験者は，リバタリアンである確率が高い．（リベラルな平等主義者の割合は 9% だと予測されていたことを覚えているだろうが）リベラルな平等主義者である確率が高い被験者はいないようである．

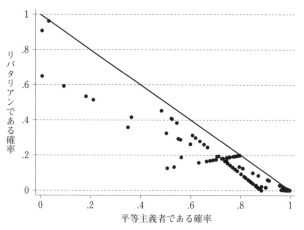

図 15.7 公平性実験における各タイプであることの事後確率

15.5 二値選択モデルをもちいた社会的選好パラメータの推定

15.5.1 実験設定

本節ではもう一度，自分自身の利得と相手の利得を含む効用関数のパラメータを推定することを目標にする．しかしながら，実験アプローチは非常に異なっている．ここでは，被験者に仮想的な配分の間で選択をしてもらう．このアプローチは，Engelmann and Strobel (2004) のものと非常に類似したものである．

被験者が直面する課題は，例えば，表 15.4 に示されたようなタイプの，3つの異なる（仮想的な）配分 A, B, C から選択することである．重要なのは，被験者は常に「個人 2」の役割だとされることである．

表 15.4 の例における 3 つの配分は，いずれも魅力的な点と問題点の両方を持っており，これらの間から選ぶように求められると，人々は 3 つの選択の間で意見が分かれるだろうと予想するのが妥当である．利己的な個人は配分 A を好むだろう．というのは，彼らが「個人 2」の役割だと仮定されているので，8 の利得を与える配分 A は，B や C の下で受け取るだろう利得（それぞれ 6 と 7）よりも高いからである．

しかしながら，本書で何度も見てきたように，すべての個人が利己的なので

15.5 二値選択モデルをもちいた社会的選好パラメータの推定　　　501

配分	A	B	C
個人 1	8	6	10
個人 2	8	6	7
個人 3	4	6	7
合計	20	18	24

表 15.4　3 つの仮想的な配分の例. 回答者は「個人 2」の役割を与えられる

はなく，非常に利他的な人もいる．「不平等回避的」な個人は配分 B を選択する傾向があるだろう．というのは，3 人全員が同額の利得を受け取るので，この配分は完全に平等なものだからである．

　実際には，さまざまなタイプの不平等回避性がある．Fehr and Schmidt (1999) が強調したように，「自分に不利な」不平等と「自分に有利な」不平等を区別することは有益である．この違いを見るために，表 15.4 の例を続けて，配分 B が利用可能ではなく，個人は A と C との間で選択することを求められているという状況を考えてみよう．配分 A と C の両方とも不平等な配分である．「自分に不利な」不平等を避けたい個人は，配分 C よりも A を選択する傾向があるだろう．というのは，配分 C の下では彼ら（個人 2）は個人 1 に比べて不利だからである．「自分に有利な」不平等を避けたい個人は，配分 A よりも C を選ぶ傾向があるだろう．というのは，配分 A の下では彼ら（個人 2）は個人 3 に比べて有利だからである．

　利己的でもなく，不平等性へのはっきりとした関心もないが，その代わりに効率性への顧慮に動機付けられている個人もいる．そうした個人は単純に，グループに最も高い総利得を生み出すという意味で最も効率的な配分を求める．表 15.4 の配分に直面すると，こうした個人は配分 C を選択するだろう．というのは，この配分が 24 という最も高い総利得を与えるものだからである．

　もちろん，個人が上記の事柄の 1 つだけに動機付けられている，ということはありそうにない．上記の事柄すべてが，おそらくさまざまな程度で重要なものになることが十分にありうる．したがって，上記の事柄すべてを含む効用関数を推定し，それをすべての個人に適用することにしよう．そのパラメータ推定値が，それぞれの事柄の重要度について教えてくれるだろう．

15.5.2　配分間の選択基準のモデル化

　x_{jk} を配分 j における個人 k の利得とする．各配分は，次の各基準によって

判断される.

1. 効率性基準： $EFF_j = \sum_{k=1}^{3} x_{jk}$

効率性とは，配分額に関係なく，すべての個人にわたる利得の単なる和のことである．表15.4の例では，3つの配分に対する効率性は，以下のようになる.

$$EFF_A = 20;\ EFF_B = 18;\ EFF_C = 24$$

2. ミニマックス基準： $MM_j = \min(x_{jk}, k = 1, 2, 3)$

ミニマックス値とは，配分における最小の利得のことである．個人がこれを選択基準としてもちいる場合，その人は極端な形の不平等回避性を示していることになる．というのは，最も低い金額を受け取る人の厚生にのみ関心を向けているからである．表15.4の例では，3つの配分に対するミニマックス値は，以下のようになる.

$$MM_A = 4;\ MM_B = 6;\ MM_C = 7$$

3. 自己利得基準： $SELF_j = x_{j2}$

「自己利得」とは，意思決定者自身の利得のことである．意思決定者は個人2の役割をすると仮定されていることを思い出してほしい．したがって，「自己利得」の定義は，配分における個人2の利得ということになる．選択基準として「自己利得」をもちいている個人は，明らかに利己的な個人である．というのは，自分自身の厚生だけに関心があり，他のどんな人の厚生についても考慮しないからである．表15.4の例では，3つの配分に対する「自己利得」は，以下のようになる.

$$SELF_A = 8;\ SELF_B = 6;\ SELF_C = 7$$

最後2つの基準は，よく知られている「Fehr-Schmidt型効用関数」（Fehr and Schmidt, 1999）から導出される．[プレーヤーが]全部で n 人がいるとすると，個人 i に対するこの効用関数は，次のようになる.

$$u_i = x_i - \alpha_i \frac{\sum_{k \neq i} \max(x_k - x_i, 0)}{n-1} - \beta_i \frac{\sum_{k \neq i} \max(x_i - x_k, 0)}{n-1} \tag{15.29}$$

(15.29) 式の解釈は，以下の通りである．個人 i の効用は自分自身の利得によって与えられ，それが 2 つの異なるタイプの不平等の存在によって減少する．右辺の第 2 項は，「自分に不利な不平等」，つまり，他者が自分自身より高い利得を受け取る結果生じる不平等に対する調整項である．最後の項は，「自分に有利な不平等」，つまり，他者が自分より低い利得を受け取る結果生じる不平等に対する調整項である．通常，両タイプの不平等は望ましくないものと仮定されるので，個人 i の自分に不利な不平等回避と自分に有利な不平等回避に関する係数をそれぞれ表す α_i と β_i は，共に正であることが予想される．また，個人は，自分に有利な不平等よりも自分に不利な不平等をもっと気にすることも仮定されるので，$\alpha_i > \beta_i$ となる．2 つの不平等項の分母は単に，その「経済」に存在する個人の数でこの尺度が増加しないこと保証するために導入されている．

$n = 3$ の場合，上記の 2 つの不平等に関する尺度は，それぞれ次のようになる．

4a．自分に不利な不平等（の不在）：$FSD_j = -\frac{1}{2} \sum_{k \neq 2} \max(x_{jk} - x_{j2}, 0)$

4b．自分に有利な不平等（の不在）：$FSA_j = -\frac{1}{2} \sum_{k \neq 2} \max(x_{j2} - x_{jk}, 0)$

FSD と FSA が，ここで関心のある選択基準である．この略語における「FS」は Fehr-Schmidt を表し，「D」と「A」はそれぞれ自分に不利な不平等と自分に有利な不平等を表す．負の符号を付けて定義することで，これらを正の値をもつ基準，つまり不平等回避的な個人が最大化しようとする量として扱うことができる．

表 15.4 の例では，3 つの配分に対する FSD と FSA は，次のようになる．

$$FSD_A = 0; \ FSD_B = 0; \ FSD_C = -\frac{3}{2}$$

$$FSA_A = -2; \ FSA_B = 0; \ FSA_C = 0$$

15.5.3　データ

Engelmann and Strobel（2004）のデータにできるだけ類似するようにシミュレートされたデータは，**ES_sim** ファイルに収められている．各被験者につき 3 行のデータがあり，1 つの行が 1 つの配分を表している（これは「long」

型データセットとして知られている). 選択基準の名前は 15.5.2 節での説明通りである. y は 3 つの配分のうちのどれが選ばれたかを示す二値データである (選択されれば 1, 選択されなければ 0).

15.5.4 条件付きロジット・モデル（CLM）

これ以降, データセットにおける個人を示すために添え字 i をもちいることにしよう. 各個人は $J = 3$ 個の可能な配分のうちから 1 つを選択する. 個人 i が配分 j を選ぶことに対する効用は, 以下で与えられる.

$$U_{ij} = \alpha_1 FSD_{ij} + \alpha_2 FSA_{ij} + \alpha_3 EFF_{ij} + \alpha_4 MM_{ij} + \epsilon_{ij} = z'_{ij}\alpha + \epsilon_{ij}$$
(15.30)

選択基準を表す変数には i と j 両方の添え字が付いていることに注意してほしい. これは, 異なる個人は, 選択基準に関して異なる組み合わせを持った上で配分に直面していることを示している. また, (15.30) 式には切片がないことにも注意してほしい. これは, よく知られているように, 効用関数に定数項を追加しても, そこから導かれる行動に変化は生じないため, 切片パラメータは識別できないからである. 便宜上, 選択基準のリストがベクトル z_{ij} に, それぞれに関係するパラメータがベクトル α にまとめられている. $z'_{ij}\alpha$ 項は効用の決定論的要素, ϵ_{ij} は確率的要素と呼ぶことにしよう.

それから, 各個人は最も高い効用をもたらす配分を選ぶと仮定する. 形式的には, 観測される決定変数は y_{ij} であり, 次のようになる.

$$y_{ij} = 1 \quad \text{if} \quad U_{ij} = \max(U_{i1}, U_{i2}, \dots, U_{iJ})$$
$$y_{ij} = 0 \quad \text{otherwise}$$
(15.31)

次に, 個人 i が配分 j を選択する確率はいくらかについて考える必要がある. これは, 効用の確率的要素の分布に何が仮定されるかに依存している.

$$y_{ij} = 1 \Leftrightarrow z'_{ij}\alpha + \epsilon_{ij} > z'_{ik}\alpha + \epsilon_{ik} \quad \forall k \neq j$$
$$\Leftrightarrow \epsilon_{ik} - \epsilon_{ij} < z'_{ij}\alpha + z'_{ik}\alpha \quad \forall k \neq j$$
(15.32)

便宜上, ϵ_{ij} は独立で同一に分布する (i.i.d.) タイプ I 極値分布（Gumbel 分布としても知られている）に従っていると仮定する. その密度関数は, 次のように定義される.

$$f(\epsilon) = \exp(-\epsilon - \exp(-\epsilon)) \quad -\infty < \epsilon < \infty \tag{15.33}$$

分布関数は，以下になる．

$$F(\epsilon) = \exp(-\exp(-\epsilon)) \quad -\infty < \epsilon < \infty \tag{15.34}$$

ϵ_{ij} が i.i.d で，(15.33) 式と (15.34) 式に定義された分布を持っているならば，(15.32) 式で定義された事象の確率，つまり，個人 i によって配分 j が選ばれる確率は，次のように表せることが示される（Maddala, 1983）．

$$P(y_{ij} = 1) = \frac{\exp(z_{ij}'\alpha)}{\sum_{k=1}^{J} \exp(z_{jk}'\alpha)} \tag{15.35}$$

(15.35) 式で定義されたこのモデルは，条件付きロジット・モデルとして知られている．個人 i に関連付けられた尤度への寄与度は，以下のようになる．

$$L_i(\alpha) = \frac{\sum_{k=1}^{J} y_{ik} \exp(z_{ik}'\alpha)}{\sum_{k=1}^{J} \exp(z_{jk}'\alpha)} \tag{15.36}$$

これから，標本対数尤度が，次のように得られる．

$$LogL(\alpha) = \sum_{i=1}^{n} \ln L_i(\alpha) \tag{15.37}$$

15.5.5　推定結果

(15.30) 式のベクトル α に含まれるパラメータは，以下の STATA コマンドを使って，(15.36) 式と (15.37) 式で定義された尤度関数を最大化することによって推定される．

```
. asclogit y FSD FSA EFF MM, case( i) alternatives(j) noconstant
```

コマンド名の先頭にある as は，「選択肢固有の」という言葉の略である．

出力結果は次のようになる．

```
Iteration 0:   log likelihood = -317.10088
Iteration 1:   log likelihood = -308.55197
Iteration 2:   log likelihood = -308.51212
```

```
Iteration 3:    log likelihood = -308.51212

Alternative-specific conditional logit      Number of obs      =        990
Case variable: i                            Number of cases    =        330

Alternative variable: j                     Alts per case: min =          3
                                                           avg =        3.0
                                                           max =          3

                                            Wald chi2(4)       =      80.96
Log likelihood = -308.51212                 Prob > chi2        =     0.0000

------------------------------------------------------------------------------
          y |     Coef.    Std. Err.      z    P>|z|    [95% Conf. Interval]
------------+-----------------------------------------------------------------
t           |
        FSD |  .3267221   .1405881     2.32   0.020    .0511745    .6022697
        FSA |  .3447768   .1688655     2.04   0.041    .0138065    .6757472
        EFF |  .1879009   .0714842     2.63   0.009    .0477943    .3280074
         MM |  .0804075   .0895162     0.90   0.369   -.0950409    .255856
------------------------------------------------------------------------------
```

モデルには，効率性基準とミニマックス基準に加えて，2つの不平等回避基準が含まれている．（このシミュレートされたデータセットから）被験者は両タイプの不平等回避性を示しているように見える．FSD と FSA の両方が，効用に有意に正の効果を持っている．効率性はさらに重要なようである．実際，EFF の係数は強く有意に正になっている．ミニマックス基準 MM は重要ではないように見える．

　自己利得として定義されたもう1つの基準 SELF を思い出してほしい．この実験計画では，SELF を上記のモデルに加えると，完全な多重共線性の問題が生じ，この変数の効果を推定できないことになる．これが，SELF が除外されている理由である．

15.5.6　被験者の特性による効果

　個人は異なる基準に異なる評価を与えている，と予想することは妥当なことである．これまでの章では，こうしたタイプの被験者間の差異を，観察されない異質性をモデルに組み込むことによって考慮してきた．ここでは，観察された異質性という別のアプローチを示そう．観察された異質性とは，被験者間の差異が被験者の特性の差異によって説明できるような状況を指している．おそらく，最も自明な特性は性別である．

15.5 二値選択モデルをもちいた社会的選好パラメータの推定　　507

　被験者の特性は，選択基準に関する変数との交差項をとるという方法によって CLM に導入される．変数 $male_i$ を，被験者 i が男性であれば 1 をとるダミー変数としよう．重要なのは，i と j 両方の添え字を持つ選択基準と違って，被験者の特性に関する添え字は i だけであるということである．

　(15.30) 式の効用関数に 2 つの項を追加して拡張しよう．

$$U_{ij} = \alpha_1 FSD_{ij} + \alpha_2 FSD_{ij} * male_i + \alpha_3 FSA_{ij} + \alpha_4 FSA_{ij} * male_i$$
$$+ \alpha_5 EFF_{ij} + \alpha_6 MM_{ij} + \epsilon_{ij} \tag{15.38}$$

追加された 2 つの項は，男性ダミー変数と 2 つの不平等基準との交差項である．これらの 2 つの変数がモデルに加えられると，推定結果は次のようになる．

```
Alternative-specific conditional logit      Number of obs     =       990
Case variable: i                            Number of cases   =       330

Alternative variable: j                     Alts per case: min =        3
                                                           avg =      3.0
                                                           max =        3

                                            Wald chi2(6)      =     85.42
Log likelihood = -299.6794                  Prob > chi2       =    0.0000
```

y	Coef.	Std. Err.	z	P>|z|	[95% Conf. Interval]	
j						
FSD	.1907648	.1552983	1.23	0.219	-.1136143	.495144
male_FSD	.2535549	.1281861	1.98	0.048	.0023147	.504795
FSA	.5649655	.1879811	3.01	0.003	.1965293	.9334017
male_FSA	-.5760542	.192775	-2.99	0.003	-.9538863	-.1982221
EFF	.1606768	.0741216	2.17	0.030	.0154012	.3059525
MM	.1170375	.091562	1.28	0.201	-.0624207	.2964958

ここで，（データがシミュレートされたものであることを忘れないでほしいのだが），非常に興味深い結果が得られている．交差項 male_FSD の係数が有意に正であることは，男性は女性よりも自分に不利な不平等を避けがちであることを示している．mele_FSA の係数が有意に負であることは，女性は男性よりも自分に有利な不平等を避けがちであることを示している．

15.6 まとめと読書案内

　本章のテーマは，利他性のある効用関数のパラメトリックな推定であった．
効用関数には通常，自分自身の利得と他者の利得という2つの変数がある．
本章では Andreoni and Miller（2002）のデータが中心的な役割を果たした．
実際には，Andreoni and Miller（2002）の論文の焦点は顕示選好の公理を検
証することにあり，それは本章で実施されたタイプの分析に対する準備作業
とみなせるかもしれない．もし被験者が顕示選好の公理に忠実ならば（An-
dreoni and Miller（2002）は，大部分の被験者がその通りであることを発見
している），彼らの選択は単調で連続，かつ凸の効用関数によって生み出され
たものであると推論できるが，これが本質的には本章の出発点になっている．
15.2 節では，利他性のある CES 型効用関数のパラメータをどのようにして推
定するかが正確に示された．

　Andreoni and Miller（2002）によって得られたもう1つ重要な発見は，利
他性に関する異質性である．本章では，この異質性については多くの異なった
やり方で取り扱われた．はじめに，15.2 節の最初では，ランダム効果トービ
ット・モデルを独裁者ゲームのデータに適用し，相手に何も配分しない行為を
データの打ち切りによって説明した．0 に対処するためのこの種のアプローチ
は，文献では，例えば Fisman et al.（2007）などで使用されている．しかし
ながら，こうした方法はアドホックなものと分類された．このことが 15.3 節
の動機となった．そこでは，独裁者ゲームにおける 0 という観測値の集積を，
被験者が解くべき制約付き最適化問題に対する「端点解」として扱うモデル
を開発した．これは，Wales and Woodland（1983）によって二次の効用関数
という文脈の下で導入されたアプローチで，Moffatt（1991）によって Stone-
Geary 型効用関数に合わせて修正されたものである．知る限り，このタイプ
のモデルが実験データに適用されたのはこれが初めてのことである．ここで開
発されたバージョンでは，被験者間のばらつきは，他人への配分額に関わる属
性を表す特定のパラメータに適用されており，有意な異質性が見出された．

　異質性を扱う別の試みとして，15.4 節では有限混合モデルが開発された．
このモデルは Cappelen et al.（2007）のモデルと非常に密接に関連している．
彼らは，被験者を異なる公平性の理念によって分離することに関心を抱いてい

た．ここで使用された推定法は，Cappelen et al.（2007）によって使用された
ものとは大きく異なっていると言わざるをえない．実際，このタイプのモデル
を推定するためには数々の計量経済学的モデル化アプローチを使用すること
ができ，それぞれが長所と短所を持っている．興味のある読者は Conte and
Moffatt（2014）を参照してほしい．

　異質性に関するさらに別のアプローチとして，15.5 節においては，効用関
数のパラメータを推定するために選択データが使用された．ここでは，選択基
準と被験者の特性との交差項を作ることによって，観測された異質性が考慮さ
れた．こうして，あるタイプの被験者が，他の被験者よりも特定の選択基準に
重要性を与えているどうかを検出する方法を示したのである．

　15.5 節で記述された選択のモデル化アプローチは，よく知られている Fehr
and Schmidt（1999）型効用関数のパラメータを推定するために特に有用で
あった．これらのパラメータは不平等回避パラメータとして知られており，
社会的選好に関する多くのモデルの基礎となっているものである．Fehr and
Schmidt（1999）型効用関数の無差別曲線は区分的線形であるので，制約付き
最適化問題の解は常に（平等に分割する，相手に何も与えない，あるいは相手
にすべて与える，のいずれかの）端点解となるだろう．このため，この効用関
数のパラメータを直接推定することは，本章の 15.2 節と 15.3 節で採用された
アプローチをもちいる場合には不可能である．しかしながら，15.5 節で見た
ように，不平等の尺度を選択モデルにおける選択基準として扱うことによっ
て，これらのパラメータの推定値を得ることが可能になる．

　利他性については，他の多くの「2 財」に関する効用関数が文献に現れて
おり，広く受け入れられている．これらの中には，「公平性・互恵性・競争
（ERC）モデル」（Bolten and Ockenfels, 2000）や「自己満足的利他性（warm
glow）モデル」（Andreoni, 1988）などが含まれる．

　本章で推定されたタイプのモデルに対する潜在的に有益な拡張は，効用関数
のパラメータが処理ごとに変化することを認めるものである．例えば，
Jakiela（2013）は，Andreoni and Miller（2002）と類似しているが，「相手か
ら奪う処理」を含んでいるデータセットを考察しており，CES 型効用関数に
おけるあるパラメータがこの処理の下では異なったものになることを発見して
いる．

問題

1. x_1 を自分自身の利得，x_2 を相手の利得とする．15.2 節において分析された，以下の代替の弾力性一定（CES 型）の効用関数を考えよう．

$$U(x_1, x_2) = [\alpha x_1^\rho + (1-\alpha)x_2^\rho]^{\frac{1}{\rho}} \quad 0 \leq \alpha \leq 1 \quad -\infty \leq \rho \leq 1$$

$U(x_1, x_2)$ を以下の予算制約の下で最大化しなさい．

$$p_1 x_1 + p_2 x_2 \leq m.$$

こうして，次のような自分自身の利得に関する「マーシャル型需要関数」が得られることを示しなさい．

$$w_1 = \frac{p_1^{\frac{\rho}{\rho-1}}}{p_1^{\frac{\rho}{\rho-1}} + \left(\frac{\alpha}{1-\alpha}\right)^{\frac{1}{\rho-1}} p_2^{\frac{\rho}{\rho-1}}}$$

ここで，w_1 は「自分自身」に配分される額の配分全体に占める割合，つまり $w_1 = \frac{p_1 x_1}{m}$ である．

2. 15.2 節において Andreoni and Miller (2002) のデータを分析したとき，初期保有額と価格の両方に変動がある実験計画であったおかげで，CES 型効用関数の両方のパラメータを推定することができた．初期保有額だけが変動するが，2 つの価格が 1 に固定されているような，より標準的な実験計画について考えてみよう．この実験データでどちらかのパラメータが推定できるとすれば，2 つのうちどちらパラメータだろうか？

3. a. ある個人が J 個の可能な選択肢から 1 つを選び，選択肢 j を選ぶことによって生じる効用が次のように与えられているとする．

$$U_j = z_j'\alpha + \epsilon_j \tag{15.39}$$

ここで，z_j は選択肢 j の属性ベクトル，α はそれに対応するパラメータのベクトル，$\epsilon_j, j = 1, \ldots, J$ は，cdf が次のように定義される，i.i.d のタイプ I の極値分布である．

$$F(\epsilon) = \exp(-\exp(-\epsilon)) \quad -\infty < \epsilon < \infty \tag{15.40}$$

この個人が最も高い効用を持つ選択肢を選ぶとすれば，選択肢 j を選ぶ確率は（15.5.4 節の (15.35) 式と同様に）次のようになることを証明しなさい．

$$P(y_{ij} = 1) = \frac{\exp(z_{ij}'\alpha)}{\sum_{k=1}^{J} \exp(z_{jk}'\alpha)} \qquad (15.41)$$

b. (15.39) 式に現れるパラメータのベクトル α が切片 α_0 を含むとしたら，(15.41) 式の選択確率は α_0 の値に対して不変であり，それゆえ，パラメータ α_0 は識別できないことを確認しなさい．

4. 15.5. 節において開発された離散選択モデルの文脈の下では，$FS_D + FS_A + SELF = EFF$ であることを確認しなさい．つまり，なぜ4つの変数が同じモデルの中に同時に現れないのかを説明しなさい．

513

第16章　繰り返しゲームと質的応答均衡（QRE）

16.1　はじめに

　本章は，プレーヤーたちが相互作用するゲームから得られたデータを分析す
る3つの章の最初のものである．本章は，混合戦略ナッシュ均衡によって特
徴付けられる繰り返しゲームの設定を考察することから始める．取り扱われる
中心的な問題は，プレーヤーたちがどれくらい混合戦略ナッシュ均衡に近い選
択を行っているかである．この問題は，組が固定されたプレーヤー同士が繰り
返しプレーした長いデータ系列を観察することによって答えることが可能で
ある．取り扱われる関連した問題には，プレーヤーたちがランダムに選択を行
っているのかどうか，というものが含まれる．これもまた理論の別の予測にな
る．こうした問題は，単純なノンパラメトリックの手法をもちいて答えること
ができるだろう．

　本章は次に，限定合理性に関して非常によく知られたモデル，つまり，質的
応答均衡（QRE）の取り扱いへと進む．現実には，プレーヤーはナッシュ均
衡をプレーしない．［それに対して，］QRE は2つの仮定の下に構築された計
量経済学的モデルである．その仮定とは，プレーヤーはランダムな仕方でナッ
シュ均衡の予測から逸脱するというものと，各プレーヤーは他者の決定に関し
て正しい予測を形成するというものである．すなわち，QRE はナッシュ均衡
の確率的一般化として考えることも可能だろう．基本的なバージョンのモデル
には1つのパラメータ μ が含まれており，それは被験者の決定における「ノ
イズ」の程度を表現するものである．本書の残りの部分に合わせて，被験者の
選択に関するデータを使用してどのようにして μ を推定するかを示すことを

主要な目的とする．この推定問題は非標準的なものである．標準的なモデルでは選択確率は与えられたパラメータの値を下に閉形式で解けた形で表現できるのに対し，QRE の場合，選択確率は任意の μ の値に対して非線形最適化ルーティンの解としてのみ与えられるからである．したがって，関数値評価プログラムの中で，この非線形最適化ルーティンを呼び出す必要がある．

16.3 節では，QRE のモデルを提示し，選択確率を計算する手法を記述する．16.4 節では，「追跡者・逃亡者ゲーム」から得た本物のデータをもちいてQRE モデルの推定を行う．16.5 節では，ノイズ・パラメータに加えてリスク回避パラメータの推定も可能になるように QRE モデルの拡張を行う．16.6 節では，QRE モデルをコンテスト・ゲームのデータに適用して，本章を閉じる．

16.2 繰り返しゲームのデータ分析

16.2.1 混合戦略ナッシュ均衡の計算

これから例として使用するのは「追跡者・逃亡者」ゲームで，Rosenthal et al. (2003) によって分析されている．おそらく，最もよく知られたこのゲームの現実世界への応用は，サッカーにおけるペナルティ・キックをめぐるものである．ゴール・キーパーは，ペナルティ・キックで蹴られたボールと同じサイドに飛ぶことを好んでいるという意味で「追跡者」である．ペナルティ・キックを蹴るキッカーは，ゴール・キーパーが飛ぶのとは反対のサイドにボールを蹴ることを好んでいるので，「逃亡者」である．ここで，このゲームを記述し，混合戦略ナッシュ均衡を導出しよう．次節で，この均衡への一致具合を検証するためのさまざまなノンパラメトリックな検定を適用する．

追跡者・逃亡者ゲームは次のようなものである．被験者はそれぞれ組にされる．各組において，1 人のプレーヤーは「追跡者」の役割を演じ，もう 1 人は「逃亡者」の役割を演じる．それから，ゲームが複数回プレーされる．ゲームの各繰り返しでは，各プレーヤーには右 (R) か左 (L) かの 2 つの選択肢がある．もし，彼らが互いに異なる選択をした場合，逃亡者は逃亡に成功し，得点を失わないですむ．もし，彼らが同じ選択をした場合，追跡者は逃亡者を「発見し」，逃亡者から追跡者へ一定金額が移転されることになる．移転される金額は，右と左，どちらで 2 人の選択が一致したかに依存する．もし，彼ら 2

人が左を選んでいた場合，1単位が移転される．もし，彼ら2人が右を選んでいた場合，2単位が移転される．

追跡者・逃亡者ゲームの利得表は，以下のように記述される．

		逃亡者	
		左	右
追跡者	左	1, −1	0, 0
	右	0, 0	2, −2

混合戦略ナッシュ均衡を計算するための手法を次に説明しよう．キーになるのは，両方のプレーヤーが2つの選択の間で無差別になるような戦略の組を発見することである．追跡者は L を確率 p_{PL} で，R を確率 $1-p_{PL}$ でプレーし，逃亡者は L を確率 p_{EL} で，R を確率 $1-p_{EL}$ でプレーするものとしよう．そこで，追跡者にとって，L および R をプレーすることで得られる期待利得は次のようになる（記号の意味は明らかだろう）．

$$EV_P(L) = p_{EL} \times +(1-p_{EL}) \times 0 = p_{EL}$$
$$EV_P(R) = p_{EL} \times 0 + (1-p_{EL}) \times 2 = 2(1-p_{EL}) \tag{16.1}$$

したがって，追跡者が2つの選択の間で無差別になるのは，以下のときである．

$$p_{EL} = 2(1-p_{EL}) \Rightarrow p_{EL} = \frac{2}{3} \tag{16.2}$$

追跡者にとって，L および R をプレーすることで得られる期待利得は次のようになる．

$$EV_E(L) = p_{PL} \times (-1) + (1-p_{PL}) \times 0 = -p_{PL}$$
$$EV_E(R) = p_{PL} \times 0 + (1-p_{PL}) \times (-2) = -2(1-p_{PL}) \tag{16.3}$$

したがって，逃亡者が2つの選択の間で無差別になるのは，以下のときである．

$$-p_{PL} = -2(1-p_{PL}) \Rightarrow p_{PL} = \frac{2}{3} \tag{16.4}$$

それゆえ，混合戦略ナッシュ均衡は，次の最適反応の組として特徴付けられる．

$$\left[\left(\frac{2}{3}L, \frac{1}{3}R \right), \left(\frac{2}{3}L, \frac{1}{3}R \right) \right] \tag{16.5}$$

それゆえ，上記で記述された追跡者・逃亡者ゲームにおいては，長期的には3分の2の選択がLになるように，両方のプレーヤーがLとRの間でランダム化を行うことが予想される．

16.2.2 繰り返しゲームのデータに関するノンパラメトリック検定

説明のために使用するデータは，Rosenthal et al.（2003）から採られたものである．このデータセットは **pursue_evade** ファイルに収められている．Rosenthal et al.（2003）の実験には40組の被験者が存在するが，16.2.1節に記述された通りに正確に100回ゲームが繰り返しプレーされている組21-34に焦点を当てることにする．図16.1に，データの最初の数行が示されている．こうした実験ゲームからのデータを分析するときには，特定のラウンドにおけるプレーヤーの組が自然な観察単位となることに注意してほしい．決定変数は「pur_L」および「eva_L」で，それぞれ追跡者と逃亡者が左を選んだ場合は1で，そうでない場合は0になる．変数「pay」は逃亡者から追跡者に移転された金額を意味する．

最初に行う事柄は，おそらく各プレーヤーが，16.2.1節で導かれた混合戦略ナッシュ均衡にどれくらい近い選択をしているかをチェックすることだろう．このためには，単純に，被験者が「L」を選択した割合が均衡予測の0.67にどれくらい近いかを観察すればよいだろう．各組における各プレーヤーのLの割合は，以下のようになっている．

```
. table pair, contents(mean pur_L mean eva_L)
----------------------------------
    Pair | mean(pur_L)  mean(eva_L)
---------+------------------------
      21 |      .43          .84
      22 |      .62          .59
      23 |      .55          .59
      24 |      .76          .78
      25 |      .59          .86
      26 |      .66          .82
      27 |      .53          .67
      28 |      .62           .7
      29 |      .67          .78
      30 |      .53          .59
      31 |      .55          .69
      32 |      .56          .69
      33 |      .42          .55
      34 |      .46          .66
----------------------------------
```

16.2 繰り返しゲームのデータ分析　　517

	pair	period	pur_L	eva_L	pay
1	21	1	1	1	1
2	21	2	0	1	0
3	21	3	0	1	0
4	21	4	1	0	0
5	21	5	0	1	0
6	21	6	0	0	2
7	21	7	0	0	2
8	21	8	1	0	0
9	21	9	0	1	0
10	21	10	0	1	0
11	21	11	0	0	2
12	21	12	1	1	1
13	21	13	0	1	0
14	21	14	0	1	0
15	21	15	0	1	0
16	21	16	0	1	0
17	21	17	1	1	1
18	21	18	0	1	0

図 16.1　「追跡者・逃亡者ゲーム」データの最初の 18 行

表中の数値は，各プレーヤーの選択の標本平均で，それは単にプレーヤーが L を選択した回数の割合を示している．逃亡者の中には，驚くほどナッシュ均衡の予測 0.67 に近い選択をしている人がいることがわかる．また，追跡者の L の選択割合は，典型的にはナッシュ均衡の予測 0.67 よりも低いこともわかる（つまり，彼らは L をあまり頻繁には選んでいない）．すべての追跡者および逃亡者に対する L の頻度は次のようにして得ることができる．

```
. summ pur_L eva_L

    Variable |       Obs        Mean    Std. Dev.       Min        Max
-------------+--------------------------------------------------------
       pur_L |     1,400    .5678571     .495551         0          1
       eva_L |     1,400    .7007143    .4581088         0          1
```

こうして，全体的には，逃亡者の選択は追跡者の選択よりもナッシュ均衡の予測に近いことが確かめられた．

特定の被験者がナッシュ均衡の予測に従っているという仮説に関する統計検

定を実施することが可能である．必要な検定は，3.3節で詳しく記述された二項検定である．もし，pがある被験者にとって真のLの選択割合だとすれば，検定すべき帰無仮説はp = 0.6667である．

組31が極めて典型的なデータに見えるので，検定について説明するために，彼らの選択をもちいることにしよう．

```
. bitest pur_L=0.6667 if pair==31

    Variable |      N  Observed k   Expected k   Assumed p   Observed p
-------------+---------------------------------------------------------------
       pur_L |    100          55        66.67     0.66670      0.55000

Pr(k >= 55)          = 0.994302  (one-sided test)
Pr(k <= 55)          = 0.009986  (one-sided test)
Pr(k <= 55 or k >= 79) = 0.014760  (two-sided test)

. bitest eva_L=0.6667 if pair==31

    Variable |      N  Observed k   Expected k   Assumed p   Observed p
-------------+---------------------------------------------------------------
       eva_L |    100          69        66.67     0.66670      0.69000

Pr(k >= 69)          = 0.352782  (one-sided test)
Pr(k <= 69)          = 0.723211  (one-sided test)
Pr(k <= 64 or k >= 69) = 0.672191  (two-sided test)
```

両側検定をもちいると，追跡者の選択はナッシュ均衡の予測と整合的ではないという証拠（p = 0.015）が得られることがわかる．しかしながら，逃亡者がナッシュ均衡の予測から逸脱しているという証拠はない（p = 0.672）．

表16.1には，左を選択した割合に加えて，各プレーヤーに対する二項検定のp値も示されている．この検定から得られた証拠によれば，（追跡者，逃亡者を問わず）すべてのプレーヤーのうち大ざっぱに半分が，ナッシュ均衡の予測と整合的な選択をしていることがわかる．

検定可能な別の理論的予測は，プレーヤーの選択系列がランダムであるということである．明らかに，選択の系列に関するどのようなパターンも，潜在的には相手に付け込まれてしまう可能性があるので，最適な戦略はできるかぎりランダムな系列を生み出すことである．

組21のプレーヤーの選択について考えてみよう．

```
Pursuer in pair 21:

1001000100010000100100101010101100010100101100100101011010111000010100
```

16.2 繰り返しゲームのデータ分析   519

組	Pur_L	Eva_L	二項検定 Pur	二項検定 Eva	連検定 Pur	連検定 Eva
21	0.43	0.84	0.000**	0.000**	0.01*	0.67
22	0.62	0.59	0.340	0.112	0.05	0.74
23	0.55	0.59	0.015*	0.112	0.36	0.02*
24	0.76	0.78	0.056	0.019*	0.00**	0.09
25	0.59	0.86	0.112	0.000**	0.13	0.97
26	0.66	0.82	0.916	0.001**	0.00**	0.61
27	0.53	0.67	0.006**	1.000	0.01*	0.69
28	0.62	0.70	0.340	0.525	0.54	0.63
29	0.67	0.78	1.000	0.019*	0.10	0.62
30	0.53	0.59	0.006**	0.112	0.01*	0.90
31	0.55	0.69	0.015*	0.672	0.76	0.96
32	0.56	0.69	0.026*	0.672	0.09	0.01*
33	0.42	0.55	0.000**	0.015*	0.79	0.03*
34	0.46	0.66	0.000**	0.916	0.34	0.05

注:*は $p < 0.05$ で有意. **は $p < 0.01$ で有意の意味.

表 16.1   L の選択割合,二項検定の p 値,連検定の p 値

1000101100010011001110111110010

(62 runs)

Evader in pair 21:

11101000110111111111011111110111101111101111101111101111110111111101111
110111111111111111101111101111111

(29 runs)

100 個の数値からなるこれら 2 つの系列がランダムかどうかを検定するためには,「連」,つまり,同じ数値からなる連続的な桁の数について考える必要がある[1].上に示した 2 つの系列には,それぞれ 69 個および 29 個の連が含まれている.系列の長さは 100 なので,最も多い連の数は(ずっと 0 と 1 の間をスイッチし続ける選択からなる)100 であり,最も少ない連の数は(すっと選択を変えない場合の)1 であることに注意しよう.ランダムかどうかに関する自然な検定は,連の数が,もし問題の系列が実際にランダムであるときに予想される数と近似的に近いかどうかを確かめるようなものであろう.もし,連の数

---

[1] この概念の意味を極めて明確にするための例を提示しよう.系列 11110001101 には 1111,000,11,0,1 という 5 つの「連」が含まれている.

が十分に多い場合，このことは（あまりにも頻繁にスイッチする）負の系列相関を意味し，連の数があまりに少ない場合，（それほど頻繁にスイッチが生じない）正の系列相関を意味するだろう．

このようなことをまさに行う検定が連検定である．これは，第3章では取り扱われなかったノンパラメトリック検定の1つである．それゆえ，ここで少しこの検定について説明しよう．さらに詳しいことについては，Siegel and Castellan（1988）を参照してほしい．

この検定について暗黙に仮定されている帰無仮説は，選択の系列がランダムであり，また，その基になる混合戦略（つまり，L の確率）は時間を通じて一定である，というものである．全部で N 個の選択のうち，L が選択された数を m，R が選択された数を n とする（$N = m + n$）．r をこの系列における連の数とする．m と n が約 20 よりも多い場合，この系列がランダムであるという帰無仮説の下では，r の標本分布に対する良い近似は，以下のように与えられる．

$$r \sim N\left[\left(\frac{2mn}{N} + 1\right), \frac{2mn(2mn - N)}{N^2(N-1)}\right] \tag{16.6}$$

これから，この系列がランダムであるという帰無仮説は，以下の検定統計量を使用して検定することが可能になることが導かれる．

$$z \sim \frac{r - \left(\frac{2mn}{n} + 1\right)}{\sqrt{\frac{2mn(2mn-N)}{N^2(N-1)}}} \tag{16.7}$$

(16.7) 式をもちいて得られる z の値は，帰無仮説の下で，近似的に標準正規分布に従う．

組 21 の追跡者については，次のようになる．

$$m = 43, \quad n = 57, \quad N = 100, \quad r = 62$$

$$z \sim \frac{62 - \left(\frac{2 \times 43 \times 57}{100} + 1\right)}{\sqrt{\frac{2 \times 43 \times 57(2 \times 43 \times 57 - 100)}{100^2(100-1)}}} = \frac{11.98}{\sqrt{23.78}} = 2.46$$

当然，上記の検定は，以下のように STATA によって実行可能である．

```
. runtest pur_L in 1/100, t(0.5)

N(pur_L <= .5) = 57
N(pur_L >  .5) = 43
```

16.3 質的応答均衡（QRE）　　　　　　　　　　　　521

```
        obs = 100
   N(runs) = 62
         z = 2.46
  Prob>|z| = .01
```

このコマンドにおける in 1/100 の目的は，検定を適用するために適切な行を
データから選ぶ出すことである．オプション t(0.5) は閾値を特定している．
この値は実際，厳密に 0 と 1 の間にくる任意の数である．これは単に，系列
に現れる 2 つの異なる値 [0 と 1] を分離するために必要なのである．検定統
計量（z）が出力されているが，それが先に計算した値と同じであることに注
意してほしい．また，p 値も示されていることに注意しよう．この p 値は，組
21 の追跡者の選択系列はランダムではないという証拠があることを意味して
いる．さらに，z が正の値であることは，予想されたよりも多くの数の連があ
ること，つまり，負の系列相関があることを意味している．z が負の値である
ことは，正の系列相関があることを意味している．

　組 21 の逃亡者に対しては，以下の結果が得られる．

```
. runtest eva_L in 1/100, t(0.5)
 N(eva_L <= .5) = 16
 N(eva_L >  .5) = 84
           obs = 100
      N(runs) = 29
             z = .42
      Prob>|z| = .67
```

この場合，帰無仮説は棄却されておらず，先に示した 2 つ目の系列はランダ
ムであることを示唆している．

　先の表 16.1 の右端の 2 つの列には，すべてのプレーヤーに対して実施され
た連検定の p 値が記されている．プレーヤーの中にはランダム性から逸脱し
ている者がいるが，大多数はランダムな系列を生み出しているように見える．

16.3　質的応答均衡（QRE）

16.3.1　QRE に関する理論

　質的応答均衡（QRE）モデルは，Mckelvey and Palfrey（1995）によって生
み出された．このモデルは，最適反応が確実にはプレーされないというアイディ
ィアを捉えている．これは，ナッシュ均衡に体現されている完全合理的期待に

基づく均衡を，不完全あるいはノイズのある均衡に置き替えたものである．均衡という原理は，プレーヤーは不偏性を満たすような形で期待利得を推定するということを仮定することによって維持されている．

16.2.1 節では，追跡者・逃亡者ゲームに対して，異なるプレーヤーの戦略それぞれについての期待利得を計算し，それからそれらの戦略の間では無差別であるという条件を課すことにより，混合戦略ナッシュ均衡を導出した．QREを導出するためには，最初に以下のようにして期待利得のそれぞれに確率項を追加する必要がある．

$$EV_P^*(L) = p_{EL} + \epsilon_{PL} \tag{16.8}$$

$$EV_P^*(R) = 2(1 - p_{EL}) + \epsilon_{PR} \tag{16.9}$$

$$EV_E^*(L) = -p_{PL} + \epsilon_{EL} \tag{16.10}$$

$$EV_E^*(R) = -2(1 - p_{PL}) + \epsilon_{ER} \tag{16.11}$$

便宜上，(16.8)-(16.11) 式における確率項の各々は，独立に分布する．分散パラメータが μ のタイプ I 極値分布に従うものと仮定する．その累積分布関数（cdf）は以下のように与えられる．

$$F(\epsilon; \mu) = \exp\left(-\exp\left(-\frac{\epsilon}{\mu}\right)\right) \tag{16.12}$$

(16.12) 式の分布上の仮定と，各プレーヤーがより高い（確率的な）期待利得を持つ選択肢を選ぶという仮定とから，2 人プレーヤーの場合，以下のような選択確率を導出することが可能である（この導出に関してさらに詳しいことは，Maddala（1983）を参照のこと）．

$$p_{PL} = \frac{\exp\left(\frac{p_{EL}}{\mu}\right)}{\exp\left(\frac{p_{EL}}{\mu}\right) + \exp\left(\frac{2(1-p_{EL})}{\mu}\right)}$$

$$p_{EL} = \frac{\exp\left(-\frac{p_{PL}}{\mu}\right)}{\exp\left(-\frac{p_{PL}}{\mu}\right) + \exp\left(-\frac{2(1-p_{PL})}{\mu}\right)} \tag{16.13}$$

QRE モデルにおいて重要なパラメータは，「ノイズ・パラメータ」あるいは「誤差パラメータ」の μ である．(16.13) 式の確率に関する式から，パラメータ μ が，意思決定における「ノイズ」の程度と解釈されることは明らかで

ある．μ がゼロに近づけば，選択確率は混合戦略ナッシュ均衡によって指示される確率に近づいていく．μ が大きくなれば，選択確率は 0.5 になり，プレーヤーはその選択を L と R との間で等しく配分することになる．

McKelvey and Palfrey（1995）は，パラメータ λ を使用している．それは，誤差のレベルに対して逆に相関するような形で定義されている．つまり，$\lambda = 0$ は行動がただ誤差のみで構成されていることを意味する，$\lambda = \infty$ は誤差がないことを意味する．本書では，Goeree et al.（2003）による別のパラメータ化に従っている．そこでは，パラメータ μ が，$\mu = 1/\lambda$ と定義されている．それで，$\mu = 0$ は誤差がないことを意味し，$\mu = \infty$ は「完全な誤差」を意味するのである．

16.3.2　QRE モデルにおける確率の計算

各プレーヤーの選択確率を計算するためには，(16.13) 式に示された 2 つの方程式を連立させて，任意の μ の値に対して，2 つの未知数 p_{PL} と p_{EL} について解く必要がある．2 つの方程式は明らかに p_{PL} と p_{EL} について非線形なので，数値計算を行うことになる．この計算を実行する 1 つの方法は，以下の 2 つの方程式を同時に最小化するような p_{PL} と p_{EL} の値を発見することである．

$$s_1 = \left(p_{PL} - \frac{\exp\left(\frac{p_{EL}}{\mu}\right)}{\exp\left(\frac{p_{EL}}{\mu}\right) + \exp\left(\frac{2(1-p_{EL})}{\mu}\right)} \right)^2 \tag{16.14}$$

$$s_2 = \left(p_{EL} - \frac{\exp\left(-\frac{p_{PL}}{\mu}\right)}{\exp\left(-\frac{p_{PL}}{\mu}\right) + \exp\left(-\frac{2(1-p_{PL})}{\mu}\right)} \right)^2 \tag{16.15}$$

(16.14) 式に定義された s_1 と (16.15) 式に定義された s_2 という 2 つの量の最小値は 0 であり，p_{PL} と p_{EL} を同時に 0 に等しくするような p_{PL} と p_{EL} の値の唯一の組み合わせこそ，p_{PL} と p_{EL} について要求されている値になる[訳注]．

mata には，この種の最小化問題を実行する「最適化」コマンドが存在する．それを実行するために必要なプログラムは次のようになる．mata においてコ

[訳注] 一般に，与えられた μ の値に対し，(16.14)-(16.15) 式の解は一意とは限らない．

メントを付ける場合には，「*」の代わりに「//」という記号で始める必要が
あることに注意してほしい．

```
clear mata

* START MATA FROM WITHIN STATA

mata:

// SET STARTING VALUES FOR THE TWO PROBABILITIES

start=(0.5,0.5)

// CREATE PROGRAM ("vector_min") FOR EVALUATING 2x1 VECTOR (ss)
// WHOSE ELEMENTS ARE TO BE MINIMISED

void vector_min(todo, p, ss, S, H)
   {
   external mu
               p_PL = p[1]
               p_EL = p[2]

   s1= (p_PL-exp(p_EL/mu)/(exp(p_EL/mu)+exp(2*(1-p_EL)/mu)))^2
   s2= (p_EL-exp((-p_PL)/mu)/(exp((-p_PL)/mu)+exp(-2*(1-p_PL)/mu)))^2

               ss = s1 \ s2
   }


// BEGIN DEFINITION OF OPTIMISATION PROBLEM,
// RETURNING S, A PROBLEM-DESCRIPTION HANDLE CONTAINING DEFAULT VALUES

 S = optimize_init()

// MODIFY DEFAULTS (THE LAST TWO SET THE LEVEL OF ACCURACY):

optimize_init_evaluator(S, &vector_min())
 optimize_init_evaluatortype(S, "gf0")
optimize_init_params(S, start)
 optimize_init_which(S, "min" )
optimize_init_conv_ptol(S, 1e-16)
 optimize_init_conv_vtol(S, 1e-16)

// RETURN TO STATA

end

* SET VALUE OF mu

scalar mu=.7
mata: mu=st_numscalar("mu")

* PERFORM OPTIMIZATION; STORE SOLUTION IN 2x1 VECTOR p:
```

```
mata: p = optimize(S)

* EXTRACT ELEMENTS OF p

mata: st_numscalar("p_PL",p[1])
mata: st_numscalar("p_EL", p[2])

* DISPLAY RESULT

scalar list p_PL
scalar list p_EL
```

最小化されるべき関数は，ss とラベル付けされた 2×1 ベクトルである．その解は 2×1 ベクトル p であり，そこから要素 $p_{PL}(\mu)$ と $p_{EL}(\mu)$ を引き出すことができる．これらの確率は μ の値に条件付けられていることが明示的にされていることに注意してほしい．このプログラムを実行すると（プログラムでは μ は 0.7 に設定されている），以下のような結果が得られる．

```
. scalar list p_PL
      p_PL = .50249676

. scalar list p_EL
      p_EL = .66901177
```

このプログラムを一定の範囲にある μ の値に対して実行し，得られた確率を μ に対してプロットすることができる．図 16.2 はそれを実行した結果である．予想されたように，$\mu \approx 0$ のときには両方の確率が 0.67 になる（μ を 0 に設定すると，0 で割り算をすることになるので，プログラムがエラーになる．この場合，μ をごく小さな正の数に設定すればよい）．これは，ノイズが 0 の場合の混合戦略ナッシュ均衡に対応した結果である．ノイズの水準が増加すると，予想されたように，両方の確率がゆっくりと 0.5 に近づいていく．

16.4 QRE モデルの推定

16.3.2 節に記述した手続きによって 2 つの選択確率 $p_{PL}(\mu)$ と $p_{EL}(\mu)$ が得られれば，対数尤度関数を構成することは容易である．もし，組 i に属する追跡者がラウンド t において L を選択しているなら $y_{P,it} = 1$，それ以外の場合は $y_{P,it} = 0$ とする．ラウンド t における組 i に属する逃亡者についても同様に $y_{E,it}$ を定義する．すると，このゲームの nT 個の実現値に関する完全な標

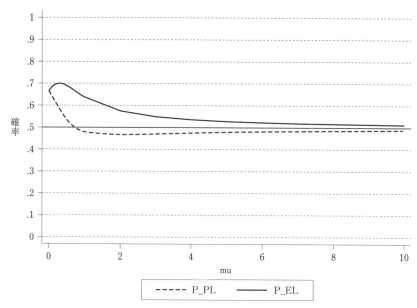

図 16.2 「ノイズの水準」(μ) に対して，追跡者が L を選択する確率と逃亡者が L を選択する確率

本に対して，対数尤度関数は次のようになる．

$$LogL(\mu) = \sum_{i=1}^{n}\sum_{t=1}^{T} \ln\left[\{y_{P,it}p_{PL}(\mu) + (1-y_{P,it})(1-p_{PL}(\mu))\}\right.$$
$$\left. \times \{y_{E,it}p_{EL}(\mu) + (1-y_{E,it})(1-p_{EL}(\mu))\}\right] \quad (16.16)$$

実際のところ，組の間でも，またゲームのラウンドの間でも確率が固定されている結果として，対数尤度関数 (16.16) をはるかに単純な方法で書き下すことが可能である．n_{PL} を，プレーされた n ラウンドのうち，追跡者が L を選んだ回数とし，n_{PR}，n_{EL}，それに n_{ER} も同様に定義する．すると，対数尤度関数は次のように書くことができる．

$$LogL(\mu) = n_{PL}\ln p_{PL}(\mu) + n_{PR}[1-p_{PL}(\mu)]$$
$$+ n_{EL}\ln p_{EL}(\mu) + n_{ER}[1-p_{EL}(\mu)] \quad (16.17)$$

対数尤度関数を (16.17) 式のように表示することで，パラメータ μ を推定するために必要な情報はただ選択頻度だけであるということが明確になる．つま

16.4 QRE モデルの推定

り，選択が実際になされた順序についての情報は必要ないのである．したがって，選択確率は μ の推定のために十分統計量であると言えるだろう．

対数尤度関数 (16.17) は選択確率に関する知識だけでプロットすることが可能だろう．以下の Excel シートは，ある範囲の μ の値に対して対数尤度を計算するために使用される．p_PL と p_EL の列には，16.3.2 節で記述された mata の最適化ルーティンをもちいて計算された確率が記されている．logl の列には対数尤度の式が記されており，それは選択確率と，画面の下側に入力された選択頻度から計算される．ここでは，全部で 1,000 ラウンドあり，追跡者は L を 500 回，逃亡者は L を 667 回選んだと仮定している．計算された対数尤度のグラフは，図 16.3 に示されている．

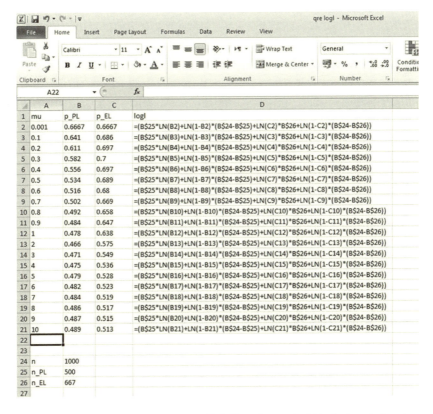

この対数尤度関数にはただ 1 つの最大値があることがわかる．また，この

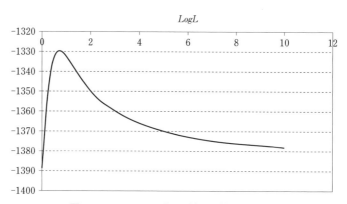

図 16.3　QRE モデルに対する対数尤度関数

最大値は $\mu = 0.72$ において達成され，対数尤度の最大値は -1329.43 であることが以下で確かめられる．さらに，この対数尤度関数は大域的に凹ではなく，このことから，もし最大値の探索が MLE よりも遠く離れた場所から開始された場合には問題が生じうるということに注意してほしい．

対数尤度関数の形状に関連して，このモデルを利用する人が覚えておくべき別の問題がある．このモデルでは，データが特定のパターンに従っているということを必要としている．この場合，必要なパターンとは，逃亡者が L を選択する頻度は少なくとも追跡者に関するその頻度よりも大きいということである．もしこの要請が満たされていない場合には何が起こるのかを考えてみよう．追跡者と逃亡者の間で L の選択頻度の大小関係が逆になるように，n_PL を 667，n_EL を 500 としてみると，対数尤度関数は図 16.4 に示すような非常に標準的ではない形状になる．こうした状況では，テクニカルには，μ の MLE は 0 である．というのは，そこで logl が最大値に達するからである．しかしながら，もっと深刻な問題は，QRE モデルは，この単純な形式においては，データにおけるこうしたパターンを説明することができないということである．

もちろん，μ を 16.3.2 節で記述した STATA の ml ルーティンを使用して推定することも可能である．

以下の STATA プログラムは最初に，ゲームを 1,000 回分「シミュレート」する．実際には，データが決定論的に生みだされているため，つまり，追跡者の選択を $500L$ と $500R$，逃亡者の選択を $667L$ と $333R$ に設定しているため，

16.4 QRE モデルの推定

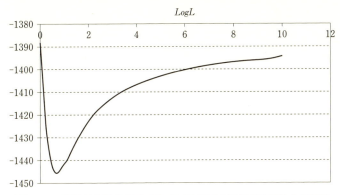

図 16.4 不適切な標本の下での QRE モデルに対する対数尤度関数

これを「シミュレーション」と認めることはできないだろう．「qre」と呼ばれるプログラムは，与えられた μ の値に対して対数尤度関数を評価する目的のために定義されている．2つの確率を発見するために，先に示した mata の最適化ルーティンが，目下の μ の値をもちいて，qre プログラム内部で呼び出されている．シミュレーションの結果は，プログラムの下側に示されている．

このプログラムにおける異なる場所に，2つの異なる初期値ベクトルがあることに注意してほしい．「start」は，2つの選択確率を計算するときに，mata の最適化ルーティンによって使用される 2×1 初期値ベクトルである．「sstart」は ml ルーティンのための 1×1 初期値ベクトルである．

```
* HERE: SUPPLY ("vector_min") MATA PROGRAM PRESENTED ABOVE

* GENERATE DATA SET

set obs 1000
gen int y_P = _n<501
gen int y_E = _n<668

* SET STARTING VALUES FOR COMPUTATION OF THE TWO PROBABILITIES

mat start=(0.67,0.67)

prog drop _all

* LOG-LIKELIHOOD EVALUATION PROGRAM (qre) STARTS HERE:

program define qre
args lnf mu
tempvar pp
```

530   第16章 繰り返しゲームと質的応答均衡 (QRE)

```
tempname p_PL p_EL

scalar mu='mu'

* COPY STARTING PROBABILITIES AND mu INTO MATA

mata: start=st_matrix("start")
mata: mu=st_numscalar("mu")

* PERFORM OPTIMIZATION; STORE SOLUTION IN 2x1 VECTOR p:

mata: p = optimize(S)

* EXTRACT ELEMENTS OF p

mata: st_numscalar("p_PL",p[1])
mata: st_numscalar("p_EL", p[2])

* GENERATE JOINT PROBABILITY OF PURSUER'S AND EVADER'S DECISIONS:

quietly gen double 'pp'=((p_PL*y_P)+(1-p_PL)*(1-y_P))*((p_EL*y_E)
+(1-p_EL)*(1-y_E))

* GENERATE LOG-LIKELIHOOD

quietly replace 'lnf'=ln('pp')
end

* SET STARTING VALUE FOR ML ROUTINE (NOTE: ONLY ONE PARAMETER, mu)

mat sstart=.6

* RUN ML

ml model lf qre ()
ml init sstart, copy
ml maximize
```

このシミュレーションの結果が以下に示されている.

```
. ml maximize

initial:      log likelihood = -1330.3224
rescale:      log likelihood = -1330.3224
Iteration 0:  log likelihood = -1330.3224
Iteration 1:  log likelihood = -1329.4369
Iteration 2:  log likelihood = -1329.4302
Iteration 3:  log likelihood = -1329.4302

                                    Number of obs   =      1,000
                                    Wald chi2(0)    =          .
Log likelihood = -1329.4302         Prob > chi2     =          .
```

```
-------------------------------------------------------------------------------
             |      Coef.   Std. Err.      z    P>|z|     [95% Conf. Interval]
-------------+-----------------------------------------------------------------
       _cons |   .7197914   .0974524    7.39   0.000      .5287882    .9107947
-------------------------------------------------------------------------------
```

μ の MLE は 0.72 で,対数尤度関数の最大値は -1329.43 であることがわかる.これらの数値は,先に同じデータをもちいて Excel シートによって実施された分析と整合的である.

16.5 リスク回避的な QRE モデル

16.2.1 節において,追跡者・逃亡者ゲームに対する混合戦略ナッシュ均衡を,異なる戦略に関するプレーヤーの期待利得を計算し,それからそれらの戦略間で無差別であるという条件を課すことによって導出した.こうして計算する際には,リスク中立性を仮定していたことに注意してほしい.16.3 節においては,意思決定プロセスにランダム性を取り入れ,QRE モデルが得られた.Goeree et al. (2003) は,リスク中立性の代わりにリスク回避性を認めるような,QRE に関する興味深い拡張を提案している.ここでは,再び追跡者・逃亡者ゲームの文脈で,「リスク回避的な QRE モデル」を推定することにしよう.

Goeree et al. (2003) に従って,以下のような相対的リスク回避度一定 (CRRA) の効用関数を仮定しよう.

$$
\begin{aligned}
U(x) &= \frac{x^{1-r}}{1-r} \qquad x \geq 0 \\
&= \frac{(-x)^{1-r}}{1-r} \quad x < 0
\end{aligned}
\tag{16.18}
$$

第 12 章で説明したように,パラメータ r は相対的リスク回避度を表す係数である.16.2 節で期待利得を計算したのと同じように,ここでも期待利得を計算しよう.追跡者にとって,L と R をプレーすることから得られる期待効用は,次のようになる.

$$EU_P(L) = p_{EL} \times \frac{1}{1-r} + (1 - p_{EL}) \times 0 = \frac{p_{EL}}{1-r}$$

$$EU_P(R) = p_{EL} \times 0 + (1 - p_{EL}) \times \frac{2^{1-r}}{1-r} = \frac{2^{1-r}(1 - p_{EL})}{1-r} \tag{16.19}$$

逃亡者にとって，L と R をプレーすることから得られる期待効用は，次のようになる．

$$EU_E(L) = p_{PL} \times \frac{-1}{1-r} + (1 - p_{PL}) \times 0 = -\frac{p_{PL}}{1-r}$$

$$EU_E(R) = p_{PL} \times 0 + (1 - p_{PL}) \times \frac{-(2^{1-r})}{1-r} = -\frac{2^{1-r}(1 - p_{PL})}{1-r} \tag{16.20}$$

16.3.2 節でもちいられたのと同様の推論によって，リスク回避的な QRE モデルにおける均衡条件を以下のように導出できる．

$$p_{PL} = \frac{\exp\left(\frac{p_{EL}}{(1-r)\mu}\right)}{\exp\left(\frac{p_{EL}}{(1-r)\mu}\right) + \exp\left(\frac{2^{1-r}(1-p_{EL})}{(1-r)\mu}\right)}$$

$$p_{EL} = \frac{\exp\left(-\frac{p_{PL}}{(1-r)\mu}\right)}{\exp\left(-\frac{p_{PL}}{(1-r)\mu}\right) + \exp\left(-\frac{2^{1-r}(1-p_{PL})}{(1-r)\mu}\right)}$$

確率を計算する手順は 16.3.2 節でもちいられたものと同一であるが，この場合，2 つのパラメータ μ と r が含まれているということを知っておく必要がある．

確率を発見する mata の最適化ルーティンを含むプログラム全体と，2 つのパラメータ（μ と r）を推定する ml のプログラムは以下に示されている．

```
* START MATA FROM WITHIN STATA

mata:

// SET STARTING VALUES FOR THE TWO PROBABILITIES

start=(0.5,0.5)

// CREATE PROGRAM ("vector_min") FOR EVALUATING 2x1 VECTOR (ss)
// WHOSE ELEMENTS ARE TO BE MINIMISED

void vector_min(todo, p, ss, S, H)
        {
external X, mu, r
              PP = p[1]
              PE = p[2]
```

16.5　リスク回避的な QRE モデル

```
EU_PL=PE/(mu*(1-r))
EU_PR=(2^(1-r))*(1-PE)/(mu*(1-r))

EU_EL=(-PP)/(mu*(1-r))
EU_ER=-(2^(1-r))*(1-PP)/(mu*(1-r))

s1=(PP-exp(EU_PL)/(exp(EU_PL)+exp(EU_PR)))^2
s2=(PE-exp(EU_EL)/(exp(EU_EL)+exp(EU_ER)))^2

            ss= s1\s2

    }

// BEGIN DEFINITION OF OPTIMISATION PROBLEM,
// RETURNING S, A PROBLEM-DESCRIPTION HANDLE CONTAINING DEFAULT VALUES

 S = optimize_init()

// MODIFY DEFAULTS


optimize_init_evaluator(S, &vector_min())
 optimize_init_evaluatortype(S, "v0")
optimize_init_params(S, start)
 optimize_init_which(S, "min" )
 optimize_init_tracelevel(S,"none")
 optimize_init_conv_ptol(S, 1e-16)
 optimize_init_conv_vtol(S, 1e-16)

// RETURN TO STATA

end

clear

* GENERATE DATA SET

set obs 1000
gen int y_P = _n<501
gen int y_E = _n<668

* SET STARTING VALUES FOR COMPUTATION OF THE TWO PROBABILITIES

mat start=(0.67,0.67)

prog drop _all

* LOG-LIKELIHOOD EVALUATION PROGRAM (qre_risk) STARTS HERE:

program define qre_risk
args lnf mu r
tempvar pp
tempname p1 p2 mmu rr
```

534　第 16 章　繰り返しゲームと質的応答均衡（QRE）

```
scalar mmu='mu'
scalar rr='r'

* COPY STARTING PROBABILITIES AND TWO PARAMETERS (mu and r) INTO MATA

mata: start=st_matrix("start")
mata: mu=st_numscalar("mmu")
mata: r=st_numscalar("rr")

* PERFORM OPTIMIZATION; STORE SOLUTION IN 2x1 VECTOR p:

mata: p = optimize(S)

* EXTRACT ELEMENTS OF p

mata: st_numscalar("p1",p[1])
mata: st_numscalar("p2", p[2])

* GENERATE JOINT PROBABILITY OF PURSUER'S AND EVADER'S DECISIONS:

quietly gen double 'pp'=((p1*y_P)+(1-p1)*(1-y_P))*((p2*y_E)+(1-p2)*(1-y_E))

* GENERATE LOG-LIKELIHOOD

quietly replace 'lnf'=ln('pp')
end

* SET STARTING VALUES FOR 2 PARAMETERS mu AND r

mat sstart=(.1,0.3)

* RUN ML

ml model lf qre_risk () ()
ml init sstart, copy
ml maximize
```

ここでもやはり，追跡者が L を 500 回，逃亡者が L を 667 回選ぶということ
からなる 1,000 回分のプレーからデータが生み出されている．その推定結果
は，以下の通りである．

```
. ml maximize

initial:      log likelihood = -1354.7992
rescale:      log likelihood = -1353.2851
rescale eq:   log likelihood =  -1329.691
Iteration 0:  log likelihood =  -1329.691
Iteration 1:  log likelihood = -1329.4408
Iteration 2:  log likelihood = -1329.4301
Iteration 3:  log likelihood =   -1329.43

                                              Number of obs   =      1000
```

16.5 リスク回避的な QRE モデル   535

```
                                     Wald chi2(0)    =        .
Log likelihood =    -1329.43         Prob > chi2     =        .

------------------------------------------------------------------------
           |     Coef.    Std. Err.      z    P>|z|   [95% Conf. Interval]
-----------+------------------------------------------------------------
eq1        |
     _cons |  .7203918    .1047659     6.88   0.000    .5150544    .9257293
-----------+------------------------------------------------------------
eq2        |
     _cons | -.0021648    .1382919    -0.02   0.988   -.2732119    .2688824
------------------------------------------------------------------------
```

最初に，リスク回避性に関するパラメータの MLE（結果の表の 2 番目の推定
値）は，非常に 0 に近く，この仮想的データが示すパターンについてはリス
ク中立的であることが示唆されている．μ の MLE（0.7204）は，16.4 節にお
いて，リスク中立的な QRE が推定されたときに得られた μ の推定値（0.7198）
と非常に近い値である．さらに，リスク中立的な QRE は，より小さな標準
誤差であることから，より正確に推定している．それゆえ，リスク回避的な
QRE は，この場合については，ほとんど何も新しいものをもたらしていな
い．ナッシュ均衡からの逸脱は，確率項によって適切に説明されているとい
うことである．

　しかしながら，両方のプレーヤーが L をあまり頻繁には選ばないような別
のデータ・パターンについて考えてみよう．追跡者は L を 500 回選び，逃亡
者は L を 600 回選ぶと仮定しよう．この場合，推定結果は以下のようになる．

```
                                     Number of obs   =     1000
                                     Wald chi2(0)    =        .
Log likelihood = -1366.1588          Prob > chi2     =        .

------------------------------------------------------------------------
           |     Coef.    Std. Err.      z    P>|z|   [95% Conf. Interval]
-----------+------------------------------------------------------------
eq1        |
     _cons |  1.054045    .2420504     4.35   0.000    .5796348    1.528455
-----------+------------------------------------------------------------
eq2        |
     _cons |  .4150363    .1321526     3.14   0.002    .156022     .6740506
------------------------------------------------------------------------
```

今度は，r の推定値は +0.415 で，このデータにおける強いリスク回避性を反
映して，0 とは非常に有意に異なった値になっている．μ の推定値は 1.05 で，
これもまた極めて高い数値である．しかしながら，このデータセットをもちい

て，リスク中立的な QRE を推定すると，さらに大きな μ の推定値 1.39 が得られる．リスク回避的な QRE における低い μ の推定値は，データにおいて明白な「ノイズ」のうち一定の割合は，プレーヤーのリスク回避性によって説明される，というアイディアと整合的なのである．

16.6 コンテスト実験のデータに適用された QRE

本節では，そのデータが第 4 章で分析された Chowdhury et al.（2014）のコンテスト実験を再検討する．第 4 章では，パネルデータの手法が，コンテストにおける努力水準の決定要因を推定するために，特に「過剰入札」の源泉を決定するためにもちいられた．この実験のデータは，**chowdhury** ファイルに収められている．

ここでは，RNNE からの逸脱を説明するために QRE を使用する．これは，実際に Chowdhury et al.（2014）によって採用されたアプローチである．

この実験の例は，本章の最初の部分で考察された「追跡者・逃亡者ゲーム」の例とは重要な点で異なっている．なぜなら，ここでは戦略空間が 2 つの結果に限定されていないからである．努力水準は 0 から 80 までの任意の値を取ることができる．努力水準は整数値でなければならないと仮定すると，戦略空間は可能性として 81 の選択から構成されることになる．戦略空間がこのサイズになると，QRE の計算には困難が生じる．というのは，81 個の異なる確率を毎回計算しなければならないからである．第 4 章の図 4.4 には，努力水準のヒストグラム［度数分布］が示されている．このヒストグラムの明白な特徴は，最頻値が 5 の倍数ごとに生じる傾向がある，複数最頻値の分布であるということである．この特徴は，戦略空間のサイズを減少させる便利で比較的無害な方法をもたらしてくれる．つまり，すべての観察データを最も近い 5 の倍数の値に丸めてしまうということである．丸められた努力水準を y とする．bid から y を生成する STATA コマンドは以下のようになる．

```
gen y=5*round(bid/5.1)
```

その結果，分布は図 16.5 に示されたようなものになる．努力水準 15 のところに縦線があるが，これは，この値がこのコンテストにおける努力水準に関する均衡予測であることを示している．

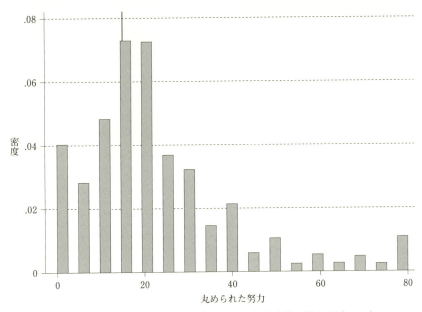

図 16.5 Chowdhury et al. (2014) の努力水準に関するデータを最も近い 5 の倍数の値の丸めたもの

それで，いかにして QRE がこのデータから計算されるかを示すことにしよう．

各プレーヤー i は，他のプレーヤーの努力水準の確率分布という形で予測を形成する．努力水準は，可能性として $y^0 = 0, y^1 = 5, y^2 = 10, \ldots, y^{16} = 80$ という 17 個の値を持つ離散的変数として扱われるので，この予測を表す確率分布は，確率 $p^0, p^1, \ldots, p^{16}$ の集合によって表現される．この確率分布に基づいて，プレーヤー i は，他の人のプレーヤーによってなされる努力の合計に関する予測 $(n-1)\sum_{j=0}^{16} p^j y^j$ を形成する．それから，プレーヤー i は，以下のように可能な 17 個の戦略のそれぞれについて自分にとっての期待利得を計算する．

$$EV_i(y; p^0, \ldots, p^{16}) = \frac{80y}{y + (n-1)\sum_{j=0}^{16} p^j y^j} - y \quad y \in \{y^0, y^1, \ldots, y^{16}\}$$

(16.21)

これから，プレーヤー i が戦略 j を選ぶ確率は，次のように表現される．

$$p_i(y^j; p^0, \ldots, p^{16}; \mu) = \frac{\exp[EV_i(y^j)/\mu]}{\sum_{k=0}^{16} \exp[EV_i(y^k)/\mu]} \quad j = 0, \ldots, 16 \qquad (16.22)$$

ここで，μ はノイズ・パラメータである．

（与えられた μ の値に対する）QRE は,

$$p_i(y^j; \tilde{p}^0, \ldots, \tilde{p}^{16}; \mu) = \tilde{p}^j(\mu) \quad j = 0, \ldots, 16 \qquad (16.23)$$

のような確率のベクトル $\tilde{p}^0(\mu), \ldots, \tilde{p}^{16}(\mu)$ によって定義される．N 個の努力水準に関する i.i.d の標本 $y_i, \ldots, y_N$ に対して，パラメータを推定するために，以下のように対数尤度関数を構成できる．

$$LogL(\mu) = \sum_{i=1}^{N} \sum_{j=0}^{16} I(y_i = y_j) \ln[\tilde{p}^j(\mu)] \qquad (16.24)$$

この場合も，QRE を計算するプログラムは 2 つの部分からなる．与えられた μ の値に対して不動点 $\tilde{p}^0(\mu), \ldots, \tilde{p}^{16}(\mu)$ を発見する mata の「最適化」ルーティンと，(16.24) 式の対数尤度関数を最大化するの値を発見する STATA の「ml」プログラムの 2 つである．

そのプログラムは以下のようになる．

```
* Maximum likelihood estimation of "mu" in QRE model for contest data.
* MATA Optimize routine is used to find p0-p16 for given mu.
* STATA ML routine maximises the log-likelihood over mu

clear mata

mata:

start=(0.08,0.08,0.08,0.08,0.04,0.04,0.04,0.04,0.04,0.04, ///
0.04,0.04,0.04,0.04,0.04,0.04)

void mysolver(todo, p, fff, S, H)
    {
 external mu
p1 = p[1]
p2 = p[2]
p3 = p[3]
p4 = p[4]
p5 = p[5]
p6 = p[6]
p7 = p[7]
p8 = p[8]
p9 = p[9]
```

16.6 コンテスト実験のデータに適用された QRE

```
p10 = p[10]
p11 = p[11]
p12 = p[12]
p13 = p[13]
p14 = p[14]
p15 = p[15]
p16 = p[16]

p0=1-p1-p2-p3-p4-p5-p6-p7-p8-p9-p10-p11-p12-p13-p14-p15-p16

ee=5*(0*p0+1*p1+2*p2+3*p3+4*p4+5*p5+6*p6+7*p7+8*p8+9*p9+10*p10 ///
 +11*p11+12*p12+13*p13+14*p14+15*p15+16*p16)

zz0=exp(0*(80/(0+3*ee)-1)/mu)
 zz1=exp(5*(80/(5+3*ee)-1)/mu)
  zz2=exp(10*(80/(10+3*ee)-1)/mu)
   zz3=exp(15*(80/(15+3*ee)-1)/mu)
zz4=exp(20*(80/(20+3*ee)-1)/mu)
 zz5=exp(25*(80/(25+3*ee)-1)/mu)
zz6=exp(30*(80/(30+3*ee)-1)/mu)
 zz7=exp(35*(80/(35+3*ee)-1)/mu)
  zz8=exp(40*(80/(40+3*ee)-1)/mu)
   zz9=exp(45*(80/(45+3*ee)-1)/mu)
 zz10=exp(50*(80/(50+3*ee)-1)/mu)

zz11=exp(55*(80/(55+3*ee)-1)/mu)
   zz12=exp(60*(80/(60+3*ee)-1)/mu)
    zz13=exp(65*(80/(65+3*ee)-1)/mu)
 zz14=exp(70*(80/(70+3*ee)-1)/mu)
  zz15=exp(75*(80/(75+3*ee)-1)/mu)
 zz16=exp(80*(80/(80+3*ee)-1)/mu)


zz=zz0+zz1+zz2+zz3+zz4+zz5+zz6+zz7+zz8+zz9+zz10+zz11 ///
+ zz12+zz13+zz14+zz15+zz16

pp0=zz0/zz
pp1=zz1/zz
pp2=zz2/zz
pp3=zz3/zz
pp4=zz4/zz
pp5=zz5/zz
pp6=zz6/zz
pp7=zz7/zz
pp8=zz8/zz
pp9=zz9/zz
pp10=zz10/zz

pp11=zz11/zz
pp12=zz12/zz
pp13=zz13/zz
pp14=zz14/zz
pp15=zz15/zz
pp16=zz16/zz
```

```
fff=(p1-pp1)^2 \
(p2-pp2)^2 \
(p3-pp3)^2 \
(p4-pp4)^2 \
(p5-pp5)^2 \
(p6-pp6)^2 \
(p7-pp7)^2 \
(p8-pp8)^2 \
(p9-pp9)^2 \
(p10-pp10)^2 \
(p11-pp11)^2 \
(p12-pp12)^2 \
(p13-pp13)^2 \
(p14-pp14)^2 \
(p15-pp15)^2 \
(p16-pp16)^2


        }

S = optimize_init()

optimize_init_evaluator(S, &mysolver())
 optimize_init_evaluatortype(S, "v0")
optimize_init_params(S, start)
 optimize_init_which(S, "min" )
 optimize_init_tracelevel(S,"none")
 optimize_init_conv_ptol(S, 1e-16)
 optimize_init_conv_vtol(S, 1e-16)

end

clear

scalar mu=10.0

mat start=(1.101704)

prog drop _all

    mata: start=st_matrix("start")

mata: mu=st_numscalar("mu")


mata: p = optimize(S)

mata: start=p

mata: st_numscalar("p1",p[1])
mata: st_numscalar("p2",p[2])
mata: st_numscalar("p3",p[3])
mata: st_numscalar("p4",p[4])
```

16.6 コンテスト実験のデータに適用された QRE   541

```
mata: st_numscalar("p5",p[5])
mata: st_numscalar("p6",p[6])
mata: st_numscalar("p7",p[7])
mata: st_numscalar("p8",p[8])
mata: st_numscalar("p9",p[9])
mata: st_numscalar("p10",p[10])

mata: st_numscalar("p11",p[11])
mata: st_numscalar("p12",p[12])
mata: st_numscalar("p13",p[13])
mata: st_numscalar("p14",p[14])
mata: st_numscalar("p15",p[15])
mata: st_numscalar("p16",p[16])


scalar p0=1-p1-p2-p3-p4-p5-p6-p7-p8-p9-p10-p11-p12-p13-p14-p15-p16

clear

mat start=(0.08,0.08,0.08,0.08,0.04,0.04,0.04, ///
0.04,0.04,0.04,0.04,0.04,0.04,0.04,0.04,0.04)

prog drop _all

program define qre
args lnf mu
tempvar pp
tempname p0 p1 p2 p3 p4 p5 p6 p7 p8 p9 p10 p11 p12 p13 p14 p15 p16 mmu

scalar mmu='mu'

mata: start=st_matrix("start")

mata: mu=st_numscalar("mmu")
mata: X=st_numscalar("X")

mata: p = optimize(S)

mata: start=p

mata: st_numscalar("p1",p[1])
mata:  st_numscalar("p2", p[2])
mata: st_numscalar("p3",p[3])
mata:  st_numscalar("p4", p[4])
mata:  st_numscalar("p5",p[5])
mata:  st_numscalar("p6", p[6])
mata:  st_numscalar("p7", p[7])
mata:  st_numscalar("p8",p[8])
mata:  st_numscalar("p9", p[9])
mata:  st_numscalar("p10", p[10])
mata: st_numscalar("p11",p[11])
mata:  st_numscalar("p12", p[12])
mata: st_numscalar("p13",p[13])
mata:  st_numscalar("p14", p[14])
mata: st_numscalar("p15",p[15])
```

```
mata:  st_numscalar("p16", p[16])

scalar p0=1-p1-p2-p3-p4-p5-p6-p7-p8-p9-p10-p11-p12-p13-p14-p15-p16

forvalues k=1(1)16 {
scalar p'k'=max(p'k',1.0e-12)
}

scalar p0=1-p1-p2-p3-p4-p5-p6-p7-p8-p9-p10-p11-p12-p13-p14-p15-p16

quietly gen double 'pp'=y0*p0+y1*p1+y2*p2+y3*p3+y4*p4+y5*p5+y6*p6 ///
 +y7*p7+y8*p8+y9*p9+y10*p10+y11*p11+y12*p12+y13*p13+y14*p14+y15*p15+y16*p16

quietly replace 'lnf'=ln('pp')
end

use chowdhury, clear

keep if t>15

* ROUND BID TO NEAREST 5

gen y=5*round(bid/5,1)

gen y0=y==0
gen y1=y==5
gen y2=y==10
gen y3=y==15
gen y4=y==20
gen y5=y==25
gen y6=y==30
gen y7=y==35
gen y8=y==40
gen y9=y==45
gen y10=y==50
gen y11=y==55
gen y12=y==60
gen y13=y==65
gen y14=y==70
gen y15=y==75
gen y16=y==80

mat sstart=(10)

ml model lf qre ()
ml init sstart, copy
ml maximize
```

μ の推定値は 10.42 で，95% 信頼区間が $9.56 < \mu < 11.27$ なので，このパラメータは極めて正確に推定されている．この推定値は，Chowdhury et al. (2014) の表 4 にある対応する結果とは比較できない．なぜなら，彼らは $\lambda = 1/\mu$ を推定しており，また結果変数を実験でのポイントではなく，報酬額のア

メリカ・ドルで測ったものに尺度変換しているからである．しかしながら，先に示した対数尤度の最大値 −5433.8 は，Chowdhury et al.（2014）の表 4 にある −5424.5 という値に十分近い値となっている．

16.7 まとめと読書案内

　本章は，特定の 2 人ゲームに対する混合戦略ナッシュ均衡を導出することから始まった．この計算を行う手法については Camerer（2003）の付録 A1.1 にくわしい説明がある．それから，ある特定のデータセットが混合戦略ナッシュ均衡に従っているかを検証した．そのデータセットは Rosenthal et al.（2003）から採られたもので，本章で実施された分析は彼らが行ったものと類似のものである．

　16.2.2 節では，連検定が混合戦略のランダム性だけでなく，時間を通じた不偏性についての検定でもあることが強調された．基になっている混合戦略が時間を通じて変化しているならば，ランダムな選択の系列がランダムには見えないということがありえるからである．Ansari et al.（2012）と Shachat et al.（2015）は，プレーヤーが純戦略と混合戦略の間をスイッチすると仮定されるような隠れマルコフ・モデルを推定している．このモデルは，人間の被験者が常に混合戦略ナッシュ均衡に従ってプレーするコンピュータと繰り返し対戦するという実験から得られたデータに適用されている．推定結果は，純戦略と混合戦略の両方共が有意な回数でプレーされており，混合戦略と純戦略の間では低い推移確率になっている，という結論が導かれた．

　それから本章は，質的応答均衡（QRE）の分析へと進んだ．それは，McKelvey and Palfrey（1995）によって生み出されたものである．QRE は，個人の選択行動に関する初期のモデル（Luce, 1959）の伝統に従っている．文献にはいまや，QRE に関する多くの応用が見られる．本章では，2 つの特定の例を取り上げ，いつものように，モデルのパラメータに関する推定値をいかにして得るかに焦点を置いて考察した．QRE の最後通牒ゲームへの応用については，Yi（2005）を参照してほしい．

問題

次のような利得表によって定義される「男女の争い」ゲームを考えよう.

		プレーヤー 2	
		左	右
プレーヤー 1	上	2, 1	0, 0
	下	0, 0	1, 2

16.2.1 節に示されたアプローチをもちいて, 混合戦略均衡を導出しなさい.

第17章 推論レベルのモデル

17.1 はじめに

　前章では，質的応答均衡（QRE）モデルに焦点が当てられた．このモデルでは，プレーヤーはナッシュ均衡からランダムな仕方で逸脱するが，各プレーヤーは他のプレーヤーの決定に関して正しい予測を形成するものと仮定されていた．本章では，一部（または全部）のプレーヤーが他のプレーヤーの戦略に関して正しくない予測の下に行為すると仮定されるような一連のモデルに進んでいく．

　このアプローチのエッセンスは，異なる推論レベル［の深さ］を仮定することにある．各被験者は，他のプレーヤーの推論レベル（したがって，その戦略）について予測を形成し，こうして仮定された戦略に対して最適反応となるような戦略を採用するのである．もちろん，すべての被験者が他のプレーヤーの戦略について正しい予測を形成するわけではない．本章で説明するモデルのすべては，この正しくない予測という仮定の下に構築されており，こうしたモデルが限定合理性のモデルになっているのは，まさにこの仮定のためなのである．

　計量経済学的には，これらのモデルは，結局のところ，第8章で詳細に議論されたタイプの，有限混合アプローチの自然な応用であることがわかる．ここでの「被験者タイプ」は，単に異なる推論レベルになる．また，実際の決定が，与えられたタイプのプレーヤーにとっての「最適反応」とは異なるものになることを可能にするために確率的要素も必要になる．これは，やはり第8章で行ったのと同じやり方で行われる．

応用としてもちいるゲームは，Nagel（1995）によって生みだされた「ω-美人投票」ゲームで，「推測ゲーム」としても知られているものである．このゲームに焦点を当てる1つの理由は，このゲームから得られるデータが混合モデルによるモデル化に非常に当てはめやすいからである．混合モデルによるモデル化をしやすくしている特徴は，結果が連続的に分布していることと，第8章でモデル化された混合分布に見られるのと同じタイプの，容易に識別可能な多峰性を持つ傾向があるということである．

本章では，2つのタイプのこうしたモデルが考察される．最初のものは「レベルK」モデルと呼ばれるもので，0よりも大きい推論レベルを持つ各プレーヤーは，他のすべてのプレーヤーが自分よりも1つレベルが下であると信じている，ということが仮定されている．2番目のものは，「認知的階層」モデルと呼ばれるもので，プレーヤーは，他のプレーヤーたちがより低い推論レベル間に分布していると信じているという，おそらくより妥当な事柄を仮定するものである．

17.2 美人投票ゲームに対するレベルKモデル

Nagel（1995）の「ω-美人投票ゲーム」とは次のようなものである．各プレーヤーは0と100の間の整数を選択する．ωは実験者によって選ばれた割合である．たいていそれは2/3である．$\omega = 2/3$の場合，このゲームの勝者は，選んだ数がグループ全体の平均の2/3に一番近いプレーヤーになる．

このゲームが（$\omega = 2/3$という設定の下で），500人のプレーヤーがいる大きな教室でプレーされたという状況を想像してみよう．シミュレートされたデータは**beauty_sim**ファイルに収められている．シミュレートされた数値の分布は図17.1に示されている．この分布は多峰性を持つものになっている．明白な最頻値は33付近にあり，別のものが22付近にある．0に近いところにも別の最頻値があることに注意しよう．図17.1に示された分布は，同じゲームに関する本物のデータセットから得られたものとかなり類似したものであると言ってよいだろう．例えば，Bosch-Domènech et al.（2010）の例を参照してほしい．

このゲームにおける行動をモデル化するポピュラーなアプローチはレベルKモデルによるものである．その標準的なバージョンは以下の通りである．

17.2 美人投票ゲームに対するレベル K モデル

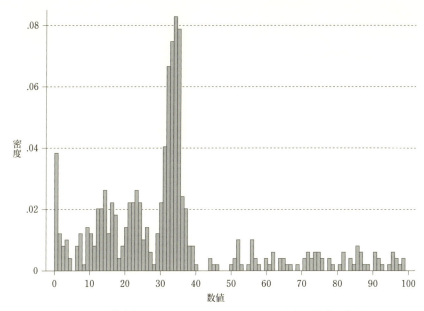

図 17.1 美人投票ゲームにおいてシミュレートされた数値の分布

最初に，集団の中には，数値を $\{0, 1, \ldots, 100\}$ から完全にランダムに，（離散的な）一様分布に従って選ぶ個人の一団がいると仮定する．これらの人々を「レベル 0」プレーヤーと呼ぶ．それから，他のすべてのプレーヤーがレベル 0 であると信じているグループがいて，彼らは数値の平均が 50 付近であると推論するので，それゆえ，彼らにとって最善の選択は 33（50 の 2/3 に一番近い整数）である．これらのプレーヤーは「レベル 1」と呼ばれる．次に，他のすべてのプレーヤーがレベル 1 で，彼らが選ぶ数値の平均が 33 だと信じているようなグループがいる．このタイプのプレーヤーにとっての最善の選択は 22 である．彼らはレベル 2 である．このようにして，他のレベルも構成される．レベル 3 にとっては 15 が最善で，レベル 4 にとっては 10 が最善で，というように続いていく．

もし，すべてのプレーヤーが何の曇りもない推論能力を持っているなら，彼らはみな 0 という数値を提出するだろう．そして，彼ら全員が勝者になるために必要な数値の推論に成功して，賞金を得ることになる．しかしながら，言うまでもないが，こうしたことは，このゲームが現実の被験者によってプレー

されるときには起こらない.

ここでの推定上の問題は,図 17.1 に示されたデータをもちいて,各推論レベルにいる集団の割合を推計することである.そのためには,パラメトリックなモデルが必要である.タイプの数は有限で,その最大の推論レベルが J であるような $J+1$ 個のタイプが存在すると仮定する.

実際上は,被験者の中には,ナッシュ均衡である 0 をただちに選ぶ者もいるので,その最適な選択が 0 であると仮定されるような「素朴なナッシュ・タイプ」を認めることが理にかなっている.彼らが「素朴」と呼ばれるのは,単に,彼らの行動はナッシュ均衡の予測に一致しているが,このゲームの勝者になるのは非常にまれであるという理由からである.それで,レベル J というラベルをこのタイプに割り当てることにする.

(離散的な)一様分布から選択すると仮定されるレベル 0 以外は,個人の選択はその推論レベルに対して最適なものであると仮定し,そこに平均 0 で標準偏差が σ であるような正規分布に従う誤差項を追加する.つまり,y_j^* がタイプ j にとって最善の選択ならば,実際の選択は以下のように決定されると仮定する.

$$(y|\text{タイプ } j) = y_j^* + \epsilon \qquad \epsilon \sim N(0, \sigma^2) \quad j = 1, \ldots, J \qquad (17.1)$$

これらの仮定から,次のような各タイプに対する条件付きの密度関数が得られる.

$$f(y|L_0) = 1/100 \qquad\qquad 0 \leq y \leq 100$$

$$f(y|L_j) = \frac{1}{\sigma}\phi\left(\frac{y - y_j^*}{\sigma}\right) \qquad 0 \leq y \leq 100 \quad j = 1, \ldots, J \qquad (17.2)$$

また,集団は $J+1$ 個のタイプからなり,各タイプの混合割合が $p_0, p_1, \ldots, p_J$ であるということも仮定する.この混合割合と (17.2) 式の条件付きの密度関数を組み合わせると,(標本が選ぶ数値 y_i, $i = 1, \ldots, n$ に対して)標本対数尤度が以下のように得られる.

$$LogL = \sum_{i=1}^{n} \ln\left[\frac{p_0}{100} + \sum_{j=1}^{J} p_j \frac{1}{\sigma}\phi\left(\frac{y - y_j^*}{\sigma}\right)\right] \qquad (17.3)$$

ここで,$J = 5$,そして「最適な選択」をそれぞれ $y_1^* = 33, y_2^* = 22, y_3^* =$

17.2 美人投票ゲームに対するレベル K モデル　　　549

$15, y_4^* = 10, y_5^* = 0$ とする．レベル 5 の最適な選択は 0 であることに注意する．なぜなら，すでに述べたように，レベル J を「素朴なナッシュ・タイプ」の被験者としているからである．この対数尤度関数を最大化するために必要なプログラムは以下のようになる．

```
* LIKELIHOOD EVALUATION PROGRAM STARTS HERE:

program define beauty_mixture
args logl p1 p2 p3 p4 p5 sig
tempvar f0 f1 f2 f3 f4 f5 l

quietly{

gen double 'f0'=0.01
gen double 'f1'=(1/'sig')*normalden((y-33.5)/'sig')
gen double 'f2'=(1/'sig')*normalden((y-22.4)/'sig')
gen double 'f3'=(1/'sig')*normalden((y-15.0)/'sig')
gen double 'f4'=(1/'sig')*normalden((y-10.1)/'sig')
gen double 'f5'=(1/'sig')*normalden((y-0)/'sig')

gen double 'l'=(1-'p1'-'p2'-'p3'-'p4'-'p5')*'f0'  ///
+'p1'*'f1'+'p2'*'f2'+'p3'*'f3'+'p4'*'f4'+'p5'*'f5'

replace postp0=(1-'p1'-'p2'-'p3'-'p4'-'p5')*'f0'/'l'
replace postp1='p1'*'f1'/'l'
replace postp2='p2'*'f2'/'l'
replace postp3='p3'*'f3'/'l'
replace postp4='p4'*'f4'/'l'
replace postp5='p5'*'f5'/'l'

replace 'logl'=ln('l')

 putmata postp0, replace
 putmata postp1, replace
 putmata postp2, replace
 putmata postp3, replace
 putmata postp4, replace
 putmata postp5, replace

}

end

* END OF LIKELIHOOD EVALUATION PROGRAM

* READ DATA

use beauty_sim, clear

hist y, disc xtitle("guess")

* INITIALISE POSTERIOR TYPE PROBABILITIES
```

gen postp0=. gen postp1=. gen postp2=. gen postp3=. gen postp4=. gen
postp5=.

* SET STARTING VALUES AND RUN ML

mat start=(0.3, 0.4, 0.1, 0.1,0.05, 2) ml model lf beauty_mixture
/p1 /p2 /p3 /p4 /p5 /sig ml init start, copy ml maximize

* DEDUCE PROBABILITY OF LEVEL-0 TYPE

nlcom p0:
1-_b[p1:_cons]-_b[p2:_cons]-_b[p3:_cons]-_b[p4:_cons]-_b[p5:_cons]

* EXTRACT POSTERIOR TYPE PROBABILITIES

drop postp* getmata postp0 getmata postp1 getmata postp2 getmata
postp3 getmata postp4 getmata postp5

* PLOT TYPE PROBABILITIES AGAINST GUESS

sort y

line postp0 postp1 postp2 postp3 postp4 postp5 y , lpattern(- l l l
l l) ///
 xline(21.7) xtitle("guess") ytitle("posterior type probability") legend(off)

5つの混合割合 $p_1, \ldots, p_5$ が推定され，そこから p_0 の推定値がデルタ法によって導きだされることに注意してほしい．その結果は以下の通りである．

		Number of obs	=	500
		Wald chi2(0)	=	.
Log likelihood = -1985.0613		Prob > chi2	=	.

		Coef.	Std. Err.	z	P>|z|	[95% Conf. Interval]
p1							
	_cons	.3982665	.023804	16.73	0.000	.3516116	.4449213
p2							
	_cons	.1128533	.0163975	6.88	0.000	.0807148	.1449919
p3							
	_cons	.0898775	.0159347	5.64	0.000	.0586461	.121109
p4							
	_cons	.0462681	.0135852	3.41	0.001	.0196415	.0728946
p5							
	_cons	.0500939	.0117892	4.25	0.000	.0269876	.0732002
sig							

17.2 美人投票ゲームに対するレベル K モデル

```
      _cons |   1.929627   .1027345    18.78   0.000    1.728271    2.130982
------------------------------------------------------------------------------

.
.
.. nlcom p0:
 1-_b[p1:_cons]-_b[p2:_cons]-_b[p3:_cons]-_b[p4:_cons]-_b[p5:_cons]

        p0:  1-_b[p1:_cons]-_b[p2:_cons]-_b[p3:_cons]-_b[p4:_cons]-_b[p5:_cons]

------------------------------------------------------------------------------
            |     Coef.   Std. Err.      z    P>|z|    [95% Conf. Interval]
------------+-----------------------------------------------------------------
         p0 |   .3026407    .029052    10.42   0.000    .2456999    .3595815
------------------------------------------------------------------------------
```

混合割合と誤差項の標準偏差はそれぞれ次のようになった.

$$\hat{p}_0 = 0.303(0.029)$$

$$\hat{p}_1 = 0.389(0.024)$$

$$\hat{p}_2 = 0.113(0.016)$$

$$\hat{p}_3 = 0.090(0.016)$$

$$\hat{p}_4 = 0.046(0.014)$$

$$\hat{p}_5 = 0.050(0.012)$$

$$\hat{\sigma} = 1.930(0.103)$$

この（シミュレートされた）データセットにおいては，約 30% の被験者がレベル 0 であると推定されている. 残りの推定レベルについては，現実のデータをもちいた類似の研究と一致して，大多数はレベル 1, 2 および 3 の間に分かれている.「素朴なナッシュ・タイプ」の割合は 0.05 である.

　ここから，ベイズの公式をもちいるいつもの方法で生成された，タイプ分布の事後確率について考えることができる. この事後確率は，被験者の選んだ数値に対してプロットすることが理にかなっている. こうしてできたのが図 17.2 である. 点線はレベル 0 である事後確率を表している. 選んだ数値が約 40 よりも大きいどの被験者についてもこの事後確率は 1 に近いことに注意しよう. 他の事後確率は，予想通り，異なったところでピークに達している. 33 でピークに達しているのはレベル 1 の事後確率である. 22 でピークに達しているのはレベル 2 の事後確率である. 15 でピークに達しているのはレベル

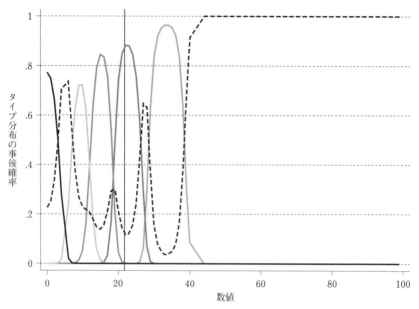

図 17.2 レベル K モデルにおけるタイプ分布の事後確率．勝者の選んだ数値には縦線が引かれている．

3 の事後確率である．10 でピークに達しているのはレベル 4 の事後確率である．0 でピークに達しているのはレベル 5，つまり，「素朴なナッシュ・タイプ」の事後確率である．この最後の曲線の位置は，0 あるいは非常に小さな正の数を選択した被験者が「素朴なナッシュ・タイプ」として分類される可能性があることを示している．

おそらく，点線（レベル 0 である確率）が，さまざまな「最適な数値」の間でピークに達していることは興味深いことである．例えば，被験者の選んだ数値が 27 か 28（つまり，レベル 1 と 2 にとっての最適な数値のおおよそ真ん中）ならば，彼らがレベル 1 や 2 である可能性は低く，その代わりに，これらの数値付近に点線のピークがあることからわかるように，レベル 0 として分類されるということである．

最後に，何が勝者になる数値であるかを考えることは興味深いことである．シミュレートされた標本の平均は 32.5 で，これは勝者になる数値が 22 であることを意味する．図 17.2 に描かれた縦線がこの勝者になる数値を示している．これはレベル 2 にとっての最適な数値になっている．そのため，勝者がレベ

ル 2 である確率は約 0.86 になっている. また, 残り約 0.14 の確率は, 勝者が
レベル 0 である確率であることもわかる. それはおそらく驚くほど高い数値
であろう.

17.3 認知的階層モデル

17.2 節で構築し, 推定されたレベル K モデルの短所は, 他のすべての被験
者が自分よりもちょうど 1 つ下のレベルであるとすべての被験者が信じてい
る, と仮定しているところである. この仮定を疑う明らかな理由は, もしプ
レーヤーがレベル 2 かそれ以上の認知的能力を持っているなら, 他のすべて
の被験者が 1 つ下のレベルだけであると信じるほど, 単純ではないことは明
らかだからである.

Camerer et al. (2003, 2004) によって開発された認知的階層 (CH) モデル
は, 推論レベルに関する集団の分布がポワソン分布 (τ) に従い, タイプ k の
プレーヤーは, 集団における他のメンバーが上側で切断されたポワソン分布
(τ) に従ってタイプ 0 から $(k-1)$ の間で分布していると信じている, と仮定
することによって, この問題に対処している. つまり, 集団におけるタイプに
関する (真の) 分布は, 次で与えられる.

$$p(j) = \left(\frac{e^{-\tau}\tau^j}{j!} \right) \quad j = 0, 1, 2, \ldots \tag{17.4}$$

また, タイプ k の被験者は, 他の被験者がそれぞれのタイプである確率分布
が以下のようなものであると信じている.

$$p_k(j) = \left(\frac{e^{-\tau}\tau^j}{j!} \right) \bigg/ \left(\sum_{m=0}^{k-1} \frac{e^{-\tau}\tau^m}{m!} \right) \quad j = 0, \ldots, k-1 \tag{17.5}$$

(17.5) 式の確率を基に, 各タイプの「最善の選択」は以下のように再帰的に計
算可能である.

$$b_1 = 0.67 \times 0.5 = 0.33$$
$$b_2 = 0.67[p_2(1) \times b_1 + p_2(0) \times 0.5]$$
$$b_3 = 0.67[p_3(2) \times b_2 + p_3(1) \times b_1 + p_3(0) \times 0.5]$$
$$b_4 = 0.67[p_4(3) \times b_3 + p_4(2) \times b_2 + p_4(1) \times b_1 + p_4(0) \times 0.5]$$
$$b_5 = 0 \tag{17.6}$$

ここで実際には，推論レベルが4までであると仮定されていることに注意してほしい．また，タイプ5はその「最善の選択」が0であるような「素朴なナッシュ均衡」タイプであると仮定している．

それで，対数尤度関数は，観察された数値 (y) と各タイプである確率 $(p(j))$，そして (17.6) 式に与えられた最適な選択 b_j から，次のように構成される．

$$LogL = \sum_{i=1}^{n} \ln \left[\frac{p(0)}{101} + \sum_{j=1}^{J} p(j) \frac{1}{\sigma} \phi \left(\frac{y_i - b_j}{\sigma} \right) \right] \tag{17.7}$$

次のプログラムは，CH モデルに従うデータをシミュレートするものである．データ生成プロセスには，計算誤差パラメータ (σ) とポワソン分布の平均値 (τ) という，ただ2つのパラメータしかないことに注意してほしい．

```
clear

set more off
set seed 9123456
set obs 500

egen i=fill(1/2)

* set "true" parameter values for simulation

scalar tau=2.0
scalar sigma=2.0

*generate the computational error variable

gen e=sigma*rnormal()

*generate the level-of-reasoning for each individual,
*setting the maximum level to 5

gen level=rpoisson(tau)
```

17.3 認知的階層モデル

```
replace level=5 if level>5

*generate the first few Poisson Probabilities;
*p5 is one minus the sum of the others.

scalar p0=exp(-tau)
scalar p1=p0*tau/1
scalar p2=p1*tau/2
scalar p3=p2*tau/3
scalar p4=p3*tau/4

scalar p5=1-p0-p1-p2-p3-p4

* generate the "best guesses" for each level of reasoning;
* Note that type 5 is "naive Nash" with best-guess zero.

scalar b0=50
scalar b1=.67*b0
scalar b2=.67*(p1*b1+p0*b0)/(p1+p0)
scalar b3=.67*(p2*b2+p1*b1+p0*b0)/(p2+p1+p0)
scalar b4=.67*(p3*b3+p2*b2+p1*b1+p0*b0)/(p3+p2+p1+p0)
scalar b5=0

* generate the guesses

gen y=round((level==0)*100*uniform()+(level==1)*(b1+e)+(level==2)*(b2+e)+ ///
    (level==3)*(b3+e)+(level==4)*(b4+e)+(level==5)*abs(0+e),1)

hist y, bin(30) xtitle(guess)
```

上記のシミュレーションから得られるデータは **cog_hier_sim** ファイルに収められている．選ばれた数値の度数分布は図 17.3 に示されている．

図 17.3 に見て取れる，選ばれた数値の分布に関する興味深い特徴は，次のようなものである．0 周辺に集まっている「素朴なナッシュ均衡」プレーヤーを別にして，20 以下の数値は非常に少ない．これは，ポワソン分布の平均値 (τ) が小さな数値なので（Camerer et al. (2003) によれば，τ は典型的には約 1.5 と推定される），大多数のプレーヤーは低めの推論レベル（つまり，レベル 3 かそれ位以下）となるからである．たまたま高い推論レベルである個人にとっての最善の選択は，より低い推論レベルのプレーヤーの最善の選択に大きく影響を受けてしまう．事実，与えられた τ の数値の下で，推論レベルが上昇すると，最善の選択は下限に収束していくことを示すことができる．

このことは，ここに示した CH モデルの特定化における短所と考えるべきである．なぜなら，その選択した数値が 20 以下である被験者は，レベル 0 の推論者であるとしか分類されえないからである！　このことから，CH モデル

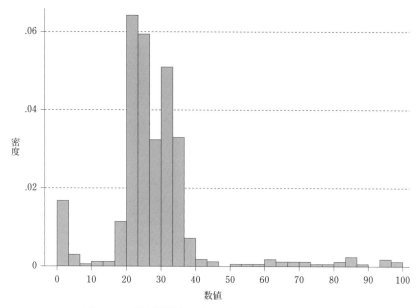

図 **17.3** 認知的階層モデルからシミュレートされた，美人投票ゲームにおける選択のヒストグラム

に関してもっと洗練された特定化が必要なことは明らかである．

この最後の点は，事後確率に関する問題と密接に関係している．この事後確率は，後に分析するために，やはり推定プログラム内部で計算される．

CH モデルを推定するプログラムは以下の通りである．計算誤差パラメータ (σ) とポワソン分布の平均値 (τ) という，ただ2つのパラメータしか推定されないことに注意してほしい．

```
program drop _all

*Log-likelihood evaluation program (ch) starts here

program define cog_heir
args logl sig tau
tempvar f0 f1 f2 f3 f4 f5 l
tempname p0 p1 p2 p3 p4 p5 b0 b1 b2 b3 b4 b5

scalar 'p0'=exp(-'tau')
scalar 'p1'='p0'*'tau'/1
scalar 'p2'='p1'*'tau'/2
scalar 'p3'='p2'*'tau'/3
scalar 'p4'='p3'*'tau'/4
```

17.3 認知的階層モデル

```
scalar 'p5'=1-'p0'-'p1'-'p2'-'p3'-'p4'

scalar 'b0'=50
scalar 'b1'=.67*'b0'
scalar 'b2'=.67*('p1'*'b1'+'p0'*'b0')/('p1'+'p0')
scalar 'b3'=.67*('p2'*'b2'+'p1'*'b1'+'p0'*'b0')/('p2'+'p1'+'p0')
scalar 'b4'=.67*('p3'*'b3'+'p2'*'b2'+'p1'*'b1'+'p0'*'b0')/('p3'+'p2'+'p1'+'p0')

quietly{

gen double 'f0'=0.01
gen double 'f1'=(1/'sig')*normalden((y-'b1')/'sig')
gen double 'f2'=(1/'sig')*normalden((y-'b2')/'sig')
gen double 'f3'=(1/'sig')*normalden((y-'b3')/'sig')
gen double 'f4'=(1/'sig')*normalden((y-'b4')/'sig')
gen double 'f5'=(1/'sig')*normalden((y-0)/'sig')

gen double 'l'='p0'*'f0'+'p1'*'f1'+'p2'*'f2'+'p3'*'f3'+'p4'*'f4'+'p5'*'f5'

replace 'logl'=ln('l')

replace postp0='p0'*'f0'/'l'
replace postp1='p1'*'f1'/'l'
replace postp2='p2'*'f2'/'l'
replace postp3='p3'*'f3'/'l'
replace postp4='p4'*'f4'/'l'
replace postp5='p5'*'f5'/'l'

putmata postp0, replace
 putmata postp1, replace
 putmata postp2, replace
 putmata postp3, replace
 putmata postp4, replace
 putmata postp5, replace
}

end

* create posterior prob variables, set starting values and call ML program (ch)

gen postp0=.
gen postp1=.
gen postp2=.
gen postp3=.
gen postp4=.
gen postp5=.

mat start=( 2,2)
ml model lf cog_heir /sig /tau
ml init start, copy

ml maximize

drop postp*
```

```
getmata postp0
getmata postp1
getmata postp2
getmata postp3
getmata postp4
getmata postp5

sort y

line postp0 postp1 postp2 postp3 postp4 postp5 y , lpattern(- 1 1 1 1 1) ///
legend(off) xlabel(0(10)100) xtitle(guess) ytitle("posterior type probability")
```

推定結果は以下の通りである.

```
                                   Number of obs    =         500
                                   Wald chi2(0)     =           .
Log likelihood = -1746.3042        Prob > chi2      =           .

------------------------------------------------------------------------------
             |      Coef.   Std. Err.      z    P>|z|     [95% Conf. Interval]
-------------+----------------------------------------------------------------
sig          |
       _cons |   1.998404   .1071528    18.65   0.000     1.788388    2.208419
-------------+----------------------------------------------------------------
tau          |
       _cons |   2.028311   .0503448    40.29   0.000     1.929637    2.126985
------------------------------------------------------------------------------
```

両方の推定値は真のパラメータの値（共に2.0）に非常に近く，シミュレーションと推定プログラムの正確さを確証するものになっていることがわかる.

　認知的階層（CH）モデルは，これまで慣れ親しんできたような意味での混合モデルではない. なぜなら，各タイプである確率が推定されるわけではないからである. しかしながら，それでも各タイプである確率はローカル変数値 'p0'–'p5' によって表されていて，それらは推定プログラムの重要な部分を占めている. これらの数値が推定されるべきパラメータではないのは，CHモデルでは各タイプである確率について特定の構造が仮定されている，つまり，ポワソン分布に従う確率であると仮定されているから，というのが理由である. したがって，各タイプである確率を推定する問題は，単一のパラメータ，つまり，ポワソン分布の平均値（τ）を推定する問題に置き換わっているのである.

　各タイプである事後確率は，それでも計算可能であり，先に示したプログラムにおいて，通常の方法によってすでになされている. 先のレベルKモデル

17.3 認知的階層モデル

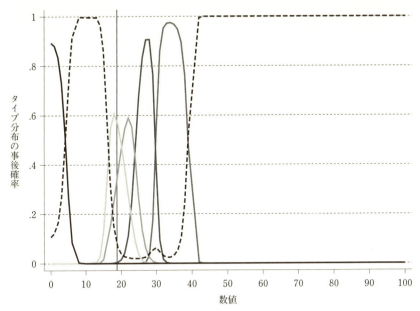

図 17.4 認知的階層モデルにおける各タイプであることに対する事後確率．ゲームの勝者になる数値には垂直の線分が引かれている．

の場合と同様に，この事後確率を被験者の選んだ数値に対してプロットしてみよう．点線はレベル0であることに対する事後確率である．やはり，レベル0である確率は，約40以上の数値を選んだ被験者すべてについて，1に近くなっている．20と40の間の数値を選んだ被験者については，レベル0である確率は非常に低く，レベル1-4のどれか，またはそのいくつかの組み合わせである確率が高い．0に近い数値を選んだ被験者は，やはりここでも「素朴なナッシュ均衡」タイプと分類されている．約10の数値を選んだ被験者については，先に提示した問題がある．つまり，この範囲に入る数値は，被験者がレベル0であると分類することによってしか説明できないということである（この範囲においては，点線が非常に高い割合を占めている）．約10の数値がしばしば，ゲームの勝者になる可能性が高いという意味で，良い選択になるので，このことは明らかに問題である．先に述べたように，このことは単に，CHモデルに関するもっと洗練された特定化が必要であるということを意味する．

17.4 まとめと読書案内

　プレーヤーの意思決定はその最適反応の周囲にランダムに分布していると仮定するという，有限混合モデルを構成するために本章で取り上げたアプローチは，Bosch-Domènech et al.（2010）や Runco（2013）によって採用されたアプローチと非常に類似している．文献においては，この問題について，他では異なるアプローチが採用されているということに触れておかなければならない．例えば，Stahl and Wilson（1995）は，最善の選択が常になされ，選ばれた数値の変動は，低い推論レベルのプレーヤーに関する予測における変動によって説明されるものと仮定している．

　推論レベルのモデルは，他のタイプのゲームにも適用されている．例えば，Crawford and Iriberri（2007）はこうしたモデルを「かくれんぼ」ゲームに適用している．

問題

　美人投票ゲームが同じグループのプレーヤーによって，各ラウンドの終わりに（勝者となった数値がどれかに関して）フィードバックがなされる形で，繰り返しプレーされる状況を考えてみよう．ラウンドの経過に伴って，選ばれる数値の分布はどのようになると予想されるだろうか？　このプロセスをモデル化するにあたって，どのような種類のアプローチを採用すべきだろうか？　これらの問いに答えるためには，Stahl（1996）を参照するのが有益かもしれない．

第18章　学習モデル

18.1　はじめに

　直前の2章では，被験者間で相互作用のあるゲームから得られたデータの
モデル化を取り扱った．特に，均衡からの乖離をどのように取り入れるかに着
目した．時間を通じて戦略を変更する余地がないという意味で，考察されたモ
デルは静学モデルだった．本章では，時間を通じて戦略が変化する可能性を許
容する．明らかに興味のある状況の1つは，ゲームの初期ラウンドにおいて
プレーヤーの意思決定は均衡から大きく離れているが，実験が進むにつれてプ
レーヤーの行動が適応または進化し，均衡に部分的にあるいはほとんど完全に
近づいていく，というものである．均衡に向かうこの進化を引き起こすプロセ
スは学習プロセスである．

　学習は，観察された，経験に伴う行動上の変化として定義される．これまで
の章で，学習プロセスはすでにモデル化されている．例えば，第4章のオーク
ション・モデルでは，［こなした］課題の数に基づいて，実験中に均衡（そ
れはナッシュ均衡かもしれないし，そうではないかもしれない）に収束するこ
とが可能な変数が含まれていた．同様に，8.5節の公共財供給モデルでは，課
題の数が公共財への投資に対して有意に負の効果をもたらすことが見出され
ていた．これは，被験者がゲームに関して学習をしていた，あるいは，より具
体的には，ナッシュ均衡をどのようにプレーするかを学習していたと解釈でき
る．そのモデルでは，課題の数を再びもちいることで，集中力の欠如を表現す
る摂動パラメータが，実験が進むにつれて顕著に減少することも見出された．
第13章のリスクに関するモデルでも，摂動パラメータの減少が観察されてい

た.

　上記のような文脈において，このように経験の効果をモデル化することは適切であるように思える．個人的意思決定の文脈では，課題の数が行動に及ぼす効果を分析することは，疑いもなく最も自然な方法である．被験者間に相互作用がある文脈では，学習が，他のプレーヤーの行動や過去の課題での結果についてよりむしろ，まず何よりも課題に関してなされると信じる理由があるならば，学習を課題の数に依存するものと考えることは適切である．

　しかしながら，被験者が相互作用する文脈の中においては，例えば，固定された対戦相手と繰り返しゲームをプレーする状況では，他のプレーヤーの行動に関する学習は，意思決定を牽引する重要な役割を果たす．各ラウンドで被験者は，対戦相手が選んだ戦略と，自分と相手の得た利得という意味での結果の両方を観察できるだろう．したがって，被験者は，対戦相手の行動について直接に学習するとともに，自分自身にとって最も利益となる戦略がどのようなタイプなのかについても学習することになる．他のプレーヤーについて学習するプロセスは，他のプレーヤーも経験を積むことでその行動を変化させるという事実のために複雑なものとなる．それゆえ，学習に関する包括的なモデルは，プレーヤー自身が過去に得た利得の効果とともに，他のプレーヤーによる過去の選択の効果をも取り入れるべきである．

　最初に検討する学習モデルは，方向修正学習（DL）である．このモデルは，過去のプレーの結果によって決定された方向に，プレーヤーが戦略を調整するという考え方に基づいている．2つ目に検討するモデルは，強化学習（RL）である．このモデルでは，プレーヤーは，過去のプレーで得られた利得に応じて選択確率を変更することになる．3つ目のモデルは，信念学習（BL）である．このモデルでは，プレーヤーは，実際に獲得した利得に応じてだけでなく，選択可能な戦略のそれぞれを選ぶことで獲得したであろう利得に応じても選択確率を変更することになる．

　最後に検討する学習モデルは，Camerer and Ho (1999) の経験重み付け誘因学習（EWA）モデルである．EWA は RL と BL をそれぞれ特殊なケースとして包含した学習モデルである．

　本書の主要な目的に沿って，これからの記述は，STATA をもちいてこれらのモデルそれぞれをどのようにして推定するかに重点を置くことにする．

18.2 方向修正学習（DL）

方向修正学習（DL）理論は Selten and Stoecker（1986）が初めて提唱したもので，学習理論を学び始めるのにうってつけの理論である．というのは，これは相対的に単純で，非常に直観的だからである．この理論の土台となる主要概念は，被験者は過去のラウンドにおける結果に応じて毎期自分の行動を調整するというものである．以下では，Selten and Stoecker（1986）が実施した実験を例にもちいて説明する．

彼らの実験では有名な囚人のジレンマ（PD）ゲームが繰り返しプレーされた．PD には明確なゲーム理論的な解が存在し，それは非協力的な行動を予想している，ということがよく知られている．このゲームが有限回繰り返されると（これは，スーパー・ゲームと呼ばれる），毎ラウンドにおいて非協力的行動がとられるという形にゲーム理論の予想が展開される．しかしながら，実験での行動はこの理論的予想とは一致しない．ほとんどの被験者は，少なくともスーパー・ゲームの一部では協力行動を選ぶことが観察される．典型的なパターンでは，スーパー・ゲームが終了する少し前まで，暗黙の協力として記述するのが最も適切な状態が続き，残りのラウンドでは非協力的行動が観察される．

Selten and Stoecker（1986）の分析の焦点は，「終了効果」が発生するタイミングにある．それは，2 人のプレーヤーのうち 1 人が協力行動からの逸脱を決定するラウンドである．明らかに，最初に逸脱するプレーヤーが相手に対して利得上の優位性を獲得する．しかしながら，最初に逸脱するプレーヤーはもっと後でそうすることで，合計利得をより大きくできると感じるかもしれない．というのは，仮に相手が逸脱するとしても，それがこの後のどのラウンドなのかはわからないからだ．同様に，最初に逸脱しないプレーヤーは，自分の利得上の優位性を獲得しようと思うなら，自分が逸脱しようと思っていたラウンドよりも前にそうする必要があることを明確に理解することだろう．もし 2 人のプレーヤーがたまたま同じラウンドで逸脱する場合には，各々のプレーヤーはもう 1 ラウンド前に逸脱しなかったことを後悔するだろう．そうすることで，利得上の優位性を獲得できたからである．

こうした応答［の妥当性］について検証するためには，被験者が一連のスー

パー・ゲームを毎回異なる相手とどのようにプレーするかを観察する必要がある．仮説とされる応答は，過去のスーパー・ゲームの結果に基づいて，各被験者が各スーパー・ゲームにおいてどのラウンドで逸脱するつもりなのか，その依存関係を測定することによって検証されるだろう．この依存関係こそが学習プロセスを捉えているのである．これが方向修正学習である．決定変数（どのラウンドで逸脱するつもりなのか）は，過去のスーパー・ゲームの結果によって決定される方向に向かって変化するからである．

　重要なのは，この分析における観察単位がスーパー・ゲームであって，個々のPDゲームではない点である．分析における従属変数は，目下のスーパー・ゲームにおいて個々の被験者が逸脱するのはどのラウンドなのかである．

　Selten and Stoecker（1986）のデータ（彼らの論文の表B1から直接抽出可能）は seltenstoecker というファイルに収められている．35人の被験者が25のスーパー・ゲームに参加した．個々のスーパー・ゲームは，プレーヤーの組が固定された状態でプレーされる10個の因人のジレンマ（PD）ゲームから構成されている．スーパー・ゲームとスーパー・ゲームとの間では，プレーヤーたちの組がランダムに組み替えられる．図18.1にデータセットの一部が示されている．iは被験者，tはラウンドに関する添え字を意味している．データセットの中の欠損値は，標準的なパターンに従わない（すなわち，協力的な結果が継続されるような系列を1つも含まない）スーパー・ゲームが生みだしたものである．self という変数は，被験者が逸脱を意図したラウンドを表している．通常の状況下では，これは1から10の間の値である（10は各スーパー・ゲームにおけるプレー回数）．self=11 であるのは，被験者iが逸脱を意図したラウンドは不明だが，相手のそれよりも後であることがわかっていることを意味する．self=12 であるのは，被験者iが逸脱する意図を持たない，すなわち，スーパー・ゲームを通じて協力することを望んでいたことを意味する．変数 other は，相手が逸脱を意図したラウンドを意味し，self と同様に定義される．

　変数 self と other とから before，same，および after という3つの二値変数を生成することは容易である．これらの変数はそれぞれ順に，被験者iが相手よりも前，同じ，あるいは後のラウンドに逸脱したかどうかを意味している．

　Selten and Stoecker（1986）は，逸脱を意図するラウンドの変化が過去のラ

	i	t	self	other	before	same	after
376	16	1	.	.	.	.	.
377	16	2	.	.	.	.	.
378	16	3	.	.	.	.	.
379	16	4	9	11	1	0	0
380	16	5	9	7	0	0	1
381	16	6	.	.	.	.	.
382	16	7	9	7	0	0	1
383	16	8	8	8	0	1	0
384	16	9	8	11	1	0	0
385	16	10	8	6	0	0	1
386	16	11	.	.	.	.	.
387	16	12	8	6	0	0	1
388	16	13	8	6	0	0	1
389	16	14	5	11	1	0	0
390	16	15	6	11	1	0	0
391	16	16	7	11	1	0	0
392	16	17	8	7	0	0	1
393	16	18	7	6	0	0	1
394	16	19	7	7	0	1	0
395	16	20	8	6	0	0	1
396	16	21	7	7	0	1	0
397	16	22	6	6	0	1	0
398	16	23	6	6	0	1	0
399	16	24	5	11	1	0	0
400	16	25	6	6	0	1	0

注：self と other は逸脱を意図的するラウンドで，通常は 1 と 10 の間の値を取
る．これらの値が 11 の場合は，逸脱を意図するラウンドは不明だが，相手のそれ
よりも後であることを意味している．これらの値が 12 の場合は，逸脱する意図が
ないことを意味する．

図 18.1　Selten and Stoecker（1986）から採ったデータの一部

ウンドにおける経験に依存した遷移確率によって決定されるという要因を加
味したマルコフ学習モデルをもちいてこのデータをモデル化している．ここで
は，より直接的な方法を採用して学習プロセスを表現する．つまり，単純に，
逸脱を意図するラウンドの変化を従属変数，過去のラウンドにおける結果を表
現する変数を説明変数とする線形回帰を実施するのである．従属変数が逸脱を
意図するラウンドの変化なので，差分をとることにより，逸脱を意図するラウ
ンド自体にあるどんな個人固有の要因も消去される．したがって，このモデル
に OLS 回帰を利用することは妥当なことなのである．

566   第18章 学習モデル

　この回帰を実行するには「difference」と「lag」コマンドを使用する必
要があり，そのためには，最初に xtset コマンドをもちいてデータがパネル
データであることを宣言する必要がある．これら2つのコマンドを同時にも
ちいて分析した結果が以下である．

```
. xtset i t
      panel variable:  i (strongly balanced)
       time variable:  t, 1 to 25
              delta:  1 unit

.
. regress d.self l.before l.same l.after, nocon

      Source |       SS           df       MS      Number of obs   =        528
-------------+------------------------------      F(3, 525)       =      29.36
       Model |  93.535929          3   31.178643   Prob > F        =     0.0000
    Residual |  557.464071       525   1.06183633   R-squared       =     0.1437
-------------+------------------------------      Adj R-squared   =     0.1388
       Total |        651        528  1.23295455   Root MSE        =     1.0305

------------------------------------------------------------------------------
      D.self |      Coef.   Std. Err.      t    P>|t|     [95% Conf. Interval]
-------------+----------------------------------------------------------------
      before |
         L1. |   .3645833   .0743666     4.90   0.000     .2184906    .5106761
             |
        same |
         L1. |  -.1626506   .0799788    -2.03   0.042    -.3197683   -.0055329
             |
       after |
         L1. |  -.6117647   .0790322    -7.74   0.000     -.767023   -.4565064
------------------------------------------------------------------------------
```

　「nocon」オプションは，定数項がない状態で実行された回帰分析の結果を
示す．この結果は，3つの係数に明確な解釈を与えるものとなる．これら3つ
の係数はすべて0とは有意に異なる．最も数値の大きい係数は「after」に
関するラグである．これは，プレーヤーが逸脱を意図するラウンドが相手の
それよりも後ならば，続くスーパー・ゲームでは，プレーヤーは自身が逸脱
を意図するラウンドを平均0.61ラウンド前に調整することを意味している．
「before」の係数は逆の符号を持っており，数値的にもより小さい．つまり，
これは，プレーヤーが相手よりも前に逸脱するならば，続くスーパー・ゲーム
では，プレーヤーは自身が逸脱を意図するラウンドを平均0.36ラウンド後に
することを示している．最後に，プレーヤーが逸脱を意図するラウンドが対
戦相手のそれと同じならば，続くスーパー・ゲームでは，プレーヤーは自身が

18.4 RL, BL および EWA でもちいられる表記法について　　　567

逸脱を意図するラウンドを平均 0.16 ラウンド前にするが，予想されるように，この効果は 3 つの変数の効果の中で最も値が小さい．

　これらの結果すべては，DL 理論が示すことと一致している．すなわち，プレーヤーは自分自身の行動を過去のスーパー・ゲームにおける結果に応じて調整しており，こうした調整はすべて期待されている方向に向かっている，ということについて強力な証拠が存在するということである．

18.3　RL, BL, EWA の推定にもちいるデータについて

　RL, BL, EWA という 3 つの学習モデルを適用するために，第 16 章でもちいられたゲーム，すなわち追跡者・逃亡者ゲームを再びもちいてみよう．その利得表は以下のようなものだったことを思い出してほしい．

		逃亡者	
		左	右
追跡者	左	1, −1	0, 0
	右	0, 0	2, −2

　第 16 章におけるのと同じように，各プレーヤーの選択を二値変数で表現する．

　シミュレートされたデータセット **pursue_evade_sim** をもちいて，3 つの学習モデルすべての推定法について例示する．このデータセットには，被験者 100 組につき，それぞれ 50 ラウンド分の観察データが含まれている．このデータセットを生成するためにもちいられたシミュレーション手続きは，本章の後の方で述べることにする．

　以下，本章の残りの部分での分析のすべてにおいて，プレーヤー 1 は「追跡者」，プレーヤー 2 は「逃亡者」である．また，2 人のプレーヤーの選択（y_1 および y_2）を意味する二値変数は，左が選ばれたときには 0，右が選ばれたときに 1 となっている．

18.4　RL, BL および EWA でもちいられる表記法について

　本節では，RL, BL, EWA という 3 つの学習モデルに共通している表記法

を説明する.

ゲームの設定を特定化するためには, Camerer and Ho (1999) の表記法をもちいる. 2 人のプレーヤーは i によって番号付けられる ($i = 1, 2$). ゲームは数ラウンドにわたって繰り返され, ラウンド番号は t で示される ($t = 1, \ldots, T$). 例示のためにもちいるゲームでは, 各プレーヤーはそれぞれ 2 つの戦略 s_i^0 および s_i^1 を選択できる. 上付添え字のゼロは「左」, 1 は「右」を意味する. $s_i(t)$ をプレーヤー i がラウンド t において選択した戦略, $s_{-i}(t)$ を他のプレーヤーが選択した戦略とする. ラウンド t におけるプレーヤー i の利得は, スカラー値の関数 $\pi_i(s_i(t), s_{-i}(t))$ によって与えられる.

3 つの学習モデルすべてにおける重要な特徴は, 「誘因」として知られる, 毎ラウンド更新される変数の集合にある. $A_i^j(t)$, $j = 0, 1$ はプレーヤー i の戦略 j に対するラウンド t における誘因である. 3 つのモデルは, 毎ラウンドにおける誘因の更新方法が異なっている.

プレーヤーは, ゲームが始まる前にそのゲームに関連した経験を持っている可能性があり, この経験は「初期誘因」として知られる事前の値 $A_i^j(0)$ によって表現され, これは推定されるべきパラメータである. その識別を行うためには, 各プレーヤーについて初期誘因の 1 つを 0 に正規化する必要がある.

各ラウンドにおける選択確率は, 直前のラウンドにおける誘因によって決定される. Camerer and Ho (1999) に従い, これらの確率を得るためにロジット変換をもちいる.

$$P_i^j(t) = \frac{\exp(\lambda A_i^j(t-1))}{\exp(\lambda A_i^1(t-1)) + \exp(\lambda A_i^0(t-1))}$$
$$i = 1, 2; \quad j = 0, 1. \quad t = 1, \ldots, T \tag{18.1}$$

確率を決定する (18.1) 式は, (例えば) 戦略 0 を選ぶ確率は戦略 0 の誘因に対して単調に増加し, 戦略 1 の誘因によって単調に減少する, という基本的な要請を満足していることに注意してほしい. パラメータ λ は誘因に対する感応性を表現している. $\lambda = 0$ ならば, 誘因は戦略選択とは無関係となる. λ が大きくなれば, 誘因が重要になってくる.

すでに述べたように, RL, BL, EWA という 3 つのモデルは, 誘因が毎ラウンド更新される方法が異なっている. 次に, これらの 3 つのモデルを順番に検討し, その推定方法を示していく.

18.5 強化学習（RL）

強化学習（RL, Erev and Roth, 1998）は，プレーヤーが過去のラウンドに受け取った利得に応じて戦略を修正するという考えに基づいた学習理論である．
各誘因変数を更新するルールは以下の通りである．

$$A_i^j(t) = \phi A_i^j(t-1) + I(s_i(t) = s_i^j)\pi_i(s_i^j, s_{-i}(t)).$$
$$i = 1, 2; \quad j = 0, 1. \quad t = 1, \ldots, T \tag{18.2}$$

ここで，$I(.)$ は，いつものように指示関数であり，括弧内の条件が真ならば1，そうでないなら0という値をとる．(18.2) 式において真に重要な特徴は，右辺第2項の指示関数からもわかる通り，プレーヤーにとって，ある戦略に対する誘因が増加するのは，その戦略が選ばれた場合にのみであるという点と，誘因は，選ばれたその戦略から受け取った利得の大きさ分だけ増加するという点である．

(18.2) 式の右辺第1項にあるパラメータ ϕ は，「直近性」パラメータとして知られているもので，過去の利得が忘却されるスピードを示すものである．つまり，$\phi = 0$ ならば直近の利得のみが考慮されるが，$\phi = 1$ ならば目下の意思決定において過去すべての利得が同じ重みを持つことを意味する．

前節で述べたように，プレーヤーはゲームが始まる前に，そのゲームに関連した経験を持っている可能性があり，この経験は「初期誘因」として知られる事前の値 $A_i^j(0)$ によって表現されており，それは推定されるべきパラメータである．それを識別するために，$A_1^1(0)$ と $A_2^1(0)$ は0に正規化される．他の2つの初期誘因 $A_1^0(0)$ と $A_2^0(0)$ は自由パラメータである．

選択確率は，先の (18.1) 式をもちいて得られる．(18.1) 式には「感応性パラメータ」λ があることに注意してほしい．要するに，全体として，RL には推定すべきパラメータが4つあることになる．$\phi, A_1^0(0), A_2^0(0), \lambda$ の4つである．次節では，これら4つのパラメータを推定するためにもちいられるSTATA のプログラムを提示し，また，シミュレートされたデータにプログラムを適用することで得られる結果をも示すことにする．

570　　　　　　　　　　第18章　学習モデル

18.5.1　強化学習に関するプログラムと推定結果

以下は，強化学習モデルを推定するためにもちいられる（注釈付きの）プログラムである．

```
* LIKELIHOOD EVALUATION PROGRAM STARTS HERE

program define reinforcement

* SPECIFY ARGUMENTS: NAMES OF MAXIMAND AND 4 PARAMETERS

args logl phi lam A10_start A20_start

quietly{

* INITIALISE ATTRACTION VARIABLES FOR CURRENT LIKELIHOOD EVALUATION:

replace A10=.
replace A11=.
replace A20=.
replace A21=.

* UPDATE ATTRACTIONS BY ADDING PAY-OFFS FROM CHOSEN STRATEGIES
* Aij IS PLAYER i's ATTRACTION TO STRATEGY j,
* UPDATED BY ACTUAL PAYOFF IN CURRENT PERIOD,
* FIRST GENERATE VALUES OF ATTRACTION VARIABLES IN PERIOD 1
* (USING INITIAL ATTRACTIONS)
* THEN GENERATE VALUES OF ATTRACTION VARIABLES IN SUBSEQUENT PERIODS

by i: replace A10='phi'*'A10_start'+wx10 if _n==1
by i: replace A11='phi'*0+wx11 if _n==1
by i: replace A20='phi'*'A20_start'+wx20 if _n==1
by i: replace A21='phi'*0+wx21 if _n==1

by i: replace A11='phi'*A11[_n-1]+wx11 if A11==.
by i: replace A10='phi'*A10[_n-1]+wx10 if A10==.
by i: replace A21='phi'*A21[_n-1]+wx21 if A21==.
by i: replace A20='phi'*A20[_n-1]+wx20 if A20==.

* GENERATE PROBABILITY OF PLAYER i CHOOSING STRATEGY j (pij)
* USING _PREVIOUS_ PERIOD'S ATTRACTIONS

replace p11=.
replace p21=.

by i: replace p11=exp('lam'*0)/(exp('lam'*0)+exp('lam'*'A10_start')) if _n==1
by i: replace p21=exp('lam'*0)/(exp('lam'*0)+exp('lam'*'A20_start')) if _n==1

by i: replace p11=exp('lam'*A11[_n-1])/(exp('lam'*A11[_n-1]) ///
+exp('lam'*A10[_n-1])) if p11==.
by i: replace p21=exp('lam'*A21[_n-1])/(exp('lam'*A21[_n-1]) ///
+exp('lam'*A20[_n-1])) if p21==.

* GENERATE LOG-LIKELIHOOD CONTRIBUTION AS THE PRODUCT OF THE PROBABILITIES
```

18.5 強化学習（RL）   571

```
* OF THE CHOICES OF THE TWO PLAYERS

quietly replace 'logl'=ln((p11*y1+(1-p11)*(1-y1))*(p21*y2+(1-p21)*(1-y2)))
}
end

* LIKELIHOOD EVALUATION PROGRAM ENDS HERE

* READ DATA

use "pursue_evade_sim.dta", clear

* GENERATE AMOUNT EACH PLAYER _WOULD_ RECEIVE BY PLAYING EACH STRATEGY,
* _GIVEN_ THE STRATEGY CHOSEN BY THE OTHER PLAYER
* x_ij IS PAYOFF PLAYER i (i=1,2) WOULD RECEIVE BY PLAYING STRATEGY j
* j=0,1; 0=LEFT; 1=RIGHT).

gen int x11= 2*(y2==1)+0*(y2==0)
gen int x10= 0*(y2==1)+1*(y2==0)

gen int x21= (-2)*(y1==1)+0*(y1==0)
gen int x20= 0*(y1==1)+(-1)*(y1==0)

* GENERATE AMOUNT EACH PLAYER RECIEVES BY PLAYING THE STRATEGY THEY CHOOSE;
* ZERO FOR THE UNCHOSEN STRATEGY
* wx_ij IS AMOUNT RECEIEVED BY i CHOOSING j. wx_ij = 0 IF j NOT CHOSEN.

gen int wx11= (y1)*x11
gen int wx10= (1-y1)*x10

gen int wx21= (y2)*x21
gen int wx20= (1-y2)*x20

* INITIALISE ATTRACTION VARIABLES, AND CHOICE PROBABILITY VARIABLES

gen double A10=.
gen double A11=.
gen double A20=.
gen double A21=.

gen double p11=.
gen double p21=.

* SET STARTING VALUES:

mat start=( 0.95,0.20,0.0,0.0)

*RUN ML

ml model lf reinforcement /phi /lam /A10_start /A20_start
ml init start, copy

ml max, trace search(norescale)
```

上記のプログラムを実行した結果は以下の通りである.

```
                                    Number of obs   =       5000
                                    Wald chi2(0)    =          .
Log likelihood = -6863.0929         Prob > chi2     =          .

------------------------------------------------------------------------------
             |      Coef.    Std. Err.      z     P>|z|     [95% Conf. Interval]
-------------+----------------------------------------------------------------
phi          |
       _cons |   .7676348    .0845556     9.08   0.000     .601909    .9333607
-------------+----------------------------------------------------------------
lam          |
       _cons |   .1095563    .0156976     6.98   0.000    .0787895    .1403231
-------------+----------------------------------------------------------------
A10_start    |
       _cons |   1.389702    1.457448     0.95   0.340   -1.466843    4.246247
-------------+----------------------------------------------------------------
A20_start    |
       _cons |  -8.310659    2.286308    -3.63   0.000   -12.79174   -3.829578
------------------------------------------------------------------------------
```

直近性パラメータ ϕ は 1 からかけ離れた値に推定されている. これは過去の利得がかなり早く忘却されることを意味する. 感応性パラメータ λ は予想通り正の値で, 極めて有意である. これはプレーヤーが実際に誘因から影響を受けていることを示している. 2 つの初期誘因 $A_1^0(0)$ と $A_2^0(0)$ の推定値は, それぞれ正および負となっている. これは, 追跡者が「左」を選ぶ選好を持って学習を始める一方, 逃避者は「右」を選ぶ選好を持って学習を始めることを示唆している. なお, 後者のみが 0 と有意に異なっている.

18.6 信念学習 (BL)

「重み付き仮想プレー学習」としても知られる信念学習 (BL) は, プレーヤーが選択可能な選択肢それぞれを選んだ場合に獲得したであろう利得に応じて戦略を修正するという考えに基づいた学習理論である. どの利得が実際に実現されるのかは, 問題にならない.

RL と同様に, BL の重要な特徴は「誘因」の概念にある. しかしながら, 誘因が更新される方法は異なっている.

非常に単純な BL から始めて, それからそれを段階的に一般化するのが有益である. プレーヤーが直前のピリオドで観察された (対戦相手の) 行動に対し

18.6 信念学習（BL）

て最適反応を選ぶと仮定するモデルから始めてみよう.

$$A_i^j(t) = A_i^j(t-1) + \pi_i(s_i^j, s_{-i}(t)) \quad j = 0,1 \quad t = 1,\ldots,T \qquad (18.3)$$

(18.3) 式によれば，次のラウンド t におけるプレーヤー i の戦略 j への誘因は単純に，他のプレーヤーが選んだ戦略 $s_{-i}(t)$ に対して，実際に獲得されたか，獲得できたであろう利得に応じて増加する.

(18.3) 式のモデルは「クールノー学習モデル」と呼ばれることがある．このモデルにはわずかな自由パラメータしかない．つまり，初期誘因 $A_1^0(0)$ と $A_2^0(0)$（残り 2 つの初期誘因 $A_1^1(0)$ と $A_2^1(0)$ は強化学習の場合と同じく 0 に正規化される）および (18.1) 式の確率式に登場する感応性パラメータ λ の 3 つである.

直前のラウンドにおける他のプレーヤーの行動以外にもプレーヤーが考慮に入れるべき事柄があるというのは，もちろんありうることである．そこで次に，プレーヤーが，過去のラウンドの各々に対して同じ重要性を付与して，過去すべてのラウンドにおける他のプレーヤーの行動に基づいて，他のプレーヤーの行動に関する予想を形成すると仮定するモデルを考えてみよう．これは「仮想プレー・モデル」として知られているものである．初期誘因を 0 と仮定すると，モデルは以下のように表現できる．最初の 3 ラウンドにおける誘因は以下のようになる.

$$A_i^j(1) = \pi_i(s_i^j, s_{-i}(1)) \quad j = 0,1$$

$$A_i^j(2) = \frac{\pi_i(s_i^j, s_{-i}(1)) + \pi_i(s_i^j, s_{-i}(2))}{2} \quad j = 0,1$$

$$A_i^j(3) = \frac{\pi_i(s_i^j, s_{-i}(1)) + \pi_i(s_i^j, s_{-i}(2)) + \pi_i(s_i^j, s_{-i}(3))}{3} \quad j = 0,1$$

$$\vdots \qquad\qquad (18.4)$$

(18.4) 式によれば，戦略 j に対する誘因は単純に，各ラウンドにおける他のプレーヤーの観察された行動を所与として，現在までのすべてのラウンドにおいて戦略 j を選ぶことで得られたであろう利得の平均になっている.

(18.4) 式を表現する別の方法は，以下のように，「経験」変数 $N(t)$ の導入するものである.

$$N(0) = 0$$

$$N(t) = N(t-1) + 1 \quad t = 1, \ldots, T$$

$$A_i^j(0) = 0 \quad j = 0, 1$$

$$A_i^j(t) = \frac{N(t-1)A_i^j(t-1) + \pi_i(s_i^j, s_{-i}(t))}{(N(t))} \quad j = 0, 1 \quad t = 1, \ldots, T \quad (18.5)$$

(18.5) 式において，経験変数 $N(t)$ とは単にラウンド数 t のことである．しかしながら，経験変数は，モデルを次に一般化する際に一層重要なものとなる．それは「重み付け仮想プレー・モデル」というものである．ここでは，他のプレーヤーの行動に関する予想を形成する際に，過去のラウンドのうち近い方の経験が，より遠い過去の経験よりも大きい重みを持つものと仮定される．このために，RL の場合と同様に，「直近性パラメータ」 ϕ $(0 \leq \phi \leq 1)$ を導入する．t ピリオド前の観察結果には $\phi^{(t-1)}$ の重みが与えられる．(18.4) 式に ϕ を導入すると，次の式が得られる．

$$A_i^j(1) = \pi_i(s_i^j, s_{-i}(1)) \quad j = 0, 1$$

$$A_i^j(2) = \frac{\phi\pi_i(s_i^j, s_{-i}(1)) + \pi_i(s_i^j, s_{-i}(2))}{\phi + 1} \quad j = 0, 1$$

$$A_i^j(2) = \frac{\phi^2\pi_i(s_i^j, s_{-i}(1)) + \phi\pi_i(s_i^j, s_{-i}(2)) + \pi_i(s_i^j, s_{-i}(3))}{\phi^2 + \phi + 1} \quad j = 0, 1$$

$$\vdots \quad\quad\quad\quad\quad\quad\quad\quad\quad\quad\quad (18.6)$$

(18.6) 式では，誘因が現在と過去の（仮想的な）利得の重み付け平均であることが明らかである．また，(18.5) 式にも ϕ を導入することができて，その場合，以下のようになる．

$$N(0) = 0$$

$$N(t) = \phi N(t-1) + 1 \quad t = 1, \ldots, T$$

$$A_i^j(0) = 0 \quad j = 0, 1$$

$$A_i^j(t) = \frac{\phi N(t-1)A_i^j(t-1) + \pi_i(s_i^j, s_{-i}(t))}{N(t)} \quad j = 0, 1 \quad t = 1, \ldots, T \quad (18.7)$$

(18.7) 式が (18.6) 式が同値であることは容易に確認できる．(18.7) 式は，誘因が次のラウンドでどのように更新されるかを示しているので有益である．

変数 $N(t)$ の更新ルールは (18.7) 式の 2 行目に与えられているが，この変数は，「等価な観測値」によって測定された，ラウンド t までに蓄積された過去の経験の量の測度になっている．

説明の簡単化のために，これまでは初期誘因 $A_i^j(0)$, $j = 1, 2$ および初期経験 $N(0)$ はすべて 0 と仮定してきた．実際には，これらを自由パラメータにすることが可能である．したがって，以下で推定する信念学習（BL）モデルは，$A_1^0(0)$, $A_2^0(0)$ および $N(0)$ がすべて自由パラメータ（他の 2 つの初期誘因 $A_1^1(0)$ と $A_2^1(0)$ は 0 に正規化される）であるような，(18.7) 式の重み付け仮想プレー・モデルとなる．

RL と同様に，直近性パラメータ ϕ は重要なパラメータである．$\phi = 1$ の場合，重み付け仮想プレー・モデルは (18.5) 式の標準的な仮想プレー・モデルになる．なぜなら，この場合，過去の観察結果は割引されないからである．$\phi = 0$ の場合は (18.3) 式のクールノー学習モデルになる．

BL モデルの自由パラメータを完全にリストアップすると，$\phi, A_1^0(0), A_2^0(0),$ $N(0), \lambda$ となる．次節では，これらのパラメータを推定する STATA のプログラムを提示し，推定結果を示す．

18.6.1 信念学習のプログラムと結果

(18.7) 式の信念学習モデルを推定するための STATA の（注釈付きの）プログラムは以下のようになる．

```
* LIKELIHOOD EVALUATION PROGRAM STARTS HERE

program define belief
args logl phi lam A10_start A20_start N_start

quietly{

replace A10=.
replace A11=.
replace A20=.
replace A21=.

replace N=.

by i: replace N='phi'*'N_start'+1 if _n==1
by i: replace N='phi'*N[_n-1]+1 if N==.

by i: replace A10=('phi'*'N_start'*'A10_start'+x10)/N if _n==1
```

576　　　　　　　　　第18章　学習モデル

```
by i: replace A11=('phi'*'N_start'*0+x11)/N if _n==1
by i: replace A20=('phi'*'N_start'*'A20_start'+x20)/N if _n==1
by i: replace A21=('phi'*'N_start'*0+x21)/N if _n==1

* Aij is the attraction, updated by payoff (either actual or hypothetical) in t,
* to be used to determine choice probs in t+1

by i: replace A11=('phi'*N[_n-1]*A11[_n-1]+x11)/N if A11==.
by i: replace A10=('phi'*N[_n-1]*A10[_n-1]+x10)/N if A10==.
by i: replace A21=('phi'*N[_n-1]*A21[_n-1]+x21)/N if A21==.
by i: replace A20=('phi'*N[_n-1]*A20[_n-1]+x20)/N if A20==.

*pij are the probabilities player i choosing strategy j

replace p11=.
replace p21=.

by i: replace p11=exp('lam'*0)/(exp('lam'*0)+exp('lam'*'A10_start')) if _n==1
by i: replace p21=exp('lam'*0)/(exp('lam'*0)+exp('lam'*'A20_start')) if _n==1

by i: replace p11=exp('lam'*A11[_n-1])/(exp('lam'*A11[_n-1]) ///
+exp('lam'*A10[_n-1])) if p11==.
by i: replace p21=exp('lam'*A21[_n-1])/(exp('lam'*A21[_n-1]) ///
+exp('lam'*A20[_n-1])) if p21==.

replace 'logl'=ln((p11*y1+(1-p11)*(1-y1))*(p21*y2+(1-p21)*(1-y2)))
}

end

* LIKELIHOOD EVALUATION PROGRAM ENDS HERE

* READ DATA

use "pursue_evade_sim.dta", clear

* GENERATE AMOUNT EACH PLAYER _WOULD_ RECEIVE BY PLAYING EACH STRATEGY,
* _GIVEN_ THE STRATEGY CHOSEN BY THE OTHER PLAYER
* x_ij IS PAYOFF PLAYER i (i=1,2) RECEIVES BY PLAYING STRATEGY j
* (j=0,1; 0=LEFT; 1=RIGHT).

gen int x11= 2*(y2==1)+0*(y2==0)
gen int x10= 0*(y2==1)+1*(y2==0)
gen int x21= (-2)*(y1==1)+0*(y1==0)
gen int x20= 0*(y1==1)+(-1)*(y1==0)

* INITIALISE OTHER VARIABLES

gen double A10=.
gen double A11=.
gen double A20=.
gen double A21=.

gen double N=.
```

```
gen double wx11=.
gen double wx10=.
gen double wx21=.
gen double wx20=.

gen double p11=.
gen double p21=.

* STARTING VALUES:

mat start=( 0.95,0.20,0.0,0.0,1.0)

*RUNNING ML

ml model lf belief /phi /lambda /A10_start /A20_start /N_start
ml init start, copy
ml max, trace search(norescale)
```

先ほどのプログラムを実行した結果は以下のようになる.

```
                                    Number of obs    =      5,000
                                    Wald chi2(0)     =          .
Log likelihood = -6808.3011         Prob > chi2      =          .

-------------------------------------------------------------------------
             |     Coef.   Std. Err.      z    P>|z|    [95% Conf. Interval]
-------------+-----------------------------------------------------------
phi          |
       _cons |  .9531451   .0188062    50.68   0.000    .9162856   .9900046
-------------+-----------------------------------------------------------
lambda       |
       _cons |   .424634   .0355367    11.95   0.000    .3549833   .4942846
-------------+-----------------------------------------------------------
A10_start    |
       _cons |  1.684257   .4686631     3.59   0.000    .7656939   2.602819
-------------+-----------------------------------------------------------
A20_start    |
       _cons | -4.255275   .7702032    -5.52   0.000   -5.764845  -2.745704
-------------+-----------------------------------------------------------
N_start      |
       _cons |  .4723948   .1498293     3.15   0.002    .1787348   .7660549
-------------------------------------------------------------------------
```

最初に, ϕ の推定値は明らかに 0 よりも大きく, (18.3) 式のクールノー学習モデルを強く棄却している. ϕ の推定値は 1 にかなり近く, 過去の経験がほとんど割引されないことを意味している. しかしながら, ϕ に対する 95% 信頼区間には 1 が含まれないので, (18.5) 式の「標準的な仮想プレー・モデル」は受け入れられない. λ の推定値はやはり正で有意であり, また RL モデルでの λ の推定値よりも数値的にはずっと大きいが, これは単純に, 2 つのモデルで

異なるスケールを持つ誘因変数が使用されている結果である. 初期誘因 $A_1^0(0)$ と $A_2^0(0)$ の推定値はそれぞれ正と負で, 今回は両方共に有意である. このモデルは, 追跡者が「左」を選ぶという明確な選好を持って学習を始め, 逃亡者は「右」を選ぶという明確な選好を持って学習を始める, ということを告げている. 最後に, $N(0)$ の推定値は正で有意であるが, その値は小さい. これは, プレーヤーが「等価な観測値」の約 0.5 倍という経験を持って実験を始めたということを告げている.

18.7　経験重み付け誘因学習（EWA）モデル

18.7.1　EWA 入門

本章のはじめに述べたように, 経験重み付け誘因学習（EWA）モデルは強化学習（RL）と信念学習（BL）とを結合したものである.

EWA モデルの下では, （経験と誘因という）2 つの変数に対する更新ルールは以下のようになる.

$$N(t) = \rho N(t-1) + 1, \quad t \leq 1 \tag{18.8}$$

$$A_i^j(t) = \frac{\phi N(t-1) A_i^j(t-1) + [\delta + (1-\delta) I(s_i(t) = s_i^j)] \pi_i(s_i^j, s_{-i}(t))}{N(t)}$$

$$\tag{18.9}$$

(18.8) 式におけるパラメータ ρ は, 過去の経験が忘却される率を表現しており, 1 よりもわずかに小さい値だと期待されている. 誘因がどのように更新されるかを示している (18.9) 式は, より複雑なものである. 分子の第 2 項は, 選択された戦略から得られた利得, あるいは選ばれなかった戦略から得られたであろう利得が, δ によって重み付けられている. それゆえ, δ は, RL か BL のどちらの学習を行っているのかを告げるパラメータとなっている. つまり, RL の下では $\delta = 0$ であり, BL の下では $\delta = 1$ ということである. また, 当然のことであるが, δ が 1 と 0 の間だということがわかれば, その値は, 2 つのモデルのうちどちらがより真実により近いかを教えてくれる.

RL や BL の場合と同様に, どのラウンドにおける選択確率も, 直前のラウンドの誘因によって, (18.1) 式のロジット変換を経た上で決定される.

EWA には合計で以下の 7 つのパラメータがある.

$$\rho,\ \delta,\ \phi,\ \lambda,\ A_1^0(0),\ A_2^0(0),\ N(0)$$

これらのパラメータ値に制約を課すことで，関心のある他のモデルに変更できる．Camerer and Ho（1999）に示されているように，そこで必要となる制約は以下の通りである．

$$RL: \qquad \delta = 0;\, N(0) = 1, \rho = 0$$

$$BL: \qquad \delta = 1;\, \rho = \phi$$

細かいことだが，おそらくより直観的な $N(0) = 0$ よりもむしろ $N(0) = 1$ という制約が，RL を表現するためにもちいられている理由を述べる．それは，後者の制約の下では，(18.9) 式の分子第 1 項が第 1 ピリオドにおいて 0 となり，その結果，初期誘因パラメータが識別できないことになるだろうからである．別の問題として，BL の下では忘却パラメータ ρ と直近性パラメータ ϕ は同一のパラメータなので，$\rho = \phi$ という制約を置くのである．RL の下では，忘却パラメータ ρ は存在しない．

18.7.2　EWA をもちいたデータセットのシミュレーション

以下の（注釈付きの）STATA プログラムは，追跡者・逃亡者ゲームに EWA モデルを適用した（100 組の被験者がそれぞれ 50 ラウンド，プレーした）データをシミュレートする．これは，本章のこれまでの節でもちいられ，本節でも後にもちいることになるシミュレートされたデータセットになる．

シミュレーションにもちいられたパラメータの値は以下の通りである．

パラメータ	真の値
ρ	0.97
δ	0.60
ϕ	0.94
λ	0.80
$A_1^0(0)$	1.0
$A_2^0(0)$	−2.0
$N(0)$	1.0

580 第18章 学習モデル

シミュレーションの重要な特徴は，ゲームの繰り返しごとにループを行うことである（該当箇所は，プログラムのうち「forvalues」というコマンドで始まる部分）．ループが始まる前には，選択とその結果得られる誘因は，第1ラウンドに対してのみシミュレートされる．それから，残りのラウンドをシミュレートするために，ループを繰り返すたびに，以下の一連の動作が実行される．

1. 選択確率 p11 と p21 を計算する（つまり，2人のプレーヤーが R を選ぶ確率を直前のラウンドの誘因をもちいて計算する）．
2. 一様乱数をもちいて，上記の確率からプレーヤーの選択を生成する．
3. 異なる選択から得られたであろう利得を計算する．
4. 重み付けされた利得，つまり，利得が実際に実現したかどうかに従って重み付けされた利得を計算する．
5. 次のループにおける選択確率を決定するために誘因を計算する．

```
/* SIMULATION OF EWA MODEL
n=100 subject pairs, T=50 rounds.
PLAYER 1 = PURSUER; PLAYER 2= EVADER
0 = LEFT; 1 = RIGHT
*/

clear
drop _all
set obs 5000
set seed 56734512
set more off

* SET TRUE PARAMETER VALUES:

scalar rho=0.97
scalar delta=0.60
scalar phi=0.94
scalar lam=0.80
scalar A10_start=1.0
scalar A20_start=-2.0
scalar N_start=1.0

* GENERATE PAIR NUMBER (i), PERIOD NUMBER (t), AND DECLARE PANEL:

egen int i=seq(), f(1) b(50)
egen int t=seq(), f(1) t(50)
tsset i t

* GENERATE TWO RANDOM UNIFORMS FOR LATER USE:
```

18.7 経験重み付け誘因学習 (EWA) モデル

```
gen double u1=runiform()
gen double u2=runiform()

* GENERATE PERIOD 1 PROBABILITIES:

by i: generate double p11=exp(lam*0)/(exp(lam*0)+exp(lam*A10_start)) if _n==1
by i: generate double p21=exp(lam*0)/(exp(lam*0)+exp(lam*A20_start)) if _n==1

* GENERATE PERIOD-1 CHOICES OF PLAYERS 1 AND 2 (USING RANDOM UNIFORMS):

by i: gen int y1=u1<p11 if _n==1
by i: gen int y2=u2<p21 if _n==1

* GENERATE PERIOD-1 PAY-OFFS:

by i: generate double x11= 2*(y2==1)+0*(y2==0) if _n==1
by i: generate double x10= 0*(y2==1)+1*(y2==0) if _n==1
by i: generate double x21= (-2)*(y1==1)+0*(y1==0) if _n==1
by i: generate double x20= 0*(y1==1)+(-1)*(y1==0) if _n==1

* GENERATE PERIOD-1 WEIGHTED PAY-OFFS:

by i: generate double wx11= (delta+(1-delta)*(y1==1))*x11 if _n==1
by i: generate double wx10= (delta+(1-delta)*(y1==0))*x10 if _n==1
by i: generate double wx21= (delta+(1-delta)*(y2==1))*x21 if _n==1
by i: generate double wx20= (delta+(1-delta)*(y2==0))*x20 if _n==1

* GENERATE EXPERIENCE VARIABLE, N(t), STARTING WITH PERIOD 1:

by i: generate double N=rho*N_start+1 if _n==1
by i: replace N=rho*N[_n-1]+1 if N==.

* GENERATE PERIOD-1 ATTRACTIONS:

by i: generate A11=(phi*N_start*0+wx11)/N if _n==1
by i: generate A10=(phi*N_start*A10_start+wx10)/N if _n==1
by i: generate A21=(phi*N_start*0+wx21)/N if _n==1
by i: generate A20=(phi*N_start*A20_start+wx20)/N if _n==1

quietly{

* LOOP OVER PERIODS STARTS HERE

forvalues t = 2(1)50 {

* GENERATE p11 AND p21 (PROBABILITIES OF PLAYERS 1 and 2 CHOOSING STRATEGY 1):

by i: replace p11=exp(lam*A11[_n-1])/(exp(lam*A11[_n-1])+exp(lam*A10[_n-1])) ///
   if (_n=='t')
by i: replace p21=exp(lam*A21[_n-1])/(exp(lam*A21[_n-1])+exp(lam*A20[_n-1])) ///
   if (_n=='t')

* GENERATE y1 AND y2 (CHOICES OF PLAYERS 1 AND 2) USING RANDOM UNIFORMS:

by i: replace y1=0 if (_n=='t')
```

582   第 18 章　学習モデル

```
by i: replace y1= (u1<p11) if (_n=='t')

by i: replace y2=0 if (_n=='t')
by i: replace y2= (u2<p21) if (_n=='t')

* GENERATE xij (PAY-OFF PLAYER i WOULD HAVE RECEIVED WITH STRATEGY j):

by i: replace x11= 2*(y2==1)+0*(y2==0) if (_n=='t')
by i: replace x10= 0*(y2==1)+1*(y2==0) if (_n=='t')
by i: replace x21= (-2)*(y1==1)+0*(y1==0) if (_n=='t')
by i: replace x20= 0*(y1==1)+(-1)*(y1==0) if (_n=='t')

* GENERATE wxij (PAY-OFFS WEIGHTED BY DELTA PARAMETER):

by i: replace wx11= (delta+(1-delta)*(y1==1))*x11 if (_n=='t')
by i: replace wx10= (delta+(1-delta)*(y1==0))*x10 if (_n=='t')
by i: replace wx21= (delta+(1-delta)*(y2==1))*x21 if (_n=='t')
by i: replace wx20= (delta+(1-delta)*(y2==0))*x20 if (_n=='t')

* GENERATE Aij (ATTRACTION, UPDATED BY PAY-OFFS IN t, TO BE USED
* TO DETERMINE CHOICE PROBABILITIES in t+1)

by i: replace A11=(phi*N[_n-1]*A11[_n-1]+wx11)/N if (_n=='t')
by i: replace A10=(phi*N[_n-1]*A10[_n-1]+wx10)/N if (_n=='t')
by i: replace A21=(phi*N[_n-1]*A21[_n-1]+wx21)/N if (_n=='t')
by i: replace A20=(phi*N[_n-1]*A20[_n-1]+wx20)/N if (_n=='t')

}
* END OF LOOP
}

* DISCARD SUPERFLUOUS VARIABLES:

keep i t y1 y2
```

18.7.3　EWA モデルの推定

　推定プログラムは，これまでの RL や BL の節でもちいたものと類似している．しかしながら，推定すべきパラメータの数がもっと多いために，ここでの推定プログラムはより複雑になっている．以下のプログラムでは，最初に，パラメータに何の制約も課さない EWA のフル・モデルを推定する．次に，これまでの節で推定した RL および BL に対応する，パラメータに制約を課したバージョンの EWA を推定する．最後に，パラメータに制約を課したバージョンの EWA として，RL と BL に関する LR（尤度比）検定を行う．

```
* LIKELIHOOD EVALUATION PROGRAM STARTS HERE

program drop _all
```

18.7 経験重み付け誘因学習（EWA）モデル

```
program define ewa
args lnf rho delta phi lambda A10_start A20_start N_start

tempvar
tempname

quietly{

replace A10=.
replace A11=.
replace A20=.
replace A21=.

* GENERATE EXPERIENCE VARIABLE, N(t), STARTING WITH PERIOD 1:

replace N=.
by i: replace N='rho'*'N_start'+1 if _n==1
by i: replace N='rho'*N[_n-1]+1 if N==.

* GENERATE wxij (PAY-OFFS WEIGHTED BY DELTA PARAMETER):

replace wx11= ('delta'+(1-'delta')*(y1))*x11
replace wx10= ('delta'+(1-'delta')*(1-y1))*x10
replace wx21= ('delta'+(1-'delta')*(y2))*x21
replace wx20= ('delta'+(1-'delta')*(1-y2))*x20

* GENERATE PERIOD-1 ATTRACTIONS:

by i: replace A10=('phi'*'N_start'*'A10_start'+wx10)/N if _n==1
by i: replace A11=('phi'*'N_start'*0+wx11)/N if _n==1
by i: replace A20=('phi'*'N_start'*'A20_start'+wx20)/N if _n==1
by i: replace A21=('phi'*'N_start'*0+wx21)/N if _n==1

* GENERATE ATTRACTIONS FOR t>1:

by i: replace A11=('phi'*N[_n-1]*A11[_n-1]+wx11)/N if A11==.
by i: replace A10=('phi'*N[_n-1]*A10[_n-1]+wx10)/N if A10==.
by i: replace A21=('phi'*N[_n-1]*A21[_n-1]+wx21)/N if A21==.
by i: replace A20=('phi'*N[_n-1]*A20[_n-1]+wx20)/N if A20==.

* GENERATE p11 AND p21 (PROBABILITIES OF PLAYERS 1 and 2 CHOOSING STRATEGY 1):

replace p11=.
replace p21=.

by i: replace p11=exp('lambda'*0)/(exp('lambda'*0) ///
+exp('lambda'*'A10_start')) if _n==1
by i: replace p21=exp('lambda'*0)/(exp('lambda'*0) ///
+exp('lambda'*'A20_start')) if _n==1

by i: replace p11=exp('lambda'*A11[_n-1])/(exp('lambda'*A11[_n-1]) ///
+exp('lambda'*A10[_n-1])) if p11==.
by i: replace p21=exp('lambda'*A21[_n-1])/(exp('lambda'*A21[_n-1]) ///
+exp('lambda'*A20[_n-1])) if p21==.
```

584 　　　　　　第 18 章　学習モデル

```
* GENERATE LOG-LIKELIHOOD

replace 'lnf'=ln((p11*y1+(1-p11)*(1-y1))*(p21*y2+(1-p21)*(1-y2)))
}
end

* LIKELIHOOD EVALUATION PROGRAM ENDS HERE

* READ DATA

use "pursue_evade_sim.dta", clear

* GENERATE PAY-OFFS (xij) THAT PLAYER i WOULD RECIEVE FROM CHOOSING STRATEGY j.

gen int x11= 2*(y2==1)+0*(y2==0)
gen int x10= 0*(y2==1)+1*(y2==0)

gen int x21= (-2)*(y1==1)+0*(y1==0)
gen int x20= 0*(y1==1)+(-1)*(y1==0)

* INITIALISE VARIOUS VARIABLES USED WITHIN PROGRAM:

gen double A10=.
gen double A11=.
gen double A20=.
gen double A21=.

gen double N=.

gen double wx11=.
gen double wx10=.
gen double wx21=.
gen double wx20=.

gen double p11=.
gen double p21=.

* SET STARTING VALUES:

mat start=( 0.993, 0.78,0.998,0.7531,0.657,-1.863,0.833)

*RUNNING ML: FULL EWA MODEL

ml model lf ewa /rho /delta /phi /lambda /A10_start /A20_start /N_start
ml init start, copy
ml max, trace search(norescale)
est store ewa

* DEFINE CONSTRAINTS REQUIRED FOR RL AND BL:

constraint 1 [delta]_b[_cons]=0.0
constraint 2 [rho]_b[_cons]=0.0
constraint 3 [delta]_b[_cons]=1
constraint 4 [rho]_b[_cons]=[phi]_b[_cons]
```

18.7 経験重み付け誘因学習（EWA）モデル   585

```
constraint 5 [N_start]_b[_cons]=1

* ESTIMATE RL AS RESTRICTED VERSION OF EWA:

ml model lf ewa /rho /delta /phi /lambda /A10_start /A20_start /N_start, ///
 constraints(1 2 5)
ml init start, copy
ml max, trace search(norescale)
est store rl

* ESTIMATE BL AS RESTRICTED VERSION OF EWA:

ml model lf ewa /rho /delta /phi /lambda /A10_start /A20_start /N_start, ///
 constraints(3 4)
ml init start, copy
ml max, trace search(norescale)
est store bl

* LR TESTS FOR RL AND BL AS RESTRICTIONS OF EWA:

lrtest ewa rl
lrtest ewa bl
```

18.7.4 EWA モデルの推定結果

EWA のフル・モデルに対応する推定結果は以下の通りである．パラメータに制約を課したバージョンの EWA モデル（RL と BL）の推定結果はここには示さない．というのは，それらの結果はこれまでの節での推定で得られたものと同一だからである．

```
                                   Number of obs    =      5000
                                   Wald chi2(0)     =         .
Log likelihood = -6800.9162        Prob > chi2      =         .

---------------------------------------------------------------------
            |    Coef.   Std. Err.      z    P>|z|    [95% Conf. Interval]
------------+--------------------------------------------------------
rho         |
      _cons |  .9834178   .0191123   51.45   0.000    .9459585   1.020877
------------+--------------------------------------------------------
delta       |
      _cons |  .5408416   .1124522    4.81   0.000    .3204393   .7612439
------------+--------------------------------------------------------
phi         |
      _cons |  .9427034   .0214316   43.99   0.000    .9006982   .9847085
------------+--------------------------------------------------------
lambda      |
      _cons |  .8208911   .1502486    5.46   0.000    .5264092   1.115373
------------+--------------------------------------------------------
A10_start   |
      _cons |  .9261403   .2732887    3.39   0.001    .3905043   1.461776
```

```
------------+------------------------------------------------------------
A20_start   |
      _cons |  -2.108425   .5609236    -3.76   0.000    -3.207815   -1.009035
------------+------------------------------------------------------------
N_start     |
      _cons |   .8843406   .3065987     2.88   0.004     .2834182    1.485263
------------------------------------------------------------------------
```

　表18.1には，MLEが95%信頼区間とともに示されている．シミュレーションでもちいられたパラメータの「真の値」も併せて示されている．真のパラメータがそれぞれに対応する信頼区間の中に含まれるような形で，7つのパラメータすべてが推定されていることがわかる．この結果は，シミュレーション・プログラムと推定プログラム両方の正しさと整合的なので，信頼できるものである．

パラメータ	真の値	95%信頼区間の下限	最尤推定量	95%信頼区間の上限
ρ	0.97	0.945	0.983	1.021
δ	0.60	0.320	0.541	0.761
ϕ	0.94	0.901	0.943	0.985
λ	0.80	0.526	0.821	1.115
$A_1^0(0)$	1.0	0.391	0.926	1.147
$A_2^0(0)$	-2.0	-3.208	-2.108	-1.009
$N(0)$	1.0	0.283	0.884	1.485

表18.1　**EWA** モデルのシミュレーションから得られた点推定値および区間推定の結果．パラメータの真の値も同時に示されている．

　EWAにおいて最も重要なパラメータはδであり，これは本質的には，獲得することが見込まれていた利得に置かれた重みを表現したものである．点推定値は0.54であり，真の値0.60に近いものである．これは，（RLの場合における）実際の利得と（BLの場合における）獲得する見込みがあった利得の両者共に重要であるが，推定値が0.5よりも大きいので，後者の方がやや重要である，というように解釈できる．95%信頼区間は0.320から0.761の間であり，これは標本の規模があまり大きくないことを踏まえると，十分な精度であることを示している．

　最後に，RLとBLに対するEWAの性能を比較する．EWAはRLとBLとの組み合わせなので，RLとBLはEWAの中に入れ子状に（ネスト）された状態であるので，EWAの性能の方がより高いと当然予想される．しかしながら，性能の違いが統計的に有意かどうかという疑問は当然出てくる．この疑

18.7 経験重み付け誘因学習（EWA）モデル   587

問には，LR検定を実施することによって答えられる．

　表18.2には，これら3つのモデルを比較した結果がまとめられている．推定された3つのモデルに対する対数尤度の最大値と，推定プログラムの最後に実施された2つのLR検定の結果が以下に示されている．

モデル	対数尤度	尤度比	自由度	p値
EWA	−6800.92			
RL	−6863.09	124.34	3	0.0000
BL	−808.30	14.76	2	0.0006

　RLとBLの両方共が尤度比検定によって強く棄却され，3つのモデルの中ではEWAが最も好ましいことが示されている．これは別に驚くべきことではない．というのは，「真の値」がRLとBLのおおよそ中間に位置するように選択されたδの値を持つEWAモデルからデータをシミュレートしたからである．RLがBLよりも一層強く棄却されていることも明らかに見て取れる．

　表18.1に関してすでに述べたように，EWAの推定値は真の値に近い．「誤った」モデルを推定することで，パラメータの推定にどのような結果がもたらされるのかと問うことは当然のことである．この問への答えは表18.2に見出すことができる．おそらく最も顕著な結果は，RLやBLを推定した結果，「初期誘因」が過度に誇張されてしまっているということである．同様に顕著

パラメータ	RL	BL	EWA
ρ	0	0.953(0.019)	0.983(0.019)
δ	0	1	0.541(0.112)
ϕ	0.768(0.085)	0.953(0.019)	0.943(0.021)
λ	0.110(0.016)	0.425(0.036)	0.821(0.150)
$A_1^0(0)$	1.390(1.457)	1.684(0.469)	0.926(0.273)
$A_2^0(0)$	−8.311(2.286)	−4.255(0.770)	−2.108(0.561)
$N(0)$	1	0.472(0.150)	0.884(0.307)
n	100	100	100
T	50	50	50
$LogL$	−6863.09	−6808.30	−6800.92

注：括弧内は漸近的標準誤差．標準誤差の記載がない値は，あらかじめ値に制約を課せられたパラメータである．信念学習では，ρとϕが等しいという制約が置かれている．

表18.2　シミュレートされたデータに適用された強化学習（**RL**），信念学習（**BL**），経験重み付け誘因学習（**EWA**）の最尤推定値

な結果は，誘因への感応性を表現するパラメータ λ の推定値が，RL と BL の両方において，大きく下方バイアスを受けていることである．最後に，直近性パラメータ（ϕ）が，RL の下ではかなり低い値に推定されているが，BL の下ではそうではないことである．

これらの観察に基づけば，パラメータの値の解釈を試みる前に，最も当てはまりのよいモデルを識別することが重要であるように思われるのである．

18.8 まとめと読書案内

これまでの章のさまざまな箇所では，課題数あるいはラウンド数という形での経験の効果を検討してきた．これは，行動が均衡に向かって変化していくかどうかを評価するための手段として，典型的にもちいられるものだった．本章では，均衡に向かう動きがなぜ，どのようにして生じるのかという問いを扱うことにより，もっと深い探求を行った．

最初に検討された学習モデルは方向修正学習（DL）モデルだった．データセットは Selten and Stoecker（1986）から採られた．このデータを分析するために Selten and Stoecker（1986）によってもちいられた計量経済学的モデルはマルコフ学習モデルで，逸脱を意図するラウンドの変化が直前のラウンドにおける経験に依存した遷移確率によって決定されるというものだった．ここでは，同じデータに対して単純に線形回帰モデルを適用し，その推定結果は DL の予想と整合的なものだった．

本章で検討された他の学習モデルは強化学習（RL），信念学習（BL），そして経験重み付け誘因学習（EWA）だった．RL に興味のある読者は Erev and Roth（1998）を参照してほしい．BL に興味がある読者は Cheung and Friedman（1997）を参照してほしい．これらすべてのモデル（と他の学習モデル）の明瞭でわかりやすいまとめが利用可能である（Wilkinson and Klaes, 2012 の第 9 章）．より進んだまとめは Camerer（2003）によってなされている．EWA に特に興味がある読者は Camerer and Ho（1999）を参照してほしい．Feltovich（2000）は，多くの学習モデルの予測性能を比較している．

重要な点は，EWA が RL と BL のそれぞれを特殊ケースとして含む，両者の組み合わせであるということである．EWA はパラメータが非常に多いモデルなので，結果として EWA を推定するプログラムは極めて複雑なものとな

っている．そこで，シミュレートされたデータのみに基づいてモデルの推定を行った．これは，推定プログラムが正しいことを確認するという観点からは有益なものであった．

本章で利用された EWA モデルは，代表的個人モデルとして分類されるべきである．なぜなら，このモデルでは，すべての個人が同一の学習プロセスによって特徴付けられると仮定しているからである．いつものように，異質性の効果がどのようなものであるかを，今回の場合は学習プロセスの中でそれがどのようなものであるかを，考慮する必要がある．Wilcox（2006）は EWAにおけるパラメータの異質性が与える効果について，モンテカルロ法によって検討している．ある特定のパラメータが被験者の間で異なっているにもかかわらず，推定の際にこの異質性を無視した場合，パラメータ δ の推定に際して，RL が BL よりも好まれるようなあり方で深刻なバイアスが発生することを見出している．

明らかに，特定のパラメータでは被験者間の異質性を仮定した EWA を推定する方が望ましいだろうが，これによりパラメータ化すべき変数の数がさらに増加するのは明白だろう．異質性を導入するためのより簡単な方法は，有限混合アプローチを採用することだろう．RL と BL という 2 つの学習者の「タイプ」を仮定することが可能であろう．こうしたモデルの推定から得られる結果は，2 つのタイプそれぞれの混合割合を推定したものになる．こうした混合モデルがいかに標準的な EWA と異なっているのかを理解することが重要である．つまり，後者では，すべての個人が RL と BL とを正確に同じ重みで平均化したものに従って学習していることを仮定しているということである．

問題

1. 第 16 章でもちいた追跡者・逃亡者ゲームのファイルに含まれている実際のデータをもちいて，EWA モデルを推定しなさい．
2. すべての個人が強化学習と信念学習の組み合わせによってつき動かされていると仮定されているという意味で，EWA モデルは 2 つの理論を組み合わせたものである．その代わりに，各個人が強化学習か信念学習か，そのどちらかに従って学習するという仮定について考えてみよう．当然，そうした仮定は，2 つのタイプをもつ有限混合モデルを導く．こうしたモデル

の推定にどのようにアプローチするかを考えなさい.

3. 第9章で導入されたシミュレーション・コマンドをもちいて,本章の学習モデルに適用された推定手法の性能評価をモンテカルロ法によって行いなさい.適切なパラメータに異質性を導入することにより,Wilcox（2006）で得られた結果を再現することを試みなさい.

591

第19章　要約と結論

　この最終章の目的は，単に，本書の主要なテーマに親しむことと，これらの
テーマに動機付けられた，実験統計学に関する将来の研究領域を同定すること
である．

19.1　実験計画上の問題

　本書は主にデータ分析に関するものであるが，実験を計画する段階で有益で
あると思われるいくつかのアドバイスも提供されている．おそらく，実験を計
画するプロセスにおいて取り上げる必要のある最も基本的な問いは，何人の被
験者が必要か？　というものであろう．これに対する明白な回答は，統計的推
測のために採用されたフレームワークが妥当になるために必要とされるくらい
多く，ということになる．第2章では，検出力分析の入門的内容が導入され
た．これは，統計的適合性について選ばれた水準を達成するために，各処理に
おいて必要とされる被験者が何人であるかを決定する際に有益なフレームワー
クである．このフレームワークにはまた，経済実験を計画する際に疑いもなく
重要な，費用上の制約の下で最適な標本サイズを選択する手法も含まれてい
る．
　しかしながら，各被験者に参加させる予定の課題がいくつであるべきか，と
いう問いを発するときには，標本サイズの問題はさらに複雑なものになる．各
被験者はただ1つの課題しか実施させないとすることもできる．実際，理論
はその最も純粋な形態においては，しばしば単一の決定という文脈で提示さ
れており，また，独立性の仮定がより満たされやすいために，標本には被験者

1人につきただ1つの観察だけが含まれるということが統計的には望ましい.
しかしながら, 課題を繰り返すということに対する非常に強い理由が存在する. 最も明らかな理由は, それによって分析のためにより多くのデータが生成されることである. また, そうすることで被験者には学習する機会を提供できるし, (決して自明なことではないが)研究者は未経験の被験者よりも経験のある被験者の行動により一層関心がある, という場合の方が多いのである. ときには, 研究の焦点が学習プロセスであることもある. この場合, 繰り返しは必須のこととなる.

課題の数を選ぶことに関係するかもしれない問題の1つに, 被験者の期待報酬額の問題がある. つまり, 報酬額が高いほど, 多くの課題に被験者が努力を費やしてくれると期待できるだろう. そこで, 実験者は, 被験者の数と課題の数との間のトレードオフに直面することになる. もし, 実験予算が増加した場合, より多くの被験者を募集すべきだろうか, それとも課題の数を増やして, より多くの報酬を提供すべきだろうか? もちろん, このことは, 課題関連的なインセンティブの重要性に関する疑問と関係している. Bardsley et al. (2009, 第6章)は, インセンティブの役割に関するバランスのとれた議論を提供しており, 課題関連的なインセンティブを提供することからの便益は文脈に, 特に, 研究の目的に非常に依存しているという結論に達している.

課題関連的なインセンティブに対する自明な代替案は, 固定された参加費を支払うことである. これは, 課題がその性質上, 仮想的なときに必要となる支払い方法である. 仮想的な課題については, また, 支払いがあるとしても「報酬の最大値周辺が平坦」(Harrison, 1989を参照)であることが特徴であるような課題についても潜在的に, 何をしても報酬が支払われるという状況の下では, 被験者は課題にしかるべき努力を費やしてくれない, という明らかな問題がある. これは, マーケティングの領域ですでに指摘されてきた問題であり(例えば, Menictas et al., 2012参照), そこでは, オンラインでのアンケートにランダムな回答する被験者が「直線型」(Maronick, 2009), あるいは「満足者」(Krosnick, 1991)と分類されている. 本書では, 「摂動」という概念を何回も使用したが, それは常に単一の決定のレベルでもちいられていた. 「直線型」は, 永続的に「摂動」を行う被験者として理解できるかもしれない. 直線型は経済実験においてもときには存在すると推測するのが妥当である. 明らかに, 直線型の存在は, 推定値にバイアスをもたらす可能性が高い. それゆえ,

直線型を識別可能にすることが有益である．それにより，推定の前に彼らの選択を排除可能になる，あるいは，少なくとも彼らを混合モデルにおける異なる「タイプ」として取り扱うことが可能になる．直線型を識別することに対する別の理由は，おそらく，彼らを実験データベースから削除することができるからである．それにより，将来の無駄な出費を抑えることができる．直線型を識別するための手法は，第11章で「ゼロ・タイプ」を識別する際に有益だったものと類似した，ベイジアン的な手法になるだろう．

　もちろん，一群の誠実な被験者を我慢できないほど長い時間実験室に拘束し続けるという状況を想像すれば，当然彼らは飽きてしまうか疲れてしまって，望ましい水準の努力を続けることができなくなるだろうということが予想される．したがって，ついにはすべての被験者が直線型になってしまうことが予想される．このことから，多くの参加費を支払う約束をしているという前提の下で，各被験者にどれくらいの数の課題に参加してもらうのが適切であるか，という問いに連れ戻されてしまうことになる．

　こうした問題は，実験経済学者が急速に関心を向けるようになった意思決定時間に関する研究と密接に関連している．第5章では，リスク下の選択というフレームワークの下での意思決定時間のモデル化について考察した．そこでは，意思決定時間は費やされた努力の直接的な尺度として解釈されていた．この尺度に関する明らかな魅力は，それが容易に高い精度で測定可能であるというところにある．第5章では，意思決定時間を結果とみなした上で，最も高い努力を引き出す課題の特徴を識別することに関心を向けた．

　別の文脈では，意思決定時間は異なる目的のために使用可能であろう．例えば，実験の被験者にとっての，より高い報酬から得られる利得の推定，あるいは，Camerer and Hogarth（1999）の用語で言えば「労働の限界生産物」の推定といった目的である．実際の利得が結果変数であるようなモデルにおいて，意思決定時間が説明変数として使用されるなら，こうしたことは可能だろう．これまでのところ，こうした研究はまだなされていない．

　意思決定時間に関する最近の関心の高まりは，おそらく意思決定プロセス一般についての関心の高まりの兆候なのであろう．伝統的には，経済学者は最終的になされた決定に主たる関心を抱いてきた．おそらく，決定に至るプロセスを観察することからも価値のある洞察が得られるという認識が生じてきたのである．もちろん，意思決定時間はそうしたプロセスにある多くの側面の単なる

1つであるに過ぎない．決定に至るプロセスを観察するための別の手法には，アイ・トラッキング（Holmqvist et al., 2011）があり，この手法もまた実験経済学ではポピュラリティが高まってきている．アイ・トラッキングのデータを分析するための手法は，避けようもなく，実験統計学内では重要なトピックになりつつある．

　第14章には，あるクラスに属する経済実験の計画について伝えるために，統計的最適実験計画理論に関する豊かな成果から採られた題材が含まれている．List et al.（2011）では，類似した目的がより広い文脈の下で追及されている．実験計画の重要性に関する特定の例は15.5節に示されている．そこでは，複数の配分間での仮想的な選択に基づいて，利他性に関する効用関数のパラメータを推定することが試みられている．そこでは，実験計画上の欠点のために，推定されないある種のパラメータに関して生じる問題について指摘されている．事実，この設定は離散選択実験（DCE）と非常に類似したものになっており，後者については，最適実験計画に関して膨大な文献が存在する（例えば，Louviere et al., 2008 参照）．他の分野からこうした知識の泉を汲み上げることは，実験経済学にとって計り知れない便益をもたらすことだろう．

19.2　実験統計学と理論の検証

　理論を検証するとき，しばしばその理論の「基本的予測」からスタートする．基本的予測が棄却されるような状況で，その理論を検証することを可能にするような別のレベルが存在する，ということが強調されてきた．これらはしばしば，モデルの比較静学に関する予測の検証という形をとる．そうした検証を実施するための最も便利なフレームワークは，線形回帰であるということが示された．なぜなら，この文脈では，関心のある処理以外で結果に影響する事柄が統制可能であり，また，データの独立性という永年の問題は，よく定着している手法によって取り扱うことが可能だからである．

　被験者間の異質性という避けることのできない現象を説明するために，パネルデータ・モデルとマルチレベル・モデルをどのようにして使用できるのかについては詳細に説明してきた．

　理論の検証に対する別のアプローチとして，簡潔にメタ分析について考えてみよう．ここ数十年間に，これまでに実施され，報告されてきた膨大な数の

実験に照らしてみると，これはたしかに有益なアプローチに見える．結果を統合することは，必然的に，より強い結論が得られるという意味で便益をもたらすし，それよりも良いことには，新しい洞察がもたらされることもあるのである．

19.3　データの特徴

　分析されるデータの特徴に注意を払うことが重要であることについては多くの理由がある．本書の前半でなされた区別は，名義的データ，序数的データ，そして基数的データであった．これらのうちどれが利用可能であるかがある程度は，適切なのが処理効果の検定なのか，あるいは推定手法なのか，そのタイプを決定する．この区別は，パラメトリックな処理効果の検定とノンパラメトリックな処理効果の検定の間で選択する際には特に重要である．

　重要な点は，あらゆる測定システムが何らかのレベルで個別の測定値を丸める必要があるという意味で，データは常に，「離散的」であるということである．しかし，このことは結果を離散的なものとしてモデル化する理由にはならない．もし，研究者が本当に，測定値を丸めるシステムが結果に影響することを憂慮しているなら，区間回帰分析を使用するのがよいかもしれない．

　たとえ理論モデルによれば関心のある変数が連続的であるとしても，それは意図的に区間として観察されるかもしれず，あるいは，何らかの離散的な要素があるかもしれない．例えば，ある種の実験では，データは，特定の「焦点」における観察の集積を伴う「塊」として記述するのが最善である．この種のデータには本書ではそれほど注意を払ってこなかった．こうした塊を取り扱う手法は，コーディネーション・ゲームの実験データの分析では特に重要になる可能性が高い．

　打ち切りは非常に重要なデータの特徴である．いくつかの異なる応用において，例えば，公共財供給ゲームにおける互恵性を検証する際には，打ち切りを無視した推定手順が，いかに深刻な偏りのある推定値をもたらす可能性があるかを見てきた．

　社会的選好に関するモデルの文脈では，第15章において，0という観測値を，主体の効用最大化問題における非負制約条件が等号で成立していることに帰着させることで，経済モデル内に打ち切りを埋め込むことが可能なことが示

されている．こうしたモデル化は，将来の研究とって有望な方向性を示していると考えられる．

　また，実験データにおいては，しばしば1つ以上のゼロというタイプが存在するという考え方を発展させた．すでに述べたような，打ち切りの結果生じるゼロがあるとともに，「ゼロ・タイプ」というものが存在する．つまり，課題の環境がどのようなものであろうとも，その貢献額をゼロにすると決めている被験者がいる．2つのタイプのゼロを同時に取り扱うための手法として，切断モデルのフレームワークを使用することを称揚してきた．そして，「パネル切断モデル」に特に注意を払ってきた．それは，繰り返しのあるデータに適していて，被験者間の異質性を取り入れることのできるモデルなのである．

19.4　社会的選好に関する実験統計学

　社会的選好のモデル化は重要なテーマであった．そのモデル化は，しばしば独裁者ゲームでの配分額についての文脈で行われている．独裁者ゲームのデータは，本書を通じて多くの異なったやり方で分析されている．それらは，被験者間および被験者内の処理効果の検定，切断モデルのフレームワーク，配分に対する選好パラメータを含む構造モデル，混合モデル，および仮想的な配分上の選択に関する離散選択モデルをもちいたものである．

　これは，同じ研究上の問題が多くの異なった計量経済学的アプローチをもちいて処理されうるという一般原則の非常に良い例になっている．これらのアプローチのほとんどに共通する特徴は，それらが被験者間の異質性を取り入れているということである．得られる（例えば，利己的な集団の割合についての）結論は，広い意味ではアプローチ間で類似している．

　所得が自分自身で獲得されたものであるか，「天からのマナ[訳注]」のように与えられたものであるかが，社会的選好に与える影響について，関心の増加が見られる．特に，Cherry et al. (2002) は印象的な結果を報告している．彼らは，初期保有が独裁者自身の獲得したものであるときには，独裁者からの配分額は劇的に減少することを発見している．この点に関するわれわれのグループでの発見（Conte and Moffatt, 2014）は，初期保有の源泉が最終的な配分の決

［訳注］　旧約聖書で，モーセに率いられたイスラエルの民の飢えをしのがせるために神が天から降らせた食物．

定に関連すると考える被験者と，そうは考えない被験者とに集団が大ざっぱには等しく分割される，というものである．この結果は，有限混合モデルの推計から得られている．異なった種類の結果が Erkal et al.（2011）によって発見されており，本書の第 11 章でそのことが検証されている．それは，利己的な被験者は，高い獲得額という立場に自己選択する傾向がある，というものである．明らかに，獲得された所得が実験での行動に与える影響については，さらなる研究が必要とされている．

19.5 リスクに関する実験

リスク下の行動は，本書において繰り返し現れるテーマであった．この分析のほとんどは，リスク下の選択実験の文脈で実施された．そこでは，被験者は一対のくじ間の選択を複数回行い，その最後に，選んだくじの 1 つがランダムに選ばれ，それを実際に引くことになる．お気に入りのモデル化アプローチは第 13 章で詳細に記されたもので，リスクに対する態度に関するパラメータが集団の間で連続的に変化するような効用関数を仮定し，EU から逸脱することを許すような確率重み付け関数をも推計するというものである．リスクに対する態度における連続的な異質性は，最尤シミュレーション（MSL）法によって取り扱われる．最近出版された多くの論文，例えば，Harrison and Rutsröm（2009），Conte et al.（2011），それに Bruhin and Epper（2010）は，確率重み付け関数のパラメータにも異質性を認めることにより，さらに一歩先へ研究を進めている．具体的には，彼らは，集団の一定割合はEU 最大化者で，残りがプロスペクト理論に従って行動し，確率重み付け関数のパラメータは後者のグループの間で連続的に変化すると仮定している．したがって，異質性に対処するための 2 つの異なるアプローチ，つまり，有限混合アプローチと（Conte et al.（2011）の場合には）最尤シミュレーション法とが結合されているのである．Conte et al.（2011）と Bruhin and Epper（2010）の両者は，集団における EU 最大化者の割合を約 20% だと推定している．Harrison and Rutsröm（2009）は，約 50% といういくぶん高い推定値を得ている．この研究領域では，明らかにさらなる研究の余地が残されており，それには，効用関数や確率重み付け関数について，異なるパラメトリックな特定化や異なる確率的な特定化を試すこと，経験の影響を認めることなどが

含まれる.

　典型的に仮定される効用関数には，（CRRA や CARA のような）リスク回避性を表現する 1 つのパラメータがあり，このパラメータは効用関数の曲率（つまり，2 階微係数）と密接に関係している．しかしながら，もっと精緻な効用関数への関心が高まっている．（それぞれが）効用関数の 3 階および 4 階微係数と密接に関係した尺度である「慎重さ」や「自制」を検証することを可能にするような一般化への関心が特に高い（Eeckhoudt and Schlesinger, 2006 参照）．リスク回避性，慎重さ，および自制がすべて自由変数であるような単一の効用関数を生み出し，3 つのパラメータすべてを推定することを可能にするような選択実験を計画することは，価値のある作業になるだろう.

　興味を引きつけるように思われる効用関数に関する別の拡張は，「複雑性回避性」を認めるようなものである（例えば，Sonsino et al., 2002; Moffat et al., 2015 参照）．これらの研究は，意思決定者の効用関数を，評価される対象（例えば，くじ）の複雑性の水準を表現するような項を含むように拡張している．個人が複雑性回避的か，複雑性中立的か，複雑性愛好的であるかは明らかに興味深いことだが，複雑性回避性が経験とともに変化するかどうかといった別の興味深い問題も控えている.

　第 6 章でいくらか注意をはらった，リスクに対する態度の抽出に対する別の手法には，複数価格リスト（MPL）法がある．この手法では，被験者は一連のくじの組が順番に並べられたリストを提示される．本質的には，被験者は，このリストのどこで一方の列にあるくじから他方の列にあるくじへ「スイッチする」かを尋ねられているのである．リスクに対する態度の抽出法としてもちいられたときのさまざまなタイプの MPL の長所と短所については，Anderson et al. (2006) において議論されている．研究者の中には，MPL を利用する際には，一連の暗黙的「選択」を選択データとして扱い，繰り返しのある選択データのモデル化のために本書で採用されたタイプの戦略をもちいて処理を行っている．しかしながら，そうしたアプローチには深刻な問題がある．なぜなら，単に「選択をスイッチするポイント」を示すように被験者に尋ねることが，選択順序に強い相関構造をもたらすような期待を生み出すことになるからである．「選択するくじの前後で選択が逆転」するということも観察されているが，それらは稀な現象である．そうした相関構造がまさしく導入されたときには，選択の順序によって伝えられる情報は，単に，リスクの対する

態度に関するパラメータの区間と同値になる．このことからすれば，6.6.1 節で議論したように，区間推定モデルに沿った推計を行うことは理にかなっている．しかしながら，この方向性を採用するなら，被験者内変動に関するあらゆる情報が欠落してしまうという問題が生じる．繰り返しのある選択データをもちいたモデルでは，被験者内変動は少なくとも被験者間変動と同じくらい重要であるということがわかっている．MPL 法の現在のポピュラリティを前提とすると，被験者内変動を識別することが可能な手法をもちいる方法を発見する研究がなされるべきである，ということが示唆される．この目的を達成するためには，くじの組の順序を，(1) ランダムな順序で，また (2) 互いに隔離された形で提示すべきだという示唆がそこから直ちに導かれる．

MPL 法の興味深い発展は，Tanaka et al.（2010）によってもたらされた．この研究では，被験者は 2 つの MPL に直面し，それぞれに対するスイッチ・ポイントが引き出される．それから，この 2 つのスイッチ・ポイントは，リスクに対する態度についての区間と，重み付けパラメータについての区間を推定するために同時にもちいられる．その両者は，区間推定の手法をもちいてモデル化できる．それより良いのは，2 変数区間回帰がこの 2 つの区間を同時にモデル化するために利用できることだろう．そうすることで，推定結果には，リスクに対する態度と重み付けパラメータの間の相関の推定をも含めることができるだろう．この方向性の研究は最近，Conte et al.（2015）によって進められた．

MPL 法について最後に述べておきたいことは，それがリスク選好以外の選好の抽出にも使用可能であるということである．例えば，Coller and Williams（1999）や Andersen et al.（2008）は，MPL 法を主観的な割引率を引き出すために使用している．時間選好もまた，関心が高まっている研究領域であるが，残念ながら，紙幅の制約のために，本書ではカバーすることができなかった．

「選好逆転（PR）」現象（Grether and Plott, 1979）は，第 3 章において，被験者内計画の応用として使用された．これは，被験者が，2 つのくじのどちらかを選ぶように尋ねられたときにはより安全な方（「p-bet」）を選ぶが，これらのくじを評価する（つまり，その確実性等価を提示する）ように尋ねられたときにはよりリスクのある方（「$-bet」）に高い評価を与えることによって，前者とは矛盾した選択をするという現象である．第 3 章で示されたよう

に，PR 現象の程度を調べるには，処理効果の検定が有益である．しかしながら，構造的アプローチの方がもっと深い洞察をもたらすことができると考えられる．そこで提案された構造モデルは，以下の推論に基づいている．被験者の大多数はリスク回避的であり，このリスク回避性は，被験者が 2 つのくじの間で選択するように求められるときにはっきりと示される，ということが広く受け入れられている．それとは対照的に，単一のくじに対する確実性等価が引き出されるときには，被験者はくじの期待値に近い評価を報告する傾向がある．言い換えれば，この評価課題では，被験者はリスク中立的になる傾向があるのである．$-bet が典型的には p-bet よりも高い期待値を持っているので，それぞれの場合の傾向性が PR 現象に対する説明を提供するのである．

　したがって，適切な構造モデルを使用する際には，リスク選好パラメータは 2 つのタイプの課題に対して別々に推計されるべきである．そうした推計から得られる結果は，最初に，被験者が評価課題ではリスク中立的になる傾向があるという推測を確証（あるいは反証）するためにもちいることができるだろう．2 番目に，2 つの課題から得られたリスクに対する態度に関するパラメータの推計値が，推計された分散パラメータと組み合わされて，実験で選好逆転が生じたか否かに応じて，与えられた任意のくじの組に対して，選好逆転の割合を予測するためのアルゴリズムを生成するために使用可能になるだろう．したがって，構造推計は選好逆転現象の標本外予測に使用できるのである．これは疑いもなく価値のある探求になる．

19.6　ゲームに関する実験統計学

　個人的意思決定から相互作用的なゲームにおける選択の分析に移ると，計量経済学的モデル化の性質に目立った変化が生じる．第 1 に，質的応答均衡（QRE）の文脈では，推計上の課題は，モデルのパラメータを推計することに加えて，あるプレーヤーの行動に関する確率が，他のプレーヤーの行動に関する確率の関数になるという事実から，複雑なものになる．このことは，こうした確率が互いに独立に表現されえないということを本質的には意味する．その結果として，それぞれのプレーヤーの尤度を評価する際には，数値的最適化の手法をもちいて，両方のプレーヤーの選択確率を同時に計算する必要が出てくる．

19.6 ゲームに関する実験統計学　　　　601

　第2に，第18章で考察された学習のモデルは，本質的には動的なパネル
データ・モデルになった．個人的意思決定では，学習は単に，あるパラメー
タを課題番号に依存したものにすることによって捉えられた．これは，学習が
ゲームそれ自体のみについてであるからである．繰り返しプレーされる相互
作用的なゲームでは，プレーヤーはゲームの構造についてだけでなく，他のプ
レーヤーの行動についても学習を行う．したがって，ゲームの各ステージでの
結果を学習プロセスに組み込む必要がある．このことから，学習に関する本質
的に動的な計量経済学的なモデルが生みだされてくる．

　これらの学習モデルの中で最も複雑なものは，経験重み付け誘因学習
（EWA）モデルになる．シミュレーションされたデータの利用は，このモデ
ルを例示するのに有益である．それは特に，非常に多くのパラメータを正し
く，また相対的に正確に，推定することが可能であるということを確証する方
法を教えてくれるからである．

　異質性に関する問題がやはり，ゲームにおける学習の文脈において再び生じ
た．異質性を無視することで，あるクラスの学習モデルを別のクラスのものよ
り有利にするということを，Wilcox（2006）のモンテカルロ法による研究が
明らかにしている．明らかに，学習モデルの推定は何らかの形で被験者間の異
質性を取り込むことになるということが，この発見から暗黙的に示唆される．
かなり多くのパラメータの推定が必要になるだろうが，このことは，EWA モ
デルの中から選ばれたパラメータに MSL アプローチを適用することによって
達成できるだろう．

　この方向でのより容易なステップは，RL と BL のそれぞれに従う主体の割
合を推定するために，有限混合アプローチを RL と BL とを結合するために使
用することだろう．この混合モデルが標準的な EWA モデルよりも良いパフ
ォーマンスを示すだろうということは，極めてありうることである．それは，
EWA モデルは，すべての主体が RL と BL に関して正確に同じ重み付け平均
に従って学習を行うという仮定の下に構築された，本質的には代表的個人モデ
ルだからである．

　推論レベルのモデルについては，プレーヤーの異質性が再び重要になってく
る．なぜなら，主体は異なる推論レベルの間で分離可能であると仮定されるか
らである．最も適したアプローチとして，有限混合フレームワークを推奨して
きた．ここで仮定された混合モデルは，少数の低い推論レベルのタイプと素朴

なナッシュ・タイプを含む，非常に基本的なものであったことは強調しておかなくてはならない．これより先に進めることが可能である．Stahl and Wilson (1995) は，3 × 3 対称ゲームの文脈において，（低い推論レベルのタイプと素朴なナッシュ・タイプの存在を仮定する）「知恵者」タイプと，（他のすべてのタイプの存在と，自分自身と同じタイプが他にも共存していると仮定する）合理的期待（RE）タイプを，さらに付け加えている．このように拡張された混合モデルに関する計量経済学的モデル化は比較的複雑なものになる．特に，RE タイプの行動の正しいモデル化に関してはそうである．この点は，将来の研究にとって有望な研究領域であるように思われる．

19.7 異質性

異質性については，これまで述べてきたほぼすべての節において言及してきたし，また，本書でカバーされたものの中で最も重要なテーマであるのはほぼ間違いない．それは，実験経済学のほぼあらゆる領域において重要であるように思われる．異質性を処理することに失敗すると不正確な結論を導いてしまうということを，これまで多くの機会に見てきた．

広い意味で2つのタイプの異質性が存在する．有限混合モデルをもちいて取り扱われる離散的な異質性と，本書では最尤シミュレーション（MSL）法をそのアプローチとして採用した，連続的な異質性である．ある種の設定では，両方のタイプの異質性に関する要素が存在するので，2つのアプローチが結合して使用される．

もう1つの区別は，観察された異質性と観察されない異質性の間にある．本書で取り扱ったほとんどの状況は後者に属する．しかしながら，観察された異質性（つまり，観察された被験者の特性によって被験者間の異質性が説明される）は明らかに，関連する被験者の特性（例えば，性別）が実際に観察されるような状況では，理にかなったアプローチである．Harrison et al. (2007) と Tanaka et al. (2010) の両者はこのアプローチを採用している．

これまで考察されたような MSL 法の応用のすべてにおいては，ただ1つの次元の異質性しか存在しなかった．つまり，被験者間で変動すると仮定されるのはただ1つのパラメータであった．しかしながら，MSL アプローチは，1次元以上の異質性が存在する状況に特によく適していることに注意してほし

い．例えば，リスク回避性と確率重み付け（Conte et al., 2011），リスク回避性と複雑性回避（Moffat et al., 2015），リスク回避性，時間選好，それにランダム性（Von Gaudecker et al., 2011）といったモデルがそれにあたる．計算能力が持続的に発展していけば，多次元の異質性を持ったこうしたモデルは，やがてもっとありきたりなものになってしまう可能性が高い，ということが予想される．

付録 A　データ・ファイルとその他のファイルのリスト

　以下のファイルは，本書のさまざまな箇所で参照されているが，オンラインで入手可能である（www.palrave.com/moffatt）.

STATA のデータセット
lottery_choice_sim
holdup
Forsythe
give_take_sim
common_value_sim
risky_choice_sim
decision_times_sim
house_money_sim
ug_sim
ug_sm_sim
holtlaury_sim
interval_data_sim
exact_sim
bardsley_sim
emotions
mixture_sim
fairness_sim
acquire_sim
bardsley
erkal

clark
garp
ES_sim
Chowdhury
beauty_sim
cog_hier_sim
pursue_evade
selten_stoecker
pursue_evade_sim

STATA の do-file
do-file のすべて

Excel シート
house money calculations
risk aversion calculations
proposer decision

付録 B　STATA コマンドのリスト

STATA のコマンドに関する一般的規則
∗ で始まる行はコメント行として扱われる.

ときには，コマンドにコンマが含まれることがある．コマンドの主要部分はコンマの前にある．オプションはコンマの後から始まる．ときには，コマンドの最初の数文字だけ十分な場合がある．例えば，summarize は su だけでよい．

STATA は大文字と小文字を区別する．例えば，変数 X は x とは違うものとして扱われる.

もし困ったことがあったら，help → search とクリックし，キーワードをタイプすることが非常に有益である．すると，STATA のマニュアルの該当ページが開かれる．しばしば，こうしたページで最も有益な部分は，最後にある「例」である.

データセットの結合（使用する場合には必ず **help → search** を参照のこと）
　append　別のデータセットから新しい観測値を（行方向に）追加.
　joinby　別のデータセットから新しい変数を（列方向に）導入.

データの内容チェック，データの変更
データの内容をチェックするためには，データエディタ（ブラウズ）アイコンをクリックする.
　order i t x y　これら4つの変数をデータ行列の最初の4列に移動する.
データセットに入力したり，データにマイナーチェンジを施すには，データエディタ（編集）アイコンをクリックする.

608 付録 B STATA コマンドのリスト

`drop if t < 15` $t < 15$ であるようなすべての観察値を消去.

`keep if gender == 1` gender $= 1$ であるようなすべての観察値を保存.

`clear` メモリからすべての変数を消去.

コマンドのファイルへの保存：do-file

do-file エディタアイコンをクリックする. 開かれたウィンドウにコマンドをタイプする. ファイルを保存する. コマンド全体を実行するにはすべて実行アイコンをクリックするか, 選択した範囲のコマンドを実行する場合は実行アイコンをクリックする. 以下のコマンドは do-file 内で使用すると有用である.

`set more off` do-file 内で使用し, 結果ウィンドウにすべてを出力するようにする.

`quietly replace x=.` スクリーンに出力しないでコマンドを実行.

`capture` 出力を抑えるために別のコマンドの前に実行するコマンド. do-file 内で使用すると有益である. なぜなら, 例えば, エラーがあってもコマンドの実行の継続を可能にしてくれるからである.

`capture gen x2=x*x` 変数 x2 がすでに存在するとしても, do-file の実行の継続を可能にする.

`///` コマンド行の継続.

`//` コメント行. この右側に書かれたものはすべてコメントとして扱われる.

簡易な計算の実行

`display 2*2` 2×2 の計算の実行.

単純なデータ分析

`summarize x` x の平均, 標準偏差, 最小値, および最大値の計算.

`sum x1-x4, detail` 4つの変数 x1, x2, x3, x4 について（パーセンタイルを含む）より詳細な記述統計の提示.

`sum x if d==0` 別の変数 d が値 0 をとるような観察値について x の要約統計量を提示.

`ci x` 変数 x の母集団平均に対する 95% 信頼区間を計算.

`tabulate x` x の頻度分布の提示.

`tab x y` 2つの（離散的）変数 x, y に関するクロス表の提示.

`tab x y, sum(z)` 3つ目の変数 z の要約統計量を各セルに示しながら, 2つの（離散的）変数 x, y に関するクロス表を提示.

`correlate x1 - x3` x1, x2, x3 に関する共分散行列の計算.

グラフ作成

グラフを作成するときには，start graph editor アイコンをクリックし，それから必要な変更を加えることができる．以下にリストアップしたコマンドにおけるオプションのほとんどは graph editor を使って設定することができる．

`hist x, bin(20) freq` x に関するヒストグラムを 20 個のバーで生成し，縦軸を頻度にする．

`hist x, discrete` 離散的変数 x に関するヒストグラムの生成．

`scatter y x, title("y against x")` x に対する y の散布図．タイトル付き．

`scatter y x, xlabel(0(10)100) ylabel(0(1)10)` 縦軸・横軸の範囲を指定．真ん中の数値は目盛間隔．

`scatter y x, xlabel(0(10)100) ylabel(0(1)10) || lfit y x` 散布図に回帰直線を追加．

`scatter y x, jitter(0.1)` 「ジッター」付きの散布図．

`lowess y x` x に対する y の散布図に平滑化曲線を付加．

`lowess y x, bwidth(0.2)` 狭いバンド幅をもちいて得られた平滑化曲線．

`line y t` y に関する時系列グラフ．t は時間トレンド変数．

`line u t, yline(0)` 時間に対する変数 u のグラフ．横軸は 0 に設定．残差をグラフ化するのに有益．

`line x1 x2 x3 t, lpattern(solid dash dot)` 3 つの異なる直線を異なる線種でグラフ化．

新しい変数の生成

`rename var1 x` 変数名を var1 から x に変更．

`variable label x "amount contributed"` 変数 x にラベルを追加．

`gen logx = ln(x)` x の自然対数である変数 logx を生成．ln(x) の代わりに log(x) も使用可能．

`gen double rootx =sqrt(x)` x の平方根である変数 rootx を生成．この新しい変数は倍精度（double）型で保存されることを確認してほしい．

`gen y = x * z` 乗算．

`gen y = x / z` 除算．

`gen x2 = x ^ 2` 2 乗する．

`gen int dum1 = x= =1` x=1 のとき値 1 をとり，それ以外では値 0 となるダミー変数 dum1 を生成．この新しい変数は整数（int）型で保存されることを確認してほしい．

`tab x, gen (x)` カテゴリー変数 x から 1 組のダミー変数 x1，x2，x3 を同

時に生成.

gen dum10 = x >=10 xが10以上のときに1となり,それ以外のときに0となるダミー変数dum10を生成.

注:もし変数がすでに存在している場合,generateと違って,その変数を再定義するためにreplaceコマンドを使用する必要がある.また,replaceは以下のように有用なコマンドである.

replace x=. if y= =0 yが0のときにはxを欠損値に変更.

関連したコマンドには以下のものがある.

recode x 0=. xにおける0を欠損値に変更.

recode x 1=2 2=1 *=. 1を2に,2を1に置き換え,それ以外を欠損値にする.

rename x y 変数名を変更.ラベルの変更について上述のコマンドを使用.

recast double x データ型を倍精度に変更.

検出力分析

sampsi 10 12, sd(5) onesam oneside p(0.8) 母集団平均 = 10であるような1標本片側検定のための標本サイズを見出す.

sampsi 10 12, sd1(4.0) sd2(5.84) oneside p(0.8) 処理効果の検定のための標本サイズを見出す.

sampsi 10 12 sd1(4.0) sd2(5.84) oneside p(0.8) r(0.5) 標本の大きさが等しくない場合における処理効果の検定のための標本サイズを見出す.

処理効果の検定

ttest y=5 母集団平均 = 5という帰無仮説に対する1標本t検定.

bitest y=0.5 0/1変数における1の割合を検定するための二項検定.

tab y1 y2, col exact 2つの二値変数に対するフィッシャー正確確率検定.

tab y1 y2, col chi2 2つの二値変数に対するカイ二乗検定.

tabi 62 68 13 7, exact chi2 col カイ二乗検定の直接的な計算.

ttest y, by(treatment) 独立標本に対するt検定.等分散を仮定.

ttest y, by(treatment) unequal 独立標本に対するt検定.等分散を仮定しない.

bootstrap t=r(t), nodots rep(1000): ttest y, by(treatment) ブートストラップ法によるt検定.

sdtest y, by(treatment) 等分散に対する検定.

sktest y 分布の正規性に対する検定.

ranksum y, by(treatment) マン・ホイットニー検定.

付録 B STATA コマンドのリスト　　　　611

ksmirnov y, by(treatment)　コルモゴロフ・スミルノフ検定.

ttest after=before　対応のある標本に対するt検定.

signrank after=before　ウィルコクソン検定.

回帰分析

regress y x1 x2　yのx1とx2へのOLS回帰. 切片あり.

regress y x if t<=15　$t \leq 15$ である観察値のみをもちいたOLS回帰.

hettest　分散不均一性に関するブロイシュ・ペーガン検定を実施した後, 回帰分析.

regress y x1 x2, noconstant　切片なしの回帰.

regress y x1 x2, robust　分散不均一性に対して頑健な, あるいはホワイトの修正後の標準誤差の生成.

regress y x1 x2, vci(cluster i)　クラスター化した頑健な標準誤差の生成. クラスター化はiの水準であると仮定.

regress y x1 x2, vci(bootstrap, rep(999) cluster(i))　ブートストラップ法.

回帰パラメータに関する仮説検定

regress y x1　yのx1のみへのOLS回帰.

est store rest　直前の回帰分析による推定値を「rest」として保存.

regress y x1 x2 x3　yのx1, x2, x3へのOLS回帰.

est store unrest　直前の回帰分析による推定値を「unrest]として保存.

test x2 x3　F検定をもちいてx2とx3の同時有意性を検定.

lrtest unrest rest　LR検定をもちいてx2とx3の同時有意性を検定.

test x1+x2 = 1　直前の回帰分析におけるx1とx2に関連付けられたパラメータの合計が1という制約を検定.

test (x1+x2=1) (_cons=0)　先ほどの検定に加えて, 切片が0であるという制約を検定.

パラメータに関する関数：デルタ法

regress y x

nlcom threshold: -_b[_cons]/_b[x]　標準誤差と合わせて, 横軸との交点を計算.

regress y x1 x2

nlcom tot_eff] _b[x1]+_b[x2]　標準誤差と合わせて, 総効果, すなわち, 傾き係数の合計を計算.

付録 B STATA コマンドのリスト

回帰分析で得られた推定値と残差

predict yhat, xb 直前の回帰分析での予測値 を表す変数 yhat を生成.

predict uhat, resid 直前の回帰分析での残差を表す変数 uhat を生成.

注：これらのコマンドを2度以上使用する場合には，変数名を変更する必要がある.

スカラーの生成

scalar ten = 10 「ten」という名称のスカラーの生成.

scalar list ten スカラーの表示.

scalar rsq = e(r2) 直近の回帰での R 二乗を「rsq」として保存.

scalar rss=e(rss) 直近の回帰での残差二乗和を「rss」として保存.

パネルデータ

by i: gen t=_n 変数 t（課題番号）の生成.

sort i t データを i によって並べ替えた後，t によって並べ替える.

by i: gen sumy=sum(y) 各 i ごとに別々に y の累計値を生成.

by i: gen int first=1 if _n==1 各ブロックにおける最初の観察値に対して値1をとり，それ以外の場合には欠損値となる二項変数を生成.

by i: gen int last=1 if _n==_N 各ブロックにおける最後の観察値に対して値1をとり，それ以外の場合には欠損値となる二項変数を生成.

xtset i t データをパネルデータとして宣言.

xtdescribe パネルの構成についての情報を表示.

xtline x データの各ブロックごとに別々に変数 x に関する時系列グラフを生成.

xtreg y x1 x2 x3, fe 固定効果モデル.

xtreg y x1 x2 x3, re 変量効果モデル.

predict uhat, u 変量効果モデルの推定値「uhat」として保存.

固定効果および変量効果に関するハウスマン検定

xtset i t データをパネルデータとして宣言.

xtreg y x1 x2 x3, fe 固定効果モデル

est store fe 固定効果モデルの推定値「fe」として保存.

xtreg y x1 x2 x3, re 変量効果モデル.

est store re 変量効果モデルの推定値「re」として保存.

hausman fe re 固定効果モデルと変量効果モデルの推定値を比較するハウスマン検定を実施.

付録 B　STATA コマンドのリスト　　　613

マルチレベル・モデル

lxtmixed y x || i:　2 水準モデル（変量効果モデルと同値）.

xtmixed y x || session: || i:　3 水準モデル.

xtmixed y x || session: || i: x　ランダムな傾きを持つ 3 水準モデル（傾きは i ごとに異なる）.

二値データ，打ち切りデータ，区間データ，順序データ

logit y x1 x2 x3　単純ロジット・モデル.

probit y x1 x2 x3　単純プロビット・モデル.

margins, dydx(x1) at(x1=0)　x1＝0 において x1 の限界効果を計算.

margins, dydx(x1)　x1 の平均限界効果を計算.

tobit y x1 x2 x3, ll(0) ul(10)　下限 0 で上限 10 の上限・下限のあるトービット・モデル.

intreg lower upper y x1 x2 x3, ll(0) ul(10)　下限値を「lower」，上限値を「upper」で指定した区間回帰.

oprobit y x1 x2 x3　順序プロビット・モデル.

シミュレーション

set seed 12345678　乱数の種を設定.

set obs 1000　標本サイズの設定.

gen double u=runiform()　Uniform(0,1) から乱数を生成.

gen double z=invnorm(uniform())　Normal(0, 1) から乱数を生成.

gen double z=rnormal()　Normal(0, 1) から乱数を生成する簡便な方法.

mat c = (1, 0.5 \0.5, 1)　次のコマンドで使用する相関行列を生成.

drawnorm z1 z2, n(2000) corr(c)　2 つの標準正規分布に従う変数を生成.相関行列は c によって与えられている.

gen int n=rpoisson(3)　Poisson(3) から乱数を生成.

パネルデータのシミュレート

set obs 1000　標本サイズの設定.

egen inti =seq(), f(1) t(50) b(20)　$n = 50, T = 20$ の下で被験者識別子を生成.

egen int t=seq(), f(1) t(20)　課題番号を生成.

xtset i t　データをパネルデータとして宣言.

by i: gen double u=0.5*rnormal() if _n==1　各被験者に対するデータの最初の行に変量効果を生成.

by i: replace u=u[1] if u==. 各被験者に対するデータの他の行に変量効果をコピー.

ml ルーティン

ml model lf likprog () () () 3つのパラメータに関して「likprog」プログラムによって最大化される関数を ml 問題として特定化.

ml max 最大化を実行.

ml max, trace より詳細な情報を表示しながら最大化を実行.

ml model lf likprog a b c 上記と同じ ml 問題を特定化. ただし, 3つのパラメータに名称を付けて行う.

ml model d0 likprog a b c パネルデータ場合に実行するコマンド.

ml check プログラム中のエラーを探すために使用.

ml coefleg 推定された各パラメータのシステム変数名を取得.

ループ

local xlist x1-x25 変数リストを定義.

foreach v in 'xlist' xlist にある変数に関してループを開始.

forvalues t = 1(1)50 「t」の値が 1 から 50 までループを実行.

STATA のアドオン

以下のコマンドは, 本書で使用されているユーザー作成のプログラムである. これらは STATA にはあらかじめ用意されていないが, オンラインで入手可能である. findit コマンドを使って検索し, インストールしてほしい.

escftest Epps-Singleton 検定.

cdfplot 累積頻度グラフ.

mdraws ハルトン数列の生成.

fmm 有限混合モデルの推定.

付録C 第5章と第13章で使用された選択問題

t	p1	p2	p3	q1	q2	q3	複雑性	無差別への近接性の平均	意思決定時間の平均（秒）	r^*
1	0.05	0	0.95	0	1	0	1	0.239	3.49	0.074
2	0.09	0	0.91	0	1	0	1	0.175	3.62	0.136
3	0.11	0	0.89	0	1	0	1	0.145	4.11	0.168
4	0.13	0	0.87	0	1	0	1	0.117	4.33	0.201
5	0.15	0	0.85	0	1	0	1	0.09	4.6	0.234
6	0.17	0	0.83	0	1	0	1	0.066	5.09	0.269
7	0.19	0	0.81	0	1	0	1	0.048	6.24	0.304
8	0.22	0	0.78	0	1	0	1	0.041	5.59	0.358
9	0.26	0	0.74	0	1	0	1	0.061	5.36	0.434
10	0.3	0	0.7	0	1	0	1	0.097	4.17	0.514
11	0.35	0	0.65	0	1	0	1	0.154	3.77	0.621
12	0.4	0	0.6	0	1	0	1	0.209	3.25	0.737
13	0.45	0	0.55	0	1	0	1	0.264	2.97	0.862
14	0.5	0	0.5	0	1	0	1	0.318	2.78	1.0
15	0.6	0	0.4	0	1	0	1	0.426	3.41	1.32
16	0.75	0	0.25	0	1	0	1	0.59	2.77	2.0
17	0.9	0	0.1	0	1	0	1	0.775	3.07	3.32
18	0.5	0	0.5	0.48	0.52	0	2	0.16	3.9	0.06
19	0.5	0	0.5	0.44	0.56	0	2	0.127	4.83	0.16
20	0.5	0	0.5	0.42	0.58	0	2	0.111	5.07	0.21
21	0.5	0	0.5	0.4	0.6	0	2	0.095	4.35	0.26
22	0.5	0	0.5	0.38	0.62	0	2	0.078	5.01	0.31
23	0.5	0	0.5	0.36	0.64	0	2	0.062	5.23	0.36
24	0.5	0	0.5	0.34	0.66	0	2	0.046	5.47	0.40
25	0.5	0	0.5	0.32	0.68	0	2	0.033	6.66	0.44
26	0.5	0	0.5	0.3	0.7	0	2	0.027	6.49	0.49
27	0.5	0	0.5	0.28	0.72	0	2	0.03	6.61	0.53
28	0.5	0	0.5	0.26	0.74	0	2	0.038	6.52	0.57
29	0.5	0	0.5	0.24	0.76	0	2	0.048	6.35	0.60
30	0.5	0	0.5	0.22	0.78	0	2	0.062	5.92	0.64
31	0.5	0	0.5	0.2	0.8	0	2	0.08	5.24	0.68
32	0.5	0	0.5	0.16	0.84	0	2	0.117	4.95	0.75
33	0.5	0	0.5	0.1	0.9	0	2	0.179	4.41	0.85
34	0.5	0	0.5	0.02	0.98	0	2	0.28	3.96	0.97
35	0.39	0.2	0.41	0.2	0.6	0.2	3	0.105	4.88	0.93
36	0.38	0.2	0.42	0.2	0.6	0.2	3	0.094	5.39	0.86
37	0.36	0.2	0.44	0.2	0.6	0.2	3	0.072	6.23	0.74
38	0.34	0.2	0.46	0.2	0.6	0.2	3	0.05	6.82	0.62
39	0.32	0.2	0.48	0.2	0.6	0.2	3	0.028	7.44	0.51
40	0.3	0.2	0.5	0.2	0.6	0.2	3	0.015	8.05	0.42
41	0.28	0.2	0.52	0.2	0.6	0.2	3	0.02	7.71	0.32
42	0.27	0.2	0.53	0.2	0.6	0.2	3	0.03	7.04	0.28
43	0.26	0.2	0.54	0.2	0.6	0.2	3	0.041	6.42	0.23
44	0.25	0.2	0.55	0.2	0.6	0.2	3	0.053	6.37	0.19
45	0.24	0.2	0.56	0.2	0.6	0.2	3	0.065	6.03	0.15
46	0.23	0.2	0.57	0.2	0.6	0.2	3	0.077	5.44	0.11
47	0.25	0.75	0	0.5	0.5	0	2	0.209	3.44	0
48	0	0.25	0.75	0	0.5	0.5	2	0.072	5.17	0
49	0.25	0	0.75	0.25	0.25	0.5	2	0.072	5.07	0
50	0.25	0.25	0.75	0.25	0.5	0.25	3	0.428	3.81	0

表 C.1　50個の選択問題，複雑性の水準，無差別への近接性の平均，
意思決定時間の平均（秒），閾値リスクに対する態度（r^*）

参考文献

Abdellaoui,M., Barrios, C. and Wakker, P. P. (2007), "Reconciling introspective utility with revealed preference: Experimental arguments based on prospect theory", *Journal of Econometrics* **138**, 356-378.

Aitchison, J. and Silvey, S. (1957), "The generalisation of probit analysis to the case of multiple responses", *Biometrika* **44**, 138-140.

Al-Ubaydli, O. and List, J. A. (2013), On the generalizability of experimental results in economics: With a response to Camerer, Technical report, National Bureau of Economic Research.

Allais, M. (1953), "Le comportement de l'homme rationnel devant le risque: critique des postulats et axiomes de l'ecole Americaine", *Econometrica* **21**, 503-546.

Alos-Ferrer, C., Granic, D.-G., Shi, F. and Wagner, A. K. (2012), "Choices and preferences: Evidence from implicit choices and response times", *Journal of Experimental Social Psychology* **48**, 1336-1342.

Andersen, S., Harrison, G. W., Lau, M. I. and Rutstrom, E. E. (2006), "Elicitation using multiple price list formats", *Experimental Economics* **9**, 383-405.

Andersen, S., Harrison, G. W., Lau, M. I. and Rutstrom, E. E. (2008), "Eliciting risk and time preferences", *Econometrica* **76**(3), 583-618.

Andreoni, J. (1988), "Why free-ride? Strategies and learning in public goods experiments", *Journal of Public Economics* **37**, 291-304.

Andreoni, J. and Miller, J. (2002), "Giving according to GARP: An experimental test of the consistency of preferences for altruism", *Econometrica* **70**, 737-753.

Andreoni, J. and Vesterlund, L. (2001), "Which is the fair sex? Gender differences in altruism", *Quarterly Journal of Economics* **116**, 293-312.

Ansari, A., Montoya, R. and Netzer, O. (2012), "Dynamic learning in behavioral games: A hidden Markov mixture of experts approach", *Quantitative Marketing and Economics* **10**, 475-503.

Arellano, M. and Bond, S. (1991), "Some tests of specification for panel data: Monte

Carlo evidence and an application to employment equations", *Review of Economic Studies* **58**, 277-297.

Atkinson, A. (1996), "The usefulness of optimum experimental designs", *Journal of the Royal Statistical Society. Series B (Methodological)* **58**, 59-76.

Baik, K. H., Chowdhury, S. M. and Ramalingam, A. (2014), Resources for conflict: Constraint or wealth?, Technical report, School of Economics, University of East Anglia, Norwich, UK.

Ball, S. B., Bazerman, M. H. and Carroll, J. S. (1991), "An evaluation of learning in the bilateral winner's curse", *Organizational Behavior and Human Decision Processes* **48**(1), 1-22.

Baltagi, B. (2008), *Econometric analysis of panel data*, Vol. 1, John Wiley and Sons, New York.

Bardsley, N. (2000), "Control without deception: Individual behaviour in free-riding experiments revisited", *Experimental Economics* **3**, 215-240.

Bardsley, N. (2008), "Dictator game giving: Altruism or artefact?", *Experimental Economics* **11**, 122-133.

Bardsley, N. and Moffatt, P. G. (2007), "The experimetrics of public goods: Inferring motivations from contributions", *Theory and Decision* **62**, 161-193.

Bardsley, N., Cubitt, R., Loomes, G., Moffatt, P. G., Starmer, C. and Sugden, R. (2009), *Experimental economics: Rethinking the rules*, Princeton University Press, Princeton, NJ.

Bazerman, M. H. and Samuelson,W. F. (1983), "I won the auction but don't want the prize", *Journal of Conflict Resolution* **27**(4), 618-634.

Becker, G., DeGroot, M. and Marschak, J. (1964), "Measuring utility by a single-response sequential method", *Behavioural Science* **9**, 226-232.

Bellemare, C., Kroger, S. and Van Soest, A. (2008), "Measuring inequity aversion in a heterogeneous population using experimental decisions and subjective probabilities", *Econometrica* **76**, 815-839.

Berenson, M. L., Levine, D. and Rindskopf, D. (1988), *Applied statistics: A first course*, Prentice Hall, New York.

Berg, J., Dickhaut, J. and McCabe, K. (1995), "Trust, reciprocity, and social history", *Games and Economic Behavior* **10**(1), 122-142.

Binswanger, H. P. (1980), "Attitudes toward risk: Experimental measurement in rural India", *American Journal of Agricultural Economics* **62**(3), 395-407.

Bolten, G. and Ockenfels, A. (2000), "A theory of equity, reciprocity and competition", *American Economic Review* **90**, 166-193.

Bosch-Domenech, A., Montalvo, J. G., Nagel, R. and Satorra, A. (2010), "A finite mixture analysis of beauty-contest data using generalized beta distributions", *Experimental Economics* **13**(4), 461-475.

Bosman, R. and van Winden, F. (2002), "Emotional hazard in a power-to-take experiment", *Economic Journal* **112**, 147-169.

Branas-Garza, P. (2007), "Promoting helping behaviour with framing in dictator games", *Journal of Economic Psychology* **28**, 477-486.

Bruhin, A, a. F.-D. and Epper, T. (2010), "Risk and rationality: Uncovering heterogeneity in probability distortion", *Econometrica* **78**, 1375-1412.

Buchanan, J. M., Tollison, R. D. and Tullock, G. (1980), *Toward a theory of the rent-seeking society*, number 4, Texas A and M University Press, College Station, TX.

Burnham, T. (2003), "Engineering altruism: A theoretical and experimental investigation of anonymity and gift giving", *Journal of Economic Behaviour and Organisation* **50**, 133-144.

Burton, M., Tomlinson, M. and Young, T. (1994), "Consumers decisions whether or not to purchase meat: A double hurdle analysis of single adult households", *Journal of Agricultural Economics* **45**, 202-212.

Buschena, D. and Zilberman, D. (2000), "Generalized expected utility, heteroscedastic error, and path dependence in risky choice", *Journal of Risk and Uncertainty* **20**, 67-88.

Busemeyer, J. R. and Townsend, J. T. (1993), "Decision field theory: A dynamic-cognitive approach to decision making in an uncertain environment", *Psychological Review* **100**(3), 432.

Camerer, C. (2003), *Behavioral game theory: Experiments in strategic interaction*, Princeton University Press, Princeton, NJ.

Camerer, C. and Ho, T.-H. (1999), "Experience-weighted attraction learning in games", *Econometrica* **87**, 827-874.

Camerer, C. and Hogarth, R. M. (1999), "The effects of financial incentives in experiments: A review and capital-labor-production framework", *Journal of Risk and Uncertainty* **19**, 7-42.

Camerer, C., Ho, T.-H. and Chong, J.-K. (2003), "Models if thinking, learning, and teaching in games", *American Economic Review* **93**, 192-195.

Camerer, C., Ho, T.-H. and Chong, J.-K. (2004), "A cognitive hierarchy model of games", *Quarterly Journal of Economics* **119**, 861-898.

Cameron, A. and Trivedi, P. K. (2010), *Microeconometrics using stata* (revised edition), STATA Press: College Station, TX.

Cappelen, A. W., Hole, A. D., Sorensen, E. O. and Tungodden, B. (2007), "The pluralism of fairness ideals: An experimental approach", *The American Economic Review* **97**, 818-827.

Cappellari, L. and Jenkins, S. P. (2006), "Calculation of multivariate normal probabilities by simulation, with applications to maximum simulated likelihood estimation",

ISER Working Paper 2006-16, Colchester: University of Essex.

Chaudhuri, P. and Mykland, P. A. (1993), "Non-linear experiments: Optimal design and inference based on likelihood", *Journal of the American Statistical Association* **88**, 538-546.

Chaudhuri, P. and Mykland, P. A. (1995), "On efficient designing of non-linear experiments", *Statistica Sinica* **5**, 421-440.

Cherry, T. L., Frykblom, P. and Shogren, J. F. (2002), "Hardnose the dictator", *American Economic Review* **92**, 1218-1221.

Cheung, S. L. (2014), "New insights into conditional cooperation and punishment from a strategy method experiment", *Experimental Economics* **17**(1), 129-153.

Cheung, Y.-W. and Friedman, D. (1997), "Individual learning in normal form games: Some laboratory results", *Games and Economic Behavior* **19**(1), 46-76.

Chlaß, N. and Moffatt, P. G. (2012), Giving in dictator games: Experimenter demand effect or preference over the rules of the game?, Technical report, Jena Economic Research Papers.

Chowdhury, S. M., Sheremeta, R. M. and Turocy T. L. (2014), "Overbidding and overspreading in rent-seeking experiments: Cost structure and prize allocation rules", *Games and Economic Behavior* **87**, 224-238.

Clark, J. (2002), "House money effects in public good experiments", *Experimental Economics* **5**, 223-231.

Clarke, K. A. (2003), "Non-parametric model discrimination in international relations", *Journal of Conflict Resolution* **47**, 72-93.

Cleveland, W. (1979), "Robust locally weighted regression and smoothing scatterplots", *Journal of the American Statistical Association* **74**, 829-836.

Cohen, J. (2013), *Statistical power analysis for the behavioral sciences*, Routledge Academic, London.

Coller, M. and Williams, M. B. (1999), "Eliciting individual discount rates", *Experimental Economics* **2**(2), 107-127.

Collins, L. M. and Lanza, S. T. (2010), *Latent class and latent transition analysis for the social, behavioral, and health sciences*, Wiley, New York.

Conlisk, J. (1989), "Three variants on the Allais Example", *American Economic Review* **79**(3), 392-407.

Connolly, T. and Butler, D. (2006), "Regret in economic and psychological theories of choice", *Journal of Behavioral Decision Making* **19**, 139-154.

Conte, A. and Moffatt, P. (2014), "The econometric modelling of social preferences", *Theory and Decision* **76**(1), 119-145.

Conte, A., Hey, J. D. and Moffatt, P. (2011), "Mixture models of choice under risk", *Journal of Econometric* **162**, 79-88.

Conte, A., Moffatt, P. G. and Riddel, M. (2015), "Heterogeneity in risk attitudes across domains: A bivariate random preference approach", *CBESS Discussion Paper 15-10*, University of East Anglia.

Cox, D. R. (1970), *The analysis of binary data*, Methuen, London.

Cragg, J. (1971), "Some statistical models for limited dependent variables with application to the demand for durable goods", *Econometrica* **39**, 829-844.

Crawford, V. P. and Iriberri, N. (2007), "Fatal attraction: Salience, naivete, and sophistication in experimental "hide-and-seek" games", *The American Economic Review* **97**, 1731-1750.

Crawford, V. P., Costa-Gomes, M. A. and Iriberri, N. (2013), "Structural models of nonequilibrium strategic thinking: Theory, evidence, and applications", *Journal of Economic Literature* **51**(1), 5-62.

Croson, R. and Gneezy, U. (2009), "Gender differences in preferences", *Journal of Economic Literature* **47**, 448-474.

Davis, D. and Holt, C. A. (1993), *Experimental Economics*, Princeton University Press, Princeton, NJ.

Daykin, A. R. and Moffatt, P. G. (2002), "Analyzing ordered responses: A review of the ordered probit model", *Understanding Statistics: Statistical Issues in Psychology, Education, and the Social Sciences* **1**(3), 157-166.

Deaton, A. and Irish, M. (1984), "Statistical models for zero expenditures in household budgets", *Journal of Public Economics* **23**, 59-80.

Deb, P. (2012), "Fmm: Stata module to estimate finite mixture models", *Statistical Software Components*.

Dionne, G., Artis, M. and Guillen, M. (1996), "Count data models for a credit scoring system", *Journal of Empirical Finance* **3**, 303-325.

Dohmen, T., Falk, A., Huffman, D., Sunde, U., Schupp, J. and Wagner, G. G. (2011), "Individual risk attitudes: Measurement, determinants, and behavioral consequences", *Journal of the European Economic Association* **9**(3), 522-550.

Dong, D. and Kaiser, H. (2008), "Studying household purchasing and nonpurchasing behaviour for a frequently consumed commodity: Two models", *Applied Economics* **40**(15), 1941-1951.

Drichoutis, A. C., Nayga Jr., R. M., Lazaridis, P. and Park, B. S. (2011), "A consistent econometric test for bid interdependence in repeated second-price auctions with posted prices", *Atlantic Economic Journal* **39**(4), 329-341.

Eckel, C. and Grossman, P. (1998), "Are women less selfish than men? Evidence from dictator experiments", *The Economic Journal* **108**, 729-735.

Eckel, C. and Grossman, P. J. (2001), "Chivalry and solidarity in ultimatum games", *Economic Inquiry* **39**, 171-188.

Eeckhoudt, L. and Schlesinger, H. (2006), "Putting risk in its proper place", *American Economic Review* **96**, 280-289.

Efron & Tibshirani (1993), *An introduction to the bootstrap. Monographs on Statistics and Applied Probability, No. 57*, Chapman and Hall, New York.

El-Gamal, M. A. and Grether, D. M. (1995), "Are people Bayesian? Uncovering behavioral strategies", *Journal of the American Statistical Association* **90**(432), 1137–1145.

Ellingsen, T. and Johannesson, M. (2004), "Promises, threats and fairness", *The Economic Journal* **114**, 397–420.

Engel, C. (2011), "Dictator games: A meta study", *Experimental Economics* **14**(4), 583–610.

Engel, C. and Moffatt, P. G. (2012), "Estimation of the house money effect using hurdle models", *Preprints of the Max Planck Institute for Research on Collective Goods Bonn* **2012/13**.

Engel, C. and Moffatt, P. G. (2014), "dhreg, xtdhreg, and bootdhreg: Commands to implement double-hurdle regression", *Stata Journal* **14**(4), 778–797.

Engelmann, D. and Strobel, M. (2004), "Inequality aversion, efficiency, and maximin preferences in simple distribution experiments", *American Economic Review* **94**, 857–869.

Epps, T. W. and Singleton, K. J. (1986), "An omnibus test for the two-sample problem using the empirical characteristic function", *Journal of Statistical Computation and Simulation* **26**, 177–203.

Erev, I. and Roth, A. (1998), "Predicting how people play games: Reinforcement learning in experimental games with mixed strategy equilibria", *American Economic Review* **88**, 848–881.

Erkal, N., Gangadharan, L. and Nikiforakis, N. (2011), "Relative earnings and giving in a real-effort experiment", *American Economic Review* **101**, 3330–3348.

Fechner, G. (1860), *Elements of Psychophysics, Vol. 1*, Holt, Rinehart and Winston, New York.

Fedorov, V. (1972), *Theory of Optimum Experiments*, Academic Press, New York.

Fehr, E. and Schmidt, K. M. (1999), "A theory of fairness, competition and cooperation", *Quarterly Journal of Economics* **114**, 817–868.

Feltovich, N. (2000), "Reinforcement-based vs. belief-based learning models in experimental asymmetric-information games", *Econometrica* **68**, 605–641.

Fischbacher, U., Gachter, S. and Fehr, E. (2001), "Are people conditionally cooperative? Evidence from a public goods experiment", *Economics Letters* **71**, 379–404.

Fisman, R., Kariv, S. and Markovits, D. (2007), "Individual preferences for giving", *The American Economic Review* **97**(5), 1858–1876.

Ford, I., Tosney, B. and Wu, C. F. J. (1992), "The use of a canonical form in the construction of locally optimal designs for non-linear problems", *Journal of the Royal Statistical Society. Series B (Methodological)* **54**, 569–583.

Forsythe, R., Horowitz, J. L., Savin, N. E. and Sefton, M. (1994), "Fairness in simple bargaining experiments", *Games and Economic Behavior* **6**, 347-369.

Fréchette, G. R. (2001), "sg158. 1 update to random-effects ordered probit", *Stata May 2001 Technical STB-61*, p. 12.

Fréchette, G. R. (2012), "Session-effects in the laboratory", *Experimental Economics* **15**(3), 485-498.

Gächter, S. and Fehr, E. (2000), "Cooperation and punishment in public goods experiments", *American Economic Review* **90**(4), 980-994.

Garcia, B. (2013), "Implementation of a double-hurdle model", *Stata Journal* **13**(4), 776-794.

Georg, S. J. (2009), "Nonparametric testing of distributions - the Epps-Singleton two-sample test using the empirical characteristic function", *The Stata Journal* **9**, 454-465.

Goeree, J. K., Holt, C. A. and Palfrey, T. R. (2002), "Quantal response equilibrium and overbidding in private-value auctions", *Journal of Economic Theory* **104**(1), 247-272.

Goeree, J. K., Holt, C. A. and Palfrey, T. R. (2003), "Risk averse behavior in generalised matching pennies games", *Games and Economic Behavior* **45**, 97-113.

Gould, W., Pitblado, J. and Poi, B. (2010), *Maximum likelihood estimation with STATA*, Fourth edition, STATA Press, College Station, TX.

Greene, W. (2008), *Econometric analysis*, Sixth Edition, Prentice Hall: New York.（斯波恒正他訳『グリーン計量経済分析』エコノミスト社，2000 年）

Green, D. P. and Tusicisny, A. (2012), Statistical analysis of results from laboratory studies in experimental economics: A critique of current practice, in "2012 North American Economic Science Association Conference".

Grether, D. and Plott, C. R. (1979), "Economic theory of choice and the preference reversal phenomenon", *Economic Theory of Choice and the Preference Reversal Phenomenon* **69**, 623-638.

Güth, W., Schmittberger, R. and Schwarze, B. (1982), "An experimental analysis of ultimatum bargaining", *Journal of Economic Behavior and Organization* **3**(4), 367-388.

Halton, J. (1960), "On the efficiency of evaluating certain quasi-random sequences of points on evaluating multi-dimensional integrals", *Numerische Mathematik* **2**, 84-90.

Ham, J. C., Kagel, J. H. and Lehrer, S. F. (2005), "Randomization, endogeneity and laboratory experiments: The role of cash balances in private value auctions", *Journal of Econometrics* **125**(1), 175-205.

Harless, D. and Camerer, C. (1994), "The predictive utility of generalized expected utility theories", *Econometrica* **62**, 1251-1289.

Harrison, G. (1989), "Theory and misbehavior of first price auctions", *American Economic Review* **79**, 949-963.

Harrison, G. (2007), "House money effects in public good experiments: Comment", *Experimental Economics* **10**, 429-437.

Harrison, G. and Rutström, E. E. (2009), "Expected utility theory and prospect theory: one wedding and a decent funeral", *Experimental Economics* **12**, 133-158.

Harrison, G., Johnson, E., McInnes, M. and Rutström, E. E. (2005), "Risk aversion and incentive effects: Comment", *American Economic Review* **95**, 900-904.

Harrison, G. W., Lau, M. I. and Rutström, E. E. (2007), "Estimating risk attitudes in Denmark: A field experiment", *The Scandinavian Journal of Economics* **109**(2), 341-368.

Harrison, G. W., Lau, M. and Rutström, E. E. (2015), "Theory, experimental design and econometrics are complementary (and so are lab and field experiments)", chapter 15 in Fréchette, G. R. and Schotter A. (eds.), *Handbook of Experimental Economic Methodology*, Oxford University Press, New York.

Harwell, M. R. and Gatti, G. G. (2001), "Rescaling ordinal data to interval data in educational research", *Review of Educational Research* **71**, 105-131.

Hausman, J. (1978), "Specification tests in econometrics", *Econometrica* **46**, 1251-1271.

Hey, J. D. (1995), "Experimental investigations of errors in decision making under risk", *European Economic Review* **39**, 633-640.

Hey, J. D. (2001), "Does repetition improve consistency", *Experimental Economics* **4**, 5-54.

Hey, J. D. and di Cagno, D. (1990), "Circles and triangles: An experimental estimation of indifference lines in the marschak-machina triangle", *Journal of Behavioural Decision Making* **3**, 279-306.

Hey, J. D. and Orme, C. (1994), "Investigating generalisations of expected utility theory using experimental data", *Investigating Generalisations of Expected Utility Theory Using Experimental Data* **62**, 1291-1326.

Holmqvist, K., Nystrom, M., Andersson, R., Dewhurst, R., Jarodzka, H. and Van de Weijer, J. (2011), *Eye tracking: A comprehensive guide to methods and measures*, Oxford University Press, New York.

Holt, C. (1986), "Reversals and the independence axiom", *American Economic Review* **76**, 508-515.

Holt, C. and Laury, S. K. (2002), "Risk aversion and incentive effects", *American Economic Review* **92**, 1644-1655.

Houser, D. (2008), "Experiments and econometrics", *The new Palgrave dictionary of economics*, Second edition, Macmillan, London.

Huber, J. and Zwerina, K. (1996), "The importance of utility balance in efficient choice designs", *Journal of Marketing Research* **23**, 307–317.

Jakiela, P. (2013), "Equity vs. efficiency vs. self-interest: On the use of dictator games to measure distributional preferences", *Experimental Economics* **16**(2), 208–221.

Johnson, N. D. and Mislin, A. A. (2011), "Trust games: A meta-analysis", *Journal of Economic Psychology* **32**(5), 865–889.

Johnson, C. A., Baillon, A., Bleichrodt, H., Li, Z., Van Dolder, D. and Wakker, P. P. (2014), "Prince: An improved method for measuring incentivized preferences", *Available at SSRN 2504745*.

Jones, A. M. (1989), "A double hurdle model of cigarette consumption", *Journal of Applied Econometrics* **4**, 23–39.

Kagel, J. H. and Levin, D. (1986), "The winner"s curse and public information in common value auctions", *The American Economic Review* **76**, 894–920.

Kagel, J. H., Levin, D. and Harstad, R. M. (1995), "Comparative static effects of number of bidders and public information on behavior in second-price common value auctions", *International Journal of Game Theory* **24**(3), 293–319.

Kahneman, D. and Tversky, A. (1979), "Prospect theory: An analysis of decisions under risk", *Econometrica* **47**(2), 263–291.

Kanninen, B. (1993), "Optimal experimental design for double-bounded dichotomous choice contingent valuation", *Land Economic* **69**, 138–146.

Keasey, K. and Moon, P. (1996), "Gambling with the house money in capital expenditure decisions", *Economics Letters* **50**, 105–110.

Kennedy, P. E. (1998), "Teaching undergraduate econometrics: A suggestion for fundamental change", *American Economic Review* **88**, 487–492.

Krishna, V. (2010), *Auction theory*, 2nd Edition, Academic Press, New York. (山本哲三訳『オークション理論』中央経済社, 2018 年)

Laffont, J.-J., Ossard, H. and Vuong, Q. (1995), "Econometrics of first-price auctions", *Econometrica: Journal of the Econometric Society* **63**, 953–980.

Ledyard, J. O. (1995), *Public goods: A survey of experimental research*, Princeton University Press, Princeton.

Lichtenstein, S. and Slovic, P. (1971), "Reversals of preference between bids and choices in gambling decisions.", *Journal of Experimental Psychology* **89**(1), 46.

Likert, R. (1932), *A technique for the measurement of attitudes*, Vol. Archives of Psychology, No. 140, Columbia University Press, New York.

List, J. A. (2007), "On the interpretation of giving in dictator games", *Journal of Political Economy* **115**, 482–493.

List, J. A., Sadoff, S. and Wagner, M. (2011), "So you want to run an experiment, now what? Some simple rules of thumb for optimal experimental design", *Experimental Economics* **14**(4), 439–457.

Little, I. M. D. (1949), "A reformulation of the theory of consumer"s behaviour",

Oxford Economic Papers **1**, 90-99.

Loomes, G. and Sugden, R. (1998), "Testing different stochastic specifications of risky choice", *Economica* **65**, 581-598.

Loomes, G., Moffatt, P. G. and Sugden, R. (2002), "A microeconometric test of alternative stochastic theories of risky choice", *Journal of Risk and Uncertainty* **24**, 103-130.

Louviere, J. J., Hensher, D. A. and Swait, J. D. (2000), *Stated choice methods: Analysis and application*, Cambridge University Press, Cambridge.

Louviere, J. J., Islam, T., Wasi, N., Street, D. and Burgess, L. (2008), "Designing discrete choice experiments: Do optimal designs come at a price?", *Journal of Consumer Research* **35**(2), 360-375.

Luce, D. (1959), *Individual choice behavior*, Wesley, New York.

MacKinnon, J. G. (2002), "Bootstrap inference in econometrics", *Canadian Journal of Economics/Revue canadienne d'economique* **35**(4), 615-645.

Maddala, G. (1983), *Limited dependent and qualitative variables in econometrics*, Cambridge University Press, New York.

Masters, G. N. (1982), "A Rasch model for partial credit scoring", *Psychometrica* **47**, 149-174.

McDowell, A. (2003), "From the help desk: Hurdle models", *The Stata Journal* 3, 1738-184.

McKelvey, R. D. and Palfrey, T. R. (1995), "Quantal response equilibria for normal form games", *Games and Economic Behavior* **10**(1), 6-38.

McLachlan, G. and Peel, D. (2000), *Finite mixture models*, Wiley, New York.

Menictas, C., Wang, P. and Fine, B. (2011), "Assessing flat-lining response style bias in online research", *Australasian Journal of Market and Social Research* **19**, 34-44.

Moffatt, P. G. (1991), *Microeconometric models of household purchasing behaviour*, unpublished PhD Thesis, University of Bristol.

Moffatt, P. G. (2005a), "Hurdle models of loan default", *Journal of the Operational Research Society* **56**, 1063-1071.

Moffatt, P. G. (2005b), "Stochastic choice and the allocation of cognitive effort", *Experimental Economics* **8**, 369-388. Moffatt, P. G. (2007), "Optimal experimental design in models of decision and choice", Chapter 15 in Boumans, M. (ed.), *Measurement in Economics: A Handbook*, Academic Press: London, 357-375.

Moffatt, P. G. and Peters, S. A. (2001), "Testing for the presence of a tremble in economic experiments", *Experimental Economics* **4**, 221-228.

Moffatt, P. G., Sitzia, S. and Zizzo, D. J. (2015), "Heterogeneity in preferences towards complexity", *Journal of Risk and Uncertainty*, forthcoming.

Muller, W. G. and de Leon, A. C. P. (1996), "Optimal design of an experiment in economics", *The Economic Journal* **106**, 122-127.

Nagel, R. (1995), "Unravelling in guessing games: An experimental study", *American Economic Review* **85**, 1313-1326.

Nelson, F. D. (1976), "On a general computer algorithm for the analysis of models with limited dependent variables", *Annals of Economic and Social Measurement* **5**, 493-509.

Neumann, L. J. and Morgenstern, O. (1947), *Theory of games and economic behavior*, Princeton University Press, Princeton, NJ. (武藤滋夫訳『ゲーム理論と経済行動 刊行 60 周年記念版』勁草書房, 2014 年)

Oehlert, G. W. (1992), "A note on the delta method", *The American Statistician* **46**(1), 27-29.

Pratt, J. (1964), "Risk aversion in the small and in the large", *Econometrica* **32**, 122-136.

Prelec, D. (1998), "The probability weighting function", *Econometrica* **66**, 497-527.

Quiggin, J. (1982), "A theory of anticipated utility", *Journal of Economic Behaviour and Organisation* **3**, 323-343.

Rabe-Hesketh, S. and Skrondal, A. (2008), *Multilevel and longitudinal modeling using Stata*, STATA Press, College Station, TX.

Reiss, P. C. and Wolak, F. A. (2007), "Structural econometric modeling: Rationales and examples from industrial organization", *Handbook of Econometrics* **6**, 4277-4415.

Roodman, D. (2009), "How to do xtabond2: An introduction to difference and system GMM in stata". *Stata Journal*, **9**(1), 86-136.

Rosenthal R.W., Shachat J. andWalkerM. (2003), "Hide and seek in Arizona", *International Journal of Game Theory* **32**, 273-293.

Roth, A. E., Prasnikar, V., Okuno-Fujiwara, M. and Zamir, S. (1991), "Bargaining and market behaviour in Jerusalem, Ljubljana, Pittsburgh and Tokyo: An experimental study", *American Economic Review* **81**, 1068-1095.

Runco, M. (2013), "Estimating depth of reasoning in a repeated guessing game with no feedback", *Experimental Economics* **16**(3), 402-413.

Saha, A. (1993), "Expo-power utility: A flexible form for absolute and relative risk aversion", *American Journal of Agricultural Economics* **75**, 905-913.

Seidl, C. (2002), "Preference reversal", *Journal of Economic Surveys* **16**, 621-655.

Selten, R. (1967), "Die strategiemethode zur erforschung des eingeschrancht rationalen verhaltens in rahmen eines oligopolexperiments", inbeitraägge zur experimentellen wirtschaftforschung, ed. by H. Sauermann, Tübingen: Jcb mohr.

Selten, R. and Stoecker, R. (1986), "End behavior in sequences of finite prisoner's dilemma supergames a learning theory approach", *Journal of Economic Behavior and Organization* **7**(1), 47-70.

Shachat, J., Swarthout, J. T. and Wei, L. (2015), "A hidden Markov model for the detection of pure and mixed strategy play in games", *Econometric Theory* **31**, 729-752.

Sheremeta, R. M. (2010), "Experimental comparison of multi-stage and one-stage contests", *Games and Economic Behavior* **68**(2), 731-747.

Sheremeta, R. M. (2013), "Overbidding and heterogeneous behavior in contest experiments", *Journal of Economic Surveys* **27**(3), 491-514.

Siegel, S. and Castellan, N. J. (1988), *Non-parametric statistics for the behavioral sciences*, Second edition, McGraw Hill, New York.

Silvey, S. D. (1980), *Optimal design: An introduction to the theory for parameter estimation*, Chapman and Hall, London.

Skrondal, A. and Rabe-Hesketh, S. (2004), *Generalized latent variable modeling: Multilevel, longitudinal, and structural equation models*, CRC Press, Oxford.

Smith, M. D. (2003), "On dependency in double-hurdle models", *Statistical Papers* **44**(4), 581-595.

Smith, V. L. (1982), "Microeconomic systems as an experimental science", *The American Economic Review*, pp. 923-955.

Solnick, S. (2001), "Gender differences in the ultimatum game", *Economic Inquiry* **39**, 189-200.

Sonsino, D., Benzion, U. and Mador, G. (2002), "The complexity effects on choice with uncertainty? experimental evidence*", *The Economic Journal* **112**(482), 936-965.

Stahl, D. O. (1996), "Boundedly rational rule learning in a guessing game", *Games and Economic Behavior* **16**, 303-330.

Stahl, D. O. and Wilson, P.W. (1995), "On players models of other players: Theory and experimental evidence", *Games and Economic Behavior* **10**(1), 218-254.

Starmer, C. (2000), "Developments in non-expected utility theory: The hunt for a descriptive theory of choice under risk", *Journal of economic literature*, pp. 332-382.

StataCorp (2011), *Stata statistical software: Release 12*, StataCorpLP, College Station, TX.

Stott, H. P. (2006), "Cumulative prospect theory's functional menagerie", *Journal of Risk and uncertainty* **32**(2), 101-130.

Tanaka, T., Camerer, C. F. and Nguyen, Q. (2010), "Risk and time preferences: Linking experimental and household survey data from Vietnam", *American Economic Review* **100**, 557-571.

Thaler, R. and Johnson, E. (1990), "Gambling with the house money and trying to break even: The effects of prior outcomes on risky choice", *Management Science* **36**, 643-660.

Tobin, J. (1958), "Estimation of relationships for limited dependent variables", *Econometrica* **26**, 24-36.

Train, K. E. (2003), *Discrete choice methods with simulation*, Cambridge University

Press, Cambridge.

Tversky, A. and Kahneman, D. (1992), "Advances in prospect theory: Cumulative representation of uncertainty", *Journal of Risk and Uncertainty* **5**(4), 297-323.

Tversky, A., Slovic, P. and Kahneman, D. (1990), "The causes of preference reversal", *The American Economic Review* **80**, 204-217.

Von Gaudecker, H.-M., Van Soest, A. and Wengstrom, E. (2011), "Heterogeneity in risky choice behavior in a broad population", *The American Economic Review* **101**, 664-694.

Vuong, Q. H. (1989), "Likelihood ratio tests for model selection and non-nested hypotheses", *Econometrica* **57**, 307-333.

Wakker, P. P. (2010), *Prospect Theory*, Cambridge University Press, Cambridge.

Wales, T. J. and Woodland, A. K. (1983), "Estimation of consumer demand systems with binding non-negativity constraints", *Journal of Econometrics* **21**, 263-285.

Wilcox, N. T. (1994), "On a lottery pricing anomaly: Time tells the tale", *Journal of Risk and Uncertainty* **8**, 311-324.

Wilcox, N. T. (2006), "Theories of learning in games and heterogeneity bias", *Econometrica* **74**, 1271-1292.

Wilcox, N. T. (2008), "Stochastic models for binary discrete choice under risk: A critical primer and econometric comparison", *Research in Experimental Economics* **12**, 197-292.

Wilkinson, N. and Klaes, M. (2012), *An introduction to behavioral economics*, Palgrave Macmillan, London.

Wooldridge, J. (2012), *Introductory econometrics: A modern approach*, Cengage Learning, Mason, OH.

Yates, F. (1934), "Contingency tables involving small numbers and the chi 2 test", *Supplement to the Journal of the Royal Statistical Society* **1**, 217-235.

Yi, K.-O. (2005), "Quantal-response equilibrium models of the ultimatum bargaining game", *Games and Economic Behavior* **51**(2), 324-348.

Zelmer, J. (2003), "Linear public goods experiments: A meta-analysis", *Experimental Economics* **6**(3), 299-310.

監訳者あとがき

　本書は Peter G. Moffatt, *Experimetrics Econometrics for Experimental Economics*, Palgrave, 2016 の全訳である．本書の原題である Experimetrics は，もちろん，Experiment［実験］と計量経済学［Econometrics］とを組み合わせた造語であるが，この日本語版では内容を端的に表すタイトルとして『経済学のための実験統計学』とした．

　近年，証拠に基づく政策（Evidence-based policy）への取り組みが活発化し，特にフィールド実験における RCT（ランダム化比較試験）が脚光を浴びていることもあって，実証研究における実験的アプローチの重要性が高まっている．

　ところで，経済学の研究では，2002 年のバーノン・スミスとダニエル・カーネマンのノーベル経済学賞受賞に端的に表れているように，こうした RCT ブーム以前から，実験室における実験研究をベースにした実験経済学の研究が盛んである．

　こうした実験経済学を志す研究者にとってバイブルともいうべきフリードマンとサンダーの『実験経済学の原理と方法』（同文舘出版）が刊行されたのが 1999 年であるから，わが国においても少なくとも 20 年近くの研究の蓄積があることになる．

　こうした実験的アプローチの強みは，なんといっても現象の背後にある因果関係に迫ることができる点にある．従来，既存のデータセットからは，重要な変数が観測不可能であるために推測することしかできなかった因果関係を，関連する変数を実験的に操作することによって明らかにしようとするのが実験的アプローチである．

特に，経済学の研究にとって重要でありながら観測不可能であった変数に，被験者の選好ないし効用関数がある．多くの経済モデルの基本構造が，一定の制約条件の下での効用最大化であることから，被験者がどのような効用関数を最大化しようとしているのかを知ることが，その行動の予測や説明には重要なわけであるが，従来は観察される選択行動から効用関数を推測するしかなかった．

もちろん，その過程で，本書でも多くのページを割いて説明されている離散的選択モデルなどの優れた統計モデルが開発されてきたのであるが，バーノン・スミスはこうした手法とは全く違う発想の手法を生み出した．それが，価値誘発理論（induced value theory）である．

この手法では，実験者が実験室において被験者の効用関数をあらかじめ実験計画で指定された通りに誘発する．具体的には，実験で課される課題に対する成果と実験報酬とを適切に結びつけることにより，実験者が思う通りの効用関数を被験者が持つように実験的に誘導するのである（詳しくは川越敏司『実験経済学』東京大学出版会，第2章を参照）．

こうして被験者の効用関数と予算や情報といった制約条件をすべて実験的にコントロールすることにより，現象の背後にある因果関係を明らかにしようというのが実験的アプローチの特色となる．この場合，唯一実験的にコントロールされていないのが被験者の行動原理である．与えられた効用関数と制約条件の下でも，被験者の行動原理が効用最大化なのか満足化なのか，あるいはランダム選択なのかによって，選択される結果は異なってくる．そこで，観察される行動から被験者の行動原理を探るのが，経済学における実験の主要な目的になる．

実際の研究では，効用最大化に基づく行動原理からは予測されない結果が得られれば，それで実験の役目はひと段落で，そこからは実験結果を説明できる新しい理論モデルを開発することになることが多い．その上で，新たな実験計画の下で新理論を検証するという方向で研究が進むのが通常である．例えば，そのようなアプローチで，期待効用理論からの逸脱が実験的に同定され，それを説明するプロスペクト理論などの非期待効用理論が開発されてきた．

そうしたアプローチでは，理論的予測と観察結果との間に統計的に有意な差があるかどうかだけがわかればよいので，実験経済学では従来，あまり高度な統計的分析手法はもちいられてこなかった．

監訳者あとがき　　633

　しかし，近年では，実験データから被験者の多様な行動原理（異質性）をあぶり出そうというアプローチが重要になってきている．利己的な被験者もいれば利他的な被験者もいる．効用最大化を目指す者もいれば，限定合理的に行動する者もいる．本書でも紹介されているように，こうした被験者間の異質性を捉えた理論モデルが開発され，有限混合モデルに代表されるモデルのパラメータ推定手法も発展してきている．

　著者の Moffatt 氏は University of East Anglia の教授で，実験経済学における統計分析手法を専門としており，本書でも中心的なテーマとなっている被験者間の異質性を考慮した有限混合モデルを，消費者行動や交渉ゲーム，公共財供給ゲームなどに活用した研究で成果をあげている人物である．

　本書では，数多くの実験事例を題材にして，基礎的な実験計画法や処理効果の検定といった伝統的な手法から始めて，有限混合モデルといった最新の手法まで網羅的に取り扱われている．また，統計ソフトウェア STATA によるプログラム例も提供されており，本書が手元にあればほとんどの実験データに対処できる．まさに実験経済学の研究を進めるにあたってのバイブルであると言える．

　なお，STATA のプログラムは原書のホームページからダウンロード可能である．最新版の STATA で動作をチェックしたが，乱数の実現値の違いによる若干の数値のずれが見られた以外は，本書の説明通りの結果になっていた．ずれがあった場合も，本書の結論が変わるほどの違いはなかったので，安心して使用してほしい．

　本書の翻訳では，はじめに訳者である會田，小川，川越，佐々木，長江，山根が各章を分担して訳した後，監訳者の川越が再度，原書と 1 行ずつ照らし合わせながら訳文全体の誤訳や訳しもれなどのチェックと文体・訳語の統一を図った．実験計画や実験統計に関する専門用語については，経済学よりも長い伝統を持つ医学，心理学等における既訳を主に参照した．紹介されている実験の内容においても統計手法においても多種多様であり，また既訳が存在しない用語に適切な訳語を捻出しなければいけなかったこともあり，訳業は決して容易なものではなかったが，訳者一同が本書を翻訳する中で改めて多くのことを学べたことを感謝している．本書を手に取った読者の皆さんも，本書を座右に置き，実験データ分析に活用してほしいと思う．

　最後に，本書の企画を快く受け入れてくれて，遅れがちな訳者の作業を辛抱

強く励ましてくれた勁草書房編集者の宮本詳三氏に感謝を申し上げる.

2018 年 9 月

川越敏司

索　引

数字・アルファベット
1 人当たりの限界便益（MPCR）　43
t 検定
　　1 標本の――　107
　　2 標本の――　69
　　独立 2 標本の――　82
　　独立な標本に対する――　69
　　独立標本の――　98, 111, 114
ABA 計画　32
BDM　207
d0
　　――法　310
　　――尤度評価子　424
D-最適計画　451, 452
d
　　――評価子　323
　　――評価法　273
Lowess 平滑化　142, 156, 186, 213, 266, 383
LR（尤度比）検定　582
mata　312, 523, 538
MLE（最尤推定値）　586
n の平方根　176
RP モデル　413, 437
Stone-Geary 型の効用関数　483

ア　行
アイ・トラッキング　169, 594
アウトサイダー条件　46, 102
赤池情報量基準（AIC）　385
アフィン変換　392
アレのパラドックス　85, 401
アンダーソン・ダーリング検定　78
閾値　230
　　――リスク回避　450
　　――リスクに対する態度　198, 459

意思決定時間　147, 445, 466, 593
異質性　12, 296, 307, 316, 358, 465, 486, 506,
　　589, 594
　　観測された――　509
異質的
　　――エージェント・モデル　197
　　――主体アプローチ　172
　　――主体モデル　226
一位価格オークション　101
一段階切断モデル　358
一部実施法　31
一致性　243
一対比較の t 検定　85, 92
一般化可能性　5, 47
イミディエイト・コマンド　35, 60
インセンティブ　38, 243
インタラクティブな実験　465
ヴュオン検定　414, 440
ウィルコクソンの符号順位検定　85, 92
打ち切り　263, 595
　　――回帰モデル　211
　　――データ　210
　　――ルール　214, 349
エップス・シングルトン検定　78, 80
エモーショナル・ハザード　234
オークション　7, 97
　　イギリス式（競り上げ式）――　101
　　オランダ式――　101
　　全員支払い――　133
重み付き仮想プレー学習　572
折り重ね　466

カ　行
カイ二乗検定　58, 63, 383
外部的妥当性　47

確実性等価 88, 207, 210, 450
学習 214, 343, 601
 ——の効果 281
 ——プロセス 19, 216, 263, 270, 561, 592
確信の度合い 227
撹乱パラメータ 232
確率
 ——加重関数 391, 401
 ——支配 198, 398, 400, 458, 463
 ——的摂動 91
かくれんぼゲーム 560
家計の消費決定 353
過剰入札 7, 97, 134, 136, 138, 140, 536
仮想プレー・モデル 573
 重み付け—— 574
課題関連的なインセンティブ 592
片側検定 51
価値誘発
 ——手法 4, 6
 ——理論 98, 243
下方バイアス 297
感情 227, 233
完全アウトサイダー条件 46
完全無作為化計画 29
完全要因計画 30, 104, 119, 135
感応性パラメータ 569
企業買収
 ——課題 258
 ——ゲーム 250
騎士道効果 218
擬似乱数 288
基数
 ——尺度 50
 ——的情報 73
期待効用（EU）理論 52, 85
期待報酬額の問題 592
基本的予測 6, 97
帰無分布 51
求積法 308
強化学習（RL） 21, 562, 569
共通価値オークション 100
共分散 310
局所的重み付け回帰（Lowess） 11
区間
 ——回帰モデル 228
 ——推定モデル 599
 ——データ 204, 228

クラウドアウト 30
クラーク検定 414
クラスター
 ——化 9, 98, 112, 115, 160, 475
 ——計画 40
クラメール・フォン・ミーゼス検定 78
グリッド・サーチ 384
クロスセクション 364, 385, 388, 414
 ——データ 357
クロス表 54
グローバル変数 192, 253
クールノー学習モデル 573
経験重み付け誘因学習（EWA） 21
 ——モデル 562, 578, 601
経験
 ——特性関数 79
 ——の効果 120, 421
限界効果 181
顕示選好の公理 508
検出力
 ——関数 303, 305
 ——分析 33, 591
限定合理性 19, 513
検定
 ——サイズ 33, 51, 301
 ——力分析 5
後悔理論 468
効果サイズ 36
公共財供給
 ——ゲーム 16, 20, 43, 144, 347
 ——ゲーム実験 211
 ——実験 250, 261, 304, 359, 380
 ——モデル 561
交互作用 30, 98
交叉計画 32, 45
構造
 ——推定 4
 ——的計量経済学モデル 12
 ——パラメータ 201
 ——モデル 194
公平性 77, 222, 480, 494
 ——の理想 18
 ——の理念 495
公平性・互恵性・競争（ERC）モデル 509
効用均等化 455
交絡 94
効率性 344, 480, 501

互恵性　214, 216, 263, 267, 343
　　バイアスのある——　280
互恵的　262
　　——動機　44
固定効果　123, 161
　　——モデル（FE）　158
固定再マッチング計画　46
コーディネーション・ゲーム　595
コブ・ダグラス型　480
コミュニケーション　30, 61
コルモゴルフ・スミルノフ検定　78
混合戦略ナッシュ均衡　513, 515
混合モデル　29, 216, 222
コンテスト　7, 97, 536
コンリスク検定　85, 87

サ　行
最後通牒ゲーム　41, 61, 77, 80, 185, 217, 469
最低受け入れ可能額（MAO）　188
最低水準　483
最適
　　——計画　449
　　——実験計画　450
最尤
　　——シミュレーション法（MSL）　17, 307, 597, 602
　　——推定（ML）法　172
　　——推定量（MLE）　173, 232
サブゲーム完全均衡　42 43, 61
サンプリング分布　304
時間選好　599
事後確率　16, 250, 252, 274, 282, 362, 370, 378
自己選択　379
自己満足的利他性（warm glow）モデル　509
指数べき乗効用関数　396
自制　392, 408, 598
事前インセンティブ・システム（Prince）　465
事前の信念　36, 51, 70
実験計画法　449
ジッター　213, 267, 474
質的応答均衡（QRE）　19, 513
私的価値オークション　100
支配
　　——関係　151
　　——問題　400, 415

自発的供給メカニズム（VCM）　43, 211
資本投入量　148
社会的学習　263, 264, 595, 596
収益同値定理　101
重回帰分析　118
囚人のジレンマ　44
　　——（PD）ゲーム　563
従属性　50, 98, 112, 360, 388
集中力の欠如　420, 561
自由度　59
終了効果　563
主観的
　　——EUT　468
　　——な割引率　599
主効果　31
需要法則　475
順序
　　——効果　32, 84, 95
　　——尺度　50
　　——プロビット　228, 298
　　——プロビット・モデル　228, 229
条件付きの情報に基づくくじ（CIL）　264
勝者の呪い　102, 109
勝利の快感　8, 135, 139
処理
　　——群　8, 36
　　——効果の検定　3, 4
　　——ダミー　98
慎重さ　392, 408, 598
信念学習（BL）　21, 562, 572
信頼ゲーム　42, 61, 144
心理学　169
推測ゲーム　546
推論レベル　545, 601
スーパー・ゲーム　563
正規性　64
性差　235
　　——の効果　56, 80, 217, 238, 376, 378, 388
絶対的リスク回避度　392
　　——逓減（DARA）　395
切断モデル　16, 347
摂動　407
　　——アプローチ　172
　　——項のある RP モデル　408
　　——パラメータ　360, 420, 464
ゼロ・タイプ　347

漸近
　——標準偏差　176
　——理論　176
線形
　——回帰モデル　98
　——形式　193, 272, 310, 323
選好逆転（PR）　88, 211
　——現象　599
選好の強度　248, 299
潜在
　——クラスモデル　284
　——的変数　228, 230
尖度　66
戦略
　——選択法　45, 189
　——的素朴さ　107
　——的な贈与　381
相対的リスク回避度　392
　——一定（CRRA）　194, 393, 413, 416, 531
　——逓増（IRRA）　395
素朴なナッシュ・タイプ　548
損失回避性　7, 401

タ　行
第 1 切断点支配　356, 358
代替
　——性　471
　——的　480
　——の弾力性一定（CES 型）の効用関数　472, 479
代表的個人モデル　589
タイプ I 極値分布　504
タイプ I の誤り　33
タイプ II の誤り　33
代理変数　477
多重共線性　506
多峰性　491
ダミー変数　98
タロックのコンテスト　133
探索的分析　473
単純プロビット　171
単純ロジット　171
男女の争いゲーム　544
端点解　508
逐次
　——決定アプローチ　189
　——選択法　45

中心極限定理　11, 50
超保守的な検定　113, 381
直近性パラメータ　569
追跡者・逃亡者ゲーム　514, 567, 579
デルタ法　188, 201, 224, 274
天からのマナ　596
点予測　6
データ生成プロセス（DGP）　286, 445
動学
　——的パネルデータ　294
　——パネル推定法　144
等価な観測値　575, 578
統計的最適実験計画理論　594
統制群　8, 36
等努力水準曲線　152
独裁者ゲーム　42, 77, 144, 347, 371, 471
トービット・モデル　262, 349, 478
　上限と下限のある——　215, 263, 268
　摂動を伴う上限と下限のある有限混合——　272
富効果　45, 224

ナ　行
ナッシュ均衡　261
二位価格オークション　101
二項検定　52, 518
二重切断モデル　387
二段階切断モデル　352
二値
　——選択問題　449
　——データ　171
　——パネルデータ　296
　——プロビット　239
　——プロビット・モデル　385
二部分モデル　348, 374
鶏が先か, 卵が先か　451, 457, 467
認知的
　——階層モデル　19, 553
　——努力の配分　147
ノンパラメトリック非入れ子型検定　441

ハ　行
倍精度　324
ハウス・マネー効果　99, 121, 131, 177, 194, 240, 380
ハウスマン検定　124, 147, 161, 299
剥奪ゲーム　90, 214

索　引　　　639

パートナー条件　46
パネル
　──・トービット　217
　──切断モデル　308, 357
　──データ　10, 292, 348
　──データ推定　122
バブルチャート　213
ハルトン
　──数列　17, 310, 363
　──抽出法　310, 289, 424, 486
犯罪行動のモデル　352
反復　286
非入れ子型　440
　──尤度比検定　440
比較静学的予測　7, 97
非期待効用　391
　──モデル　401
被験者間
　──異質性　479
　──検定　84
　──変動　422
被験者内
　──計画　31
　──検定　84
美人投票ゲーム　546
非線形
　──最小二乗法　481
　──最適化　514
ヒューリスティックス　99
平等主義者　222, 495
標本サイズ　5, 591
フィッシャー
　──情報行列　451
　──の正確確率検定　54, 383
フェヒナー　194
　──・アプローチ　14, 171, 406
　──・モデル　226, 413, 418, 437, 443
不均一
　──性　446
　──分散　69
複雑性　157, 165, 166, 445, 466
　──回避性　397, 598
複数価格リスト（MPL）法　198, 224, 412, 598
符号
　──検定　93, 441
　──順位検定　441

ブートストラップ
　──検定　116
　──法　11, 50, 73
不平等回避　17
　──性　501
不偏性　292
フレーミング効果　96, 230
プロスペクト理論　7, 408, 597
ブロック
　──・ブートストラップ法　116
　──計画　31
　──対角的　115
プロビット・モデル　178, 186, 202, 220, 454
分位点-分位点（qq）プロット　302
分割表　63
平均処理効果（ATE）　28, 249
ベイジアン　593
ベイズの公式　17, 423, 443, 551
べき乗効用関数　415
ヘッセ行列　175
ペナルティ・キック　514
変量効果　15, 123, 161, 249, 292
　事後的──　318, 344
　──の事後値　167
　──・両側打ち切りトービット・モデル　335
　──トービット　307
　──プロビット　307, 316
　──プロビット・モデル　465
　──モデル（RE）　158, 414
方向修正学習　21, 562
　──理論　563
補完
　──性　471
　──的　480
ホモ・エコノミカス　42
ホールドアップ問題　60
ポワソン分布　553

マ　行

マクネマー検定　85, 87, 89
マーシャック・マシーナの三角形　450
マーシャルの需要関数　480
マーマイト　232
マルコフ学習モデル　565, 588
マルチレベル・モデル　98, 125
丸めの問題　92

マン・ホイットニー
　　——検定　111, 114, 377
　　——の U 検定　72
ミニマックス　502
無作為化　5, 27
無差別　150, 166
　　——曲線　480
　　——への近接性　415, 444
名義尺度　50
メタ
　　——・コマンド　255
　　——分析　100, 139, 594
網羅性　310, 313
モンテカルロ
　　——・シミュレーション　343
　　——法　245, 286, 589, 590

ヤ　行
誘因両立
　　——性　246, 465
　　——的　48, 189, 207, 228, 243
有限混合モデル　15, 249, 471, 492, 560, 602
有限責任制　121
優先権取得ゲーム　233
誘導形推定値　200
尤度
　　——関数　173
　　——比（LR）検定　128, 183, 279
　　——評価プログラム　193
　　——への寄与度　193
予算シェア　473, 480
余剰所得　483, 485

ラ　行
ラグ　294
ランク依存型（RD）　14
　　——効用理論　402, 408
　　——理論　417
乱数　287
ランダム化インセンティブ法（RLI）　44,
　149, 264, 413
ランダム再マッチング計画　46
ランダム性　13
ランダム選好（RP）　14
　　——アプローチ　14, 406
　　——モデル　418, 457
利己性　480

　　——プレミアム　495, 499
離散
　　——選択モデル　171
　　——的異質性　15
　　——的データ　307
リスク
　　——愛好的　381
　　——回避性　531, 598
　　——回避的な QRE モデル　531
　　——下の選択実験　298, 597
　　——中立性（RN）　6
　　——中立的　52
　　——中立的なナッシュ均衡（RNNE）　7,
　　98
　　——中立的なナッシュ均衡（RNNE）の予測
　　97
利他性　594
リッカート尺度　227
リバース・エンジニアリング　462, 467
リバタリアン　496
リベラルな平等主義者　496
両側検定　51
類似性　150
累積的プロスペクト理論（CPT）　14, 401,
　408, 417
累積密度関数（cdf）　78
劣等財　379
レベル K モデル　19, 546
連検定　520
連続的異質性　15
連続補正　87
レントシーキング・コンテスト　133
労働
　　——投入量　148
　　——の限界生産物　593
ローカル変数　192
ロジスティック分布　247
ロジット・モデル　179, 224, 247, 456
　条件付き——　505
ロング型　320

ワ　行
歪度　65
　　——・尖度検定　65
ワイド型　320
ワルド検定　119, 180, 183

監訳者紹介

1970年和歌山県和歌山市生まれ．福島大学経済学部卒業，大阪市立大学大学院経済学研究科前期博士課程修了，博士（経済学）．埼玉大学経済学部社会環境設計学科助手等を経て，現在，公立はこだて未来大学システム情報科学部複雑系知能学科教授．
著書は『実験経済学』（東京大学出版会），『行動ゲーム理論入門』（NTT出版），『はじめてのゲーム理論』（講談社ブルーバックス），『現代経済学のエッセンス』（河出ブックス）など多数．訳書にイツァーク・ギルボア『意思決定理論入門』（NTT出版），同著者『不確実性下の意思決定理論』（勁草書房），フランチェスコ・グァラ『科学哲学から見た実験経済学』（日本経済評論社）など多数．

経済学のための実験統計学

2018年12月20日　第1版第1刷発行

著　者　ピーター・G・モファット
監訳者　川　越　敏　司
　　　　（かわ　ごえ　とし　じ）
発行者　井　村　寿　人

発行所　株式会社　勁　草　書　房
　　　　　　　　　（けい　そう）

112-0005 東京都文京区水道 2-1-1　振替 00150-2-175253
（編集）電話 03-3815-5277／FAX 03-3814-6968
（営業）電話 03-3814-6861／FAX 03-3814-6854
大日本法令印刷・松岳社

ⓒKAWAGOE Toshiji　2018

ISBN978-4-326-50452-7　　Printed in Japan

JCOPY ＜(社)出版者著作権管理機構　委託出版物＞
本書の無断複写は著作権法上での例外を除き禁じられています．複写される場合は，そのつど事前に，(社)出版者著作権管理機構（電話 03-5244-5088, FAX 03-5244-5089, e-mail: info@jcopy.or.jp）の許諾を得てください．

＊落丁本・乱丁本はお取替いたします．
http://www.keisoshobo.co.jp

イツァーク・ギルボア／川越敏司 訳
不 確 実 性 下 の 意 思 決 定 理 論　　A5 判　3,800 円
50391-9

イツァーク・ギルボア&デビッド・シュマイドラー／浅野貴央・尾山大輔・松井彰彦 訳
決 め 方 の 科 学　　A5 判　3,400 円
事例ベース意思決定理論　　50259-2

ジュセッペ・アルビア／堤 盛人 監訳
R で 学 ぶ 空 間 計 量 経 済 学　　A5 判　4,000 円
50425-1

ジョン・フォン・ノイマン，オスカー・モルゲンシュテルン／武藤滋夫 訳
ゲ ー ム 理 論 と 経 済 行 動　　A5 判　13,000 円
刊行 60 周年記念版　　50398-8

鈴木 豊
完 全 理 解　 ゲ ー ム 理 論・契 約 理 論　　A5 判　2,400 円
50430-5

ケネス・J・アロー／長名寛明 訳
社 会 的 選 択 と 個 人 的 評 価　 第 三 版　　A5 判　3,200 円
50373-5

アレックス・ラインハート／西原史暁 訳
ダ メ な 統 計 学　　A5 判　2,200 円
悲惨なほど完全なる手引書　　50433-6

─────────────────────────勁草書房刊

＊表示価格は 2018 年 12 月現在．消費税は含まれておりません．